豊臣政権の統治構造

目　次

豊臣政権の統治構造

谷 徹也【著】
Tetsuya Tani

名古屋大学出版会

凡例

一、文書の発給年次が推定の場合は（　）を付し、根拠がやや薄い場合は（ヵ）とした。

一、引用史料中の□は虫破損を、〻は抹消を、／は改行を示す。また、史料には適宜、傍線や数字などを付した。

一、翻訳史料の（　）〔　〕は引用元による。

一、書状の連署者については、一般には上位である奥から下位である日下へという順で記すが、本書では署名順がわかりやすいように日下から奥へという順番で記す。

一、史料などを閲覧した諸機関については、次のように略記する。

京都市歴史資料館→京歴　京都大学文学部古文書室→京古　京都大学総合博物館→京総　京都府立京都学・歴彩館→歴彩　宮内庁書陵部→宮書　滋賀県立図書館→滋図　滋賀大学経済学部附属史料館→滋経　千葉県文書館→千文　東京大学史料編纂所→東史（レクチグラフは「レクチ」、ボーンデジタルは「ボーン」）

一、頻出する史料集等については、次のように略記する。

仲村研編『今堀日吉神社文書集成』雄山閣出版→『今堀』

遠藤珠紀「『院中御湯殿上日記』（天正一五年正月～三月記）の紹介」（田島公編『日本目録学の基盤確立と古典学研究支援ツールの拡充――天皇家・公家文庫を中心に』科研報告書、二〇一五年）～同「『院中御湯殿上日記』（天正一六年七・八月記）の紹介」（田島公編『禁裏・公家文庫研究』第八輯、思文閣出版、二〇二二年）→『院中御湯』

『お湯殿の上の日記』続群書類従補遺→『お湯殿』

「貝塚御座所日記」（真宗史料刊行会編『大系真宗史料』文書記録編十四、法藏館）→「貝塚」

米谷均「訳注『全浙兵制』「近報倭警」」（村井章介編『八―一七世紀の東アジア地域における人・物・情報の交

流』科研報告書、二〇〇四年）→「近報倭警」
松田毅一監訳『十六・七世紀イエズス会日本報告集』同朋舎出版→『イエズス』
藤井譲治編『織豊期主要人物居所集成』第三版、思文閣出版、二〇二四年、初出二〇一一年→『居所』
徳川義宣『新修 徳川家康文書の研究』一・二、徳川黎明会→『新修家康』
中村孝也『新訂 徳川家康文書の研究』上・中・下一・下二、日本学術振興会→『新訂家康』
米谷均「訳注『敬和堂集』「請計処倭酋疏」」（『八―一七世紀の東アジア地域における人・物・情報の交流』科研報告書、二〇〇四年）→「請計処倭酋疏」
奥野高広『増訂 織田信長文書の研究』上・下・補遺、吉川弘文館→『信長』
藤田恒春編校訂『増補 駒井日記』文献出版→『駒井日記』
『大中院文書・永運院文書』京都市歴史資料館→『大・永』
東京大学史料編纂所編『大日本史料』東京大学出版会→『大日』
北島万次編『豊臣秀吉朝鮮侵略関係史料集成』一〜三、平凡社→『集成』
名古屋市博物館編『豊臣秀吉文書集』一〜九、吉川弘文館→『秀吉』
遠藤珠紀「『中山親綱卿記』（天正一五年・一六年・一九年記）の紹介」（本郷恵子編『中山・花山院家関係史料にみる中世文化情報の継承過程についての研究』科研報告書、二〇一四年）→『親綱』
『ねねと木下家文書』山陽新聞社→『ねね』
京都大学文学部日本史研究室編『晴豊公記』思文閣出版→『晴豊』
『豊太閤真蹟集』上・下、東京大学出版会→『真蹟』
伊藤真昭「前田玄以発給文書集成」一〜結（『歴史文化研究』二二・二三、二〇一六・八年、『西山学苑研究紀要』一七・一八、二〇二二・三年）→「玄以」

序章　豊臣政権研究序説

一　豊臣政権の歴史的位置づけ

豊臣秀吉の治世は、長く見積もっても十五年ほどにすぎないにもかかわらず、日本の国家・社会に大きな影響を及ぼした。このことは、全国各地で膨大な太閤検地帳が伝存された事実一つをとっても明白であろう。では、その歴史的評価についてはどうだろうか。手始めに、同時代人たちの声に耳を傾けてみよう。

天下に勧善懲悪の法度を定むる間、遠国・遠島に至りて、山賊・海賊の難なし。もし無実の族これあるにおいては、貴賤に依らず、その罪に行なはる。公家・武家・地下商人に至るまで、諸役を止め、座を破らる。これに依りて、悦ぶ者多く、悲しむ者少なし。(1)

秀吉が公正な法令を定めたため、世の中は〈平和〉となり、世間ではほとんどの者が喜んだ——これは、自らの功績を褒め称え、世に広めるために大村由己に作らせた『天正記』の一節である。一方、当時日本に来ていたイエズス会宣教師で、著述家として『日本史』を残したルイス・フロイスは次のように述べる。

事実上、今の日本国には戦争がなく平和なことはたしかであるが、人々はみな、(関白)殿に恐怖の念から全国が平和になっているのである。農夫はいまだかつてこれほど貧しく悲惨な状態に(陥った)ことはなく、また他のすべての人々は、最上層の人であろうと最下層の人であろうと、今のように重い軛のもとに圧迫されて生きたことはなかったことである。そして彼らはただ（関白殿）の圧制から免れたいと願いながら、それができぬのを見ているのである。それなのに（関白殿）は、すこぶる巧みに自画自賛しているのである[2]。

秀吉によって〈平和〉が訪れたのは確かだが、それは恐怖によるものであった。百姓は日本史上でも稀に見る貧困に陥り、人々はその軛から解放されたいと願っている。ところが、秀吉は自身の治世を誇っているのだ、というのが異国人の見立てであった。むろん、キリスト教弾圧を受けての評価であるため、これも鵜呑みにすることは危険であるが、二つの見解の相違は容易には埋めがたい。本書は、まさにこの両極端な印象の深い断層に光をあて、もって、日本近世国家・社会の成立過程を浮かび上がらせるものである。天下人たる秀吉の鮮烈な個性に目が奪われがちであるが、あくまでも時代の趨勢や政権の構造として把握することを心がけたい。

さて、右のような印象に左右されてか、研究の世界においても、豊臣政権の歴史的位置づけをめぐっては実に多種多様な見解が積み上げられてきた。ただし、全体の潮流としては、幕藩制成立史研究から中近世移行期研究へと展開を遂げたことは、周知といえる。本章では、まずこうした大枠の研究動向を捉えたうえで、豊臣政権論の進展過程を辿り、現在までの研究の到達点と課題を整理したい。

（1）豊臣政権論の自立

（ⅰ）「豊臣政権論」の登場

今を遡ること六十余年、ある若手研究者が「豊臣政権論」を世に問うた。それまで幕末や寛永期の村落を研究対象の中心としていた彼がかかるテーマを与えられたのは、岩波講座側の思惑あっての抜擢だったが、それゆえに、この時代の研究に新たな風を吹き込み、現在に至るまで研究史を規定する記念碑的論考となった。爾来、近世史を牽引することになる朝尾直弘、三十一歳の花時である。

「豊臣政権論」（一九六三年）の特徴は、次の三つの議論が相互連関的に構成されている点に尽きる。(3)

①兵農分離論

名主百姓（小領主）は荘園制下の「職の体系」を解体し、小農民の剰余労働を収奪するために、兵農分離によって常備軍を形成（織豊武士団化）、複雑な土地所有関係を一掃した（一職化）。在地から遊離する形で結集した豊臣政権・大名は、下級家臣（給人）と生産者（農民）との人格的結合を断ち切るため、転封・耕地緊縛や中間搾取排除を強行し、同時に、村落共同体を貢租・夫役負担単位として自立させるため、治水・開発を推進した。

②知行統制論（蔵入地論）

軍事編成と蔵入地（直轄領）収入のいずれにおいても貨幣は副次的であり、小農経営・石高制に基づく米納が基幹をなした。秀吉の与えた知行（恩給）には「自分遣い」分と無足人扶持（家臣団再生産）分が存在し、直臣層の知行権は制限された。大名知行の中にも後者の要素が継承され、ゆえに政権の統制を受けた。蔵入地の主機能は全国統一以前は全武士階級の再生産維持に置かれたが、統一後は政権自身の権力強化へと傾斜した。

③集権分権論

蔵入地の散在性や再生産機能の低下を危惧する政権の吏僚は、領国支配の強化に向かう大名への干渉を強める。政権内部では、東国政策をめぐって強硬路線（集権派）と宥和路線（分権派）が対立し、千利休事件を経て秀次事件に帰結、武力強制を体制原理とする新たな「公儀」が形成された（領主階級結集の強化）。そこでは、秀吉—秀頼を頂点に、領国体制を確立した大大名（五大老）と子飼吏僚（五奉行）が法制化された。

さて、朝尾氏が当該論文において克服対象とした先行研究は、氏自身の述懐によれば、(イ)安良城盛昭氏の研究、(ロ)今井林太郎・豊田武両氏の論争、(ハ)桑田忠親氏の研究であった。(4) より具体的・限定的に捉えれば、それらは太閤検地論、商業資本論、家臣団研究にあたり、氏はそれぞれ兵農分離論、知行統制論、集権分権論という形で新たな議論に昇華している（むろん、相互連関性により、必ずしも截然とは分けがたい）。その背景をなす大きな研究の潮流を探ると、(イ)に代表されるマルクス主義歴史学、(ロ)に代表される近世封建制論争（織豊政権論争）、(ハ)に代表される実証主義歴史学が想起される。そこで、一九六〇年代以前の研究史を成立順に遡って概括することで、「豊臣政権論」の視界と意義を鮮明化したい[5]。

(ii) 六〇年代に至る三つの研究潮流

第一に、実証主義歴史学の潮流。日本における実証史学は、ヨーロッパ近代歴史学の祖とされるランケの弟子、リースによってもたらされた。その特徴は厳密な史料批判にあり、政治史・外交史を重視した[6]。清朝考証学を基礎にランケ史学を摂取した重野安繹氏らが編んだ『稿本国史眼』は事件史を主軸に据え、皇室崇敬を特徴とするが、豊臣期については石高制や太閤検地などの制度史にも頁を割いている。こうした流れは、時系列による統一過程（戦争）を重視した田中義成氏をはじめ、人物史・家族史を深めた渡辺世祐氏、政治史と文化史を統合した花見朔巳氏らの「時代史」に結実する[7]。

右の史料編纂掛を核とした実証主義史学を色濃く受け継いだのが、國學院大学へと転任した高柳光寿・桑田忠親両氏であった。ともに人物史や政治文化史を中心に広範な研究を展開したが、豊臣期については、主に高柳氏は戦争史や土地制度、桑田氏は秀吉の親族・家臣や政治制度に関する実証研究の水準を底上げした[8]。

第二に、近世封建制をめぐる論争。リースの教えを受けた内田銀蔵氏は、「近世史」という時代区分を日本史に初めて持ち込み、国民生活の進展という見地から、近世社会を太平と鎖国を特質とする封建制と定義した[9]。内田氏は江戸時代を封建制と郡県制の併存と見る説（山路愛山氏ら）や、西洋の絶対王政に相当するという説（福田徳三氏ら）にも批判を加え、大名の領有権の存在から封建制と捉えるのが適切で、フューダリズムとも同一視すべきではないと退けた（第一次近世封建制論争）[10]。人民生活史という視座は内田氏の門下（西田直二郎氏や牧野信之助氏ら）に受け継がれ、西村真次氏なども近い立場を採る。封建制に関する議論は、併存説を採る中村孝也氏、集権的封建制説を継承した本庄栄治郎氏、封建制再編成説を唱えた中村吉治氏らによって発展された[11]。

封建制をめぐる見解の相違は、マルクス主義歴史学の影響を強く受けつつ戦後にも引き継がれた。南北朝内乱封建革命説によって再編成説の見直しが図られ、織豊政権と村落・都市との関係も論点の一つになった[12]。純粋封建制説に立つ今井林太郎氏は農民と都市民の動向の統合的把握を試み、鈴木良一氏は土一揆の敗北から純粋封建権力の成立を見通した。両氏を批判したのが安土桃山時代を封建王政の確立期と見る豊田武氏で、商業資本の重要性を主張し、織豊政権の過渡的性格を重視した（織豊政権論争[13]）。

第三に、マルクス主義歴史学の潮流。マルクス経済学を日本史に導入した野呂栄太郎氏は、福田徳三説や元禄期以降を早期資本主義とする佐野学氏の説を批判し、資本主義的生産要素の成長は見られるものの、近世は中央集権的封建制であると理解した[14]。それを受けて繰り広げられた日本資本主義論争の中で、講座派の服部之総氏らは江戸時代を純粋封建国家の体制と捉え、労農派の土屋喬雄氏は封建社会の崩壊期と見た（第二次近世封建制論争[15]）。論争は戦後にも再燃、服部氏は織豊期を西欧の初期絶対主義に比し、鎖国によって純粋封建制へと流産されたとした。藤田五郎氏はこれらを踏まえて純粋封建制説を再解釈し、論争と距離を取っていた中村吉治氏の論考とも統合を図った（第三次論争[16]）。

こうした潮流の中から産声をあげたのが太閤検地論争であり、いずれの論者も純粋封建制説に依拠して議論を展開した（第四次論争[17]）。安良城盛昭氏の封建革命（のち変革）説は、直接的には南北朝封建革命説と石母田領主制論を克服対象としていたが、純粋封建制説の批判的発展と封建制再編成説の否定という一面も有していた。太閤検地を小農自立政策と捉え、封建制（農奴制）の成立と画期づけたため、豊臣期と戦国・織田期の間に大きな断絶が設定されたが、このことが結果的に豊臣期研究の自立を促した。宮川満氏の相対的革新説は、小農自立策と年貢増徴策の両面性から評価し、基礎史料の共有という面でも大きな影響を残した。また、役屋設定説では、前代からの連続性や豊臣期の過渡的性格に重点が置かれた。

（iii）朝尾「豊臣政権論」の意義

右の動向に照らし、「豊臣政権論」の意義をその後の氏の業績も踏まえて整理しよう。

③集権分権論では、千利休事件や「五奉行」制成立を人物史・事件史（武家文化・党派闘争）の文脈で捉えてきた桑田氏らに対して、中央からの干渉や統制を試みる吏僚ら（集権派）と自立的な領国経営を求める大大名ら（分権派）の路線対立に接続し、政権内の権力闘争を構造的に把握することに成功した。それまで十全には交わらなかった実証主義歴史学と近世封建制論争・マルクス主義歴史学の潮流を繫ぎ合わせ、それらを止揚する手法を示したといえよう。(18)

②知行統制論では、蔵入地高の少なさや商業資本（初期豪商）への依存から過渡的政権と評価した豊田説に対して、給知と蔵入地に通底する再生産機能を抽出し、大名知行への統制を見出すことで、集権的な政権像を打ち出した。野呂氏以後、次第に重みを増してきた貨幣経済の歴史的意義や重商主義的評価を相対化し、議論の力点を石高制に再置する方向へ進んだ。

①兵農分離論では、領主権力の政策（太閤検地の原則）を重視する安良城説を批判的に継承し、村落の構造分析から抽出した変革主体たる「小領主」による統一政権樹立（土地制度の整理）と自己否定運動としての兵農分離の重要性を提起した。太閤検地論争を経由したことにより、従来は安土桃山、織田豊臣二氏、織豊政権と一括して論じられてきた状況から「豊臣政権論の自立」が果たされ、〈近世封建制（幕藩制）の成立〉という方法論が明確化した。朝尾氏自身はこの後、近世封建社会の構造的特質を兵農分離→石高制→鎖国という論理構成序列で提示し、その形成過程として織田・豊臣・徳川政権を連続面から把握するに至る。(19)

ゆえに、「豊臣政権論」は政権そのものを研究対象とする嚆矢であったと同時に、一九五〇年代に至るまでの近代歴史学の結晶であり、それらとの決別をも意味した。

（2）幕藩制成立史研究の進展

安良城説の登場以後、それをいかに乗り越え、新たな近世社会像を描くかという課題意識のもと、幕藩制構造論・国家論が展開された。彼らの眼前にある「権力」とは何かを強く意識せざるをえない時代でもあった。ここでは、そのうち、織豊・徳川初期を対象とした幕藩制成立史研究の動向を抑えておこう。

（i）幕藩制構造論から幕藩制国家論へ

軍役の規定性を軸に安良城説の発展を目指した佐々木潤之介氏は、太閤検地が未熟な小農経営を基礎とせざるをえないところに構造的弱点を見出し、その上に立つ豊臣政権も統一的軍役体系を構築できず、土地所有原理では「革命的」でありながら、権力編成原理は戦国大名と同質であると見て、過渡的政権と評価した。ただし、軍役論への批判を受け、七〇年代には豊臣政権を幕藩制国家の初発に位置づけ直すようになる。[20]朝尾「豊臣政権論」との関係から重要と思われるのは、大名権力の相対的な強力性を主張した点と、「兵農分離制」（国家規模での身分制的編成）の確立を朝鮮侵略と関連づけた点の二つである。前者は知行統制論、後者は兵農分離論への対案といえよう。

「藩」成立という視角から切り込んだ山口啓二氏は、安良城説に立脚しつつ、戦国期畿内における「国人」・「惣村」の展開への対応としての兵農分離（＝「検地の竿」と「鉄砲隊」）や豊臣氏蔵入地の集中度から、畿内・近国を基盤とした統一政権としての性格を指摘する。蔵入地は幕初と比較しても石高に大差はなく（豊田説の否定）、外様大名領内への設置を通して領国経済を確立させる意味合いを有した。政権からの「際限なき軍役」の強制は、同時に兵農分離政策の先取りによる領国支配体制強化へと作用し、大名権力は集権的に編成されることなしに支配を貫徹しえなかった。[21]かかる所説は朝尾説と相互補完的な位置にあり、以後の通説的理解を形成した。

都市・経済政策を中心に検討した脇田修氏は、豊臣政権が蔵米放出や財政関与によって大名経済の統制を図り、畿内を核とした全国市場が政権末期にはほぼ整備されたと見た。商業資本を重視する点で服部・豊田説に近いものの、政権の経済基盤はあくまで自給的農民経営と捉え、他方で、太閤検地や小農自立政策を高く評価する安良城・宮川氏の理解をも峻拒した。封建制再編成説を構造論の立場から批判的に継承することを掲げ、朝尾氏らとは立脚点が異なっていたためか、兵農分離や石高制に論及しながらも積極的な応酬に乏しく、ゆえに個別の論点において、その後の研究史で見落とされがちな指摘も残される。(22)

幕藩制国家論の進展の過程で、朝尾氏も議論を深化させる。東アジアを媒介とした世界との接触や天下人の自己神格化を中心に、構造論に加えて秩序論（日本型華夷意識や儀礼など）にも言及していった。中でも豊臣期研究に多大な影響を与えたのが一九七五年の「幕藩制と天皇」である。小牧・長久手の戦いを関白政権への路線転換の画期とし、聚楽第行幸に「武威」を中核とした「公儀」権力（大名編成）の形成を見る。天皇権威や関白職などの「国制」は独自の機能を発動したと見て、その帰結として秀次事件と太閤政権の成立を捉えた。「豊臣政権論」を天皇制との関わりの中で更新した論考と見なせるが、政権の評価そのものに大きな変化はなく、この時期の議論はむしろ「将軍権力」の創出という切り口から織田政権末期に近世の起点を見出した点に特徴があろう。(23)

（ii）幕藩制成立史研究の成果と課題

右の諸研究の特徴と問題点として、次の四点を抽出しておきたい。

第一に、佐々木・山口・朝尾氏はいずれも安良城説を理論的前提にしており、織豊・徳川初期の画期性を主張すると同時に戦国期へは低い評価を与える構図を引き継いでいた。一方で、脇田氏は戦国大名を近世への移行と見るなど独自の立場を採るも、この段階ではそうした見方は主流とはならなかった。

第二に、社会構成体史を重視しており、構造的必然論から議論を組み立てた点。豊臣政権については、その成立や崩壊を、構造や矛盾に起因する必然として捉えているが、歴史的帰結から逆算した説明も見受けられる。(24)ただし、一九八〇年代以降はそうした観点は後退し、階級闘争・変革主体といった論点も次第に脱色されていった。

第三に、幕藩制を特殊日本的な封建制として捉えた点。脇田氏は野呂説を踏まえ、商業・貨幣経済の成長を孕んだ「異相」の封建制と評価した。一方で、朝尾氏は兵農分離を核とする特殊具体性から近世封建社会を把握した。国家権力機構においては、中世の「権門勢家」から近世の「将軍権力」へ転換すると見て、再編成ではなく、〈新しい国家の形成〉として織豊期を描いている。山口氏も豊臣政権が兵農分離政策によって民族的規模で封建国家を樹立したと評価しており、類似する見方を採る。佐々木氏も含めた諸氏の応答は第五次近世封建制論争と捉えうるが、兵農分離への傾倒は、それ以後の研究史における同概念の肥大化や拡散を招いた一因でもあった。

第四に、封建制概念からの脱却。幕藩制成立史研究総体としての結論は、近世封建社会を集権と分権の相互連関性において把握する点に集約されよう。あくまでも集権的封建制を根幹とし、中央政権の編成によって「封建的分権」が貫徹する構造が山口氏によって指摘され、こうした捉え方は朝尾「豊臣政権論」にも共通する。〈分権の上に立つ集権〉を前提とした〈集権に寄りかかる分権〉像といえるだろう。

ところが、一九七五年に尾藤正英氏が西洋の「封建制」概念を日本近世社会に適用することの問題点を指摘し、水林・山本論争（第六次論争）を経て、九〇年代には「封建制」や「絶対主義」概念の揚棄へと至った。[25] 朝尾氏も八〇年代に近世封建社会論から身分制社会論へと脱皮を遂げている。[26] 彼らは、幕藩制の特殊性を突き詰めたすえに、近代歴史学黎明期以来の封建制論争・概念から解放されつつあった。

（3）自立的共同体論による転回

幕藩制成立史研究で示された構図を、自立的な共同体としての村に視点を据えることで大きく転換させたのが藤木久志・勝俣鎮夫の両氏である。本書の関心に沿って、豊臣政権への言及を中心にその論点を整理しよう。

（ⅰ）藤木久志氏の議論

当初、藤木氏は統一される地方側の目線から豊臣期大名論を模索し、旧族大名（佐竹・上杉氏）の領国体制確立を戦国期の自然史的発展としてではなく、畿内からの兵農分離の強制と政権の威光を背景とした大名権力の強化として捉え（山口説へ発展）、「豊臣体制」が奥羽まで貫徹したと評価した。[27] ついで、今なお褪せない名著『織田・豊臣政権』（一九七五年）において、織田権力が一向一揆との対決過程で統一政策（検地・楽市化）を形成し、それを継承した豊臣政権は下剋上の凍結と兵農分離を「天下の法度」として一般化・確定、大陸侵略へと突き進んだと見通した。[28] こうした議論は幕藩制成立史研究の中から生まれ、地域や民衆の足場に立ってその到達点を総括した貴重な成果といえる。

その過程で氏は、秀吉が大名・武士・百姓の紛争の中立的調停者として超然たる「公儀」を掲げて勅命に基づく「私闘禁止令」を発し、それに反するあらゆる戦乱を誅伐の対象としたこと、および「喧嘩停止」を命じた天下の法の存在も指摘しており、「豊臣平和令」論の祖型は既に胚胎されていた。勝俣氏や酒井紀美氏の研究に触発される形で「惣無事令」が姿を現したのは、『織田・豊臣政権』刊行の三年後のことであった。

藤木氏の「豊臣平和令」論を、その後の議論と併せて概括すると、次のようになろう。[29]

①惣無事令（大名の平和）

豊臣政権の全国統合の基調は軍事征服ではなく、法による平和であった。惣無事令は自力救済の連鎖する戦国争乱の総括として形成され、大名の戦闘行為を私戦として否定する職権的な広域平和令の性格を帯びるに至る。境界紛争の裁定たる国分令に従わない場合に限り、平和回復のために軍事力が行使された。朝鮮侵略も惣無事令の国外（服属国）への拡張であり、雑兵に代表される戦場の暴力を朝鮮へ放出することと引き換えに国内の平和が保たれた。

②喧嘩停止令（村落の平和）

喧嘩停止令は政権の成立当初に遡る豊臣基本法で、村落間相論における農民の武器使用・成敗権を規制し、違反者には過酷な処罰が課せられた。村の自律に根ざした自検断の体系は、時に破壊的性格をも伴い、ゆえに喧嘩停止令は自力の惨禍からの解放を意味した。ただし、在地における自力解決の慣行は兵具・相当（武器の使用と報復）以外は否定されず、領主裁判権のもとに容認された。

③刀狩令（百姓の平和）

刀狩令は全面的な武装解除ではなく、武器をいったん没収したうえで、用途を限定して認める帯刀免許制の創出を目的としていた。固有の職能への専従（武士・奉公人は武具、百姓は農具）を説き、武家奉公も農耕もしない浪人は村から排除された（浪人停止令）。

④海賊停止令（海の平和）

海賊停止令は海民調査と海賊行為放棄の誓約からなり、大名には「在地」主義に基づく追捕の責任と権限のみが付与され、政権による海の成敗権の独占を意味した。特に重視された規制対象は渡唐賊船であり、勘合復活のための前提条件と目された。よって、政権の対明外交の基調は交易再開にあり、「唐入」はそれに応じないことへの対抗措置として掲げられた。

総体として、安良城説以来の中世と近世の断絶説の克服を目指し、従来の幕藩制成立史研究、とりわけ兵農分離論が具象性に欠く点を厳しく批判した。制度的な構造論から慣習的な実態論への転換を図ったものといえよう。

右の「豊臣平和令」論の特徴としては、第一に、〈平和〉を公儀による上からの強制と捉えると同時に、戦国期の地域の慣習や課題を引き受けた政権像を描いた点が挙げられる。これは、豊臣期大名論における「豊臣体制」への編成や、『織田・豊臣政権』における領主の共同利害の体現者という観点を、氏の研究の本貫地ともいえる戦国期の「在地法」などの成果と統合し、自ら昇華させたもの[30]といえよう。なお、「惣無事令」を受けた領主側の行動や結合を、政権内部の対抗関係と結びつけて理解している点では、朝尾集権分権論の影響を見ることもできる[31]。

第二に、〈豊臣の平和〉の実態について、農民の武器行使権の規制と過酷な自力救済からの解放という両義性を見据えていた点。藤木氏は書評に応える形で、民衆の〈平和〉への願望が統一権力を呼び込む素地を形成していたことをも鋭く指摘しており、[32]「豊臣平和令」を「正義」や政権への礼賛と捉える短絡的理解を退けている。こうした気づきを契機に、視点を権力から民衆へ、百姓から共同体へと転換し、在地における自律的な紛争解決の作法や習俗を掘り起こす「自力の村」論を展開したのである。ゆえに、我々が引き継ぐべき課題は、民衆や武士の願いを呼び水としたことが、政権の性格をどのように規定したのか、民衆からの〈平和〉の突き上げがいかなる流路を経て社会に還元されたのか、その循環構造の追究にあるだろう。

それと関連して、第三に、「豊臣平和令」論内での視点の相違について。「惣無事令」論はそれ以前の藤木氏の議論の色彩を残す一方、氏は「喧嘩停止令」論を構想する過程で村の「自力」の豊かさに到達し、それが以後の展開への跳躍台となった。しかし、権力側の法令・協定と在地側の慣習・作法の間隙は、『豊臣平和令と戦国社会』の中で一定の統合は図られてはいるものの、なお埋めきれていない。したがって、「豊臣平和令」論を捉え直すためには、「惣無事令」だけではなく「喧嘩停止令」をこそ対象とすべきであるが、理論的にも実証的にも再検討は進んでいない。

第四に、法令同士の関係について。「豊臣平和令」は一連の有機的な繋がりとして構想されており、ゆえに四つの法令の差異には言及されず、「基本法」と一括されている。同時に、「基調」や「祖法」という表現から、政権成立当初より一貫して展開された法令として評価している。それ以外の藤木氏自身が採り上げた法令の位置づけについては、人身売買停止令を「平和令」の一環と見なすものの、百姓越訴令は個別対応として明確に区別する。また、山城停止令や転回以前に重視していた天正十四年令などとの関係は明瞭には語られておらず、法の相互関係や階層性を問う必要があろう。

（ii）勝俣鎮夫氏の議論

戦国法と一揆の検討から出発した勝俣鎮夫氏は、過渡期とされてきた戦国時代像の読み直しを提起した。戦国大名検地が荘園制的収取体系や名主得分を否定し、百姓との直接的関係を構築した意義を高く評価し、太閤検地に大きな画期を置く安良城・佐々木説に疑義を呈したのである。[33]また、村請制の成立を画期とした自立的な村への社会体制上の承認を重視し、「村町制」を基盤とする新たな秩序創出が戦国争乱の要因となり、幕藩制もそこから生み出されたひとつの政治形態にすぎないと相対化した。そして、戦国大名の地域的「国家」を近代に連なる日本国家の原点に位置づけ、その上に豊臣政権による統一国家が形成されたと見た。秀吉の「身分法令」を「人掃令」の初令（「国民」掌握のための基本台帳作成）と捉え直し、新たな国家構想の体現と評価したことがその論拠とされた。[34]

「国家」論の前提としては、戦国大名をその領国内における権限掌握と絶対性、家産制的官僚制の萌芽的形成などから、一個の国家権力として評価した石母田正氏の仕事が挙げられる。[35]また、「村町制」論については、惣有財産・地下請・惣掟・地下検断を村落共同体成立の指標とした石田善人氏の議論のうち、特に地下請を重視したものといえよう。ただし、従来は近世村落の特徴とされてきた村請を中世や戦国期に遡らせて評価したことで、質的差異が捨象されたという批判を受けている。[36]

藤木・勝俣両氏の議論の成果については、まず、戦国期からの連続性を重視し、織豊期に大きな画期を設定してきた従来の見方を相対化した点が挙げられる。それは太閤検地論争以来、主に近世史側から論じられてきた豊臣政権論を中世史側にも開く役割を果たした。ただし、「豊臣平和令」や「人掃令」などによる国家・社会の統合という面において豊臣政権にも一定の歴史的意義を認めていることには留意したい。

ついで、自立的な村や町の発展を基軸とし、権力と社会の双方向性（合意・契約・義務）、および権力側の在地への不貫徹（自力・村請）を指摘した点。藤木氏は刀狩令施行における社会（大名や百姓）の同意や説得という視角を萌芽的に提示し、のちの『刀狩り』において、〈平和〉に向けた権力と社会の合意によって自律的な武器制御が広く受け入れられたと議論を発展させた。統一政権は村の成敗権や相当こそ規制したものの、村の検断権や中人（近郷証人）制などの自力解決の作法は存続したと評価している。勝俣氏も、領主の領民保護義務と地下の奉公・忠節の相互交換的関係を論じ、織豊検地を経ても、検地帳とは別に村で独自に作成された帳簿が存在・機能していたことを指摘している。[37]

一方的な支配―被支配の貫徹という観点の克服は研究史上において極めて大きな意義を有する。逆に課題としては、対外的契機の位置づけが挙げられる。幕藩制成立史研究においては、山口啓二氏の「検地の竿」と「鉄砲隊」という総括に顕著なように、国内的な展開と国際的な因子の相互作用から近世の成立が描かれていた。それと比較すると、藤木説では「惣無事令」の持ち出しという国内から国外への方向性においてのみ検討され、勝俣氏の議論でも「倭寇的世界」はあくまで客体として描かれているように、戦国社会への国外からの影響という視角が薄い点は、以降の論者にも共通する課題といえる。[38]

(iii) 近世史側の反応

藤木・勝俣氏の提起とほぼ同じ頃、朝尾氏も自らの研究を旋回させる。「惣無事令」論や社会史の議論も受容しながら、近世社会の成立を諸身分集団間の運動の総括として捉えるようになったのである。氏は、織豊政権が戦国期の「家中」と「百姓」の個別的な主従・被官関係を切離し、剰余労働を「天下」の「公儀」に吸収、集団同士としての領主・農民関係の構築を目指し、「百姓」の武装停止（刀狩令）は慶長十年代（一六〇五〜一四）に至って両集団間の約定（一種の平和契約）に昇華したと評価した。[39] ここに階級闘争的把握は後景に退き、その視界は地縁的・職業的身分共同体を軸とする身分制社会論へと開けてゆく。ゆえに、朝尾氏の「契約」論も自立的共同体論の一角に据えうる。ただし、氏は戦国大名の再評価を加味してはいるものの、あくまでも織豊期以降との間に差を見出している。また、豊臣政権自体は主題とはなっていない。

近世における「役」の体系成立を重視した尾藤正英氏も、兵農分離が「国民の大多数の暗黙の合意」を得られた理由は、安定性を失った「職」に代わる体系の樹立を志向したためと推測しており、〈社会の合意〉という観点は八〇年代の議論に通底していた。また、氏は勝俣氏が「村」の成立を重視する反面、戦国大名や豊臣政権に一定の転換を見ている点を疑問視しており、こうした批判の矛先は藤木・朝尾氏にも向かいうるだろう(40)。

高木昭作氏は江戸初期の国奉行制を見出したことを手がかりに、軍役や国役を中心に論じ、国家的な役賦課体系に照応する形で織豊期に近世の身分が規定されたと見る。加えて、豊臣政権が兵粮自弁を兵粮支給へと転換して軍勢の濫妨狼藉を規制し、叡慮と結びつく国土領有権に基づいて国民を一つの軍隊に編成したことを重視、近世を「兵営国家」と評価したのである(41)。高木氏の議論は、太閤検地による領主・農奴関係の確定という安良城氏以来の理解を前提に、同時並行的に形成された「惣無事令」論も組み込みながら、幕藩制国家論を新たな段階へと押し上げる一階梯となった。

また、高木氏や藤木・勝俣氏の所論を踏まえ、秀吉発給文書を分析した小林清治氏は、九州攻め以後に禁制や還住掟書が郷村に対して一国規模で交付される態勢が本格的に成立し、在地城館制も解体されるという点において、村落の近世的定着に果たした政権の意義を再評価すると同時に、破城の不徹底性をも指摘している(42)。

以上のように、近世史側でもおおむね自立的共同体論と歩調を合わせた論考が展開されたといえる。ただし、転回後の朝尾氏も藤木氏も、立ち戻って豊臣政権論を再構成することはなかった。朝尾氏は手薄であった戦争や政治文化などのソフト面について言及したものの、構造的把握は試みていない。藤木氏も「惣無事令」のもとに形成された国家構造の特徴の追究を次なる研究計画の一つに挙げながらも、その後に自ら展開することはなかった(43)。その意味では、高木「兵営国家」論は唯一の試みともいえるが、藤木氏も批判するように「惣無事」概念を拡張し、国家的権限を過大視する傾向があり、かえって豊臣政権の強権性・隔絶性を強調する結果を招来した。

（4）中近世移行期研究の進展

（i）通説の再検討

一九九〇・二〇〇〇年代前後には、右に見た諸見解の中核をなす議論の実証的な再検討が相次いだ。国内外における社会体制や経済状況が劇的に変動する中で、発展段階論的理解や戦後歴史学の立脚点自体に懐疑の目が向けられたことが、こうした動向の背景といえよう。その特徴としては、藤木氏による「中近世移行期」という時期設定に導かれ、中世史と近世史の研究者が相互に乗り入れる形で展開され、予定調和的な中世から近世へという図式からの脱却が試みられた点、および、論拠となる根本史料に対する同時代的分析と段階的把握が進展した点が挙げられる。

Ⓐ太閤検地・石高制

池上裕子氏は自立的共同体論の提起を受け、断絶説の主要な論拠とされてきた検地と石高制を再検討した。太閤検地で設定された石高は生産高ではなく年貢賦課基準高であり、戦国期の畿内・近国における高斗代の「年貢」高をその前提と捉えた。また、戦国・織田検地を指出検地、太閤検地を丈量検地とする通説を退け、指出と検地は異なる方式であると指摘、戦国・織田検地も丈量検地と位置づけ直した。総じて、戦国大名と豊臣政権では在地掌握の水準が異ならないとし、連続性（方式の類似）と画期性（基準統一と全国化）の両面から評価したのである。(44)これにやや先駆けて、やはり戦国期からの連続面を重視する立場の水林彪氏も、太閤検地によって確定された石高が実際の年貢量とは無関係と見て、百姓支配よりも領主階級の軍団編成のための制度として石高制を捉えている。(45)

池上氏の議論を発展させた平井上総氏は、検地帳登録者はあくまで年貢納入者で百姓とは限らず、名請人選定にも政権の明確な基準はなく、検地奉行独自の選定方針と村側の申告という二重の非貫徹性が見られることを指摘した。また、豊臣期の大名検地が政権の方式とは異なる基準で行われる事例も多いため、「太閤検地」呼称そのものの放棄を提案している。(46)

加えて、安良城氏の議論の根幹をなす小農自立論についても、近世史において「百姓成立」や小農定着として読み直され、政策の強制ではなく在地社会の発展から評価されるようになった[47]。なお、最近の太閤検地研究では、検地帳作成や徴租法・計算技術などの方法・機能論に注目が集まっている[48]。

Ⓑ兵農分離

兵農分離の再検討は、高木昭作氏の発見が引き金となった。氏は、秀吉の「身分法令」第一条の「侍」から「あらしこ」までが奉公人を指すことを解明し、朝鮮侵略に際する奉公人確保を第一義とした時限立法であると捉え直した。中世史側では藤木氏が「近世的兵農分離」と対置する形で、中世社会において見られる侍と凡下の職能別分業を「中世的兵農分離」と評価した。一方、勝俣氏は、戦国期には国人領主層の在地性喪失と城下集住は進行していたが、地侍層の兵農分離はほぼ進展せず、その点が大名権力の構造的矛盾であると限定的に捉えている[49]。

こうした動向を踏まえた平井氏は、給人の居住実態と知行制の分析を中心に、兵農分離「政策」そのものを検討の俎上に載せた。豊臣政権の政策（「身分法令」や国替令など）からは、武士の在地居住を禁止する原則を見出せず、大名領国における城下集住は個別の複合的要因によって生じ、軍役負担増加のために在村給人が維持される場合もあった。各藩で展開された知行制改革も給人の領主権否定を目的としたものではなく、結果的に社会現象としての兵農分離状況が多くの地域で生じたにすぎないと捉え、兵農分離政策の存在を否定、地域権力の戦国期からの連続性を主張している[50]。

なお、近年の兵農分離研究は、村の「侍」の存在形態論や豊臣期の「奉公人」論として展開しているところに特徴があり[51]、いずれも武士と百姓の境目に位置する中間層論と捉えうるが、議論の力点と分析対象に齟齬が見受けられ、通時的・総体的な把握が課題といえよう。

Ⓒ人掃令

久留島典子氏は、勝俣氏が秀吉の「身分法令」を「人掃令」の初令と見なした点を疑問視し、家数人数帳作成の細則は明文法（朱印状）ではなく、政権側から大名に口頭で伝達され、「人掃」も毛利側がそれを受けとめた際の固有の表現と推測した。命令の主眼は対外侵略という軍事的非常事態における欠落禁止にあり、「国民」掌握を目的とした国家政策が先行したのではなく、結果的に身分差の固定化に作用したものと捉え直した。[52]氏は、政権の政策に確固たる意図や志向性が最初から存在したのではなく、政治過程と具体的施策によって徐々に形成される点を展望しており、次に見る「惣無事令」論批判とも相通じる。

Ⓓ惣無事令

「惣無事令」論批判は、藤田達生氏が先鞭をつけた。氏は、「惣無事令」の一環をなす国分が、他地域を含む政治情勢に連動して柔軟に変化し、かつ、北国国分の前後において質的段階差（隣接・敵対勢力以外への拡大）があったことを指摘する。国分は軍事力を背景とした武力征服の色彩が濃く、「惣無事」も戦争介入のための名分であり、政権の本質は独善的・好戦的性格であったと評価した。[53]

ついで、戸谷穂高氏は史料の文言や年次比定を切り口に、「惣無事令」の定義自体の再検討に着手した。「関東惣無事令」伝達を示すとされた徳川家康書状の発給年次を天正十四年（一五八六）から天正十一年に引き上げたうえで、「惣無事」は主に東国の諸領主によって天正年間に使用された語であり、「天下静謐」や「九州停戦令」から切り離して考える必要性を提起、政権は地域秩序を追認するに留まったと指摘した。また、戸谷氏は藤木氏の議論を段階的に再定義し、「惣無事令」を時限立法・地域限定法令と評価し直している。[54]

それを受け、竹井英文氏は東国統一過程の文脈に関連文書群を再定置し、藤木氏のいう「関東惣無事令」を、織田末期の「東国御一統」の継承・再編を目指した、北条氏進出という固有の政治的課題への対応策と捉え直した。その後の東国政策も、地域秩序の個別具体性に規定されるだけでなく、時々の政治情勢（家康との関係や西国・北国政策）により和戦両様が用いられており、「惣無事」は一貫した原則を有する法令とは見なしがたいと結論した。豊臣政権自体については、織田政権からの連続面を重視し、東国政策における家康の存在感を指摘、「惣無事」の背景に天皇権威を想定する見方も否定した[55]。

これと前後して、九州政策についても尾下成敏氏が検討を加えている。「九州停戦令」は刀狩令などの法令とは異なるため、「停戦命令」と呼称すべきであり、島津攻めは既定路線ではなく、政治過程に伴い和戦の比重が変転した。「国分令」も九州統合の基調とは見なせず、「平和」の実現という観点から九州政策を「惣無事令」の一環として捉える藤木説や、それを軍事面から反転させた藤田説はともに賛同しがたい、とする[56]。藤井讓治氏は諸氏の見解を踏まえ、法令としての存在そのものに検討を加え、「惣無事」が個別的・時事的な性格を有し、政策基調から逸脱する事例も確認できるため、藤木説のような広域的・持続的な「令」としては捉えられないと結論づけた[57]。ここに、藤木「惣無事令」論は明確に否定されるに至ったのである。

さて、右の動向に通底する手法としては、主にⒶやⒷに見られる実態分析、ⒸやⒹに特徴的な政治過程論が挙げられる。実は、こうした傾向は、「複雑な実施過程の内奥に深く立ち入」り、「移行期の政治過程の実証的な追究」をもって兵農分離論を乗り越えようとした藤木氏の姿勢と共通性を見出せ、その順接的・逆接的発展と位置づけることもできよう[58]。

実態分析は、定説化・記号化していた太閤検地や兵農分離を、その施行状況や機能・性格から解きほぐしたうえで、歴史的文脈に位置づけ、政策による主導や意図ではなく、結果的に生じた現象や傾向として把握する。しかし、なぜ従来の研究や近世社会では太閤検地や兵農分離が大きな画期と見なされていたのか、という淵源に立ち戻って再解釈を施すには至っておらず、後述のように、豊臣政権の政策における理念と実態の関係そのものを問う視角が深められていない点が惜しまれる。

政治過程論は関係史料の博捜と用語・年次比定の吟味を突破口とし、政権による統一国家形成という広域次元の方向性と、地域における政治秩序という個別次元の課題から、政策の流動性や非一貫性を指摘し、藤木・勝俣説を融解した。〈戦争か平和か〉という二項対立を克服し、〈戦争・軍事と平和・交渉〉の両面性を前提に、その比重の推移を論じた点が最大の成果といえよう。ただし、竹井氏も社会全体の〈平和〉化への方向性自体は認めているように、藤木氏の豊かな問題提起を継承するためには、「惣無事令」のみならず、〈豊臣の平和〉をどう捉えるのかを問う必要があろう。また、政治過程の検討はあくまでも研究の手段であり、自己目的化させてはならず、藤井氏が課題として挙げたように、「豊臣政権の歴史的位置の解明」こそが重要であり、政権像の更新が求められよう。

(ii) 移行期村落論の現在地

中近世移行期研究のもたらした最たる果実は村落論の深化と、それに立脚した権力論であろう。ここでは豊臣期に絞って、代表的な論者の到達点を確かめておきたい。[59]

二〇〇〇年代以降、戦国期村落論は自立的共同体論から中間層論へと進展したが、その主導的な役割を担ったのが池上裕子氏と稲葉継陽氏であった。池上氏は勝俣説に立脚しながらも、戦国時代を近代の始点とする見方は否定する。藤木説以降の「村の自力」の過大評価にも疑問を呈し、百姓の自治・合意と権力の軍事的強圧との両面性を重視するなど、自立的共同体論の批判的継承という立場を採る。[60] 同時に、「自力の村」論が静態的把握に陥っていると批判し、惣村の形成と被官化状況の進展として動態的に戦国時代を捉えることを目指した。村の「侍分」の身分上昇運動が在地領主層の所領拡大要求たる戦乱を惹起し、戦国大名の検地・身分政策によって支配体制が再構築された点を重視し、幕藩制の成立もその延長線上に見通した。[61]

しかし、こうした見方はあくまでも国内的な発展として戦国期から織豊期・江戸初期を展望したものであり、池上氏の論考「日本における近世社会の形成」は、世界史を含めた「「近世化」を考える」の特集の一つでありながら、対外的契機は考慮されず、かえって自立的共同体論が初発から有してきた問題点を浮き彫りにしている。[62] ゆえに、国内的動向と対外的契機の統合的把握が求められよう。

一方、藤木・勝俣説を順接的に発展させた稲葉氏は、中世の村落フェーデの作法や戦国期の領主間の領域秩序である「領」や「半手」が〈豊臣の平和〉の前提をなしたと捉え、律令制的な秩序に接続させる高木・山口氏らの国郡制論（後述）を批判した。加えて、村請や自力に基づく村落の成長（「農の成熟」の保障要請）が、豊臣政権の諸政策や軍事動員を根底から規定した点を注視し、朝鮮侵略によって奉公人の欠落と村社会の疲弊が激化するも、抜本的な対策を講じられなかった政権や大名の限界性と、帰陣後の大名による徳政の可能性を見出した。[63]

稲葉氏は岸本美緒氏の東アジア「近世化」論や尾藤正英氏の議論をも視野に入れながら、日本の「近世化」を社会側からの内発的な秩序化・規律化の過程と把握する。[64] 豊臣期にも一定の段階差を見る藤木・勝俣氏の理解と、フラットな連続を主張する尾藤説の差異には言及していないが、社会集団（村共同体と公儀領主制）の相互関係の秩序化における「一定の転換」として「豊臣平和令」を位置づけており、前者を継承する色合いが濃い。もっとも、下からの秩序形成に立脚する氏の議論を突き詰めるならば、「豊臣平和令」論の再検討や相対化こそが必要とされるのではなかろうか。

池上・稲葉氏とは異なり、近世村落史の立場から幕藩制成立史研究の読み直しを進めているのが牧原成征氏である。氏は、幕藩制国家論以降の研究史において後景に退いた土地制度の再検討を基軸とし、自立的共同体論や東アジア「近世化」論をも批判的に摂取して、織豊政権による社会秩序の形成過程を論じている。戦国期の近江では戦乱によって小領主層（土豪・地侍）が遊離・没落していたが、そこに侵攻した織田氏は国人領主や小領主層を淘汰・吸収、土地の掌握と整理を進めながら、在地慣行を学んだ。豊臣政権は太閤検地によって石高制を全国に展開し、百姓身分と「奉公人」範疇を創出、近世的な土地・身分制度や城下集住などの原則を確定したとする。[65]

牧原氏は役賦課や共同体による身分決定説（高木氏・朝尾氏）をいずれも批判する一方で、戦国期における兵農分離や村請を強調する藤木・稲葉説も退け、権力と社会の「絡み合い」の具体的分析を重視する。戦国期から徳川初期までを段階的に把握したうえで、在地社会の観点から権力編成の意味合いを読み解く中で、豊臣政権の政策が結果的に近世成立の一つの画期をなしたと評価している。[66] 豊臣政権論としても重要な提起と受けとめうるが、政権自体の分析は手薄であり、朝尾氏や藤木氏の権力論を再検討することが課題として残されていよう。

このように、三者はいずれも戦国・織豊期の村落論から立論するが、豊臣政権の位置づけや画期の設定、秩序形成の力点や自立的共同体論との距離の取り方は三様といえる。本書では、こうした諸氏の見解を踏まえ、中世・戦国・織田期からの継承面と一定の段階差の双方に目配りし、権力と村の集団間相互作用の帰結として動態的に近世化を捉える方法論を到達点として受けとめる。そのうえで、地域社会側からの秩序形成を重視する自立的共同体論を念頭に置き、それに立脚した豊臣政権・大名像を立ち上げたい。その過程では、幕藩制構造論・国家論や「豊臣平和令」論を正面から咀嚼し直し、権力側の編成の歴史的意義を吟味することが必須となるだろう。

(iii)「中近世移行期」を捉え直す――「移行と形成の関係」を問う

戦国期から織豊・徳川初期までの時代を「中近世移行期」とする捉え方は、藤木氏の提起以来、多彩な成果を生み出し、現在では戦国期からの連続性を前提とする見方が、程度の差はあれ多くの研究者に共有され、半ば常識化した。しかし、提起から四十年を経た今、「移行」を問う視角は後退し、単なる時期呼称か連続説の言い換えに陥っている状況も多々見受けられる。ゆえに、「中近世移行期」という設定自体も、原点に立ち戻って再解釈することで、新たな息吹を注ぐ可能性を探るべきではなかろうか。

藤木氏の提起を整理すると、兵農分離論に依拠した移行期の「断層」を克服するために「豊臣平和令」論という「仮りの継橋」を架け、断絶か連続かを早急に論じるのではなく、その両側面を具体的に解明する必要性を説いている[67]。第一に注意されるのが、藤木氏が「政策意図だけから移行期の特質を論じたりする傾向の強い、いまの移行期論をどのように克服するか」と述べているように、「移行期」という捉え方自体は氏の独創ではなく、それ以前から存在したものと認識している点で、文脈から太閤検地や兵農分離を基礎とする幕藩制成立史研究を指すことは明白である。例えば、これに先立って朝尾直弘氏は、「中世から近世への移行」に関する研究動向について、安良城説以来の断層を埋め、中世史と近世史の対話の条件づくりが開始されていることを指摘し、近世史側が「戦国期を近世への移行期・変革期とみなして接近を試みている」のに対し、中世史側（永原慶二氏ら）は大名領国制の崩壊と幕藩体制の形成という農奴制の再編で捉えていると整理していた[68]。ゆえに、「移行期」論は当初、幕藩制成立史側が主体として推進を試みていた枠組みであり、藤木氏が兵農分離論批判と視座の転回を図る中でそれを換骨奪胎し、むしろ幕藩制成立史研究全体が断絶説に色分けされてしまったという推移が窺える。

第二に、「惣無事令」論以後の藤木氏は個別の論点においては「当事者主義的国分から職権主義的国分への転換」や「超越的な裁定権力としての公儀権力の形成」などの見方を採るものの、総体としては当該期を「転換」や「形成」とは捉えず、あくまで「移行」の過程として描いている。ここには、断絶か連続かという二者択一的手法を退け、先入観を排した作業仮説としての「中近世移行期」論を構築する狙いが反映されていよう。ただし、結果的に藤木氏の「移行期」論は連続面の色が濃く、ゆえにその後の研究では時に「移行期」は連続説の標語として掲げられることも多い。最近では、実態としては全き断絶を唱えている論者はもはやおらず、社会の変化が「急激か緩慢か」という問いに立て直すべきとの提案がなされていることも考慮に入れれば[69]、「断絶か連続か」という把握方法そのものを揚棄する時期に来ているといえよう。

一方で、勝俣氏の時代把握を振り返ると、戦国時代は「旧体制の破壊と近代への胎動の時代」という「日本史上の大きな転換点」であり、自律的性格の強い村や町を基礎とする「村町制」や「国民国家的性格の強い国家」の「形成期」にあたり、旧来の国家の分裂と再統合ではないとしている[70]。氏は当該期を「移行期」ではなく、むしろ二区分法に基づいて「形成期」と捉えていることが注目される。ゆえに、藤木氏と勝俣氏はともに戦国期や自立的共同体を高く評価しながらも、時代把握においては「移行」説と「形成」説という差異が認められるのである。

その後の研究史において、こうした違いが明確に意識されることはほとんどなかった。例えば、池上裕子氏は権力や村の捉え方については勝俣説に立脚することを明言するものの、戦国大名と豊臣・幕藩権力の連続性を強調しており、時代把握はむしろ藤木氏の「移行」説に近似する。他方、稲葉継陽氏は分析視角に関しては藤木説を継承しつつ、時代把握は勝俣氏の「形成」説に依拠し、近代をも見通している。[71] 両氏の議論は、藤木説と勝俣説の分析視角・時代把握の接合を試みたものと評価できるが、襷がけの状態で継受されているところに、両説の混交状況がよく示されていよう。[72]

それでは、藤木・勝俣氏の時代把握の差異をどのように統合すべきだろうか。近代歴史学黎明期に遡ると、四区分法に基づく「日本近世史」を立ち上げた内田銀蔵氏は、室町末期から徳川初期までを「過渡期」かつ「生成期」として捉えていた。政治・学問・経済にわたる進展が見られ、強固な中央政府が形成された、ルネサンスに比すべき固有の時代と評価したのである。また、政治的な時代区分（織田・豊臣時代から徳川時代へ）と「国民生活」の発展に基づく時代区分（中世から近世へ）を分けて把握し、後者をより重視しているのも特徴的である。[73]

その少し後、内田氏の同僚でもある内藤湖南氏が応仁の乱前後で日本史を二区分する大胆な提言をしたことはよく知られる。内藤氏が室町期を唐との類似で捉え、直前には内田氏が唐宋変革論を受容したうえで再び江戸時代を近世と捉えていることから、内藤氏の提言は内田氏の時代区分への対論でもあっただろう。[74] 戦後になって、高柳光寿氏は戦国大名を地方独立政権と位置づけ、信長や秀吉はそれらを容認し、統一したにすぎないとして、近代国家への黎明と評価した。[75] こうした捉え方に導かれる形で、勝俣氏は戦国時代を転換期として高く評価し、近代に続く日本国家「形成」の原点・萌芽を戦国期、終点・確立を豊臣期に見出したのである。ただし、氏は戦国大名の貫高制を豊臣政権の石高制と比較しつつ、身分編成を伴った統一的な領国支配体制としては完成しておらず、中世的身分を持ち越したとも評価しており、やや過渡的な捉え方もしている。

勝俣氏は国家の分裂から再統合という再編成説を退け、下から新たな地域国家が生み出され、その上に統一国家が形成されたと見た。その意味では、転換の力点や時代幅の違いはあれ、幕藩制成立史研究における朝尾氏らの〈新しい国家の形成〉という考え方との距離は意外にも近い。

ゆえに、内田氏の議論を現在の研究水準に再定置すれば、戦国・織豊・徳川初期を「移行期」と「形成期」の併存としてこそ捉えるべきであろう。このように考えれば、藤木・勝俣説を統合的に把握できるだけでなく、長らく「中近世移行期」論からこぼれ落ちてきた幕藩制成立史研究を再び同じ土俵へとのぼせることも可能となる。また、勝俣氏の「形成」の始点と終点という考え方を応用すれば、当該期は徐々に「移行」から「形成」へと比重が移る過程と捉えうる。(76) その比重や相互関係を問うことによってそれぞれの時代の特徴を見出す道も開け、豊臣期研究を個別研究分野に埋没させず、前後の時期との対話や比較も可能となろう。

二　豊臣政権研究の成果と課題

(1) 豊臣政権論の道程

朝尾「豊臣政権論」以降、政権自体を研究対象とする流れが生まれ、その特質が究明されるようになった。従来、豊臣政権に関する研究史の包括的な整理は試みられておらず、迂遠ではあるが、現在に至るまでの代表的な論者を挙げ、その成果と課題を概観する。

(i) 三鬼清一郎氏の議論

三鬼清一郎氏は徹底した史料の収集と分析に基づき、戦争・法令や国家体制・秩序を中心に実証成果を積み重ねていった。氏はまず、幕藩制成立史研究への実証的再検討から着手した。朝尾知行統制論に対しては、秀吉が給人地の貢租率の決定権を握っていたとする点を批判し、一時的な措置と評価した。佐々木氏の過渡的政権論に対しては、石高に照応した軍役体系や中央政権による貿易統制は豊臣期から存在しており、徳川政権との間に本質的な差異は見出せないと退けた[77]。

右の成果を土台に、氏は知行・軍役体系論を構築する。豊臣政権は朝鮮出兵の過程で大名から民衆までを包摂した統一的知行・軍役体系を形成し、集権的封建国家としての性格を強めたが、朝鮮における石高制外延化の試みは失敗した。政権は秀次事件以後の専制強化のすえ、領主の個別知行権を否定するような絶対主義的志向の萌芽（田麦年貢三分一徴収令など）を一時的に孕んだが、その方向性は秀吉の死によって頓挫した[78]。

ついで、国郡制論。豊臣期には天皇大権は形骸化していたが、伝統的な国家の枠組みたる国郡制的支配原理は機能し、御前帳徴収や人掃令などは関白の権能に基づいて全国一律で実施された。統治権的支配を担当する関白権力と主従制的支配権を有する太閤権力は後者の優越のもとで併存していたが、統一的国家体制確立の阻害要因となり、秀次事件に帰結する[79]。

こうした議論は、幕藩制成立史研究の一環として展開されたが、兵農分離を最重視した朝尾氏らに対し、石高制を主軸としたところに特徴がある。また、国郡制論は同じ頃、山口氏が「国郡制的枠組み」が換骨奪胎されながら天皇権威を集約点として幕藩制にも引き継がれることの意味を問い、高木氏が国奉行・国役論を深めたように、幕藩制国家論の進展の流れに位置づけられる[80]。

そうした中で三鬼氏は朝鮮出兵と国家秩序に注目したが、この視座は以後の豊臣政権研究にも共通しており、大きな影響を与えた。一方で、「絶対主義的志向」については、氏はあくまで政権の本質は集権的封建権力と捉えており、服部氏の初期絶対主義説の単純な蘇生とならないように慎重に論を運んでいる。しかし、その後の研究史においてはその点が十分に汲み取られないままに、織豊政権（さらには大名権力まで）を絶対主義とする議論も散見するが、幕藩制成立史研究の達成が咀嚼されておらず、積極的意味を持たない[81]。

(ii) 中野等氏の議論

朝鮮出兵・太閤検地・国家秩序という三鬼氏の論点を継承する形で、北島万次・森山恒雄・秋澤繁氏らの研究も踏まえ、議論を深めたのが中野等氏である。特に、大陸侵攻における準備過程と戦局の変遷が政策に与えた影響を重視するところに特徴がある。[82]

第一に、大名領国支配論。豊臣政権は「国郡制」を原理的に継承しながらも、実態面では地域権力との駆け引きの中で新たに「国郡」の枠組みを設定した。太閤検地も石高制原理の導入という点で大名領国にとって重大な契機ではあったが、給人への知行高が大名の表高とは別系統ないし旧来の方式で設定される例、軍事動員において在地性を払拭できずに侵略体制に組み込まれる例など、政権―大名―給人（家臣）の間で「二重の妥協」や重層性・限界が存在した。[83]

第二に、国制論。秀吉は主家の織田信雄を超越するために朝廷の官位体系を利用、関白任官により形式上「叡慮」を推戴した「国制」を選択し、聚楽第行幸で公武の秩序を可視化した。関白職を譲った秀次との関係は朝鮮侵略の戦局や講和交渉に規定されて変動し、国内における想定外の並立が現出、第一次侵略の失敗を受け、太閤権力は関白権力の内治権や大名領主権を大幅に規制し、秀次事件に至る。事件後、天皇権威を相対化して豊臣家の伝統化を図る「国制の転換」を果たすが、講和破綻と秀吉の死によって集権化は徹底できなかった。[84]

中野氏の議論においては、政治過程を整理して政権の政策を段階的に把握する点、政権の方針が大名を中心とした地域側の論理に押し返されたと理解する点が特筆され、前述した「惣無事令」論批判に先行する研究姿勢といえよう。

ただし、ここで注意したいのは「国制」概念の錯綜である。およそ、「国制」概念は(イ)封建制や幕藩制など、国家の統治形態に対する歴史的評価、(ロ)天皇権威に基づく律令制や国郡制の枠組みなど、伝統的な観念、(ハ)兵農分離・石高制などの具体的・長期的な政治制度や骨格、(ニ)「豊臣体制」や「二重公儀体制」などの短期的な政治体制[85]

を指す用例に大別される。封建制論争や水林・山本論争では(イ)、山口・三鬼氏の国郡制論では(ロ)の意味が問われていたと見なせる。それに対し、中野氏は官位制の利用が「政権の志向する「国制」を大きく規定」とする一方で、「伝統的な国制を前提とする官位・官職制」とも述べており、(ニ)と(ロ)の意味の「国制」が混同されている。このことが氏の主張する「国制」が抽象的な印象を与える要因といえよう。もっとも、かかる状況は中野氏が批判対象とした朝尾氏の議論に萌芽が見られ、「豊臣体制というべき国制の構造」と「国制そのものが古い機能を復活」させるというように(ニ)と(ロ)の用例が混在しており[86]、中野氏のみの責めに帰すべきではなかろう。

(iii) 矢部健太郎氏の議論

矢部健太郎氏は、公武交流の場の検討を起点に、「家格」による大名編成方法を抽出した。秀吉は天正十五年に公家の摂関家と清華家との格差を縮小する「家格改革」を行い、ついで有力大名から成る「武家清華家」を創出、聚楽第行幸において披露した。その意図は、織田・徳川両家の官位序列上の突出性を家格集団の中に埋没させる点にあった。「武家摂関家」としての豊臣宗家のもと、大名は「清華成」―「公家成」―「諸大夫成」に編成され、その役割や内部序列は政権の形成過程に応じて変化し、「御掟」「御掟追加」の連署者やいわゆる「五大老」も「武家清華家」の当主に相当する[87]。

氏の議論は、二木謙一氏の武家儀礼研究や、下村效氏らの官位研究の進展を受けて、官位（個人）とは異なる身分秩序としての「家格」（家）へと論を高めたところに特徴がある。家格秩序における中世からの連続性を重視する点でも、高柳・桑田氏以来の学問的系譜を引く矢部氏の独自性が見受けられる。また、儀礼や行事を単なる政治文化ではなく制度史の観点から捉え、「武家家格制」の様々な事象における作用を検討し、「惣無事」や「取次」論などとの接続も試みている。戦国期において、「礼」の秩序の確立が戦国家法と並んで重要な機能を果たしたとする石母田氏の指摘[88]を踏まえれば、豊臣期においても身分秩序に積極的意味を見出したという研究史上の意義が認められよう。

「公儀」をめぐっては、文禄四年（一五九五）の「秀次事件」後に、秀吉・秀頼を頂点に有力大名と奉行衆から成る法的主体としての「公儀」が成立したことを重視する藤井譲治氏の見解[89]に対し、天正十六年の聚楽第行幸を契機に旧戦国大名の集合体としての豊臣「公儀」が形成されたと批判を加えている。しかし、矢部説ではその主な視線は朝廷と武家「摂関家」・「清華家」に注がれており、叙任されていない諸領主や寺社・村町といった層には広げられていない。一方、藤井説でも、徳川期以降は百姓や町人も射程に入っているが、豊臣期においては議論が政権と大名に限定されている。近年では「秀次事件」や事件後の政権再編についても両氏で見解の対立が見られる[90]。

両説の前提をなす朝尾説に立ち戻ると、一向一揆との対抗関係から論を組み上げており、戦国期の「公儀」を織り込みつつ、個別被官関係を解消した点に織豊期の意義を見出し、天正十五・六年を「公儀領主」の最初の統合、文禄三・四年をその確立と見ていた[91]。ゆえに、政権の画期を天正十六年前後と文禄四年前後に置く点では両説を包摂しうるものであり、それを「統合と変質」と見るか、「成立と確立」と見るかの評価の違いと捉えられよう。

(iv) 跡部信氏の議論

跡部信氏は、秩序意識と発言力に注目し、朝尾氏の議論を再検討するとともに、右の諸氏の見解も俎上に載せた。まず、国制について。従来、関白の国制的機能が独自に発動したとされてきた諸事例は、秀吉による秀次後援策（打算や確執含む）と捉え直せる。秀吉の朝鮮渡海を阻止したとされる勅書も、実際には影響力を持たなかった。政権は政策遂行のために叡慮を制御・機関化し、天皇個人ではなく、天皇を頂点とする伝統的国制の権威を正当性の根拠としていた。よって、国制や天皇制の克服・相対化という評価は適切ではない（朝尾・中野説批判）[92]。

朝鮮出兵について。秀吉の対外認識の欠如を自明視する通説に対し、氏は戦況や交渉内容を認知していたという立場を採る。対外戦争は中華崇拝意識を呼び覚まし、実戦での挫折は対呂宋外交を軍事から交易へと変化させ、秀吉への冊封を服属と名誉の両極で評価する対明観の分裂を招いた。講和破綻の真因は朝鮮王子来日にあり、領土要求は脅迫文言にすぎず、再派兵は講和拒否への懲罰を意味した[93]。

大名編成について。大名の服属条件は人質提出から大名上洛、在京へと段階的に引き上げられ、家康の臣従過程もそれに照応し、秀吉は一貫して上位者として交渉した。ゆえに、小牧・長久手の戦いの軍事的敗北によって伝統的国制活用路線へ転換したとは捉えられない（朝尾説批判）。臣従後の大大名らは政策への関与（発言権）を公認され、広域的な大名支配を委ねられたが、天正二十年六月以降、より高次な家康と前田利家の「二大老」制が始動し、大名らへの処罰の可否判断にも参与、五大老制のもとでも制度内の制度として存続した（「四奉行」制については後述[94]）。

氏の議論の特徴は、史料の読み直しから通説的理解に疑義を呈し、斬新な見解を提示する点にあり、その意味では移行期研究の動向とも一脈通ずる。ただし、そこに力点が置かれすぎるあまり、論点の相互関係や全体としての構造が不明瞭なところに問題を残す。ゆえに、本書では跡部氏の議論を到達点として高く評価したうえで、その成果を政権論として組み直すための方途を探る。

右の四氏の議論は、いずれも朝尾「幕藩制と天皇」を克服対象とし、朝廷権威と朝鮮侵略の問題を中心に扱い、個別論点においても実証成果を大幅に更新した。朝廷や関白職が実体的な対抗関係や規制力として働くというよりも、政権が伝統的な枠組みや秩序意識を活用した面が重視され、朝鮮侵略の推移が政権の性格や政策を規定する要因であったと理解されるようになったのである。一方、朝尾「豊臣政権論」については三鬼氏が知行統制論に切り込んだくらいで、全体としては幕藩制国家論段階の議論に照準が絞られ、構造論段階の議論はかえって自明視されているのが現状といえよう。

また、自立的共同体論や「中近世移行期」研究への言及に乏しく、「豊臣平和令」論に批判的立場を採る三鬼氏を除いては、正面から扱うには至っていない。秩序論や過程論への着目は、幕藩制成立史研究の克服と捉えうるが、総体としての時代像や政権像が必ずしも明瞭には示されていない点に課題が残る。

政権内部については、秀次や信雄・家康などの大大名との関係が盛んに議論されるものの、跡部氏以外は集団としての吏僚層への分析が相対的に薄く、朝尾集権分権論はいまだに命脈を保っている。国家秩序については、天皇や伝統的国制が主に扱われてきたが、寺社や村・町を含めて国家編成の問題に発展させる必要があろう。朝鮮侵略については、政権の変質が議論の中核にあり、東アジアという位相は秩序観の面では意識されるものの、現実の往来や交錯は扱われず、大名や民衆を含めた影響も十分には検討されていない。かくして、本書はこの三つの局面を軸に構造論の再構築を図るものであるが、以下では、その導線のありかを提示しよう。

（2）構造論再構築に向けた三つの導線

（i）豊臣政権の内部構造——「取次」論のゆくえ

八〇年代に山本博文氏が提起した「取次」論は、政権の内部構造の核心に迫る議論であった。「取次」は諸大名への命令伝達や後見機能を果たすことを公認された職制であり、初期には家康ら大大名が担当したが、次第に石田三成ら側近層へと主体が移ったとする。側近層の本質は「取次」にあり、合議に拠らずに独自に政策指導を行ったため、政権の中枢機構は未確立であり、絶対者秀吉に極度に収斂する体制と評価された[95]。氏の議論に対しては、大大名らと側近層の役割の差異や概念規定への疑義・再定義が積み重ねられてきた[96]。また、「取次」を公的に設定された職制と見る山本説に対し、下からの慣習や行為としての面を重視する批判も出されている[97]。

「取次」論は、高木昭作氏の「出頭人」論を前提とし、中央官僚による集権化像（朝尾・山口氏ら）を批判する目的を有したが、実は朝尾・山口氏自身は必ずしも合議機関として奉行層を捉えていたわけではない。ゆえに、政権の内部構造に関する一定の蓄積を経た段階で、その相対化を図るには有効な視角となりえたと振り返ることができるが、ここではむしろ、研究史を先取りした山本氏の鋭敏さをこそ再評価すべきであろう。

そのうえで、対外交渉が個別の仲介者によって天下人に接続されることと、中央政権の政務が集団で処理されることは矛盾しない事象である点には改めて留意したい。「取り次ぐ」行為が主君への上申を意味することを想起すれば、「奉り行う」行為が主君の命令を受けた執行を指すこともまた明らかであろう。[98] ゆえに、本書では「取次」を政権中枢吏僚層の役割の一つと見なし、いわゆる「五奉行」の成立過程を丹念に掘り下げることで、政権の内部構造の多角的・動態的把握を心がけたい。

政権の職制に関しては、「五奉行」成立を関白任官と同時とした小瀬甫庵『太閤記』に端を発し、江戸時代にも種々の記述が確かめうるが、近代に入ってそれらを集積したのが『古事類苑』官位部五十の「豊臣氏職員」である。同じ頃、山路愛山氏は「五奉行」の顔ぶれは関白任官時から一定していたものではないと看破した。そして、同時代史料から「五奉行」の成立が秀吉の死の直前の慶長三年七月であることを実証し、その職務を蔵米出納・治安維持としたのが桑田忠親氏であった。[99]

戦後、鈴木良一氏は桑田説を批判し、「五奉行」制を官僚による分課として捉えるのではなく、奉行制として動態的に論じる必要性を説いた。それを受けた朝尾氏らは、「秀次事件」後における法制化を政治機関としての整備(「五奉行」の原型)と評価した。[100] 他方、三鬼清一郎氏は秀吉生前の奉行人の組み合わせは流動的かつ重層的と指摘した。曽根勇二氏は、奉行人の台頭が政権の軍事的な国内制圧と重なることを重視し、党派闘争的理解の相対化を図った。また、秀吉生前の「五奉行」の連署状を集成し、文禄二年末頃に成員が固定され始めたと評価する。[101]「取次」論の登場以後、「五奉行」や山中長俊・木下吉隆ら吏僚層に関する個別研究も次第に蓄積されていった。[102]

「五奉行」の呼称と職掌については、阿部勝則氏が同時代史料では「五大老」を「御奉行」、「五奉行」を「年寄」と呼称していると見て、後者の職掌を治安維持・百姓支配・外交・蔵入算用・都市支配・大名統制・家政に大別した。[103] 対して、堀越祐一氏は、阿部氏の指摘した呼称は石田三成らが用いたもので、家康やその与党は「五奉行」を「奉行」と呼称しており、学術用語としては従来の「五大老」「五奉行」を用いるべきと批判した。加えて、「五奉行」が蔵入地支配や知行宛行いを主導し、「五大老」知行宛行状は秀頼の奉書的性格を有していたことを指摘した。[104]

そうした中で、山本「取次」論を発言力という観点から再解釈した跡部氏の「四奉行」制論が登場する。[105] 秀吉の御諚は堅固かつ可変的であったため、奉行らは危険を伴う進言を存在意義とし、時に秀吉を欺きながら社会と政権の共通利益を追究した。ゆえに、「取次」機能は彼らの本質ではなく、発言力が発揮される一つの局面と捉えうる。「秀次事件」後に「四奉行」制が確立し、無制限の職域と高い権威を備えた合議機関として実働し、秀吉死後も実態として存続した、というのがその論旨である。

大大名や奉行による御諚の操作を、秀吉独裁制の特質として矛盾なく説明した跡部氏の手際は見事であり、ここに至って「取次」論は相対化されたと評価できる。もっとも、秀吉生前の奉行らが様々な政務に集団で対処していたのは事実であるが、それを無制限な職域を有する「四奉行」として制度的に捉えることは適切であろうか。「五奉行」に変わる新たな固定的官僚像を創り出してはいないだろうか。

本書の見通しをあらかじめ述べれば、中枢奉行層が機構として確立した時点を慶長三年七月と捉え、それ以後において機構全体を指す場合は「五奉行」とし、特定の時点を指す場合は員数に従い、三奉行などと表記する。また、秀吉生前は個々の政務実態に腑分けし、それらが集団性を帯びるに至る過程を探る手法を採りたい。「五奉行」や「四奉行」から遡及的に理解するのではなく、同時代的・複線的に内部構造を跡づけることを心がける。[106]

その際、参考とすべきは、伊藤真昭氏の一連の業績であろう。[107] 氏は玄以の関連文書を網羅的に収集し、所司代の変遷や職掌・機構を具体的かつ段階的に解明した。所司代に限らず、寺社政策における個別案件ごとの担当者を丁寧に掘り起こし、「秀次事件」後における所司代の役割分化と窓口の一元化を指摘している点は、内部構造の形成過程を探るうえでも重要な成果といえる。

（ii）豊臣政権の国家編成──〈首都〉論の射程

九〇・〇〇年代に横田冬彦氏は、城郭と都市への着目を起点に、兵農分離論と「惣無事令」論を組み込む形で〈首都〉論を展開した[108]。近世首都は妻子を伴う本宅としての大名屋敷の存在に特徴づけられ、大名在京は交戦権の凍結と国家的集中を意味し、大名家臣団とその妻子の城下町集住により、二重の兵農分離として進展した。その成立は天正十七年の京都（聚楽第）に遡り、「秀次事件」後の伏見において天皇権威に依存しない武家国家の首都が確立、秀吉死後に再び大坂へと統合された。

〈首都〉論は従来別個に検討が重ねられた都市論と国家論を架橋した点に魅力があり、その後も諸大名の学習の場としての〈首都〉の意義や、首都市場圏への接続による全国的な求心的流通構造の形成などが指摘されている[109]。ただし、横田氏の議論は基本的には武家領主の統合を中核とするため、政権─大名─家臣の関係に視野が限定されており、それ以外は天皇権威からの脱却や町人の移住、職人の技術力に言及するに留まる。しかし、京都をはじめとする〈首都〉には武士だけでなく、公家・寺社・町人らも混在していた。

豊田氏以来の自治都市敗北史観の克服を目指した仁木宏氏は、豊臣政権が町共同体の自律性を活用する戦国・織田期の方針を受け継ぎ、起請文を提出させることで法の遵行を深化させたと指摘している。朝廷・寺社と都市民との諸関係を切断し、直訴を強制して武士層の非分狼藉を規制することで、共同体側から要請された〈平和〉を実現する唯一の「公儀」として洛中に臨んだとする。こうした見解は、人足役から政権による町人身分の析出を捉えた吉田伸之氏や法の村請を指摘した横田氏の議論に呼応し、藤木説をも踏まえて形成されたものといえよう[110]。

寺社に関しても、政権が内部組織に直接干渉したのではなく、寺社側が秩序再編のために所司代の後援を求め、その権威を背景に自律性を回復・強化したと伊藤氏が指摘している。政権は寺社の上層部のみを掌握し、個別の事情を勘案しながら臨機応変に対処しており、その要請に応えることで正当な権力として認められた面があった。また、世俗権力の絶対的優位を示す大仏千僧会を実施し、対等で自立的な宗派としての近世的宗教秩序を可視化し、そこから排除されたキリスト教と不受不施派は以後、「近世的異端」として禁圧対象となった[111]。

政権は朝廷に対しても、領主集団としての自律性を前提に後援・再編を行ったと評価されている。公家・門跡への知行宛行いを媒介に、家道を設定、朝役（朝廷運営）や勤行（祈禱）の奉仕を命じ、近世の公武関係の基本的枠組みを規定した。政権と朝廷間を繋ぐ伝奏は任命方式こそ足利義昭以来の例に倣うものの、天皇への窓口を一本化し、所司代の介在・代替が見られる点で大きな画期となった[112]。ただし、親王・門跡の座次相論への秀吉裁決は積極的介入とは捉えがたく、裁決後も旧来の官職体系による序列が基準とされた[113]ように、こうした現象を政権による支配の貫徹と捉えるべきではなかろう。

右の諸研究の成果を踏まえれば、豊臣政権が京都において町共同体や寺社・朝廷に直接的に介入してその自治を否定したとは見なせない。同時に、政権の施策は諸集団における近世的秩序の成立に大きな影響を及ぼし、結果的にその後のあり方を規定した。交渉窓口や代表者（「豊臣伝奏」や町役人など）を設定し、家職規定や寺社内掟・町触で構成員のあるべき姿を示すことで、前代以来の自立性を後援・再編した政権の姿勢が看取される。

よって、本書では、武士も含めた諸集団が交錯する舞台としての〈首都〉論の視座から国家編成の様相を捕捉し、古典的な下部構造論ではなく、主に課役に着目し、自立的共同体論に立脚した統治構造論の創出を試みる。その際、〈首都〉の変遷を従来のように単線的にではなく、複線的に捉えることで、政権の構想をあぶり出したい。

（iii）対外戦争と国内統治——東アジア「近世化」論との接続

秀吉の朝鮮侵略戦争をめぐっては、戦後の鈴木良一氏による「侵略と抵抗の歴史」という観点を受け継ぐ形で、幕藩制構造論・国家論の中で議論が進展し、大陸出兵の意向表明が関白任官直後に見出されたため、政権の初発から内在した問題として位置づけられた[114]。それ以後も日朝中の史料の横断的活用に基づき、戦争・交渉過程の動態的把握やそれに伴う政権の変質、朝鮮半島と日本国内での情報や輸送の遅延・齟齬など、多角的視野から研究が蓄積された。[115]ただし、分析が精緻化する一方で、幕藩制成立史研究において提起された東アジアという舞台設定が形骸化した感は否めない。

かかる状況下で注目されるのは、先にも触れた東アジア「近世化」論であろう。その流れを先導した岸本美緒氏は、一六世紀の東アジアにおいて銀を媒介とした国際交易ブームが生じ、中国辺境において軍事新興勢力が台頭、秀吉の朝鮮侵略やヌルハチの遼東侵出・明清交替へと帰結し、各地域において新たな国家秩序・伝統社会が形成されたと論じた。こうした捉え方は、国境をまたぐ〈地域〉で活動した倭寇などに注目した村井章介氏の議論とも呼応する。[116]

加えて、韓国においては、壬辰倭乱を東アジアにおける国際戦争として位置づけるべきとの主張が九〇年代から見られ、近年では各国での名称の違いを乗り越えるために「壬辰戦争」という呼称が提起され、日本でも徐々に同呼称を冠した共同研究やシンポジウムが増加してきている。[117]東アジア「近世化」論とも接続しうる動向といえ、豊臣政権研究においても壬辰戦争論を踏まえて立論することが要請されよう。

幕藩制成立史研究の段階では、天下統一戦争から対外侵略戦争へという流れが必然・一貫のものとされることが多かったが、九〇年代以降、戦争遂行過程の国内での変容に目が向けられるようになった。先の〈首都〉論との関連でいえば、名護屋城の位置づけは重要な鍵となろう。朝尾氏は名護屋において国家レベルでの武家文化の混合と平準化が進んだことに注目し、横田氏も〈兵営として移動する首都〉と評価している。名護屋に諸将を率いて在陣する秀吉と、京都に残る秀次という分離状況が権力や社会にいかなる変化をもたらしたのか。対外戦争と国内統治をめぐっては、これを第一の論点としたい。

また、戦争後の国内への影響という面については、従来は外交・交易の再開や日本型華夷意識などの問題が中心に扱われてきた。それに対し、政権論の観点からすると、蔚山城の戦いがその後の国内政局に及ぼした影響を論じた笠谷和比古氏の研究が注目される。[118]蔚山城の戦い後の戦線縮小案をめぐって在陣諸将に意見の相違が生じ、その対立構図が秀吉死後に引き継がれ、石田三成襲撃事件や関ヶ原の戦いへと発展したという見解である。氏の議論は戦争末期かつ政治史上の影響に限定されているが、それを戦争の過程全体と大名の領国統治にも敷衍することが、第二の論点となる。

そして、行論中で次第に明らかにされる通り、対外戦争と国内統治の関連を探る試みは、〈豊臣の平和〉の内実を照らす作業へと繋がるだろう。藤木氏の議論は、朝鮮侵略の国内外における惨状をえぐり出した『織田・豊臣政権』から、「惣無事令」の国外持ち出し、戦場の暴力の朝鮮への放出（雑兵論）へと変化した。こうした歩みは自立的共同体論への転回に起因するが、学説相互の整合的な説明は必ずしもなされていない。先述の通り、藤木氏も朝尾氏も自立的共同体論に立脚した豊臣政権論の組成を本格化させることはなかった。ここに、戦後歴史学の歩みをいかに統合的に把握するか、という大きな課題に行き当たる。藤木氏の議論の道筋に即して考えるのであれば、その生命線の一つはやはり壬辰戦争となるだろう[119]。

三　本書の構成と視角

右の研究史の展開を念頭に置き、本書では、第一部「豊臣政権の内部構造」で政権中枢奉行層の形成過程と政務実態を分析する。ここで重点的に扱うのは算用（財政）と公事（訴訟）であるが、奉行層はそれ以外にも多くの政務に関わっており、第二・三部の行論の前提をなす。第二部「豊臣政権の国家編成」では、〈首都〉における大名・朝廷・寺社・町共同体との関わりを論じる。その過程で、伝統的権威や秩序論にも関説することになろう。第三部「対外戦争と国内統治」では、壬辰戦争と国内の諸動向の関連性を検討し、〈豊臣の平和〉に論及、第一・二部の帰趨が外と内に向かってどう発動されたのかを見据える。そして、これらの総体として、豊臣政権の統治構造論[20]を立ち上げることを目指す。政権像の更新にあたっては、既往の研究蓄積から四つの視角を導き出しておきたい。

（1）豊臣期の固有性と連続性

先述の通り、内田銀蔵氏は織豊期を固有の時代かつ前後と連鎖した時代と捉えていた。しかし、その後の研究では服部氏の初期絶対主義説や安良城・佐々木氏の「幕藩制第一段階」という捉え方が一般化したように、むしろ織豊・徳川初期の特異性や突出性に耳目が集まるようになった。最近でも、兵農分離政策が一七世紀後半に動揺することから、戦国期や江戸時代とは異なる段階として織豊期を把握しようとする見解も見受けられる[121]。もっとも、異質性を強調しすぎることで、前後の時代の研究と没交渉に陥る危険性を考慮すれば、「中近世移行期」研究が積み重ねてきた対話の糸口を手放すべきではなかろう。

一五世紀から一七世紀までを「移行と形成」の時代と見た時、織豊・徳川初期は「形成」の比重が増す時期と捉えうる。その中で、豊臣期と織田期・徳川初期との関係を問う必要が生じてこよう。近年、織田期の歴史的評価については再検討が進んでおり、主に領国支配の面から戦国期との連続性を重視する立場と、東国政策から豊臣期への連続性を説く立場に分かれる[122]。ただし、注意すべきは、後者の論者にあっても織田期全般を豊臣期との連続から捉えているのではなく、織田政権末期からの継承面を重視している点で、朝尾「将軍権力」論とも相通じる。

一方、徳川期との関係についても、特に豊臣政権論において、諸政策が江戸幕府へとそのまま継受されるわけではない面が報告されている。一つは外交や天皇権威・官位制度などの国際・国内秩序、いま一つは収取法や地子免除など租税関係において相違点が指摘された[123]。これらは既存の秩序や社会構造を改変するに際して、固有の方針・政策が選択されたためと捉えられよう。ゆえに、以下の行論ではこうした蓄積を踏まえ、連続性と固有性（先述の継承面と段階差に通じる）をともに意識したい。

（2）法令・政策の非貫徹性

豊田武氏は経済基盤から大名・朝廷・農村・都市政策にわたるほぼ全ての面において、豊臣政権の推進と同時に不徹底や限界性があると見て、過渡的政権像を提示した。一方で、宮川満氏は太閤検地や小農自立政策が、非貫徹性や妥協・限界を含みつつも、全体としては革新的意義を有したとしている。[124] 政権の評価の方向性は異なるが、安良城説批判の中から、法令や政策が必ずしも貫徹しない面が萌芽的に指摘されるに至った。しかし、幕藩制成立史研究の段階では貫徹が自明視され、かかる見方は等閑に付された。

それに対し、藤木久志氏は、法の政策意図を法の貫徹と読み替えてきた兵農分離論を批判し、その後の論者にも大きな影響を与えた。[125] 小林清治氏は、奥羽仕置が村落の内的変化はもたらさず、秀吉の指令と現地での実施状況にも乖離があることを指摘するなど、国家編成（政権―大名・村落）と政権内部（秀吉―直臣層）の二局面における限界や非貫徹性を見出している。[126] 池上裕子氏は、安良城説以来の政権像が「豊臣平和令」論にもなお投影されていると指摘し、政権の検地高・大名の収納高・村落の村請帳簿という石高の重層性（柔構造）に着目する必要を説いた。[127] 平井上総氏も、従来の兵農分離論が実態分析を欠く点を難じ、政権の法令を絶対視し、全てに貫徹するという捉え方を捨て去るべきことを主張する。[128] 本書もこうした観点を引き継ぐものである。

その際、右の現象をかつてのように「妥協・過渡的・地域的後進」に解消することは許されまい。[129] 太閤検地・石高制や〈豊臣の平和〉という根幹的な場面において社会への不貫徹が見出されるのであれば、そこにこそ政権の法令・政策の特徴が示されていよう。政権の諸政策が「全国に及ぼされたものであり、各地に一律に貫徹されたわけではないが、日本近世の支配構造・社会構造の骨格をなした」とする牧原成征氏の見解[130]を参照すると、貫徹を行論の前提にすることなく、その作用・波及のあり方に刮目する必要がある。その過程で、朝尾氏によって否定された豊田氏の政権像や商業資本論を再解釈する余地も生じよう。

（3）静態的必然論から動態的選択論へ

八〇年代以前の議論は、豊臣政権に初発から一貫した意図や強固な政策基調が存在したと想定しており、「惣無事令」論も同様の性格を受け継いでいた。一連の「惣無事令」論批判は、政治過程論の立場からその一貫性への疑問を呈したわけだが、なにゆえに従来の議論は静態的把握に留まっていたのだろうか。

戦後、鈴木良一氏は織豊政権の生産基盤（畿内掌握など）や軍事力（鉄砲隊など）を特別視し、両政権による統一を歴史的必然と捉えていた[131]。幕藩制成立史研究においても、多様な歴史的発展のコースは視野に入れつつも、小農自立や兵農分離などの諸政策を「～でなければならない」と論理的必然性において理解するのが支配的であった。八〇年代に入ると、織豊政権の統一過程において多数の偶然が作用していたことを強調する議論も出されたが、偶発性を強調しすぎると、逆の意味で極端な歴史把握に陥ってしまう恐れがあろう[132]。

では、どうすべきか。山本博文氏は佐々木説批判の文脈で、兵農分離を権力が選択した特殊な方式と見て、様々な歴史的コースの中から豊臣政権の成立を必然化させた要因を考えるべきだと主張していた。この見解を再評価した牧原氏も、特殊な諸政策が採用された理由や方途の追究を掲げている[133]。ゆえに、本書でも政権の法令や政策が多様な歴史的可能性の中から「選択」されたという理解を共有したい。

豊臣期研究においても、政権の全過程を試行錯誤と捉える中野氏の議論をはじめ、検地において秀吉の意向が政治的動向によって延期・変更された事例や、東国政策における政権の受動性が指摘されるなど、政治情勢や地域秩序の規定性が見出される[134]。よって、政権の法令や政策を、その形成・施行過程における政治・社会の諸条件との相互作用の中で、必ずしも直線的にではなく、紆余曲折を経ながらも、全体としての方向性を示すような取捨選択の産物として評価したい。

ただし、空間軸での非貫徹や時間軸での非一貫性という視角の導入は、あくまでも古典的政権像に見られる貫徹や一貫性を前提とせずに、動態的・多面的に政権を捉えるための手段であり、無秩序や無志向・場当たり的対応とは等号では結ばれない。むろん、分析の結果、貫徹・一貫性（ないし無秩序や無作為）という評価が導かれることを拒むものでもない。そして、強固な方針を必ずしも目的化せず、実現もしえない中で、政権がいかに国家や社会を編成・統合したのかを解くためには、次項の〈理念と実態の懸隔〉を探る必要があろう。

（4）理念と実態――その懸隔を埋めるもの

幕藩制成立史研究の段階では、朝尾氏が兵農分離の理念的側面や石高の抽象性に留意し、藤木氏が刀狩令や石高制の「たてまえ」としての性格を指摘していたが、いずれも全面的には展開されていない。[135] その後、藤木氏は〈豊臣の平和〉を「治安の一方的な強制」と「過酷な自力からの解放」の両義性から捉えたが、「惣無事令」論批判でも建前・名分としての〈平和〉と内実としての〈戦争〉の乖離が論点とされたように、[136]「豊臣平和令」論は理念と実態の断層に焦点をあてる契機となった。

かかる問題意識を明確にしたのが高木昭作氏の一連の仕事である。氏は、〈平和〉を兵営国家の「名分」と捉え、「たてまえ」としての身分の枠組みと中世以来の属性の残存を対抗関係で把握し、石高制の仮構的側面を指摘するなど、理念と実態の落差・せめぎ合いを力説した。[137] 池上氏も検地における土地測量を「タテマエ」と表現し、御前帳徴収を石高制の「形ばかり」の全国的成立と評価した。[138] 牧原氏も兵農分離社会で百姓が均質の存在と見なされたことを「フィクション」と捉え、権力側の理念と社会の実態の相互規定性を指摘している。[139]

本書は、こうした観点からさらに一歩進めて、豊臣政権の政策・法令の〈理念と実態の懸隔〉を前提としたうえで、吏僚層や大名らがその懸隔をいかに埋めようとしたのか、あるいは埋めえずに弥縫に走ったのか、さらにはそれを逆手にとって利用しようとしたのか、という「着地点」を注視するものである。

最後に、本書が「豊臣政権」の語を掲げる理由について注記しておく。藤木氏は八七年頃より「豊臣政権」の語を用いなくなり、「豊臣権力」や単に「豊臣」と呼称するようになるが、これは従来の統一政権像への批判的スタンスの表れといえるだろう。[140] また、秀吉個人の専制性を重視する論者においては「秀吉権力」や「秀吉政権」という用語も見られる。[141] 一方、近年では、諸大名が「羽柴」名字を与えられ、秀吉も終生「羽柴」名字を用い続けたとの推測により、「羽柴政権」とすべきとの見解も出されている。[142]

しかし、本書では中枢奉行層を中心とした内部構造を重視するため、秀吉個人に焦点を絞る手法は採らない。また、「羽柴」名字を与えられた大名はほぼ公家成以上に限られ、吏僚層や直臣層は「羽柴」名字を許されていない。そもそも、豊臣宗家の秀吉や秀頼が「豊臣」賜姓後に「羽柴」を名乗った史料は現状では確認できず、秀吉が自ら「羽柴」を称した確実な事例の終見は天正十二年九月であり、他称でも翌年五月を下限とする。[143] 同時代人も生存していた時期に編纂された『寛永諸家系図伝』では、第十四巻に「豊臣姓《とよとミのしやう》」として木下氏が立項される一方、第十三巻の稲葉一鉄の項では「豊臣秀吉《とよとミひでよし》」とあり、他の箇所で藤原氏や源氏には「の」を付けていることからすれば、「豊臣」を名字と捉えていたと判断される。[144] ゆえに、豊臣宗家は姓氏一致と認識されていた可能性が高く、[145] かつ、直臣層を包摂しうる「豊臣政権」の呼称が適切であると考える。

なお、豊臣期の武家領主は、当時「大名衆」「大名小名」などと呼ばれているが、江戸期のように「大名」の明確な区分が成立していないため、[146] 本書においては「豊臣大名」として一括して論じる。

第一部　豊臣政権の内部構造

第一章　豊臣氏奉行発給文書考

はじめに

近年、豊臣政権をめぐる研究は長足の進歩を遂げつつある。居所に関するデータや秀吉の発給文書集が刊行されるとともに、それに基づく成果も出され始めている(1)。また、精緻な政治過程の研究も蓄積されてきており、より具体的な歴史像が描き出されるようになった(2)。

その一方で、政権の内部構造の研究は立ち遅れているのが現状である。政権の実務を担った奉行層の動向ですらいまだに不明な部分が多いが、その根本的な理由として、当該期の文書は年号の付されていないものが多く、年次比定が困難であることが挙げられよう。

発給年次を判断する際には従来、発給者や受給者、文中に表れた人物の通称や名乗り（実名）から推測する方法と、他の文書や記録類により、文中の事柄や人物の立場などを照らし合わせる方法が採られてきた。奉行の発給文書に関していえば、それらを踏まえた曽根勇二氏の研究が現状の到達点として挙げられよう。また、『織豊期主要人物居所集成』の刊行によって、浅野長政と石田三成の居所と行動が明らかにされており、発給者や受給者の居所から年次を絞り込むことが可能な段階となっている。しかし、その他の人物については、玄以の居所が当時の古記録等でかなりの程度判明するくらいで、増田長盛や長束正家については、秀吉周辺にいることが多いとは予想されるものの、様々な役割を与えられて離京することもあり、その足跡の全貌はなお判然としない(3)。

本章は、豊臣氏の奉行に関する研究水準を改善するべく、これらの比定方法に加えて花押型の変化をも考慮することで、奉行発給文書の年次比定の正確さを飛躍的に高めることができる事実を示すものである。

中世後期から近世前期にかけての無年号文書の年次比定に際しては、これまでも花押型の変化が重要視されてきた(4)。それらの成果を参照すると、花押型の変化については、①形状の全体変化、②形状の細部変化、③経年変化に着目する必要があろう。豊臣氏の奉行研究においてこれまで花押型の変化への言及が乏しかった理由は、その変化が一見して判明するレベルではなく、②の細部変化が多くを占めることに求められる。また、③の経年変化については、線の太さやバランスなどが判断材料となるためにその判定が難しく、収集事例が多くない場合には年次比定の絶対的指標にはなりにくく、細かな絞り込みには適さないという欠点がある。よって、本章では主な着眼点を花押の形状の細部変化に据え、経年変化については、形状変化と組み合わせて効果を発揮する場合に限って活用することとする。

以下、第一節では基礎作業として、実名や通称の変化を確認したうえで、奉行の花押型の変遷を明らかにする。ついで、第二節ではその成果を基に、東国政策に関する奉行発給文書を取り上げ、無年号文書の年次比定が従来の政権像に及ぼす影響について実例を示す。そして、第三節では奉行発給文書に古文書学的考察を加え、署判の順序や文書の類型についての見解を述べることにしたい。

一　花押型の変化

奉行の花押型の変化を発給文書の年次比定に活用した最初の、そしておそらく唯一の研究としては、岩沢愿彦氏の「山城・近江における豊臣氏の蔵入地について」が挙げられる[5]。氏はその中で、「西教寺文書」の十二月二十六日付浅野長政書状の発給年を「花押の形態的特徴からみて文禄三年十二月以降慶長二年十二月に至る四年間」と推測している。すなわち、浅野の花押の「形態的特徴」が何段階かに分かれることを発見し、かつ当該文書の花押型が用いられた期間における十二月は四年間のいずれかに絞られると指摘したのである。この年代幅自体はやや誤りがあるため、のちほど訂正するが、今日に至るまでの研究の中で、この岩沢氏の言及を踏まえたものは見当たらない。そのほかには、辞書類や編纂物・自治体史（例えば『国史大辞典』や『大日本史料』、『愛知県史』など）が浅野や長束らの花押型を複数掲げるに留まっている。なお、『国史大辞典』と『大日本史料』の浅野の項に関しては岩沢氏が執筆、もしくは編纂に関与している。

本章では、浅野だけではなく他の奉行も含めた花押型の変遷を、通称や実名の変化と併せて明らかにすることで、奉行発給文書の年次比定を容易にするための土台作りを行いたい。なお、検討の時期は天正十年（一五八二）の本能寺の変から慶長五年（一六〇〇）の関ヶ原の戦いまでとするが、適宜その前後についても言及する。

（1）浅野長吉（長政）

まずは岩沢氏の顰に倣い、浅野の検討から始めたい。浅野は天文十六年（一五四七）生まれで、慶長十六年四月六日に没する。通称は最初「弥兵衛（尉）」でのち「弾正少弼」と称す。「弥兵衛（尉）」の終見は天正十三年閏八月二十一日付の羽柴秀吉判物、「弾正少弼」の初見は天正十三年十一月二十一日付の浅野書状と見られる[6]。なお、鶴松の死後、天正十九年十二月から文禄元年（一五九二）十二月にかけて、「弾正少弼入道」を称す文書が数例見られる。ただし、文禄中頃と慶長四年にも「入道」の事例が数通確認できるため、秀吉の死去などの事情のもとに髻を切った際、「入道」を付すこともあったと思われる。[7]実名は最初「長吉」でのち「長政」と改めた。現状確認できる「長吉」の終見は（文禄五年）五月六日付の書状で、「長政」の初見は、慶長元年十二月朔日付の判物写である。[8]

では、花押型の変化を見ていこう。以下、初見や終見は現段階での収集状況であることをあらかじめ断っておく。年月日が確定できる最初期の浅野の花押は、秀吉やその家臣らが金品を奉納した「竹生島奉加帳」[9]に確認できる（図1－1参照）。天正四年九月三日、一石を奉納した際のものである。本書ではこの花押をＡ１型とするが、天正九年以前にこの花押型は使用されなくなる。ただし、Ａ１型はこの後、関ヶ原の戦いに至るまでの浅野の花押と基本の形状は類似しており、その原型と見なせる。

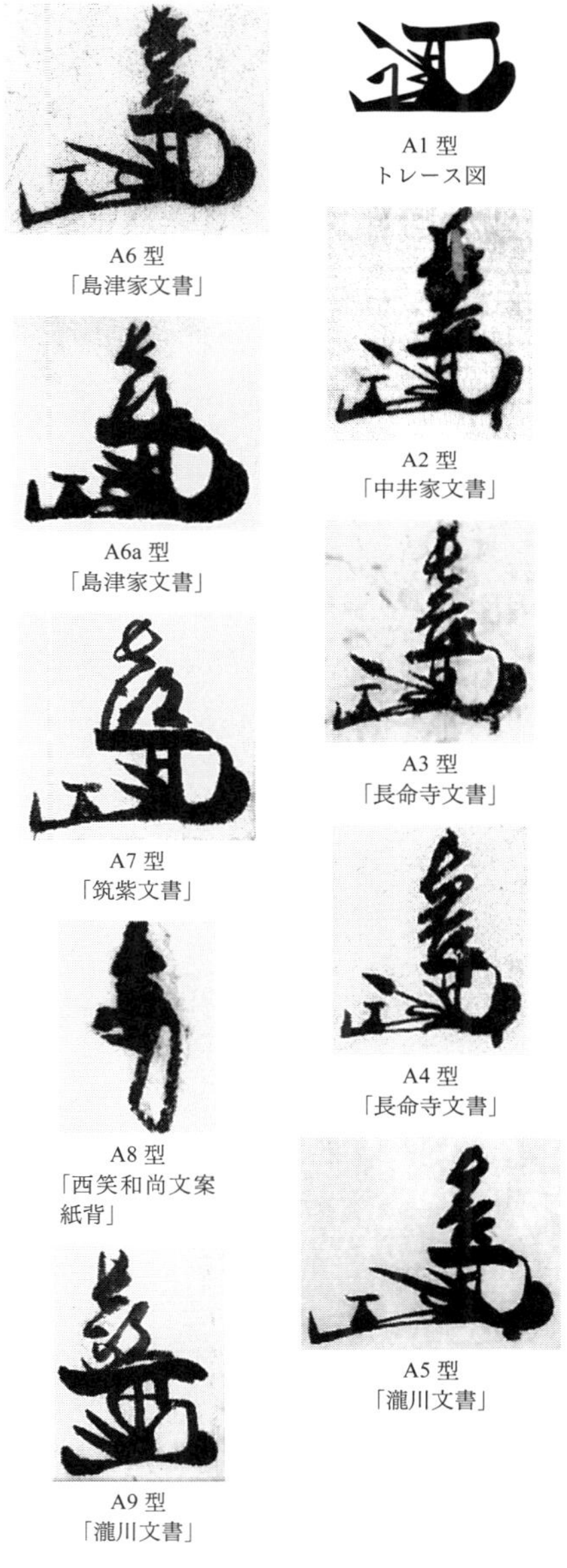

図 1–1　浅野長吉（長政）の花押

二番目に確認できる花押をＡ２型とする。初見は天正九年十月吉日付の書状で、終見は（天正十年）十二月二十一日付の書状である。[10] Ａ２型はＡ１型と比べると、左下部の突起の形状が変化し、右下部にも突起が出現する所に特徴が見出せる。

三番目に見出せる花押型をＡ３とする。初見は（天正十一年）九月十四日付の書状で、終見は天正十二年三月五日付の書状である。[11] Ａ３型はＡ２型と近似するが、中央右下部の縦線を太く記す部分が差異となる。

四番目に表れる花押型をＡ４とする。初見は（天正十二年）八月二十九日付の書状写で、終見は天正十七年五月二十五日付の増田との連署状である。[12] 豊臣政権期において浅野が最も長く使用した花押であり、Ａ３型との違いは、中央右下部ではなく、中央右上部が太く強調される所に見出せる。

五番目がＡ５型である。初見は（天正十七年）十一月八日付の書状で、終見は文禄二年五月十八日付の城米請取状である。[13] 管見に入った文書数は百十通を超え、最も多い。Ａ４型との違いは、中央右上部が元通り細くなり、左上部に突き出した長い方の斜線の先端の膨らみが消失する所にある。

六番目、Ａ６型に移る。その初見は（文禄二年）九月二十四日付の書状で、終見は（文禄五年）五月六日付の書状である。[14] Ａ５型との違いは、右下部の突起がなくなる所にある。なお、次のＡ７型に移行する過程で、左上部に突き出した長い方の斜線が短くなる傾向が見られる。形態自体は変わらないのでこれを経年変化と判断し、Ａ６ａ型とする。初見は文禄五年七月十一日付書状写で、終見は（慶長二年）八月十日付の長束・増田・瀧川雄利との連署状であるが、後述のように十月にまで下る可能性がある。[15] なお、冒頭で触れた「西教寺文書」の長政書状はＡ６ａ型であるが、岩沢氏は経年変化を区別せずにＡ６型と判定したようである。Ａ６ａ型の幅は最大に見積もって、文禄五年五月以降慶長三年五月以前であるため、当該文書の発給年は慶長元年か二年に絞れるが、秀吉の寄進状が慶長元年十二月八日付で出されており、[16] それとの関連で慶長元年と確定できる。

本章で扱う範囲では最後に出現するのがＡ７型である。その初見は（慶長三年）五月三日付の長束・増田・玄以との連署状、および稲葉重通との連署添状であり、終見は慶長五年のものとされる十月二十日付の書状写である。[17]A6a型との差異は、中央左下部の簡略化に求められる。

その後にはA8型およびA9型の花押が確認できる。慶長五年末頃からA8型を用いだし、慶長十年までにはA9型へと移行、慶長十六年の死去まで使用したものと思われるが、収集事例も多くないため後考を俟ちたい。なお、浅野は領内統治などでは、方形と円形の黒印も用いた。

（2）長束正家

浅野についで多くの花押型の変化が検出できるのは長束である。その生年は定かにしえないが、没したのは慶長五年十月三日である。通称は最初「新三郎」でのち「大蔵（太輔）」に改めた。「新三郎」の終見は（天正十六年）九月十二日付の秀吉朱印状で、「大蔵」の初見は（天正十七年ヵ）二月朔日付の書状である。[18]実名は一貫して「正家」である。

長束は最初、弟の直吉とともに丹羽長秀に仕えていた。史料上の初見は、元亀二年（一五七一）十二月の上賀茂社の算用状である。天正元年～四年の発給と思われる十月二十日付の土御門有脩申状では若狭国名田庄上村の反銭免除を求められ、天正三年八月頃の越前攻めの際には、大乗院門跡尋憲の知行に関する訴えを取り成したとされていることから、元亀・天正初期には奏者として活躍していたと見られる。[19]（天正二年）八月二十一日付の書状にこの頃の花押が見出せ、（天正六年）四月十七日付の村上頼勝（長秀家臣）との連署状[20]にも同じ花押が見られるため、これをN1型とする（図1‐2参照）。

ついで、天正十二年以前に見出せる花押をN2型とする。[21]事例が僅少で年次も定めにくいが、花押の形態はN1とは大きく異なり、N3以降の花押の原型と見なせる。長束は丹羽家中でも有力な位置にあったと思われるが、天正十三年四月の上賀茂社の職中算用状に太田牛一や直吉とともに表れるのが最後の姿と見られ、同月十六日の長秀

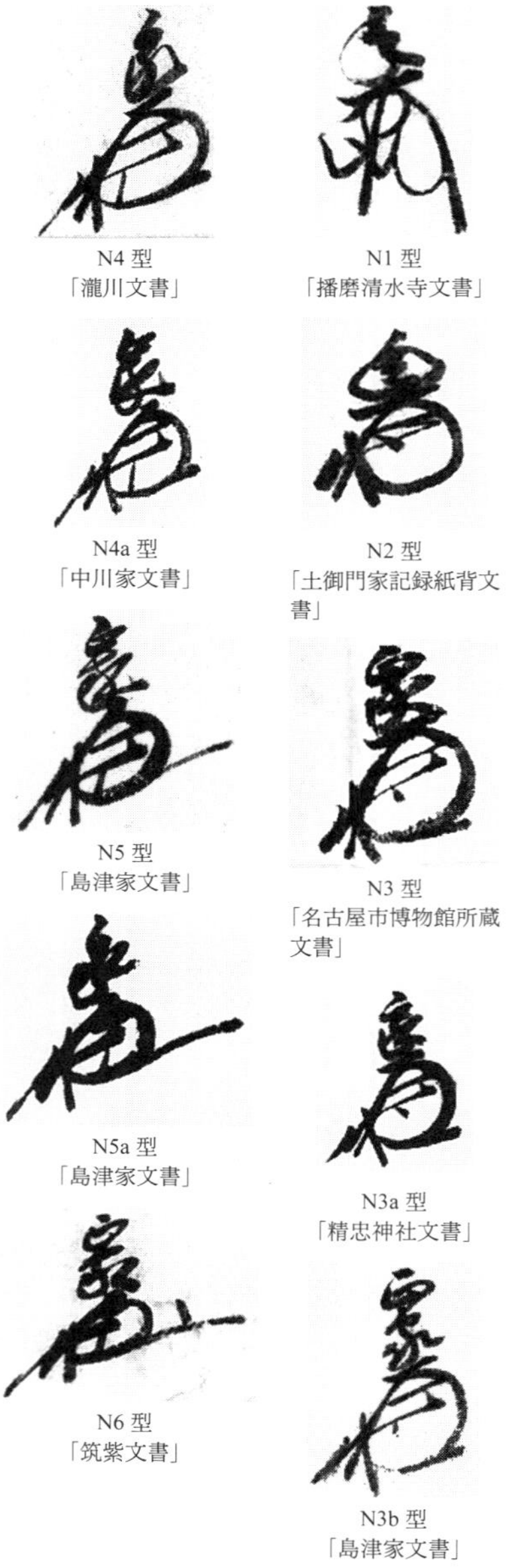

図 1–2　長束正家の花押

死去後からしばらくして丹羽氏のもとを離れた(22)。

　秀吉家臣としての働きが一次史料で初めて見出せるのは九州攻めの際であり、宮木豊盛とともに兵粮米の出納を行っている(23)。秀吉配下となって確認できる最初の花押はＮ２型と比べるとやや縦長で、右下部に短い横線が加わっており、これをＮ３型とする。その初見は（天正十五年）十月十日の豊田定長との連署状写で、終見は（天正十七年）九月十五日付の書状である(24)。

　なお、Ｎ３型には経年変化が見られ、左下の払い線の先が尖る形態のものをＮ３ａ型とする。初見は天正十八年五月十七日付の大豆請取状であり、終見は天正十八年十二月二十九日付の増田との連署算用状であるが、後者は遡及発給の可能性を残すため、もう少し下る恐れがある(25)。ついで、中央部の横線下の「丶」が真下、ないし左側方向に反転する経年変化をＮ３ｂ型とする。初見は（天正十九年）閏正月二日付の増田との連署状で、終見は天正二十年正月三日付の同じく増田との連署状である(26)。

ついで、花押はN4型に変わる。その初見は（天正二十年）五月六日付の長束・増田・大谷吉継・石田の連署状写であり、終見は（文禄二年）三月六日付の木下吉隆との連署状である。[27] N3b型からの変化は、円内左下の点が線になり、下部に接続している部分となる。

なお、N4型にも経年変化が認められ、一番上の横線が短くなり、左に突き出すことがなくなる。これをN4aとする。初見は（文禄二年）四月十四日付の書状で、終見は（文禄三年）四月九日付の書状[28]である。

次に表れる花押型をN5とする。初見は写しであるが、（文禄三年）七月十二日付の増田・浅野・玄以との連署状で、終見は慶長二年三月七日付の長束・増田・石田・宮部継潤・玄以の連署状である。[29] N4a型との違いは、右下部の横線が大きく右側に伸びる所に見出せる。なお、N4a型との間に線が伸びきらない過渡的な形状を持つ二例を挟んでおり、いずれに分類するか判断がつきにくい。[30]

このN5型の円内部にある二本の横線のうち、上側の線と円の上部との間が徐々に狭まっていくのだが、おおよそ慶長二年四・五月頃を境に、両者がくっつくようになる。それを経年変化と判定し、N5a型とする。その初見は定めがたいのだが、（慶長二年）三月十八日付の増田・玄以との連署状と思われ、その終見は（慶長三年）五月三日付の増田・浅野・玄以との連署状である。[31]

最後の花押型をN6とする。初見は（慶長三年）七月十七日付の書状で、終見は（慶長五年）八月二日付の四奉行・二大老連署状である。[32] N5a型との差異は、右下部の線上に上向きの突起が表れる所に見出せる。N6型は最も多く検出される長束の花押で、八十点強を現在確認している。

（3）石田三成（三也）

浅野や長束に比べると、他の三名の花押型は変化に乏しく、改変時期も初期に偏る傾向にある。石田は永禄三年（一五六〇）生まれとされ、関ヶ原戦後の慶長五年十月一日に処刑される。通称は最初「左吉（佐吉）」で、のち「治

I1 型
「広田文書」

I2 型
「上杉文書」

I2a 型
「島津家文書」

図 1–3　石田三成（三也）の花押

部少輔」に改めた。その契機は天正十三年七月の秀吉の関白就任に伴う参内に求められ、石田と同時に諸大夫になった人物として、大谷吉継ら九名の名前が知られる。[33] 文書上でも、「左吉」の終見は（天正十三年）五月二十五日付の秀吉朱印状写、「治部少輔」の初見は同じく七月二十八日付の秀吉朱印状に確認できる。[34]

実名は初め「三也」でのちに「三成」に改めたとされ、その時期は通称と同じく天正十三年七月頃と推測されている。[35] しかし、（天正十二年）七月十一日付の木村清久・増田との連署状写にも「三成」と記されている一方で、後述するように、（天正十三年）九月十一日付の書状写には「三也」とある。[36] 写しも含まれるため、断定することはできないが、一時期の間（もしくは当初より）音の通じる両漢字を併用した可能性があろう。

石田の秀吉家臣として初めての発給文書は「広田家文書」に残され、淡路の国人広田氏に対する奏者としての活動が確認できる。この文書の花押型をＩ１とする（図1–3参照）。その終見は、（天正十一年）六月二十八日付の書状である。[37] 石田の花押型はこのＩ１を基本とし、大幅な改変は施されない。なお、その形状は「三」と「石」を重ね合わせたものとされている。[38]

次に見出せる花押型をＩ２とする。Ｉ１との違いは、中央左側の上向きの突起の有無と、最上部の横線が上に跳ねる所にある。その初見は（天正十三年）三月十三日付の書状であり、[39] 終見は定かにしえない。というのも、中央左側の上向きの突起は、天正十三年から十七年にかけての間は横線の上から出ている程度であるが、天正十八年頃から貫通して縦線となる形態が一般的となる。ただし、文禄三年の著名な検地尺には二つの花押が据えてあり、一方は貫通して他方は貫通しない。[40] よって、この経年変化には場合による差異や振れ幅が存在し、その境目を定かにはしえない。現状では、貫通しているものをI2a型とし、最初に見出せる文書が天正十七年十一月十四日付の浅野との連署知行目録であること、[41]またI2型の確認できる最後が前述の文禄三年検地尺であることを述べるに留める。また、全体のバランスも初期のものは水平に近く、徐々に斜めになっていくが、これも紙幅などの関係により左右される特徴である。さらに、上部の横線がV字型になっていく傾向も経年変化として見出せるが、ともに年代確定の決定打とはなりにくい。なお、石田は村落宛てや切紙状の文書に鞍形と幣形の印判を用いることもあった。[42]

（4）増田長盛

増田は子の盛次が大坂の陣で豊臣方に加わったため、慶長二十年五月二十七日に自害した。この時の年齢から、天文十四年の生まれと推測される。通称は最初「仁右衛門尉」で、のち「右衛門尉」と改めた。改称の時期は一般に天正十三年五月とされるが、これは誤りである。[43]「金剛寺文書」に残された十一月二十二日付書状には「増田仁右衛門」と署名しているが、その文中では大谷吉継を「大刑少」と記している。[44]大谷は先述の通り、天正十三年七月に石田とともに諸大夫成したとされており、本文書は天正十三年のものと考えられる。一方、同日付の秀吉書状には「増田右衛門尉」と記されている。[45]よって、この前後に「右衛門尉」に任官したのであろう。[46]なお、名字の読み方は、差出に「ました」と平仮名で記すものが数例あることから明らかとなる。

増田の秀吉家臣としての活動は織田政権下から確認でき、尼子旧臣の福屋彦太郎（当時、秀吉から南条元続の援軍として伯耆国羽衣石城に付けられていた）に宛てた八月二十五日付の書状が最初期の発給文書と見られる。この書状は同月二十四日付の秀吉書状の添状と思われ、そこには「藤吉郎」とあるため、天正八年のものと推測されている。[47]ここに見られる花押をM1型とする（図1-4参照）。

ついで、M1型の右上の点格を喪失した花押型が見受けられ、これを経年変化と見てM1a型とする。その初見は（天正十年）七月六日付の書状で、終見は（天正十一年）九月十四日付の書状だが、同型の中でも差異や揺れがあ

M1 型
「鶴林寺文書」

M1a 型
「長命寺文書」

M2 型
「長命寺文書」

M2a 型
「太山寺文書」

M3 型
「島津家文書」

図 1–4　増田長盛の花押

り、容易には見定めがたい(48)。

ついで検出できる花押型をＭ２とする。初見は、(天正十二年) 七月二日付の石川光政らとの連署状で、終見は(同年) 九月二十二日付の書状である(49)。その後、下側の円形が下線に接する形の経年変化が見られ、これをＭ２ａ型とする。その初見は(天正十三年) 九月十一日付の石田・木村との連署状(後述)、終見は先に触れた(同年) 十一月二十二日付の書状となる。これらは図1-4に明らかなように、Ｍ１型とは全く異なる形態を有する。

最後に見出せるのがＭ３型である。その初見は(天正十四年) 正月十八日付の石田・木村との連署状で、終見は慶長五年と思われる九月十七日付書状である(50)。極めて長い期間に用いられた花押型で、その間には経年変化も見出せない。

(5) 玄　以

玄以は天文八年生まれとされ、慶長七年五月七日に没する。『寛政重修諸家譜』によると「孫十郎基勝」が初名とされるが、実否は定かでない。通称は「半夢斎」から「策勝軒」、「民部卿法印」を経て、「徳善院僧正」へと変化する。「半夢斎」の初見は天正九年以前発給と推測される八月十五日付の連署状で、終見は(天正十二年) 正月二日付書状、「策勝軒」は天正十二年二月日付の禁制写にのみ確認でき、「民部卿法印」の初見は天正十二年二月十二日付の書状である。[51] なお、玄以は自ら「前田」と称している史料が確認できず、本書では「玄以」とのみ記す。

さて、玄以が通称を「民部卿法印」から「徳善院」に改めたのは、一般に文禄五年五月のこととされる。実際に、当時の古記録の全てにおいて、同月を境に「民部卿法印」から「徳善院」へと切り替わっていることが既に指摘されている。[52] それに対し、玄以はこれ以前から「徳善院」を称しており、両通称は併用されていたとする見解も存在する。[53] しかし、後者の意見には従えない。そこで論拠とされている文書は、加筆されたか、遡及して発給された可能性が高いためである。

これまで文禄五年五月以前の「徳善院」呼称の使用例として挙げられていたのは、①（文禄元年）九月二十四日付の長束・増田・石田・宮部継潤・玄以連署状写、②文禄四年八月三日付の玄以・増田・長束連署血判起請文、③文禄四年十二月十五日付の長束・増田・玄以連署蔵米算用状の三点である。[54] ①を収める『歴代古案』には通称部分を後から加筆する例があり、たとえ同文書が実際に発給されていたものだとしても、当時の差出をそのまま記しているとは限らないため、検討から外す必要がある。②は矢部健太郎氏が推測するように、文禄五年五月以降に日付を遡及して作成されたものであろう。③も次章で明らかにする通り、「算用状」（蔵米算用状）は案文の作成日に合わせて遡及して発給される性格を有するので、記された日付の時点での通称を示す根拠とはなりえない。また、文禄五年五月以前に発給されたことが確実なその他の文書の中にも「徳善院」の呼称を探し求めることはできない。よって、改称は同月のことで、両通称は併用されていなかったと見なすべきであろう。

玄以の花押は、秀吉に仕える以前の発給文書に最初期のものが確認できる。これをG1型とする（図1-5）。その後、天正十一年五月二十一日に織田信雄から京都奉行に任命されて以降、多くの発給文書を確認することができる。その段階で使用した花押型をG2とする。花押の形状は最後まで変化しないが、初期のものは線が細く全体に縦長であるが、のちには線が太くなり下方にまとまっていくという経年変化が確認できる。しかし、両者の境目を見極めるのは困難であるため、本章では前者をG2型、後者をG2a型として一応提示はするが、年次比定の際の

G1 型
「名古屋市博物館所蔵浅井家資料」

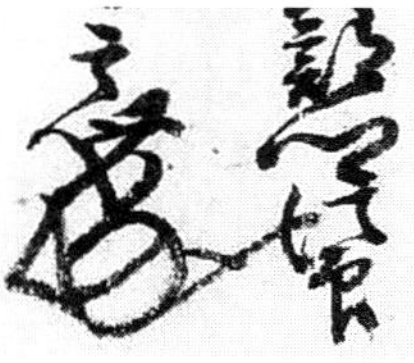

G2 型
「早稲田大学所蔵荻野研究室収集文書」

G2a 型
「島津家文書」

印判
「筑紫文書」

図 1–5　玄以の花押・印判

判断材料には用いない。なお、玄以はしばしば黒印を用いることがあり、平時には切紙状の文書や紙背継目に、関ヶ原の戦い前後にも病を理由に黒印を据えている。

（6）花押型変化の背景

右の如く、奉行発給文書を概観すると、とりわけ、浅野と長束は花押型の変化に富み、その時期も重ならない。また、現状では彼らの花押型に揺れ戻しや併用の事例は見当たらず、不可逆性を示す。よって、花押の分類を通称・実名の変化と組み合わせれば、奉行連署状の年次比定が容易となろう。参考のため、現状で確認できた変遷を表1–1に掲げた。

ただし、花押型の変化は意図的なものなのか、もしそうだとして何を契機に改めたのか、という疑問が残る。まず、前者については石井良助氏の指摘が参考になる[55]。ある時、浅野にとって不都合な文書が見つかり、秀吉がそれを糾弾したところ、彼は自らが作成したものではないと答えた。その理由は、自分は月の大小によって花押の点格を変えているが、件の文書には相応しくない花押（大の月のもの）が据えられているからだ、とのことだった。ほかの文書も調べてみると、確かに月の大小によって点格の有無があり、疑いは晴れたという。むろん、これは逸話であり、月の大小による変化までは今回の検討では判明しえず、そのまま鵜呑みにするわけにもいかないが、当時に

表 1-1　奉行の通称・実名・花押の変遷

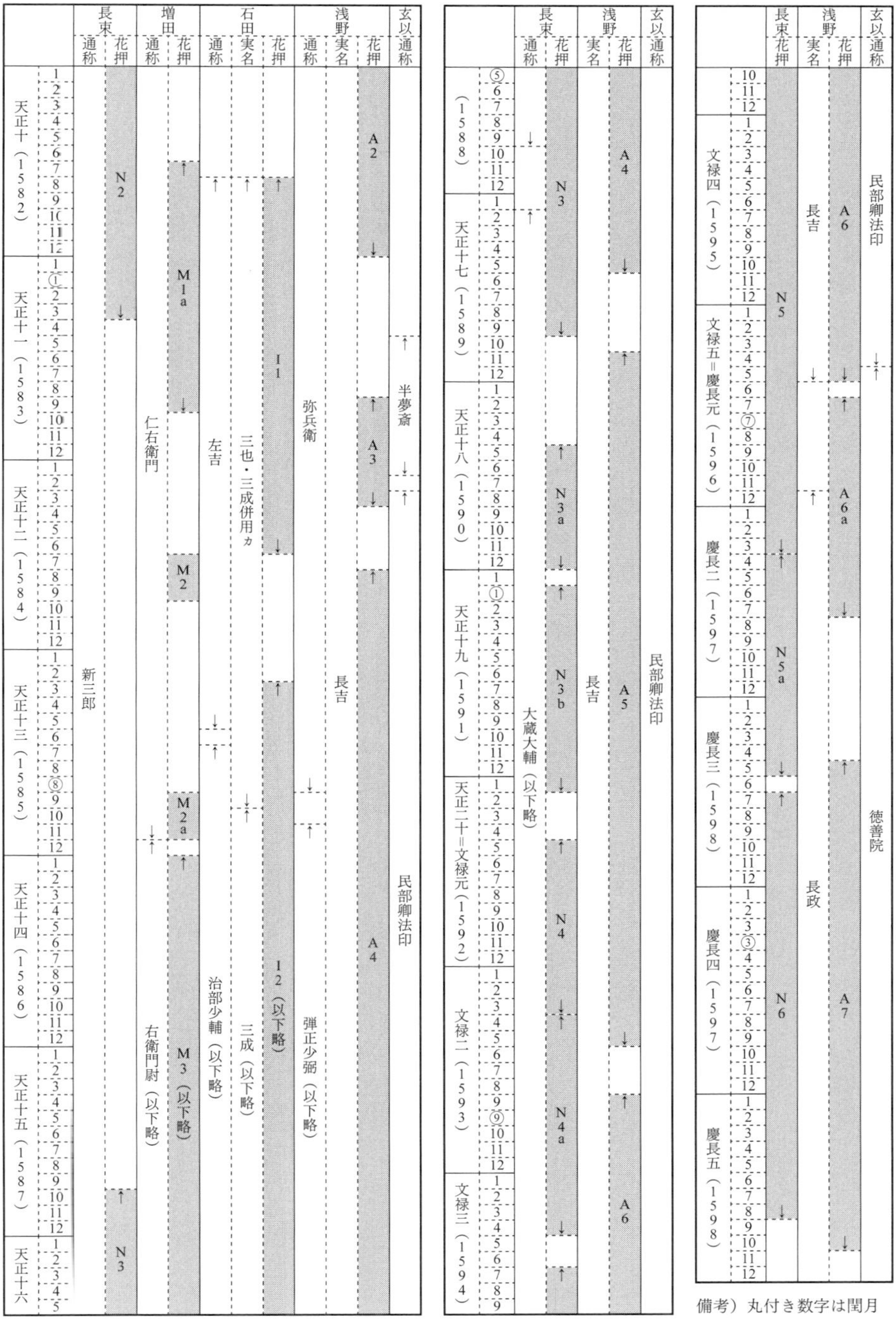

備考）丸付き数字は閏月

おいて花押の点格を意識的に変えることが一般にありうるものとして認識されており、それが浅野の話として一定の真実味をもって語られていたことは明らかとなろう[56]。

また、その契機としては、通称・実名の変化や政治的立場の変化が挙げられる。前者の例としては、増田が「仁右衛門」から「右衛門尉」に改めた時期とM２a型からM３型への変化が重なることや、浅野が「長政」に改名した時期とA６a型を使用し始めた時期が近接することが挙げられる。このうち、増田の事例は、諸大夫成を契機としているともいえるため、立場の変化とも関係しよう。後者の例としては、浅野のA４型からA５型への移行が天正十七年十月の所司代就任の時期と重なることや、A５型からA６型への変化が朝鮮からの帰陣の時期にあたること、関ヶ原の戦いの終結を機として花押をA７型からA８型に改めたことが挙げられる。また、秀吉の死の直前に浅野と長束が花押を変えた事例もあるが、両者の花押型の変化は微妙に時期がずれている。例えば、慶長三年五月三日付の連署状[57]には、浅野は新しいA７型を用いているが、長束は以前のままのN５a型花押を据えている。これは何を意味するのであろうか。

浅野は、文禄四年七月の「秀次事件」と翌年四月の讒訴事件によって中央における政治的立場を失い、奉行連署状に署判しなくなっていたが、閏七月には子息の長継（のち幸長）が蟄居先の能登から召喚され、自身も実名を長政に改める。そして、同年末頃から政権の構成員として署判する例をいくつか見出すことができ、慶長二年中頃には奉行の補佐的役割を担うまでその地位を回復させた[58]。そのような浅野が完全に奉行に復するようになったのは、先の慶長三年五月三日付の連署状を出した頃であろう[59]。それ以後、上方を離れている時以外は他の奉行とともに連署状を発給するようになっている。

一方、長束が花押型を変えたのは、慶長三年五月三日以降七月十七日以前のことと思われる。この間に秀吉の容態は悪化し、七月十五日には諸大名・奉公衆に遺物や金子が下賜され、大名らは秀頼への忠誠を誓う起請文を提出した[60]。諸大名への周知という点から考えると、おそらくはこの時に「五奉行」の披露が行われたと見るべきであろう[61]。すなわち、「五奉行」の公表が慶長三年七月であり、その際に長束は花押を改めたと考えられる。

二　発給年次の比定――東国政策をめぐって

本節では、右に見た奉行発給文書の集積と花押型の変遷を踏まえ、史料の真贋や年次比定の考察における有効性を確かめるために、豊臣政権の東国政策をめぐるいくつかの史料について分析を加えよう。

（1）新発田問題と「天下静謐」

天正九年、越後の有力国人の新発田重家が上杉景勝に対して反乱を起こした。景勝は数度にわたって侵攻を行ったが、容易には攻め滅ぼすことができなかった。その後、両者の抗争は豊臣政権の関与するところとなり、講和と討伐の両面からの解決が図られ、最終的には天正十五年十月に景勝が重家を討ち取り、反乱を鎮圧した。この過程を一般に新発田問題と呼ぶ。

この問題は藤木久志氏が「惣無事令」の背景として着目して以来、豊臣政権の全国統一過程をめぐる重要な論点の一つとして脚光を浴び、近年では、「惣無事令」批判の文脈で藤井讓治氏、「取次」論の視点から光成準治氏が考察を加えている。そして、それらの中で、次の文書は天正十四年のものと考えられてきた。

【史料一[62]】

雖未申承候令啓達、何（仍）関白天下静謐ニ被仰付候処、其方之儀被対景勝、于今被及桙楯之段、併被勤（戦）天下無御届候歟、被遂御分別、先規筋目□（之）御覚悟尤候、定而従公儀是非可被仰出候条、其御心得可然候、於被得上意候、同御返事、猶可談候、恐々謹言、

増田右衛門尉

九月十一日　　長盛（花押影）

石田治部少輔ヵ　普通三成ニ作

三也（花押影）

寄（花押影）

堀丹後守直寄にはあらさる歟、尚尋ぬへし

新発田因幡守（重家）殿

御宿所

光成氏は『上越市史』の年次比定に従っているようであるが、その根拠は、新発田問題に関係する政権側の発給文書が天正十四年九月から十一月に集中することにあったと思われる。しかし、右の文書にはいくつかの不審な点がある。まず、増田と石田には名字と通称があるが、最後の人物は実名だけであること。ついで、石田と最後の人物の署判部分に後世のものと思われる注釈が書かれていること、などである。これらを踏まえれば、【史料一】の通称は後から加えたものである可能性が高い[63]。

一方で、同日付の同文言の文書の写しが「信陽玉証鑑」に残されている[64]。その文書では前記の疑問点が解消でき、花押影も正確なため、より良質な写しであると考えられる。すなわち、三者とも名字・通称は記さず、実名と花押影だけであり、最後の人物の実名の「寄」は「清」の誤りで、花押影からも木村清久であることが確定でき、注釈も本来存在しなかったことが認められるのである。そして、増田の花押影がM２a型であることから、【史料一】の発給年次は天正十三年にほぼ同定できる。また、本文冒頭は「雖未申承候令啓達候、仍　関白様天下静謐ニ被　仰付候処」であり、「関白様」が秀吉を指すことからも、同年発給と確定できる。そして、藤井氏が天正十四年のものと考えた、本文書と同じ日付で新発田氏の家臣に与えられた増田・石田・木村の連署状も、同様の理由から天正十三年に発給されたものであり、文中の「来春者関東為御見物、可為　御動座候条」は天正十三年末から天正十四年二月にかけてしきりに喧伝されていた後北条・徳川領国への出兵計画を指す[65]。

では、これらの文書の発給年が天正十三年であることはどのような意義を有するのであろうか。これまで、政権の新発田問題への直接的関与は、天正十四年六月の景勝上洛による秀吉への臣従によって開始されたものと考えられてきた。しかし、右の年次比定により、それが秀吉の越中出陣を終えた天正十三年九月段階にまで遡ることが判明する。また、光成氏らも指摘する通り、政権は天台座主の青蓮院尊朝法親王を利用して、両者の講和を画策していた。天正十三年閏八月十六日には、青蓮院坊官の長谷三位法眼が使者として越後に派遣され、十一月に新発田重家、十二月に上杉景勝のもとへ赴き、「鉾楯」を止めて新発田を「赦免」するとの約束を取り付けた[66]。当時、上方から越後への使者派遣にはひと月前後の時間がかかることから、本文書も同様の文脈から、長谷三位法眼の到着と同時か、一足早くに政権から新発田氏に提示された停戦命令と捉えられよう。

さらに、「関白様天下静謐ニ被　仰付候」という文言から、天正十三年九月以前の段階で既に、関白秀吉が「天下静謐」を命じていたことが指摘できる。これは、同年十月二日付で「就　勅定染筆候、仍関東不残奥州果迄被任倫(綸)命、天下静謐処、九州事于今鉾楯儀、不可然候」と島津氏に通達された九州停戦命令と同様の論理と見なせよう[67]。かかる文言自体は往古より存在したが、豊臣政権期に限っていえば、それ以前の「天下静謐」は京都もしくは畿内周辺の平定を指す言葉として使われていた[68]。それが、秀吉の領国拡大とともに徐々に範囲と意味合いを拡大し、天正十三年七月の関白任官によって全国を示すようになったと思われる[69]。天正十三年九月から翌年六月にかけて、秀吉は東国や九州の諸大名に「天下静謐」の論理を掲げて停戦を要求、自らの軍事行動を正当化した[70]。

近年の「惣無事令」批判の論点の一つとして、関白任官との切り離しが挙げられる。すなわち、「惣無事」は織田期の東国政策に端を発することを解明し、「惣無事令」の法源を天皇権威に求める見方を否定したのである。しかし、本来の藤木氏の議論においては、天皇権威は副次的であり、領主の共同利害の体現という面が重視されていた。初令を遡って掘り起こす中で発令の背景として論及されるようにはなるものの、その段階でも「惣無事令」の本質とは捉えていない。どちらかといえば、高木昭作氏が国土領有権の掌握という見解を提示して以降、関白任官との関連性が重視されたように思われる(71)。

その点では、むしろ関白任官と「天下静謐」との関係に着目すべきではなかろうか。右に見た通り、秀吉の「天下静謐」は綸命と結びつき、実際の大名服属・停戦命令を伴っており、その意味を再度問い直す必要がある(72)。藤木氏の想定のどの部分が克服すべきで、どの部分は引き継いでいくべきなのかを峻別していくことが、今後の研究の進展には必須であろう。

(2) 芦名・伊達氏の抗争と「御無事」

ついで、南奥に目を移そう。天正十二年十月、伊達氏では政宗、芦名氏では亀若丸が家督を相続する。近年の研究では、両氏の関係が破綻したのは天正十三年四月と推定されており(73)、同年十一月の人取橋の戦い、同十七年の摺上原の戦いを経て、政宗の黒川城奪取へと帰結する。

こうした両氏の抗争に対して、政権が関与したのは天正十四年のこととされ、四月十九日付で秀吉が佐竹義重宛てに「会津与伊達累年鉾楯由候、天下静謐処、不謂題目候、早々無事段馳走肝心候」と命じた書状(74)が「惣無事」と関わって重視されてきた。しかし、左の一連の史料はこれまでの南奥政策への理解に修正を迫る。

【史料二(75)】

追而申候、亀若丸（芦名）殿雖可捧愚札候、御心得頼入存候、已上、

去正月十五日、前智恩寺（岌州大翁）迄之書状当月三日到来、具致拝見候、抑盛隆（芦名）不慮之御仕合、無是非次第候、然上、亀若丸殿御事被任前々筋、殿下（秀吉）被請御意度之旨、尤可然存候、其地未御取相半之由被仰越候、左様之出入急度被廻御調儀、御使を被差上、自彼方不致才覚御分別此節候、於此方馳走之儀、拙者不可存油断候様子従智恩寺可

被仰入候、旧冬豊嶋下向之刻、我等内存申下候、今以不可有相違候、猶期後音之時候、恐々謹言、

三月六日　三成（花押影）

冨田（氏実）美作守殿

御返報

【史料三】

去比御回章則入御披見候、仍家康（徳川）事種々御侘言被申付て、先御赦免候、併号富士山御一見不斗被成御動座旨候、其節別て被抽御忠信尤存候、将又会津殿（芦名）・伊達（政宗）近年御鉾楯之由今度致披露候所、則御無事尤由被成双方へ御内書、然ハ其元儀御才学（覚）貴所御一人ノ様達　上聞候、御外聞之事候之間、早速御入魂相調候様、御馳走肝要存候、何様御動座之刻、以面万事可申達候、上方相応之儀可承候、聊不可存疎略候、恐々謹言、

四月十九日　道茂（徳法軒）

冨田美作守殿

参御宿所

石田三成と徳法軒道茂（秀吉右筆で、信濃に複数回下向）がそれぞれ芦名氏重臣の富田氏実に宛てた書状の写しである。【史料二】の年次を推定すると、三成の花押型はⅠ2型と見なせるため、天正十三年以降と判断され、芦名亀若丸が天正十四年十一月二日以前に死去していることから、天正十三年か十四年に絞れる。文中の「殿下」が秀吉を指すため、関白任官の天正十三年七月以降となり、天正十四年と確定できる。

かかる年次比定からはまず、政権中枢が芦名盛隆の死去の報を一年半後になって入手した点が注目される。富田からの書状は岌州大翁を経由して三成に届いており、岌州と芦名・上杉氏との関係が深い(76)ことから、おそらくは上杉氏を介して書状が送達されたと推測される。ゆえに、北条・徳川氏との関係が悪化していた当該期において、南奥の政治情勢が政権にもたらされるまでには相当の時差を想定せねばならない。

ただし、政権は南奥に無関心だったわけではなく、天正十三年冬には使者を下し、翌年二月にも三成は使者を関東に派遣(越後経由か)、会津における宿泊と伝馬を依頼し、【史料二】でも芦名氏からの使者の上洛を求めている。[77]ゆえに、ある程度は主体的に情勢を把握しつつも、政治状況に規定されて限定的にしか連絡が取れなかったと評価できよう。

加えて、従来の研究では亀若丸は秀吉の命を受けて家督相続し、富田は反亀若丸派で政宗弟の小次郎を擁立しようとしたとされる。[78]しかし、それらの典拠は後世の編纂史料であり、【史料二】からは政権側は亀若丸の家督継承を追認したにすぎず、富田も天正十三年冬の段階ではその重臣として動いていることが窺える。

【史料三】も家康の「赦免」[79]を伝える内容から、天正十四年発給と推定できる。先の佐竹宛て秀吉書状と同日付であり、内容も強い関連性を有する。粟野俊之氏は佐竹宛て秀吉書状が上杉家文書に残っていることから、佐竹氏に転送されなかったとしており、通説化している。[80]しかし、【史料三】が冨田氏の伝来文書として写されている以上、芦名側には類似する内容が伝わったと考えるべきであろう。

藤井氏は「惣無事令」批判の中で佐竹宛て秀吉書状も取り上げ、紛争当事者の伊達・芦名氏には停戦が直接命令されていないと見て、実態を和睦仲介の要請と捉えた。[81]しかし、【史料三】では「双方へ御内書」が出されており、秀吉朱印状は当事者の両氏にも出されていたと思しい。加えて、「御無事尤」という秀吉の意向は少なくとも道茂を通して芦名方には到達していたといえる。また、道茂は自らが秀吉に対して両氏の抗争を(おそらく芦名・佐竹氏からの書状によって)披露し、それへの対応として「天下静謐」を掲げて「無事」を当事者と仲介者に要請したと考えられる。こうした経緯は、秀吉の停戦命令が近臣の個別具体的な上申(取り成し行為)によって発出された事情をよく物語る。

なお、両史料で「才覚」が鍵となっている点も、当時の政治力学を考えるうえで興味深い。【史料二】では伊達方に先を越されないように使者派遣を求め、【史料三】では会津の才覚を富田が代表していると秀吉の耳に入れたことを「外聞」とし、ゆえに「入魂」の馳走をすべきとしている。中央への接触や停戦命令が出されただけでは政治的地位は保障されず、能動的な「才覚」が諸勢力の代表者に求められたのである。

（3）宇都宮氏の改易

少し時期は下り、慶長二年十月、下野の宇都宮国綱が改易される。改易の理由については①後継者問題に関わる家中対立、②所領高の過少申告と軍役忌避、③政権内部の党派闘争（石田対浅野）などが挙げられていたが、いずれも後世の編纂物を典拠とするか政治状況からの推測という弱点を有していた。それに対し、最近、津野倫明氏が『義演准后日記』の記述から公的な改易理由を家中騒動と断定するに至った[82]。しかし、義演の得た情報のみに依拠することもまた、不確定要素を残す。そこで、政権側が直接改易に関して述べた次の文書に注目したい。

【史料四】[83]

態申越候、宇都宮弥三郎（国綱）殿事、過分之知行相拘、少之役儀仕、私曲之段曲事ニ思召候故、御成敗も可被成候へ共、はやかへし被御覧候間、御赦免候、然共知行之儀ハ先両人相越納置、其上にて何分共可被　仰出候由　上意候、被得其意、御年貢米百姓前ニ可令置候、自然はや被納取候分於在之者、両人下着之節遂算用可被相済候、若御年貢米相滞候ハヽ、可為御成敗候条、其心得尤候、弥三郎へ被下候返も身上ハ無異儀候間、皆々たちさわかる間敷候、恐々謹言、

浅野弾正
十月六日　長政（花押影）
真田安房
昌幸（花押影）
宇都宮

給人中

【史料四】は明治期に小杉榲邨が編纂した『徴古雑抄』に収められており、当該箇所は南部晋氏の所蔵文書とされる。この前後には、昭和八年（一九三三）に作成された東京大学史料編纂所影写本の「南部文書」や、「下郷共済会所蔵文書」として現存する文書が見られるため、当該文書の出所は信頼性が高い。

また、内容から発給年次は慶長二年と判断されるが、浅野の花押型を確認すると、A６型ないしA６a型に相当し、齟齬しない。もしこれがA６a型であれば、現状の終見事例に位置する。真田昌幸の花押型も他の文書と類似しており、問題ないと判断される(84)。

【史料四】では、宇都宮国綱が過分の知行を抱えているにもかかわらず、役儀を少ししか果たさないことが「私曲」とされ、秀吉は国綱の死罪も考えたが、国綱からの返答を見て成敗は許した。しかし、宇都宮領については浅野・真田を派遣し、年貢収納の様子を見てから判断する、と伝えられている。ゆえに、②の軍役忌避が宇都宮家中に通達された政権の公式な処分理由であり、十月の段階では改易判断は保留されていたと考えられる。義演の記述はあくまで伝聞であったといえよう。

実際、十一月八日付の秀吉朱印状写では、「宇都宮跡職」について、浅野と相談のうえ、真田昌幸に所務が命じられており、【史料四】と対応する。また、当該史料の翌日付で佐竹義宣が宇都宮氏改易を国元に報じた書状でも「宇都宮殿御不奉公有之ニ付而、欠所ニ被仰付候」「宇都宮へ浅野弾正方為御検使、被罷下候」とあり、内容も類似する(85)。この場合、闕所は一時的な蔵入地化を意味し、【史料四】は過少申告の程度によっては宇都宮氏への返還や減封の可能性もありうるような文面だが、宇都宮家中の動揺を収拾するために含みを持たせたとも解釈しうる。

義演が伝えるように、蒲生秀隆（秀行）の宇都宮転封は慶長三年正月に決定されており、増田長盛も「宇都宮去年被成御闕所候明所に付て、羽柴藤三郎（秀隆）に被下」と報じた通り(86)、所務の結果として宇都宮氏の改易が確定したと捉えられよう。

三　発給文書の古文書学的位置

豊臣政権の奉行に関する研究は一九三〇年代に着手され、のち六〇年代以降に幕藩制成立史への関心の高まりのもとで進展し、八〇年代以降は専論によって深められるようになった。しかし、発給文書の署判順や、文書の内容から窺うことのできる彼らの役割について、統一した見解は存在しない。本章では諸見解を踏まえながら、それらの点について考察を加えていきたい。

（1）署判の順序

奉行の連署状における署判順について述べた先行研究は多くない[87]。まず、慶長三年七月の「五奉行」成立後に関しては桑田忠親氏の指摘があり、上位（奥）から玄以→浅野→増田→石田→長束の順であったとされている。また、それ以前の連署状も考察対象とした小林厚太氏は、玄以→浅野→増田⇅石田→長束であったと結論づけている。ただし、例外が多く検出されることから、一般には「署名の順序は不同」とする三鬼清一郎氏の見解のように、署判順に確定的な法則は存在しないと認識されているのが現状であろう。

ところが、右の例外と思われる事例は、実は日下の署名者を除くと、ほぼ全てにおいて小林氏が想定した連署順で記されているのである。その序列は、添状以外で奉行とともに連署する者も含めると、上位から①玄以・宮部継潤、②浅野長政、③増田長盛・石田三成・富田一白・大谷吉継、④長束正家、⑤木下吉隆、⑥山中長俊の順になる。同じ階層の人々は署名順が入れ替わることがある。浅野が増田・石田よりも上位にいることから、この階層は任官や先任の順序をそのまま反映したものではなく、政権内での席次を示したものと考えられる。日下を除いてもこの署名順にならない例は現在四例ほど確認できるが、起請文や大人数での連署の場合が二例で、その場合には無作為か政権内の階層とは異なる要因によって署名順が決まるものと思われる。他の二例(88)の署名順が不規則な理由は明らかにしえず、今後の課題としたい。

では、なぜ日下の署名者のみ入れ替わりが生じるのだろうか。第一に想定されるのが、受給者による違い、すなわち宛名の人物の奏者・取次関係にある者が日下に記したという理解である。しかし、秀吉文書の文末に表れる口上文言や添状発給者に着目した山室恭子氏の研究(89)によれば、奏者や取次は受給者ではなく政権側の事情によって選ばれていたとされ、実際の連署状でも同一の宛名だからといって同じ奉行が日下に記しているとは限らず、この想定では問題は解決できそうにない。

次に想定されるのは、案件ごとの担当者が日下に記しているという理解である。例えば、玄以が日下となるのは寺社関係の文書に多く見られるなど、かなりの事例が整合的に説明できる。ただし、同一内容を伝える同じ日付の文書でも、連署順序が異なる場合がわずかに存在する点には注意したい。例えば、日用取停止を再令した連署状では、堀尾吉晴宛てのものには、日下から増田・長束・石田・玄以の順で、上坂八右衛門尉宛てのものには、日下から玄以・長束・石田・増田の順で署判がなされている。ともに折紙形式だが、堀尾宛てのものは「増田右衛門尉」などと差出の通称が全て記載されているのに対し、上坂宛てのものは「増右」と省略され、筆跡も異なっている(90)。よって、担当の右筆が異なると思われ、何らかの事情で（文書の発給数が多い場合などか）奉行間で分担をした可能性がある。それ以外は、基本的に案件の担当者が日下となって文書を作成したのであろう(91)。

なお、連署する奉行の人数が増減する要因も様々な可能性が考えられ、(イ)該当者がその職務に関わらない場合、(ロ)該当者が上方から離れている場合、(ハ)宛名によって該当者が署判を遠慮する場合、などが複合的に重なりあった結果、署判者が必ずしも同一のものとはならなかったと思われる。ただでさえ奉行は多くの職務を抱えており、全員の署判を必須とすると政務の停滞を招くため、かかる現象が生じたのであろう。

（2）発給文書の類型

奉行が発給した文書は、①秀吉や秀頼の書状・朱印状の添状、②秀吉や秀頼の意を受けた奉書、③②以外の政権としての命令や裁許を伝える書状・掟書・禁制、④私的な書状や消息、に大別される。このうち、奉行としての立場から発給したのは①～③であるが、②のうち、特に連署で出されたものを、古文書学上では豊臣氏奉行連署奉書と呼んで考察対象としてきた。豊臣氏奉行連署奉書は、室町幕府奉行人奉書や戦国大名における年寄・奉行らの奉書の系譜に連なり、その性質は江戸幕府老中奉書にも継承されたものと位置づけられている。[92] 戦国期以降、これらの奉書は書状様式の傾向を強め、江戸初期には薄礼化した書状と評価されるまでに至る。

また、江戸幕府の老中奉書には、上意文言がなく、将軍も内容を関知していないものが存在するにもかかわらず、それが将軍の命令と意識されていたことについても注意する必要がある。[93] 戦国期の奉書も、当主の上意よりも署判者の意を相当反映したものが多く、中には当主の意を確認せずに発給された奉書の存在も指摘されている。[94] それらに従えば、③に含まれる連署状も機能上は奉行連署奉書として理解すべきものが多く、連署奉書と一般の連署状を上意文言や秀吉の関与の有無で区分することはできない。さらに、同時代において、奉行らの発給文書は書状や書中と呼ぶことが一般的である。[95] よって、本書ではそれらを奉行連署状と呼称しているが、性質上は秀吉の御諚（上意）を受けた奉書としての役割を果たしているものをその中に包摂していることを断っておく。

さて、奉行の発給した文書の形式・内容を分析すると以下のようになる。

Ⓐ年　号

基本は存在しない。年号を付ける場合は、禁制や起請文、法令・訴訟・知行・算用関係が多く、のちに年月の証明が必要な証拠文書に付されたと思われる。禁制や「算用状」では書下年号で、法令では書下・付年号が混在する。それ以外は付年号が一般的である。

Ⓑ書止文言

寺社・村落宛ての文書では、禁制は「如件」、それ以外は「者也」「候也」か「以上」となる。大名宛ての文書では、法令・覚書は「如件」か「候也」か「以上」、宛行いは「如件」、切符は「候也」か「以上」となり、それ以外は「恐々謹言」か「恐惶謹言」が一般的で、後者を用いる場合は相手が侍従（公家成）以上である。

Ⓒ書出文言

奉行連署状に特徴的な書出文言として「為　御意（御諚）」が挙げられる。かつて今谷明氏は、三好長慶の発給文書に「急度申候」という威嚇・高圧的文言で始まる年紀を欠く書状形式の折紙が登場し、これが豊臣氏の奉行連署状に連続することを指摘した。[96]「為　御意」文言は、「急度申候」を後ろに伴うこともあるため、これを一段と強めたものと理解できよう。

「為　御意」文言については、三鬼清一郎氏が奉行連署状の形を取る法令の多くに存在することを指摘し、秀吉の意に基づくことを強調したものと捉えている。[97]ただし、この書出は法令のみに限らず、役（普請や儀礼）などの命令に際しても用いられている。それらは本来的には秀吉の朱印状で出されるべき内容であるため、朱印状に代替しうる機能を持つ文書であることを示すために用いられた文言であったと考えられよう。

また、曽根勇二氏は、文禄二年十一月頃に奉行らの成員が固定されたと評価し、「為　御意」文言もそれ以降に用いられたとの見方を示している。[98]しかし、この理解にも若干の訂正が必要といえよう。その初出はより古くに認めうるためである。

【史料五[99]】

為　御意申入候、今月十九日・廿日・廿一日、此三日之中ニ、於聚楽可被成御振舞之条、右之時分無相違可被成御待候、恐惶謹言、

長束大蔵太輔

五月六日　　正家（花押）
石田治部少輔
三成（花押）
増田右衛門尉
長盛（花押）
参人々御中
吉川侍従（広家）殿

宛名の吉川広家が侍従に任官したのは天正十六年七月二十七日のことであり、それ以降の発給となる。また、長束が「大蔵太輔」かつ花押型がＮ３であり、天正十七年に確定できる。吉川広家は天正十七年には、二月段階で国元で家臣への宛行いや官途授与をしているため、それ以降に上洛したと思われ、秀吉も五月二十日には在京が確認できる。[100]

その後、天正十九年には長束・増田・石田・玄以連署による御前帳徴収命令や大谷吉継・山中長俊の添状や連署状でも同様の文言を用いるようになる。[101] 奉行自身も出陣した壬辰戦争期を挟むため、長束ら四名の成員が固定し始めるのは文禄三年初め頃と考えられるが、その始原は天正十九年に求められ、さらに遡ると、「為　御意」文言の出現した天正十七年に奉行の地位向上の画期が見出せよう。

Ⓓ差出・宛名

差出は、名字・通称に実名・花押が基本型だが、その一部のみが用いられる場合や、名字と通称を合わせた略称が用いられる場合など、多様な類型が検出でき、宛名に応じた書札礼を見出すことは困難である。また、宛名の敬称は、大名宛てであれば「殿」が一般的である。「様」は書状か添状としての意味合いが強い場合に表れる。

Ⓔ職　掌

奉行の職掌については、既に桑田忠親氏・阿部勝則氏が論及しているが、桑田氏は秀吉死後に限定しており、阿部氏は生前も含むものの用語に錯誤が見られ、整理されているとはいいがたい[102]。そこで、発給文書等から職掌を導き出すと、大きく分けて対外交渉（奏者・取次・大名統制・外交）・財政（算用・出納・知行割）・法制（訴訟裁定・法令布達・禁制）・役（作事・普請・儀礼）・軍事（軍令・補給など）・〈首都行政〉（治安維持・宗旨含む）・家政となる[103]。

おわりに

豊臣政権の中枢にあった奉行のうち、浅野長吉・長束正家は花押の細部を頻繁に改変していた。そして、その契機は政治的立場等の変化に求められる。また、連署状の署判は案件担当者である日下を除いては、階層ごとに順序が定まっていた。彼らの職掌としては対外交渉・財政・法制・役・軍事・〈首都行政〉・家政が抽出でき、天正十七年五月までには「為　御意」文言を用いて秀吉朱印状を代替する機能を獲得し、壬辰戦争期をまたいで文禄三年初め頃から奉行の成員も固定化していった。以上、本章で明らかにした、奉行発給文書と多様な論点との繋がりは、奉行が政権の中で枢要な位置を占めたことに留まらず、奉行研究も政権論の中核たりうることをも示していよう。

ただし、本章では、大谷吉継・山中長俊・木下吉隆ら、奉行と連署する他の政権構成員の花押型の変遷[104]や、その役割については触れることができなかったので、今後の課題としたい。

第二章　豊臣政権の算用体制

はじめに

豊臣政権の権力基盤を考察する際、経済面においては、とりわけ直轄領たる蔵入地とそこからの収入、すなわち蔵米が重視されてきた。[1]蔵入地の研究は、幕藩制成立史（幕藩制構造論）への関心が高まった一九六〇年代に着手され、一躍そのピークを迎える。知行統制と蔵入地の機能から政権の矛盾を探った朝尾直弘氏をはじめ、蔵米処分を通じて領主米の動向を分析し、全国市場の形成を主張した脇田修氏、旧族大名領への蔵入地の設定が大名を統制し、軍役に対応した領国体制の変革を促進したことを明らかにした藤木久志氏、畿内の蔵入地の存在形態や変遷を解明し、代官による管理方式を類型化した岩沢愿彦氏らの論考が世に出された。[2]それらの研究は、山口啓二氏によって総括された通り、[3]蔵入地が設定された意義に迫り、豊臣政権と大名・代官との関係から幕藩関係を見通すことを意図していた。それゆえ、主に蔵入地の配置状況に焦点があてられていたのである。

その後の蔵入地の研究は、それらの問題意識を引き継ぎながら豊臣期固有の問題として深められた。その代表ともいえる森山恒雄氏は九州における蔵入地の設置過程と管理方式を具体的に復元し、朝尾氏は畿内の蔵入地代官の存在形態と役割を究明した。[4]両者は特定の地域における実態を重視したうえで、政権側の支配方法の変化や算用体制にまで論及した点で、新たな研究水準を示したものと評価できる。また、森山氏の緻密な考察を範とし、現在に至るまで、各地における蔵入地の分布や代官支配に関する研究が蓄積されている。

一九八〇年代以降は、森山氏の一連の成果を基礎としながら、秀吉の朝鮮侵略（壬辰戦争）に関する研究の進展を受けて、兵粮米の調達方法や物流に関心が集中した。(5) 中でも、戦況や食料事情に応じた兵粮米の海上輸送体系の構築過程を解明した中野等氏や、蔵入地の「国家」財政としての整備を奉行の台頭と結びつけ、集権化による戦争体制の形成を主張した曽根勇二氏らの研究により、戦時下での蔵米移送の実態と意義が克明に示された。

一方で、かつての研究が有していた幅広い視野が失われつつあることもまた、事実である。近年の研究において時期や対象が限定されている背景としては、二つの事情が想定できる。一つ目は、蔵入地の分布を一覧しうる史料が「慶長三年蔵納目録」しか存在せず、静態的な把握に留まらざるをえない点である。(6) 蔵入地の設定や解除は頻繁に行われていたと考えられるが、全国に展開した蔵入地の変遷を網羅的に把握することは現状では難しい。それを乗り越えるためには、蔵入地や蔵米を管理・統括する政権側への着目を欠かすことはできない。政権中枢の算用体制を、豊臣期全般を通して解明することは、とりもなおさず七〇年代以前の研究の再評価と再検討に繋がろう。

二つ目は、八〇年代に山本博文氏によって提唱された「取次」論の影響である。(7) 氏は豊臣政権の中枢政治機構の未確立を強調したため、その後の研究では、政権の内部構造の解明に際して奉行を集団として評価するのではなく、浅野長吉や玄以、石田三成ら個々人の動向を追究する手法が採られるのが一般的であった。しかし、そのような見方も、跡部信氏による「取次」論への疑義の提出によって見直しが迫られているのが現状である。(8) 奉行の役割を秀吉からの権限分与として捉えた跡部氏の見解に象徴されるように、豊臣政権の研究は、政策決定や政務遂行の過程と構造を検討し直す段階に至っているのである。

よって、本章では、政権中枢が蔵入地の収支をどのように決算したのかに着目することで、諸研究の見直しを図る。具体的には、これまで総合的な検討がなされていない蔵入地関係の財政文書を分類・考察したうえで、政権の算用体制を復元して、その変遷や蔵米納入の実態を追究する。そして、如上の検討を経ることで、豊臣政権の政治構造の一端を明らかにしたい。

一　蔵入地に関する財政文書

（1）秀吉発給の財政文書

豊臣政権の経済状況を論じる際にこれまで主に扱われてきた史料は、「慶長三年蔵納目録」と蔵米算用状であった。[9] しかし、前者に関しては史料の性格が不明であるうえに、たとえ実態を反映したものであるとしても、それはあくまで慶長三年（一五九八）時点での蔵入地の分布を示したものであるという欠点が存在する。また、後者に関しても、その初例が天正十八年（一五九〇）付のものであることから、政権の前半期については見通しを欠く点、および算出額や項目のみが検討されてきたため、他の文書との関連性や算用に至るまでの経過がなお不分明である点が問題として挙げられる。

そこで本節では、政権中枢の発給した蔵入地の収支に関する財政文書を分類し、その特徴や機能、および相互関係を解明していきたい。まず検討するのは秀吉の発給文書であるが、書式と内容の傾向から「請取状」「切符」「皆済状」の三系統が見出しうる。[10] 表2-1にその一覧を示した。以下、それぞれについて事例を交えながら考察していく。

イ　「請取状」

最初に検討するのは「請取状」である。この類型に属する文書の一例として表2-1〔イ18〕（以下、〔　〕を付して記号・番号で示す）を挙げよう。[11]

表 2-1　秀吉発給の「請取状」「切符」「皆済状」一覧

イ　「請取状」

No.	年月日	品名	名目	額	宛名	典拠
1	天正 5・閏 7・17	金	①	3 枚	伊藤吉次	『秀吉』141 号
2	天正 6・1・21	銀	③	30 枚	そのへ与三郎	『秀吉』159 号
3	天正 9・2・16	銀	④	50 枚	生熊左介	『秀吉』295 号
4	天正 9・11・11	米	①	40 石	松浦重政	『秀吉』354 号
5	天正 10・9・21	銀	④ヵ	1000 枚	不明	『秀吉』5936 号
6	天正 11・6・晦	鐚銭	③	160 貫文	(正直屋宗与)	『秀吉』729 号
7	天正 11・7・晦	(銭)	③	300 貫文	正直屋宗与	『秀吉』746 号
参 1	天正 11・8・晦	(銭)	③	280 貫文	同上ヵ	『秀吉』816 号
参 2	天正 11・10・8	(銭)	③	220 貫文	同上	『秀吉』830 号
参 3	天正 11・12・9	(銭)	③	150 貫文	同上	『秀吉』855 号
8	天正 11・12・25	金	③	22 枚	平野中	『秀吉』862 号
9	天正 11・12・27	銀	③	200 枚	—	『秀吉』863 号
10	天正 12・1・22	金	①	15 枚	—	『秀吉』951 号
11	天正 13・7・1	金	①	30 枚	観音寺賢珍	『秀吉』1475 号
12	天正 13・8・8	金	①	3 枚	同上	『秀吉』1531 号
13	天正 13・閏 8・22	金	①	5 枚	同上	『秀吉』1581 号
14	天正 13・10・16	金	①	3 枚	同上	『秀吉』1647 号
15	天正 13・12・26	銀	③	26 枚	善福寺・掃部・池坊	『秀吉』1772 号
16	天正 14・12・24	銀	③	35 枚	同上	『秀吉』2064 号
17	天正 15・12・27	銀	③	35 枚	同上	『秀吉』2408 号
18	天正 16・5・3	金	①	10 枚	浅野源八	注 11
19	天正 16・7・4	金	③	29 枚 3 両	上林久茂・森道言	『秀吉』2540 号
20	天正 16・12・26	銀	③	35 枚	善福寺・掃部・池坊	『秀吉』2643 号
21	天正 17・5・24	金	③	27 枚 3 両	上林久茂・森道言	『秀吉』2670 号
22	天正 17・12・25	銀	③	35 枚	池坊（後欠）	『秀吉』2867 号
23	天正 17・12・28	銭	③	70 貫文	宮木豊盛	『秀吉』2874 号
24	天正 18・8・21	金	⑤	4 枚	瀧川忠征	『秀吉』3391 号
25	天正 19・2・7	金	②	1 枚	御牧景則	『秀吉』3615 号
26	天正 19・3・24	綿・漆	②	17 貫 460 文	福島正則	『秀吉』3625 号
27	天正 19・12・22	金	①	57 枚 3 両 1 分 6 枚 7 両 3 分	浅野長吉	『秀吉』3859 号

イ　「請取状」つづき

28	天正 20・1・9	金	①	10 枚	長束正家	『秀吉』2879 号
29	天正 20・2・1	綿・漆	②	86 貫 775 文	福島正則	『秀吉』3945 号
30	文禄 2・4・22	銀	④	20 枚	山中長俊	『秀吉』4541 号
31	文禄 2・閏 9・16	銀	①	96 枚 20 匁 3 分	観音寺詮舜	『秀吉』4541 号
32	文禄 2・11・15	米	①	1424.7 石	同上	『秀吉』4796 号
33	慶長元・12・29	銀	②	150 匁	有馬則頼	『秀吉』5535 号
34	慶長 2・7・1	銀	④	1000 枚	柳沢元政	『秀吉』5609 号
35	慶長 2・12・28	銀	④	2000 枚	同上	『秀吉』5706 号
36	慶長 3・1・17	銀	④	12 枚	同上	『秀吉』5736 号

ロ　「切符」

No.	年月日	種類	品名	用途	額	渡し先	宛名	典拠
1	天正 5・9・3	払渡	(米)	①	3.6 石	—	浅野長吉	『秀吉』143 号
2	天正 5・9・12	払渡	金	⑦	2 枚	—	小出秀政	『秀吉』144 号
3	天正 6・9・23	払渡	米	⑤	12 石	—	伊藤吉次	『秀吉』177 号
4	天正 7・2・5	払渡	豆	⑤	5 石	原田金助	石川光政	『秀吉』189 号
5	天正 7・5・14	払渡	米	①	扶持方 4 人 50 日分	福島正則	寺沢広政	『秀吉』193 号
6	天正 8・11・16	払渡	米	⑤	287.4 石	ゑむら	浅野長吉	『秀吉』286 号
7	天正 8・11・26	払渡	米	⑤	10 石	垣屋光成人質	芯山さいゐん	『秀吉』288 号
8	天正 9・1・11	払渡	米	①	300 石	羽柴秀長	杉原家次	『秀吉』290 号
9	天正 9・3・25	貸与	米	⑤	100 石	源正	同上	『秀吉』307 号
10	天正 9・5・6	払渡	豆	①	50 石 × 2	戸田清左衛門・宗久	伊藤吉次	『秀吉』313 号
11	天正 9・5・7	払渡	米	⑤	20 石	としやるす	石川光政	『秀吉』5911 号
12	天正 9・6・3	貸与	(米)	⑤	100 石	小者共	きさいもん	『秀吉』317 号
13	天正 9・6・5	払渡	米	⑦	16.77 石	—	伊藤吉次	『秀吉』318 号
14	天正 9・6・21	払渡	米	③	50 石	妙光寺	杉原家次	『秀吉』320 号
15	天正 9・10・29	払渡	米	①	10 俵	小谷熊治郎	小谷長太夫	小谷家文書
16	天正 9・11・25	払渡	米	⑤	30 石	小出秀政女房	小出秀政	『秀吉』358 号
17	天正 10・1・21	貸与	米	⑤	50 石	狩野宗秀女子	伊藤吉次	『秀吉』370 号
18	天正 10・3・10	払渡	米	⑤	5 人扶持	有田宗八	小出秀政	『秀吉』5920 号
19	天正 10・3・17	払渡	米	⑤	5 石	岡本義保	同上	『秀吉』5921 号
20	天正 10・4・1	貸与	米	⑤	4 石	台所たもん兵介・はやみち・小島・ないとう	松浦重政	『秀吉』401 号
21	天正 10・6・7	貸与	米	①	81.5 石	御中間御小人衆	きさへもん	『秀吉』425 号

ロ　「切符」つづき

22	天正 10•9•17	払渡	米	①	100 石	中村一氏	杉原家次	『秀吉』490 号
23	天正 10•10•20	払渡	米	⑤	250 石	幸阿弥長清	伊藤吉次	『秀吉』520 号
24	天正 11•1•3	払渡	米	⑦	銀 40 枚分	清水九郎二郎	同上	『秀吉』567 号
25	天正 11•7•11	払渡	銭	③	500 貫文	天王寺	松井友閑	『秀吉』737 号
26	天正 11•7•24	払渡	米	①	10 石	野呂孫左衛門	戸田勝隆	『秀吉』738 号
27	天正 11•7•24	払渡	米	①	10 石	益田太郎右衛門尉	同上	津田家文書
28	天正 11•7•26	払渡	米	①	扶持方 20 人分	石橋彦三郎	水谷一郎	『秀吉』742 号
29	天正 11•11•27	払渡	米	⑤	10 石	するか	浅野長吉	『秀吉』851 号
30	天正 12•2•15	払渡	米	⑤	30 石	太谷作右衛門	紋右衛門	『秀吉』957 号
31	天正 12•6•11	払渡	米	⑤	200 石	日野局	浅野長吉女房	『秀吉』1106 号
32	天正 12•6•26	払渡	米	①	(45 石)	岡本良勝	一柳末安	『秀吉』1119 号
33	天正 12•6•26	払渡	米	①	扶持方 80 人分	磯部兵部大夫	同上	『秀吉』1120 号
34	天正 12•7•14	払渡	米	⑤	100 石	いつき・かなもり	同上	『秀吉』1148 号
35	天正 12•10•16	払渡	米	①	200 石	篠原甚五・森村春	浅野長吉	『秀吉』1233 号
36	天正 12•11•17	払渡	米	⑤	300 石	大坂	松浦重政	『秀吉』1268 号
37	天正 13•3•3	払渡	米	①	(1.4 石)	雑賀松庵	蒔田久勝	『秀吉』1342 号
38	天正 13•3•3	払渡	米	①	(1.4 石)	雑賀大炊助	同上	『秀吉』1343 号
39	天正 13•5•10	払渡	銭	⑤	100 貫文	たけ	松浦重政	『秀吉』1425 号
40	天正 13•8•8	払渡	米	②	500 石	玄以	観音寺賢珍	『秀吉』1532 号
41	天正 13•10•1	払渡	銭	②	300 貫文	—	一柳直次・大野光元・松浦重政	『秀吉』1639 号
42	天正 14•1•2	払渡	米	①	234 石	氏家定元組	一柳末安	『秀吉』1830 号
43	天正 14•1•4	払渡	米	①	36.54 石	有馬則頼	観音寺賢珍	『秀吉』1831 号
44	天正 14•1•17	払渡	米	⑥	10 石	蒲生氏郷女房	善福寺・掃部・池坊	『秀吉』1834 号
45	天正 14•1•24	払渡	米	⑦	200 石	幸阿弥長清	大ゐ弥ゑもん	『秀吉』1846 号
46	天正 14•2•29	払渡	古米	②	100 石	—	小出秀政	『秀吉』1857 号
47	天正 14•4•24	払渡	米	②	13.5 石	生駒仙	加藤清正	『秀吉』1879 号
48	天正 14•4•25	払渡	米	②	300 石	(施薬院全宗)	施薬院全宗	『秀吉』1880 号
49	天正 14•11•18	払渡	米	⑤	30 石	いちや	浅野長吉	『秀吉』2014 号
			糯米		15 石			
50	天正 15•10•13	払渡	米	④	2000 石	島津義久	加藤清正	『秀吉』2349 号
51	天正 15•10•13	払渡	米	④	1000 石	同上	祖父江久内	『秀吉』2349 号
52	天正 15•10•13	払渡	米	④	1000 石	同上	小出秀政	『秀吉』2349 号

ロ 「切符」つづき

53	天正 15・10・13	払渡	米	④	1000 石	同上	増田長盛	『秀吉』2349 号
54	天正 15・12・1	払渡	米	⑤	200 石	伊勢津御乳	早崎家久	『秀吉』2390 号
55	天正 17・3・9	払渡	米	③	2000 石	鞍馬寺	福島正則	『秀吉』2657 号
56	（天正 17）4・23	払渡	米	③	2000 石	石清水八幡宮	生駒近規・福島正則・戸田勝隆	『秀吉』2667 号
57	（天正 18）3・14	払渡	銀	④	100 枚	琉球国使者	小西立佐	『秀吉』2989 号
58	天正 19・1・21	払渡	米	③	200 石	—	多羅尾光雅	『秀吉』3587 号
59	天正 19・1・21	払渡	米	③	200 石	上賀茂社	戸田勝隆	『秀吉』3588 号
60	天正 19・1・22	払渡	米	③	100 石	上下賀茂社	同上	『秀吉』3589 号
61	天正 19・1・26	払渡	米	③	100 石	春日社	加藤備中守	『秀吉』3590 号
62	文禄 2・12・13	払渡	米	②	—	—	観音寺詮舜	『秀吉』4810 号
63	文禄 3・8・10	払渡	米	②	452.19 石	池田照政	伊木忠次	『秀吉』4966 号
64	文禄 3・12・28	払渡	米	①	2871.77 石	寺沢正成	黒田長政	『秀吉』5100 号
65	文禄 5・1・6	払渡	米	②	900 石	（富田一白）	富田一白	『秀吉』5456 号
66	文禄 5・8・27	払渡	米 大豆	②	158.4 石 17.6 石	（石川貞通）	石川貞通	『秀吉』5497 号
67	慶長 2・10・26	払渡	米	⑤	1000 石	原田喜右衛門	石田三成	『秀吉』5677 号
68	慶長 2・11・27	払渡	米	⑤	1000 石	大友吉統	増田長盛・石田三成	『秀吉』5683 号
69	慶長 3・4・29	払渡	米	②	500 石	（施薬院全宗）	施薬院全宗	『秀吉』5799 号
70	慶長 3・8・28	払渡	米 大豆	②	446.85 石 49.65 石	（福島正則）	福島正則	『秀吉』5870 号
71	（年不詳）1・7	払渡	米	①	1000 石	安威重信	辻甚左衛門	『秀吉』6274 号
72	（年不詳）2・14	払渡	米	⑤	1000 石（うち金 250 石）	給人	伊藤吉次	『秀吉』872 号

ハ 「皆済状」

No.	年月日	収穫年	預分	宛名	典拠
1	天正 16・12・10	天正 15 年分	—	小西立佐	『秀吉』2638 号
2	天正 16・12・28	天正 15 年分	金 8 両 8 分・米 198.78 石	観音寺賢珍	『秀吉』2644 号
3	天正 19・12・25	天正 18 年分	米 6300 石	浅野長吉	『秀吉』3860 号
4	天正 20・2・18	天正 18 年分	米 19385.65 石	岡本良勝	『秀吉』3950 号

請取金子之事
合拾枚者、但壱枚ニ付而四拾四石かへなり
右八木、合四百四拾石也、
天正十六年五月三日（朱印）
あさのけん八（浅野源八）

この類型の文書は、蔵入地からの収入のうち、政権への納入分に対して出された請取証文である。初期のものを除き、そのほとんどの書出は「請取～事」となっており、二行目には領収額とその換金相場が付されることが多い。表2-1イを見てわかる通り、後期にはやや事例が減少するが、政権の全時期にわたって発給が確認できる。「請取状」の宛名は、鉱山や直轄都市を含む蔵入地代官であり、〔イ34～36〕の柳沢元政以外は、ほとんどが畿内・近国の代官にあたる。もちろん、それ以外の地域からの納入もあったと考えられるため、このような偏差は史料の残存度合によるものであろう。納入は四例（〔イ4・26・29・32〕）を除いて貨幣によっており、徴収名目は①年貢米・豆、②小成物、③港湾や町場の定請米や地子銭・役銭、④鉱山収入、⑤戦利品からなる。件数は①と③が多いが、①は不定期で低額が多い。一方で、高額なのは④であり、政権の金銭収入は田畠以外からのものが主要であったといえる。なお、秀吉文書としての前史は永禄期に遡り、蜂須賀正勝宛ての段銭請取状が知られている[12]。

ロ「切符」

ついで検討するのは、「切符」である。この類型を代表する文書としては、次のようなもの（〔ロ63〕）がある。

八木四百五拾弐石壱斗九升、伏見作事方入用として、羽柴三左衛門尉（池田照政）ニたしかに可計渡候也、
文禄三年（一五九四）八月十日（朱印）
いきせいひやうへ（伊木忠次）

「切符」は蔵入地の収入のうち、諸経費への転用分について、その輸送や払い渡しおよび貸与を命令したもので

ある。最初に米銭の額を明示し、その次に用途を記したうえで、誰に対して払い渡し・貸与を行うのかを指定している。表２-１**ロ**に示したように、天正十五年以前に多く見られる一方で、時代が下るにつれて額が増える傾向がある。用途としては、①戦時の兵粮・扶持米や軍備、②城などの作事入用・普請扶持米、③寺社造営・祈禱料、④儀礼関係、⑤扶持人らへの支給・貸付、⑥行楽関係、⑦銭貨や工芸品の購入代金などが挙げられ、①〜⑤のように公的な名目が主ではあるものの、⑥や⑦のような私的な名目にも用いられている。[13] なお、扶持方は一人あたり一日五合（近江升の場合は六合）である。

「切符」の宛名も蔵入地代官（ないし蔵の管理者）と考えられ、やはり畿内・近国の代官がよく目に留まるが、その他の地域の代官も確認できる。支払いは米によるものが支配的で、種類も払い渡しが多く、貸与は初期に少し見られるだけである（〔**ロ**９・12・17・20・21〕）。払い渡し・貸与先は様々であるが、天正十年代前半には小身の家臣や職人、および女性と思われる人々が多いのに対して、文禄・慶長期には大名が大半を占める傾向が看取される。また、文禄末から慶長期には〔**ロ**65・66・69・70〕のように、「手前」蔵米を代官自身の担当した普請の扶持米に転用する相殺型が目立つようになることも、特徴として挙げられる。

なお、秀吉の発給した「切符」の原型も元亀期に遡り、蜂須賀正勝に段銭方の米を樋口直房らに渡すよう命じている事例が知られる。織田期の切符には近世の振り手形の原型となるような商人を支払者に指定した事例が知られるが、秀吉の「切符」からは商人の支払いは確認できない。[14]

ハ　「皆済状」

三つ目は「皆済状」である。その実例〔**ハ**４〕を左に示す。

天正十八年分預り米事

合壱万九千三百八拾五石六升五合者、

右、払方御朱印・小日記上之皆済也、天正十八年分之払方、天正廿年二月十八日迄ニ払之也、此日付以前之

御朱印・小日記雖在之、重而御算用ニ被相立間敷候也、

天正廿年二月十八日（朱印）

おかもと下つけ《（岡本良勝）》

この「皆済状」は、蔵入地代官からの収支報告に対して秀吉が発給した決算書である。事例はあまり多くなく、天正十年代後半に四例が確認できる。「請取状」や「切符」から窺えるように、蔵米の転用・輸送や貨幣への換金・運上が多かったために、最終的に蔵入地からの収支全体を把握する必要があった。よって、文中の「御朱印」は決算に際して代官が秀吉に提出した「請取状」や「切符」に相当し、それらの勘定の結果が記されていたのが「皆済状」であったと見なせる。表2-1ハに見られる収穫年と発給年の差から、蔵米算用は収穫の翌年末に行われるのが通例であったことが指摘できる。また、支出よりも収入が多いことが一般的であったようで、〔ハ2〜4〕では代官預分が発生している。これらは現地で保管され、番城の兵粮米や、支出過多の年に補塡するための払残米として扱われたと思われる。なお、「皆済状」の原形として、皆済との文言はないものの、天正十五年末に生駒近規（親正）に対して同年の定納分一万石を預け置いている事例を挙げることができる[15]。九州国分を経て西日本全体を傘下に取り込んだ豊臣政権にとって、蔵入地の拡大と蔵米の増加への対応が必要となり始めたのがこの頃であったといえよう。

概要を確認したうえで、史料の伝存状況から、これらの文書がどのように用いられていたのかを推測してみよう。まず、「請取状」は蔵入地代官の家蔵文書として伝存している事例が多く、代官の手元に残されるのが一般的であった。よって、代官は「請取状」を保管し、算用の際に証拠書類として持参したと考えられる。また、「切符」も同様の事例が多いものの、渡し先（蔵米の請取人）に残ることもあり、その場合のほとんどが写しである。そのため、「切符」はまず政権から渡し先へと送られ、請取人が宛名に記された人物（代官）やその蔵のもとに行き、「切符」と現物を引き換えたものと想定される[16]。

これらを総合すると、この時期の蔵入地からの収入の運用には次のような手続きが執られていたと考えることができる。蔵入地の年貢米は、「切符」の指示によって、畿内・近国や遠隔地、在地や戦陣など各地において利用された。一方で、主に鉱山や町場からの収益は金銀に換えられた後に政権に上納され、その証拠として「請取状」が発給された。翌年末には「切符」「請取状」の記載と、代官の手控えである小日記をもとに算用が行われ、秀吉から「皆済状」が発給されて収支や預米が確定したのであった。

なお、前述の三種類の財政文書には共通する特徴が存在する。それは、宛名が平仮名まじりで書かれたものが大半を占めることである。さらに、そのうちには秀吉自筆とされるものが多く含まれる。[17]「請取状」については、初期には〔イ2〕のように全文が自筆とされるものや、〔イ3〕のように差出官途名「ちくせん」が自筆とされるものが確認できるが、天正十年代の初期から、宛名のみが自筆でその他の部分は右筆が作成したものが主流となるのが一般的（〔イ8・11〜14・18・19・21・24・26〜28・30・34〜36〕）。「切符」については、天正十三年前後まで全文が自筆によるもの（〔ロ3・8・10〜12・14・24・31・26・36・41〕）で、その後、宛名のみが自筆のものへと移行する（〔ロ40・55・63〕）。「皆済状」については事例が少ないものの、宛名のみが自筆と考えてよさそうである。これらから、秀吉は発給文書に自筆部分を残すことで、蔵入地からの収入を管轄する権限が自身の手元にあることを示したものと思われる。[18]

（2）奉行発給の財政文書

政権後期においては、秀吉の財政文書と類似する機能を有する文書を奉行が発給する事例が見られるようになる。ただし、その総点数は多くないため、以下に逐次その例を挙げて検討する。まず、「請取状」の類例については、①天正十八年の長束の発給、②文禄期の浅野の発給、③文禄三年の奉行・下代の発給、④文禄四年の奉行の発給、⑤慶長三年の下代発給の例が存在する。[19]①は小田原攻めに伴う馬の飼料としての豆の請取であり、②は釜山での城米請取と所領の小浜での金納、③は「るすん壺」の購入代金、④は「秀次事件」の事後処理に関わるものであるため、請取に関する奉行らの役割は特定の案件に限定されていたと理解するのが適切であろう。また、⑤は吉川領の銀山収入の請取だが、文中に「御朱印相調次第取替可申候」とある。ほかにも、文禄期に長束正家が寺西是成に対し、代官所からの運上金十枚の請取状を渡したが、秀吉の病気のため「御墨印」となり、以前渡した「我等墨付」を返すように伝えた類例も知られる。[20] よって、何らかの事情で秀吉の「請取状」が出せない場合に一時的な請取状を奉行が発給したと見られる。

慶長期に入ると、蔵米の換金・運上に関する連署状を発給している事例が確認できる。慶長三年のものと推測される連署状写[21]では、佐竹領内に設定された豊臣蔵入地の代官であった佐竹（東）義久に対して、「其方御代官所去年分物成内七百石金替候て、可有運上」と述べたうえで、有米については上使を派遣して査察する旨を伝えている。後述する通り、この時期には奉行が「請取状」の前段階にあたる換金・運上の指示に携わっていたのである。

ついで、奉行が発給した「切符」の類例に言及しよう。秀吉生前においては、蔵米については管見に入らないが、文禄・慶長期に材木や竹の受渡命令文書を蔵入地代官に対して発給している事例が確認できる。秀吉も同様の文書を発給しており、材木の金額に関する記載がないなど「切符」（蔵米渡方切符）とは異なる点があるものの、算用の際には払方の証拠文書として機能していたと考えられる。[22] よって、材木の輸送や受け渡しについては、奉行にも権限が与えられていたと評価することができよう。なお、これに類する文書としては、代官宛て以外にも、寺社に宛てられた所司代や竹木奉行下代発給の材木・竹木渡方切符が存在している。[23]

また、文禄三年に秀吉が石川光元に与えた知行五百石は、稲葉道通の代官所から割き与えられた。その際、当年の年貢については「彼在所物成ニ応シ切米を以」石川に渡すよう、奉行から稲葉へ通達されている。[24] なお、秀吉死後の段階になると、伏見山城や大坂城の普請と関連して奉行が発給した「切符」が数点見られる。[25]

以上より、奉行が文禄期に蔵米の受け渡しを代行し始め、慶長期に関与を強めた事実が見出されたが、その一方で「切符」「請取状」自体は秀吉が発給し続けていた。あくまでも奉行の役割は補助的・限定的であり、米穀や貨幣の使途についてはなお秀吉が最終権限を握っていたことには留意したい。

さて、奉行が発給した財政文書としてこれまでも取り上げられてきたのが「算用状」（蔵米算用状）である。確認できる「算用状」とその主な記載内容を一覧で示し、関連する文書をも参考として掲げたのが表2-2である。次にその一例（〔ニ17〕）を挙げよう。[26]

　　[1]摂州芥川郡内御倉米御算用状事

[2]一、六百九拾八石六斗五升　慶長元年納物成

　　右はらい

[3]一、六百七拾八石三斗　御朱印 金子拾六枚九両弐匁五ふん三厘只今上、但壹枚ニ付て四拾石替

一、弐拾石三斗五升　右八木鳥羽より京迄駄賃石別三升ツヽ、

はらい

　　合六百九拾八石六斗五升

　右皆済也、

[4]右、払　御朱印・小請取、何も請取申候、此日付以前之払　御朱印・小請取雖在之、重而御算用ニ相立間敷候、慶長元年免目録、上様未被成御覧候間、懸　御目、相違事候者、追而可申入候、以上、

　　慶長弐年極月廿五日　長束大蔵（正家）（花押）

　　増田右衛門尉（長盛）（花押）

　　石田治部少輔（三成）（花押）

　　徳善院（玄以）（花押）

表 2-2　奉行発給の「算用状」（ニ）一覧

No.	発給年月日	収穫年（B）	蔵入地の所在地（A）	宛名	差出 長束	差出 増田	差出 石田	差出 浅野	差出 玄以	本写	紙背印	典拠
1	天正 18・12・29	天正 17	山城所々	石川貞通	○	○				本	△	石川文書
2	天正 19・12・25	天正 18	（近江所々）	称名寺	○	○				本	△	称名寺文書
3	天正 19・12・27	天正 18	宇治	上林久茂	○	○				本	△	上林味卜家文書
4	天正 19・12・28	天正 18	摂州湯山	善福寺・池之坊・掃部	○	○				案	△	浅野文書
5	文禄 3・1・13	（不明）	江州浅井郡・坂田郡之内	伊藤長弘	○	○		○	○	写	▲	小松伊藤記録
6	文禄 3・12・14	文禄 2	断簡（播磨ヵ）	—	○	○		○	○	本	△	豊臣家文書
7	文禄 3・12・28	文禄 2・3	有馬湯山	—	○	○				本	i	余田文書
参 1	文禄 4・5・3	天正 19・文禄元・2	秋田之内		■	■		■	■	案	—	秋田家文書
8	文禄 4・5・3		秋田之内	秋田実季	○	○		○	○	本	i	秋田家文書
参 2	（文禄 4・8・3）	—	（算用奉行連署血判起請文）		○	○			○	本	—	大阪城天守閣所蔵木下家文書
9	（文禄 4・12・15）	文禄 3	江州蒲生郡・栗太郡内，堅田	観音寺詮舜	○	○			○	本	△	芦浦観音寺文書
10	文禄 5・8・22	文禄 4	薩摩国之内	伊集院忠棟	○	○			○	本	×	島津家文書
11	（慶長元・12・28）	文禄 4	（摂津）湯山	善福寺・掃部・池之坊	○	○			○	本	△	大利文書
12	（慶長 2・1・29）	文禄 3・4	摂州闕郡内	今井豊寿	○	○			○	本	ii	称念寺文書
13	（慶長 2・3・5）	文禄 4	山城国宇治郷	上林久茂	○	○			○	本	ii	古文書纂
14	慶長 2・3・15	（不明）	断簡	稲葉重通	○	○		失脚	○	本	（不明）	佐藤行信氏所蔵文書
15	慶長 2・3・25	文禄 4	但州内	小出吉政	○	○			○	本	ii	豊臣氏但馬国蔵米算用状
参 3	慶長 2・11・27	文禄 3・4・慶長元	秋田内		■	■	■		■	案	—	秋田家文書
16	（慶長 2・11・27）		秋田内	秋田実季	○	○	○		○	本	ii	秋田家文書
17	慶長 2・12・13	（不明）	断簡（播磨ヵ）	木下家定	○	○	○		○	本	△	豊臣家文書
18	慶長 2・12・25	慶長元	摂州芥川郡内	浅野長政	○	○	○		○	本	△	浅野家文書
19	（慶長 2・12・27）	慶長元	山城国宇治内	上林久茂	○	○	○		○	本	ii	上林文書
20	（慶長 2・12・29）	慶長元	近江国志賀・蒲生・栗太郡内	観音寺詮舜	○	○	○		○	本	△	芦浦観音寺文書
21	慶長 3・12・26	慶長 2	河州・泉州内	小西立佐	○	○	○	○	○	本	ii	下条文書
22	慶長 3・12・29	慶長元・2	摂州有馬山	善福寺・池之坊・掃部	○	○	○	○	○	本	△	打田清氏所蔵文書，一話一言
23	慶長 3・12・29	慶長 2	城州宇治内	上林久茂	○	○	●	○	○	本	ii	上林文書
参 4	慶長 3・12・29	慶長元・2	秋田之内		■	■		■	■	案	—	秋田家文書
24	慶長 4・12・16	慶長 3	断簡（近江）	観音寺詮舜	○	○	失脚		○	本	ii	芦浦観音寺文書

備考）書出：No. 1・2・7＝「……御算用状之事」／3～5・8～9＝「……御蔵入御算用状之事」／10～15・17～参4＝「……御蔵米算用状之事」
差出：○＝花押・判有り／●＝花押・判なし／■＝宛名
紙背印：i＝方形黒印，ii＝円形黒印，×＝存在せず，△＝写真や影写本などでは確認できず，▲＝史料の性格上確認できず

浅野弾正（長政）殿

冒頭の(1)には蔵入地の設定地域が明示されているが、表2‐2を見てわかる通り、それは三つの類型に区分できる。一つ目は国名のみの場合である。〔ニ1・10・15・21〕が該当し、「〜所々」や「〜之内」という形で記されている。二つ目は郡名まで書かれている場合で、〔ニ5・8・9・12・16・18・20〕がそれにあたる。三つ目は郷や町場に設定された蔵入地で、〔ニ3〕などの宇治、〔ニ4〕などの湯山（有馬）や、〔ニ9〕の堅田である。よって、蔵入地の分類は基本的には国郡の単位でなされ、収益の見込みが大きい場所は個別に把握されていたといえる。

　また、宛名は蔵入地代官であり、秋田氏の事例（〔ニ参1・3〕）では、奉行が代官に宛てた「算用状」の他に、同日付でほぼ同内容のものを代官が奉行に宛てて発給している。「算用状」の日付は区々であり、代官からの上申が基本であったと想定されるため、代官が奉行宛ての案を作成して提出したうえで、奉行が「算用状」の正文を発給したと考えられる。中世の一般的な算用状（注進状）が、現地の代官から領主に提出されるものであったことと比べれば、これは「算用状」が皆済や預米の確認のために秀吉から代官に下された「皆済状」に由来し、奉行が秀吉の代理として蔵入地の収益を監査していることの表れと見なせよう。

　(2)には収入が計上してあり、何年の収穫分であるかが記されている（表2‐2では収穫年のみを示した）。単年での収支が多いが、二、三年分でまとめて決算する事例も存在した（〔ニ7・8・12・16・22・参4〕）。「算用状」および代官の案の日付自体は「皆済状」同様、収穫の翌年末であることにも注意しておきたい。なお、蔵入地によっては、この項目に豆・稗・粟および銀子が算入される場合があった。また、前年分の払残米を加算したものも見られ、これらの合計が納方として扱われた。

　先に、末尾の(4)に目を向けると、「此日付以前之払　御朱印・小請取雖在之、重而御算用ニ相立間敷候」という文言が「皆済状」の末尾の文言と酷似しており、「算用状」は秀吉の「皆済状」の機能を受け継ぐものであることが明瞭に理解される。[27] また、つづく「慶長元年免目録、　上様未被成御覧候間、懸　御目、相違事候者、追而可申入候」に着目すると、同様の文言を有する「算用状」が多いことに気づく（〔ニ1・6・9・10・12・15・18・20〕）。「免目録」は、初期には「納物成御算用状」とも表現され、蔵入地の物成や荒免・免相が記載されたものと考えられる。慶長期には、一村ずつの収穫状況を子細に書き立てることが要求されており、その提出時期は収穫年の暮れであった[28]。「免目録」の記載内容と提出時期が天正期から確定していたかどうかは明らかではないが、文末に秀吉による「免目録」の直接監査が明記されていることは重要であろう。すなわち、「算用状」は代官によって案が作成され、奉行によってそれを承認する正文が発給されたとはいえ、蔵入地の免租率の最終決定権はあくまでも秀吉にあることがここに示されており、したがって、この段階では政権の財政のうち収支の確認のみが奉行に委任されていたと評価できるのである。なお、秀吉死後には、「免目録」を「穿鑿」するという文言に変更されており（〔ニ21・参4・24〕）、徳川家康と前田利家が代理でその任にあたったことの表れと思われる（後述）。

「右はらい」に続く(3)以下の部分が払方であるが、何より目を惹くのが、(3)の支出項目の肩に付された「御朱印」という文言である。右の例では、金子十六枚九両余りが運上され、その換金相場が付されている。金子の上納先は政権中枢であり、朱印を用いることのできる人物を考えると、この「御朱印」は秀吉のものを指すと見てよい。そして、その内容はまさに前項で検討した「請取状」と合致し、「御朱印」は「請取状」に相当する可能性が極めて高い。おそらくは、代官の提出した「請取状」と「算用状」案文の内容を照合した証として、奉行が支出項目に「御朱印」と付記したのであろう。そのほかには〔ニ2〕の「おり《（織）》物や・ぬしや《（塗師）》・御きたう《（祈禱）》其外方々へ御わたしかた」や〔ニ4〕の「御湯治之時七日分ノ御ふちかた御供衆へ」および〔ニ9〕の「江州浦加子百廿九人高麗へ被遣廿日分飯米」に付された例などが挙げられ、米の渡方に用いられたことがわかるが、こちらは「切符」に照応するものである。よって、「請取状」「切符」は「算用状」にその内容が記載され、一連の財政文書として機能していたといえる。そして、この支出項目の記載内容と「請取状」の性質とを併せて考えると、政権の手元に運ばれた蔵入地からの収入の主たる部分は金銀であったことも注目されよう。

また、「御朱印」と同様に「御自筆」「御黒印」という文言が米の渡方に付された事例も確認でき、前者は秀吉の花押が捺されたもの、ないし自筆の書付、後者は秀吉や北政所・孝蔵主らの黒印状が該当すると推測され、それらも「切符」と同様の機能を果たしていたと思われる。なお、秀吉が出陣のため上方に不在の場合、北政所が代官から金子を請け取り、「かり請取」を出すよう指示している事例も知られる。(29)

ここで注意したいのは、「算用状」に記された年月日と実際の発給年月日にずれが生じるのが一般的だったことである。例えば、慶長二年十二月二十九日付の「算用状」(〔二20〕)に記された長束正家の花押は、本来であればN5a型でなければならないが、N6型となっている。(30) よって、最も早く見積もっても慶長三年五月以降に発給されたものであることがわかる。このように、のちに遡及発給したことが確実なものが、現状では七通確認できる(表2-2では年月日を( )で示した)。このような事態が起こるのは、奉行が代官宛ての正文を作成する際、代官の案文の日付をそのまま記したためと推測される。正文の作成には、案文の記載項目と「切符」「請取状」の内容を照らし合わせる作業が必要とされた。さらに、代官の担当する蔵入地の免相を記した「免目録」を原則的には秀吉に確認してもらわなければならなかった。そして、奉行は算用だけでなく、様々な職務をこなしていた。このような事情から、「算用状」の正文発給には時間がかかったものと思われる。

なお、長束のN5a型花押の最初期の例が、慶長二年三月十五日付の算用状断簡や同月二十五日付の算用状(〔二14・15〕)に見出せるが、上記の理由から遡及発給と見なし、前章の考察では初見からは除外している。

(3) 財政文書の総合的分析

右の分類を前提に、財政文書の相互関係を意識しながら、蔵米の決算方法や政権の財政構造を復元したい。

(i) 蔵入地の物成率

まず、蔵入地代官が作成した「算用状」の案文と政権側が発給した正文を比較すると(〔ニ参1・8〕)、両者の文言は酷似しており、書式が雛型などを通して事前に共有されていたと思しい。これは、代官側にも一定の計算能力が求められたことを意味する。ただし、代官の預分は案文では石までしか算出されていないのに対し、正文では斗まで計上されており、政権側で再計算が行われたと推測される。

また、案文には高頭・荒免・免相が明記され、そこから合計の物成が算出されているのに対し、正文には物成のみが記されている。のちの秋田氏の算用状案には免の記載はないため、「免目録」が別に作成されるようになったと思われる。秋田の例では物成率は一五~二〇%と低率であるが、近江では「志賀郡之内佐川村、出来米高四拾三石六斗七升、内物成三拾石五斗七升」とあり(〔ニ20〕)、物成率は約七〇%である。他の事例の物成率としては、天正期の和泉で平均約六六%、近江で六五%、慶長期の筑前で平均約五八%、河内で平均約七五%、山城で六〇%という数値が知られ[31]、畿内・近国ではおよそ六六%前後であり、二対一配分法に相当する一方、九州ではやや下がる傾向が看取される。それに比すれば、秋田の物成は極めて低率であるが、この点については、秋田氏への保護政策であり、十石以下の端数がないため、机上の操作が加わったものと推測されている[32]。

一般に、蔵入地では石高から「定荒」などを控除した後に免引を行っており、石高に対してはおおよそ五〇~六〇%が物成(年貢納入高)であったと考えられる。ただし、免は代官が一次的に決定して政権に報告する形式を採っており、確認の過程で免引の過大申告による差額の詐取が判明し、秀吉の直裁を受けた例も知られている[33]。ゆえに、代官の裁量が大きかった一方で、やはり原理上は秀吉に貢租の最終決定権があったと判断される。

(ii) 代官預分と蔵米納入

ついで、「算用状」の項目を分析すると、前年の支出が収入を上回った場合には、その額が冒頭に立項され、過上分として控除された。末尾でも収支の残額は代官の預分（収入超過）か過上分（支出超過）として算出されている。こうした預分（「其方預り」）はどこで保管され、蔵米はどのように運ばれたのだろうか。

畿内・近国の蔵入地の事例では、蔵米は各地の代官所（在地の蔵）から百姓によって長浜・大津・鳥羽などの集積地の蔵に納入されている（〔二2・9・18〕）。百姓の運送駄賃は「算用状」上には表れず、五里以上の駄賃は物成の中から控除された可能性がある。集積地の蔵に納められた米は、その場で政権側の人物に渡す例と、さらに京・大坂などに廻送し、換金する例がある。後者の場合、「切符」が発行され、駄賃・船賃は算用に際して控除された。集積地の蔵に残置された米は代官ごとに保管していたと思われる。[34]

また、在地の蔵にも残置分があったようで、近江の今堀郷の事例では、集積地の大津で四十石を玄以に渡し、請取状をもらい、それ以外の八十石分の蕎麦・稗・大豆などは「今堀蔵ニアリ」と記載されている。[35] おそらく、代官預分は在地の蔵と集積地の蔵の残置米に相当するものと推測されよう。

同時に、畿内・近国の蔵入地から伏見城・大坂城など政権の拠点城郭の蔵に納めたと思われる事例も検出できる（〔二9・13・19・20・21・23〕）。そのうちで、「大坂蔵詰米」「伏見御くらへ入」などと政権の蔵に納入したことが明記されている「算用状」は意外と少ない。しかし、城の蔵への納入の実例自体は確認でき、近江の蔵米について「弐千弐百石、西二丸井上《(高清)》・小堀《(正次)》被立候御蔵一しきりの内へ可被入置」という命令などから、指月伏見城内の米蔵を指定していたと判断される。[36] その場合、代官所の百姓人足役によって、車で米が運ばれたようである。[37] このように、蔵米は在地の蔵、集積地の蔵（代官の蔵）、城の蔵（政権の蔵）の三か所に分納されたのであった。

一方で、「算用状」における記載では、伏見山城（東の丸・西の丸）や大坂城の「御台所」、および大津城に、品質を明記した少量の米が毎年一定の基準で納入されている事例が多く、これは右の城詰米とは異なり、食用の米と思しい。用途や渡し先には「政所様」や「大蔵卿」など奥向き関係が目立ち、山科郷では良い米が取れるため、「御膳之米」として上白米一石が上納されている。なお、これに類似するものとして、魚や鳥の上納事例も知られる。[38]

畿内・近国以外の蔵入地の場合は、いったん現地の蔵（大名の蔵）に米が納入され、城下や港湾部で換金・上方廻送され、残りは大名領国で保管されたと考えられる。[39]

（iii）蔵米の換金

右のような遠隔地からの上納について、秋田や常陸の例では現地で換金して上納する一方で、薩摩の場合は大坂へ米を廻送してから換金している（〔一〕二8・10）。この差は何に起因するのであろうか。

政権の利潤のみを考えるならば、船賃よりも地方と上方における公定換金相場の落差の方が大きく、現米を上方へ輸送させるのが最適解といえる。しかし、畿内において、天正期に現地の有力町人に相場を報告させ、換金の頃合いを見計らった事例や、慶長期に代官に対して勝手な蔵米の売却を禁止した事例があり、このことから逆に普段は代官が自己の判断で換金をしていたことが窺える。[40] ゆえに、慶長期以前においては、基本的には換金の時期や量の判断は代官に委ねられ、政権側が必要な場合に限って換金などを指示したものと判断される。かつてのように、換金の有無を大名領国における市場の未発達のみから説明することは困難といえよう。[41]

（iv）諸経費の控除

「算用状」の払い方においては、換金分や駄賃以外にも、諸経費が計上（控除）されている。その支出は、①作事入用、②材木入用、③扶持米・飯米・配当・役料支給、④立願米、⑤蔵詰米、⑥新知宛行い・加増分、⑦消耗品購入に大別される。これに関して朝尾直弘氏は、初期の蔵入地の機能は全武士階級の再生産に主軸が置かれていたのに対し、文禄・慶長期には自身の権力強化の側面に偏ったため、豊臣氏は一大名化の方向を辿ったという見解を示した。[42] それは、天正期が兵粮米給付や知行の源泉にあてられていたのに対し、文禄・慶長期は普請や作事の入用が増加したことを論拠としている。なお、下級給人への扶持は通時的に存在したと見ている。

しかし、「切符」の用途を見ると、天正十四年以前の段階で既に大坂城や聚楽第の普請・作事の扶持方・飯米や、内裏の作事入用に蔵米があてられていることが知られる（〔ロ40〜43・46〜48〕）。これは天正期の「算用状」でも同様である（〔ニ1・4〕）。したがって、文禄四年以降の「算用状」において城郭の入用が大きな比重を占めたのは、伏見城（指月・向島・伏見山）・大坂城（第三・四期）の大規模普請に際する出費の増大もさることながら、この時期の公儀普請がそれこそ「全武士階級」を編成し、その円滑な遂行のために扶持米の給付基準や蔵米との相殺手続きが体系的に整えられた結果と見なすべきではないだろうか。

そもそも朝尾氏の行論では、政権初期には「算用状」が存在しないために、知行形態からの類推で蔵入地の機能を導き出し、それと後期の「算用状」の分析を接続せざるをえなかった。しかし、知行形態の検討については既に三鬼清一郎氏によって批判がなされている通り[43]、秀吉が給人の知行権を否定したわけではない。また、所付（所領確定）までの物成給付や戦時の扶持米給付は一時的なものであり、「切符」の払い渡し先を通覧しても、恒常的に「無足人」に対して切米を給付していた様子も窺えない。むしろ、天正十四年以前の蔵米の使途は秀吉直属の軍勢や留守居・女性・職人など私的・個別的な用途が中心であり、天正十五年以降はそれらが見えなくなる代わりに寺社や大名への払い渡し・控除が大半を占め、公的な意味合いを増すと捉えうる余地すらある[44]。ゆえに、政権が一大名化の方向を辿ったとする評価は適切ではなかろう。

なお、①作事入用に関して、〔ニ15〕の例では、秀吉の長者町屋敷の入用米について、「算用状」の末尾で差額の処理が行われている。すなわち、京都において蔵米を換金して作事料として支払ったが、蔵入地所在地（但馬）と京都で相場が異なり、代官の損失となってしまうため、但馬で換金した場合の石高を算出し、差額を控除している。ここから、やはり換金場所は代官の判断に委ねられていたことと、それに対する額面上の調整が加えられていた様子が窺える。ほかにも、「算用状」では収支が同額の場合も見受けられ（〔ニ10・13・18〕）、その数値は実際の米銭の収支に基づきながらも、机上の操作が加えられたものと推測される。

表 2–3　「算用状」における上納分と預置分

No.[1]	物成高	金銀上納	該当年預分[2]
1	650.32	0	122.3
2	9860.97	853.65	828.51
3	3500	2600	900
4	250	0	−110.787
7	400	407	358.382
8	13575.5	6000	5275.5
9	3790.18	495.78	−556.63
10	4913.28	4010.84	0
11	284.4	134.4	118.47
12	2913.37	694.63	1639.3
13	3500	3490.54	0
15	952.85	0	−108.7
16	15384	0	4957.09
18	698.65	678.3	0
19	3500	2000	−1516.07
20	9495.84	1492.36	−1378.085
21	1253.75	5135.39	−2.65
22	568.8[3]	268.8[3]	−100.05
23	3500	1937.65	1516.07
参 3	5199.5	0	1787.59
計	84191.41	30199.34	13730.24
率		35.86 %	16.31 %

備考）数値は全て石高
1）「算用状」の No. は表 2–2 に準拠
2）預－払残＋前年過上
3）銀 48 枚分を慶長元年の比率で換算

（v）政権への上納分

さて、如上の検討からは、蔵入地収益における政権への上納米の少なさが浮かび上がる。「請取状」においても納入は金銀が支配的で、米は僅少であることと関連しよう。

これまでの研究は「慶長三年蔵納目録」を分析対象とし、政権の経済基盤は年貢米と鉱山・都市の運上からなり、総額から見て前者が後者の二倍ほどにあたるため、中核は年貢収入であると捉えてきた。[45] こうした理解は、商業・都市よりも農業・村落に立脚した豊臣政権像を下支えしている。

しかし、右の解釈は、蔵入地の物成がそのまま年貢として納入されることを前提として算出されており、代官の控除分や政権への上納率が考慮されていない点が大きな問題といえよう。蔵入地の物成は、(1)経費の相殺・控除分（iv）、(2)換金上納分（iii）、(3)現米上納分（ii）、(4)代官預置分（ii）に大別される。このうち、「算用状」や「請取状」で(3)が表れることは稀であるが、(4)は原理上、任意に現米として政権側が納入を求めうるため、(3)に準じる意味合いを有する。

収支が判明する「算用状」のうち、(2)換金上納分と(4)代官預置分を集計したものが表2–3であるが、これによると、総計の物成高のうち約三六％が(2)、約一六％が(4)であり、それ以外がほぼ(1)に相当する。

「慶長三年蔵納目録」のうち、蔵入地の総高は約二百二十二万石とされるが、蔵入地の物成率の平均を五五％と見積もると(i)、約百二十二万石が物成高となり、右の上納率を乗ずると、(2)は約四十四万石、(4)は約二十万石相当と推計される。

一方、「慶長三年蔵納目録」のうち、(5)鉱山収入が金に換算して一万千二百三十九枚、(6)都市課税が二千三百九十七枚相当で、当時の上方での公定換金率が金一枚約四十石(〔二21〕)なので、(5)は約四十五万石、(6)は約九万五千石相当と推計される。[46] 政権の手元に納入された推定額のみを比較すると、(2)と(5)がほぼ同水準にあり、(6)を加えれば鉱山・都市収入の方が年貢米収入を上回る。(4)を加味することでようやく年貢米収入の方が多くなるが、その差は従来考えられていたよりも小さく、鉱山・都市からの運上は村落からの年貢米に匹敵する規模と理解しえよう。ゆえに、政権の経済基盤は村落と都市(鉱山含む)の双方に置かれていたと評価し直すべきであろう。

二　算用体制の変遷

(1)「秀次事件」以前の算用体制

本節では前節での検討を踏まえて、政権の算用体制の変遷を追っていきたい。これまでの研究では、文禄四年七月の「秀次事件」に算用体制の大きな画期が置かれてきた。その当否は追って吟味するが、まずは従来触れられてこなかった「秀次事件」以前の政権の算用がどのように行われていたのかを確認することにしよう。

天正十年六月の「清洲会議」の後、秀吉は従来の播磨に加え、丹波・山城・河内に所領を獲得した。むろん所領とともに代官所(蔵入地)も増加するために、この段階でそれに対応する必要が出てくる。この頃の算用のあり方を示唆する興味深い史料として、次のようなものがある。[47]

態申遣候、

一、代官所・知行方之算用聞可申候間、手間不入様、下算用能々仕、書立候て、此方左右次第可罷越候事、
一、物成と蔵ニあり米書立、先早々もたせ可越候、それを見候て入事候間、不可有由断候、
一、山口ニ申付候つる賀茂之物成、払方・蔵ニあり米何もよく書立、可越候事、
一、当年ハ八木多入候ハん間、人ニ借候事無用候、何も念を入、能仕候て置可申事、
一、右何も不可有油断候、尚追々可申聞候、恐々謹言、

筑前守

閏正月十二日　秀吉（花押）

伊藤与左衛門《（吉次）》殿

秀吉が「筑前守」を名乗っている期間での閏正月は天正十一年のみが該当するため、発給年は確定できる。ここで秀吉は、代官所と知行方の算用聞を行うにあたって、伊藤吉次に算用の下調べをして提出するように命令している。二条目で物成分と蔵に保管している米を報告させているのは、賤ヶ岳の戦いを睨んだ状況下において、兵粮米確保の必要があったためと推測される。「当年ハ八木多入候」と四条目に書かれていることもそれと関連するのであろう。

宛名の伊藤吉次は京都の三条町に居を構えていた。彼の邸宅は織田政権下において秀吉が京都に滞在する際の宿所とされ、その後も二条屋敷（妙顕寺城）に移るまでは京都における秀吉の活動拠点であった[48]。伊藤邸は室町期の三条米場や、信長の宿所である本能寺からも近距離にあり、立地条件も最適であったと思われる。

伊藤の関係史料をまとめたのが表2-4であるが、その活動は多岐にわたる[49]。①寺社訴訟への対応。これは秀吉のもとに公家や寺社らが訴訟を持ち込んだことが契機と思われ、京都奉行（桑原貞也・杉原家次ら）に収斂しない訴訟窓口として注目される。②京都での接待。各地を転戦する秀吉に代わり、京都に滞在する人々の馳走や送迎を行っている。

表 2–4　伊藤吉次の関係史料（「請取状」「切符」などは除く）

年月日	事項	典拠
天正 4•11•20	三条町の伊藤邸（秀吉旅宿）に公家らが訴訟を頼みに訪れる	『言経卿記』
天正 6•7	大徳寺黄梅院への寄進地の年貢米上納を命じる	「黄梅院文書」京総所蔵
（天正 7）6•3	秀吉が伊藤に兵粮米・大豆・金銀の輸送や借用米の請取，算用を行うように指示	『秀吉』5891 号
（天正 9）2•4	秀吉が施薬院全宗・伊藤らに，京都での馬揃えを見物する於次秀勝の馳走を命じる	『秀吉』293 号
天正 9•6•5	秀吉が伊藤宛てに生絹や帷子・袴の代金を書き立てる	『秀吉』318 号
（天正 9）10•25	播磨国鵤庄が伊藤を通して秀吉からの寄進を依頼	「法隆寺文書」東央影写本
（天正 9 以前）6•19	秀吉が京都見物をする白土右馬助への馳走を伊藤に命じる	『秀吉』112 号
（天正 9 以前）7•8	秀吉が伊藤に預けた金銀を生熊左介に渡し，大豆や米の残り分は八月以前に売却するように命じる	『秀吉』904 号
（天正 10 ヵ）8•8	松尾社領の山田庄への入草について，石川光政に用捨を依頼	「東文書」
天正 10•9•20	伊藤邸で秀吉と惟住（丹羽）長秀が参会する	『兼見卿記』
天正 10•9•21	公家らが伊藤邸の秀吉のもとへ見舞いに訪れたが，秀吉は奥の間にいて表へ出ず	『兼見卿記』
（天正 10 ヵ）10•24	笋町（烏丸錦小路下ル）から粟田口畳屋への地子納入を命じる	「伊阿弥家文書」
（天正 10 ヵ）10•30	醍醐の九条家領について，先例通り年貢米の納所を命じ，懸物は免除と伝える	『九条家文書』
天正 10•11•16	鞍馬寺別当職についての青蓮院門跡の当知行を認める	『華頂要略門主伝』
天正 10•12•3，4	秀吉が伊藤邸に泊まり，惟住長秀と対談する	『兼見卿記』
天正 11•閏 1•16	秀吉が加藤光泰ら直臣層への扶持米給付を伊藤に命じる	『秀吉』5948 号
天正 11•5•27，28	吉田兼和（兼見）が伊藤から求められた山中路の普請役を免除してもらう	『兼見卿記』
天正 11•6•3	秀吉が伊藤邸を訪れる	『兼見卿記』
（天正 11）6•13	秀吉が尼崎の伊藤の蔵に鍬を運ぶように命じる	『秀吉』5958 号
（天正 11）6•21	秀吉が伊藤に安国寺恵瓊の帰路の馳走を命じる	『秀吉』717 号
天正 11•7•22	秀吉が上洛して伊藤邸に泊まる	『兼見卿記』
（天正 11）9•6	秀吉が摂津の大塚や尼崎に蔵を立て，米を運用するように伊藤に命じる	『秀吉』5969 号
（天正 12 ヵ）7•17	玄以の下代が，仁和寺領の伊藤代官分が玄以の管轄になったため，指出を提出するように命じる	『仁和寺史料』

③秀吉の金銀米銭の管理・運用。右掲史料の四条目でも、当年については他者への貸米を行わずに保管するよう命じられている。ここから、通常は米の貸借を行っていたと判断でき、実際に秀吉が淀川沿いの大塚や尼崎に蔵を設置し、他の蔵よりも低利で米を貸し付けるように指示をしている。また、前節で検討した「請取状」や「切符」の宛名にもたびたび登場する（表2–1参照）ことから、伊藤はこの頃の財政に深く関与していた人物であったと結論づけられる。なお、彼の管轄がこの時期の全ての代官所に及んでいたかどうかは不明なものの、発給文書の範囲から、主に洛外を所管していたと推測される。三条目で「賀茂之物成」についても状況の確認を命じられていることが、それを裏付ける。

伊藤と連携して活動している人物としては、小西立佐や生熊左介が挙げられ、彼らも財政に参与していたようである。小西は堺出身の京都商人であり、フロイスの言では秀吉の「財務長官」で「茶の湯道具」の保管者でもあり、生熊は生野銀山の代官として金銀を管理していた[50]。また、初期の算用聞においては、直轄領代官の役割はかなり大きかったと推測される。特に京都近辺では多くの金銀米銭が必要であり、それに対応するだけの自前の財政吏僚が用意できていない状況において、商人的性格を有した伊藤のような存在は不可欠であった。しかし、その活動は天正十年から翌年前半にかけてピークを迎えた後、天正十一年後半を最後に史料上に現れなくなる。血縁と思しき伊藤与次郎が天正十五～十七年に確認できるが、米商や一給人としての側面しか検出されず、政権の算用に関与しているようには思われない[51]。

伊藤の活躍が見られなくなる背景として想定されるのは、二つの政治状況の変化である。その一つは賤ヶ岳戦後、天正十一年八月に行われた知行替である。これにより、代官および代官所の変更や新設がなされ、先行研究で明らかにされたように、子飼部将の管轄地域が拡大し、一方で在地土豪・豪商の徴税請負制が並立する初期蔵入地の管理形態が展開する[52]。また、京都奉行であった杉原家次も坂本に在城することになり、以降は京都周辺の政務から退いているため[53]、洛中洛外の統治方式にも変更が施されたと推測できる。そしてもう一つには、秀吉の京都での宿所が二条屋敷（妙顕寺城）に移り、伊藤邸の政務拠点としての役割が失われたことが挙げられよう。なお、その後当分の間の政権の算用については不明な点が多く、天正十四年には玄以やその下代が二条屋敷において算用を行っている様子が見受けられるが、所司代としての算用である可能性が高く、蔵入地に関するものではないように思われる。[54]

政権の算用担当者が再び明確な形をもって立ち現れるのは、「算用状」の初例が確認できる天正十八年末からのことである。この変化の所以としては、これまでも述べられてきたように、天正十七年の山城検地の完了を画期とする石高制への統合を想定することもできるが、[55]担当するのがなぜ長束と増田であったのか、という疑問に答える必要があろう。

その要因としては、第一に、同年九月前後に京畿の支配図が再度書き換えられたことが挙げられる。この頃、所司代に浅野長吉が加えられ、伏見代官も松浦重政から長谷川宗仁に変更され、翌年にも奥羽仕置と連動する形で畿内・近国の城主や代官の配置転換が行われた。そして、これらを結ぶ糸を辿ると、天正十七年五月の棄（鶴松）生誕に行きつく。鶴松の存在は、秀吉にとって政権の後継者とそれを補佐する体制を本格的に考える契機となったと思しい。したがってこの頃は、将来的な政権譲渡を見越した政務担当集団の形成、および人員の選定時期にあたっていたと見なせよう。

第二に、平時や戦時における彼らの蔵米払い渡しや勘定・宛行いに関する実務経験を挙げることができる。例えば長束は、天正十五年の九州攻めにおいて宮木豊盛とともに兵粮米の管理にあたっており、その際に「切符」の確認を行っていた。また、増田も天正十五年段階で知行宛行い時の領知目録作成に携わっており、翌年には「皆済状」の代替文書を発給していた兆候があるなど、部分的に算用に関与し始めていた。[56]

では、奉行による算用はどのような体制が取られたのであろうか。ここで再び表2-2を参照すると、「算用状」の連署者の推移から、成員の変遷を読み取ることができる。すなわち、初期には長束・増田の二名体制であったが、文禄三年初までにそこに浅野・玄以が加わり四名となる。[57]「秀次事件」後のとある時期（後述）に浅野が離脱し、慶長二年末までに石田が加入した。秀吉死後には再び浅野を合わせた「五奉行」として活動し、政変により石田・浅野が失脚した後は、長束・増田・玄以の三名に戻ったのである。このように、算用の確定に際しては、払い残りや過上の算出と次年への繰り越しを把握する必要があったため、同じ人員がその任にあたる方が効率的であった。この期間中に五名以外が「算用状」の発給者として名を連ねることはなく、一定の職掌と成員を有した政務集団として捉えられる。よって彼らを豊臣政権における算用奉行と評価できよう。

ただし、文禄期には、蔵入地の管理や運用に木下吉隆や山中長俊が従事する事例も検出される。例えば木下は長束・増田・玄以らとともに大仏殿造営の算用に関与しており、山中は播磨国美嚢郡などの知行宛行状の発給や調整に携わっていた。[58]また、両者は蔵米売却について秀吉への口利きもできる立場にあった。[59]算用奉行の構成員のうち、増田と浅野が渡海し、玄以が半年を除き京都に留まっていた壬辰戦争時の状況下において、秀吉と行動を共にしていた木下と山中が蔵米に関与するようになるのも自然なことと思われる。しかし、この間に「算用状」が発給されていないことや、木下・山中がその発給者に加わらなかった事実からも、算用奉行の成員は決まっており、両者の役割はあくまでも補助的なものに限定されていたと見なしうる。

ここからもわかるように、奉行は算用だけをその任としていたわけではなく、様々な役割をこなす必要があったため、算用の実務は奉行の下代が担っていた。例えば、代官から「切符」「請取状」を受け取った下代は、「両三人書出調次第、此すミ付に取替可申」とする預状を発給している。[60]この預状が〔ニ11〕と同日付で、同じ宛所に対して出されていることから、当該「算用状」は後日作成され、「切符」「請取状」と「算用状」案文の提出日に合わせて遡及発給されたと考えうる。また、関ヶ原戦後、算用奉行の機能は片桐且元・小出秀政に受け継がれるが、その確認作業にも長束らの下代が関与していた。[61]なお、算用奉行によって「下奉行」と呼称される人々が蔵米の検分に派遣されており、[62]それも彼ら下代に相当するものと推測される。

（2）「秀次事件」以後の算用体制

（i）起請文前書の意義

先行研究が算用体制における画期を「秀次事件」に置いた論拠は、文禄四年八月三日付の算用奉行（長束・増田・玄以）の血判起請文前書の存在にある。[63] よって、ここでは、事件以後の算用の様相を探り、前書の意義を再考したい。かつて、森山恒雄氏は「秀次事件」を算用奉行体制確立の契機と評価しつつ、本前書によって「旧来の代官衆の恣意的な算用方式、および豊臣秀吉との直取引による蔵入米の収支方式を廃止した」と述べた。[64] また、中野等氏は、前書の現実的な焦点は、秀吉蔵入地と秀次蔵入地の一元化に伴う措置にあったと見ている。[65]

しかし近年、矢部健太郎氏は、本起請文がのちに遡及して作成されたとの仮説を提示した。[66] 筆者もこれを支持するものであるが、かかる仮説が正しいとするならば、その作成時期が問題となってこよう。「秀次事件」直後に出されたものでないとすると、中野氏の見解のみでは本起請文前書成立の要因を説明しきれないためである。ここで想起されるのが、文禄五年四月に生じた浅野長吉讒訴事件である。

ルイス・フロイスは事件のあらましを次のように記している。ある日、浅野長吉・長継（幸長）父子が秀次の一味であったとする証拠文書の存在が発覚し、その文書は施薬院全宗から秀吉の手に渡された。秀吉は長吉を切腹させようとしたが、徳川家康と前田利家に意見を求めた結果、両名の吟味するところとなり、長吉を敵視する人物によって作成された偽文書であることが発覚した。長吉は死罪を免れたが、秀吉の信頼を回復することはできなかったという。日本側の史料でも、山科言経らが長吉や長継の身上に変化が起きたとの雑説を書き留めており、吉田兼見も長吉に近しい犠谷彦四郎とその被官の倉橋某（ともに山中村出身）が政権から糾明を受け、三条で磔刑となったことを伝えている。[67]「秀次事件」時、上方に不在だった長吉は、長継への嫌疑もあって政権中枢から締め出されていたが、この讒訴により、以前までの地位をいったん失ったと思われる。

右の経緯を加味するならば、本起請文は算用奉行であったはずの浅野の署判を伴わないことからも、讒訴事件の後に作成されたと考えるのが妥当である[68]。よって、この起請文前書は浅野の失脚を受けて、以前から存在していた算用奉行の職掌を明文化したものであり、それにより政権の中での彼らの役割が確認・固定されたと評価せねばならない[69]。

また、起請文の提出以前から代官が算用の案文を提出し、算用奉行が正文で確認するという形式は整っており、前書に見える「免目録」の確認も文禄三年十二月以降の段階には既に開始されていた（〔二6〕）。この前後で算用方式が恣意的なものから転換したわけではない。加えて、文禄期には「皆済状」が検出できないうえに、奉行が算用を担っていたため、森山氏の指摘する算用における「秀吉との直取引」は既に存在しない。

なお、秀次蔵入地の接収について付言しておくと、文禄四年七月、山内一豊は「遠江国秀次蔵入内八千石」を宛行われ、年末に増田長盛から「秀次御算用残米」の上納を命じられている[70]。増田が単独で対処していることから、中野氏の想定も適切とはいいがたい。

文禄四年十月、算用奉行から駒井重勝に対して蔵入地詰夫六人の供出が通達された。二千石に一人の基準であるため、その石高は一万二千石程度にあたり、おそらくは「秀次事件」後の文禄四年八月頃に蔵入地が駒井に預けられたものと思われる。近江国栗太郡を中心に設定されたようであり、出作していた村々の所在から推測するに、草津・渋川村以北、芦浦・長束村以南の地域（駒井氏の本貫地を含む）がその中核と思しい[71]。このように、秀次旧臣も活用しつつ、秀次蔵入地を統合したといえよう。

（ii）文禄・慶長期における蔵入地の実態

他方、朝尾直弘氏は本起請文前書の規定を受けて蔵入地支配が強化されたと捉え、「前書の趣旨が直属吏僚支配の蔵入地において貫徹していた」と述べる[72]。氏は代官の御牧景則の受発給文書からそのように結論づけているが、前書の内容はやや抽象的で具体性に欠き、代官宛ての条書形式や広く公開されたものではないため、御牧の事例が個別特殊ではないことを示す必要があろう。

前提として前書における規定を確認しておくと、①蔵入地算用を公平に行う、②代官が毎年提出する「免目録」を監査し、相違があれば検見を行う、③蔵米換金・運上の指示に際しては相場を確認する、④収支項目を精査する、⑤算用従事者を監督するというものであった。これらが現実にどの程度反映されたのかを見ると、例えば②については、慶長期には収穫年の末に「免目録」が奉行に提出され、秀吉の監査を経た上で、翌年末にそれに基づいた「算用状」の案が作成されていたことは既に見た通りであり、「免目録」の記載にも厳密さが求められていた。③についても、朝尾氏の引用する事例のほかに、前節で触れた佐竹氏に金銀運上を指示した事例や、奉行が安値の相場を引き合いに出して運上の遅滞を防止しようとする姿勢も見出すことができる。(73) 加えて、起請文前書からは窺いえない秀吉の意向と奉行から代官への通達を示すものとして、次の史料が挙げられる。(74)

為　御意申入候、

一、御代官所御蔵米・御蔵詰御遣方之儀ニ□□(御自カ)筆にて御一書出申候、何へも写可遣旨被　仰出候間、写進候事、

一、如　御一書、今度伏見・大坂御蔵米割符之内新米不入替候て遣候ハヽ、可被加御成敗旨候、入替之儀も千石内弐百石新米取寄候ハヽ、其分古米を払、残八百石新米到来次第入替候様ニ可令覚悟旨　御諚候事、

一、三拾万石之金銀替米之事、是又御代官所応高頭割符候事、

一、御作事御このミも無之所、かな物・ぬり物・ほり物金銀をきあけ(置上)・重行こうニ仕候て、手前之御蔵米払捨候段、　上様御為をも不存候て私曲仕候間、只今　御定被　仰出候、以来御作事方不得御諚候て不入かな物・ぬり物・ほり物さいしき以下仕候ハヽ、可被加御成敗旨候事、

一、御蔵米納置候所、御代官所ゟ払方之手寄、或川端或海端ニ付而かやふきのぬりたれ(塗垂)を仕、可納置旨候、御検使を被遣、納置候体可被為見旨候事、

一、当年立毛能候間、可為定納候、自然申分在之所升付仕へき旨被　仰出候事、
一、当古米金銀、有次第急度可有運上候、算用詰之時有米残候ハヽ、当年金替やすねニ可被為取由候事、
一、御代官衆手前御算用、年中ニ四月・七月・霜月此三ケ月中ニ三度ニ可申上旨候、右之月ニ不申上手前ハ両度相届、三度ニ及候ハヽ、可申上候、可被加　御成敗旨候事、
一、其々ニ御知行を被下、御代官被　仰付候処、不知其分際御蔵米を取遣引おい（負）候事曲事ニ候、左様之族一類共可有御成敗旨候条、為其納米　御検使を以可被為見旨候事、
右条々堅被　仰出候間、御請之返事此者ニ可給候、以上

慶長弐年

九月七日　増田右衛門尉（長盛）（花押）

長束大蔵（正家）（花押）

石田治部少輔（三成）（花押）

徳善院（玄以）（花押）

浅野弾正（長政）殿

連署者に着目すると、慶長二年九月の段階までに石田が算用奉行に加わっていたと考えてよいだろう。他方、かつて算用奉行であった浅野は、蔵入地の代官として、蔵米処理や算用の規定を通達される側に回っている。内容を検討すると、二条目では「伏見・大坂御蔵米割符」について、古米を売却して新米と入れ替えるように命令している。蔵米は兵粮米や扶持米として利用されるのが本来の役割であったことから、入替が必須であり、その指示はとりわけ最前線においては政権の初期から徹底されていた[75]。ここで同様の指示を出しているのは、それ以外に食用や蓄財としての意味合いも含まれるであろう。ついで三条目では、総額三十万石分の米の換金と納入に関して、代官

所の石高に応じて割振りが決められていることから、年貢とは別に金銀の運上を命令したものであると解釈できる。

四条目では、伏見山城（木幡山伏見城）や大坂城の作事に際して、不要な金物・塗物・彫物を蔵米で購入することを禁止している。作事に従事する大名たちの間に装飾品の華美を競う心理が生じたことは想像に難くないが、それによる蔵米の浪費も考慮に入れて、かかる命令が出されたのであろう。加えて、伏見では「慶長地震」で多くの被害があったが、秀吉は豪華な建物を嫌った天道の罰と受けとめ、再建した伏見山城では質素な造りを心がけたという。実際、地震直後には減災も兼ねてか「瓦葺御禁制」の触れが出されている[76]。この規定は起請文前書の④の具体化とも捉えられるが、とりわけ作事に関して事前に抑制をかけている点で、より徹底し、かつこの時期の特徴を反映したものと見なしうる。

五条目からは、米を納める蔵を指定し、収納方法にも監査が加えられていることがわかる。既に天正十三年の段階で、代官所の蔵を「川端之船著ニ相立、廻ニ堀をほり、用心可然所ニ可申付候」と定めていることから、これも初期より見られる規定であった[77]。九州でも「海端」の蔵において蔵米の売却や計り渡しが行われており、廻送が容易で、商業的にも発達した港湾が重視されていた[78]。

六条目においては、当年は実りが良いために、免なしで徴税を行うよう指示している。百姓の申し立てがあった場合には升付を行うよう注記しているのは、天正十四年令以来の政権の方針といえる。七条目では、これまでに換金済みの保管している金銀を運上するよう命じている。ここでも、起請文前書の③に見られるように為替相場を加味し、先に挙げた事例と同様に、安価な当年の相場を基準として換算するという脅し文句を添えている。

また、八条目では、蔵入地代官の手元における算用を一年に三回行い、もし報告が三度遅延した場合には、処罰するので上申せよと命じている。ここからは下代からの報告の遅れが、算用全体の遅延に繋がっていたことが想定される。これと関連するのが最後の九条目で、ここでは代官が蔵米を横領することを厳禁しており、その防止策として収納米の検査の実施を通達している。このような厳しい態度を取るのは、実際に多くの遅延・未進事例があったためである。例えば、文禄三年頃のものと推測される次の史料を見てみよう。(79)

態申入候、従去月廿五日、古米払方可有御算用由被　仰出候ニ、度々令御延引、沙汰之限候、早々御算用尤候、并当納之儀も急度可有御勘定候、各御由断候間、此書付置申候、御同道候て可有御出候、恐々謹言、

浅弾少
極月三日　長吉
長大蔵
正家（花押）
増右
長盛（花押）
中嶋左兵衛殿
御宿所

宛名の中嶋は秀吉の馬廻組頭である。奉行は、まず古米払方についての算用が延引していることを責めている。さらに当年の収穫についても必ず勘定を遂げるよう念を押し、出頭を命令している。同様の事例としては、伊藤長弘宛てと思われる算用奉行の連署状が挙げられ、「早々今明日中ニ御出候て可被遂御算用候」と命じている。そして、同じく馬廻組頭の速水守久に至っては、蔵米の引負によって自らの知行地の物成を差し押さえられる事態にまで発展している。(80)

これらから了解されるように、豊臣政権は広範囲に蔵入地を有していたものの、直臣層からの納入もままならず、代官の決算遅延や未進の克服が当面の課題となっていた。特に、文禄期には壬辰戦争に伴う兵粮米の需要が高まり、陣夫や水主の動員による村落の疲弊もあり、こうした問題が深刻化したと思しい。

その対応のために文禄四年末頃から導入されたのが、過料の設定であった。「免目録」や「算用状」案の提出期日を十一・十二月中に定め、期限を過ぎても提出しなかった場合、千石あたり銀子一枚ずつの罰則を課し、算用の延引を防ごうとしたのである。[81]このように、慶長初期の算用奉行は、起請文前書の規定以外にも、それまでに蓄積されてきた蔵入地運営の慣行と、政治・社会状況に応じた具体的規定に基づいて活動しており、算用の厳密化・厳罰化を進めていたといえよう。

加えて、慶長初期には、奉行の活動場所が仄見えるようになる。慶長二年十二月、西笑承兌は伏見山城の「御番所」で長束・増田・石田・玄以と対面した。[82]伊藤盛景と水野忠重に割り当てられていた「奉加之米」がまだ承兌の手元に届いておらず、その催促を願い出るためであった。伏見に大光明寺を建てる際、諸大名に勧進が割り当てられていたが、その未進を訴えたものと思われる。[83]承兌はその場で催促命令を記した奉行連署折紙を獲得している。この件は訴訟対応の趣きが強いが、「切符」で払い渡しが命じられる寺社の造営料という側面もあり、四名が城内の番所において参会をしていることから、算用も同様に処理されていた可能性が高い。また、慶長三年には、「伏見御城三之丸御算用場」の塀や湯殿などに用いる竹材を竹木奉行の下代が徴発していることから、伏見山城三の丸に「算用場」と呼ばれる施設が存在していたことが確認できる。[84]

本書第四章で明らかにするように、秀吉死後には伏見山城の奉行邸において「式日の参会」が行われており、算用もその中で処理された。よって、この段階では算用奉行の職掌は「五奉行」に内包されていたと見ることができる。なお、「五奉行」は算用結果を家康・利家に確認してもらった後に、両者の請取を受給していた。算用聞きに際して、両者は秀頼が成人するまでの間、秀吉の役割の代理を務めていたのである。関ヶ原の戦いを経て片桐と小出に算用奉行の機能が継承された後は、早くも慶長六年正月には「御算用所」という名称が確認でき、大坂城内で同様の施設が存在していたものと思われる。[85]

おわりに

本章では豊臣政権の財政文書の分析を通して、算用体制の変遷や蔵米納入の実態を解明した。その結論は次のようにまとめることができる。

秀吉は天正五年頃から「切符」を用いて蔵米の用途を指定し、換金分には「請取状」を発給していた。天正十六年頃からは決算と預米の確認のために「皆済状」を発給したが、それらの財政文書は、宛名が自筆で記されており、蔵米の管轄権が秀吉の手元にあったことを明示する意図があったと推測される。政権の未来像が具体化した天正十八年前後には、後継者を補佐する政務担当者が選定され始め、算用に関しては長束・増田が「皆済状」の役割を継承し、より細かな支出項目を列記した「算用状」を発給するようになった。その成員は数度の変遷を辿ったが、文禄五年四月の浅野の失脚後に遡及発給された起請文前書によってその職掌が明文化され、算用奉行制は政権の重要な政務集団として定置された。

かつて、豊田武氏は豊臣政権の商業資本への依存と蔵入地高の少なさから、政権の経済基盤の弱さを指摘した。それに対して政権の基盤が都市よりも村落に置かれていたと批判したのが朝尾氏であり、蔵入地の畿内・近国への集中から中央政権として十分な規模を有していたと評価したのが山口氏であった[86]。蔵入地は政権の性格を考えるうえでも極めて重要な位置を占めていたといえる。

しかし、本章で明らかにしたように、蔵入地では代官の遅滞や未進が跡を絶たないうえに、政権の手取り自体は上納された換金分と一部の米のみというのが実状であった。政権の収入は都市・鉱山と村落で大きな差は認められず、経済基盤としての両者の軽重を見定めることは容易ではない。

政権の算用では、とりわけ初期には伊藤や小西ら商人の役割が大きく、蔵米を換金する過程においても金商などの商業資本が介在した。政権の収益には蔵米以外にも、贈答や貸与、貿易や戦争に伴う収益なども想定しうる。[87]こうした事情を考慮すれば、豊臣政権は都市・商業と村落・農業の双方に立脚していたと捉えるのが適切であろう。もっとも、それは豊田説のように政権が過渡的性格を有するからではなく、政権中枢の貸付や相場への関心の高さを想起すれば、商業資本の積極的な活用と評価すべきであろう。

最後に、豊臣政権の内部構造について確認をしておく。本章では、一定の職掌と成員を有した算用奉行制の実働を明らかにした。それと密接に関わるのが、跡部信氏が提唱した「四奉行」制の議論である。跡部氏は、奉行機構の不在や未確立を主張する山本・三鬼両氏の説を退け、その実在を論じた。[88]政権中枢の政務集団へのかかる積極的評価に関しては筆者も同意する。その一方で、「四奉行」制の内実については検討の余地がある。

氏は「四奉行」の職域を無制限と捉えており、その中には当然算用も含まれていると見られる。しかし同時に、その確立の画期は文禄五年正月付の誓紙[89]に見出されている。この誓紙は、玄以の通称より、本章で検討した算用奉行の起請文よりも前に作成されたと考えられるが、もし「四奉行」が無制限の職掌を持つのであれば、わざわざ算用に関する誓紙を別に作成する必要はなかろう。よって、この時点では、跡部氏が「四奉行」と想定したもののほかに、明確に算用奉行という集団が存在していたと考えるべきである。奉行に関するものに限っても、短期間のうちに複数の起請文が作成され、その連署者が異なっているという事実自体が、この段階で奉行総体の諸職務が確認されたというよりは、諸職務における奉行が別個に設定されていたことを示していよう。

両者の境界線が融解するのは慶長三年中頃の「五奉行」成立と見られ、「四奉行」との見方は奉行制の形成途上の一断片を切り出して評価したものといえる。本書の随所において示す通り、豊臣政権の内部構造を解明するためには、奉行制の変遷を、その背景にある政治動向を踏まえながら動態的に復元していくことが不可欠なのである。

第三章　豊臣政権の訴訟対応

はじめに

ここ三十年来、活発に議論されてきた中近世移行期研究を牽引したのが村落論であることは、もはや自明といえよう。自律的な村や町を基盤とする社会体制の形成を説く勝俣鎮夫氏の「村町制」や、村を百姓の生命維持装置として捉える藤木久志氏の「自力の村」といった提起(1)は多大な影響を及ぼし、近年では、それらを前提とした戦国大名像も明らかにされつつある。

例えば、戦国大名の「公儀」確立には「雑人訴訟」(とりわけ村落や百姓への訴訟対応)が重要であったと見る久保健一郎氏は、後北条氏の裁判制度が領国の危機によって整備され、天正後期に統一政権に対する臨戦体制が構築されるとその展開も阻害されたことから、戦争こそが戦国大名「公儀」の強化と動揺を導く本質であったと説いた(2)。また、稲葉継陽氏は藤木氏や久保氏の理解に立脚し、戦国大名が公権力として村落フェーデ(自力救済行為)を規制しながら、民衆生活の危機に対する徳政として、地域の紛争を解決するための法廷の開放(百姓提訴の誘導)を行ったことを高く評価している(3)。さしあたって本章では、紛争解決が当該期の権力にとって重要な課題の一つであることを確認し、それが戦争の遂行過程と密接な関係を有していた点と、在地の要請や慣習が権力の対応を規定する側面があった点を、戦国大名の訴訟研究の成果として重視したい。

藤木氏はまた、豊臣政権が「喧嘩停止令」を発令したと考え、それを中世的な自力の惨禍からの解放と位置づけている。[4]しかし、戦国期の研究状況と比較すると、当の豊臣政権の訴訟制度に関する議論は現状、活発とはいいがたい。この問題については、かつて農政史や水利史の方面からの言及がなされた。[5]はやく中村吉治氏は、近世封建制の成立過程を解明するにあたって当該期の農村支配を総合的に検討し、給人や代官の不正を防止するために百姓の直訴が認められ、それが近世に入って訴訟手続が整備されるに至って禁止されたと指摘した。また、喜多村俊夫氏は、織豊政権期に近世的水利秩序が成立し、同時に訴訟手続が制度として普及したことで、中世の暴力から近世水論へと転換したと論じている。

その後、百姓や村落側の視点から豊臣期の村落間相論を捉え直し、研究史を新たな段階へ導いたのは酒井紀美氏であった。氏の分析は藤木氏によって発展継承され、豊臣政権による百姓の武力行使規制の歴史的意義が問われた。そして、「自力の村」論の展開過程において、政権が相論裁定の際に山野については先例を重視したことや、越訴保障によって実力行使を提訴に転化させようとしたことが明らかにされたのである。[6]

このように、織豊期全般の概観や村落にとっての訴訟の具体像は示されてきたが、その一方で、政権内部において訴訟がどのように処理されたのかに関する考察は皆無といってよい。これは、豊臣政権の研究自体が、法令や政策、政治過程については膨大な蓄積を有するものの、内部構造の検証についてはあまり進展してこなかったことに起因する。よって、これまでに一定の成果を得ている政権構成員個々人の活動実態に加えて、政務を処理する体制の変遷を明確にすることが求められよう。

また、右の問題の追究は、豊臣期の「公儀」の評価にも重大な示唆を与えうる。現在我々が参照しうる豊臣「公儀」論は二つ存在する。一つは、文禄四年（一五九五）の血判起請文や「御掟」「御掟追加」において、秀吉と秀頼を頂点に、有力大名（のちの「五大老」）と奉行（のちの「五奉行」）らを構成員とし、諸大名を客体とする近世「公儀」

の原型が創出されたとする藤井讓治氏の議論である。いま一つは、天正十六年（一五八八）の「武家家格」（「清華成」大名）構築によって戦国大名「公儀」の集合体である豊臣「公儀」が確立したと見る矢部健太郎氏の議論である。これまで、両「公儀」論は歩調を合わせることのないままに相互批判を重ねてきたが(7)、その要因は、藤井氏が個人を超えた法的主体、矢部氏が大名の身分序列と、別個の事例検討を立論の土台としていることにある。ゆえに、前述の久保氏の方法論に学び、天下人を頂点とした「公儀」そのものを扱うのではなく、その正当性を支えた基盤を探ることでこれらの議論の接続を図るという課題も、本章には伏流する。

よって、以下では、紛争裁定者たる豊臣政権の、村落からの出訴への対処を主な検討対象とする。具体的には、在地社会の抱える問題が噴出した際に、その解決を要請したものとして訴訟を捉えたうえで、政権内における訴訟処理体制の形成過程を解明することで、豊臣領国としての畿内・近国社会と政権との関係、とりわけ「公儀」の正当性がどのように構築されていったのかについて考察する。その中でいわゆる「喧嘩停止令」についても言及することになろう。

一　前期の訴訟対応

（1）京郊地域の訴訟

ここではまず、京郊地域の訴訟について検討する。京郊村落を取り上げるのは、公家・寺社の当知行地の残存により、天正十三年の山城検地以前には、中世来の本所を通じた訴訟が支配的であり、他地域やのちの段階とは異なる状況にあったと考えられるためである。

賤ヶ岳の戦いも一段落した天正十一年七月、羽柴秀吉は伏見三郷（船津村・久米村・石井村）と山村の間に起こった馬借の出入に関する判物を下した。その内容は、山村の主張が「新儀非分」であったことが明らかになったので処罰すべきところ、先規に任せて三郷と山村が相談のうえで馬借を運営するように命令するものであった。同日付で玄以の判物も発給されていることから、訴訟の審理自体は玄以が行い、秀吉が事情を確認したうえで裁定を下したものと思われる[8]。ただし、この訴訟は馬借らが直接政権へ提訴したものではなかったようである。この前月、玄以は伏見の馬借の「申分」について、伏見宮邦房親王に「彼近所木幡之者共召寄、遂糺明申付候、向後之儀者、彼百姓中なとの申分者、為守護不入、諸公事直可被仰付候」と伝えている[9]。すなわち、この訴訟は馬借らが領主である伏見宮の課税を逃れようとしたことに端を発しており、宮家から政権に裁定が依頼されたと考えられるのである。審理の過程で権益をめぐる村落間の対立が浮かび上がり、玄以が近隣の木幡村の百姓を召喚して先例を尋ねたことで、山村の新儀が発覚したのであろう。

同じく天正十一年の九月、山城と丹波・近江との境に位置する久多大見郷の百姓中に対して遣わした玄以の書状の中に、次のような文言が認められる[10]。

当郷之儀付而、今度三宝院（義演）殿、秀吉様へ御直訴候、就其、我等を以、朽木十兵衛（元綱）殿へ被仰出候、今穿鑿半候、軈而　秀吉様御意次第可相究候間、先々百姓中、如前々可有還住候、

すなわち、朽木元綱による久多大見郷への違乱が起こり、三宝院義演は秀吉へ直訴した。訴訟は玄以が受け持ち、詮索を行ったが、「秀吉様御意次第」とあるため、この件の最終的な裁定権も秀吉が保持していたことがわかる。朽木は久多荘の代官であったが、天正七年にも非分を行ったために百姓の逃散が発生し、代官職は三宝院に還付されている[11]。この段階では朽木は秀吉に属しており、代官職を有しないながらも実効支配を試みたため、再度問題化したのであろう。

これらの事例によれば、本所との結びつきが強い京郊村落においては、荘園領主が出訴の主体となって秀吉への直訴を行うことが多く、ゆえに、この時期には百姓が政権への直接の出訴主体とはなっていなかったと推測でき

る。玄以の裁許引付である「玄以法印下知状」において、村や百姓宛ての判物が四通残されているが、それらには禁裏や親王、神社からの申請が想定しうることからも、右の推測は裏付けられる。荘園領主は諸役免除や未進催促の代行を玄以に依頼することがしばしば見られるため、そのような権益確保の一環として、百姓らの訴えが取り上げられたのであろう。また、先の二例や「下知状」中の安堵要求に関して、秀吉の御意や村井貞勝の先例が最終的な裁定の基準となっていることから、これらの案件に関しては、玄以に独自の権限は与えられていなかったと見られる(12)。

なお、保護や安堵の要求に対する秀吉の判物は京郊地域に限らず、秀吉の通過地や戦時の駐屯地、および占領地においてよく見出せることから、その種の出訴は現地で即時対応がなされていたと思われる。では、それ以外の畿内・近国における訴訟はどのように処理されたのであろうか。次項で検討していこう。

(2) 畿内・近国の訴訟

(i) 丹波の事例

まずは、丹波の事例を見てみたい。丹波亀山城（現在の亀岡市）から南西に数キロ離れたあたりの、曽我谷川流域に北から寺村と春日部村が存在する。その両村の起こした井水相論に関する史料が当地に残されている(13)。

寺村・かすか《（春日部）》へ井水出入之儀セいし《（誓紙）》の上を以定候事

一、ゆきしやう《（湯起請）》にても、火きしやう《（起請）》にても、あやまり申候かた、セいはい《（成敗）》申付へき事、

一、寺村越度ニ付てハ、セいはい申付候上にて、水一切ニ遣間敷候事、

一、かすかへ越度ニ付而ハ、セいはいの上にて、寺村百姓申候ことく、水半分可遣候事、

右、来五日ニセいたん可申付候、其覚悟可仕候者也、

七月二日　増仁右《（増田長盛）》（花押）

石杢（石川光政）（花押）
一牛（一牛斎歓仲、のち帥法印）（花押）
石加介（石川光重）（花押）
伊太郎左（伊藤秀盛）（花押）

寺村百姓中
［　　］（かすか）へ百姓中

丹波亀山が秀吉の実質支配下に収まるのは、天正十年六月の本能寺の変の後である。そして、連署者の署判など（増田の花押がM２型、石川光政は天正十三年正月が活動下限）を考慮すると、右の史料は天正十二年に発給された文書である可能性が高い。当時、秀吉は小牧・長久手の戦いの最中であり、一時大坂に戻ってはいたものの、同月九日には再度美濃へ出陣している。連署する家臣はその留守を預かり、二条屋敷（妙顕寺城）ないし大坂城にいたものと思われる。なお、亀山城主の於次秀勝も出陣中で、当時は病気により大垣城で静養していたようである。

内容に移ると、事書からは両村の百姓より誓紙を提出させていることがわかる。おそらく、両村の年寄らが政権に裁定を依頼し、その対応として本文書が発給されたのであろう。そして、一条目にあるように、秀吉家臣らは湯起請か鉄火起請によって、理非を決しようとしていた。鉄火起請を初期の近世権力の弱さの現れとする評価[14]を参照すると、当時の彼らには召喚や検分によって自ら理非判断を行う余裕はなかったと見ることができる。また、文中に「せいたん可申付候」とあり、敬意表現が用いられていないため、この事例からは秀吉の存在は読み取れない。出訴主体は百姓であるため、訴訟が寺社や公家から持ち込まれるのではない場合、秀吉の指示を仰ぐには及ばなかったと推測できる。ただし、それに対応すべき家臣らも、即座の解決のために神慮に従い、その効力を補塡するに留まった点には注意しておきたい[15]。

(ii) 播磨の事例

ついで、播磨の事例に移る。印南郡には、加古川右岸の平荘湖沿いに、平村と益田村が隣接していた。天正十四年、この両村の間に草場相論が発生した。この相論を裁定したのは片桐直盛（且元）と秋田頼弁であったが、彼らは両村の給人もしくは代官と推測される。この時の裁許状は両村に一通ずつ交付されており[16]、そのうちの平村に下された裁許状の写しには、「平村与益田村与草庭出入之儀、何れ候へ共、生駒道裕入道殿・伊藤掃部（祐時）殿時のごとく申究候間、益田之者ニからせ可申候、但、其時之傍示を越并私林・他人田畠のあたり苅申候者、搦取大坂へ可罷上候、其上ニて遂糺明、不届かたを成敗有之様、申合候」と記されている。ここからは、かつての給人・代官と見られる生駒と伊藤の時にも出入があったために裁定が下され、益田村が草場の用益権を保障され、両村の境に牓示が立てられていたことがわかる。また、今回の裁許では、先例を踏襲しながらも、もし益田村が境界を越えて草刈をした場合は、平村が違反者を捕えて大坂へ召連れるように命じられている。この段階では直臣層の屋敷は大坂に存在したと想定されるため、審理や裁定は大坂で行われていたのであろう。

(iii) 摂津の事例

摂津については、川辺郡大嶋村と周辺村落との水論の事例が挙げられる。いわゆる「清洲会議」で摂津国は池田恒興に分け与えられたが、天正十一年五月に池田氏が美濃に移って秀吉領となり、川辺郡については三好秀次が領していたようである。その秀次が天正十三年閏八月に近江の八幡に移されると、尼崎には城代として建部寿徳が入ったとされる[17]。おそらく、当地域には複数の代官が置かれていたと考えられ、そのうち、大嶋村の北方に位置する野間井組（野間・富松・時友村など）や、そこから武庫川を隔てた対岸の百間樋井組（高木・門戸・大市村など）周辺地域は増田長盛が代官であったと伝えられている[18]。増田は関ヶ原の戦いで失領するが、その時点で彼が摂津に有していた代官所の石高は、二万千二百石余りであり、兵庫には兄の正重を代官に置くなど、摂津西部地域に広範な影響力を有していた。[19]

大嶋村が属する武庫川流域では、永禄～慶長期（一五六〇～一六一〇年頃）にかけて取樋口が相次いで設けられ、それに伴って、周辺の村を巻き込んで激しい争いがしばしば発生した。豊臣期において最も有名な水論を起こした鳴尾・瓦林両村も大嶋村の対岸西方に位置している。大嶋井組の形成過程については八木哲浩氏の研究[20]に依拠しつつ、本章の問題関心に沿って、水論への対処法について確認したい。まず、天正十四年に大嶋村が北隣の守部村と井水相論を起こした際には、増田が両村へ事書を下したとされており、大嶋村に残された文書には次のように記されている。[21]

一、森《(守)》部の領内ニし《(清)》水出申候中を大島《(嶋)》の井ミそほりわり候てとをし申事ニ候間、森部の井のくちゆ口をなをし候時、為合力何時もひ《(樋)》を仕なをし候たび〳〵ニ大島の給人より八木壱石森部の百姓へ出し可被申候事、

一、くさかりはの事、如先規其領内ぎりニ草をかり可申事、

守部領内の湧水が大嶋の井溝によって損じたため、井口を直すごとに大嶋村の給人から米一石を守部村の百姓へ渡せとの旨が明記されている。この表現から、大嶋村には当時、給人が設定されていたと思われ、増田は領主か近隣の代官として両村の仲裁にあたったのであろう。なお、草刈場についても、村の領域を越えた利用を禁じており、播磨の事例と同じ問題をも抱えていたことが読み取れる。また、その後に大嶋村が同じ井組の浜田村と井水相論を起こした際にも増田が裁定を行ったようで、裁定後に両村に対して、「浜田村・大嶋村井水之出入之事、最前相究候間、其筋目若御陣之留守なとニ違乱仕、致申事候ハヽ、重而ハ可有御成敗候」と命じている。[22]「御陣之留守」に裁定に背くことがあれば成敗を行うとの警告がなされており、戦時（ここでは九州攻めと思われる）には在地の秩序が乱れる可能性があったことと、領主側の裁定に違反する行為は処罰の対象と見なされていたことが確認できる。

(iv) 近江の事例

近江については、天正十四年前後に滋賀郡の葛川と伊香立との間に生じた山論を取り上げる。相論の内容に入る前に、当該期の湖西支配について概観しておこう。天正十年六月の「清洲会議」において、滋賀・高嶋両郡は丹羽長秀領となった。賤ヶ岳の戦いの後、丹羽が越前北庄城へ移されると、天正十一年八月には知行割が行われ、両郡の支配は秀吉家臣の杉原家次に委ねられた。杉原は坂本城を拠点とし、主に高嶋郡を知行地、滋賀郡を代官所として支配しており、伊香立千五百石と葛川百二十石も後者に含まれていた。しかし、杉原は同年十一月に発病が噂され、代わりに翌月以降は浅野長吉が両郡の統治を行ったと推測される[23]。天正十二年三月には、朽木谷の宿や材木売買について、杉原の先例を認めた折紙を浅野が出しており、この頃までには実際に湖西地域の統治に乗り出していたことが確認できる[24]。滋賀郡についてはおそらく代官として統治を行っていたと思われ、伊香立にも浅野の屋敷(普段は下代が利用したか)があったとされる[25]。その後、天正十七年頃までは浅野による統治が続いていたのであろう。

さて、葛川に関する研究蓄積は厚く、その研究史は坂田聡氏によって総括されているが[26]、そこでも述べられているように、中世末期から近世にかけては手つかずの状況といってよい。よって、少しでも研究を前進させるために、やや詳しく述べていきたい。ここで検討する葛川と伊香立は、その境にある下立山の所有や利用をめぐって、往古より対立していた。元応二年(一三二〇)の和与により、下立山は葛川領内に組み込まれ、伊香立荘の住民はそこへの立ち入りを認めてもらう代わりに明王院修理料の名目で炭を納めることが定められている。そして、応永二年(一三九五)十一月の足利義満による葛川四至の安堵がなされて以後、境相論は沈静化したが、一六世紀に入るころには再び下立山の領有をめぐる対立が持ち上がるようになったのである。

両者の対立は徳川期になっても収まらなかった。まずは、慶長十二年(一六〇七)に伊香立村惣百姓中が板倉勝重に提出した訴状から、豊臣期の相論の経緯を探ってみよう[27]。

一、従先年にごり谷と申山の北をさかい伊香立領にて御座候、然共ゑい(叡)山よりの御下知ニ、(中略)おり(下)立山一

しき（職）にいか立村の山ニ被仰付候、則大法師衆よりの御ひはん状御座候事、

一、(1)弾正殿（浅野長吉）御代官之砌、かつら（葛）川より右山（下立山）に付出入申候へ共、此方より前々様子申上、証文とも懸御目候ニ付被聞召届、如前々いか立へ被仰付候、則御折紙被下候事、

一、(2)又其後かつら川より弾正殿へほしきまゝニ申上候て、御折紙取候由申候間、(3)此方よりも前之通申上候ハヽ、又御(4)折紙被下候、然共御代官よりの御あつかいの儀ニ候間、畠之儀ハかつら川へ作仕、山之儀ハいか立へ被仰付候、往古より一色ニいか立領にて御座候間、迷惑之由申候へ共、御代官御意ニ候間、不及是非候事、

まず、(1)を見ると、下立山についての出入は葛川から起こされたが、伊香立がそれ以前の様子を説明して、「証文」を提出したところ、浅野からの折紙が下されたという。この「証文」は下立山支配を認めた比叡山大法師衆の下知状（「御ひはん状」）[28]などを指していよう。(2)には、その後に葛川も浅野の折紙を獲得し、(3)には、それに対抗して伊香立からも言上したところ、再度折紙を下賜されたことが記されている。その後、(4)によると、「御代官」から両者への仲裁がなされ、畑については葛川へ、山については伊香立へ付けよ、という裁定が下されたという。

実際、葛川には一通、伊香立には二通の浅野の書状が伝わっている[29]。葛川の有する書状写（A）では、「下立山へいかたちの者共立入候事、山手をいたし候ハヽ、不可有異儀候、然者右之山ニ有之家并畑なといかたちより相押候由、さたのかきり曲事」と、伊香立の山林伐採については認め、山中の家や畑については葛川の領有としている。これが(2)にあたるものであろう。一方で、伊香立に残された文書は、「下立山一職其郷へ申付候、如先々当郷へ申付候、年貢等ハ蔵奉行江可直納候」としたもの（B）と、「おりたち山くろき（黒木）きり候てやき候事、如先々令才判、苅あと畠之儀も同前ニ候間、如有来年貢米此方へ可入候」としたもの（C）が存在する。両通とも、浅野の署判や代官支配の時期から、天正十四～十七年のものと推測できる。前者は「一職」について認めており、年貢の納入方法について指示していることから、先に発給されたものと思われ、(1)の折紙に該当しよう。後者は山林伐採後

の焼畑についての安堵を行ったものであり、Aとの関連から、(3)にあたるはずである。よって、前者Bは天正十四年、後者Cは天正十五年以降のものと考えたい。

葛川にとっては家と畑は自らのものであり、伊香立の側は山手伐採後の畑の進止権を有していると認識していたために双方の主張が食い違ったと考えられるが、この相論が(4)に見られるように下代の仲裁を受け、結局畑が全て葛川に帰属されるに至ったのはなぜであろうか。葛川側には浅野配下の八島増行の書状が残されており、そこには、「此くひ《（首）》、いかたち・りうけ《（龍華）》・とちう《（途中）》其辺もたせありかせ、百姓共ニ御ミせ候へのよし御意候、いかたちとかつら川、山のあらそひ仕、けんくわ《（喧嘩）》をしいたし、すきくわをとり、其上すミかま《（炭窯）》まて打やふり狼藉仕者にて候を、よく〱ふれ候へと被仰候」と記されている。[30] この文書は、先の経緯から天正十五年以降に発給されたものと思われるが、ここからは両者の争いが武力衝突にまで発展していたことが窺える。また、宛名は葛川を所轄する下代の後藤助左衛門ら[31]であり、浅野は彼らに対して、主犯者（おそらくは伊香立側の下手人）の首を周辺地域に見せて廻った後、両村の境目に懸けるよう命じ、事態の沈静化を図るとともに、下立山の帰属権を畑と山に分けて両村に与えることで解決しようとしたのであろう。その後、伊香立は下立山手銭を毎年七石五斗分ずつ領主・代官に支払っていたが、浅野の裁定を伊香立の敗訴と捉えた葛川側は、伊香立が山手を「恣切取」「押領」したと主張し、徳川期に入ってもたびたび訴訟が起こされている。[32]

（v）河内の事例

最後に、河内の事例に触れておく。ここで扱うのは、錦部郡観心寺とその膝下領たる七郷の相論である。これは厳密には村落間相論ではなく、寺社と村落との出入であるが、藤木久志氏によって「喧嘩停止令」発動の初例に数えられている案件でもあるため、検討対象とする。まずは、観心寺と豊臣政権の関係について確認しておこう。

観心寺七郷は、請所として三百石を納めるよう定められていた。そのうち三十石は観心寺に寄進され、さらに請米の納入先は観心寺であった(33)。天正十三年五月、近隣土豪の碓井氏の年寄衆が七郷の百姓と結託し、寺僧衆の山への立ち入りを阻んでいるとの訴えが浅野長吉のもとに届けられた。浅野は、観心寺への寺領寄進の通達者であったことからも、当寺と秀吉との仲介役であったと思われる。そして彼は、当該地域を管轄していた一柳末安に対して、観心寺が「我等別而懸目寺」であることを理由に、寺僧たちの山林用益の確保を依頼した。それを受けて一柳は紛争解決を試み、六月には「山之儀相済」といったん落着している(34)。

しかし、天正十四年に入ると問題は再燃した。同年十月、七郷柴山の「違乱」があり、帥法印歓仲（前年九月に大垣へ転出した一柳に代わって当地の統治に携わっていたと思われる）が双方を召喚して様子を聞いた後、一柳の判決通りに観心寺の柴刈を認める裁定を下している。その際、彼は観心寺の「大政所《（秀吉母）》御祈願所」としての威光を前面に押し出している(35)。それでも、翌年には七郷の百姓が「寺衆侮、薪苅候者共日々ニ追立、及打擲刃傷」という事態に至ったため、歓仲は「当御代喧嘩停止之処、背御法度与云、曲事不及是非次第ニ候、所詮、自今以後おにし《（小西見）》ミ領山之分堅相押、一人にても於立入者、可令成敗候、万一柴以下一本にても苅たる跡於在之者、右之在所へ可相懸候」と、七郷の内の小西見村百姓中に通達している(36)。

ここで注目しておきたい点が三つある。第一は、歓仲の書状による限りでは、この「打擲刃傷」に対して、政権側は村落に処罰を下していないことである。再三の観心寺勝訴の裁定や「大政所御祈願所」の威光に反し、百姓らが武力まで持ち出しているにもかかわらず、「自今以後」に山へ入って柴を刈った場合には処罰を下す、と圧力をかけているにすぎない。これは、「喧嘩停止令」発令の典型例とされる天正末年の鳴尾・瓦林村の水論への対応に見られる過酷な処罰とは同列視しがたい。第二に、この通達がなされた天正十五年四月は、ちょうど島津攻めで秀吉周辺が九州に在陣している時期にあたる。よって、主要な軍勢が畿内・近国に不在の、抑止力の空洞状況において発生した武力行使とそれへの対処と捉えられる。先の摂津の事例からもわかるように、戦時には領主側の対応が困難になるため、在地での紛争激化の可能性が高まったと見なすことができよう。第三に、この相論で歓仲はあくまで観心寺を保護し、救済するために「喧嘩停止」という文言を用いている。これは、「喧嘩停止」が豊臣期で確認されうる初例において、直接的には村落や百姓を自力の惨禍から解放する目的を有したものではなかったことを意味している。

また、時期も事例も近似する近江（葛川と伊香立）の事例と比較すると、次の三点が指摘できる。まず、葛川の相論では、「喧嘩停止」という文言は用いられていないにもかかわらず、処罰が断行されているという差異が見られることである。一方で、処罰の方法については、武力行使を「喧嘩」と認定し、張本人（やその首）を在所に晒すことで再発を抑止しようとしたという点で一致する。これは、代官らの対応の目的が、個別事例における局地的な百姓の武力発動の抑制にあったことを示していよう。そして、同様に類似点として、政権側から既に裁定が下されており、それでもなお百姓側がその裁定を遵守せずに武力紛争を起こした場合に、警告や処罰が行われていることも挙げられる。

以上の検討をまとめる。この時期の畿内・近国において村落をめぐる出入や紛争が生じた場合、百姓が出訴主体となって訴訟を持ち込み、該当地域やその周辺の給人・代官が仲裁裁定にあたっていた。それらは、出入が長引いた場合にも中央に対処が依頼されることはなく、したがって、政権側には訴訟に対応できる体制が整っていなかったと考えられる。そして、在地紛争の一次的な対処は給人・代官が行うというあり方自体は、基本的にこの後も変わらなかったと思われる。また、彼らは威光や処罰の掲出・断行によって、百姓らの武力行使を抑制しようとしたが、戦時には違乱や紛争激化の危険性が高まったことが想定される。

二　中期の訴訟対応

（1）奉行による訴訟対応

天正十六年頃になると、前節で検討した事例とは異なり、村落とは直接は関係のない政権側の人物、すなわち奉行が中央で訴訟に対応する事例が検出できる。以下、彼らが連署で発給した訴訟関係文書に着目して、その様子を探ってみよう。

（i）村落間相論

摂津国の淀川中流域右岸、芥川が淀川に合流する地点の西南部には、三箇牧（唐崎・三嶋江・西面・柱本の諸村）と鳥養村が並んでいた。当該地域における水利秩序の成立については福山昭氏や石原佳子氏の研究[37]を参照しながら、ここでは、相論を誰がどのように処理したのかに着目する。三箇牧の領有状況は不明であるが、鳥養村の領主としては観世又次郎などが知られ、相給の状況にあったのであろう[38]。この地域の統治については、近隣の茨木城主が所轄していたようで、天正十三年閏八月に中川秀政が三木に移った後、茨木城を預かった安威重信[39]がその役割を引き継いだと考えられる。

天正十六年、排水に窮した三箇牧は、鳥養村領内に新しい井路を開削することで問題を解決しようとした。三箇牧の懇望の結果、四月には鳥養村と互いに申し合わせをし、代表者が署判した証文を取り交わした[40]。これにより井路の新造が始まり、樋が設置されたが、その段になって、安威川を挟んで鳥養村の北側に位置する嶋村が反発し、樋を掘り起こしてしまった。それが三箇牧と嶋村の相論に発展し、中央に裁許が求められた。政権側では、安威重信とともに、増田長盛・毛利吉成・片桐直盛・早川長政・大谷吉継が検分衆を遣わし、井溝の実状を確認したのち、三箇牧の勝訴という裁定を下した[41]。そして、その裁許状を発給したのは、増田長盛と石田三成であった。

ここから、この段階では検分を経たうえで奉行が裁定を下しており、神慮を持ち出したり、先例に依拠したりするだけではなく、実状に合わせた理非判断を行いえたと評価することができる。そして、同様の事例は、播磨や河内でも検出される（表3―1参照）。この時期の村落間相論は用水関係が多く、いずれの例でも奉行が百姓を召喚し、場合によっては実検を行ってから裁定を下していた。

(ii) 給人・代官非分の出訴

豊臣政権が対応しなければならなかったのは、村落間相論だけではなかった。政権が抱える重要な問題として数えられるのが、給人や代官による私的搾取である。この時期、百姓が給人や代官の非分を提訴する事例は多く見られ、政権もその理非を糺すことで、自らの正当性を示す必要があった。代表例として、近江国高嶋郡の百姓出訴を見てみよう。当郡が初期には杉原家次の所領であったことは先に触れたが、その後、天正十五年九月には観音寺詮舜が一万三千石余を蔵入地として管理し、天正十六年四月には、聚楽第行幸に際して、公家たちに海津西庄などで八千石が給付されている[42]。よって、蔵入地や公家領などが混在する状況にあったと考えられる。なお、郡の中心である大溝城には天正十五年七月から京極高次が入っていたとされ、一方で、天正十九年に御前帳が徴収された際には、朽木元綱が郡の水帳をとりまとめている[43]。

さて、その高嶋郡で問題が起こったのは、聚楽第行幸からひと月ほど経った頃のことであった[44]。

高嶋郡百姓目安上候付書出条之事

一、山くつれ・川成・水際之事、秋九月ニ給人方ゟ奉行を被出、立毛之上有様ニ付分、免相之儀者御定のことくたるへき事、

一、口米之事、壱石ニ付而弐升之外別ニ役米有之間敷事、

表 3-1　中期における奉行の村落出訴への対応

	年月日	差出	事例	種類	内容	出典
村落間相論	天正 16・閏 5・11	増田・石田	摂津　三箇牧⇔嶋村　水論	裁定	取水口確定	「葉間家文書」
	天正 16・6・5	増田・浅野	播磨　小宅下村⇔福井庄　水論	裁定	取水口確定	「岩見井組文書」
	（天正 14 〜）6・14	増田・石田	河内　五条村⇔豊浦村　水論	裁定	井水出入	「滋賀県立琵琶湖文化館所蔵文書」
給人・代官の非分出訴	天正 16・2・13	長束・増田	河内　招提村訴訟（代官⇔百姓）	裁定	代官手作の禁止／在払米の駄賃除外／糠・藁代の支出	「河端昌治氏所蔵文書」
	天正 16・5・25	増田・石田	近江　高嶋郡訴訟（給人・代官⇔百姓）	裁定	検見による免相決定／口米規定／糠・藁の有償化／夫役勤仕時の飯米支給／新規の奉公人成の禁止	『駒井日記』
	（天正 17 ヵ）10・16	増田・石田	近江　富永郷訴訟（給人⇔百姓）	裁定	枡・口米規定／除地の設定・大豆耕作地は大豆納入／人夫の先例遵守・年貢米納入時の詐取禁止	「光照寺文書」
	（天正 16 か 17）4・28	増田・浅野	丹波　戸田勝隆知行分入作訴訟（給人⇔百姓ヵ）	裁定認可	戸田の裁定を承認	「酒井文書」
	（天正 18 ヵ）1・8	増田・浅野	播磨　蔵入地訴訟（代官⇔百姓）	審理	代官による御蔵入免相操作に関する事情聴取	「芥田文書」

一、ぬか・わらの事、出し候ハヽ、有様ニ算用をとけ、かはり取可申事、
一、夫役之儀、給人被召遣候ハヽ、飯米取可申事、
一、在々所々内、前よりの奉公人之儀ハ不及是非候、作来候田畠を捨、奉公ニ罷出候儀有之者、其給人・代官
江相届可召返事、

天正十六年五月廿五日

右衛門尉（増田長盛）
治部少輔（石田三成）

高嶋郡百姓中

おそらくは公家領などの設定に伴い、郡内の村落間の不均等が危惧され、その統治方針の統一を求めるために、百姓から政権に目安が提出されたのであろう。一条目では、山崩れや河成などは九月に給人側が立ち会って検見をし、損免については、政権の原則（二対一配分法）に従うこととしている。また、二条目では口米の基準となる数値を明示することで過剰な役米収奪を規制し、三条目で糠や藁を有償化し、四条目で夫役への給付を定めるなど、百姓保護の規定を掲げている。一方、五条目では、新規の奉公人成を禁止している。百姓を耕作に専念させるためには、奉公人との分離を図る必要があった。豊臣政権の在地法令の特徴として、百姓保護と武家奉公の規定が一体となっている点が指摘できるが、これはその一例であり、秀吉の天正十四年令に準拠した内容といえる。

表3−1に掲げたその他の事例によると、訴訟が政権へと持ち込まれる過程については、招提村訴訟では「百姓等御訴訟申上」とあり、浜田村訴訟の場合でも目安を上げていることから、右の例と同様に百姓の目安提出が一般化していたと考えられる。なお、著しい場合には、播磨国の蔵入地において代官の免相操作による中間搾取が露顕し、秀吉の耳に達して直裁が行われている[45]。この背景には、蔵入地の免相の最終決定権を秀吉が有していたこと[46]が挙げられるが、代官の剰余取得を認めない政権の意図をも読み取ることができる。また、目安に対応して奉行が下した裁定は全て条目形式であり、単に糺明過程と裁定結果を記す裁許状とは異なり、その中に年貢収取や役賦課に

おける規定を盛り込んでいる点は特筆すべきであろう。政権は村落の要求に応じる過程で、自らの統治のあり方を取捨選択していったものと評価しうる。

これらの事例をまとめると、次のようなことが導けよう。まず、村落間相論や給人・代官の非分が政権に提訴された場合、奉行二名がこれに対応した。そして、その中に必ず増田が入っていることから、増田が訴訟対応では固定的成員であったことが判明する。なお、増田の連署者については、時期や地域による偏りが読み取りにくいため、案件ごとに対応可能な人物が訴訟にあたったと思われる。また、二件（河内招提村と播磨蔵入地）を除き、秀吉が裁定に直接関与していた様子は見られない。よって、政権に持ち込まれた訴訟は、基本的には奉行が審理・裁定を行っており、秀吉への直訴や蔵入地免相に関する不正などの重要案件のみ、秀吉の意を受けて奉行が仲介や通達を行っていたのであろう。さらに、当時の在地側の要求は、村落間相論への保証力のある裁定と、給人・代官の非分抑制であり、政権側はそれに応じて証拠に基づいた裁定を下し、百姓保護を基調とする統治方針を示した。すなわち、畿内・近国地域における公的権力たるには、正当な証左や明確な基準を見極め、それに効力を与える裁定者として振る舞う必要があったのである。

(iii) 寺社からの出訴

知りうる事例はあまり多くはないが、奉行は寺社からの出訴にも対応していた。本来、洛中洛外の寺社の訴訟や検断は所司代である玄以が担当していたが[47]、寺社と給人の間に相論が起きた場合や、訴訟が秀吉のもとに持ち込まれた場合には、奉行がその裁定を行うこともあった。例えば、秀吉馬廻の岡本清蔵が知行地に百姓人足を懸けた際、近在の等持院は（おそらく百姓らに免除を要請されて）夫役供出に応じなかった。それに対し、検地も経て知行地も確定していることを理由に、人足を出すように等持院側に命じたのは長束と増田であった[48]。同様に京都以外でも、寺社の訴訟や相論が大名や給人と関係する場合、その間に奉行が立つ事例があった。近江国法華寺（神使熊寺）

では、かつて秀吉が寺中に山林竹木や屋敷の進止権を認めていた。(49)しかし、三蔵という俗人が屋敷を違乱し、寺からの訴えを受けた増田と浅野の両人は、寺僧衆と三蔵を召喚して糺明を遂げたうえ、先例の通り寺家勝訴を申し渡した。(50)この際、当初は三蔵が召喚に応じなかったため、両奉行は自動的に先例を採用する旨を寺側に伝えており、結果はどうあれ対決が重視されていたことが確認できる。

また、天正十八年に徳川家康が関東に移った際、新たに中村一氏や堀尾吉晴、松下之綱ら豊臣氏家臣の領国となった駿河・遠江の寺社が、所領や得分安堵の訴訟のために上京した。それに対応したのは長束と増田であり、寺社領の門前竹木などの伐採を秀吉の御意が下るまで凍結するよう大名に依頼し、その後に秀吉朱印状が出された際には、その旨に従って、家康期の当知行を引き渡すよう連署で連絡している。(51)なお、いずれの事例でも村落の場合と同様、奉行二名で対応しており、そのうち一名は増田であった。

このように、天正十六年以降において中央政権としての仲裁や裁定を求められた場合、基本的にそれを処理していたのは、秀吉周辺の奉行であった。では、なぜこの時期から奉行の訴訟対応が見られるのであろうか。表3－1に挙げた河内国招提村の訴訟については、現地に残る由緒書にその経緯が記されている。それによれば、長束・増田の連署状は、天正十五年九月、秀吉が前年に築城した聚楽第に正式移徙する際の、大坂から京都への道中に駕籠訴を行った結果、本来は処刑となる直訴が「御悦事」ゆえに特例的に認められ、発給されたものだという。その記述の全てを信頼するわけにはいかないが、九州攻めからの帰陣後に行われた聚楽第移徙は、京都における政庁の誕生を意味し、新たな政治体制の始まりと目される。(52)秀吉移徙のひと月後には、所司代の玄以が聚楽第に移るなど、秀吉周辺を含んだ政務のあり方にも変化が生じた可能性が高く、奉行による訴訟対応の開始(53)もその一環と見なせよう。そして、訴人（受益者）側における最高裁定者への期待の高まりが訴訟の増加を後押ししたものと思われる。

また、その役割を担ったのが奉行であったのはなぜであろうか。室町幕府において、訴訟対応を行っていたのは幕府奉行衆であった。しかし、室町以来の奉行人は、織田段階において一部は明智光秀の配下についたものの、京都周辺の支配には携わっていなかったとされており、豊臣政権にはほとんど引き継がれなかったと見てよい[54]。よって、この段階で政権側において訴訟に対応できる人員を選定する場合、給人や代官として出訴に対応してきた経験を有し、秀吉の側近くにいる奉行がその任にあたるのが適切と判断されたのであろう。ただし、奉行が二名体制であったのは室町幕府の訴訟対応形式（本奉行と合奉行）を踏襲した可能性がある。なお、足利義昭が将軍職を返上し、出家したのも天正十六年正月のことであり、武家政権としての権威を最終的に吸収したという面も考慮すべきであろう。

（2）奉行らの限界

前項から、奉行らの訴訟対応は軌道に乗りつつあることがわかったが、それでもなお、その体制は安定したものではなかったといえる。その点について言及しておかねばなるまい。

戦国期の専修寺は、応真と真智の法系が互いに対立を続けていた。豊臣期には、一身田尭真が下野国高田専修寺の住持職を認められ、秀吉朱印状を獲得していた。それに対して天正十七年、越前熊坂専修寺（のちの法運寺）の空恵は、尭真の門徒押領を政権に訴えた。政権側では石田三成が対応し、保護を約束する見返りに、関東・奥州への使僧として朱印状を届けることを命じた。その命令を全うした空恵は、在京して自らの訴訟の裁定と朱印状の発給を求めたが、肝心の三成が天正十八年末に「奥州へ御陣立」してしまったため、訴訟が「遅々迷惑」との窮状を訴えている[55]。このように、奉行の不在は訴訟の遅延による在京費用の負担増大や状況の悪化に繋がったのである。

例えば、訴訟対応の中核にあった増田長盛は、小田原攻めの際には秀吉に従い、天正十八年二月末に出陣したと考えられる。彼は、小田原落城後も下野・常陸・安房の仕置を行っており、帰京したのは十月頃のようである。同様に、浅野長吉や石田三成も、小田原攻めに従った後、奥州仕置にあたっており、それを終えた十月頃には帰京したと思われるが、その直後に葛西・大崎一揆に対処するために出発し、石田は翌年二月頃、奥州再仕置まで携わった浅野は十二月頃にようやく帰京している。[56]出陣以外にも、浅野が肥後一揆の後処理と検地を行うために天正十六年二月に離京し、五月頃に戻った例もある。奉行らは多様な任務を与えられていたため、上方に居所を固定して訴訟に常時対応するわけにはいかなかったのである。

また、この当時の奉行は、知音や利害関係により、自らが訴訟に巻き込まれる可能性を有していたという点も考慮に入れる必要がある。一例として、天正十七年の鞍馬相論に触れてみたい。伊藤真昭氏の研究によると、鞍馬相論は次のように推移した。天正十五年、山城国山林の蔵入地化に際して、鞍馬寺は玄以より境内の山林を免除された。二年後、大政所の病気平癒の立願のために政権から大寺社に米が遣わされ、各寺社で造営を急ぐよう、秀吉と担当の奉行である増田と浅野の両名から命令が下された。鞍馬寺では寺内の山林伐採の人足役をめぐって郷内衆が寺僧衆に反発、増田と浅野を頼って訴訟を起こし、対する寺僧衆は玄以を後ろ盾とした。双方の対立は最終的には秀長の仲裁や秀吉の直裁にまで及び、御前で増田・浅野と玄以の公事が行われ、玄以が勝訴した。[57]すなわち、寺社と百姓間の出入が奉行同士の相論にまで発展し、秀長の意見や秀吉の判断を仰がなければ収まらない事態が実際に生じていたのである。問題のこのような表出の仕方は、この段階の奉行らが、訴訟に関する意見調整の場（寄合など）を有しないために、依頼者（増田は村落、玄以は寺社）の利便を図るに留まっており、「公儀」の裁定者としての立場を確立していないことに起因していよう。そして、勝訴したにもかかわらず、この相論を表向きの理由として玄以が所司代を上表しようとした（実際には洛中の地子銭の過剰取得が原因と噂された）ように、奉行間の相論は人目を惹き、責任問題に直結する危険性を孕んでいたのである。[58]

三　後期の訴訟対応

（1）壬辰戦争と「秀次事件」の波紋

天正十九年から慶長三年にかけての壬辰戦争期は、政権が大きな変貌を遂げた時期である。その要因を考える際に留意すべき事項はいくつか存在するが、とりわけ在地との関係については、太閤検地が挙げられよう。検地は境目の確定や入り組みの整理を喧伝して実施されたが、村切や山野河海の帰属をめぐる対立を惹き起こす側面をも有している。統一基準による総検地が畿内・近国において全面的に実施されたのがこの時期であった。また、政権自体の問題としては、「秀次事件」を考慮に入れないわけにはいかない。この事件は周知の通り、政権が経験した最大の政変であった。よって、以下では、検地や政変に関する訴訟を軸にその対処法と当該期の政治過程を確認したい。

（i）天正十九年検地

天正十九年には、御前帳作成と石高制による軍役体系の全国的編成を目的とした検地が行われている[59]。まずは、関連史料も多く残されている近江の検地について見てみよう。近江検地は同年閏正月から開始されて四月頃には終了し、新しい領主や代官が決定された。検地奉行は、長束・増田をはじめとし、小野木重次・早川長政・牧村利貞・宮木豊盛・加須屋（糟屋）武則・片桐久盛（貞隆）・矢嶋（八島）久兵衛・吉田清右衛門の十名であった。

村落側では検地に先立って、草場や山畠などの入会地において境目争いが起きないように互いに確認を行い、惣中・惣分として一札を取り交わしていた[60]。検地施行後に出入が発生した際でも内済が行われ、旧来の境目を確認する証文を交換している事例が知られる[61]。

また、以前の近江検地の際には、百姓らの反発や抵抗が強かった。[62] 自らの要求が通らない場合は逃散も辞さないとの置文を定めて結束を固めた村落に対して、政権側は境界のごまかし、および給人や下代との癒着や隠田などを行わない旨の起請文を提出させた。しかし、施行後に検地漏れが発覚し、再度検地が行われた結果、「百姓等過半逃散」といわれる有様で、年貢未納が相次ぎ、荒地が所々に発生してしまったのである。

これらを教訓として、天正十九年検地に際しては、政権側も出来る限り在地に混乱をきたさないような工夫を凝らしていた。[63] 検地奉行は地域の事情通を探させ、絵図に村を書き付けさせたうえで検地に臨んだ。検地施行後も、耕作と年貢納所を百姓に誓約させるとともに、給人や代官による非分課役があれば通報せよと出訴の保障をし、損免や荒地・失人への規定を明示することで、百姓の定着と勧農を推し進めた。

それでも、検地に伴う相論は跡を絶たなかった。そして、先の例のように内済で解決できない場合、検地奉行がその仲裁を行った。[64] 野洲郡の赤野井村と矢嶋村の間では境目争いが生じ、奉行の片桐と小野木が直に境を定め、草場については従来の慣行通りに刈り取るよう命じている。浅井郡の青名村・八日市村と中野村が起こした井水相論では、検地奉行十名の連署で裁定が下された。ただし、この事例で注意しておきたいのは、先規通りの裁定を伝える検地奉行衆の連署状の添状を発給したのが「長束内黒川久左衛門」と「増田内高田小左衛門」であった点である。[65] ここから、検地奉行の中でも、以前から政権の訴訟裁定に関与していた長束と増田の両名が実際の審理・裁定を主導したと見ることができよう。

壬辰戦争の計画が具体的な形をなす頃になると、訴訟対応の様相にも変化が生じたと思われる。例えば、秀吉の発給文書に関して、この時期以降、朝鮮侵略関係の文書の比重が高まるという三鬼清一郎氏の指摘に加え、天正末を境として宛行いの保証・所領安堵・禁制・役免除といった受益者側の申請に応じた文書がほとんど姿を消し、政策的に一斉頒布される類型の文書が主要となったという山室恭子氏の分析がある。[66] この変化は受益者側の働きかけが強い訴訟においてもあてはまり、それ以前は前節までに見たように、秀吉の直裁が行われる例もあったが、文禄期以降、秀吉自身の訴訟への関与の形跡が文書からは見えなくなる。本来であれば、それまで訴訟を担当していた増田を中心とする奉行による訴訟対応体制が固定化するはずであるが、現実にはそうならなかった。なぜならば、壬辰戦争にあたっては彼ら自身も名護屋や朝鮮に出陣したため、中央から離れてしまったからである。長束・増田・石田・浅野の四者は天正二十年二・三月には上方を発し、長束は文禄二年八月頃、そのほかは同年九月か閏九月頃に帰陣するまで、一年半ばかり上方から遠ざかっていた。中央に残って政務を担当したのは所司代の玄以と関白の秀次であったが、その玄以も文禄二年正月から八月の間は離京する。よって、この間、訴訟対応も主に秀次周辺が行ったと思われる[67]。

（ii）文禄三年検地

秀吉や奉行らの帰還後の文禄三年、全国規模の検地が計画され、畿内周辺では摂津・河内・和泉・伊勢などにおいて、中央からの検地奉行派遣型の大規模検地が実施された。

文禄三年検地に際しても村落間相論が持ち上がり、検地奉行が対処している様子が確認できる[68]。摂津と播磨の国境に位置する多井畑村と東垂水村・西垂水村・下畑村の間では、田畑の境目について先例の確認が行われ、検地奉行の秋野治部卿に請文が提出された。前節第1項で見た摂津国鳥養村は、淀川沿いの葭地の帰属をめぐって嶋村と相論を起こし、検地奉行の浅野長吉が裁定を行った。浅野は、葭地が領内であるという嶋村の主張よりも、旧来の葭刈慣行を重視して、鳥養村の勝訴と葭銭納入を当時の嶋村の領主である有馬則頼に言い渡している[69]。その後、当該の葭銭が有馬から政権に納められており、同村による葭場利用は継続したようである[70]。

文禄二年八月に帰陣した秀吉は以降、伏見と大坂を行き来し、両城の普請を急がせた。そして、検地施行と時を同じくして文禄三年九月に伏見に移徙した後には、大坂や京都に赴くことはあっても短期間の滞在に留まり、基本は伏見を居所とするようになった[71]。それに伴い、奉行もこの前後から伏見を主要な活動拠点とするようになったと見られる。それから十か月余が経った文禄四年七月に「秀次事件」が発生する。この事件と並行して、播磨国加西郡の殿原村と篠倉村の相論が生じている。以下では、この相論の様子を糸口に、訴訟対応における事件の影響を考えてみよう。

(iii)「秀次事件」の影響

加古川水系の万願寺川中流域に存在する殿原村は、しばしば周辺村落との間に井水相論を起こしていた。天正十八年には南東(下流)の中富村との相論が起こり、殿原村の領主である速水守久と中富村の代官衆と見られる伊藤長次・佐々孫十郎らが申し定め、水の引き入れの日数を決定している。一方、殿原村・中富村の西対岸に位置する篠倉村では、領主の木下吉隆が堤の普請を命じ、年貢未進の追及を行っている。このように、当地域において、用水の確保は極めて重要な問題であったと見ることができる。(72) この殿原村と篠倉村の両村に相論が持ち上がったのは、文禄四年中頃のことであった。七月二十一日、両村の仲裁に入った秀吉家臣の蒔田正次は、「井水之儀、時分柄之事候間、先其地へかゝり候様ニ我等申付、つかせ可申候、せんさく之儀ハ、追而遂糺明可相究候」と篠倉村の百姓中に伝えている。(73) 秀次が切腹したのはわずか数日前の七月十五日であり、当の木下吉隆も事件の渦中で失脚し、流罪となる。かかる事情のもと、水論の詮索や糺明は先送りとされ、稲穂が育ちつつある田地については、さしあたって用水を確保し、収穫へとこぎつけるような誘導がなされたのであった。

「秀次事件」の余波は右のような関係者を含む訴訟対応の一時的な遅滞に留まらなかった。第一に、秀次周辺が担っていた訴訟対応機能が解体し、政権の訴訟窓口は秀吉周辺に統一された。むろん、秀吉は自ら訴訟を裁くことがなくなっており、その対応を行うのは奉行であったと想定できる。第二に、「秀次事件」後、旧秀次領を巻き込んで大規模な所領の配置転換がなされ、石田三成は近江佐和山城、玄以は丹波亀山城、増田長盛は大和郡山城、長束正家は近江水口城というように、奉行らは畿内・近国に城を与えられ、それに付属する広域な所領を有するようになった[74]。通説的には、これによって政権における彼らの位置づけにも変化が生じたと想定されている。次に、本項で追った政治過程を前提としながら、再び奉行が連署発給した訴訟裁定文書に立ち戻って、文禄・慶長期の対応の様子を窺ってみよう。

（2）文禄・慶長期の訴訟処理体制

本項では文禄末期から慶長初期にかけてのいくつかの相論裁定の事例を挙げ、この時期の政権による訴訟対応の様相に迫る。

摂津国嶋下郡福井村は、背後にある福井山（国見山）をめぐって北方の五ヶ庄と草刈場相論を起こしていた[75]。訴訟は近隣の茨木城主の河尻秀長に持ち込まれたが、河尻は中央に裁定を依頼した。それに対応したのは、増田・長束・石田であり、窓口は増田であったと思われる。奉行らは九月十二日、河尻と福井村に裁定を通達した。それによると、草刈場は五ヶ庄領内ではあるものの、前々から山手銭を出していたことを理由に、福井村の草刈の権利を認めている。前項の事例同様、村域よりも従来の用益慣行を重視した裁定が下されたのであった。

ついで、伊勢国度会郡有滝村は、外城田川が伊勢湾に流れ込む河口左岸にあたり、鰤漁が盛んであったが、その網場をめぐって西方の村松村と相論が勃発したと伝えられている[76]。当時の領主は、有滝村が志水宗明、村松村が日根野弘就であり、相論の裁定を日根野に伝える書状は、長束と増田の両者が発給している。ただし、寛永期に再度問題化した時の訴陳状によると、事情は次の通りであったとされる。日根野の権勢を背景にして、村松村が領海を越えて網引をし、それに対して有滝村が網を取ったために、村松側が政権に目安を提出した。両村の百姓は伏見に召喚され、長束・増田・玄以が審理・裁定を行った結果、先例通りに有滝村が勝訴したという。よって、裁定を伝達したのは長束と増田の両人であったが、実際の審理には玄以を加えた三名であたっていたと見られる。

これと類似する事例として、近江国高嶋郡饗庭庄と善積庄の山論が挙げられる。高嶋郡の中央湖岸部に位置する饗庭庄は、西部に広がる山野をめぐって、北方の善積庄と古くから境目争いを続けていた。豊臣期にかかるものとしては、現在、次の文書が当地に残されている。(77)

今度饗庭与善積并北古賀、山境目出入之儀付而遂糺明候之処、従饗庭山門之書物・磯丹波守（磯野員昌）折紙明鏡之上者、如先規申付候也、

慶長二年

九月廿五日　玄以（花押）

饗庭

百姓中

これによると本相論は、善積だけでなく、饗庭の南方の北古賀庄をも巻き込んだ形で展開していた。玄以の裁定の結果、証拠として提出された「山門之書物」と「磯丹波守折紙」によって、先規が承認されている。ここで認められた先規とは、建保四年（一二一六）に牓示によって定められた饗庭（木津庄）の四至であったとされ、永正四年（一五〇七）の山門による裁許や、天正三年の磯野員昌による裁許も、それを再度確認したものであった。この史料だけを見れば、玄以が単独で本相論を処理したとも思われるが、実はこれに関連するものとして、左の文書を見出すことができる。(78)

善積ニモ愛（饗）庭穿鑿之草山見せニ遣候へ者、貴殿百姓申通無相違様ニ承候間、不及対決候、則此者遣候条、自其方人被成御添、従前々有来境石之通ニ塚を御つかせ可被成候、右之通、宜大納言（前田利家）様江可被仰上候、為其申入候、恐々謹言、

九月十一日　長束大蔵（正家）　名判

増田右衛門（長盛）　名判

徳善院（玄以）　名判

奥村伊与殿

宛名の「奥村伊与」は、奥村永福であろう。奥村は前田利家の家老であるから、文中の「大納言様」は利家その人を指す。利家が権大納言に叙任したのは慶長元年五月であり、慶長二年正月に辞しているから、本来であれば慶長元年のものとすべきであるが、その後も利家は「加賀大納言」と称しており[79]、利家生前の慶長元年から三年までのいずれかの年に発給されたものであろう。先の玄以裁許状と併せて考えると、慶長二年のものである可能性が高い。では、なぜ本相論に利家が関与しているのであろうか。饗庭・善積両庄はかつてともに蔵入地であったが、そのうち善積庄は「九百弐拾八石四升　善積庄／今津両浜」と記載されている。そして、文禄四年に利家に宛行われた「今津西濱」の知行高は「九百二拾八石四升」であった。よって、これらは同じ土地を指すと考えられ、善積庄は前田領となっていたことがわかる[80]。

さて、奉行らによる本相論の処理過程を見てみよう。おそらく、善積庄の百姓が前田氏を頼って訴訟を起こし、両庄の百姓から政権に訴陳状が提出されたと考えられる。それに基づいて奉行が問題の「草山」に検使を派遣したところ、善積庄の百姓の主張が正しかったため、両庄の百姓を召喚して対決させる必要はないとの判断がなされ、奉行の使者に前田側の使者を添えて、従来通りの境界を再確認して塚を築くという経緯を辿ったと思われる。おそらく、「草山」が饗庭庄内であることは以前の裁許からも明らかであり、善積庄の百姓は実際の用益権を有していることを主張したのであろう。なお、その裁定が玄以単独の署判で饗庭村に下された理由は、玄以が同村の領主か代官であったか、もしくは訴訟の窓口であったためとも考えられるが、明らかにしえない。

このように、当該期の村落出訴に対しては、三名の奉行による審理が行われていた。同様の事例としては、慶長二年の摂津国武庫郡鳴尾村と瓦林村の相論が挙げられる[81]。この時にも、長束・増田・玄以の三名の奉行が、検使を遣わして絵図を作成したうえで糺明を行い、鳴尾村の勝訴を言い渡している。また、同年に同国豊島郡新免村と原田郷との間に桜井山についての出入が生じた際には、長束・増田・石田の三名が裁定を行ったとされる[82]。よって、文禄末から慶長初期にかけての時期には、伏見において、長束と増田を中心にもう一名の奉行が加わる体制で訴訟が処理されていたと結論づけられる。事例を総括すると、該当村落から訴陳状が提出されたのち、検分を含む審理を行い、対決を経たうえで裁定を下し、書状による伝達と現地での再確認をするという一連の流れが整備されていたことが指摘できる。

では、かかる体制はいつ頃まで遡ることができるだろうか。伊勢国三重郡水沢村と同鈴鹿郡大久保村の山論においては、文禄三年正月に両村の百姓が領主に連れられて伏見へ上り、「天下之御奉行」の石田・長束・増田に目安を提出し、「天下之御評定」で対決が行われたと伝えられている(83)。ここから、文禄三年正月頃までには、三名による訴訟対応が行われるようになった可能性が高い。

本節冒頭では、政権の内部構造を考える際に、天正十九年以降の壬辰戦争と文禄四年の「秀次事件」がその変化の要因となりうることを提示した。しかし、訴訟対応に関していえば、むしろ文禄三年の指月伏見城の本拠化こそが三名体制への画期であったと結論づけられよう。この後には城内において奉行の寄合が開始されていたことが確認でき(84)、訴訟処理の体制も確立に向かっていったと思われる。

おわりに

本章では、奉行の働きを中心に、豊臣政権の訴訟対応について考察した。事例収集とその分析の結果、具体的な訴訟処理過程やその背景を明らかにし、政権の内部構造の一端をも提示しえた。

当時の畿内・近国では、給人や代官の村落への非分が主要課題として存在し、村落間でも用益権をめぐる対立がたえず発生していた。地域の中では事態が収まらない場合、その解決は政権に求められた。要請を受けた政権側は、奉行が対応する体制を徐々に作り上げ、天正十六年頃からは増田を中心とした二名（長束・石田・浅野のうち一名が加わる）、文禄三年頃からは伏見において、増田と長束を軸にした三名（石田か玄以のうち一名が加わる）で訴訟処理を行った(85)。

奉行は給人・代官の非分に対しては百姓保護を基本とし、原則や基準を明確化しながら、中間搾取を厳しく追及した。村落間相論に関しては過去の証文を重視したが、用益事実をも加味して審理を行った。訴陳状の提出に留まらず、召喚・対決を基本として、必要な時には実検も行うことで、裁定の公平性を保った。用益慣行の容認が役銭納入に結びついていたとはいえ、如上の政権の姿勢からは強権性や恣意性を見出しえない。振り返れば、戦国期の畿内においては様々な出訴先が混在した。そのため、受益者が双方を非分狼藉と主張することで在地における対立が増幅されたこと、および、政変や勢力交替による裁定の曲折が秩序を混乱させていたであろうことは容易に想像しうる。すなわち、保証力と唯一性を有した裁定こそが社会の望んだものであった。かかる状況下において、豊臣政権の訴訟処理方法と自力救済の抑制は、「公儀」の裁定の正当性を下支えしたと見られる。

もちろん、政権の裁定にも限度はある。取り上げた事例のうちのいくつかは、徳川期にも再三、所司代らによる裁許が下されており、非分や紛争を撲滅することは事実上不可能であった。しかし、豊臣期の試行錯誤を経て、その統治方針が徐々に社会へと浸透することで、出訴と内済の体系が出来上がっていった事実は認めうる。豊臣政権の訴訟対応は、畿内・近国の社会状況を背景として、政治過程に影響を受けながら体制を整える途上にあったと捉えることができよう。

なお、村落訴訟への対応事例は、伊勢・近江・山城・摂津・河内・丹波・播磨において、蔵入地や給人地だけでなく、公家寺社領も含めて検出された。これに、大和と和泉を加えた範囲が政権の影響下にあったと見てよいだろう。この地域は、政権の中心地である山城・摂河泉と、一族や奉行を配置した大和・丹波、秀吉の旧来からの所領である近江・播磨と、「秀次事件」後に秀次領から戻った伊勢に分類しうる。

一方で、それ以外の大名領からの村落出訴には積極的に対応している様子は見られない。例えば、文禄二年末に秀吉は尾張復興策に着手し、秀次と共同で改奉行を現地に派遣した。その際、改奉行を窓口として百姓からの訴訟を受け付ける旨を触れたが、給人と百姓の出入については直裁しない方針を採った[86]。実際に、二月には尾張の荒尾郷の惣百姓が秀吉に目安を提出したが、政権側は秀次領の問題として差し戻し、秀次側が訴訟を審理しており、三月にも同国大蟷螂村（一色菊知行所）の百姓が直訴をしたが、やはり秀次側が訴状を吟味し、裁定結果のみを秀吉側に通達している[87]。ゆえに、秀吉の肝煎りで行った尾張復興時でさえ、村落からの出訴に対応すべきは領主の秀次とされており、他の大名領国では自分仕置が基本であったといえる。

よって、右の訴訟対応の地域偏差は、蔵入地の畿内周辺への集中・集積という現象[88]と重なり、政権の基盤としての当該地域の位置づけを浮かび上がらせよう。

第四章　秀吉死後の政権運営

はじめに

一九八〇年代に山本博文氏が提起した「取次」論は、豊臣政権を語る上で避けては通れない議論である。[1]その妙味は、政権の中枢に位置する人々の動向に着目することを通して、江戸幕府の機構生成の前史として豊臣政権の政治機構を捉えようとしたところにあった。かかる所論は、ややもすれば今日に至るまで政策分析に重点が置かれがちな豊臣期の研究において、その内部構造の解明を重視した点で卓見であり、かつ江戸時代への連続という視点は、現在の研究状況に照らしてもなお有効なものであると評価できる。

しかし、こうした側面から見直した場合、山本氏の研究にはいくつかの問題点が浮かび上がる。その一つ目は、右の視点を論証するための手続きにある。というのも、氏の明らかにしたのは、秀吉と諸大名間の意思伝達過程における「取次」の機能であり、それが江戸幕府に取り込まれる経緯であった。しかし、「取次」とはあくまでも政権の中枢奉行層(年寄)の果たす役割の一つであり、大名との回路に限定して議論を進めてしまうならば、豊臣政権の内部構造の全体像を把握することはできない。すなわち、何が江戸幕府の老中制に受け継がれていったのかを考察する場合、「取次」だけでなく、豊臣政権の奉行たちがどのような政務をいかにして行っていたのかを総体として明らかにせねばなるまい。

これと関連して二点目に、秀吉による専制政治の内実についても検討が必要であろう。この点については、近年、跡部信氏による批判が提出された(2)。山本氏が秀吉の命令を絶対視し、豊臣政権が秀吉に極度に収斂する体制を有していたと考えたのに対して、跡部氏はその力点を転換させ、秀吉への発言権から政権の意思決定のあり方を究明しようと試みた。そこでは、秀吉の意向(御諚)を変化させることが大老・奉行らの地位を維持し、同時に政権の安定にも繫がったという側面が明らかにされ、秀吉の晩年には、自律的に政策決定を行う「四奉行」と、均衡を保つための「二大老」が政治機構として稼働していたという理解が示された。大老・奉行制を耐久性のあるものと見なし、秀吉死後の彼らの機能にも一定の評価を与える跡部氏の見解は、これまでの定説を覆す提起として受けとめたい。

ただし、跡部氏の論考についても、なお掘り下げなければならない部分が残されている。一例を挙げるならば、秀吉死後の展開を叙述する中で、氏は政権内部における大老・奉行らの矛盾や意見の相違が表出した事例(後陽成天皇譲位や石田三成失脚)のみを取り上げている。それらは政権運営の過程ではなく、帰結と捉えるべきであるが、合議の実態を具体的には追究しないままに特殊事例から立論しており、平常時を含めた議論である山本説と分析対象の齟齬が見受けられる。それに伴って、彼らの政権内での立場に関しても再検討の必要が生じよう。

三点目として、秀吉の死から関ヶ原前夜に至る政治過程についても議論の余地がある。秀吉の死が政権の本質の露呈に繫がったであろうことは想像に難くないが、山本氏は秀吉生前における独裁制を強調するあまり、政権の崩壊を自明のものと捉えてしまい、それゆえに秀吉死後に関する氏の考察は、家康の動向に着目した形で進められている。しかし、政策決定の様相や家康と大名・奉行らとの関係を詳細に検討すれば、当該期の豊臣政権をこのような観点から眺めるだけでは不十分であることに気づくであろう。すなわち、奉行らの動向を考慮したうえで、家康の立場に対して、政権内外からの視線を含めた評価を下す必要があろう。

例えば、前田利家の妻、芳春院は江戸幕府が成立して間もない初冬に、昔日の豊臣政権を顧みて「大かうさま《秀吉》日本のしゆ《衆》にせいし《誓紙》をさせ、いかほとの事仰おき候へ共、ミなく〱む《無》になり申候」と嘆いている。[3] ここには、秀吉が死の直前に諸大名に後事を託すにあたって誓紙を重要視し、にもかかわらずそれが反故となったという同時代人の認識が示されているが、その理由を単に政権に内在した問題のみに求めてよいものであろうか。

かかる山本・跡部両氏の論を発展させるためには、秀吉死後の大老・奉行ら（いわゆる「五大老」「五奉行」[4]）の政務実態を追うことによって、当該期の政権構造を再検討することが不可欠である。よって本章では、先の芳春院の言葉を足がかりとして、①誓紙で定められた秀吉死後の政権構想はいかなるもので、それがどれほどの規定性を有したのか、②政権が実際にはどのように運営されていたのか、③そしてそれらがなぜ無に帰したのかという三点を検討課題とする。また、これらの解明を通じて奉行の歴史的位置づけについても言及することで、秀吉死後の政権像の再構築を図りたい。

一　秀吉死後の政権構想

（1）「遺言」「誓紙群」の想定

慶長三年（一五九八）八月十八日、豊臣秀吉は伏見で没する。病床にあった秀吉は有力大名と奉行らに後事を託し、「五大老」「五奉行」制[5]が始動した。十名に期待された役割は、秀吉の遺言と、死の直前に彼らの間で交わされた誓紙から読み取ることができる。本章では便宜上、前者を「遺言」、後者の一連の起請文前書を「誓紙群」と呼んでおく（表4-1参照）。これらに関する詳細な検討は先行研究で既になされているが、原文書の大半が散逸しているにもかかわらず一、二種の編纂史料や写しを中心に論が組み立てられており、実際の作成状況や誓約内容を的確

表 4-1 「遺言」「誓紙群」一覧

No.	年月日	差出	宛名	条数	典拠
「遺言」					
1	（慶長 3・8・5 ヵ）	（秀吉）		11	『浅野家文書』107 号
2	（慶長 3）8・5	（秀吉）		5	『早稲田大学所蔵荻野研究室収集文書下巻』1094 号
「誓紙群」					
3	慶長 3・7・15	（諸大名）	利家・家康	5	『毛利家文書』962 号，「島津家文書」，『西笑和尚文案』81 号，「慶長三年誓紙前書」，「松井文書」
4	慶長 3・7・15	（諸大名）		3	「慶長三年誓紙前書」
5	慶長 3・8・5	利家／家康	長束・石田・増田・浅野・玄以	8	「慶長三年誓紙前書」，「竹中氏雑留書」，「国初遺文」，「松井文書」，「伊藤本文書」[1)]
6	慶長 3・8・5	長束・増田・石田・浅野・玄以	利家・家康	9	『歴代古案』989 号，「慶長三年誓紙前書」，「竹中氏雑留書」，「伊藤本文書」
7	慶長 3・8・8	利家	長束・石田・増田・浅野・玄以	9	「慶長三年誓紙前書」，「竹中氏雑留書」
8	慶長 3・8・8	秀忠／秀家／利長	長束・石田・増田・浅野・玄以	10	「慶長三年誓紙前書」，「竹中氏雑留書」
9	慶長 3・8・8	家康	長束・石田・増田・浅野・玄以	3	「慶長三年誓紙前書」，「竹中氏雑留書」，「伊藤本文書」
10	慶長 3・8・8	利家	長束・石田・増田・浅野・玄以	3	「慶長三年誓紙前書」，「竹中氏雑留書」，「国初遺文」
11	慶長 3・8・10	輝元・秀家・利家・家康・景勝[2)]	長束・石田・増田・浅野・玄以	3	『毛利家文書』961 号，「慶長三年誓紙前書」
12	慶長 3・8・10	長束・石田・増田・浅野・玄以	（欠）	3	「毛利家文庫遠用物」[3)]
13	慶長 3・8・11[4)]	長束・石田・増田・浅野・玄以	輝元・景勝・秀家・利家・家康[5)]	3	『歴代古案』990 号，「竹中氏雑留書」，「伊藤本文書」

1）「伊藤本文書」は，東史謄写本
2）『毛利家文書』には景勝を除いた四名の署名しかないが，「慶長三年誓紙前書」には末尾に景勝の名があり，上京後に名を加えたのであろう
3）山口県文書館所蔵
4）『歴代古案』によると，慶長 3・8・8。原案はこの日付で作成されたか
5）「伊藤本文書」によると，家康・利家のみ

に捉えたうえでの解釈とはいいがたい[6]。よって、ここではその要点を述べつつ、諸史料を照合して先行研究における解釈を修正し、「五大老」「五奉行」制の原則と枠組みを確認することで、彼らにいかなる機能が期待されていたのかを整理したい。

まず、「遺言」に示された政務内容を見ると、「五奉行」に関しては、算用について、「御算用聞候共、相究候て、内府（家康）・大納言殿（利家）へ懸御目、請取を取候而、秀頼様被成人、御算用かた御尋之時、右御両人之請取を懸　御目候へ」とする規定が見える（表4-1のNo.1、以下〔1〕のように数字のみを付す）。それに対し、「五大老」に関しては具体的な記述はなく、「五奉行」の役割規定の中で、「何たる儀も、内府・大納言殿へ得御意、其次第相究候へ」と家康・利家の二名が彼らの伺いを受けることのみが示されている（〔1〕）。なお、政務以外では利家と利長が秀頼の傅役となることなどが定められている（〔1〕）。

ついで、「誓紙群」に示された規則を見てみよう。「五奉行」に関しては、訴訟処理の際は秀吉生前の法令に則り、「公事篇之儀、為五人難相究儀者、家康・利家得御意、然上前（を）以急度伺上意、可随其事」と、難事にあたっては家康と利家に意見を仰ぎながら裁定することが定められている[7]（〔6〕）。また、政務を行うにあたっては参会が原則とされ、多数の意見を尊重し、公平に訴訟と算用にあたることが誓われた（〔6・13〕）。

「五大老」に関しては、全員の名で出された起請文は一通（〔11〕）しか存在せず、「御知行方并御仕置等」と抽象的な内容に留まり、秀吉の病状悪化を受け、それ以前の「遺言」・「誓紙群」の規定に従う旨が記されるのみである。なお、阿部勝則氏はこの規定から知行宛行権が「五大老」に委任されたと評価している[8]が、同日付で「五奉行」も同内容を誓っており（〔12〕）、後述の通り、知行宛行いの実態から見ても適切とはいいがたい。

一方、家康・利家の二名に関しては、知行について、「秀頼様御成人之上、為御分別不被　仰付以前ニ、不寄誰々御訴訟雖有之、一切不可申次之候」と、加増や安堵などを要求されてもそれを取り次がないように定められている[9]（〔5〕）。なお、諸大名の誓紙前書（〔3〕）の中には、「秀頼様御暇之事、家康・利家を以不申上、為私下国仕間敷事、付、国本中事雖在之、家康・利家被仰次第可罷下事」という文言が記された案文が確認でき、大名の下国認可権も事実上、家康・利家が有していた可能性がある。(10)

そして、利家・秀家・秀忠・利長らは「諸侯御奉公之浅深ニよつて、御訴訟之子細も在之候者、公儀御為ニ候条、内府并長衆五人致相談、多分ニ付而随其可有其賞罰候」と、秀頼への奉公に応じて、家康および「五奉行」とともに知行の加増などについて相談するように定められている(〔7・8〕)。この規定が輝元・景勝にも適用されたのかどうかは不明であるが、ここで注意しておきたいのは、秀忠・利長が成員に準じる扱いを受けていることである。「遺言」(〔1〕)の中でも家康・利家の代役として定められていた彼らは、この誓紙(〔8〕)を出すことによって、正式に政権中枢に位置づけられたのである。また、そのことは同時に、「五大老」「五奉行」制が秀頼の成人までは継続して運営されるべき制度として成立したことをも意味しよう。

これらの原則から、次のことが指摘できる。秀吉死後の政権構想では、「五大老」には訴訟や算用などの政務における主体的な関与は認められていなかった。一方で、家康・利家は助言や承認の役割を与えられ、「五大老」の中でも特殊な位置にあったといえる。そして、細かな政務については「五奉行」らが参会をしながら処理していくのが基本とされたのであった。また、知行についても、「五大老」が主導して決めることは許されていなかった。よって、「五大老」総体としての活動は規定が存在せず、家康らの行動も「遺言」「誓紙群」の枠内に抑えられることが求められたのである。(11)

(2)「十人連判誓紙」の性格

「遺言」の内容を補い、確認するために作成された「誓紙群」はその性格上、何通も取り交わされ、それぞれに重複する箇条が多かった。それに対して、「五大老」「五奉行」がともに発給者として名前を連ねて十人での政権運営を公的に披露するために作成されたのが、慶長三年九月三日付の「十人連判誓紙」であったと考えられる。(12)七か条からなるこの起請文では、「五大老」「五奉行」の構成員の結束が誓われ、「諸事御仕置等之儀、其軽重をけつし、十人之衆中多分ニ付而可相究事」と、彼らによる仕置の開始が宣言されている。これに関連して次に掲げるのは、御伽衆の山岡道阿弥（景友）が「五大老」らと非常に近い位置にあった西笑承兌に送った書状の一部である。(13)

今度改十人之起請宣□被下候、是ハ何方ニても人之［　　］との御事ニ候、拝見申度故如此ニ候、

文意が十分に取れないのが惜しまれるが、文中の「十人之起請」とは「十人連判誓紙」を指すことから、この誓紙は広く諸大名らの目に触れることが要求され、諸大名もそれを確認することを望んだと考えられる。また、巡察師のヴァリニャーノも、「これら十名の統治者たちは心の大いなる一致をもって［そのように多くの人々には思われた］、彼らが故人（太閤様）に対してなした誓約を果たそうと気遣い、故人のすべての訓戒が遵守されるよう定め、また彼らは臨終（を迎えた）者の遺言の誓詞の各条項を理解して、（太閤様）自身が望んでいた結果に到るようにしようと定めた」と、「誓紙群」と「十人連判誓紙」の内容を踏まえた記述を残しており、何らかの形でそれらを見聞きしていたようである。(14)

なお、「十人連判誓紙」の写しの中には、慶長三年九月当時の五大老・五奉行の連署に続いて下段奥に利長の名前と花押影が加えられているものもある。(15) 写しであるために確定はできないが、利家の署判も消えていないことから、利家の死後に利長が「五大老」に列せられて以降、この誓紙の原本に自らの署判を加え、その後に書き写されたものと推測できる。よって、この「十人連判誓紙」は少なくとも利長が「五大老」として活動を始める慶長四年閏三月段階までは効力を有していたものと見なせよう。

さて、「遺言」「誓紙群」「十人連判誓紙」は「五大老」「五奉行」の基本原則として定められ、公表されたため、彼らの間で紛争が生じる度に正当性の拠り所とされた。例えば、家康と他の九名が対立した際には、慶長四年二月に交換された起請文の中で「大閤様御置目・十人連判せいし（誓紙）の筋目、弥不可有相違候」とその遵守が再確認され、また、三成らが挙兵後に出した「内府ちかひの条々」では、「五人之御奉行・五人之年寄共、上巻之誓紙連判候て、

無幾程、年寄共内、弐人被追籠候事」「誓紙之筈をちかへ、又ハ　太閤様被背御置目」などと、これらの規定を楯にして家康を非難している(16)。

特に「十人連判誓紙」には仕置を十人で決定すると公言されていたため、こののちに家康へと権力が集中し始める実態に抗うための大義名分として持ち出された。つまり、そこには常に回顧され、確認されるべき秀吉死後の政権の理念が表明されていたのである。

二　「五大老」「五奉行」の政務実態

（1）「五大老」の活動

前節では、誓紙に表れる規定、すなわち理念上での「五大老」「五奉行」の姿を見た。本節ではそれと対応させながら、彼らの活動を追うことで、その政務実態を明らかにしていきたい。「五大老」の主な活動としては、朝鮮撤兵・知行宛行い・海賊停止および公武交渉などが挙げられるが、本項ではそのうちでも多くの連署状が発給され、具体的な様子をも窺うことのできる、朝鮮撤兵に伴う大名間相論の処理と知行宛行いに着目する。

秀吉の死後、石田三成・浅野長政が博多に下向し、帰国する諸将を迎えた。この時期の五大老は基本的に伏見にいたと思われ、慶長三年十一月には石田・浅野の連署状に「最前御奉行衆・年寄衆対談之上、徳永（寿昌）・宮木（豊盛）渡海之節、被仰渡候」とあるように、奉行らとの「対談」のうえで撤兵に関する指令を決定し、翌年正月にも三奉行（増田・玄以は城番で不在）が家康邸に参集し、宇喜多秀家の来訪を催促、泗川の戦いに関する島津氏への褒賞を談合していたと思しい(17)。

しかし、帰国した諸将の間には深刻な亀裂が生じていた。宣教師の記録によると、石田三成・小西行長らを中心とする人々と、浅野長政・加藤清正・黒田長政・毛利吉成・鍋島直茂が反目していたという。[18] 彼らは帰京すると互いに糾弾しあい、「家康その他の大名たち」が和解を試みたと記されているが、その時の訴陳状と思われるものの写しが、数種類存在する。[19] これらによると、小西の側から訴訟が起こされて、それに加藤・黒田・毛利・鍋島の四名が反論する、という形で相論が進行したと見られる。慶長四年三月二十二日付の後者四名の目安には小西の非分が綴られているが、その宛名として五大老の家臣五名が確認できる。[20] よって、ひとまずは五大老が目安の提出先であったと考えてよいだろう。なお、裁定結果は、「アゴスチイノ（行長）に有利に奉行所から宣告が下され」ようとしたとするヴァリニャーノの証言がある一方で、「清正記」と「直茂公譜考補」は小西が敗訴したとするが、ともに客観性を欠くために真相は明らかにしえない。[21]

また、この相論と並行して、福原長尭・熊谷直盛・垣見一直らと早川長政・蜂須賀家政・黒田長政らの争いも裁かれていたようで、慶長四年閏三月十九日付で五大老連署状が出され、蔵入地に収公されていた早川の旧領が返還された。[22] これらの事例から、朝鮮撤兵に伴う大名間相論は、主に五大老によって仲裁や処理がなされていたと推測できる。

なお、対比のためにそれ以外の大名間相論を見るならば、秋田氏と浅利氏の間に起きた浅利相論を挙げることができる。本相論は、浅利氏の独立をめぐって天正二十年（一五九二）頃から争われていたものであった。慶長三年正月に一方の当事者である浅利頼平が死去し、仲裁をしていた利家も没した後、慶長四年閏三月末になって秋田実季は阿部正勝を通して家康のもとへ自らの潔白を言上している。[23] 家康は片桐且元と連絡を取りながら相論の内容を確認しており、この件については他の大老の関与は見出せない。朝鮮撤兵と関係しない大名間相論の場合には、おそらく秀吉生前の対応を踏襲して、担当となった大大名が奉行らと相談のうえで個別に対処したものと考えられる。

ついで、知行宛行いについて検討を加える。知行宛行いに関する先行研究は、『毛利家文書』に収められている「五大老」連署知行宛行状の控えをもとに立論している。しかし、それらが実際に発給されたかどうかは不明であるし、そもそも宛行状の控えがどのような経緯で毛利家に残されたのかという史料の性格をも加味する必要がある。よって、受給者側に残された宛行状と照らし合わせて、知行宛行いの実態、ひいては「五大老」の政務のあり方自体を再考してみたい。

第一に、知行宛行いにおける「五奉行」の役割を確認する。かつて高木昭作氏は、知行宛行いと寺領寄進については「五大老」が連署状を発給し、寺領寄進についての知行目録は「五奉行」が連署状を発給したと主張し、その後の研究にも引き継がれている[24]。確かに、醍醐寺の事例では、安堵状を三大老が作成し、三奉行が目録を作成している[25]。しかし、「五奉行」が知行目録を発給する事例は、島津氏や乙部氏宛のものなどでも確認でき、寺社領に限定することはできない[26]。また、大名領・寺社領を問わずに、「五奉行」が宛行状や寄進状を発給することもあった。例えば、池田長吉や御香宮宛の知行宛行状および社領寄進状は、『毛利家文書』に残された五大老宛行状の控えと同日付で内容もほぼ同じものだが、実際には四奉行の連署で発給されたものである[27]。よって、高木氏の理解や、「五大老」の知行宛行状を根拠に彼らが土地支配権を掌握したとする脇田修氏の論は、訂正する必要があろう[28]。

第二に、「五大老」の文書発給手続きについて。次の史料は、宇喜多秀家が西笑承兌に宛てた書状である[29]。

先刻者安国寺（恵瓊）被成御同道御出候処、令他出候て、彼判形令遅々候、おとな衆皆々判被□□ハヽ、我等式も今夕判可仕候、未相調候ハヽ、明日ニ可仕候者共、御返事次第候、呉々不存候て遅々令迷惑候、恐惶謹言、

九月三日　秀家（花押）

以上

この日、承兌は秀家の「判形」を求めて安国寺恵瓊とともに彼の屋敷を訪れたが、不在であった。帰宅した秀家は慌てて、判を押す機会を尋ねている。ここから、承兌が判のない状態の文書を持ち回り、「おとな衆」の面々が次々に花押を加えていったことが明らかとなる。もっとも、この時期には知行宛行いは確認できないので、少し下った時期の事例を見てみよう。

御知行被下候衆継目之御一行、此九通被成御加判可被下旨、被仰上可給候、恐々謹言、

長束大蔵

五月五日　　正家（花押）

堅田兵部少輔殿（元慶）

御宿所

ここでは、長束が「御知行」を下賜される衆の安堵状九通を持ってきて、毛利輝元に判を加えるよう求めている。[30]よって、知行宛行いの際も先の例と同様であったと考えられる。すなわち、「五大老」の連署状は承兌や長束らが媒介となって文書を回して、「五大老」らがそれに加判をすることで完成されたのであろう。

そしてここから、『毛利家文書』に残された知行宛行状の控えの性格も浮かび上がってくる。これらの控えの中には、先に挙げたような実際には「五奉行」が宛行状や寄進状を出しているものや、その際に村名も変更されているもの、および実際に発給された文書の日付とは異なるものなどがある。[31]つまり、毛利家で控えを取った時点よりも後に、文言や日付が訂正されて正式な発給に至っているのである。よって、まずは確認のための連署状の案文が毛利家に到来し、毛利家側で控えを取ってから、改めて判のない状態の正文が回されてきて、それに判を据えたものと考えられる。[32]

また、慶長四年から翌年六月までの「五大老」の連署状は写しも含めて四十五例確認できるが、そのうち壬辰戦争関連の五例と海賊停止関連の五例、治安維持関連一例を除くと、ほかは全て所領（知行宛行い・安堵、および寺社領寄進・安堵）に関するものであった。そして、慶長四年正月十日に秀頼を奉じた前田利家が大坂に下向してから、同年八月上旬に前田利長が下国するまでの期間、「五大老」の構成員の拠点は大坂と伏見に分かれていた。この時期、家康の下坂は秀頼移徙への供奉を含めても四度しか確認できず、利家の病状をも考慮に入れるならば、「五大老」自らが伏見・大坂間を頻繁に往復していたとは想定しにくい。[33]

例えば、同年閏三月三日付の五大老連署状が三通存在するが、その内容も知行宛行いであった。この文書以降は利家の署判はなくなり、代わって利長が署判を加えることになるのだが、この日には利家が没している。当時大坂にあったであろう利長と、伏見から動いている形跡のない家康らが寄り合って連署状を発給することは確実に不可能であるし、それは利家が没する前後も同様であったと想定できる。おそらく、のちに伏見・大坂間で意見の調整が持たれてから、日付を遡及して作成された正文が行き来して、判を加えられ、発給に至ったと見るのが妥当である。よって「五大老」は、朝鮮撤兵指令時には「日々御奉行衆・御おとな衆御参会」[34]と協議の場を有していたと思われるものの、それが一段落し、居所が離ればなれになると、必ずしも寄合を必要とはしなくなったと考えられる。

(2)「五奉行」の活動

一方、「五奉行」の活動としては、朝鮮撤兵・知行宛行い・公武交渉以外にも、蔵入地管轄・訴訟対応・〈首都〉周辺の治安維持・普請作事などが挙げられる[35]。ここでは、具体的な政務が確認できる例として、摂津の住吉大社に関する相論を取り上げたい。

『鹿苑日録』第三巻の三六〜四〇、および第四巻の四一〜四七に収められている日記の記主は、鶴峯宗松である[36]。住吉大社の神主津守家の出身である宗松は、十六歳で上京して相国寺で修業を積み、当時は住吉社の南東に位置する慈恩寺に住していた。甥にあたる神主の国家とはかねてから関係が拗れていたようで、文禄二年(一五九三)頃には公事に発展している[37]。

争いは、一度は玄以のもとで解決したと見られるものの、慶長四年五月二日に宗松の母である福勝院が死去すると、両者の関係は再び緊張する[38]。同月七日に宗松が堺政所の石田正澄のもとに訴訟を持ち込むと、それを受けて翌日には正澄が住吉へ出向き、社家(神主家)や慈恩寺などを訪問した。そこで問題とされたのは、A福勝院の所領と、B住吉や堺にある福勝院の屋敷の所有権であったと見られる(39)。

Aについてはいったん和解したものの、Bが解決を見なかったため、翌九日に宗松は堺へ赴き、正澄と小西如清の両代官に相談をする。ここから、住吉周辺や堺の所務に関しては堺政所が訴訟を管轄しており、訴訟の初発段階では堺政所が仲裁を図り（この場合には現地に直接向かっている）、それでも解決しない場合には双方から目安が提出されて相論へと発展したことが判明する。

訴訟が堺政所だけでは解決しなかったために、宗松は縁戚の日野輝資（葬儀に参列するために住吉に下向）を頼り、伏見にいる玄以のもとへ訴え出る準備を整えた。一方で社家側も伏見へ使者を派遣し、玄以にBの一件を出訴した。宗松と国家との争いのほかに、C社人（家子・氏人・客方ら）・社僧・長男衆（多賀秀種旧臣で社人の一族）らと社家との争いもあったため、相論は混迷の色を増してくる。このように、この時期の畿内・近国の政権直轄都市においては、訴訟が都市を管轄する代官の手に負えなくなった場合や、代官の裁定に不服が申し立てられた場合には、中央の奉行に出訴されるような構造が出来ていたようである。

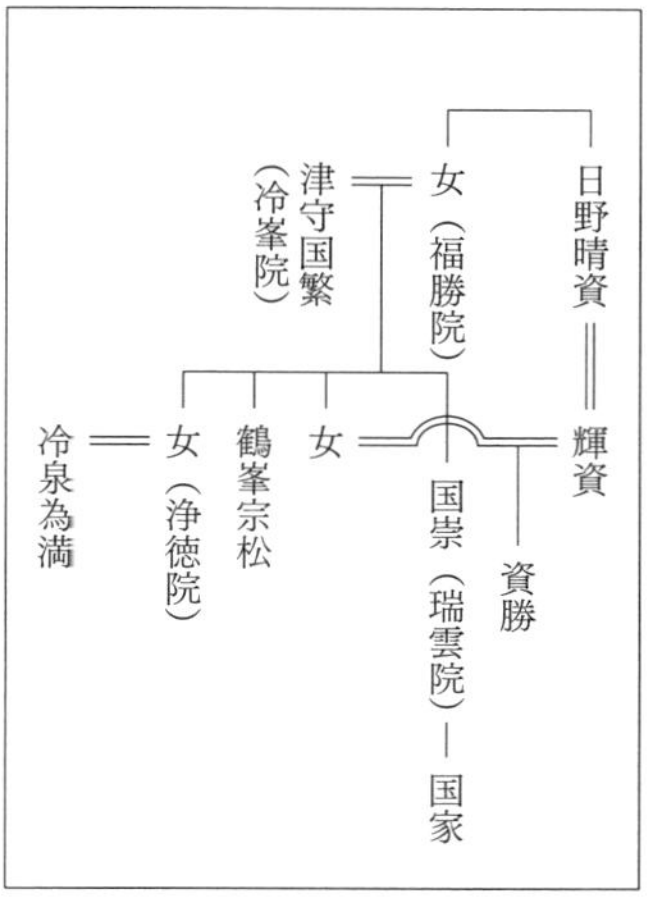

図4–1　津守家関係系図

さて、ここから舞台は伏見に移り、宗松・社人・長男衆と国家がそれぞれ玄以とやりとりをしていくこととなる。六月一日、宗松は社人とともに玄以邸を訪れたが、玄以は長束正家の屋敷に出向いて「算用」を行っていたため、留守であった。宗松の目安は翌日に受理されるのだが、その際、社家側が宗松は西笑承兌を通じて家康にも目安を提出したと主張したため、玄以はその確認を行ったものの、承兌は不在であった。結局、家康への目安は「石田木工頭（正澄）殿南方之儀ナルニヨッテ可相果之間、ウシロダテニ卒度内府（家康）様へ申上」という事情であったことが日野輝資らの取り成しで判明し、玄以も納得した。六月五日には長男衆の目安を玄以と増田長盛に提出した後、輝資から使者がやってくる。その書状には、次のような文言が記されていた。

内府御内サカキ原ノ式部丞《（榊原康政）》方ヲ頼候而、理雖有之、内府殿一切公事不請取間、面向ニテ四人ノ奉行衆ニテ可然

ここから、輝資が榊原康政を通して家康の助力を得ようとしたが、家康側は一切公事を受けないので表向きのルートである四奉行によって訴訟を済ませるようにとの意向を示したことがわかる。状況はやや異なるが、前年十一月に公家の山科言経が家康に禁中への執奏を頼んでもらい、勅勘が解かれた際にも、家康は言経に「但ヲモテムキヲ徳善院《（玄以）》シテ可有之」と伝えている。(40) 少なくとも公家や寺社関係の訴訟について、当時の家康は主体的に取り上げようとせず、「五奉行」を正式ルートとして立てるような態度を見せていたことは、前項で指摘した大名相論への関与と比べてみても、注目に値する。

翌六日、宗松が玄以のもとへ赴くと、その日は「奉行参会之式日ナルニヨッテ」、四奉行が寄り合って評議をしていた。十一日に一礼をするために増田邸に向かった際にも、集まっていた四奉行に遭遇している。ここから、四奉行は式日を設けて、定期的に寄合の場を有していたことが判明する。この日の会合には途中から石田正澄も参加しており、宗松や社人・長男衆が会合の終わりまで広間で待機していたところ、正澄が奥から出てきて、協議の結果を宗松に伝えた。まず、Bの件については、堺の福勝院屋敷を慈恩寺側に渡すよう命じた四奉行の折紙が正澄と如清の両代官に手渡されたので、明日にでも宗松のもとへ送るとのことであった。これにより、Bに関しては決着がつき、宗松側の勝訴が確定した。ついでCの件については、四奉行は大方納得したが、「来十六日公事之式日成ホトニ」、その日に社家の使者を召喚してその主張も聴取することになった。この命令を記した四奉行の折紙も正澄に渡されており、訴訟の裁定は「五奉行」が行う一方、その結果はあくまでも堺政所を介して通達されたのである。Aについては、参会終了後の玄以に様子を尋ねたところ、Cの件と同じく十六日に審理が行われることがわかり、証拠文書（譲状）の写しを提出するように命じられている。

六月十六日の参会は長束正家の邸宅で行われた。午刻に社家の使いである渡辺隠岐大夫・助十郎・伝兵衛の三名が四奉行の御前に呼び出されて問答を受け、ついで宗松も同様に召喚され、問答を受けた。この間、石田正澄も席上に加わることで話は進み、四奉行も事情を把握した様子だったという。申刻には参会が終わったが、この日のうちには結論は出されなかったようである。ただし、玄以や増田の使者から説明を受けた宗松は、訴訟が有利に運んでいることを知ってか、「不堪欣然」と日記に書きこんでいる。宗松が自らの勝訴を信じていたであろうことは、翌日に正澄から再三の和談を勧められたものの承諾しなかったことからも窺うことができる。

Bの件が落着したことにより、宗松は堺へ行き、福勝院の遺品を整理し、福勝院と昵懇であった者達とくじ引きで分配をしている。[41] しかし、Cについては訴訟が長引き、政権側からは何度か和談が勧められた。[42] 次に相論が新たな動きを見せ始めるのは、九月に入ってからのことであった。九月三日、京都にいた宗松のもとに、社家が社領の「内見」をすることになり、その中には旧福勝院領も含まれているとの一報が入る。驚いた宗松は城番として大坂に滞在中の玄以のもとへ向かい、七日になって移動途中の玄以に行き合わせてこの一件（Dとする）について相談すると、旧福勝院領については内検を凍結するよう計らうとの返事をもらった。この件は、社役の負担の有無なども関わって問題が錯綜し、いったんは宗松側が替地の申請を行ったものの、認められなかった。結局、十一月二十二日になって、「押折紙」の発給が伝えられ、二十四日には三奉行（浅野は失脚）の連署状が出されることになる。

この後、いまだに解決を見ていなかったCの件に関しては、社家側が平塚為広を頼り、石田正澄や大谷吉継らが訴訟を担当することになるのだが、結局は折り合いがつかないまま、慶長五年六月の家康出陣まで断続的に関連記事が見受けられる。最終的には、翌年九月に伏見城において家康御前での裁定が下り、宗松の勝訴が確定した。

三　「式日の参会」の内実と意義

（1）「五奉行」合議の実相

本節では、前節で詳述した住吉社・慈恩寺相論から読み取れる当該期の豊臣政権の様相について三つの点から考察していく。まずは、「五奉行」の合議を取り上げよう。当相論の経過と宗松の記述から、この時期の「五奉行」が「式日の参会」と呼びうる寄合の場を有していたことが判明する。確認できる事例を挙げたのが表4-2である。

慶長四年六月には一日・六日・十一日・十六日に参会が行われているが、二十一日の予定や九月の例を参照すると、本来は二十六日にも開かれるはずであった可能性が高い（実際には玄以・長束が在坂中のため、開催は不可能であった）。これらから、少なくとも同年六月～九月の間は一・六の日に月六度の「式日の参会」が設定されていたと推測される。なお、十月以降に三奉行の拠点が大坂に定まってからも断続的に事例は確認でき、式日が変化していた可能性はあるものの、参会自体は行われていたと見られる。そして、参会で協議された内容は、算用（決算）と公事（訴訟）であったことがわかる。

また、参会の事実は「五奉行」の文書発給の面からも裏付けられる。公事については、本相論でもそうであったように、参会の数日後に折紙が発給される場合があったため、即日の発給の事例は少ないものと思われる。しかし、算用については即日発給が行われた可能性が高い。

其方御代官所、此方ゟ近年者以金銀米被召置候へ共、自今以後者公用にて、百姓於被取納、可有運上之旨候条、可被得其意候、恐々謹言、

長大

六月朔日　正家（花押）

表 4–2　式日の参会一覧

年	月日	参会	場所	内容	玄以	浅野	増田	長束	その他の参加者	備考	典拠
慶長 4	6・1	有	伏見	算用	○	○	?	◎			『鹿苑』「田中文書」
	6・6	有	伏見	（算用）	◎	△	△	△		「奉行参会」	『鹿苑』『浅野家文書』
	6・11	有	伏見	（公事）	○	○	◎	△	石田正澄	「四人之御奉行衆」	『鹿苑』
	6・16	有	伏見	（公事）	○	○	○	◎	石田正澄		『鹿苑』
	6・21	無								二十一日の参会不開催	『鹿苑』
	7・26	有	伏見		△	△	△	△		「奉行衆雖悉参会」	『鹿苑』
	9・26	有	大坂		○		○	○		理徳院殺害の件，臨時か	『義演』
	10・11	濃厚	大坂		○		◎	?			『鹿苑』
	10・14	不明	大坂		?		?	?	正澄邸で奉行衆御寄		『鹿苑』
	10・16	濃厚	大坂		○	失脚	○	○	秀家邸前で三奉行と会う		『鹿苑』
	10・21	有	大坂	（公事）	○		◎	○			『鹿苑』
	12・17	不明	大坂		?		○	◎		「長大病床」（『鹿苑』同月十八日条）	『鹿苑』
慶長 5	2・15	不明	大坂		○		△	△	石川光吉邸，生駒近規・石田正澄も参加		『鹿苑』
	5・12	有	大坂		△		△	◎	大谷吉継	「備前中納（言脱）之儀ニ付」	『鹿苑』

備考）◎は参会が催された屋敷主，△は参加の可能性が高いもの，？は不明

浅弾

長政（花押）

徳善

玄以（花押）

増右殿（増田長盛）

御宿所

この文書は、金銀米によって収められていた蔵入地からの納入物を銭に変更して運上するように命令したものである[43]。増田は宛所となっているために差出人からは外れているが、あたかもこの日には、長束邸で算用が行われていたことが確認できる。

参会の構成員に関しては、六月二十一日に予定されていた「御奉行之参会」が、玄以と長束の大坂下向のために中止されており、城番などの理由で奉行のうち半数近くが不在の場合は参会が行われないという原則があったようである[44]。また、六月六日には、残された四奉行連署状から、算用について協議がなされたと推測されるが[45]、この参会には玄以下代筆頭の松田政

行も同席していたようで、宗松は松田にも面会できていない。本相論では管轄上、石田正澄も参会の途中から同席していることが確認できる。公事の参会では多くの訴訟が審理・裁定されたと思われるが、案件ごとに関連する代官・下代らが参加する形で進められていたのであろう。

参会の開催場所については、会所などはなかったようで、「五奉行」の屋敷が交替で用いられた。彼らは伏見城内に邸宅を有しており、六月一日に長束邸での参会を終えた玄以が「御城ヨリ帰宅」とあるため、おそらくはそこが参会の舞台であっただろう。(46) 公事の式日には、集まった訴論人は広間で待機しており、順次奥に召喚され問答を経たうえで、最後には奉行のみで審理が行われたようである。参会は朝方から始められ、おおよそ申刻あたりまで行われていたため、広間で待っている人々には、昼食や夕食が振る舞われた。(47) なお、大坂城では玄以が「極楽橋之矢倉」で公事を聞くこともあったようで、大坂移転後は城内に訴訟を受け付ける場所が設定された可能性もある。(48)

さて、「五奉行」が「式日の参会」を行っていた事実をどのように評価すべきであろうか。かつて山本博文氏は「豊臣政権の政治機構は、中枢が機構として成立しておらず」、「すべてが秀吉に直結する体制であった」ために「大名政策について年寄の合議などは実体を持ち得なかったと思われる」と述べていた。(49) ここで、氏の想定しているのは主に秀吉生前の大名政策に関与する奉行（年寄）の姿であり、それ以外の政策や死後の状況については触れられていない。そして、氏の論考以後、「取次」としての奉行像が全面に押し出されたために、訴訟や算用を取りさばく役割はややもすれば過小評価されがちであった。しかし、跡部氏による提起がなされて以降、豊臣政権の政治機構が未成立・未熟であったかどうかについては、自明のことではなくなっている。(50)

実際に、秀吉死後の「五奉行」は、定期的な寄合を持って政務にあたる協議機関として活動をしていた。振り返れば、戦国期の室町幕府による御前沙汰では、訴状は御前奉行のもとに提出され、内談衆・奉行衆による「披露事」という式日の会議によって案件が評議されていた。(51) 末期に至っても、織田信長が足利義昭に示した「殿中御掟」において「公事可被聞召式日、可為如前々事」と公事の式日運営を求めていたように、定期的な政務処理機関が必要とされていたのである。[52]また、江戸時代に入ると、寛永九年（一六三二）には年寄衆らの屋敷で寄合が行われており、その後に各奉行に分化した際には寄合や公事聞の式日が定められていた。[53]

それらを踏まえるならば、「式日の参会」の意義も自ずと明らかになる。秀吉死後、「五奉行」が処理すべき政務の内容は膨大にあったと想定される。そのうち、財政の管理と訴訟の裁定は特に重要な政務であったため、彼らは定期的に寄合の場を設けて、それらに対処した。このような政務処理機関は、室町幕府や江戸幕府の諸機関とは必ずしも直線的に結びつけられるものではないが、中央政権を運営し、維持する装置としては共通する性質を持つ。そして、最上位の権力が存在しないか、機能しない状況において、その役割と任務はより重要なものとなったことであろう。当該期の豊臣政権がかかる機関を有していた意義は、その点において非常に大きなものであったといえる。

（2）誓紙の規定性

ついで、秀吉の死の前後に作成された誓紙の規定性について考察を加える。先に本章第一節で見たように、「誓紙群」において「五奉行」は参会を原則とする組織とされていた。彼らの参会は既に秀吉の生前から確認でき、それが定期的だったかは不明であるが、[54]少なくとも秀吉死後において、誓紙の条目に沿う形で「五奉行」が実際に政務処理を行っていたことは重要であろう。[55]第一節で確認した「五大老」の合議とは、必ずしも寄合を意味しなかった。それに対して「五奉行」は参会をしながら公事・算用という重要な政務を決定していた。それは、「誓紙群」で示された枠組みの中で、政権が運営されていた結果である。先行研究では「合議」の名のもとに様々な内容のものを含み込んで論じていたのだが、よくよく時期を区切って見極めてみると、彼らの政権運営には質的な差異を認めることができるのである。

また本相論では、家康が意識的に訴訟を受け付けないという態度を示していることを明らかにした。そして、この態度もまた「誓紙群」(〔6〕)において、家康の関与は訴訟が「五奉行」では解決できない次元にある場合(例えば朝鮮撤兵に伴う大名間相論)に限られており、通常の訴訟窓口としては「五奉行」が設定されていたことに規定されている。この時期の家康もまた、原則としては誓紙の枠内で行動していたと見なすことができる。

ただし、訴訟の過程で家康が頼られている事実から見ると、家康の口利きによって訴訟を有利に進めうる、と公家たちが評価していたことは確かである。これらの事例以外にも訴えが家康のもとへ運ばれることは多く見られたであろう。よって、家康に向けられたこのような周囲の期待には留意する必要がある。

(3)「五奉行」による訴訟処理過程

最後に確認しておきたいのが、当相論から具体的に復元することのできる、当該期の「五奉行」による訴訟の手続きである。訴訟を中央に持ち込む場合、その窓口は伏見か大坂の「五奉行」の邸宅であった。「五奉行」として一括で窓口が設定されているのではなく、訴状は各々の奉行のもとへ提出された。ただし、当相論における訴状は玄以と増田に出されており、提出先は奉行全員ではなく、そのうちから選択されていたものと思われる。訴状の提出にあたっては進物の献上も行われたが、必ずしもあらかじめ奉行と対面する必要はなく、対応に出た家臣や下代に進物・目安を託すこともしばしばあった[56]。訴訟の進行にあたっても、どの証拠文書の写しを提出すべきかなどを奉行の家臣・下代と相談している[57]。なお、目安を受理する日取りは定められていなかった。

第1項で述べたような審理の過程を経て裁定が下り、「五奉行」の折紙が発給される。当相論のBやCの事例のように、理非を伝える場合や一方を召喚する場合、文書の作成は「五奉行」側で行われ、いったんは管轄の奉行や代官(この場合は堺政所)に渡される[58]。その後、奉行・代官から対象に添状や使者が遣わされたと想定される。一方で、Dの事例のように、現在進行中の行為(この場合は内検)の停止を命令する場合、文書の作成は受益者側が下書きを提出し、それに基づいて奉行の右筆ら(この場合は磯部宗色)が清書を作成する。そのうえで奉行の添削を受けて折紙が発給されるに至ったようである。(59) 停止命令を施行する際には、奉行から人員（この場合は松田政行の家臣）が添えられ、受益者とともに証拠文書を持って現地に下り、惣中へ触れ回した。この結果、訴訟で年貢を差し押さえられていたと思われる旧福勝院領の未進分は宗松のもとに納入されたのである。(60)

四　家康の置目改め

（1）家康大坂入城の意義

秀吉死後における政権内での家康の位置づけに関しては、研究史上で様々な言及がなされてきた。それらの中で重視されてきた事件は、慶長四年閏三月の前田利家死去とそれに続く家康による伏見西の丸入城である。なぜならば、伏見入城について『多聞院日記』に記された「天下殿ニ被成候」という文言があまりにも有名なためである。(61)この事件以降、家康が独自に政権を運営していくとする研究は枚挙にいとまがない。(62) 一方で、同年九月の家康の大坂入城をもって「豊臣政権内での権力は徳川氏に集中し、徳川氏は完全に統治権の代行者となった」とする水野伍貴氏の見解にも耳を傾けたい。(63)

しかし、これら諸研究においては、伏見入城と大坂入城のいずれかを二者択一的に画期として評価する傾向が強く、家康がいかなる点において政権運営を行いえたのかを、段階的に把握する試みはなされてこなかった。例えば、山本博文氏はパタニへの復書や日向庄内の乱への介入、藤井讓治氏は参内時における三献の儀を事例として挙げる。(64) しかし、それらは主に慶長四年七月以降に集中していることから直接的な因果関係が不明瞭であり、かつ、外交や朝廷など対外的な面での地位の浮上と評価できる。そもそも、伏見入城説の根拠とされている『多聞院日記』の記載自体も、多聞院を訪れた禰宜の噂話であって、当時の世評を反映したものにすぎない。(65) 既に行論中で明らかにした通り、慶長四年六月段階でも、家康は「遺言」「誓紙群」の枠内で政権運営に携わっていた。また家康の自制的態度をよそに社会から期待を寄せられる場合があったことも指摘した。よって、伏見入城の際の世間の反応や朝廷からの認識も、同様に捉えられるのではなかろうか。

　では、家康が内政面でも影響力を強めたのはどの段階であっただろうか。もう一方の画期とされる大坂入城について子細に探ってみよう。慶長四年八月頃に景勝・利長が相次いで下国した後、(66)九月七日に、家康は重陽の節句に合わせて秀頼に謁見するために伏見から大坂に下り、玄以らに迎えられながらいったん城外の石田三成邸に入った(67)。そして、十一日から十三日にかけて、大坂で「雑説」があったことがしきりに噂され、中には伏見から大坂に下る軍勢を目にした者もいた(68)。この間の事情を、『看羊録』では「家康は、己亥（一五九九、慶長四）年九月九日、秀頼に挨拶するとかこつけて、虚に応じて大坂城に入〔って〕拠〔りどころと〕し、肥前〔前田利長〕の家来を呼んで、その門楼を毀たせようとした。（中略）家康は、遂に関東の諸将に〔命〕令して、肥前が倭京に上ってくる路を塞ぎ、また、石田治部少輔〔三成〕に〔命〕令して、近江州の要害を防備させた」と記している(69)。また、毛利家家臣の内藤隆春も家康がにわかに石田邸に赴いた後、二の丸に「被押入」、武装した家臣に即時参集を命令したと記すように、軍事的な占拠と認識していた(70)。実際、家康は一時的に城内の石田正澄邸に移り、北政所の退去した西の丸に入城している(71)。

　なお、同月十三日に当時者の一人である輝元が認めた書状によると、家康は秀忠正妻の江戸送りを認めること、三宮政仁（のちの後水尾天皇）への譲位を認めること、秀家を伏見へと移住させることの三ヶ条の要求を掲げていたという。一方、敵対勢力と見なされた利長は、家康に対して「疎心」がないことを陳情している(72)。「五大老」の連署状から名前が消滅して名分を失っていた利長は、完全に公儀から疎外されてしまったのである。

　さて、周囲の大名はこの事件をどのように見ていたのだろうか。島津義弘は、「今度於大坂　内府《（家康）》様天下之御仕置被仰定候」として、家康が北方の利長・西方の加藤清正の上洛を警戒して、越前に大谷吉治・石田三成内衆、淡路に菅達長・有馬則頼の軍勢を配備したと伝えている。(73) また、輝元・安国寺恵瓊からの書状を受け取った島津義久も「内府様到大坂、御置目等被仰出候哉」と記し、大谷吉継も島津家久に「爰元御仕置被仰付」と知らせている。(74) 輝元らから島津家に対して、家康が天下の仕置を定めたとの情報が伝えられたのである。同様の知らせは長岡（細川）忠興の家老である松井康之にも入っていた。十月十七日付の金森長近からの書状では「仍去月七日ニ　内府様大坂へ御下被成、当表御置目法度　秀頼様御為可然様ニ被仰付候」とあり、秀頼のために家康が置目・法度を定めたと記されている。(75) 一方で、三奉行からは、佐竹義宣や伊達政宗に対して次のような知らせがもたらされている。(76)

今度　秀頼様御番・御置目等被相改被仰付候、就其惣様之儀、今迄ハ諸事猥之儀も雖有之、此以前之事者被打捨候、然者向後之儀、若被相含悪心、御法度・御置目於被相背者、其罪科厳重ニ有御糺明、雖為傍輩可有御成敗、又御法度・御置目をも被相守、於被抽忠切者、身上被引立、可有御恩賞之条、其段為御届可申入旨候間、如此候、恐々謹言、

長束大蔵
十月一日　正家（花押）
増田右衛門尉
長盛（花押）
徳善院
玄以（花押）
（佐竹義宣）
常陸侍従殿
人々御中

ここでは「秀頼様御番・御置目等」が改められた旨が報じられており、この「御法度・御置目」を守るよう命令が下されている。表面上は秀頼の意思を奉じているようにも見えるが、実際にこれらを主導したのが家康であるこ

とは先の西国諸大名への連絡からも明らかであり、大坂西の丸に入城した家康のもと、置目改めが実行されたのであった。

また、このことは諸大名が家康側に提出した起請文の文言からも裏付けられる。「十人連判誓紙」の規定により、十名と諸大名との誓紙の交換は禁止されていたが、それは家康の伏見入城後にうやむやとなり、家康は秀家や輝元とだけでなく、島津親子や伊達政宗とも秘密裡に起請文をやりとりしていた。[77] それでも、それらの中では秀頼に対して疎意がないことを示すのが常であったが、大坂入城後に交換された誓紙前書には、「秀頼様御為被思食　内府様ニ御座候」や「秀頼様御取立之上、奉対　内府様・中納言様（秀忠）、毛頭別心疎略奉存間敷事」などのように、秀頼のために置目を改めた家康の立場を反映した文言が出現するのである。[78] よって、伏見入城後にも裏では誓紙の交換を行ってはいたが、大坂入城後には秀頼の後見人として表だって誓紙を取り交わすことができるようになったと評価できる。以上により、家康は慶長四年七月頃に対外面、九月末以降に政権内における立場を、段階的に浮上させたと捉えるべきであろう。

（2）家康による訴訟処理と知行宛行い

それでは、このように政権運営を掌握した家康が、実際にはどのような仕置を行っていたのかを見ていこう。まず、公家や寺社の訴訟については、以前の家康は表面上の関与を行わなかった。しかし、かつて家康の助力を得られなかった鶴峯宗松は、十月二十九日に玄以の仲介のもと家康へ一礼に赴き、奏者の西尾吉次と接触している。十一月には西洞院時慶も平野社の奉加や息子の知行分について家康への取り成しを山岡道阿弥に頼み、梵舜も亀屋栄仁と接触して、「当所出分之事」について家康へ訴訟を企ている。[79] このように、大坂入城を境にして家康のもとには訴訟が殺到した。

もちろん、「五奉行」への訴訟ルートも依然として存在した。北野社の松梅院と目代との相論の訴状は松田政行に宛てて出されている。[80] これは、以前からの寺社訴訟の窓口としての玄以の機能が期待されたためであった。しかし、実際の審理や裁定が「五奉行」側のみで完結しえたかは疑問とせざるをえない。というのも、同じく北野社の松梅院と社家が知行に関して相論を起した際、「内府様御前ニて去五日ニ徳善院《（玄以）》、内府様へ被申候て、松梅院理運ニ成申候」とあるように、家康の御前で裁定が下されているからである。[81] よって、玄以は家康と連携して訴訟を処理していたと見られ、「遺言」「誓紙群」の枠内に拘束されていたそれ以前とはかなり異なった状況が見出されるのである。

そして、その端的な例が大坂対論であったといえる。大坂対論は、京都東山大仏千僧会への出仕をめぐる受不施派と不受不施派との相論において生じたものである。相論の当初、日蓮宗受不施派は「五奉行」にその訴状を提出していたが、最終的には家康が事案を引き受けることとなった。[82] 慶長四年十一月二十日に大坂城内で行われた問答(対論)の際には、家康のほかに三奉行や諸大名衆、および閑室元佶・安国寺恵瓊らが列席していた。その中で家康が裁定を下し、敗れた日奥と日禛の処遇についての話し合いも、家康のもとで行われた。さらに、勝訴した十六本山側(受不施派)は家康を筆頭に、山岡道阿弥・小出秀政らに礼物を贈っているのだが、増田・長束・石田正澄らに贈られた礼物はそれよりも低い額のものであった。[83] 奉行らの影響力は相対的に低下し、勢力を増大させた家康が、大仏千僧会に端を発する、豊臣政権にとって重大な案件の裁決を主導したと評価できるのである。

同時に、寺社領の寄進や安堵についての依頼も家康のもとへ集中することになる。例えば慶長四年十月二十日には、山科言経が橋本孫介に梅宮社領のことについて家康への取り成しを依頼されており、翌年五月には延暦寺の大衆らが山領寄附を家康に訴え出ている。[84] また、先にも述べた通り、義演は同じ五月に寺領の宛行状受給を実現している。以前は玄以のもとに持ち込まれていた石清水八幡宮の社務職相論では、慶長四年十月段階になって側室の相応院の仲介で家康への働きかけが行われ、翌年五月には廻職の順序が確定された。[85] それと同時に、慶長四年七月に四奉行に出訴されていた八幡社領の検地免除・還付の要請も家康によって受諾され、翌年三・四月に三奉行に対して知行指出帳が提出された後、家康単独署名による大量の領知朱印状発給にまで至っている。[86]秀吉の路線を一定程度継承しながらも、秀頼補佐の名分のもとに新たな政策決定を行っていた点は注意しておきたい。

そして、それは大名領に関しても同様であったと考えられる。大坂入城以降に家康の単独署名で発給された知行宛行状としては、森忠政・田丸直昌（二月一日付）・三輪半左衛門（二月七日付）・石清水関係者（五月二十五日付）宛てのものなどが知られている。[87]これらの評価については堀越祐一氏の論考があるが、氏は単独署名の理由を他の大老の不在に求める。すなわち、慶長五年二月には秀家・輝元が下国中であり、その両名が上坂すると単独宛行いができなくなったために三名による連署状が復活し、五月に再び両名が下国すると、家康が単独で宛行いをしたとする。[88]しかし、その理解には賛同しがたい。

まず、輝元の居所を確認すると、この年の正月二十日には在京しており、二月十四日には大坂に下ってきた西洞院時慶と面会している。[89]のちに下国する際には各所に暇乞いを行った輝元[90]が、このわずかな間に挨拶もせずに下国して、再び上京したとは考えにくい。また、石清水関係者に一斉宛行いが実施された日付である五月二十五日には、当の輝元は本願寺准如のもとを訪れている。[91]おそらく暇乞いのためと考えられるが、輝元はいまだ在京していたのである。何より、堀越氏が復活したとする三大老連署状は、第二節で見たように、この年の五月五日に長束から輝元へ一括して加判を要求されたものの中に含まれる。五月の段階になって何らかの必要のもとで、長束を通して輝元・秀家に加判を求めたと考えられるが、その発給も家康が主導していた可能性がある。なお、それらの中には慶長四年の十二月一日の日付を持ったものも含まれており、十二月以降半年近くにわたって、三大老連署状は発給されていなかった。よって、この時期の家康は秀家と輝元の居所に左右されず、単独発給を行いえたと評価できよう。

また、家康は政権運営にあたって、「五奉行」と連携を取っていた。例えば、豊前・豊後・筑前にまたがる彦山では、座主への入嗣を発端として小倉城主の毛利吉成側との諍いが激化していた。慶長四年十二月二十一日に家康の御前で裁定が下されたが、訴訟窓口・連絡役となったのは増田長盛の家臣であり、最終的に翌年三月に彦山へ条々（壁書）を発給したのは三奉行であった[92]。

家康が鷹商の田中清六に北国諸浦での諸役を免除した際にも、三奉行がその権利の確認をしている[93]。先の家康が改めた秀頼の御番や大坂城中の掟の発布は、三奉行の名において行われた[94]。所領替えに伴って生じた蔵入地の米の受け渡しに関する家康の命令を田丸直昌に伝達したのは三奉行であったし、家康単独の判断による長岡忠興への福原長尭跡職宛行いに関する知行目録を発給したのも彼らであった[95]。利長の母である芳春院を江戸に人質に送る際、路次の便宜を図ったのも同様である[96]。

表4-2に示したように、家康の大坂入城後も「五奉行」は参会を行っていた。しかし、それが定期的なものであったかは不明であり、その性格ももはや以前とは異なって、家康の公儀運営と密接に関わったものにならざるをえなかったと推測しうる。このような連携の事実があったからこそ、三成挙兵後にあっても、玄以・増田・長束ら上方の三奉行が大坂城を守備して、家康に与同することが期待されたのである[97]。

おわりに

本章では、誓紙の規定性と「合議」の内実に着目することで、政権構想に基づく政務処理機関の実働を明らかにし、秀吉死後の政権運営の様相を復元した。そして、それらが変質していく関ヶ原前夜の政治動向についても、家康の立場と対応を複眼的に分析することによって新たな理解を提示した。これらの検討を経た今、政権崩壊の要因をその構造的不備のみに帰結させてきた既往の理解は塗り替えられる必要がある。

秀吉死後の構想において「五大老」は、家康・利家の両人に関して「五奉行」の政務の諮問を受けることが期待されるのみで、五人総体での機能は明示されていなかった。ただし、実際には「五奉行」とともに朝鮮撤兵の指令を出し、それに関わる大名間相論を処理していた。また、知行宛行いなどの連署状に加判することで一定の役割を担っていた。一方で「五奉行」は、既に構想の段階から参会を前提にして算用や訴訟などの政務を処理する機関として期待されていた。そして現に彼らの屋敷で「式日の参会」という寄合を設けながら、それらにあたっていた。

このように、構成員の減少を見ながらも「遺言」「誓紙群」に規定された政権運営が表面上は行われていたのだが、慶長四年九月の家康の大坂入城以降、その枠組みは融解していく。置目改めを実行した家康は、様々な訴訟にも積極的に関与するようになり、知行宛行いも単独で実施するようになる。「五奉行」の残った成員も家康の公儀運営と連携した動きを見せるようになった。当初の想定とは異なる形で、政権は稼働していたのである。

だからこそ、家康が会津征討に向かった後に大坂入城を果たした輝元には、仕置を再度改めることが求められた。三奉行が輝元に宛てた書状には、「大坂御仕置之儀付而、可得御意儀候」と記してあり、輝元はそれに応じて大坂に入城する形を取っていた。[98] 玄以は輝元の大坂仕置を内裏に報告し、大谷吉継も松井康之に「此許之御仕置相改候て、御肝つふし察申候」と綴ったように、奉行らは輝元の大坂入城と仕置改めを支持したのであった。[99] 伏見落城の頃には、吉川広家の家臣は輝元が「天下之儀ことく〳〵く御さいはんなされ候、諸人取持之事無申計候」と報じ、広家からの書状を受けた黒田如水が「天下之儀、てるもと様御異見被成候様にと奉行衆被申、大坂城御うつりなされ候」と返答、彦山も「今度天下御裁判耀元様被仰出候之哉」と使僧を派遣したように、こうした認識は西国を中心に広がりを見せつつあった。[100]

第二部　豊臣政権の国家編成

第五章　豊臣政権の京都再編

はじめに

豊臣期の京都は、様々な身分集団が交錯する〈首都〉であった。その京都と政権との関わりを考える際、都市史の成果を避けて通ることはできない。西田直二郎氏の先駆的研究をはじめとし、天正十九年（一五九一）の「京都改造」を高く評価した小野晃嗣氏の研究や、町組の形成過程を解明した秋山國三氏の研究[1]などは、今でもなお参照されるべき重要な論考といえる。そうした蓄積は『京都の歴史』にも受け継がれ、都市共同体と政権との関係を「政道」に着目して考察した仁木宏氏の議論や、都市性から「京都改造」の意義に迫った杉森哲也氏の研究、文献史・建築史・城郭史・考古学・歴史地理学の学際的交流の集大成である『豊臣秀吉と京都』などに結実している[2]。

一方、政権側からこの問題に論及したものとして、伊藤真昭氏と横田冬彦氏の研究を挙げることができる[3]。伊藤氏は所司代玄以の政務実態の解明を通して、政権と朝廷・寺社の関係を論じた。また、横田氏は妻子在京や兵農分離などの政策面を軸に政権と大名の関係を論じ、〈首都〉のあり方から国家・政権の構造を読み解いている。

右の研究史を繙いた時、意外にも政権論からの蓄積はさほど厚くないことが浮かび上がる。その理由の一端は、戦後歴史学において、村落との関係こそが政権の性格を左右するものとして重視されてきたことに求められようか。本章ではそうした研究状況の改善を目指すべく、政権側を中心としてこの問題に取り組みたい。その際、従来の研究からは、三つの課題を抽出することができよう。

一つ目は、主に都市史研究において、対象を京都に限定してしまっているために、その相対的位置が見えづらい点である。とりわけ「京都改造」は、都市京都の歴史的発展の中でその意義が見出されてきた。横田氏の〈首都論〉は国家統合を視野に入れることで京都の位置を捉え直そうとした議論であったが、そうした観点を深化させるために、大坂などの他都市だけでなく、京郊地域や畿内・近国との関係にも留意する必要があろう。

二つ目に、仁木氏や伊藤氏の研究では、朝廷・寺社・町共同体に対応する政権側の主体として、主に玄以に焦点があてられ、所司代以外の人々の検討が手薄になっている点である。むろん、京都において玄以が果たした役割は極めて大きいが、そのほかにも様々な〈行政〉を担った人々や集団が存在していたことは無視できない。本章では玄以とともにそれらについても言及を行うことで、所司代に収斂しない政務形態をも掬い上げていきたい。

三つ目は、横田氏が指摘した人口集中に伴う都市問題(4)の対処法についての実態が、いまだ不明瞭な点である。政権側が〈首都〉に集まる人々や労働力をどのように扱い、それらに付随して発生する環境問題や犯罪をいかに解決しようとしたのか。その具体的方策の掘り下げを試みたい。

以下、右の三つの論点を分析軸に据えながら、第一節では秀吉が京都の政治拠点化を開始し、聚楽第を構えた時点から考察を始め、第二節で京都での〈行政〉のあり方から諸身分集団との関係を究明したうえで、第三節では「御土居」の築造を切り口に「京都改造」の過程を再検討し、最後に豊臣政権にとっての京都の位置を展望する。

一　京都の政治拠点化

（1）京都周辺における所領整理

天正十年六月、山崎の戦いで明智光秀を破った羽柴秀吉は、京都とその周辺の統治を開始する。七月から十一月にかけて公家寺社領の指出（地子銭を含む）を実施し、京廻は石川光政・伊藤秀盛、上山城は浅野長吉が担当した。この指出では、散在所領の所務困難という名目を掲げ、一円所領への集約を目指したが、寺社側の反発によって徹底することはできなかった(5)。八月には仕置の不備を理由に京都奉行を桑原貞也から杉原家次・浅野に変更し、京廻は杉原、上山城は浅野に地域支配や代官所を管轄させた。

翌年には賤ヶ岳の戦いに勝利し、帰京後の八月に畿内の国替を行う。それに伴い、杉原と浅野は近江に転出し、洛中の支配は京都奉行（所司代）の玄以に収束された。また、周辺の代官所と地域支配は西岡が小野木重次、上山城が一柳末安（直末）の所管となった(6)。

その後、畿内・近国の掌握に伴って、本格的な所領整理が行われるようになる。天正十二年八月、玄以は「京中寺社知行分」の指出を徴する旨を触れ流し、十月には上山城地域で片桐貞隆らによって指出が行われている(7)。翌年五月になると、玄以の主導により、公家寺社領の公事銭・地子銭を含めた当知行・不知行目録の指出が命じられ、それを基にして九月から京廻の本所領への丈量検地が行われた。竿入を担当したのは玄以をはじめ、松浦重政・大野光元・一柳直次・山口宗長といった直臣層であり、このうちの松浦が淀城にあって伏見の代官となり、大野が久我荘近辺の治水に関与したように、彼らは検地に前後して京廻の蔵入地支配を担うこととなる(8)。

右の検地は対象地域こそ京都近郊の平野部に限定されていたものの、本所領に初めて竿入が行われ、在所には「新升」（京升）が頒布されるなど、国家的な検地政策の端緒に位置づけられるものであった(9)。そして、散在所領や不知行分の整理の後、十一月には検地帳が秀吉に披露されたうえで各領主に渡され、領知朱印状が発給された。当知行と洛中の地子銭は安堵されたが、公事銭は全て収公されて替地が与えられ、石高に一本化されることとなったのである。[10] なお、この検地も同年閏八月の豊臣領国全体の国替に連動するものであり、京都やその近郊の統治は政権の畿内掌握過程と密接に関わっていたといえる。

（2）政庁としての聚楽第

所領整理が一段落した天正十四年二月、秀吉は聚楽第（聚楽城）普請に着手する。それまでの在京宿館は二条屋敷（妙顕寺城）であったが、前年七月の関白任官と後陽成天皇の行幸計画もあって、相応の拠点城郭が必要となったためである。なお、縄打ちには長岡幽斎らが招集されており、選地には内野（旧大内裏）としての記憶が強く意識された。[11] この前後、大坂城では第二期普請が開始され、近江では坂本廃城と大津築城が進められ、京都と大坂を中心とした〈首都圏〉構想の下での着工であったといえる。当時の秀吉の畿内での行動範囲を辿ると、京都・大坂以外では丹波亀山・坂本（のち大津）・淀・有馬に定期的に足を運んでおり、[12] 亀山城には小吉秀勝、坂本城には浅野長吉というように近親者を重要拠点に配置していた。そして、九州攻めより帰陣した秀吉は天正十五年九月に大坂城から聚楽第へと移徙を行い、翌年四月には行幸が実現した。

聚楽第の研究は、文献史に留まらず、発掘調査や地理・建築・絵画など様々な分野からの考察がなされている。[13] 以下ではそれらの成果を取り入れながら、聚楽第の政庁としての施設と役割に着目して、従来は言及されてこなかった事柄に光をあてていきたい。

（ⅰ）聚楽第の施設

天皇を迎えるために作られた行幸御殿に関しては従来、『聚楽行幸記』や行幸を描いた絵画資料、便殿の遺構とされる福山城からの考察が中心であり、その実態は不明な部分もなお多い。しかし、次に掲げる史料から、わずかながらその具体像に迫ることができる(14)。

聚楽行幸御殿御廊下うら板柾注文

一、参百九拾六枚　廿二坪ノ分、壱坪ニ付十八枚宛

同上の御末軒廻うら板柾ノ分

一、三百六拾枚　廿つほの分、但壱坪ニ付十八枚宛

同天井の分

一、貳百八拾八枚　十六つほの分、但壱坪ニ付十八枚宛

同やり戸の分

一、貳百十六枚　戸数廿四枚ノ分、やり戸一枚ニ付九枚宛

同御するゑと御殿間御廊下うら板

一、百八十枚　六つほの分、但壱坪ニ付十八枚宛

同むかひ平重門ノ分

一、貳百拾枚　十二坪、壱つほニ付十八枚宛

合千五百八拾四枚

天正十五年卯月十八日　民部卿法印（玄以）（花押）

□□□□□（松浦弥左衛門尉カ）（花押）

（後欠）

この史料は、行幸御殿の作事に必要な板を書き上げたものである。ここからは、御殿が御座所と御末御殿に分かれており、それを繋ぐ六坪の廊下を有していたこと、屏重門を伴っていたことなどがわかる。また、行幸御殿へ向

かう廊下は二十二坪とあるため、幅を二間とすると十一間の長さを持ち、御末御殿の軒廻りは二十坪であるため、幅を一間とすると四間四方であったと考えられる。そして、遣戸が二十四枚あり、四方に六枚ずつの配置であったことが推測される。

さらにこの史料からは、行幸御殿の作事が天正十五年四月前後に行われていたこともわかる。聚楽第の主要な殿舎が完成した後、行幸に向けて新たに着工されたのであろう。そして、作事担当者は玄以と松浦重政ら（写真が途切れているためにそれ以外も続いているのかは不明）であったことも判明する。他の史料からは、行幸御殿の御台所の鉄灯台を多賀秀種が進上したことも知られる。[15]

つづいて、郭内の屋敷に目を移そう。「探幽縮図」（東京芸術大学所蔵）の聚楽第行幸図の模写には、本丸東部（もしくは南二の丸）に大政所・北政所の屋敷とともに、「民部卿法印《（玄以）》屋形」と「山口玄蕃《（宗長）》屋形」という記載が見られる。

玄以については、天正十一年九月に秀吉の上洛時の宿所である二条屋敷が作られると、普段は玄以がそこに住し、翌年四月には玄以の下代筆頭の松田政行も移住した。その後、聚楽第が建設されると、天正十五年二月以前には玄以の屋敷が確認でき、十月に移徙している。ただし、転居後しばらくは二条屋敷の存在も確認でき、松田らが詰めていたと見られる。最終的に同年十一月には堀が埋められて軍事的機能を失った。[16]なお、江戸時代に入るとその跡地は牢屋として機能していたといい、豊臣期にも同様に活用されていた可能性が高く、左獄を移した小川牢がそれにあたろう。

玄以の屋敷には多くの朝廷・寺社関係者らが頻繁に出入りしており、進物の贈答だけでなく、算用や訴訟などの政務も行われていた。また、天正十四年の段階では、正月の「十五日ヨリ内にて候間、公事ハなく候」と、上元以前には訴訟を取り扱わない決まりとなっていた。[17]

一方、山口宗長の屋敷についてはどうだろうか。[18]天正十五年九月、聚楽第に移徙した秀吉へ公家衆が礼参した際、急な招集であったため、西洞院時慶は「山口所ノ蔵ノ口」で着衣を整えた。また、西笑承兌は同十七年の年頭御礼に聚楽第の玄以屋敷を訪れたのち、「山口甚兵衛宅」に赴いて進物を贈り、翌年十二月の歳暮御礼では、勧修寺晴豊が「けんは所」、すなわち玄蕃と改名した山口の屋敷でも贈答を行っている。天正十八年正月には院と天皇に対して、玄以とともに山口が年頭御礼の品を贈っていることからも、この時期の彼は公武関係において、玄以に準じる立場を有していたと推測できる。

山口の活動は、天正十三年には京廻検地の奉行として見え、検地施行後にも松尾社や二尊院・上賀茂社（西賀茂村）などへの担当窓口となっていた。また、大仏殿（方広寺）の指図の管理や、玄以とともに刀狩の集約もしている。[19]さらには政権の山林支配にも深く関与し、天正十五年十一・十二月には丹波国の山検地を石川光重と行い、以後二人は丹波の山奉行となった。この山検地は同時に山城国においても行われており、そこでも玄以・河原実勝とともに山口の名が見える。そして、彼らと筏乗りや用木の差配、山役銭の徴収・免除を行うだけでなく、天正十七年六月には、丹波国の志津子郷（質志村）と三之宮村の山論を石川光重と裁定している。[20]翌天正十八年十一月、秀吉と対面した朝鮮通信使の金誠一は、玄以と山口が「左右用事者」であるため、礼物を送っている。[21]

聚楽第や朝廷関係としては、北野社境内に大名屋敷地を作る際の奉行の一人としてその名が見え、聚楽第行幸の際には地下官人へ下賜された折紙・太刀の受け渡しを担当、天正十七年正月から始まった天正度内裏の修築では「禁中作事方材木」を玄以とともに総括し、自身は「対屋奉行」として棟札を納めている（内侍所の奉行は宮木豊盛）。しかし、同十八年九月には羽柴秀俊（のちの小早川秀秋）の与力とする構想が見られ、同二十年十月までには秀俊の目付役となっているように、次第に中央政界から離されてしまった。[22]

最後に、門と櫓について見ておこう。三井記念美術館所蔵の「聚楽第図屏風」には、聚楽第の東側の鉄門が開放されていて、人々が行き交う様子や、門から少し内に入ったところで警固をする門番たちの姿が描かれている。文献史料によれば、門の番頭は大名たちが勤め、その家臣らが交替で番衆となっていたと考えられる。また、鉄門は櫓門であったことが同図屏風からわかるが、上の櫓は礼参や行幸の際に、公家らの待合所となっていた。[23]

文禄二年（一五九三）正月には関白秀次への礼参のために人々が聚楽第に集ったが、病後の秀次は体調がすぐれず、四日の御礼は摂家と門跡と町人に限られる旨が門前に掲出された。この門も、鉄門であったと考えられる。なお、御殿に出仕する際には南の門（日暮門）から出入りすることもあり、彼らは門前で馬や駕籠から降りて聚楽第に入った。秀次の時代には、「南惣門」の牢屋に罪人を入れることもあった（後述）。小田原攻めの最中に秀吉が不在の間は、日没以降は「聚楽御門」の出入規制が厳重になったことから、逆に通常時は夜であっても書状や進物のやりとりが可能であったと考えられる。[24]

（ii）聚楽第の役割

秀吉が聚楽第の城主であった時期は、天正十五年九月の移徙から、同十九年十二月に秀次に関白職とともに聚楽第を譲渡するまでの間と見なせる。その期間中、天正十八年三月から九月までは小田原攻めで出陣しており、上方にいる間も、京都と大坂を頻繁に往復していた。[25]聚楽第には長い場合には三か月程度、平均で約一か月滞在し、大坂城には長くてもひと月余りで、平均では半月ほど滞在していた。また、往復の途中で淀・茨木・大津の各城にも一日程度立ち寄ることがあった。年始は天正十六・七年には大坂で迎えた一方で、天正十八・九年は京都で越年している。ここからも、聚楽第が単なる京都の出先機関ではなく、政権の中枢拠点として機能していたことが窺えよう。

聚楽第における政務の具体的様相については不明な部分が多いが、小田原攻め直前の場面からその一端を知ることができる。[26]政権の文書起草に携わった鹿苑僧録の西笑承兌の日記によると、晩に浅野長吉から召集がかかり、聚楽第の浅野屋敷へ向かったところ、木下吉隆・小嶋若狭守・大村由己・楠長諳ら物書衆（右筆）が同席していた。そこで北条氏への断罪状の草案を菊亭晴季と承兌が談合し、秀吉に提出したという。この後に清書がなされて朱印が捺されたのであろう。このような手続きは重要な文書の場合に限られたと推測されるが、普段は秀吉の御前に祗候する物書衆が文書作成に携わったのであろう（本書第八章参照）。

では、秀吉が法を発令する場所はどこだったのであろうか。天正期の主な法令の発給日における秀吉の居所を示したのが表5–1である。これによると、法令自体は必ずしも聚楽第と大坂城のいずれかで発布されたわけではなく、その時々の秀吉の居所に応じて出されたと見なすことができる。また、秀吉の発給文書全般についても、在京と在坂で大きな差異は見出しにくい。よって、法令・政策の布達に関しては、場所を問わずに行われたことが指摘でき、政治決定に関しては聚楽第と大坂城は互換性を有していたといえよう。

表5–1　主な法令発令時の秀吉の居所

年月日	法令	秀吉の居所
天正 14・1・19	天正十四年令	京都（二条屋敷ヵ）
天正 14・3・21	天正十四年令追加	大坂ヵ
天正 16・7・8	海賊停止令・刀狩令	大坂ヵ
天正 16・8・2	人身売買停止令	京都（聚楽第ヵ）
天正 19・8・21	身分統制令	大坂ヵ
天正 19・8・24	貸付禁令	大坂ヵ

また、先述した通り、聚楽第の玄以・山口屋敷では訴訟や算用が行われていた。頻繁に移動する秀吉に対して、所司代の玄以は在京していることがほとんどであり、京都における日常的な政務は玄以が担っていた。例えば、天正十七年の清浄華院と金戒光明寺の本末相論では、三月二日・八日には相国寺において玄以が公事を聞き、四月十日に聚楽第において対決が行われ、清浄華院の勝訴となっている(27)。この間、秀吉は四月六日に大坂から上京しており、秀吉が聚楽第に戻るのを待って最終の裁定が下された可能性がある。

一方、外から聚楽第を眺めてみると、秀吉の権勢を示す装置としても機能していたことが浮かび上がる。例えば、公家や禅僧らは秀吉自身や家臣らに案内され、聚楽第の様々な建物を見て回っており、有節瑞保は「光彩奪目、非所及言語者也」と記している。また、西洞院時慶が家族を伴って聚楽第や金閣を見物した例や、春日大社の社司・中臣祐国が神主らと上洛して聚楽第や内裏を見物した例、聚楽第を目にした伊達政宗家臣の鈴木新兵衛が中国の咸陽宮以上だと国元に報じた例などから、内部に入らなくとも、その荘厳さは人々に大きな印象を残したものと考えられる(28)。

以上のように、秀吉は前代以来の複雑な権利関係の積層した京都を政権の中枢拠点とすべく、聚楽第を建設して統治に乗り出した。その役割は政治と儀礼が中心であったといえよう。次節では、かかる政権と町との関係を探るために、京都における〈行政〉の具体像を明らかにしたい。

二 〈首都行政〉の実態

(1) 都市政策

(i) 町との折衝窓口

冒頭でも触れたように、政権と町との折衝において、玄以以外の秀吉家臣が対応や協力をした案件もいくつか見出すことができる。まずはそれらについてまとめてみよう。

天正十一年閏正月、秀吉は脇坂安治・森(毛利)重政・加藤清正の三名に、次のような指示を与えた[29]。以前、村井貞成(貞勝の子)の配下が町人に売った家を、脇坂らが取り調べを行ったことについて、罪を犯していない人物なので、そのままにしておくように。ついで、罪科のあった者の家を町人に売った場合には取り調べを行い、そうでなければ調べるには及ばない、と。ここから、脇坂らが洛中の家の検断に関わっていたことが知られよう。

また、天正十三年後半の発給と思われる森(毛利)吉成・加藤清正・津田重長の連署状写では、在京中の秀吉配下の人々による小川町への寄宿について、町は玄以に免除要請を訴えたが、差出の三名が拒否の姿勢を見せている。ここでの森らの主張は、禁制文言が「陣取」と「御在京之時之寄宿」で相違しているというものであるが、従来、都市史研究では「陣取」と「寄宿」は同じ内容を指すとされてきた。しかし、当該期の文言を探ると、「陣取」は戦争や普請に際して大人数で宿営することに対し、「寄宿」は平時の在京における宿泊を指すように思われる[30]。

彼らは宿の差配に関与しており、その行為は玄以とは別の命令系統に属するものであったといえよう。ここに出てくる人物のうち森吉成は、天正十三年七・八月に妙心寺から秀吉への礼物献上の際に奏者として現れ、この時期には寺社とも関係があったことが知られる[31]。

加藤清正については、それ以外の洛中〈行政〉にも関わっていた証左が認められる[32]。天正十五年九月八日に安威重信・石川光元・加藤清正の三名の連署で、秀吉の命じた「書物」を六角堂に明日持って来るよう下京惣中に指示が出された。ここで、彼らが受け取った「書物」とは、町の戸口指出帳であったと考えられる。なぜなら、岩戸山北半町の間口・奥行と家持の名前が記された帳簿が、翌九日付で加藤清正に宛てて作成されているためである。よって、上記の三名は下京の屋敷地指出(洛中検地)の担当だったと考えられよう。この時には玄以も指出を徴しており、役割を分担したものと思われる。また、上京では「南北ノ新道」「東西之新道」が開けられており、天正地割も同時に進められていた可能性がある[33]。

なお、安威についても上賀茂社からの献上における奏者としてその名が見える。こうした直臣・馬廻層の活動は所司代の軍事的補助の意味合いが想定されるが、管見では天正十五年九月が活動下限であり、聚楽第移徙に伴い、所司代へと権能が移行したものと思われる[34]。

その他には、山中長俊と木下吉隆が地子免許の朱印状の筆耕銭を受け取っている事例や、天正十七年十一月に山城検地の一環として行われた京中の屋敷地指出を服部正栄と毛利重政が担当した事例などが挙げられる[35]。また、先述の山口宗長や河原実勝らが政策ごとに個別奉行として設定されて玄以と協力したほか、秀次が関白となった後は、秀次の奉行と玄以が共同で〈行政〉を担当することもあった[36]。

(ii) 都市計画と衛生環境

つづいて、玄以の出した法令を中心に検討を加えたい。既に横田冬彦氏によって、玄以の法令は近世「町触」制度の端緒と評価されており、豊臣期京都の主要な問題としては人口密集による疫病・火災・犯罪の増加が指摘されている。実際の法令でも、奉公人対策や火の用心・夜番についての規定が目立つ。[37] こうした問題と関わって、ここでは都市計画と衛生環境について検討しておこう。

天正十九年の京中屋敷替では、寺社や大名・公家・町人の住む地域がそれぞれ区分されたことは有名であるが、それ以前から個別的・段階的に公家町や大名屋敷、「聚楽廻奉公人屋敷」や花街（二条柳町）などが設定されており、身分・職能別の街区整備は政権の当初からの重要な方針であった。[38] このうち奉公人屋敷では、北野社近辺への新たな家立が玄以下代の宮木貞治らによって禁止されており、花街でも代金に関する玄以からの置目に応じる請文が出されているため、[39] 所司代がこうした政策の管轄をしていたといえよう。

また、政権は都市景観についても積極的な姿勢を見せていた。例えば、京都の華麗さを引き立てるため、主要な町筋に二階建町家を建てるよう奨励し、月行事に辻子や小路の掃除を触れさせ、「大道」に洗濯物を干すことを禁じた事例などが知られている。[40] このうち物干については、従来知られている史料に関連するものとして、次の文書が現存している。[41]

町中家之門ニ物をほし候事、堅令停止旨度々雖申触候、終無承引段曲事候、今朝殿下様被成御覧、自今以後何にてもほし候にをいてハ、其家主の事ハ不及申、一町可被成御成敗旨被仰出候、成其意、家々銘々可申聞候也、

六月廿日　玄以（花押）

民部卿法印

下京

右に見える「度々」の触れが、件の物干禁止令を指すと思われる。ある朝、秀吉が下京の町並みを見たところ、命令が履行されていないことを知り、今後は何であっても干していた場合には家主だけでなく、一町にも連帯責任を負わせるよう厳命したのである。発給の時期は、ちょうど六月二十日に秀吉が大坂から上京している天正十四年

が該当するように思われ、前述の禁止令は天正十三年の関白に任官して少し後に出されたものと推定できよう。

衛生・清浄の問題も重要な都市政策の一環であった。天正十九年四月、玄以は聚楽町中に対して、猫の扱いに関する掟を与えている。そこでは、猫を盗み取ることや、他の場所からやって来た猫を捕えること、猫の売買が禁止されている。当時、京都では人口増加による鼠害や疫病が深刻化しており、猫はそうした問題への一解決策として重宝されていたのである。慶長七年（一六〇二）八月には、徳川氏によって洛中の猫を放し飼いにせよとのお触れが出されていることも[42]、こうした対応の延長線上にあった。

先に触れた掃除については、毎日二度ほど行われた日常的な道路の清掃と水撒きはもとより、秀吉が御所などへ赴く際や、譲位・即位儀礼が行われた時、外国使節の到来時など、重要な行事において京都や伏見で掃除や砂撒きがなされている。例えば、インド副王使節としてヴァリニャーノらが上京した時には街路の清掃や飾りつけがなされ、雨によって通り道がぬかるんでいたために、大量の砂が撒かれたという[43]。

さらに、秀吉が壬辰戦争のため名護屋に出陣する際には、京中の民衆によって一夜で東寺前までの路上に白砂の敷き詰めがなされ、秀次が湯山（有馬）湯治に赴いた時にも、路上が白砂で清められたように[44]、天下人の移動する街路が白砂によって演出されていたことも見逃せない。白砂は寺社境内や庭のほか、秀次期の聚楽第に設けられた刑場（「お白洲」）にも敷かれていたとされ、江戸時代には角倉氏の命令に従って、「穢多人足」によって鴨川の河原から白砂が牢屋に運ばれている[45]。白砂には元来より清浄の機能が期待されており、それが権力の聖化・浄化装置として活用されたものと考えられる。

慶長九年三月の家康の上洛時にも、醍醐寺三宝院義演によって寺領の路次掃除と白砂撒きが自発的になされているが、実際には家康が他の経路を取ったことから、その行為は家康側から命令されたものではなかったようである[46]。よって、当時においては天下人と清浄が分かちがたく結びつけられており、饗応の一部として掃除や敷砂が行われていたことがわかる。江戸時代においては、町共同体の日常的な清掃体制が幕藩領主による「公儀の道」の維持に転用され、特別な通行の際の「馳走」体制として機能拡大されていたことが明らかにされているが[47]、その前提は豊臣期に既に存在していたといえる。

(2) 検　断

(i) 豊臣期の雑色・牢屋

京都の検断や治安維持に関わった役人としては、雑色が挙げられる。室町幕府の侍所下における公人や江戸幕府の所司代下における四座雑色の活動が著名であり、これまでも多くの言及がなされている[48]。その職掌をまとめると、①洛中警衛・犯人追捕、②訴訟進達・牢屋管理・拷問・河原者編成、③将軍・朝廷・外国使節などの送迎・供奉・警固、④法会・祭日・芸能興行などの警固のほか、室町期には、⑤没収家屋の破却、⑥侍所の使節遵行、⑦棟別銭・地口銭・段銭などの課税、江戸期には、⑧洛外の法令伝達・人足調達・宗門帳改などが確認されている。それらに対し、豊臣政権下での雑色の活動実態の究明は手つかずの状況といってよく、まずはその検討から始めたい。

豊臣期にも、雑色は所司代の管轄下にあった。上雑色としては松尾源左衛門・五十嵐甚右衛門・松村らの名が確認できるが、江戸期のように方内には分かれておらず、案件ごとに設定されたものと思われる。また、院雑色としては一条福永町に住んだ小嶋越後守などの名が見え、彼らは地子免除などの特権を有していた。職掌については、本能寺の変後に明智光秀・近衛前久の預物の糺明・供出を触れたことに始まり、天正十八年には密通をした袖岡彦七の身柄引き渡しの場面でも玄以の下代とともに雑色が出てくる[49]。これらは①や②にあたるものであろう。

また、③としては、天正十六年の聚楽第行幸や秀吉の年頭参内、善光寺如来の遷座などへの供奉が挙げられ、類似するものとしては、慶長五年の諸寺社による秀頼への年頭御礼・祈祷に関する連絡と贈答にも雑色が見える[50]。④については、足利義輝の二十五回忌の法会の際に、玄以下代の松田政行と「雑職衆」二名が派遣され、大政所の三回忌に建立された東寺の塔における供養の時に雑色三十人が動員されている[51]。その他としては、⑥や⑧にも関連するが、所司代からの命令で、公家寺社領への年貢収納・課役催促や百姓への触伝達に携わった事例、寺社からの上竹催促を行う事例なども多く知られる[52]。

とりわけ、納所の催促においては、未進米や減免をめぐって領主と村落の間でもめ事が生じやすかった。未進の際は、雑色が在地への催促に派遣され、百姓の召喚と申分が済んだ後に請取状が出されて落着することが多かったが、遠隔地や延滞が続いた場合には、百姓が籠舎されることもあった[53]。文禄二年十二月、西洞院時慶は所領である近江国高嶋郡石庭村の年貢未進について玄以に訴えた。この際、石庭村から上洛して詫言を行ったのは、庄屋・年寄層と思われる四郎左衛門・彦兵衛の両人であり、彼らは上洛時には蕎麦粉や縄などを献上し、掃除や駕籠昇・普請などの人夫として短期間奉仕する存在であった[54]。十二月十七日に四郎左衛門・彦兵衛の両人は籠舎となり、松田政行に身柄が引き渡された。ここから、公家領の未進問題に関する百姓拘留の際の籠舎は所司代の管轄であったことが判明する。

結局、同月二十五日に高嶋郡から与次郎左衛門が上洛して、両者の解放を懇願し、二十七日には彦兵衛、翌日には四郎左衛門が牢屋から出されて、未進は解決したようである。出牢に際しては請状を提出させ、それに与次郎左衛門が加判して連帯保証を行っていることや、「縄ノ銭」(尋問や審理を担当した雑色に渡された経費か[55])を支払っていることが確認できる。本所領がかつてのように散在していれば、こうした未進問題に個別対応をするのは困難であったと思われるが、所領整理の結果、公家寺社領は京郊地域と高嶋郡(聚楽第行幸の際に宛行い)に集中しており、上記のような催促が容易となっていたのである。

同じく高嶋郡ではその少し前、小兵衛らが駒井重勝や吉田宗甫の下代と嘘をついて村々に升を配り、礼銭を取っていた事件が発覚し、関係者四名が聚楽第の「南惣門」の牢屋に入れられている。秀次直属の「御細工さばせ」にも嫌疑がかかり、やはり入籠となった。ほかにも宮川為心斎の代官所であった渋川村で、蔵米を詐取したとして下代の道徳が籠者となり、村役人らは粟野秀用に身柄を拘束され、ともに草津で磔刑に処されている。このように、秀次側にも牢屋の運用が見られる。(56)

なお、ヴァリニャーノによると、秀吉は牢屋を公開したため、大名たちもそれを模倣したとされる。また、牢屋を処罰までの拘留施設としてだけではなく、捕縛者の収容施設として活用することも目指していたという。牢屋は大名の城下だけでなく一部の在京屋敷にも備わっていたものと思われ、例えば長束正家の伏見屋敷の牢屋に日用頭の源四郎が入れられ、尋問がなされている事例などが知られる。(57)

ただし、政権の牢屋運営が常に模範的であったかというと、そうでもなさそうである。慶長五年四月には、入牢されていた者たちが「番ノ者」と申し合わせて夜に脱獄する事件が発生、玄以の下代らが脱獄者の行方を追い、北野社などにも家探しを依頼している。(58)こうした例は、入牢者と獄吏との癒着が存在したことを窺わせるに十分であろう。

(ii) 懸賞制の活用

所司代は刑事事件の捜査や闕所検断・預物探索なども行っていたが、中世とは異なり、豊臣期の洛中で喧嘩や盗み・殺人などが起きると、発見者や関係者が所司代に報告するのが原則となっていた。寺社や町共同体は政権の検断権に係属されていたといえる。ここでは、北野天満宮を例に取ってみよう。(59)

(イ)喧嘩について。宮仕の能弁と孫の能隆が脇差を振りかざして諍いを起こした際には、玄以が公事聞を行った。一方、同じく宮仕の能舜と能源が夜に喧嘩をした時には、玄以に訴え出て成敗を依頼しようとしたが、結局は目代らに曖《あつか》いが命じられており、事情によっては内済が試みられることも多かった。

(ロ)盗みについて。社殿に女の盗人が入り、捕縛して玄以に身柄を渡した事例や、西方寺町で掏り（仁王門突抜町の縫物屋の弟子）を捕まえて、北野社の目代と町年寄が玄以配下の葛西長弘の下代へ突き出した事例がある。

(ハ)殺人について。妙蔵院の下男が辻切にあって死亡した時には、発見場所の町人が北野社へ知らせに来て、それを葛西に報告している。また、御舟拝殿の脇で順礼が斬殺されていた事件では、当番であった宮仕の能存が対処して、松梅院禅永から玄以にも届出がなされている。なお、「奉行衆」配下が鳥居の脇で掏りを二人切り殺した際には、葛西に報告した後、目代に命じて死体を棄てさせようとしたが、葛西の家臣が回収している。

このように、北野社では葛西が窓口であったが、洛外の刑事事件についても近隣であれば所司代が管轄をしており、京郊地域の場合は、伏見では長谷川守知、醍醐では御牧景則など、周辺の代官が対応していることが確認できる。こうした所司代や代官による職権的な対応は身分集団の自立性を前提にしていたといえよう。[60]

ついで、政権に関わる重要事件における犯人追捕にあたり、秀吉が懸賞制を活用していたことも特筆すべきであろう。天正十七年八月二十二日の夜、聚楽第の鉄門で増田長盛に仕える懸硯持が斬殺された。この事件を耳にした秀吉は増田に金子十枚を与え、下手人の告発者には褒美に金子を与える旨を伝えさせた。また、慶長三年九月に伏見法躰寺の坊主らが殺され、寺の雑物が盗まれた際にも、告発者に金十枚を与える旨が通知されている。[61]

同様の事例は他の都市でも確認できる。[62] 天正十四年二月、京・大坂で「千人切」を称して五、六十人が切り殺される事件が発生した。その犯人は秀吉小姓の大谷吉継で、病気を治すために多くの血を欲しているのだと噂された。秀吉はその話を聞くと大坂町奉行を謹慎処分とし、真犯人を通報した者には褒美として金を与えるとして、盗人・人切・博奕・酔狂人・徒者を禁止する二枚の高札を立て、金十枚ずつを札に打ち付けさせた。七日ほどで犯人七名が捕まり、宇喜多氏の縁者を含む五名が住吉周辺で処刑された。

懸賞制は、政権が武士を含む都市住民の力を借りることで、治安維持を図るための方策であったが、こうした手法は大名たちも見習っていた。[63] 例えば加賀国金沢では慶長十一年、寺に盗みに入って坊主を殺した犯人と、町内での辻切について情報を知らせた者には金子五枚ずつを与え、たとえ同類であっても罪には問わないという高札が出され、金子が打ち付けられている。また、大名への伝播という点では、伊達政宗の例が興味深い。文禄四年の「秀次事件」後、伏見の徳川秀忠邸の前に高札が立てられ、そこには、秀吉が普請場に赴いた際に政宗と最上義光が普請奉行もろとも討ち果たして、東西を治める計画が記されていた。当時、政宗と義光は秀次に通じていたとして吟味を受けており、両者の失脚・処罰を狙った者の仕業と見られる。それに対し秀吉は、札を立てた犯人を密告した時の褒美として、政宗・義光から金子を二十枚ずつ出させ、知行は望み通りに両者から遣わすという「御奉行衆」名義の高札に金を打ち付けて、京都の室町と伏見の京町に立てさせたという。

政宗の話の典拠は一次史料ではないので注意が必要であるものの、実際に慶長二年三月に奉行らが出した掟書[64]では、在京大名らの奉公人を五人組・十人組に編成することが定められており、五条目には組外から辻切・掏り・盗賊などの指摘があった場合には、悪党の主人から訴人に対して褒美として金子二枚ずつを与えるよう命じられている。この掟書は極めて多くの大名・直臣らに公布されており、こうした事例と先の牢屋公開の姿勢とを合わせて考えると、刑罰や追捕に関する政権の諸制度が、統治手法の一つとして大名たちに共有されていく過程が浮かび上がろう。

(iii) 請文と連座制

文禄二年七月八日の午時、下鴨糺河原で喧嘩が起きた[65]。芝居を見に来ていた秀次小姓の安東平蔵と長岡幽斎右筆の長以が、秀次の御弓衆四十人と口論になり、殺害されてしまったのである。討手のほとんどは現場から逃亡したため、翌日には「京中屋サガシ」が行われ、行事・年寄らが玄以の配下に対して町ごとに請文を提出した。家屋の捜索自体は町に委ねられ、負傷者や事件当日から家を空けている者、見ず知らずの女房に宿を貸している者はいないことが誓約されたのである。なお、玄以自身はちょうどこの頃、秀吉のいる名護屋へ下向しており、事件には玄以の在京配下と秀次家臣（龍安寺の場合は浅井・堀の両名）が対処したと思われる。

次第に事件の関与者が判明し、十一日には新内侍の乳母が、討手に宿を貸して逐電した夫が見つかるまでの間、松田政行に身柄を拘束されている。広橋家の公家侍も同様に拘束されるなど、朝廷社会にも事件の影響が及んだ。十二日には洛外にも請文の提出が触れ回され、それから五日ほど後に犯人は三条河原で成敗され、事件は落着する。

同年の十月九日には、本百万遍町の南で辻切が発生した。その際には、近隣の本誓願寺町も含めて捜索が行われ、家主ごとに請文が町へ提出され、まとめて松田政行に渡されている。辻切のような局所的な事件にはこうした手順が取られたのであろう。現場は大名屋敷地のすぐ北にあたるため、両町内には前田利家・伊達政宗・池田照政などの大名家臣が混住しており、請文は武士・商人の別なく提出された。当時、京都や伏見の大名屋敷に在京家臣を全て収容することはできず、在京家臣は近隣に借家をすることが多かった。町では武士に家を売ることは禁止され、借屋に際しては請人が立てられていた(66)。

右のような請文や間口・人別などの改めに関する書上には、一般に誓約内容に反した場合の罪科規定がなされ、それらは署名者責任制と一町連座制、町役人（年寄ら）の代表責任制に分けることができる。かつて起請文に着目した仁木宏氏は、豊臣期の町人側の発給文書には代表責任が示されておらず、町共同体は権力の設定した罪科に従おうとしなかったと結論づけた(67)。確かに豊臣期の罪科規定には一町連座制が突出して多く確認できるが、代表責任を記す文書があることにも注意すべきである。「秀次事件」後の文禄四年八月、新たに所司代となった石田三成の配下に対して突抜町が提出した家数・職人帳には、「別而老中如何様ニ御曲事ニ可被仰付」として、年寄らの責任が明記されている。こうした請文に見える処罰文言は、処刑・梟首における懲戒的性格の強化とともに、政権による犯罪捜査・抑止に重要な役割を果していたといえよう(68)。

以上のような検断の様子からは、豊臣政権が旧来の町共同体や寺社の自治に頼りつつ、それらを促進・編成することで〈行政〉の効率化を図っていたことが窺える(69)。懸賞や請文はそうした政権の狙いを実現するための政治的手段であり、人口の増加する大都市に即した対処法でもあった。

三　「御土居」築造と「京都改造」

（1）「御土居」築造関連史料の再検討

天正十九年の一連の「京都改造」は、第一・二節で見てきた聚楽第造営から始まる都市計画や円滑な〈行政〉を実現するための最終段階に位置するものであった。その内容は、①御所新造、②「御土居」築造、③京中屋敷替、④天正地割・寺町形成、⑤地子免除、⑥大仏殿普請など、多岐にわたる。[70] ただし、これらの事業は一括して論じられてはきたものの、それぞれの関連や前後関係についてはいまだ検討の余地が残されているように思われる。

とりわけ、「御土居」（京都惣構・土居堀）の研究は戦前から京都の都市史研究の一環として着手され、九〇年代以降にその目的や実態、歴史的展開の解明が進んだ。[71] しかし、築造に関する史料解釈については、戦前以来の誤りがそのまま継承されている点に問題を残している。まずはその再検討を手がかりに、「京都改造」の意義に迫ることとしたい。左に掲げる史料群はこれまでの研究において、一連の「御土居」築造を示すものと理解されてきた。

【史料一】（『兼見卿記』天正十九年正月十八日条）

毛利兵橘（重政）・片桐主膳正（貞隆）・服部土佐守（正栄）折紙、使者三人来而云、山城之内堤之普請、東郷可罷出之由申来訖、

【史料二】（『時卿記』天正十九年正月二十一日条）

鳥飼堤普請ニ山城国中人足罷出由候、紫竹人足御理事民法へ申遣候処不叶、

【史料三】（『兼見卿記』天正十九年正月二十三日条）

上山城堤普請之儀、彼奉行三人、当当郷之義可用捨之由、以隠密申来了、安堵大慶不過之、

【史料四】（『華頂要略門主伝』第二十四、天正十九年閏正月七日条）

山城堤普請人夫之事、当所人足用捨、惣而別当在所之儀者、人足免除云云、彼奉行共ニ礼銭五百疋遣之、当在

所ヱ申侍遣之、

例えば、西田直二郎氏は【史料二】の「鳥飼」を鳥羽の誤記として「御土居」築造のことと解釈し、現状の「御土居」研究の到達点ともいえる中村武生氏の論考でもこれらは全て「御土居」築造関連史料と見なされている。しかし、【史料三】では「上山城堤普請」と明確に記されており、「彼奉行」が【史料一】の毛利重政・片桐貞隆・服部正栄を指すことから、少なくとも両史料は上山城における堤の普請を示したものとすべきであろう。【史料四】についても、京都を囲む「御土居」を「山城堤」と表現するのは無理があり、【史料二】も文字通りに解釈すれば、淀川中流域の摂津国鳥飼周辺の堤普請と考えるべきではないだろうか。

これらの史料をいったん「御土居」築造の文脈から切り離して考えた時、【史料一・三】の上山城堤普請と関連するものとして、次の文書が注目されよう。[72]

主膳《(ママ)》

尚々、政所在々一両人ツヽ、さきへ可相越候、

態申遣候、上山城堤御普請之儀、被　仰付候間、家次不残明日十六日至淀可相越候、於油断可為曲事候、恐々謹言、

喜《(森カ)》　毛利兵橘

正月十五日　宗次

多羅尾　かたきり

服部土佐

差出と宛名が混乱しているが、本来は「毛利兵橘」「片桐主膳」「服部土佐」から「多羅尾」に宛てられた連署状だったと考えられる。おそらくは上山城堤普請の人夫徴発が三名から蔵入地代官の多羅尾光雅[73]に命じられ、本史料が残された山城国葛野郡塩小路村もその対象となったのであろう。この普請は「家次不残」とあることから国役普

請であり、政所（庄屋）を先に招集して、人夫を淀に集合させるよう命じたものであった。

ここから、上山城堤普請とは、淀周辺の宇治川以南における堤普請を指す可能性が高く、少なくとも【史料一・三】、おそらくは【史料四】もこのことを指すと思われる。吉田社だけでなく、上賀茂社でも「山城つゝみ」の人足を毛利・服部から命じられたことが後年の記録から確認できる。[74]

右の解釈からは、閏正月以降の「御土居」築造に先立って、上山城堤普請が開始されていたことが導かれるが、その意図はどこにあったのだろうか。実はこの半年前の天正十八年七月二十九日、畿内は大雨による洪水の被害に見舞われていた。[75]翌日には鴨川で洪水が発生し、三条大橋付近では家屋が倒壊するなど「此五十年モナキ大水」となり、奈良から上京を試みた僧侶も木津まで出たところで「山城国中海ノ如ク」帰るしかなかったという。淀川水系で大規模な水害が発生していたと見て間違いなかろう。また、同月に淀川の唐崎の堤も決壊しており、同様の被害が生じていたが、この唐崎は【史料二】に見える鳥飼の北側に位置する。

同年九月に小田原から帰陣した秀吉にとって、こうした水害からの復興と再発防止のための堤修築が大きな課題となっていたのである。よって、鴨川における「御土居」築造と、宇治川・木津川沿いの上山城堤普請、および淀川沿いの鳥飼堤普請は一連の事業と見なすことができよう。のちの例から考えるに普請人夫はおそらく山城だけでなく、摂津・近江など周辺の国からも徴発されたと思われる。

また、上山城堤普請の人夫が淀に集められたことも重要といえる。「京都改造」の一環である大仏殿普請では、用材がいったんは諸国から尼崎に集められ、その後に畿内の大名によって淀まで輸送される計画が天正十九年の閏正月に立てられ、五月に実行されている。[76]よって、材木の引き上げ以前に、淀近辺での堤普請は完成していた可能性が高い。こうした点を踏まえれば、巨椋池周辺や淀川沿いのいわゆる「文禄堤」の築造についても、従来のようにその全てを伏見築城と関連づけて解釈するのには慎重であるべきといえ、今後はその前後における堤普請との関係を問うことも必要とされよう。[77]

（2）「京都改造」事業の相互関係

前項の検討結果を踏まえ、「京都改造」の経過を整理してみよう。天正十九年正月、上山城と鳥飼の堤普請が同時に命じられ、村々から人夫が集められた。吉田郷では正月末には普請免除が内定したが、最終決定は北政所の斡旋と過去の免許朱印状の確認がなされた閏正月半ばのことであった。同月、秀吉は鴨川の東河原を訪れ、「御土居」予定地の視察を行うとともに、本願寺に対して大坂から京都近郊への移転命令を下し、下鳥羽―淀間に替地を与えることを伝えたが、結局翌月に六条堀川の地が寄進された。また、大仏殿普請再開のために西国大名に材木調達を指示している(78)。

閏正月、「御土居」の築造が開始される(79)。大勢の大名衆が普請のために上洛し、上賀茂社では鴨川沿いを担当する普請衆の寄宿免除が玄以によって保障され、吉田郷の近辺では前田利家や長岡興元（幽斎次男）らが普請のための陣取・小屋掛けを行おうとした。月末には北野社近辺で普請の準備が行われ、二月一日には京都南表の普請も開始された。上賀茂近辺は堀秀治や毛利友重・重政らが担当であったことが確認できるため、築造は地域ごとに分担がなされてほぼ同時に進められ、二月中には大部分の形が整ったようである。

同じく閏正月から二月にかけて京中屋敷替が行われ(80)、長者町や禁裏六丁町・聚楽町などが移転し、聚楽第と御所を結ぶ間には大名屋敷地が、鴨川沿いには寺町が設定される。町人たちは我先に家を壊して引っ越しており、戦乱のような様子であったとされる。のちの慶長三年の大坂町中屋敷替では、立退きの代金は支払われず、方形地割がなされた代替地が与えられるのみで、命令に反した者は財産を没収されたといい、京都でも類似した状況だったのだろう。四月には洛中町割も行われたようである。また、二月以降、長岡幽斎や伊達政宗・最上義光・徳川家康らの屋敷普請の様子が知られ、政宗屋敷では浅野長継（幸長）、家康屋敷では玄以がそれぞれ普請を手伝い、数か月継続された。六月から八月にかけては公家屋敷の普請も確認でき、公家町も同時並行で建設された。なお、三月には天正十七年の計画以来続けられてきた天正度内裏の普請が完成している。

三月には毛利友重・重政が河原実勝に代わって竹木奉行となり、「御土居」の竹を担当することになる。「御土居」の北端部でも普請と毛利兄弟の関与が確認できる。翌月に「御土居」築造と堤普請もほぼ完成したと思われ、東寺では内部で「土居堀」減分の指出が実施された。それと対応するように、大仏殿では地鎮が執行され、諸国から集められた材木を用いて普請が再開されている。従事者は数万人に及び、五月二十日に秀吉が柱立ての現場に赴いた際には、諸大名から普請衆や大工らに餅が配られた。[81]

こうして見ると、「京都改造」事業は極めて短期間で同時進行されたことが理解されよう。それを可能にしたのは、膨大な労働力の徴発と役負担の構造にあったのではなかろうか。堤普請は国役（百姓役）で賄われ、「御土居」築造や大仏殿材木の輸送は大名役であった。また、京中屋敷替では京都の町衆と公家・僧・大名らが屋敷の移転と新築を行っていたことから、武士・百姓・町人の身分に応じて過重にならないような役負担の分散が計画されていた可能性が想定されよう。また、「御土居」築造は石垣普請や作事などに比べると作業の専門性も高くなく、日用などの労働力を集中投下することで対応可能であっただろう。

（3）土居堀成調査と替地給付

天正十九年五月一日、玄以は寺社領・給人知行地における土居堀成による減分を、三日以内に書き付けて提出するよう命じた。[82] もし期限内に提出しなければ替地は与えないという厳しい条件が課されたが、実際には不可能であったらしく、八月から九月にかけて作成された指出帳が現存している。

例えば大徳寺では、五月三・四日付で各塔頭の納所から方丈納所に西賀茂・河上郷内の土居堀成の面積・斗代・作人の指出が徴されたが、寺領全体の土居堀成・屋敷成などの指出は八月二十六〜九月二日付で各作人と月行事から玄以・長束正家の「御奉行衆」に提出されている。[83] このうちには、浅野長政や増田長盛・金森長近の大名屋敷地となった土地も含まれ、天神の辻子町近辺に彼らの屋敷（下屋敷か）があったことが知られる。また、同じく八月に「堀之内」分、翌九月には「堀之外」分の帳簿を寺内で作成し、西賀茂の寺領の集計をした。

同様に、上賀茂社では五月十五日付で指出帳を作成して「地打之御奉行」である玄以下代の村井長勝に見せた後、九月一日に算用がなされ、三日付で長束・玄以の下代に「御堀土居ニ成分」の指出が申告された。北野社からは同月四日付で玄以・長束の下代に土居成分の指出が、東寺からは同七日付で玄以・増田・長束の配下に「土居堀ヘリ分」や「堀之内分」・「堀之外分」を含んだ東寺領全体の指出が提出されている。(84) 五月段階では土居堀成に伴う減少分のみが調査対象であったが、八月には屋敷成も含められ、九月になると朱印状発給を見込んだ寺社領全体の指出・替地に発展したといえよう。

これらに関連して、成立期「御土居」の実態を確認しておきたい。呼称については、寺社の指出では「土居堀」(大徳寺・東寺)・「御土居」(大徳寺)・「土居城(堀カ)道」(北野社)、九月の替地宛行いでは「京廻土居」などが確認でき、当初は「土居堀」の名称が一般的であった。また、北野社では六月に玄以と毛利重政・友重の三名から社家の松梅院に「御土居」が引き渡されている。「御土居」には築造当時から竹が植えられており、文禄四年には「京之惣廻土居」の枯竹伐採が玄以らによって行われていることからも、所司代が全体の管轄を行っていたのであろう。近年公開された個人蔵の洛中洛外図屏風は、「御土居」が比較的詳細に描かれた稀有なものである。そこには、竹が河原に向かって斜めに植えられ、河原側と道側に交互に植えられているような箇所も見受けられる。「御土居」の頂上に座って闘犬を鑑賞する少年の姿も描かれている。これらから、その役割の一端が洪水対策にあり、専有区域以外の出入りは比較的自由であったと考えられる。(85)

右に見た土居堀成に加えて地子銭の調査をも経て、天正十九年九月十三日付で替地を含んだ公家寺社領が一斉に給付されることになる。(86) 替地対象は土居堀成・屋敷成・洛中屋地子の三つであり、それぞれ「御土居」築造・京中屋敷替・洛中地子免除に対応することから、この朱印状発給は一連の「京都改造」事業の完成を意味しよう。替地は吉祥院村や西院村など「御土居」の外で与えられ、これによって信長以来続けられてきた本所領の整理が一段落し、江戸時代に続く京郊相給村落が確立することとなる。また、朱印状や目録に記載された「本知残分」の所在地より、替地の対象となった土居堀成分は、北部の上賀茂・西賀茂、西部の北山・西京、東部の三本木、三条〜九条間に存在したことが判明する。

最後に、こうした公家寺社領の調査と壬辰戦争との関係を指摘しておきたい(87)。御前帳の徴収は、石高制による軍役賦課の基盤整備のため、天正十九年五月に諸国の大名に命令されて十月頃に集約された。京都でも松尾社に対して同月に御前帳の提出が求められている。当初は土居堀成分だけであった調査対象が本所領全体へと発展した事情や、指出の宛名に御前帳徴収の担当でもあった長束・増田ら（石田は奥州下向中）が加わった理由は、時期的にもこうした動向と関わるものであっただろう。

おわりに

本章では、豊臣政権の京都再編について、従来見落とされてきた史料や論点を中心に、視野を広げながら具体相を解明することを試みた。京都周辺は前代以来の権利関係が錯綜した地域であり、秀吉は畿内掌握の一環として、その整理に着手した。天正十四年には聚楽第を建造し、京都を政権の中枢拠点として活用し始め、大坂との互換性を持つ〈首都〉として位置づけた(88)。実際の〈行政〉は所司代に加えて直臣層も担当し、町共同体の自治に頼りながら、それらを編成していった。そして、天正十九年には「京都改造」を行い、諸権利関係の整理や水害・環境問題の解決を目指したのである。では、右の成果とそれ以降の経緯からは、「京都改造」の意義をどのように読み直すことができるだろうか。

天正十九年八月に鶴松が死去した場所は淀城であったが、本来は京都から大坂に移ることを予定していた。おそらく秀吉は、壬辰戦争に向けて京都に秀次・玄以、大坂に鶴松、名護屋に秀吉という体制を整えようとしていたのではないだろうか。それが実際には、鶴松の代わりに北政所が大坂で国内政策に携わる形に変わっている。[89] 鶴松の夭逝によって関白職とともに「御家督・聚楽」が秀次に譲られることになり、秀吉は大坂へ隠居すると明言した。さらに、朝鮮半島での緒戦の優勢を知った秀吉は、秀次にも出陣の準備を求め、後陽成天皇を北京に移すという三国国割構想（「三国国割計画」）を打ち出す。[90] その中では、日本の帝位と関白は良仁親王や羽柴秀保らに譲り、「平安城并聚楽御留守」も追って伝えると記されている。大陸進出を目指す秀吉にとって、京都の意味合いは相対的に低下していたことが読み取れよう。

文禄二年八月に拾（のちの秀頼）が生まれると、秀吉は急ぎ帰京して伏見屋敷を指月伏見城に拡張し、自身の中枢拠点とすることを定めた。大名らにも伏見で屋敷地が与えられ、秀吉の在京期間も極端に少なくなっていく。民衆も伏見に流れ、人口集中は緩和された。そして、文禄四年の「秀次事件」と聚楽第破却によって、京都における政務機能は著しく減退する。事件後には所司代に増田長盛と石田三成が加わるが、玄以も含めた三名の主な居所は伏見であった。所司代不在のもと、彼らの下代によって京都の〈行政〉が担われたのである（本書終章参照）。

慶長二年に新たに築かれた京都新城（京都屋敷）も常の居所ではなく、秀頼の参内の際に用いられる程度であった。関ヶ原の戦いを経て徳川家康が上方を統治するにあたっても、その拠点は伏見城に置かれ、二条城は参内や諸礼時の宿館の役割に留まった。寛永十一年（一六三四）を最後に、二百三十年にわたって将軍の上洛はなくなり、近世における京都は伝統都市として機能することとなる。[91]

こうした流れを踏まえた時、儀礼・文化都市としての京都と政治都市としての伏見という役割分化が文禄期に鮮明となり、さらにその分岐点を遡ると、「京都改造」に行きつくことが了解されるであろう。政権が様々な身分集団の区分や権利関係を整理し、都市計画や統治手法を浸透させ、一定の秩序のもとに編成したことは、結果的に京都の相対化にも繋がった。国内統一から対外侵略への狭間にあたる天正十九年、政権は後継者問題に左右されながら、新たな国家構想を模索していたのである。したがって、都市京都という面からすれば「京都改造」によって発展したとは評価できるものの、政権における京都の政治的位置づけはむしろ「京都改造」を経て低下し、儀礼・文化の方面に純化されたことが、近世社会における京都の位置を規定する大きな要因になったと見なすことができるだろう。

第六章　豊臣政権の〈首都〉と城郭

はじめに

豊臣期〈首都〉論は、近世〈首都〉成立史として議論が進められてきた。その到達点といえる横田冬彦氏の研究では、近世〈首都〉の特質を諸大名の集住地であったことに求め、豊臣期の京都にその始原を見出し、①大名屋敷が大名と妻子の本宅であった点、②大名在京が交戦権の凍結を意味した点、③首都儀礼が武家社会の序列を可視化した点、④国元でも家臣や国衆の城下集住が進んだ点を重視した[1]。

また、氏は豊臣期の〈首都〉について、天正十七年（一五八九）九月の大名在京命令によって京都に成立し、文禄四年（一五九五）七月の「秀次事件」以後に伏見へと移り、秀吉死後の慶長四年（一五九九）九月以降に大坂へと移転したと評価している。一方で、その狭間に位置する文禄三年以降の聚楽第（関白秀次）と伏見城（太閤秀吉）の関係や、慶長四年正月からの伏見城（徳川家康）と大坂城（豊臣秀頼）の関係は、「首都の二重化」と捉え、その一元化や統合は必然であったと論じた[2]。横田氏の議論を受けた吉田伸之氏も、徳川初期に関しては江戸・駿府・京都の複数を〈首都〉と認めながら、織豊期については安土から京都、伏見、大坂へ移転したと単線的な理解を示している[3]。すなわち、近世〈首都〉論において、織豊期は単一の〈首都〉が暗黙の前提とされているといえよう。

豊臣政権論の立場からは、跡部信氏が横田氏の議論を批判し、秀吉周辺も「首都の二重化」を容認しており、政権の代替わりの過渡期においては拠点の二元性が志向されると指摘している。[4] もっとも、横田氏の議論は、武家政権の中心地（安土・大坂・江戸など）と京都（聚楽第・二条城など）の二重性を漠然と捉えていた従来の「二都」論を克服する意図をも有していた点には注意しなければならない。跡部氏の指摘からは、〈首都〉の併用が例外とはいえず、むしろ政権構造にとって必要な場面もあったことを学ぶべきであろう。

他方、中世史側からこの問題を捉えた仁木宏氏は、横田氏の議論を引用しながらも、大坂・京都・伏見を「三都」として位置づけ、豊臣大名が法令や政策などの政治文化を学ぶ場であったことを重視した。[5] ただし、仁木氏は〈首都〉を社会的求心構造の頂点と評価するものの、「三都」を固定的に捉えている点に問題を残す。なぜ複数の〈首都〉が必要だったのか、および三都市以外の〈首都〉の可能性（未発を含む）や都市間の関係の変遷についても検討がなされておらず、なお議論を深める余地がある。

以上の研究動向を踏まえ、本章では、豊臣期の〈首都〉を単一のものとする前提を取り払い、その成立過程と都市同士の関係をより動態的に把握することを目指す。その際、横田氏が城郭との関係から京都における都市域拡張を論じたように、[6] 近世〈首都〉のもう一つの特質として、その中核に城が存在した点に留意したい。

従来、豊臣政権の城郭については、大坂城・聚楽第・伏見城などの築城過程を中心に、主に建築史や政治史の観点から個別事例の検討が蓄積されてきた。一方で、一九八〇年代後半から進展した考古学による城郭史研究とは必ずしも相互に参照されておらず、それらの成果を掛け合わせることが重要であろう。[7] 本章では、秀吉（ないし秀次・秀頼）が定期的に滞在し、重要な政治拠点とした城を政権の「拠点城郭」と定義し、〈首都圏〉を構成する城郭群として捉える。ついで、その変遷や役割の違いを分析し、政権や国家の特質をも照射したい。

一　豊臣期〈首都〉の成立過程

（1）古都としての大坂

ここでは、秀吉の居所と行動を念頭に置き、正式な本拠移転儀礼である移徙に注目し、秀吉の拠点の変遷を探っていきたい。天正十年六月の本能寺の変から「清洲会議」を経て、秀吉は旧来の播磨・但馬に加え、山城・河内・丹波を得た。この頃、秀吉が京都周辺で拠点としていたのは、洛中の伊藤吉次邸（三条町）と天王山頂の山崎（宝寺）城である。前者は、織田政権下においても秀吉が京都に滞在する際の宿所であった（本書第二章参照）。後者は、大坂城に先行する秀吉流築城の原点であり、政権の「首都」であったとも評価されている[8]。ただし、この段階の秀吉は洛中には城を築くことはできず、朝廷・寺社権門や外様大名を包摂する形での城下町を形成できていないことから、近世〈首都〉の要件は満たしていないと見るべきだろう。

なお、秀吉が山崎城と同時に、淀川対岸に八幡（男山）城をも構築し、柴田勝家がそれを問題視したとされる点は重要であろう[9]。それは、淀川の水運だけでなく、両岸の街道を含めて、水路・陸路の双方で京都と大坂を繋ぐ重要地点を抑えたことを意味するためである。

天正十一年四月の賤ヶ岳の戦い後、秀吉は大坂のほか、摂津・和泉・近江などを手中に収めた。同年九月、京都と大坂において自身の拠点城郭の同時普請を開始する。前者は二条屋敷（妙顕寺城）で、妙顕寺の敷地を転用し、堀や天守を有した城郭であった。ただし、その位置づけは秀吉の本拠ではなく、在京時の宿館に留まり、通常は玄以が留守をしつつ、京都の政治を担当する場であった[10]。一方で、大坂城では第一期普請が開始され、石垣・本丸・天守が造られ、天正十二年八月、秀吉は大坂城本丸御殿に移徙を行う[11]。

かつて内田九州男氏は、当時の秀吉が大坂に大名屋敷だけでなく、朝廷や寺院をも移す「大坂遷都構想」を有していたと推測したが、それに対しては、具体性を持った計画ではなく、誇張を含んだ情報操作であったという中村博司氏の批判が提出されている。[12] この「大坂遷都構想」に関しては残存史料が乏しく、確定することは難しいが、「京都をも大坂へ可引取」という文言[13]に引き付けられてか、従来の研究が単一の〈首都〉を想定し、京都から大坂への「遷都」を二者択一的に捉えてきた点は問題があろう。普請過程からもわかる通り、二条屋敷と大坂城は並立する存在と捉えうる。

一般的に、大坂城の城地選択は、大坂本願寺の跡地という点が重視されてきた。[14] 立地からもその事実は認めうるが、もう一つの意図も見受けられる。

【史料一】[15]

もろこしの御門(万暦帝)きこしめしすくさす、事〱しき名つきたる将軍、御使にはるけき浪路をわけつゝきたりまとふ、さはおほろけの所はふひんならんかしとの給ふて、中納言と聞ゆる御婿(宇喜多秀家)の館に、そのまうけしつ、おはします所は、仁徳のむかしの御あとに、つくりみかき給へる、玉の台は四方にてりかゝへて、むかふ面もまはゆきほとなり、(中略)鴻臚のものすゝみよりて、こなたかなたおほせ事つたふ、我王けふより、なかくせうと(兄弟)の国のむつひをなし、したしまんとねかふまこゝろをあらはす事、しかなりといへり、なにくれといひつゝけんもことはたるまし、いさやかうやうの事は、いにしへの代々にもありやなしやと、先難波のみやことり(都鳥)にとひてんかし、

右は、文禄五年に秀吉が楊方亨・沈惟敬ら明使と大坂城で対面した場面を、後年に木下勝俊(長嘯子)が回想したものである。「宰相・中将・侍従なと」まで参加したとあることから、勝俊自身の体験談といえよう。ルイス・フロイスの記録では、楊方亨は宇喜多秀家の屋敷、沈惟敬は蜂須賀家政の屋敷に宿泊したとあり、当該記述に見える秀吉養女を娶った中納言は宇喜多秀家にあたる。なお、秀家の屋敷は玉造と備前島に存在したとされ[16]、場所から見て前者に該当するだろう。

そして、ここで注目すべきは、大坂城域が「仁徳のむかしの御あと」であり、難波も古都と認識されている点である。類似した表現は、大村由己作の豊公能「この花」にも「豊芦原の難波津や、古き都をあらためて、甍を重ね金殿に、道をつらぬる朱檻こそ、げに世の他の粧なれ」として見出せる。[17]文学的修辞に留まるとも解釈できるが、「おしてるや」などの代表的枕詞ではなく、いずれも大坂城の説明において古都を選択していることから、政権周辺ではかかる認識を共有していた様子が窺える。実際に、仁徳天皇の高津宮は大坂城や法円坂町周辺にあったと推測されており[18]、大坂築城時に高津神社が現在地に移転されたという伝承も踏まえると、その可能性は高い。よって、城地選定にあたっては、難波の古都たる高津宮の跡地であることも考慮されたといえよう。秀吉はその後の聚楽第造営にあたっても内野（旧大内裏）の跡地を選択しており[19]、古代の王宮を意図的に取り込むことを意識していたと思しい。こうした傾向は、信仰の場を選択的に城地として占拠するという「聖性」への志向性と類似する、由緒や「歴史性」の重視といえるだろう。[20]

また、秀吉は大坂を「五畿内を以て外構えとなす」地で、「五畿内之廉目能所ニ候之間、居城相定」と述べ、領国での訴訟が裁定しきれなかった場合、大坂に上訴するよう大名に伝えている。[21]したがって、大坂を畿内・近国支配における軍事・政治上の中心地に位置づけようとし、そこには古都たる難波の姿が重ねられていたというところまでは、天正十一年時点の秀吉の意図として読み取ってよいと判断されよう。なお、天正十一年八月に「大坂ニ宿在之衆」や「諸侍各屋敷」が存在し、十月には黒田孝高の大坂屋敷が確認できるが[22]、この段階の秀吉の権力や支配領域からすれば、外様大名の本宅を強制的に設置することは難しく、近世〈首都〉の成立には至っていないだろう。

それでは、山崎城や八幡城はどうなったのであろうか。前者については、天正十二年三月に天守が解体されており、後者については、天正十一年九月に八幡付近から石が大坂に運ばれていることが確認できる。また、秀吉は天正十一年六月以降、山崎城には立ち寄らず、留守居として新庄直頼を置き、自身は淀城に足を運ぶようになる。[23]

よって、二条屋敷や淀城、大坂城にそれぞれ機能が引き継がれたと考えられよう。

（2）淀城の重要性

天正十三年七月、秀吉は関白に任官し、ついで「豊臣」姓を下賜され、ここに名実ともに「豊臣政権」が成立する。翌年二月からは、再び京都と大坂で同時普請に着手し、近江でも坂本廃城と大津築城を行う。大坂城では第二期普請が実施され、その統括者は秀吉の弟の秀長であった。京都では聚楽第が造営され、その統括者は甥の秀次であった。この頃、秀長と秀次は子供のいない秀吉の後継者と目されており、秀吉もそれを公言していた[24]。彼らは秀吉の名代として諸大名を指揮・監督する機会を与えられていたといえよう。

なお、従来、大坂城第二期普請の開始は天正十四年二月十五日とされてきたが、典拠となる秀吉朱印状では一柳末安に大坂普請が命じられている[25]。一柳は天正十三年九月に大垣城に転封となり、翌年には聚楽第普請に担当が変わっていることから、当該文書は天正十三年に計画されていた大坂城普請で、紀州攻めによって延期となったと捉えるべきであろう[26]。

【史料二】[27]

急度申遣候、当月自廿三日大坂普請申付候、然者石持棒之用にて候、ふとさ二尺か三尺、長さ四間・五間、檜之直成を百本早々剪可相越候、急用候間、不可油断候也、

二月十七日（朱印）

右の文書からは、天正十四年の二月二十三日に第二期普請が開始予定で、石の運搬用の檜の棒が集められていたことが読み取れる。他の史料でも蜂須賀家政に二十三日からの普請開始と三分一役の普請役が通達されており、石場の定書も同日に出されている[28]。

さて、聚楽第の普請は年内には大方終わり、九州攻めから帰陣後の天正十五年九月、秀吉は大政所・北政所とと

もに聚楽第へ移徙を行った[29]。ただし、秀吉はこれ以降も京都と大坂を頻繁に往復しており、政策判断や文書発給は基本的に秀吉の居所で行われていたため、聚楽第と大坂城の政治的役割に大きな優劣を見出すことは難しい（本書第五章参照）。いまだ全大名に在京が命じられたわけではないが、横田氏自身も挙げる通り、外様大名の中には長宗我部元親や佐々成政のように、天正十三年以降、大坂に妻子を置くように命じられた事例が見られる[30]。

また、秀吉の認識として興味深いのは、天正十四年四月に大友宗麟をもてなした際の記録である[31]。秀吉は大坂城で秘蔵している四十石・松花・佐保姫・撫子・百島の五つの茶壺を並べたのち、「此外京に双月と串御壺、近江にすて子と串御壺、淀に白雲と串御壺ヲ被置候、何も御秘蔵にて候」と述べている。つまり、秀吉は大坂・京都・近江・淀に自らの秘蔵の茶器を分置していたのである。実際、この時期の秀吉は京都や大坂以外にも、淀や坂本（のち大津）などに定期的に足を運んでおり[32]、大坂（大坂城）・京（二条屋敷、のち聚楽第）・近江（坂本城、のち大津城）・淀（淀城）が秀吉の重要拠点であったと見なすことができよう。もっとも、恒常的な在城は大坂と京都に限られた。

それゆえ、〈首都〉は聚楽第（京都）以外で成立する可能性もありえた。天正十七年二月、宣教師のガスパル・コエリョは、秀吉が淀城を大坂城にも劣らぬ規模に拡張することを目指し、五千人以上の人夫を動員して普請を進めている様を伝えている。その中で、「あらゆる大諸侯たちがそこに自邸を構えるように望んでいる」との秀吉の意向を記している[33]。よって、全大名の屋敷を抱える淀城下の計画は、のちの伏見城下の祖型であった可能性が高い。

淀城の拡張普請は一般に、天正十七年の茶々（淀殿）の懐妊を契機に本格化したと考えられている。確かに、秀長を中心に大規模普請が開始されたのは同年正月のことである。しかし、全ての淀城普請関係文書を同年に引き付けて理解することは、はたして妥当であろうか。例えば、著名な次の史料について検討してみよう[34]。

【史料三】

就淀御普請、何も国次御免許之所も被仰付候へ共、貴所御理之事候間、宇治之儀、任御免除之旨令用捨候、

恐々謹言、

浅野弥兵衛尉
二月四日　長吉（花押）
小野木清次
重次（花押）
一柳市介
末安（花押）
上林掃部助殿
御宿所

この文書は、『宇治市史』によって天正十七年の普請を示すものと考えられた。また、村田路人氏は近世の国役普請の起源を探るにあたって、豊臣政権の畿内における国役の初例として位置づけている。その根拠は、同年の秀吉の国役免除状が同文書に残されているからであろう。[35] しかし、浅野が「弥兵衛尉」と称しており、天正十三年以前のものであることは確実である。さらに、浅野の花押がA3型であることから、天正十一年か十二年のいずれかに発給されたと考えられる（本書第一章参照）。浅野は天正十一年の二月には伊勢方面に出兵した秀吉に従ったと思われることから、本文書は天正十二年のものである可能性が高い。[36]

ここから、天正十七年以前に淀城普請が行われていたことが判明する。同年以前の豊臣期淀城について触れたものとしては、福田千鶴氏の研究が挙げられる。[37] 福田氏は淀城の蔵や「淀城衆」の存在を指摘し、交通や物流の要衝であった淀の地を秀吉が早くから拠点の一つとして取り込み、相応の人数を常置していたことを明らかにした。その中でも紹介されている史料では、「淀ニ者、乍留守居、倉之普請申付候とて、松岡九郎次郎（高光）・小野木清次人数申付置候事」とされているが、これは天正十二年三月のものであり、同年には蔵の普請が行われていたことが確認できる。[38]

普請の期間を推定する際に参考になるのが、近江の給人・代官に宛てて「淀城用」の「塀覆百間分」を大津まで運ぶよう命じた秀吉書状で、差出や宛名の呼称から天正十一年の発給と考えられる。これは、普請の準備の可能性があるだろう。また、天正十二年四月には本丸や外門の普請状況を秀吉が尋ね、小野木も松尾社から竹や鳥居用の木まで伐採しようとしており、普請が続いていたことが確認できる。[39]その時期から、淀城が山崎城の機能を引き継ぎ、淀川流域を抑えるための拠点として、大坂城・二条屋敷と前後する形で築かれたと推測できよう。

天正十二年十月、秀吉は初めて淀城に入っており、以降、約三か月に一度ほどの頻度で淀城を訪れている。その頃には相応の建物があったと思われるため、天正十二年春の普請を第一期と評価できるだろう。翌年六月には「淀城衆」として大野治長の名が見え、十月以降の上山城地域の検地に際しても拠点が置かれ、松浦重政ら検地奉行や所司代の玄以などが淀城に詰めている。検地終了後、松浦重政が「上山城之代官」として淀に在城していることが確認できる。[40]これらから、淀城は政権の重要な拠点城郭として機能していたと評価できる。なお、松浦は鶴松（お捨）の傅役となった家臣であり、この後、鶴松に従って妻子・家臣ともども淀から大坂へ移り、淀城代は太田牛一へ、伏見代官の地位も長谷川宗仁へと交代している。[41]

また、天正十七年の淀城第二期普請に関しても、前年二月前後には既に石垣構築のための手伝人足が選定されており、八月にも二の丸の材木が集められているため、茶々の懐妊以前から計画されていたと思しい。ゆえにその本来の目的も、大名屋敷地の開発に関連する城域拡張と見た方が良いだろう。[42]

（3）大名在京命令の再考

さて、天正十七年九月の大名在京命令は、京都の位置づけを大きく変化させた要因としてこれまでも注目されてきた。しかし、この命令をめぐる解釈には後の帰結から逆算したように思われる点が見られ、同時代における状況を検討する必要があろう。

この命令は通説的には、小田原攻めに備えた人質政策として捉えられてきた。それに対して横田冬彦氏は、全大名と正妻の恒常的在京を国制化した、参覲交代の前史たる位置づけを与えた(43)。これらの理解は主に『多聞院日記』に依拠して導き出されてきたが、それ以外に、次のような記載も存在する(44)。

【史料四】

諸大名衆在京付、女中衆悉三年間可有在京之由被仰出旨也、就其大納言殿(秀長)御上并群(郡)山大名衆も壱万石之知行衆者、各以女中方迄可被在京旨口遊也、各雑左(作)成由也、

これによると、大名の在京が義務づけられたことは確かであるが、同時に妻室在京については、三年間の期限つきであったとされている。よって、明言されていない子息はもちろん、妻室についても、この時点では恒常的在京を制度化する方針ではなかったといえよう。実際、小瀬甫庵は秀吉の時代に「国守之廉中并其家之大臣等妻子、大坂・伏見へよひ上せられし」と振り返っており、在上方が定着するのは大坂・伏見であり、聚楽第においてではなかったとの理解を示している(45)。

そして、この段階の後北条氏は豊臣政権傘下の大名であり、関係の破綻は同年十一月の名胡桃城事件まで待たねばならない。また、秀吉は小田原攻めの最中に大名に妻室の帯陣を許している(46)。よって、通説的理解も改める必要があるだろう。時期から考えるならば、大名在京令の直接的要因は、天正十七年五月に生まれた鶴松の大坂城移徙(八月二十三日)と、それに伴う九月の北政所の聚楽第入りに求める方が妥当であろう。というのも、小田原攻めにあたって大名妻室が集められたのが聚楽第であり、それを管轄したのが北政所であったからである(47)。

天正十七年十一月、秀吉は朝廷から豊臣家による関白職世襲を公認され、翌月には鶴松の関白任官が取り沙汰されたが、幼少のために延期したと見られる(48)。大名集住の地が淀ではなく、聚楽第とされたのは、河川の合流地点にあたる淀は水害に見舞われやすく、屋敷地を広げにくいという地理的条件に加え、鶴松の関白襲任を見越して京都の重要性が再浮上したためであろう。結局、小田原攻めに伴い、鶴松は茶々とともに聚楽第へ移るのだが、秀吉は

鶴松への継承を明確に意識し、それを政策に反映させていたといえよう。

天正十九年正月、秀吉は朝廷に対して、夏頃に再度の聚楽第行幸を申し入れる旨を伝えている。(49) このことから、同年閏正月以降の「京都改造」も鶴松への政権継承を念頭に置いたものと捉えうるが、同年八月に鶴松が淀城で夭逝したのち、秀吉はそれまで頻繁に赴いていた淀城に一切足を運ばなくなる。翌年三月に壬辰戦争(文禄の役)のために名護屋へ出陣した際も、淀川右岸の唐道(西国街道)を通り、八月には淀に架かっていた橋を廃して、橋本に新たな橋を架けさせる。橋の位置を元通り橋本から淀に戻したのは、お拾(秀頼)生誕直後の文禄二年閏九月のことであった。(50) よって、鶴松の死によって、淀自体が拠点城郭としての役割を喪失したといえよう。

鶴松の死の直後、秀吉は家督と聚楽第を秀次に譲り、「唐入」と大坂への隠居計画を公表した。天正二十年四月、小西行長らが朝鮮へ上陸し、秀吉は名護屋城に着陣する。名護屋は「兵営として移動する首都」と横田氏によって評価された通り、在陣諸将の陣屋が形成され、諸大名の文化的交流が加速した。(51) そのため、この段階では、徳川家康も名護屋が朝鮮帰陣後の秀吉の「御隠居所」になるとの見通しを示していた。しかし翌月、漢城(現在のソウル)陥落の報を受けた秀吉は三国国割構想を打ち出し、自身は寧波に「御いんきよ所」を移すと述べるに至った。(52)

このように、秀吉の拠点構想は後継者問題や戦局に左右され、良くいえば柔軟に、悪くいえば節操なく変化したが、この段階では大名屋敷や妻子の居住地は変わることなく、京都(聚楽第)が〈首都〉であったといえる。ただし、大坂も〈首都〉機能を分有する存在であったのは、聚楽第との政治的互換性や、文禄二年正月に九州と中国の領主・留守居の妻子が一時的とはいえ大坂に集められたことからも理解されよう。(53) 翻って、「大坂遷都構想」は天正十一年八・九月の極めて短い期間にのみ確認できるため、のちの三国国割構想同様、秀吉の大言壮語と捉えた方が理解しやすいだろう。しかし、大坂を〈首都〉とする試み自体は、京都からの遷都という形ではなく、複数の〈首都〉の併用という形において実現したと捉えうる。

では、大名たちの実際の在京状況はいかなるものであったのだろうか。在京命令が出される以前、比較的長期間在京する大名は前田利家など少数であった。多くの大名は服属や諸儀礼、普請・出陣などに合わせた短期間の在京が主だったようだ。大大名は秀吉との謁見時に京都屋敷と在京賄料を下賜され、一部の家臣を駐在させた。また、在京命令以後も、小田原攻めなどによる在陣が重なり、大名在京が進むのは天正十八年末から翌年にかけてであった。よって、基本的には大名自身が京都に揃う機会は少なく、彼らが一堂に会して日常的に交流するような状況は、壬辰戦争時の名護屋城下に萌芽的に見られ、「秀次事件」前後の伏見城下において結実することとなる。[54]

また、大名の在京に伴い、下国の認可権が問題として浮上した。一般的に大名やその子息らは、秀吉への仲介者たる奉行層に暇乞いを申し入れ、奉行が秀吉の機嫌を伺いつつ、折を見て披露し、無事に認可されるという手順を踏んだと思われる。[55]したがって、奉行の不在や思惑によって暇乞いの言上が遅延・拒否される場合があるため、大名の奉行層への依存度合が高まる結果となった。

なお、【史料四】では、在京の対象は一万石以上を知行する「大名」の妻室と噂されており、豊臣期において、万石以上が武家区分における一つの基準として認識されていたことも読み取れる。従来、万石以上を「大名」とする規定は寛永期が初見とされ、ゆえに、豊臣期の有力領主の区分は、①公家成・諸大夫成、②官途呼称に領国名の入っている国持、といういずれも官位制に関わる序列のみが指摘されてきた。[56]豊臣期に万石以上が一般化されたわけではなく、寛永期の規定には直結しないが、武家領主結集としての〈首都〉集住における基準に採用されたとすれば、その意味は軽視できない。また、「郡山大名衆」という呼称からは、秀長配下の大身家臣（横浜一庵・羽田正親など）もその対象となる可能性が取り沙汰されていたようであり、いわゆる「大名」の規定というよりも、陪臣も含む有力領主の基準といえよう。先の甫庵の回顧からも、大名の妻室と重臣の妻子が対象であったとの同時代人の認識を窺いうる。[57]

二　豊臣期〈首都〉の確立

（1）本宅としての伏見

天正二十年八月、秀吉は母である大政所の危篤の報を受け、名護屋から一時帰京する。その際、伏見において「御隠居所」の屋敷普請を秀次に指示しており、自身の朝鮮への渡海延期に伴い、最終的には上方に戻ることを想定するようになった[58]。再度名護屋まで出陣するものの、文禄二年八月にお拾（秀頼）が誕生すると大急ぎで帰京し、伏見屋敷を拠点城郭に拡張する。秀吉が「過半」を伏見で過ごす計画とともに、大名屋敷も与えられる可能性が取り沙汰され、閏九月には大坂から伏見に移徙をした。大名は「御いんきよ《隠居》へ相つくしゆ」、すなわち秀吉付きと秀次付きに分かれたが、移転に伴う聚楽廻の大名屋敷の家割などは両者の承認のうえで策定しており、分裂というよりも協働による〈首都〉の分有と考えられる[59]。

同年十一月には伏見で祗候するための屋敷普請が大名に命じられているのが確認でき、淀の架橋に参加していたと思われる堀秀治が伏見での普請に急遽戻っているのもこのためだろう。秀吉付きの大名の伏見屋敷は「主屋敷」とされ、本宅と位置づけられたが、大坂や京都の屋敷もなお併存した[60]。こうして、伏見の国家編成における重要度が増し、豊臣期の〈首都〉は新たな段階に入った。なお、伏見の秀吉屋敷の北には秀次屋敷（後の前田利家邸）が隣接し、そこから北側に池田照政・堀尾吉晴・田中吉政・山内一豊ら秀次宿老の屋敷が展開しており、閏九月に秀吉がそれらの邸宅に御成をしていることから、当初の城下の様相が垣間見えよう[61]。

文禄三年正月、秀吉は伏見城（指月）と大坂城（第三期）の同時普請の計画を定める。伏見では惣構堀・石垣、大坂では惣構堀の普請が三月から開始され、淀城からは天守や広間・矢倉などが解体され、伏見城へと運ばれた[62]。八月には普請は大詰を迎え、秀吉は九月に伏見の本丸御殿へと正式に移徙する。この間、秀吉はお拾の大坂から伏見への移徙を急いだが、鶴松の先例もあって茶々から反対され、せめて伏見の普請の様子を見せたいので「五三日中」に迎えに行くと伝えている。結局、同年十一月にお拾の伏見移徙が実現した。[63] なお、淀城には木村一、「秀次事件」後には松岡高光が入っている。[64]

これに伴い、秀吉直臣層の多くも妻子とともに伏見へ引っ越した。直臣層の伏見移住に関しては、典拠となる奉行連署状の年次比定をめぐって、諸説が混在しているので、整理をしておきたい。

【史料五[65]】

為　御意急度申入候、来三月以前ニ各妻子伏見へ可被引越之旨、堅被　仰出候、早々御越尤候、不可有御由断候、恐々謹言、

長束大蔵

十二月二日　正家（花押）

増田右衛門尉

長盛（花押）

石田治部少輔

三成（花押）

浅野弾正少弼

長吉（花押）

御宿所

薄田隼人佐殿

【史料六[66]】

覚

一、御馬廻・御小姓衆十二組之内、知行手寄ニ付、在聚楽被相定衆□伏見へ妻子引越可有住宅之事、
一、大坂ニ被置候衆、今以其通候間、就□新儀ニ私宅用意之儀も無□事候間、在伏見之衆在付候中、六月迄百日之間ハ在大坂之□候て、御普請并御供番無懈怠可被相勤事、
一、十二組右両所ニ被相分被仰出上者、知行〳〵へ妻子引越、在郷之面々太以不可然候、所詮自今以後被仰出之儀、両所ニ住宅之衆迄へ可被相触、其外在郷之面々へハ一切御無用之事、
一、如此相定候上、違乱之面々在之ニをいてハ、十二組可被相放事、
一、番頭公儀御用として他出之時ハ、其く（組）ミ高知行取として、公儀御用組中相談候て、不可油断□（事）、
右、只今可得　御諚候へ共、先為各如此候、重而可申上候、以上、

二月廿二日　民部卿法印（玄以）（花押）
長束大蔵（正家）（花押）
石田治部（三成）（花押）
増田右衛門尉（長盛）（花押）
浅野弾正（長吉）（花押）

真野蔵人殿

【史料五】を文禄三年、【史料六】を同四年に比定するのが曽根勇二氏・中野等氏である。一方、跡部信氏・平井上総氏は【史料六】を文禄五年のものと見る。[67] これらの連署状の奉行の花押型を見ても、【史料五】は文禄三・四年、【史料六】は文禄四・五年が該当するため、それだけでは絞りがたい。

【史料五】には「来三月以前ニ各妻子伏見へ可被引越」とあり、【史料六】には「在聚楽被相定衆□伏見へ妻子引越可有住宅之事」とあるため、前者の説では文禄三年末～翌年初頭に、後者の説では文禄四年末～翌年初頭に直臣層の伏見移住が命じられたことになる。そこで、家臣の移転状況を確認すると、天正十三年から十五年頃までは妻

子とともに大坂在住であった稲葉重執（重通）は、天正十八年までには京都に移住していたが、文禄四年正月に「伏見ニ住居」と記されており、今度は伏見に移っていることが確認できる。[68] 同じく天正年間には大坂に屋敷を有していた秀吉右筆の白江正重は、秀吉の不在時にも大坂におり、時折上京するだけの在坂衆であった。ところが、天正二十年以降は名護屋への在陣が確認でき、その後、文禄四年三月頃には伏見在住に変わったことが判明する。[69] また、同じ頃、小西行長の兄・如清も、その妻とともに大坂から伏見へ屋敷を移すように命じられている。[70] よって、これらの状況証拠から、伏見への屋敷移転は文禄四年初頭と考えられ、【史料五】は文禄三年、【史料六】は同四年と見るのが妥当と結論づけられよう。

実際、浅野は「秀次事件」の影響もあって、文禄四年六月を最後に奉行連署状に名が見えず、政権中枢に正式復帰するのは秀吉の死の直前となる。そのため、やはり【史料六】は文禄五年には比定しがたい。なお、この掟書が効力を有したかについては、知行地が大坂城に近在し、番役や普請役を勤める馬廻は移住を免除されていることが別の史料[71]から確認でき、【史料六】の二条目に相当するため、施行が裏付けられる。

文禄四年七月、「秀次事件」が発生し、聚楽第は破却され、石垣や建造物は伏見城の大名屋敷などに転用されるようになる。同時に、京都の大名屋敷も大半が伏見に移転する。これ以後、大名が伏見に滞在する期間は長期化し、結果的に大名の恒常的在京も達成されることになった。ここに、外様を含めた大名とその家族の本宅としての〈首都〉が確立したといえよう。[72]

その後も、秀吉は慶長二年正月から伏見（伏見山城）と京都（三条屋敷、のち京都新城）の同時普請を命じ、伏見山城は四月にはほぼ完成し、翌年七月頃まで普請は継続したようである。[73] 京都新城は慶長二年八月に完成し、翌月に秀頼が移徙したうえで参内しているが、基本的にこの後も秀頼の居所は伏見にあり、京都新城は将来的な秀頼の関白任官を視野に入れた在京拠点と考えられる。[74]

慶長三年八月に秀吉は伏見山城で死去するが、その遺言では、伏見には徳川家康の統括下で西国大名が、大坂には秀頼と後見の前田利家の統括下で東国・北国の大名が居住する計画となっている。伏見と大坂の両者が〈首都〉として認識されていたためであろう。また、慶長四年十月の家康による置目改め（本書第四章参照）の後、三奉行は豊臣直臣層に対し、「在伏見・在大坂之事、知行之手寄其身之勝手次第ニ可有住宅之旨候」と告げており、大坂への誘導がなされつつ、ここでも一元化は志向されていない。[75]

（2）城の郭内から見た政権構想

城郭史の分野では、城の構成から権力構造を見通す試みがなされている。千田嘉博氏は安土城において、山頂に天守を中核とする信長の居所が聳え立ち、山腹から山麓にかけて一族や重臣らの屋敷が階層的に配置されていることから、極めて求心的な権力構造が城郭に反映されていると評価した。[76] ここではかかる観点を応用すべく、秀吉が城の郭内（大手門の内側）に誰を取り込んだのかを検討し、もって政権構想や〈首都〉の役割の差異を読み解いていきたい。

まず、大坂城について。大澤研一氏は、①一族や取立大名の屋敷は二の丸の外（城外）に置かれた一方、②奉行層の屋敷は二の丸（城内）に置かれたと推測し、③大名屋敷が京都・伏見と大坂に併置されており、京都と大坂の政治機能がセットであったと指摘している。[77] ①や③については首肯できるが、②については検討の余地がある。

奉行層の例として挙げられているのは石田三成と松井友閑だが、三成の屋敷については、慶長四年九月段階でも「石田治部殿（三成）ハ城外也、木工殿（石田正澄）者城内」とあり、城外（備前島か）に所在している。[78] よって、城内にあったのは兄の正澄の屋敷であって、三成の屋敷ではない。また、正澄の屋敷が郭内に移ったのは、文禄期の堺奉行就任後か慶長四年正月の秀頼の大坂城移徙時の可能性が高く、当初より所在したとは考えにくい。

また、松井友閑が奉行層と捉えられている一方、大谷吉継は取立大名と分類されており、奉行層の定義に曖昧さを残す。友閑の立ち位置を探るべく、従来は注目されていない次の史料を検討したい。

【史料七】[79]

御茶湯ノ衆次第

一、大徳寺ノ和尚　四人
　導　民部卿法印（玄以）

二、大坂御城之内ノ衆
　三松軒（津川義近）　宮内法印（松井友閑）
　休夢斎（小寺高友）　宗久（今井）
　宗無（山岡）　宗甫（重）
　紹安（千道安）　宗安（渡辺）

三、大坂堀ノ外之衆
　美濃守（秀長）　竹田法印（定加）
　金森五郎八入（長近）　徳雲軒（全宗）
　蜂屋出羽守（頼隆）　宗仁（長谷川）

（後略）

これは、天正十三年三月八日に催された紫野大茶湯の出席者を示したものである。ここで、「大坂御城之内ノ衆」（郭内に屋敷を持つ者）として、友閑ら御咄衆（御伽衆）と今井宗久ら堺衆（茶人）の名前が挙げられている。一方で、「堀ノ外之衆」（郭外に屋敷を有する者）として、秀長のような一族大名とその他の御咄衆が列記されている。同時に、医師（竹田定加・徳雲軒全宗）・織田旧臣（金森長近・蜂屋頼隆）・商人（長谷川宗仁）らも大坂城郭外に屋敷を有していた人物として新たに浮上する。なお、後略以下には高山右近や稲葉重執（重通）など、大澤氏によって城外に屋敷を持つと推測された人物も列記されており、史料的な信憑性は高い。

「大坂御城之内ノ衆」に挙げられる人々は、大坂城で開かれた茶会でその名が頻繁に見える。後世の記録である『源流茶話』では、山里丸の四隅に茶席を構え、秀吉が御伽に召し出した茶人として、千利休・今井宗久・津田宗及・重宗甫・山岡宗無・千紹安・山上宗二の名前が挙げられている。彼らは大坂で屋敷を有したと推測されているが、多くが当該史料と合致する。また、小寺休夢については、天正十四年十二月には大坂に屋敷があるのが確認でき、妻室もいたようである。山科言経は秀次邸と前後して休夢邸に出向いており、秀次は二の丸外の南西部に屋敷を構えていたとされるため、休夢邸がその周辺にあったことはわかるが、場所は読み取れず、【史料七】によって初めて郭内と判明する。[80]

大澤氏は、天正十三年二月段階で友閑の屋敷が二の丸に確認できるため、従来二の丸普請とされてきた大坂城の第二期普請を外堀普請と推測する。当該史料によれば、確かに同時期に郭内と郭外に屋敷が所在するが、同時に堀も既に存在したようである。おそらく第一期普請（もしくは本願寺・織田期から）から大坂城の内外を区切る堀が存在し、それを拡張して石垣造りにしたのが第二期普請であったといえよう。

以上から、大坂城の郭内には御咄衆と茶人（堺衆）が屋敷を構えていたと考えられる。実際に、同じく堺衆の薩摩屋宗忻も「関白の政庁に出入りしてその寵を得、茶の湯の礼法に精通しているためか、大坂城に近く立派な屋敷を構えていた」とされ、大坂城では茶人が重用されていた。この時期、千利休が「内々之儀者宗易」「宗易ならてハ　関白様へ一言も申上人無之」とされるように、政権内における茶人の立場は高く、それが郭内構造にも反映されているといえよう。[81]

このように考えると、城下の屋敷のみから大坂城を豊臣「家中」の城とする横田氏の評価[82]も、修正が必要となろう。【史料六】によれば、馬廻や小姓などの直臣層は知行地の遠近により、京都と大坂に居宅が分けられている。一方、天正期に郭内に屋敷を有した茶人らは「家中」の枠では捉えがたい。

この後、天正十七年八月に鶴松が淀城から大坂城へ移徙し、淀城衆が大坂城内にも入ってきたと推測される。また、先述の通り、慶長四年には石田正澄ら秀頼付きの家臣の屋敷が城内で確認できる。よって、時期によって郭内の構成員が茶人衆から直臣層へと変化した可能性があろう。

ついで、聚楽第について。天正十六年頃の様子を描いたと思われる三井記念美術館蔵「聚楽第図屏風」には、外郭内（鉄門より内側）に蒲生氏郷・浅野長吉・前田利家の屋敷が確認できる。また、東京芸術大学所蔵「探幽縮図」には、内郭に玄以と山口宗長の屋敷が描かれている。(83) さらに、国立国会図書館蔵「日本古城絵図」所収の「聚楽古城之図」には、それ以外に外郭内に秀長・秀次・小吉秀勝、堀秀政・長谷川秀一・長岡忠興、有馬則頼・千利休の名前が見える。

文献史料では、京中屋敷替直後の天正十九年、聚楽第の「東御門」（鉄門）の門番として、堀秀治・池田照政（輝政）・長谷川秀一・木村一・浅野長継（幸長）・玄以の名が見える。(84) 門番を統括する者の屋敷は外郭内にある可能性が高く、長谷川・玄以は右記とも合致し、堀秀治と浅野長継は父からの継承と思われるため、絵画資料の信憑性は高いといえる。それに加え、秀次配下の池田・木村が郭内に移動したのであろう。

よって、聚楽第に関しては一族大名や旧織田系大名が郭内の主要構成員であると捉えられる。この時期、秀吉は官位や豊臣姓・羽柴名字の授与においても織田旧臣を優遇しており、(85) 関白政権の成立に果たした彼らの役割の重要性を読み取ることができよう。なお、聚楽第を秀次に引き継いだ際も、石田三成ら奉行層と長岡忠興ら旧織田系大名が「大門」の御番を定めている。(86)

最後に、伏見山城について。中井家所蔵の「伏見御城絵図」や「伏見古御城絵図」には、郭内に石田三成・増田長盛・長束正家・山岡道阿弥の郭が描かれている。文献史料でも、「奉行衆ノ家」や玄以・増田の屋敷が「丸之内」にあったと記され、存在が裏付けられる。(87) よって、伏見山城の郭内には奉行衆（「五奉行」）が屋敷を有していたといえる。その前史としては名護屋城の「弾正曲輪」が想起され、朝鮮との交渉役であった宗義智や小西行長の取り成しをしていた浅野長吉が郭内に所在していたとされる。(88)

このように、大坂城では堺衆・御咄衆、聚楽第では一族・織田系大名、伏見山城では奉行衆がそれぞれ郭内に屋敷を有していた。これは、大坂では堺を取り込み、内向きにおいて茶人が活躍し、京都では関白秀吉のもとに一族・織田系大名を編成し、伏見においては奉行層が政権中枢として政務を担当していたことにそれぞれ対応し、諸段階における政権構想が郭内構造に反映されていると結論づけられる。ただし、家格や石高などの政権内での序列とは連動しておらず、天下人秀吉との親疎や各城の特徴と捉えうるため、階層性を示すものとはいえないだろう[89]。

ここまでの検討をまとめると、秀吉や秀頼の居所選定や大名屋敷の所在、および大名の恒常的在京は、政治状況によって目まぐるしく変化した。よって、従来、「首都の一元化」とされた事象はそれらの帰結として捉えるべきであり、それ自体を目的と見なすことは適切ではないだろう。また、拠点城郭の同時普請や郭内への住み分け、複数の大名屋敷の存在からは、京都・伏見・大坂の連動性や併用性が強く読み取れ、秀吉の生前から死後に至るまで、〈首都〉は多重的なあり方がむしろ常態であったと考えられよう。

三　異国人から見た豊臣期の〈首都〉

(1)〈首都〉併用の意図

先にも触れた木下勝俊「さか衣」には、「ひとしくめくりすませ給へる、くれ竹のふしみの御所、花のみやこの殿は、聚楽世ゆつりてひゝきのゝしる」とも記されており、秀吉が大坂以外にも伏見・京都を複数の居宅として活用していたことが確認できる[90]。そのように捉えた場合、移動や利便性の面から、なぜそのような形態を採ったのかという疑問が出てくるだろう。これについては、秀吉の大陸侵攻に際して、日本で諜報活動を行っていた中国商人が「(秀吉は)東西に泊まり歩いて(その日の宿泊地を)人に知らせず、それによって暗殺されることを防いでおりました」と報告しているのが注目される。[91] すなわち、秀吉が自身の居所を定めない理由は護身のための作為と推察されていたのである。

また、宣教師のフロイスは、少し異なる角度からその事情を観察している。器用で活発な秀吉は、一か所に長く留まることができない性格であったため、京都や大坂の普請場を交互に往来していたという記述[92]がそれである。実際、秀吉は自ら聚楽第や大坂城、伏見城の普請場を行き来して大名たちを叱咤激励しており、それを一個人の性格と捉えるかは別として、公儀普請を大名の奉仕の場として活用する狙いと、いずれの拠点城郭も自らの居城として扱う秀吉の意図は読み取ってよいだろう。

このように、秀吉や政権が〈首都〉や拠点城郭をどのように扱おうとしていたのかという問題については、国内の史料よりも国外史料の方が明確な記述が多い。本節ではこれらに依拠しつつ、適宜国内史料と対照することで、京都・伏見・大坂の位置づけを浮かび上がらせたい。

（2）京都・聚楽第

基本的に、当時の日本人の認識では、京都こそが唯一の「ミヤコ」であり、異国人も同様に捉えていたことは間違いない。朝鮮の姜沆や柳成龍・朴弘長らは、京都を「王京」や「国都」「京城」「倭京」と呼んだ。[93] また、フロイスも京都を「諸宗派の本山、および日本の国王であり真の主君である内裏が常住する主要な宮殿がある日本の首都」と述べ、ジョアン・ロドリゲスは「全日本の首都であり、その国王の宮廷のある都という都市は、上品で人口の多いところ」と記していることから、朝廷と寺社権門が所在することがその特徴と見られていた。ロドリゲスが京都を「上品」とするのは、言葉が洗練されているためであり、その背景として朝廷の存在を挙げている。また、和歌の愛好や花見での折り枝など、伝統や文化面での優雅さを評価していることが窺える。[94]

聚楽第については、空前絶後の規模で立派な「極めて美しい御殿」であり、その豪華さや費用は大坂城の倍であると噂された。また、天皇を迎えるための行幸御殿については、金銀の彫刻や庭園の見事さが特筆されている[95]。同時に、秀吉が造営した天正度内裏についても「古来諸国王が所有していた宮殿に劣らない豪華宏壮な宮殿」と表現され、東山の大仏殿（大仏寺、のちの方広寺）の巨大さも記されていることから、京都が武家・朝廷・寺院から構成される権門都市として捉えられていることがわかる[96]。

大名屋敷については、秀吉が京都の大名屋敷を大坂よりも優れたものにするよう命じたとされる。その数は三百八十、ないし四百とも記録されるが、これは「京都改造」後の最盛期の数字であろう[97]。聚楽第の周辺は町屋を立ち退かせて大名屋敷のみにし、秀吉自らが家割を定め、直線的な街路と広場を作ったという。そのため、巡察師のヴァリニャーノは「全般的にも個別にもまったく素晴らしく壮大で、ヨーロッパのどこと比較してもやはり素晴らしくきわめて力に満ち、且つ崇高に思われる」と極めて高く評価している。フロイスも「街路が整然としていることやその美しさ、また屋敷の新鮮さ、清潔さ」や「建物の完璧さ」に関してはヨーロッパよりも優れていると評価する反面、木造であるため防御性に劣る点や、装飾・趣向における多様性の欠如、聚楽周辺以外の地域や都市、町人の邸宅や生活水準については比べ物にならないと見ている[98]。

他方、これらの普請にあたっては、大名らの負担は大きく、財政の逼迫が深刻であったことや、町人たちも強制移住させられ、無償で労役に従事していたことも記されている[99]。豪華な建造物の陰には、「専制君主」による強要と、武士・民衆の重い負担があった事実も軽視できない。

「京都改造」に伴って、諸国からの人々の移住が加速し、建物や住宅の数も急増、京都は変貌した。祇園社執行が「殊更天下太平にて、諸大名衆御在京ニより、参詣人もおゝく御座候」と述べた通り、天下一統によって大名在京が進展し、都市に賑わいを添えた。フロイスは「御土居」の上に竹を植えた理由を美観のためと記し、寺町の形成も都市の防御線と町共同体からの分離を目的と見ている[100]。

「秀次事件」後に聚楽第を破却した理由は、秀吉への反逆者が再び出ないように、秀次の治世と痕跡を抹殺するためと噂された。そして、屋敷や宝物などは伏見城に運び去られた。実際、聚楽第や大名屋敷は伏見などに転用されていることが国内史料からも確認できる。伏見築城後（特に「秀次事件」後）は武士や民衆が伏見に移り、京都からは「以前の優雅さや豪華さが大いに失われてしまった」ため、静かとなり、群衆や混雑が緩和されたという。政権の政治拠点が伏見に移る一方で、朝廷と寺院は京都に残されたが、慶長期には京都の町屋は八万を超えていたともされる[101]。

これらをまとめると、京都は朝廷や寺社の存在から伝統・文化都市としての性格が強く、聚楽第造営後は政治的な役割も加わったが、伏見築城や「秀次事件」によって、後者は退潮したと見なせる。また、聚楽第や大名屋敷の成立当初は、大坂城や大坂よりも規模や豪華さで上回っていたことから、朝廷への出先機関や副都として京都を評価するのは妥当ではないと判断される。しかし、秀次への譲渡後は「秀次の城」としての色彩が強まり、そのために破却されることになったといえよう。

（3）伏見・伏見城

姜沆は伏見を「新京」、ないし「新城」「東京」と呼んでいる。国内史料では「伏陽」という表現も見られるが、これは築城以前から用いられていた呼称であった[102]。ここで注意したいのが、姜沆が京都と伏見のいずれにも「倭京」を用いている点であり、京都と伏見は二つの都市でありながら、広義の都と見られていた。伏見築城により、武士だけでなく商人も伏見城下に集い、市街地が拡張した結果、京都の南端と接続するに至ったことがその大きな要因であろう[103]。

まず、伏見城の前提にあたる名護屋について見ておこう。名護屋城は聚楽第との類似性が指摘され、諸大名の陣所が立ち並ぶだけでなく、商人・職人や旅宿がひしめき、京都に劣らない豪華さであったとされる。多くの普請従事者の犠牲を伴いつつも、わずか数か月で御殿が完成し、「まったく新しい一都市が出現した[104]」。

伏見城は秀吉が自らの趣向に沿って造営した「日本全国でもっとも豪壮な御殿」と評され、文禄三年九月の移徙については、「非常に愛着を抱いていた伏見」を居所に定めたと書かれている。向島城については、伏見城（指月）よりも豪壮であり、その目的は川を伏見に引き入れるためと推測されている。すなわち、伏見は京都の南側を守る城であり、淀川水運を介して大坂と繋がっていたことが重視されていたといえよう。伏見城の普請に携わった人夫の数は十万人以上とされ、昼夜を分かたず労役に従事させられたが、衰弱や負傷の果てに逃亡を図った者が斬殺されるなど、暴力による強制がその実態であった[105]。

大名屋敷については、拠点城郭化以後、諸大名が京都の屋敷を手放し、秀次付きの大名に引き渡したことが記され、慶長四年九月の家康の大坂入城後は、大名の下国と大坂への移住により、伏見は空になったとあるが、これらも国内史料と符合する[106]。

（4）大坂・大坂城

姜沆は大坂のことを「地勢は伏見より優れ」ており、「西京」であると説明した[107]。大坂と大坂城に関する異国人の記録については、既に跡部信氏の分析がある[108]。その内容をまとめると、大坂の市街地については、①堺と接続し、豊富な食料・物品や腕利きの職人を擁し、②服属した大名らの妻子を人質として収容したことを挙げる。また、大坂城については、③安土と安土城を凌駕する規模・壮麗さを目指し、④大名や使節らを接待する迎賓館的役割を有し、⑤鶴松や秀頼の居城として用いられ、⑥軍事・防御性に優れ、秀頼の避難所として活用された点を指摘している。

本章の内容に沿って、跡部氏の分析を補足すると、①については、大坂が淀川を通じて京都・伏見への入口となっていた点に注目したい。食料や商品などを載せた船が淀川を頻繁に行き交い、大坂は材木の集積地でもあった。国内史料でも、政権や寺社が天満など大坂の材木屋から木材を買っている様子が窺える。京都やその周辺では、聚楽・上京のほか淀や嵯峨などでも材木屋が確認できるが、関ヶ原の戦い後においても大坂の材木屋は大きな位置を占めた(109)。また、大坂の人口については、秀吉死後の段階で七万人を超えるとされ、大名屋敷地の拡張普請に際して立ち退かせた町屋については、住民自らに破壊と移動をさせ、代替地では軒の高さと檜材の使用を揃えるよう命じたが、それらの費用が政権から支給されることはなかったと記される(110)。京都や伏見同様、民衆の負担の重さが看取される。

また、⑤・⑥に関わって、フロイスは天正十三年の天正地震に際し、秀吉が坂本から即座に大坂へと逃げ帰ったことを報じ、その理由を「ここが彼には、より安全と見えたから」としている(111)。つまり、地震など天災に際する避難地でもあり、だからこそ「慶長地震」後も一時的に秀頼とともに大坂城に移徙していたと考えられよう。秀次に関白を譲った後に、秀吉が大坂に居住する旨を述べたことも記録されており(112)、当初の隠居所が大坂城と見られていた点も国内史料と合致する。

そして、大坂城創建当初の大坂が、「日本におけるもっとも主要な政庁」とされているのも重要である。秀吉は戦争後には休養のために大坂に戻ったとされ、秀吉自らも「大坂へ納馬」と記している(113)。つまり、天正十年代前半の大坂はまさしく秀吉の本拠地であったのである。なお、聚楽第造営後も大坂は政権の政治拠点として認識され続け、慶長期に至っても、「太閤の政庁は現在、伏見と大坂にある」、「日本の政庁の中心であり、国王(天下人)の都市である大坂と都」とあるように、京都(および伏見)と大坂が日本の二大都市として評価されている(114)。

以上より、京都・伏見・大坂のいずれもが「政庁」であり、大名屋敷を有する巨大都市と認識されていたことは明白であろう。なお、朝鮮では漢城・開城・平壌が「三都」とされており、そうした認識が右の「三都」観にも反映され、東アジアの共通認識としての複都制に重ねて理解されていたと思しい(115)。そして、京都は儀礼・文化都市、伏見は政治都市、大坂は経済・軍事都市としての意味合いが強いことも読み取れる。こうした各都市の役割分担は「京都改造」と名護屋築城にその始原が見出せ、文禄期に整理された(116)。また、豊臣期の「三都」の並立は、政権が諸身分集団（公家・寺社、武家、商人）に立脚する形で国家を統合したことの象徴と見てよいだろう。

おわりに

本章における検討の結果、豊臣期の〈首都〉は、従来のような「一元化」論や単線的理解から捉えるよりも、むしろその多重性にこそ特徴を見出すべきだと結論づけられる。また、そうしたあり方は当初から定まっていたわけではなく、政治過程に左右され、様々な選択肢の中から段階的に複数の〈首都〉が成立したといえよう。ただし、こうして成立した豊臣期の〈首都〉は常に「三都」として固定されていたわけではなく、複都制に近い併存状況にあったと捉えるべきであろう。加えて、豊臣期の「三都」（伏見・京都・大坂）がそのまま徳川期の「三都」（江戸・京都・大坂）へと継承されたわけではないことにも注意が必要である。最後に、この点について展望しておこう。

帰国後に姜沆が描いたと見られる「倭国地図」は朝鮮における日本地図に大きな影響を与えたとされるが[117]、そこでは「国都」（京都）・「伏見」・「江戸」の三都市が二重線で囲まれて表現されている。これは、江戸幕府成立後は大坂の代わりに江戸が「三都」に入ったという認識を示すものと思われ、「内府が政府を大坂の市からこの伏見城へ移転させた」という宣教師の報告や、家康の伏見在城によって大坂が「さひ《寂び》まいらせ候へく候」とする芳春院の推測とも一致する[118]。

また、慶長十年代には、江戸は大名屋敷の立ち並ぶ「新都」であり、将軍継承者たる「秀忠の首都」「王子の政庁」と考えられていた。一方で、駿府は家康の政庁で、江戸とともに「東方の宮廷」とも書かれるが、都市の壮麗さは江戸に劣ると評価されている。伏見を家康の「政庁」と位置づける見方も根強く、京都は朝廷・寺社勢力の色濃い都である一方、大坂は「日本で最も美しく、大いに商業が発展した都市の一つ」であり、資財の多さと城の堅固さがたびたび紹介される[119]。

このように、京都・伏見（のち駿府）・大坂・江戸の関係や評価は時期や記主によって異なり、一七世紀前半に関してもやはり、豊臣期同様、〈首都〉の複線的な変遷を想定する必要があるだろう。また、一般に、徳川期の江戸・京都・大坂が「三都」と並列されるようになったのは一七世紀末期とされる[120]。その場合の「三都」の選定理由は既述の近世〈首都〉の捉え方とは異なるものといえ、少なくとも豊臣期の「三都」と徳川期の「三都」を同一線上で議論するのは難しいといえよう。

第七章　豊臣政権の竹木統制

はじめに

幕藩制国家論の展開の中で、高木昭作氏は天下人を国土領有の体現者として評価した。豊臣政権が太閤検地を通して、山野河海の領有権を接収して小物成を設定し、大仏殿などの普請に際しては諸国から材木が調達されたように、大名領内であっても潜在的には天下人が国家的領有権を有したと捉えたのである[1]。それに対し、村の入会の習俗を重視する藤木久志氏は、政権の山野河海への介入はあるものの、全領域を包摂したわけではなく、政権による山野相論への対処も中世以来の在地の先例（用益事実の維持）に依拠していたと主張した[2]。

織豊期の研究においても、安治村の葭年貢を分析した藤田恒春氏が、小物成から直截的に国家的領有権を導く高木説に疑問を呈し、検地帳外の用益権を小物成高として個別に設定し、政権が蔵入地として徴収する過程を解明した。山年貢に注目した藤田達生氏も、大仏殿（方広寺）造営に伴って畿内・近国において山奉行が順次設定されたと推測し、太閤検地のみに画期を結びつける見方を修正している[3]。こうして、一律的・普遍的な国家的領有権という捉え方は相対化され、在地の用益権を尊重しつつ、その貢租化が個別の対応として進められた点が重視されるようになった。

このような豊臣政権による山野河海の用益権への関与のうち、山林や藪については、特に京都周近における直轄化が従来から指摘されており、岩沢愿彦氏は政権初期から山林の蔵入地化が進められ、支配地域の拡大とともに全国的規模になったと見通した。その目的は山手銭徴収だけでなく、燃料や資材の確保にもあったとし、竹木奉行を直轄山林の代官と推測した。一方で、朝尾直弘氏は山林奉行（醍醐では御牧景則）と竹木奉行（畿内では寺沢広政）が分化しており、前者は山林経営の管理や伐り出し業者の統制をしていたと捉えている。[4]

また、寺社と政権との折衝過程を考察した伊藤真昭氏は、天正十四年（一五八六）の藪検地によって、寺社から運上竹が徴収され始め（一部の寺社では訴えにより免除）、翌年の山検地で山城の全ての山林が直轄化され、天正十九年に寺社に対して竹木伐採禁止命令が出されたことを指摘した。また、それらの奉行として所司代以外の担当者も析出している。[5] このように、山や藪の検地を通した山林竹木上納の事実が解明されてきたが、上納の具体的方法や竹木の生育状況、在地側の管理の問題など、竹木そのものへの検討は薄い。

織豊期以前の山林竹木の研究においては、社会史・心性史の成果が目を惹く。中世の寺社では四至内の山林竹木は仏神の荘厳として伐採が禁止され、「四壁の竹木」は敷地の境界を意味する呪術性と地盤強化の技術面の双方で重視されたという。城館においても竹木が繁栄の象徴として人為的に植えられ、自焼没落や検断の後に城館跡の竹木を切り払う習俗が析出されている。[6] 竹木の有する聖性と資源という両面性が明らかにされてきたといえよう。

資源という観点では、軍事や城郭における利用をめぐる研究蓄積も豊富である。[7] 藤木氏は戦国大名が軍需資材確保のために恣意的な山林直轄化を行い、竹木の本数や長さ・太さを指定して徴発し、「藪主」の協力のもと育成保護したと指摘した。盛本昌広氏も竹木徴発は領国防衛を理由とするため本質的には無償であり、印判状によって代官の恣意的な徴発や資源枯渇を防ぎ、筍の伐採禁止などの政策が採られたことを明らかにしている。柴田勝家の山林支配を考察した尾下成敏氏は、軍事・普請用材の確保と山林資源維持の両立が目指され、織豊期には山林竹木の取得分決定権や違法伐採者の成敗権を掌握する動きが広範化したと見通している。こうした成果を参照すると、竹木需要の膨大さと再生産維持が戦国・織豊期における主要課題と見なしうる。

それでは、豊臣政権による竹木徴発と藪の管理はどのようになされたのであろうか。本章では、竹木奉行の河原長右衛門尉の活動実態を追い、賀茂別雷神社からの竹木上納の具体相を復元することを目指す。竹木は政権による寺社政策を象徴と富の両面から析出しうる格好の素材であり、藪を管理する社会側の動向をも照らすことになるだろう。

一　竹木奉行・河原長右衛門尉

（1）河原長右衛門尉とその周辺

まずは豊臣政権の竹木奉行であった河原長右衛門尉に焦点をあてる。宇野日出生氏は、河原氏の子孫の伝来文書（以下、「越畑河原家文書」とする）を紹介し、彼が秀吉の馬廻であり、様々な普請や作事において竹の徴用を担っていたことを明らかにした。また、伊藤真昭氏も天正十四年の藪検地と翌年の山検地に関与していたと指摘している。加えて、河原の嫡男家の伝来文書（以下、「芸藩河原家文書」）を紹介した太田浩司氏の成果により、足跡が具体的に示され、江戸時代には浅野家家臣として存続したことが解明された。[8]

河原の名字は「かわら」と読み[9]、通称名は「長右衛門尉」、実名は「定勝」と「実勝」の両説があるが、発給文書からは「実勝」と読め、「芸藩河原家文書」の系図では子孫も代々「実」を名乗っているため、後者が適切と思われる。『芸藩輯要』によれば、その出自は丹波であり、同系図では中川出羽守の子で駿河守の甥とされる。中川出羽守・駿河守は丹波国馬路村の郷士で、戦国期に美濃国安八郡中川庄から来住した浪人であったと伝わり、同村には江戸時代に小番庄屋を務める河原氏が認められ、村の北東部に住んでいたことが知られる。[10] 河原氏は猶子として中川名字を許されたという系譜もあり、擬制的な一族関係を結んだと理解するのが妥当であろうか(11)。

中川駿河守は明智光秀、のち結城秀康に属したとされるが、河原実勝は袂を分かったらしく、山崎の戦いで明智方の能勢氏を襲撃したと伝わる(12)。実勝宛ての浅野長政書状に「野瀬殿《能勢頼次》与間之儀、亀井武蔵殿《茲矩》馳走候て御入魂尤候」(13)とあるのは、これと関係すると思われる。実勝の所領は丹波国神吉三ケ郷と近江栗太郡に存在し(14)、太田氏は神吉の「かわら村」を本貫地と推測している。神吉は馬路や「越畑河原家文書」の伝来した越畑（河原家住宅）とも近く、この周辺一帯に一族が分布していたといえよう（図7-1参照）。また、羽柴秀長の病気祈祷のために北野社へ三千石が寄附された際には、政権から現米を用意するように命じられていることから、実勝は相応の蔵入地を畿内で預かっていた可能性が高く、屋敷も聚楽第の近くに有していたようである(15)。

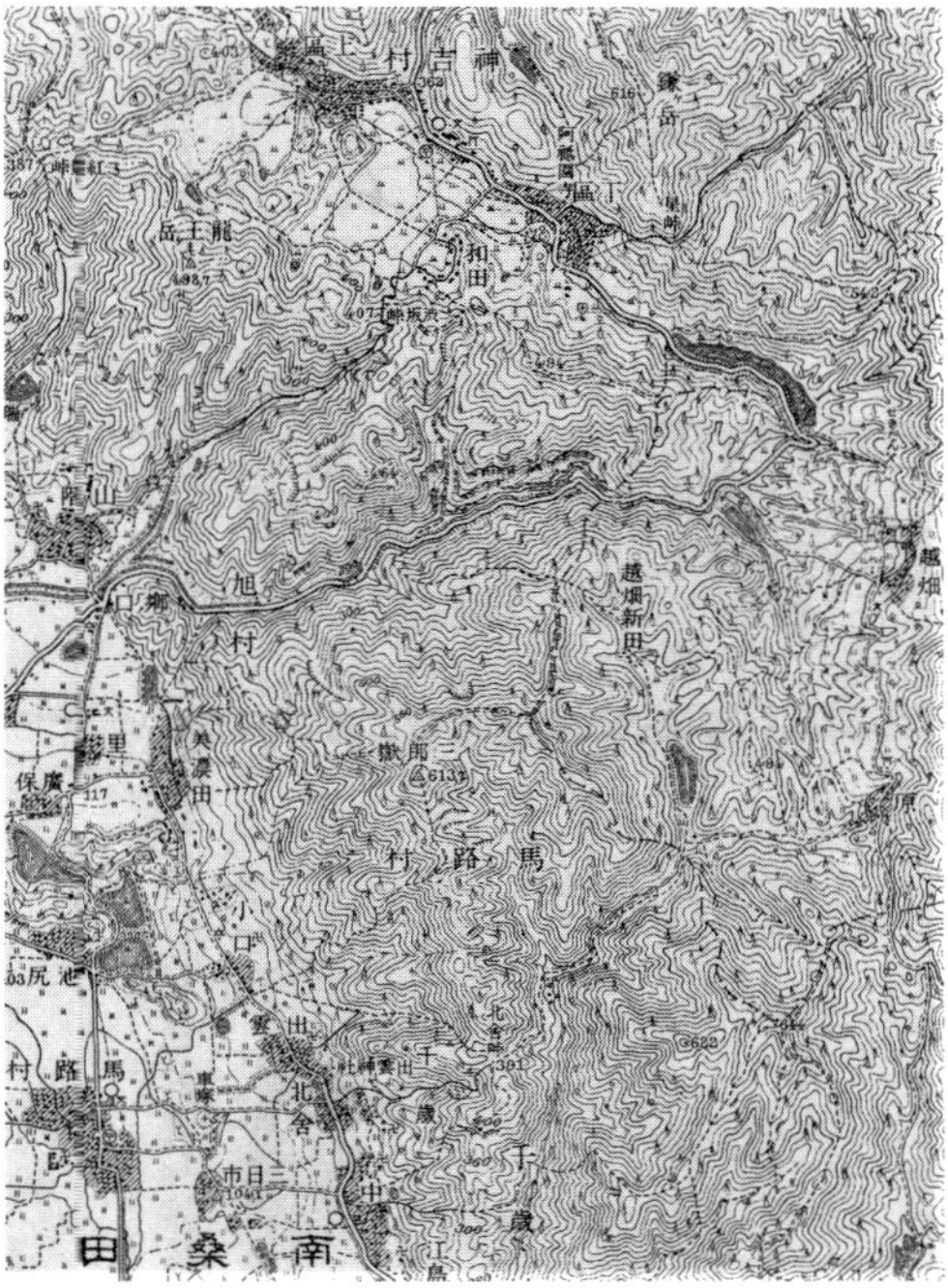

図 7-1　馬路村周辺地図（大正十一年二万五千分一地形図）

実勝の一族としては、嫡男の源二郎が系図では「興実」とされ、室が松井興長の姪と書かれている。しかし、一次史料では実勝の子息が吉田浄慶の娘と祝言の約諾をしていることが確認でき、松井康之の娘が浄慶の養子である浄珍の室なので、正確には興長の妹の夫の義姉妹にあたる(16)。源二郎は丹波で父の実勝から二百石を与えられたほか、文禄四年（一五九五）八月に近江栗太郡沢村のうちで二百石を秀吉から拝領し、慶長三年（一五九八）九月にも同村の早崎平六旧領二百石の代官となっている。[17]「芸藩河原家文書」で実勝の弟とされる「七助」は、一次史料では「七介」として見える。[18]また、「源太郎殿」も子息の可能性があり、「越畑河原家文書」では「舎弟源三郎」が越畑村の屋敷を相続したとされる。[19]

「越畑河原家文書」中にある「玉女」宛ての秀吉知行宛行状や系譜から、玉は実勝の娘で秀次の側室とされている。しかし、この人物は天正十三年六月に丹羽長重から越前田中郷乙坂村内で五百石を安堵されており、慶長三年七月には「杉若いもと玉女」が越前大森村本知三百石に検地出分六十石を改めて宛行われている。[20]杉若無心の娘が丹羽長秀の側室で藤堂高吉の母にあたることから、[21]「杉若いもと」は杉若主殿助氏宗の妹と思われ、丹羽氏からの安堵や越前に所領があることの意味も理解しやすい。河原家に文書が伝わったことを考慮すれば、何らかの繋がりはあったと推測されるが、実勝の娘や秀次の側室というのは訛伝ではなかろうか。

実勝の配下としては、推右衛門尉(「河原長内すい右衛門」)が諸史料に登場し、筆頭下代と思われる。[22]また、加嶋三蔵や中路助六、八郎衛門などの名前が見える。[23]

実勝の没年を宇野氏は墓碑より慶長四年三月とし、太田氏は系図より慶長二十年に大坂の陣で戦死とする。慶長五年六月以降も活動徴証があるため、少なくとも慶長五年までは生存していたと推測される(表7−1参照)。源二郎が慶長七年以前に浅野家臣となっていることから、おそらく関ヶ原の戦いで失領したと思われる。

(2) 藪検地と上竹

河原実勝が竹に関与したのは、管見では天正十四年八月に妙心寺に「河原長右衛門方竹子成敗之時使者来」とあるのが初例となる。同年十二月には玄以の下代とともに藪検地を担当し、吉田兼見が「竹奉行河原長右衛門尉」と記していることから、この時点で既に竹木奉行に就任していたと思われる。[24]他の検地先としては妙心寺・天龍寺・北野社・等持院・南禅寺などが知られ、洛外の寺社が対象であった。天正十五年十二月には西岡と東山の山林、天

表 7-1　河原実勝の動向

年月日	内容	典拠
天正 10	本能寺の変後，秀吉の配下として能勢へ乱入したと伝わる	「摂州能勢家記録」
天正 14•8•19	丹波船井郡新町の訴えを受け，人足役を免除	「古文書纂」
天正 14•8	「竹子成敗」の件で妙心寺に使者を送る	「妙心寺米銭納下帳」
天正 14•12•9	秀吉の奉行として吉田郷などの竹藪を調査	『兼見卿記』
天正 14•12•10	等持院・門前の抱藪につき，先例通り竹を免除	「等持院文書」
天正 14•12•21	天龍寺の藪を免除し，寺内諸院修理のための使用を認める	「天龍寺文書」
天正 15•1•12	河原の「竹使」が上賀茂に逗留する	「賀茂別雷神社文書」
天正 15•1•21	河原の使者が上賀茂社に来る	「賀茂別雷神社文書」
天正 15•1	妙心寺から進物を受ける	「妙心寺米銭納下帳」
天正 15•2	北野社の藪検地を去年以来担当，松梅院・妙蔵院の土居のうちを免除	『目代日記』
天正 15•2•18	北野社でのもてなしに立腹	『目代日記』
天正 15•3	妙心寺から玄以とともに樽などを進上される	「妙心寺米銭納下帳」
天正 15•3•10	吉田郷につき，御朱印に基づき免除	『兼見卿記』
天正 15•8	妙心寺から八朔の進物を受ける	「妙心寺米銭納下帳」
天正 15•12•11	善峯寺の山林などを先例通り免除	「善峯寺文書」
天正 15•12•11	三鈷寺の山林を免除，山手を先例通り進退すべき旨を玄以・山口宗長へも伝える	「三鈷寺文書」
天正 15•12	近衛前久の雑掌，東山浄土寺の抱山の指出を玄以・河原・山口に提出	「光源院文書」
天正 16•2	龍安寺から帯二筋の進物を受ける	『大雲山誌稿』
天正 16•6•12	河原と玄以下代の宮木が上賀茂社に来る	「賀茂別雷神社文書」
天正 16•7•8	秀吉，刀狩条目を河原に発布	「越畑河原家文書」
天正 16•8•27	秀吉，丹波国筏を河原・野々口・石河・山口へ渡すよう，寺沢に通達	「五苗財団所蔵文書」
天正 16•10	龍安寺領鳴滝村に「竹之儀」で河原の定使が来る	『大雲山誌稿』
天正 16•12	町人の水谷宗龍と長谷川の裏の藪について調査	「冷泉町文書」
天正 17•1•4，7•30	西笑承兌が河原の屋敷を訪れる	『鹿苑日録』

天正 17•8•4	河原の侍2名が竹の算用に北野社へ来る	『北野社家日記』
天正 17•8•8	伝奏からの申し入れにより，泉涌寺の竹を免除	「泉涌寺文書」
天正 17•8•23	山口からの運上竹の要望につき，河原家臣の「すい衛門」が北野社に来る	『北野社家日記』
天正 17•9•11	上竹につき，洛中洛外の寺社・町村の藪持衆が河原へ礼銭を出していない旨を誓う	「大中院文書」
天正 17•10•20	北野社から上竹	『北野社家日記』
(天正 18) 5•2	材木調達に精を出すように秀吉から連絡	「とっとりデジタルコレクション」
(天正 18) 10•19	秀長の本復祈願の3000石を河原から北野社へ渡す	『北野神社文書』
天正 18•10•25	河原の下代中路助六が冷泉町から竹を受け取る	「冷泉町文書」
天正 19•3•10	洛中の竹木奉行が河原から毛利兄弟へ変更	『北野社家日記』『鹿苑日録』
天正 19•10•27	相国寺に毛利友重の使者が来て，河原に竹を渡すべき旨を通達	『鹿苑日録』
天正 19•10•28	相国寺に河原の下代「スイ右衛門」が来て，竹を供出させる	『鹿苑日録』
天正 20•7•22	名護屋城の留守居に「河原長右衛門尉」の名が見える	「徴古雑抄」
文禄 2•7 以前	河原の竹請取状が12通	「南禅寺文書」
文禄 3•2•15	河原の「息」と盛方院（吉田浄慶）娘が近日祝言	『兼見卿記』
文禄 3•4•23	丹波から伏見城の門柱を河原が上納	『駒井日記』
文禄 3•8•17	秀次からの竹免除の報を相国寺に伝える	『鹿苑日録』
文禄 4•8•3	秀吉から河原源次郎に近江国栗太郡沢村200石が宛行われる	「芸藩河原家文書」
文禄 4•10•24	仙石秀久が河原邸で碁を打つ	「北野日記」
文禄 5•7 以前	河原の竹請取状が1通	「南禅寺文書」
文禄 5•7•22	南禅寺から竹を受け取る	「南禅寺文書」
文禄 5•8•2	相国寺から竹を供出させる	『鹿苑日録』
(文禄 5) 10•6	伏見山城の作事用竹を上賀茂の藪主に運上させる	「岩佐家文書」
文禄 5•10•14	山里丸の塀の下地竹400本を新庄直忠に渡すよう秀吉から命じられる	「古田織部美術館所蔵文書」
慶長 2•2•10	伏見山城の御用のために上賀茂から竹を玄以・長束正家・石川光吉に渡させる	「岩佐家文書」
慶長 2•4•29	相国寺から「面木」2本を供出させる	『鹿苑日録』

慶長 2・5・26	南禅寺から竹を受け取る	「南禅寺文書」
慶長 2・6・8	伏見の河原のもとへ梵舜が礼に行き，子息源二郎や女房衆にも進物を贈る	『舜旧記』
（慶長 2）8・17	伏見向島の堤の切口用の俵を供出するよう長束正家らから命じられる	「芸藩河原家文書」
慶長 2・8・19	相国寺玉龍院・萬松院から竹を徴発	『鹿苑日録』『西笑和尚文案』
慶長 3・1・11	蔚山の浅野幸長から来信	「浅野家文書」
慶長 3・3・15	醍醐の花見で加賀殿の輿に従う	『大かうさまくんきのうち』
慶長 3・4・16	河原の下代「賀嶋三造」が請取状を出す	「南禅寺文書」
慶長 3・7・21，28	「加嶋三蔵」が南禅寺に伏見山城三の丸御算用場の塀用の竹を渡すよう命じる	「南禅寺文書」
慶長 3・8・8	伏見山城の御船入の番衆となる	「朽木文書」
慶長 3・8・13	「加嶋三蔵」が南禅寺に竹の請取状を出す	「南禅寺文書」
（慶長 3）8・20	五奉行から西岡の藪竹 1/3 を上納し，中江に渡すよう命じられる	「越畑河原家文書」
慶長 3・8	妙心寺から八朔の贈答を受ける	「妙心寺米銭納下帳」
（慶長 3）9・1	息子の河原源二郎が近江国駒井郷沢村の旧早崎平六領の代官に任じられる	「芸藩河原家文書」
慶長 4・1	龍安寺からの年頭の贈答を受ける	『大雲山誌稿』
慶長 4・1	妙心寺から年頭の贈答を受ける	「妙心寺米銭納下帳」
慶長 4・8・11	大徳寺惣見院領からの運上竹を免除する	「真珠庵文書」
慶長 5・6・18	玄以邸の振舞の席に「川原長右衛門尉」の名が見える	『時慶卿記』
慶長 5・8	妙心寺の八朔の贈答先に河原の名があるが，費用は「〇」	「妙心寺米銭納下帳」
慶長 5・10・19	九条家領の東九条宇賀図子の指出のうちに「川原長右衛門」への竹上納が記載	「九条家文書」

備考）年不詳分などを除く

正十六年十二月には洛中の藪を検地し、寺社だけでなく町人地や京郊村落の藪も調査されており、ここに洛中洛外の竹木が政権に把握されるに至った（表7―1）。

政権への竹の運上が免除された寺社としては等持院・天龍寺・吉田郷・善峯寺・三鈷寺などが知られ、伊藤氏は申請があった場合のみ個別に対処したと推測している。除外理由は「勅願所」「公方様御代々御預所」「五山之儀者余寺ニ相替」「厳重之御朱印」など様々で、伊藤氏の見解を裏付ける。また、鞍馬寺では、天正十三年の検地によって山林が豊臣蔵入地に編入され、「聚楽御用」として毎年「千八十荷」の運上竹が課せられたので青蓮院門跡を通じて免除を申請した。同十五年には「当国中山役」として「入木入柴」が命じられ、鞍馬にもひと月に「くろ木九十荷」が課せられたが、これも同様に免除されたという(25)。

実勝による定期的な竹の賦課は天正十六年以降に開始されたと思われ、同年後半から単独での活動が目立つようになる(26)。数が少ない場合は切手（配符）や折紙、多い場合は帳面で本数や寸法・日限を指定し、寺社から竹が上納されると請取状と交換し、寺社側も小日記にそれを記帳して算用時に持参、実勝から一年分の「竹皆済折紙」を発給してもらった(27)。こうした手順・文書形態は本書第二章で明らかにした蔵入地の算用方法と類似している。なお、慶長期には実勝が「竹ノ水帳」を新調して寺社に渡し、古帳（天正十四～十六年の藪検地の際のものか）は政権に返却されている(28)。

（3）二度の解任危機と竹木伐採禁令

天正十七年九月、洛中洛外の町（春日町・木下青屋町・三条釜座町）・寺社（岩栖院・上御霊・本禅寺・相国寺）・京郊村落（今里郷・粟生村）が、上竹に際して実勝に礼銭を渡していない旨を誓約し、所司代に提出している(29)。何らかの訴えによって礼銭収取の疑惑が浮上したためと思われるが、この後も実勝は上竹に関与しており、失脚した様子はない。伊藤氏は、藪検地時に北野社から受けた饗応や音信の内容が気に入らず、実勝が立腹したことに言及し、要求の過剰化傾向を指摘している。ゆえに、そうした実勝の態度が反感を買った可能性は十分に想定されよう。なお、春日町の場合、月行事と「やふもちの衆」が署判をしており、個別町内において藪主が供出主体であったことが窺える。

天正十九年三月には、「御土居」築造に伴い、竹木奉行が実勝から毛利重政・友重に交代となる旨が洛中に触流された[30]。同時に「寺中竹木一切堅伐採停止」と伐採禁令も出され、寺院側は修理に必要であっても、伐採時には必ず毛利兄弟に届け出ることを誓約している。竹木への規制が強化されたといえるが、相国寺鹿苑院は「不混自余」免除されているように、特例が認められる余地はなお存在した。なお、毛利友重はこれに先立つ天正十六年二月、一柳可遊とともに諸寺社から竹木や石を徴発し（聚楽第行幸の準備か）[31]、重政は翌十七年に洛中の屋敷地指出を担当しており（本書第五章参照）、そうした経験からの登用とも思われる。

ただし、奉行の交代によって実勝が上竹から排除されたわけではなく、天正十九年十月には毛利友重の指示のもとで実勝が竹を徴発し、折紙を発給している。ゆえに、引き続き補助的な役割を果たしたと見られる。毛利兄弟は「御土居」の普請奉行を務めた後、天正二十年三月には高麗の舟奉行に任じられ（本書第十章参照）、文禄四年には豊後に移封しており、いずれかの段階で竹木奉行から離れたと思われる。文禄三年八月には実勝の使者が相国寺に来て、秀次からの「竹御免除」の旨は承知するも「私伐売堅以停止」と伝えており[32]、遅くともこの頃までには復職していた可能性が高い。なお、「竹御免除」を竹木伐採禁令の緩和とする見解もあるが、直後には玄以下代から「寺中竹伐事、堅可令停止之由」が伝えられており、緩和ではなく上竹の一時免除と捉えるべきだろう[33]。

なお、相国寺は天正二十年七月にも秀次に「毎年土貢之竹」の当年限りの免除を訴えて許されているが、十二月には玄以から秀次の用命として七寸竹十本が臨時に徴発され、玄以の請取状五通が蔭涼軒に渡された。文禄四年四月には「御土居」の枯竹利用で秀次と玄以の配下が「枯竹奉行」として派遣されており、竹木に関する両者の連携が見出せる[34]。関白襲任以後は京都の竹木伐採権は秀次が握り、両毛利の離任時期もそれと連動していた可能性がある。玄以が徴発するのは竹木奉行設置以前からであり、関白と所司代という京都の守護者が竹木を統括しえた点は重要といえよう。

この後、慶長三年九月には京都周辺の寺社に「公儀毎年上竹」が免除され、伊藤氏は秀吉の追善のための一斉免除と推測している。[35] 以後、寺社の運上竹への実勝の関与も見られなくなった。

二　賀茂別雷神社における竹木運上

（1）河原実勝登場以前の運上

賀茂別雷神社の社家、岩佐家には、中世後期以降の売券や年貢などの勘定関係の文書が多く伝わり、豊臣期における竹木運上の実態を窺いうる一連の史料群も残されている。これらを用いつつ、以下では竹木の管理と上納の具体的様相を復元したい。

（i）玄以による上竹

政権からの運上要請は、天正十二年三月から確認でき、[36] それ以降断続的に竹請取状や算用状が残されている。初期には玄以から「賀茂惣中」へ本数と寸法・日限を示した切手が到来し、政権側に竹を上納すると玄以の下代から引き換えに請取状を受給している。日限は一両日中が多いが、実際には納入まで十日前後かかり、玄以から切手で再度命令が下る場合もあった。[37] 寸法は三寸竹から七寸竹までと幅広く、円周の大きさによって区別していた。ただし、七寸竹の納入命令に対して五寸竹で代納する事例があり、文禄期にも大徳寺に「ふとさ第一之竹」を選んで伏見へ上納するよう玄以が命じていることから、幹の太い竹は希少であったと見られる。[38] 後者の例では、玄以から人足を派遣すると寺中に迷惑がかかるため、門前の住人に念入りに竹を掘らせるように伝えており、寺社や門前町の自立性に配慮・依存しながら上納が進められていたといえる。なお、催促使としては雑色の五十嵐氏が派遣されており、妙心寺でも「竹木成敗之折紙」を同氏が持参し、北野社でも触口五十嵐甚右衛門が「葉竹五そく」などを課している。[39]

上竹の用途としては、天正十三年正月から九月には「禁裏様御普請之御用」とあり、前年十月から開始された仙洞御所造営が初期の名目とされた。また、天正十三年七月には「御しろ丸の御馬や」の用途が見え、二条屋敷（妙顕寺城）にも用いられたようである。[40] そもそも、上賀茂社領はこれ以前、先規より「守護使不入」であるため、「山林竹木人足非分課役以下」の停止が秀吉から認められており、玄以も翌月にそれを追認している。[41] 下坂守氏は当該文書群を紹介する中で、上賀茂社が戦国期の三好氏には竹木の供出を拒否し、「守護使不入」を認めさせたことと比べ、豊臣政権との段階差を指摘しているが、[42] かかる強制力を持ちえたのはなにゆえだろうか。

北野社でも、天正十三年正月、「禁裏様御普請之御用」のために竹木切手が下されたが、政権に進物を贈るなど免除工作をしている。同年七月十二日には玄以下代の松田政行の折紙を携え、五十嵐甚右衛門らが竹木を徴発に来た。その際、五十嵐らは「秀吉からも北野ハ竹木ハきんせい《（禁制）》にて候へ共、さりなから是ハ王さまノ事にて候間、御もち申へし」と説明したため、松梅院の人足に竹木を伐り出させ、北野地下衆に「大りさま御門外」まで運ばせている。[43] ここから、竹木伐採の禁制を得ていても、天皇権威が持ち出されることによって上納を拒否しがたかった事情が窺えよう。仙洞御所造営が名目に掲げられた所以である。秀吉の関白任官はこの前日にあたり、京都や朝廷を保護している事実が寺社への役賦課の正当性の源泉であったと判断される。ただし、これ以前から竹木運上は認められるため、関白任官が徴発の必要条件であったとは見なせない。[44]

(ii) 上賀茂惣中での運用

それでは、上賀茂側の竹の運用はどのような体制が採られたであろうか。竹を供出したのは上賀茂三手（東手・中手・西手）と西賀茂の四か所であり、三手は上賀茂門前の社家町の居住地別で構成される惣の内部組織である。(45)天正六年の売券では「上賀茂十楽寺町南方」の藪地が売り渡されており、南には「遠江守持之藪」、西にも「愛福大夫藪」が確認されるため、氏人（社家）単位で社家町内に藪地を保有していたと思われる。(46)天正十二年八月、上賀茂の内部で「藪御中」（藪主）が一番衆から三番衆に分けられ、それぞれの番衆には二十人ほどが東手・中手・西手・西賀茂の別なく混合で編成された。(47)

　定　藪之御人数置文条々

一、御汁之式日者二月十日・六月十一日・十月十二日ニ相定者也、并御汁入目之事二月・十月ハ四斗宛、六月ハ六斗宛ニ相定者也、次御汁江者自廿坪之上可有御出、則月行事も可有執行事、

一、自然此御中ニ竹入事在之者、御請合時和市壱斗ニ付而壱升、慥可有御沙汰事、

一、御中ニ出銭有之者、不寄大小御中以日記可被打事、并雖為一粒一銭御中公物不可有私曲事、

一、竹之入用無之時者、御汁之衆可為出銭、若竹入申事在之者、以惣坪打ヲ可被成出銭事、

一、御評定者可被付大勢方、并不可有贔屓偏頗事、

右条々相定処ニ若違犯之輩者、大日本国中之大小神祇、別而者当社大明神并片岡大明神・貴布禰大明神等之御罰可蒙罷者也、仍起請置文如件、

　天正十二甲申年八月廿三日

藪主は右のような置文を作成し、「御汁」の運用と経費について定めた。「御汁」に関しては、「御汁之式日」を二月十日・六月十一日・十月十二日に行うこと、「御汁之入目」は二・十月は四斗で六月は六斗ずつ、二十坪以上の所持者と月行事が代表で出席すること、評定では多数決を原則とし、贔屓をしないことが決められた。洛中の町

組においては「町汁」が戦国期から確認でき、月行事町が自治的な定期会合を開催し、次の月行事町に事務や会計を引き継いでいた[48]。上賀茂の「御汁」も同様と思われ、政権による役賦課を契機として、共同体側で協議のための藪主の会合が新設されたといえよう。

経費に関しては、上竹に際して相場の一割を下行すること、「藪御中」に関わる出費は金額によらず帳簿に記載し、不正はしないこと、上竹がある場合は坪数に応じて出銭をし、上竹がない場合の必要経費は「御汁之衆」(二十坪以上の藪主)が出すことが定められた。実際に、天正十二年十月には一番衆が算用状を作成しており、玄以と下代の落合親豊へ渡した竹と代金を書き上げている[49]。また、一坪あたり五勺の打米を徴収して「納方」(収入)とし(社務の森・松下氏は減免)、「遣方」(支出)では、竹を供出した藪主への下行米と「御汁」の費用、かわらけ・酒肴代が計上され、余剰米は月行事が管理した。天正十三年二月にも二番衆が算用状を作成し、上賀茂惣中からも一石五斗の「藪之衆中江御合力」が納入されたことや、玄以下代への樽代や帳簿を納める箱が作成されたことが窺える。なお、下代や雑色への酒肴代は別途、惣中から出されている[50]。同年六月の三番衆の算用状では打米が一坪あたり三勺五才に減額され(余剰米過上によるか)、一年間の余剰米から御汁代が一番衆に払われている。以上から、四か月ごとに番衆で月行事を交代し、「御汁」において決算を報告、「御汁」の費用は引き継ぐ側の番衆が立て替え、次の引き継ぎの際に勘定したと判断される。

上竹の本数は天正十二年八月から十月十二日は七寸竹九本・六寸竹九十五本・五寸竹八十二本で、同年十月十三日から翌年二月十日は六寸竹三十本・五寸竹二百二十八本、天正十三年二月十一日から六月十一日は六寸竹三十二本・五寸竹百十九本が計上されており、一定ではない。政権からの上竹命令はこの段階では計画的ではなく、散発的であったといえよう。また、七寸竹での納入が少ないのは希少で調達が困難だったためと推測される。

(iii) 伐採権の保護と定量制の開始

天正十三年三月、「賀茂社人中」は社内の竹木伐採を禁止する秀吉判物を獲得した[51]。これは上竹の始動に際して伐採権を寺社内に限定し、武士層の勝手な伐採を未然に防止したものと考えられる。同日には北野宮寺宛てにも同様の判物が出されているが、知られるのは二例のみなので、一斉発給ではなく、寺社側の個別の要請に対して保護を与えたのであろう。梅津・花園では、天正十五年九月に秀吉使番衆(秋田頼弁ら)が、竹木を伐採した者がいれば捕まえて注進せよ、秀吉からの命令と言われても必ず秋田らに届け出るように、と命じている[52]。同月には秀吉の聚楽第移徙があり、周辺の屋敷地が拡大していたことが原因と思われる。また、大和の事例では、羽柴秀長が竹木伐採を禁止すると同時に、必要な場合は「直書」で指示する旨を通達しており、伐採権保護の見返りとして権力への上納が求められたことが窺える[53]。

天正十四年七月、玄以は上賀茂の社家中に対し、六寸竹百本・五寸竹二百本・四寸竹百本・束竹百本を毎年旬の時期に伐採し、公儀の御用次第に供出するように命じている[54]。それ以外はたとえ必要であっても免除するとしており、都度都度の伐採・運上ではなく、事前に定量を切り置く運用体制に転換することで、安定的かつ即時の供給を目指したものといえよう。また、七寸竹は希少であるため、上限が六寸竹になったと推測される。

(2) 河原実勝登場以後の運上

(i) 実勝による運上の開始

実勝が上賀茂社と接点を持ったのは、天正十五年正月が最初と思われ、実勝の「竹使」(竹に関する使者)が夕食を受けたうえで一晩逗留し、藪を検分している[55]。翌年六月十二日、実勝と宮木貞治(玄以下代)が上賀茂を訪れ、藪の「見物」をした[56]。翌日以降、継続的に政権への運上竹が確認されるようになる。その際、上賀茂側が竹を渡した相手を記録した切手注文が複数残されており、その例を左に示す[57]。

竹之切手注文　六寸之分

天正十六年六月十九日　但出分弐千七百本

百五十本　ミまきかん兵《御牧景則》へ殿へ渡

百五十本　民部卿法印《玄以》さまへ

六月廿二日

百本　はいさき平三《早崎家久》殿へ渡

六月廿四日

百五十六本　石河伊賀守《光重》殿へ渡

六月廿四日

百本　山口甚兵衛《宗長》殿へ渡

（中略）

千二百四十本未進　以上千四百六十本

竹を渡した相手を集計したのが表7－2である。玄以や実勝だけでなく、多くの豊臣直臣・蔵入地代官層への上竹命令が出されており、天正十七年七月のものと思われる西賀茂分の運上竹には、これ以外にも市橋長勝・稲葉方通・牧村利貞・蜂屋謙入らの名が見える。(58)

用途としては、「大仏ノ仏師中」への上竹や「御座敷之御用」との記載があり、東山大仏やその周辺の屋敷の普請・作事にあてられたと思しい。あたかも天正十六年七月、大仏殿の普請番の計画が発表されており、玄以は京都近郊の寺社に対して「大仏殿廻」に植える松苗の供出を命じ、八月には諸国から材木が取り寄せられている。(59)

大仏殿の造営では、天正十九年二月から翌年十月にかけて、畿内の蔵入地代官を務める直臣層から、統括者の木食応其に蔵米が納入されたことが知られている。(60)その納入者には表7－2の請取人十七名のうち八名が重複し、類

表 7–2　天正 16 年 6 ～ 12 月の竹木運上先

月日	竹の種類				請取人
	六寸竹	五寸竹	四寸竹	それ以外	
6・13	ひね（老成）竹 1516 本・ことし（今年）竹 406 本				河原実勝
6・16	150 本	160 本			小出秀政
6・17	150 本	80 本			伊藤秀盛
6・19	150 本				御牧景則
6・19	150 本				玄以
6・22	100 本	50 本			早崎家久
6・23	6 本				御牧景則
6・24	156 本				石川光重
6・24	100 本	100 本			山口宗長
6・26			50 本		宮木豊盛
6・29	60 本	55 本			山口宗長
7・3	78 本	78 本			蒔田久勝
7・9	90 本				長谷川宗仁
7・17			25 本		祖父江久内
7・18		50 本			蒔田久勝
7・19	100 本	100 本			浅野長吉・増田長盛
7・25	120 本（80 本）	120 本（100 本）			大仏ノ仏師中
7・29			100 本		浅野長吉
8・5		50 本			蒔田久勝
8・7	50 本	50 本			山口宗長
8・7		30 本	30 本		河原実勝
8・10		1500 本	1500 本		不明（御切手）
8・10		10 本			祖父江久内
8・10		42 本	40 本		西賀茂之内すいせん
9・7			50 本		北政所
10・5			793 本		小出秀政
10・6				250 本（七寸）	玄以（宮木豊盛判）
10・7				50 本（三寸）	御座敷之御用切手
10・19	50 本				浅野長吉
11・7	200 本				寺沢広政
11・16	20 本				浅野長吉
11・27	100 本				早川長政
11・28		118 本			石川光重
12・10	200 本				寺沢広政

典拠は「岩佐家文書」X323–8，341 号。日付不明分は除いた
備考）下線は「西かも分」と明記されたもの

似性が認められる。大仏殿の普請手伝には北陸・中部・中国地方の大名があてられ、毛利氏や四国・九州の大名には巨大な材木などが課されていた。一方、畿内・近国の直臣層には竹や蔵米などの面での合力が要請されたといえよう。

右の史料でも約半数が未進であり、過剰な要請に竹木の供給が追いついていない状況が窺える。天正十七年正月に実勝が運上竹の総計を算用した際にも、五千三百六十三本の要求のうち、約半数の二千五百一本が未進の状態であった。天正十四年の定量制は放棄され、五月雨式の莫大な需要が未進の累積に繋がり、竹林の植生にも影響を及ぼしたと推測される。

(ii) 運上方法の見直し

天正十八年八月、上賀茂の藪主は次のような請文を実勝に提出し、植生の改善へと舵が切られることになる。[61]

　　案文

賀茂□西賀茂竹之儀、最前無分別雖請合申候、依無竹之未進仕候付而［　　　］藪様子被見及、作有様ニ被仰［　　］条各致徳心、堅請合申運上竹事、

一、三百本　　六寸竹

一、弐千本　　五寸竹

一、三千七百本　　四寸竹

一、七百本　　三寸五分竹

一、七拾本　　但廿本結壱尺八寸縄ニて

右分請合申上者、毎年無未進可致運上候、藪之儀も為各互相改、少も□切ニ荒候ハぬ様ニ可仕候、商売竹之儀者御法度之儀候条、猶以堅可致停止間、為後日如此候、自今以後右旨於表裏者、いか様にも可被仰付候、

已上、

天正十八年八月廿二日　　奥ニ各連判在之

河原長右衛門尉殿人々御中

「無竹」による未進の累積で、実勝側が上賀茂の藪地を実検して生育状況を確認し、藪主側と合意のうえで運上竹の定量制を新たに結び直すことになった。毎年の運上竹の本数は天正十四年段階から増加しているが、特に五寸竹・四寸竹を大幅に増やし、新たに三寸五分竹を追加している。過度な伐採により、若くて細い幹の竹しか残っていない状況が垣間見える。八月十五日付で実勝が運上竹の遅滞を受けて「免」の改めを行うことを「加茂西東藪持衆惣中」に申し入れており、これも同年のものと思われる。(62)

表 7–3　天正 19・20 年の竹木運上先

年月日		本数	竹の種類	請取人
天正 19	8・8	105 本	五寸	河原実勝
天正 20	2・1	20 本	三寸・四寸	玄以
	2・2	15 本	四寸	増田長盛
	2・5	80 本	五寸・六寸	山口宗長
	6・20	20 本	八寸	玄以
		1 本	七寸	
		100 本	六寸	
		1900 本	五寸・四寸	
	6・24	465 本	五寸	河原七介
		25 本	四寸	
	11・9	485 本	五寸	玄以
	12・23	280 本	三寸・四寸	不明

藪主は定量制にする代わりに未進なく運上し、相互監視によって、藪が荒れないように心がけることを誓わされた。また、荒廃した状況を踏まえて、これ以前から禁止されていた竹の私的売買を厳重に取り締まる旨も誓約している。ゆえに、翌年に出された竹木伐採禁令や「御土居」への植竹の背景の一つには、〈首都〉における大規模普請・作事の展開による、京都近郊での藪荒廃・竹材不足を想定することが可能ではないだろうか。

天正二十年の運上竹の本数は、表7–3に示した通り、五寸竹が中心で合計三千九十本とやや低調である。(63) 壬辰戦争の開始に伴う秀吉や直臣層の名護屋在陣により、需要が減少したことが想定される。用途に注目すると、天正二十年六月には「民法様ヨリさし物はれん」「はれんの御用」として八寸竹二本と七寸竹一本という太い幹の竹が提供されており、玄以の名護屋出陣に向けた旗指物として用いられたと思しい。(64) また、十一月には「上様御舟のかち小屋之御用」と見え、翌月には「大閤様大舟いかりこやノ御用」に竹が徴発されている。秀吉は十月に大仏の脇寺や伏見・大坂城の普請を一時中断し、大安宅船の造営に注力するよう池田照政ら十名の秀次配下の大名に命じており、[65] 上賀茂の上竹もこの造船に用いられたのであろう。

この年には未進も少なく、需要過多でなければ提供可能であったと判断される。竹の生育の早さを考慮すれば、再生産を維持するための定量制への再転換が功を奏しつつあったと評価できよう。

(iii) 文禄・慶長期の上竹

文禄・慶長期も直臣・代官層が上賀茂から竹を請け取っているが(表7-4)、天正期と比べると政権の中枢吏僚層が目立つようになるのは、彼らが公儀普請の統括を担当したからであろう(本書第八章参照)。その用途は伏見城(指月)の御殿濡縁・御座敷・山里丸・御番所・御馬屋・幟竿や、京都の秀吉居所である「しゅらくしまつ屋敷」(長者町屋敷)にあてられており、政権の城郭への用途が中心となる。[66] また、妙法院や妙顕寺など政権に関わる寺院へ渡した事例もわずかに見られる。加えて、竹千本と人足を聚楽第の稲葉重通へ出すことを「賀茂惣中」に命じた玄以切手が存在するが、表7-4から五寸竹五百本・四寸竹五百本を重通に渡したことが知られ、文禄四年のものと確定できる。重通は秀次失脚後の聚楽第の番を担当しているため、内容も合致する。[67]

なお、文禄三年三月には、「御土居ノかれ竹之儀」について雑色が上賀茂を訪れており、[68]「御土居」に植えられた竹のうち、根付かなかったものを伐採・利用したものと思われる。先述の通り、翌年四月にも伏見向島城普請のために「御土居」の枯竹が伐採されているが、その前史として位置づけられよう。

伏見御山城御作事、竹事外入申候間当年分如帳面きり立、推右衛門ニ可被相渡候、未進分ハ切手を重而可遣候、恐々謹言、

十月六日　実勝 在判

河原長右衛門尉

表 7-4　文禄 3 年 8 月〜慶長 2 年 9 月の竹木運上先

年月日		竹の種類						請取人	備考
		六寸竹	五寸竹	四寸竹	三寸五分竹	三寸竹	それ以外		
文禄 3	8・26		50 本	50 本				不明	
	9・1						30 本（七寸）	玄以	
	9・7			165 本		340 本		玄以	
	9・8			300 本	300 本			長束正家	
	9・17					900 本		玄以	
	9・20		20 本					不明	
	9・25						5 本（七寸）	河原実勝	
	9・28			150 本	150 本			山中長俊	
	10・3		20 本					推右衛門尉	河原下代
	10・7				200 本			浅野長継（幸長）	
	10・17			180 本				玄以	
	10・24		120 本					長束正家	伏見御山里御用
	11・2			160 本				中江直澄	御番所御用
	11・5					300 本		木下吉隆	
	11・8		15 本					山中長俊・長谷川守知	
	11・29					350 本		不明	濡縁御用
	11・30		15 本					推右衛門尉	
	12・13		25 本					推右衛門尉	
	12・24		50 本					小出秀政	
	12・26					2500 本		浅野長吉	
文禄 4	2・5		35 本	890 本	870 本			増田長盛	河原の切手あり／しゆらくしまつ屋敷為御用御渡竹事／225 本（三寸五分）・220 本（四寸）未進
	3・7	25 本						源太郎	伏見御用
	3・20		50 本	100 本				長束正家	
	4・12	125 本	125 本					源太郎	河原一族か
	4・14	126 本	110 本					源太郎	
	4・26		20 本					浅野長吉	
	5・29	50 本						木下吉隆・山中長俊	
	6・21					210 本		不明	伏見御殿濡縁御用
	7・4	15 本						不明	御馬屋
	7・6		50 本	50 本		50 本		松田政行	玄以下代
	7・8		39 本	38 本				幟衆	幟竿
	7・17					1400 本		不明	御座敷御用
	8・2	90 本						長谷川宗仁	
	8・17		10 本	10 本				不明	御幟竿
	8・19		500 本	500 本				稲葉重通	
	10・16		150 本			150 本		山中長俊	
	8・6			10 本				推右衛門尉	
	9・16		2 本				1 本（七寸）	玄以	幟竿
	11・21					150 本		増田長盛	
	11・18	20 本						増田長盛	伏見御城之竿竹
	11・21	30 本						不明	間渡・垂木竹
《この間，史料ナシ》									
慶長 2	4・2		250 本					御牧景則	
	4・2			309 本				玄以	4・4 に渡す
	4・10		70 本					御牧景則	4・10 に渡す

	4·14			200本				石川光吉	4·15に渡す
	4·18					1500本		推右衛門尉	
	4·18		50本	30本				妙顕寺	
	4·20			380本	40本			長束正家	
	6·24			150本				推右衛門尉	西賀茂も150本
	6·26		43本	44本				妙法院	渡し先は玄以
	7·5			1000本				増田長盛	
	7·21		70本					河原実勝	推右衛門尉折紙
	7·26	150本						河原実勝	
	8·15	10本						玄以	
	9·8		113本					玄以	渡し先は下代の横巻三右衛門尉
	9·10	30本	79本					玄以	
	9·24		60本					浅野長吉	

典拠ま「岩佐家文書」X496・501・518・520・523～528,「賀茂別雷神社文書」II M-76

加茂西東
　藪主中

右の書状[69]は、文禄五年閏七月の「慶長地震」により「伏見山」に城を再建するに際して、作事入用の竹が大量に必要とされたため、実勝から藪主に上竹を命じたものである。再度の大規模作事により、実勝自身も未進分が生じることを見越し、未進分の催促には切手で再度命じるとしている。この年の五月以降の「社頭ニ在之竹」として五寸竹百八十一本、四寸竹百十本、三寸五分竹百七十二本、三寸竹二十本が計上され、五寸竹については慶長三年八月十六日に渡されていることが確認できる[70]。よって、この頃には伐採した竹が貯蓄され、在庫があったと判断される。

慶長二年二月には実勝から「賀茂役者中」に「伏見御城御用」として長束正家・玄以・石川光吉へ四寸竹三千四百七本、五寸竹千六百九十八本、三寸五分竹六百六十二本、三寸竹千五百二十本、六寸竹百八十本を渡すよう指示が出された[71]。この時期には徴発対象の中心が四寸竹になっており、生育状況を踏まえて、より幹の細い竹の上納が命じられていたのである。実際に四月から九月にかけて実勝や玄以から切手が出され、上賀茂ではおおむね本数通りに竹を運上している。慶長二年七月には「冬きり之内」七十本と「今きり之竹」三十本が上納されているように[72]、やはり伐り置いた竹の存在が確認でき、再生産が維持され、植生は回復傾向にあったものと推測できる。

おわりに

本章では豊臣政権による竹木統制の様相を解明した。賀茂別雷神社における竹木上納は天正十二年三月という政権初期から観測できるが、これは玄以が昇殿して「民部卿法印」となった翌月のことである。天正十三年には仙洞御所造営を契機として諸寺社からの上竹が確認できることからも、政権が京都や朝廷を保護することの見返りとして、結界や繁栄の象徴たる竹を運上させたと評価できよう。

天正十四年十二月までには河原実勝が竹木奉行に就任し、藪検地を通して寺社と関係を取り結んだ。大仏殿造営を契機として天正十六年から上竹が本格化・膨張し、上賀茂社でも継続的な運上が確認できる。竹は政権の蔵入地と類似した方法で徴発され、その用途は公儀普請関係が目立ち、渡し先は豊臣直臣・代官層が多かった。天正十九年には「御土居」築造に伴って、実勝は竹木奉行から外れるが、しばらくして復職、慶長五年頃までその職にあったと思われる。「御土居」に植えられた竹は枯竹のみが伐採されており、資材としてよりも象徴面の意味合いが強いだろう。

仁木宏氏は、個別町の構を解体した秀吉による〈平和〉到来を示すものとして「御土居」を捉えている[73]。寺社においても境界や繁栄を意味する竹を上納させ、逆に都市全体を竹で囲繞したことから、その想定が裏付けられよう。近世の京都近郊では御土居や寺社、川沿いや近郊農村部に竹林が分布し、洛中では農地や寺社の区画を示す帯状の竹木が見られ、近世全般を通して減少傾向にあるものの大きな変化はなかったとされる[74]が、こうした植生は豊臣期に遡らせて理解することが可能であろう。

寺社にとって上竹は大きな負担であり、過剰な伐採によって、繁殖力の強い竹藪すら荒廃し、再生産可能な定量制が模索された。寺社側は竹木の伐採や売買を禁止され、自家用の伐採でも政権への申請が必要とされた。一方、上賀茂惣中では政権への竹の上納を発端にして藪持衆の寄合組織である「御汁」が形成され、竹に関する算用や管理運用体制が構築された。ほかにも、算用状などから確認しうる上賀茂氏人の諸役職のうち、約四割が豊臣期に新たに検出される点は見逃せない[75]。政権の統治は共同体の自治に依拠すると同時に、それを促進する側面も有したといえよう。なお、慶長期には京都周辺で松の根起こし禁令があったことが知られ[76]、やはり資源を管理する方向性が看取される。

それでは、竹木の上納はその後どのような経緯を辿っただろうか。慶長三年九月の政権への上竹免除に際し、竹木伐採禁令と届出制は継続されているが、これは伐採禁令が直接的・一義的には運上竹の確保とは結びつかないことを意味し、植生の維持を目的としたという本章の推測を裏付ける。上賀茂でも竹の運上は秀吉死後に史料が途絶し、上竹は廃止されたと思しい。なお、「御土居」の竹は秀吉死後にも所司代配下によって伐採されている[77]。

一方、慶長四年八月段階になって太秦の大徳寺惣見院領の運上竹を実勝が免除している事例もあり[78]、大徳寺自体は上竹免除の対象であったことを踏まえると、慶長三年の免除範囲は寺社境内に限られており、京郊村落（寺社領含む）については上竹が継続されていたと考えられる。秀吉生前には上山城の村落における藪地は田地として開発しないように縄を張り、三分一を百姓に遣わし、三分二を上納させた例が知られる。秀吉死後にも西岡地域の藪は三分一を伐採し、「公儀御用」として実勝へ納入したことが確認できるが、「如先々」とあるため三分二からの半免を意味するのではなく、所領形態や地域ごとに上納率が異なっていたと理解すべきであろう[79]。慶長五年十月以前において洛南地域の東九条村では実勝へ上竹があったことも知られ、やはり洛外の村落では継続していた証左といえる。これらの地域では徳川政権下でも「竹きり奉行」が存在し、毎年の「公儀上竹」が継続しており、慶長十年代にも個別申請に基づいた免除が確認できる[80]。

また、竹木の売買に関しては、慶長三年九月の上竹免除に伴い、事実上緩和された可能性がある。上賀茂社では文禄四年八月から「竹之買日記」が記帳され、少数ながら上賀茂内で売買がなされており、これは政権に届け出たものと思われる。一方で、慶長五年正月八日には「竹うる日記」として六寸竹二十一本を売却している。相国寺でも、慶長四年十一月に一寸竹十二本と三寸竹二本を売却するなど、少量ではあるが売買がなされるようになった[81]。

最後に、京都以外における竹木統制を概観しておこう。大和では、天正十三年の秀長入国時に山林が直轄化され、竹・筍の伐採や売買が禁止されたと指摘されている[82]。平群郡の窪田村では天正十七年十月、毎年八月に小竹二十束を運上することが定められており、村落からの上竹も確認できる[83]。慶長七年五月、春日社では筍を食しているが、その際には、「国替以来竹子備進退転了、是者太閤様秀吉諸国之竹子抜用事、堅以御禁制故也、然処去年内符様家康仰ニハ、売買者不可然、自分用所之事者不可苦由御意也[84]」とあり、秀吉が諸国の筍の掘り取りを禁止し、慶長六年に家康が自家用に限って解禁したと説明されている。売買は依然禁止とされるが、京都の事例を考慮するに、微量の取引はあったであろう。慶長八年には醍醐でも「近年竹子切事依制禁、不進上、当年ハ将軍ヨリ無御禁制故、始テ進上之」とされ[85]、徳川政権になって筍採取が再開されたのである。

九州では、天正二十年十一月、肥前高城寺の境内の山林竹木が「上様御用之時可被為伐之間、為下猥伐［　］儀令停止訖」と命じられており、秀吉の名護屋動座に伴い、山林資源の徴発と伐採禁令が出され、前田利家にも諸軍勢の竹木伐採を抑止するために所々に奉行を設置するよう命じられている[86]。文禄二年、豊後では盗み取りを抑制するため、当面は持ち主であっても竹木伐採を禁止し、翌年の薩摩検地に際しては、竹木百本あたり毎年十本を伐採し、九本を政権に上納し、一本を藪主が取るように指示がなされている[87]。肥後でも同年、代官が竹を伐採して売却していることを聞いた加藤清正が、留守居に対して入念な「竹子政道」と植生の維持を命じている[88]。他の地域でも文禄期から藪主の竹木伐採禁止命令が多く見出せ、筍を一本も抜き取ってはいけないと規制されていた[89]。文禄期は壬辰戦争や大規模普請によって、竹木の維持が共通の課題となっていたと思われ、いずれも領国復興の文脈において、竹木の生育を保護する志向性が読み取れる。かかる意味では、天正十九年の洛中寺社における竹木伐採禁令はその起点と思しく、各地の大名領国に波及したものと評価できよう。

第八章　豊臣政権の大名課役

はじめに

豊臣政権が大名に課した役に関する議論は、一九六〇年代の幕藩制構造論における大きな柱の一つであった。すなわち、幕藩制成立史の問題として、政権の特質や大名との関係を捉える際の指標とされたのである。

その動向を主導したのが佐々木潤之介氏の軍役論である。氏は、豊臣政権と大名との結びつきによって軍役数が個別に設定されたと考え、豊臣期には統一的軍役体系が成立しておらず、その権力編成原理は江戸幕府とは異なる未熟なものであると結論づけた(1)。これと前後して、朝尾直弘氏や藤木久志氏は、大名が政権の課役体系へ包摂されることにより、自身の領国に兵農分離や太閤検地などを適用し、領主権力の強化を図ったと評価した。かかる動向は、山口啓二氏によって「際限なき軍役」への対応による大名の集権化として総括された(2)。

山口氏はまた、豊臣政権が全封建領主を知行・軍役関係で捉えたことを重視し、その意味において江戸幕府との等質性が認められるとして、佐々木軍役論を批判した。三鬼清一郎氏も、豊臣政権の課した軍役が石高から無役高を差し引いた役高を基準としていたことを証明し、統一的軍役体系が未成立であったとする佐々木氏の見解は実証面からも否定されることとなった。そして、朝尾氏によって、軍役論では領主階級内の問題しか捉えられないとの構造的不備が指摘されるに至った[3]。

八〇年代に入って、高木昭作氏が身分の国家的編成を論じる中で役に着目し、役論はより広い文脈を得たが[4]、豊臣期においては、個別事例の蓄積こそ見られたものの、政権論や社会構造全体との関わりが論じられないままに推移した。しかし、既存の枠組みへの疑問が呈され、豊臣政権論の再構築が求められる現状に鑑みて、本章では多様な役を議論の俎上に載せることで、右の諸研究を見直し、近世国家・社会の成立を読み解く糸口としたい。

従来の議論の問題としては、第一に、軍役と普請役が別個に論じられてきたため、両者の関係が不明瞭である点が挙げられる。豊臣期の軍役は個々の大名家に即して検討が行われてきた[5]一方、普請役については、大仏殿や伏見城など建造物を中心に研究が重ねられている[6]。軍役と普請役の両者を扱った三鬼氏にあっても、その関連性は十分には示されていない。また、普請役に関しては特に資材や米銭調達に分析が集中し[7]、労働力自体への関心は薄れてきている。よって、軍役と普請役を相互に比較しながら、役の賦課と反対給付としての扶持米の双方向を視野に、その関係を整理する必要があろう。

その際、これまでは課役の基準として石高が重視されてきたことにも留意したい。豊臣政権の軍役や普請役は石高に準拠して賦課されたため、それ以外の役は看過されてきた。しかし、実際には、石高を基準としない役も存在しており、その実態を掘り起こすことで、課役体系の奥行きを示したい。これが第二の課題である。

第三に、かつての議論においては、大名の役負担への主体性はとりわけ自身の領国内における権力集中の面から説明されてきたため、〈首都〉の問題が十分には展開されなかった。豊臣期には大名は〈首都〉に集住し、京儀や「日本のつき合い」が重視されたこと[8]を念頭に置けば、中央における大名の役負担や振る舞いにも焦点をあてる必要があろう。

そして、右の作業は政権と大名との関係をめぐる議論にも一石を投じうる。近年の研究では、大名の政権への関わり方については、一部の大大名（いわゆる「五大老」や「清華成」大名）に対象が限定される傾向が見られる[9]。かかる動向に対して、役に注目することでその裾野を広げつつ、大名がいかに自らを国家や社会に位置づけようとしたのかを掬い上げたい。
以下、第一節では軍役、第二節では普請役、第三節では番役、第四節では儀礼役についてそれぞれ考察し、豊臣政権と大名との関係を中心に課役の特質を論じることとする。

一　軍　役

（1）本役の成立過程

豊臣政権の軍役については、前述の通り、三鬼清一郎氏が壬辰戦争（朝鮮出兵、文禄・慶長の役）における天正二十年（一五九二）の「陣立書」の分析により、この時点で石高制に照応した統一的軍役体系が成立していたことを解明する一方で、天正十八年の小田原攻めの段階では軍役体系は未成熟であったと評価した。[10]

三鬼氏はその後、石高制の成立過程を考察する中で、天正十七年以降に軍役数を明記した秀吉の知行宛行状が登場し、知行高百石につき五人の軍役を本役とする石高制に依拠した軍役体系が確認できるとし、その成立期を少し遡らせている。また、同十六年の大仏殿（大仏寺、のちの方広寺）普請や前年の九州攻めにおいて既に本役の基準が存在することにも言及している。[11] これらから、三鬼氏の議論を深めるためには、本役の成立過程とその内実についての検証が必要とされるだろう。

軍役の本役を明記する史料の初見としては、天正十五年の九州攻めに際する陣立書が挙げられる。『当代記』には、出陣諸将の軍勢が列記されているが、その中に「本役一万五千　羽柴備前少将（宇喜多秀家）」や「半役八百　生駒雅楽頭（近規）」「三分一役千七百　羽柴東郷侍従（長谷川秀一）」などの記載があり、現存する秀吉朱印状の軍役数とも一致する。[12] よって、この時点で「本役」の基準が確認できるが、こうした基準の成立はどこまで遡りうるであろうか。

それ以前の軍役数を示したものとして、天正十三年七月の越中攻めの際の陣立書（B）と前年の小牧・長久手の戦いの際の陣立書（A）が存在する。これらの陣立書には本役などの記載はないが、九州攻めの際の陣立書（C）の軍役数との比較が可能である。そこで、三つの陣立書に名前の見える池田照政（輝政）・蒲生氏郷（賦秀）・木村一・長岡（細川）忠興の軍役数を抜粋してまとめたのが表8―1である。

表 8–1　軍役数の比較

	A 小牧・長久手の戦い 天正 12 年 4～8 月頃[1]		B 越中攻め 天正 13 年 7 月 17 日[2]		C 九州攻め 天正 15 年正月 1 日[3]	
	軍役数	推定軍役	軍役数	推定軍役	軍役数	『当代記』記載軍役
池田照政	3000 人	本役	3000 人	本役	1000 人	三分一役
蒲生氏郷	2000 人	三分二役ヵ[4]	3500 人	三分二役	1700 人	三分一役
木村一	1500 人	半役	3000 人	本役	1000 人	三分一役
長岡忠興	2000 人	三分二役	2000 人	三分二役	3000 人	本役

1)『秀吉』1290・1302 号
2)『秀吉』1504 号
3)『秀吉』2072 号
4) 天正 12 年 9 月に近江日野から伊勢松ヶ島へ加増

例えば、池田照政の場合はA・Bの数値がCの三倍であることから、「本役」を課されたと読み取ることができる。他の大名も、越中攻めや小牧・長久手の戦いの軍役数はそれぞれ「本役」や「三分二役」などに相当し、九州攻めと同じ基準で算出されたと解釈すべきであろう。よって、天正十二年の小牧・長久手の戦いの時点で既に「本役」は成立している可能性が高い。次なる問題は、この「本役」が石高に基づいているかどうかである。

天正十七年以前の「本役」が石高に対応しているかを示すには、諸大名の知行高と無役高の正確な数値を知る必要があるが、それを網羅的に把握可能な史料は確認できない。そこで、個別の事例に沿って段階ごとに「本役」の実態を見極める方法を採りたい。

右に見た長岡忠興については、天正十七年九月に秀吉から丹後の所領が安堵されている。幽斎（藤孝）と忠興父子で合わせて八万石が軍役高とされ、四千人の軍役が規定されているため、ここでの本役は三鬼氏も指摘した通り、百石につき五人の基準であることが確認できる。(13)同時に、忠興の本役は三千人と規定されており、先に見た表8−1Cの「本役」と同数である。この間、忠興に領国の移動や加増は知られておらず、秀吉の安堵は再確認と考えられるため、天正十七年以前も同じ知行高に同数の軍役が課せられていたと見てよい。よって、A〜Cの「本役」も百石につき五人役であったと推測できる。

近年、白峰旬氏は、宣教師の記録を用いて、天正十六年段階で豊臣政権が石高に対応した軍役を大名に課した可能性に言及した。加えて、天正十五年十二月、讃岐国を拝領した生駒近規（親正）は、十一万石の軍役高に対して五千五百人の軍役を設定されており、百石につき五人役の基準の成立がさらに遡ることは確実である。(14)そこで、先にも挙げた蒲生氏郷の例を見てみよう。

氏郷は、伊勢転封後の天正十二年九月に、秀吉から知行割目録を与えられた。それによれば、自身の所領の八万五千百五十石に与力らの三万八千石を加えた十二万三千石余が支配する総石高として計上されている。白峰氏も指摘する通り、天正十三年三月の紀州攻めでは、氏郷は五千人の軍勢を率いていたと宣教師が述べている。(15)この数字は表8−1B・Cの示す「本役」とほぼ一致し、およそ十万二千石が軍役高、二万千石が無役と見てよいだろう。

ただし、注意したいのが、石高で所領を与えられた蒲生氏郷が、当初は伊勢において貫高で家臣に知行を与えていることである。(16)検地を経た天正十七年九月以降に初めて石高での知行宛行いが確認できるため、石高制が大名領国内に貫徹しているわけではなく、従来の貫高制を踏襲し、それを換算する形で大名家臣の軍役が担われる場合があったと考えられる。逆にいえば、石高の定着していない地域にも例外なく石高を設定し、それを基準に軍役を課すという政権の統一方針も想定できるだろう。(17)

以上から、天正十七年以前の「本役」も百石につき五人の基準であり、石高に対応した軍役は遅くとも天正十二年段階には成立していたと結論づけられる。かかる分析結果から三鬼氏の議論を再定置すると、天正十九年五月に石高を総記した御前帳が徴集されることで、全大名を接合する軍役体系が確立したのが壬辰戦争期であったといえるだろう。また、石高は一義的には知行高とそれに応じた軍役を算出するための数値であり、石高制が社会構造に速やかに浸透したわけではないことにも留意すべきである。

なお、こうした軍役体系の前史としては、戦国時代には貫高制を基準として軍役を賦課した大名の存在が知られており、織田信長家臣の明智光秀に至っては石高準拠の軍役を採用していたとも考えられている[18]。それらと比較すると、百石につき五人の本役を定め、全国規模で石高基準に統一したという点が豊臣政権の軍役体系の特徴といえよう。

（2）兵粮政策の理念と実態

軍役奉仕の反対給付にあたるのが、戦時の兵粮（扶持米）である。高木昭作氏は、戦国期の後北条氏が戦時において兵粮自弁を原則としているのに対し、近世の幕府や大名は軍勢全体に扶持米を支給しており、その基準が石高に応じた軍役数であったと論じた。そして、兵粮自弁から兵粮支給への転換は豊臣期にあったと考えた。もっとも、壬辰戦争時には兵粮の現地調達が多く見られ、戦争の過程でようやく輸送体制が整備されたという指摘も出されたものの、高木説の見直しには至らなかった[19]。

その後、中世史や軍事史の観点から高木説への疑問が呈され、豊臣期の対応を戦国期からの連続性や到達点として捉える論考や、豊臣政権の画期性を最前線への兵粮の事前大量集積に見出す議論が提示された。他方、近世史側では、高木説を拡大解釈する形で、豊臣期には軍役数に応じた整然とした兵粮支給が全軍に行き渡っていたかのような理解も根強い[20]。

ここで留意すべきは、壬辰戦争時の兵粮政策を再検討した中條健太氏が、豊臣期の兵粮支給は「政権から大名へ」の次元では限定的にしか存在せず、「大名から家臣団以下へ」の局面では実現していたと評価した点である[21]。

こうした議論を踏まえれば、戦国期における兵粮支給の事例との整合性が取れるように思われる。そのうえで、以下では、豊臣政権の兵粮政策の理念と実態を弁別することで、なぜ、従来は整然とした事前の輸送体制が構築され、兵粮支給が実現していたと捉えられてきたのかを解き明かしてみたい。

確かに、豊臣政権は兵粮の下付を公言していた。紀州攻めでは、増田長盛を兵粮奉行として紀湊に置き、諸軍勢に兵粮を渡したのは「古今様なき次第」であり、秀吉が諸将に慕われる理由の第一に掲げている。九州攻めにおいても、出陣から帰陣まで片時も欠かさず兵粮を与えたことを「先代ニ無其例、末代猶以難有題目」と誇り、小田原攻めでも長束正家を兵粮奉行として三枚橋に置き、全軍に対して軍役数に応じた扶持米や馬の飼料(豆)を渡したことを「かたじけなき題目」と自讃した。また、壬辰戦争時にも扶持方と飼料を下行するために兵粮蔵を各所に配置したと述べている。[22] 秀吉本人も、東国攻め(未遂)にあたって諸軍勢に兵粮や金銀を事前に渡した、と与同勢力に対して報じ、小田原攻めでも全軍に兵粮を与えると宣言して、在陣時の兵粮・金銀下付を武功と同等の歴史的な名誉として誇示した。[23]

一方で、異国人たちの目には、政権の兵站の実態は正反対に映っていた。オルガンティーノは、秀吉が在陣諸将に戦時の兵粮自弁を命じ、そのことが大名を疲弊させ、結果的に国内を安定させていると見た。日本の内情を偵察した明人たちも、秀吉が諸将に自力で兵粮と船を準備させ、陣中では兵卒に対する兵粮がひと月分しか支給されないと本国に報告している。[24] このような著しい認識の差が生じた淵源を、兵粮政策の実態から探ってみよう。

まず、政権の蔵入地における収支関係文書(「切符」や「算用状」)を通覧すると、蔵米が戦時の兵粮にあてられる例は、一例を除いて天正十四年正月以前に限定されることが注目される。また、それらの事例は主に小身の秀吉直臣層に偏っており、大大名への下付は確認できない。戦時関連の支出では、壬辰戦争時の水主への飯米支給が「算用状」に見える程度であり、公儀普請における扶持米では大名への蔵米支給が確認できるのと好対照をなす。[25]

ついで、戦時の兵粮政策の特徴を抽出すると、第一に、兵粮支給から兵粮給付(申請制)への変質が指摘できる。

天正十年代前半には、政権は一族大名（於次秀勝・秀次ら）や直臣団、国人層を中心に兵粮を支給（ないし貸与）していることが確認できる。兵粮受け渡しの担当者は宮木豊盛らであり、宮木側の控えには渡したことを示す合点や請取場所が記されている[26]。

ところが、天正十四年の九州攻めからは様相が異なり、秀吉は兵粮や玉薬が不足している軍勢があれば言上するように宮木に伝えている。実際、立花統虎（宗茂）らからの申請を受け、秀吉は急場凌ぎの一万石の兵粮輸送を小西行長に命じたものの、米がかさ張ることを理由に、後便は「追々」遣わすという消極的態度を示した[27]。また、秀吉は自身の周囲を固める前備・後備の軍勢に対し、もし作戦が変わって本隊から切り離された場合は、兵粮を受け取るなと伝えており、支給は直臣団に限定されていたことが確認できる。実際に宮木の渡した扶持米の記録を見ると、秀勝や黒田孝高・森（毛利）吉成、水軍宛て以外のものは秀吉の直臣層への支給が大半である。また、島津氏降伏後に熊本まで帰陣した際にようやく兵粮が支給されているが、その対象も馬廻のみであった[28]。こうした政権の姿勢は、壬辰戦争時も基本的に変わらない。

支給の対象を基本的に直臣層に絞った理由は厳しい兵粮事情にある。九州攻めは、多くの旧戦国・織田大名を従えて豊臣領国に隣接しない遠隔地に乗り込んだ、最初の大規模戦争であった。上方からの輸送だけでは到底足りず、現地調達の比重が高まったという事情は、先述した蔵米の兵粮への転用が見られなくなる点とも合致する。最終的に豊臣軍は飢餓に陥り、九州南部の諸城や龍造寺氏などから米をかき集めたが、島津氏の降伏がもう少し遅ければ、秀吉は撤退せざるをえないところまで追いつめられていた[29]。

第二に、兵粮の受け渡し場所と時期の問題である。天正十三年の紀州攻めにおいて、秀吉は諸将に大坂で渡す予定だった兵粮を「先陣にて」渡すとわざわざ伝えており、ここから逆に、近距離の戦争時には前線ではなく、帰陣後の支給が主だったと推測できる。従来の研究では遠征時に前線の手前に設けた補給拠点（九州では関戸・小倉・千栗、東国では三枚橋・白河、朝鮮では釜山など）が注目されてきたが、同時に秀吉の拠点城郭近辺（英賀・長浜・山崎・大坂・名護屋など）での受け渡しもよく見られる。四国攻めでは、米の廻送が間に合わずに終戦後に兵粮が支給される事例もあり、実情としては諸将が兵粮を自賄し、替米や借米・切手を利用して、のちに清算されるという手順が採られることも多かった(30)。

第三は、戦場での兵粮調達方法である。天正十三年九月、秀吉は一柳末安に大垣城を与えた際、東国出陣時の兵粮のために城米を蓄え、川岸に兵粮蔵を建て、古米は新米に入れ替えるように指示をしている。同様の指令は後年の壬辰戦争時にも見られ、前線の城への備蓄によって、兵粮送達の困難さを補おうと模索している様子が看取される(31)。

先述の通り、政権は補給拠点に兵粮を集積させたが、その際には大名も領内の豪商らの力を借りて米を輸送している。また、現地で服属した国人層や保護を求めた村から、見返りとして米を徴発する例も見られる。壬辰戦争時には、秀吉の着陣に合わせて筑前の領主であった小早川隆景が米一万石を献上したが、秀吉はそれを返却した、と表向きは発表された。しかし内実は、いったん受け取ったうえで扶持米として再度下げ渡すという措置がなされたようである(32)。これらの事例は、政権の一元的兵粮調達・輸送という理解に修正を迫る。

一方、大名の調達方法に目を向けると、彼らが敵の城を攻略・降伏させて獲得した城米は、主に大名の軍勢への扶持米に転用された。もっとも、それらは政権の奉行らによって記帳された後に軍役数に応じて下付された。よって、接収した城の兵粮も名目上はいったん政権の蔵米となり、それを改めて給付するという手続きが踏まれたと見るべきだろう。なお、大名たちは受け取った城に兵粮や軍勢・玉薬を配備することも求められた(33)。

壬辰戦争時、渡海諸将には基本的に兵粮自賄が課せられ、不足分は申請のうえ、上方での借米や現地での貸与によって補填された。大名たちは自らの兵粮だけでなく、政権用の「御城米」や非常時の「置兵粮」をも調達する必要があり、自領からの廻送や奉行・商人らからの借米に加え、朝鮮での城米接収や年貢収取、刈田などで対処しようとした。しかし、実態としては略奪が横行し、政権も表面上は禁止したものの、それを黙認した。政権による兵粮給付は制海権と陸路輸送の困難さによって滞った[34]。

第四に、兵粮の栄典としての性格について。壬辰戦争において、秀吉は在陣諸将が現地で兵粮を多く蓄えることを「手柄」と称え、戦功があった武将に褒美として兵粮を与えている。それに呼応する形で、政権からの扶持米を受け取らないことを奉公と捉える大名側の心理が生じた。また、徳川家康の家臣らも小田原落城後に兵粮を下賜され、「外聞実儀、施面目」と喜んでいる[35]。

紀州攻めにおいて、秀吉は同盟軍の毛利氏に対しても、軍勢と水主の兵粮米を播磨の英賀で渡すと伝えた。直接の主従関係にない勢力に対する兵粮支給の例は織田期にも確認でき、信長から過分の兵粮を与えられた家康は、「外聞実儀、敵国覚、旁以恐悦不及是非候」と感謝している。ここでも、与える側の恩恵であり、貰う側には名誉と見なされていたのである。従来、織豊政権による与同勢力への兵粮や玉薬の合力は、集権化の梃子としての物資支援と捉えられてきたが、物質的な側面だけでなく、栄典としての意味をも考慮する必要があるだろう[36]。

以上の検討を踏まえると、政権から大名への兵粮政策は、天正十四年以降は支給ではなく申請に伴う給付が基本であり、兵站が体系的に整備され、戦場に米が行き届いていたと評価するのは困難である。兵粮支給は名目上に留まり、大名の自賄が中心であったがゆえに、諸将への給付は恩恵としての意味を有し、秀吉の誇るべき名誉ともなった。これが政権の公式見解において兵粮下付を誇張した理由であった。そして、こうした秀吉や大名の心性こそが、兵粮支給の原則が豊臣期において成熟していなかった事情をよく示していよう。

二　普請役

（1）公儀普請の様相

つづいて、豊臣政権の普請役の考察に移る。従来、その様相を窺える史料としてよく利用されてきたのが、伏見城普請に関わる『真田家文書』の四通の奉行連署状である。しかし、その年次比定は論者によって区々であり、発給時期を確定させることで、行論の前提としたい。

【史料一】（『真田家文書』上巻二三号）

為　御意申入候、来年之儀、御普請御手前可被成御免候旨御諚候、然者於御国、下々知行方入精開作等可被仰付旨候、恐々謹言、

　　　　長大《長束》
十二月七日　正家（花押）
　　　　増右《増田》
　　　　　長盛（花押）
　　　　石治《石田》
　　　　　三成（花押）
　　　　徳善
　　　　　玄以（花押）
真田伊豆守《信幸》殿
　　御宿所

【史料二】（同右二四号）

態申入候、

一、来年御普請之儀、最前可被成御免旨候へ共、御城廻御普請未相究候ニ付而、可被成御座之旨候事、

一、来年三月朔日ゟ九月迄御普請ニ候間、二月中ニ京着候様ニ可被仰付候事、

一、御普請役之義、御手前高之内五分一人数被引可被仰付旨候、御扶持方可被下候間、右之通ニ定人数可被出由候、恐々謹言、

極月十七日（差出・宛名同右につき省略）

【史料三】（同右二六号）

為　御意申入候、御手前御普請儀、半役被　仰付候条、弐百七拾人被召連、三月朔日ゟ御普請可被仰付旨候、御着到を以、御扶持方可被遣候間、慥有人右之分可被召連旨候、然ハ地形普請候間、可有其御用意候、尚以三月朔日ゟ御普請可被仰付旨候条、其以前ニ可有上着候、恐々謹言、

正月四日（差出・宛名同右につき省略）

【史料四】（同右二五号）

態申入候、当年御普請役之儀、何も可為五分一役旨候、然者其方御人数百拾人被下候、三月朔日ゟ八月迄六ケ月之間ニ、去年被為掘候堀向石垣、築退ニ可有御沙汰之旨候条、先三月・四月・五月三ヶ月大石栗石被寄置、其上丁場重而可御割符候、恐々謹言、

長大

二月四日　正家（花押）

増右

長盛（花押）

徳善
玄以（花押）
真田伊豆守殿
御宿所

『真田家文書』の編者である米山一政氏はこの四通の発給年次を、【史料一・二】＝文禄二年（一五九三）、【史料三・四】＝同三年と推測する。一方で中川和明氏は【史料一・二】＝文禄三年、【史料三】＝同五年、【史料四】＝同四年とし、黒田基樹氏は【史料一〜三】＝慶長二年（一五九七）、【史料四】＝同三年、曽根勇二氏は全て慶長二年のものと比定している。しかし、既に白峰旬氏も指摘する通り、玄以は文禄五年五月を境に「民部卿法印」から「徳善院」に改称しているため、これらの文書が発給されたのはそれ以降と考える必要があり、米山・中川両氏の比定は成り立たない[37]。

では、この文書群はいつ発給されたものと考えるべきであろうか。本書第一章の議論を踏まえて奉行の花押型[38]に着目すると、【史料一〜三】については、長束の花押がN5a型であるため、【史料一・二】は慶長二年、【史料三】は同三年のものと確定できる。一方、【史料四】は長束の花押がN6型であるため、慶長四年か五年のものと考えられる。慶長四年である場合、「五奉行」成立後であるにもかかわらず、本文書に石田や浅野が連署していないのは不自然である。よって、両者の失脚後の慶長五年の発給と思われる。

かかる年次比定を基に、他の史料を含めてこの時期の公儀普請の経緯をまとめると、次のようになる。慶長二年末、政権中枢の奉行は翌年の伏見山城の普請について大名たちに通達を行った。十二月七日当初、真田信幸（信之）には翌年の普請を免除し、下国して開作に専念するよう命じたが、十七日には「御城廻」の普請ができていないため三月一日から九月まで従事するよう、方針転換した（【史料一・二】）。また、同じ日に溝江大炊や奥田勘解由・中村又蔵ら中小領主には、二月一日から九月までの普請を命じている[39]。

翌慶長三年正月、徳川家康は普請のために半役の人夫を上洛させる旨を奉行に約束し、三月一日までに到着させる必要があるとは知らなかったと弁明している[40]。奉行は信幸にも、前年末は五分一役としていたところを、半役を上洛させるように通達している。なぜこのように指令が変わったのかというと、おそらく秀吉が「地形普請」すなわち「木幡山」の引き下ろしを命じたことで、多くの人員が必要となったからであろう[41]。また、大名は人夫の着到状を提出後、政権から扶持米の給付を受ける手筈となっていた(【史料三】)。

【史料四】は伏見城普請の関連史料とされてきたが、大坂城普請を示すものと考えるべきであろう。この文書の添状と思われる普請奉行連署状と同文のものが、大坂城担当の宮部長熙にも出されているためである。また、大坂城では慶長四年に堀普請が行われていたことも傍証となる。慶長三年七月には「伏見普請衆過半大坂へ被遣候」とされ、同年中には真田昌幸が大坂へ下っており、信幸もそれに従ったと推測される[42]。

信幸は慶長四年に大坂城の堀普請を担当し、翌年の普請役は五分一役との通達を受けた。慶長五年の普請は三月一日から八月まで行われる予定で、石垣普請が割り当てられることとなっていた。「築退《つきのき》」とは石材運搬と石垣構築という一連の作業を一括で担うことを意味し、最初の三か月は資材となる石を集め、しかるのちに普請の持場が決定される手筈であった[43]。しかし、六月の会津攻めに伴って、普請は縮小されたものと思われる。以上から、慶長期には公儀普請の指令系統と進行体制が確立していたことが確認できる。

(2) 普請役の本役

豊臣政権が大名に課した普請役の本役については、中川氏が知行高百石につき二人役であったと論じている[44]。しかし、既述の通り、天正十六年の大仏殿普請の本役は九州攻めの軍役と同じであることが三鬼氏によって解明されており、前節の検討から、この時の普請は百石につき五人が本役であったと考えられる。例えば、蒲生氏郷は大仏殿普請では本役相当の五千人を負担しているが[45]、大仏殿の場合のみ異なる本役が設定されていたとは考えにくい。

また、中川氏の推定は無役高を控除せずに計算している点も問題であり、普請役算出の基準とされた『当代記』の「伏見普請役之帳」については、実態にそぐわないことが白峰氏によって指摘されている。[46] よって、本役の賦課基準に関しては、再検討を要する。

まず、中川氏が天正期の大坂城普請で百石につき二人役が課されたとする史料であるが、同日付で伏見城・多聞山城の普請も計画されており、それらに見える人名から、文禄四年のものと考えた方がよい。[47] また、そこでは宮部長熙が千人、木下重堅が四百五十人、亀井茲矩が二百七十五人、垣屋恒総が二百人の普請役を課されているが、彼らの軍役は天正十七年十二月に定められており、それと比較すると、文禄四年の大坂城普請は全て半役であったことが判明する。[48] よって、大坂城普請役の本役は軍役と同じ基準の百石につき五人であり、同時に普請が計画された伏見城・多聞山城も同様であった可能性が高い。

また、文禄三年の伏見城普請[49]については、史料上は「高弐千人下／一、千弐百人　山内対馬（一豊）」のように記されている。中川氏は千二百人の方を本役とするが、「高弐千人」を考慮しておらず、これは、本役二千人に対し、五分三役にあたる千二百人が課せられたと解釈すべきである。一豊の所領はこの段階では五万石とされ、無役高なしの場合でも百石につき四人が本役となり、二人役よりも高い水準であったことが明らかである。[50] 他の面々についても、無役高を差し引いて本役が設定されたものと考えられる。

同じく伏見城で徳川家康に課された普請役も、確かに「一万石ニ人数弐百」とあるが[51]、史料にはこれが本役であるとは書かれていない。総じて、普請役は半役程度で課される事例が多く、中川氏はそれを本役と捉えたために、齟齬が生じたといえよう。また、真田信幸の場合、【史料三】に半役で二百七十人、【史料四】に五分一役で百十人とあるように、本役は五百五十人にあたる。信幸の正確な知行高は不明であるものの、一般に知られる二万七千石とすると、確かに百人につき二人役のように見えるが、無役高がなかったとは考えにくく、本役は二人役より高い基準であったと推測できる。[52] 以上より、普請役の本役も軍役同様、百石につき五人役が原則とされていた可能性が高いと思われる。[53]

（3）普請役の特徴

（i）公儀普請の同時進行

つづいて、政権と大名との関係を考えるため、普請役の特徴を各事例から抽出してみたい。第一に指摘できるのは、同時に複数の場所で普請を行っている点である。

天正十四年二月、聚楽第と大坂城（第二期）の普請が開始された。聚楽第では甥の秀次の監督のもとで畿内北半と北陸・中部の領主が、大坂城では弟の秀長の監督のもとで畿内南半と中国・四国の領主が普請を担当している。[54]

天正十六年五月に始まった東山大仏の普請では、東西南北の面ごとに地形・石垣の担当が割り振られた。また、大仏殿の造営では手伝普請が交替で課せられ、ひと月ごとに均等な人数になるように中部・北陸・中国の大名らが組み合わされ、翌年にも継続された。[55]当時、在京中の島津義弘は国元の家臣に「当春者　内裏・大仏・院跡三ヶ所へ御普請たるへき由候、爰元諸大名衆片時も不被得隙候段、難述筆舌候、京都如此上者、其元之躰も各御肝煎候て肝要候、於由断ハ御家之御為不可然候」と報じている。[56]内裏や仙洞御所の普請も同時に命じられたため、重い役儀負担が諸大名にのしかかったのである。そうした状況に対し、義弘は国元での仕置を油断なく行うことが大名家存続のために重要だと説いている。

一方で、大名が一斉に在京している状況は、新たに政権下に入った島津氏にとって好機でもあった。義弘は石田三成から「諸国大名衆大仏殿御普請付て、被食上せ之由候而、如此候刻、御見廻なされ候ハて不叶儀ニ候」と助言を受け、兄義久に上京を求めている。[57]普請による一時的な在京機会を通じて、秀吉への礼参や大名らの交際が促進されたのである。大名在京の制度的確立以前には、普請や儀礼などが重要な交流の契機であったといえよう。

文禄三年正月には、指月伏見城の惣構・石垣普請と大坂城の惣構普請の計画が発せられ、大名の普請割も一俤軍役衆之仕分帳」で定められた。[58] 伏見では畿内以東、大坂では四国・中国地方の領主が動員されている。普請の対象は朝鮮や名護屋に在陣していない大名が中心で、全国規模の公儀普請としての色彩を強めることになる。また、この頃から増田長盛ら政権中枢奉行の普請への関与が明確化し、蔵米の普請扶持方への転用も急増するため、第1項で見た体制の始源と評価できよう。[59] さらに、前述の通り、翌年五月にも指月伏見城の石垣普請と多聞山城・大坂城の同時普請が計画される。伏見では秀次配下の東海地方の領主、多聞山ではそれに加えて大和・伊賀・北陸の領主、大坂では中国の領主が参加する予定だったが、多聞山城の普請は中止されている。

文禄五年閏七月の慶長地震（伏見地震）後、伏見山に新たな城が築かれる。翌慶長二年にも伏見山城の普請・作事は継続され、正月二十日から開始されたが、この時も、京都新城と同時に普請が行われている。京都の普請担当は関東、伏見の担当は畿内の領主だったと考えられる。[60]

では、政権はなぜ同時に多くの普請を行ったのだろうか。藤木久志氏は、秀吉の築城や都市開発を、戦場の閉鎖による都市への労働力流入への対処法と評価している。実際、普請場には脇差姿の奉公人が溢れており、雇用機会の多面的展開が必要だったと思われる。加えて、大坂城や聚楽第普請で石材の運搬や人夫らの密集による普請場周辺での混乱を避けるための定書を出していることから、複数の場所に労働力を分散配置し、効率的な資材確保や、人足の過集中による治安悪化などの課題への対策という意味もあっただろう。[61]

また、政権と大名との関係という観点からは、大名に広く負担を課しながら、同時並行で普請を進めることで相互の進捗状況を意識させ、競争心を誘発する狙いもあったと推測される。

（ii）信賞必罰の浸透

右記とも関わる第二の特徴としては、信賞必罰の論理を徹底している点が挙げられる。普請の中でもひときわ目を引く作業は、大石曳行であった。聚楽第普請では、天正十四年二月から翌年五月にかけて秀次や長岡忠興が花園・太秦周辺（双ケ丘か）で大石を探し、天正十四年六月には忠興が三ケ月山から長さ二間余・横一間余・厚さ一間ほどの石を四千人を動員して六筋の縄で曳行、翌月にも梅津から大石を運んだ。その様子を見た秀吉は一段と喜び、褒美として忠興に馬を与えている[62]。一方、小野木重次は石垣の担当箇所が二度も崩落したため、秀吉から叱責を受けて普請場から退散し、一時的に失脚した。宣教師のフロイスも、大名たちが自らに割り当てられた任務を果たせない場合にはただちに追放され、収入や身分を失うという噂を書き留めている。秀吉は京都と大坂を行き来し、普請場へ出向いて進捗を確認しつつ、賞罰を実行したのである[63]。

文禄・慶長期にも、類似の事例が確認できる。亀井茲矩は、大坂城での大石の普請に苦労したが、普請場で秀吉から褒美と労いの言葉をもらい、「各うらやまれ候仕合ニて候条、可御心安候」と国元の家臣に報じている。伏見の「月見之殿」は秀次家臣の徳永寿昌が担当していたが、その様子が見事であったため、秀吉は徳永に馬を与え、秀次からも褒美を取らせるよう命じた。また、伊達政宗は船上の秀吉から呼び出され、普請が特段見事だとして胴服などを賜り、「諸人見所と云、実儀と云、大慶、殊其刻へ親類を為始、各下合皆々被見候、各も深々満足仕候」と周囲の目を意識したうえで、名誉と誇っている[64]。

秀吉は毎日のように杖や鍬を手に、自ら監督をしたため、徳川家康をはじめとした大名たちも奔走して助力に努めていたという。また、秀吉は家康家臣の松平家忠にも羽織・帷子を下賜し、伏見の堤が切れた際には急いで大坂から戻り、自ら普請を采配した。さらに、担当の大名たちが自身で普請場に出向いていないことを聞き、普請奉行に毎日着到帳を確認するよう指示し、油断があれば容赦なく言上せよと命じている。実際、織田信包が石高に見合った役儀を果していないとして所領を没収され、伏見で普請を行っていた家臣たちはその場から離散、信包と妻室・小姓衆は相国寺にふた月ほど身を置くこととなった[65]。

秀吉の信賞必罰の姿勢は、大名だけでなく家中にも競争意識を煽る梃子となった。大仏殿普請において、秀吉が大名に石の曳行数を報告するよう命じたのを受け、蒲生氏郷は長岡忠興を引き合いに出し、負けずに石を運ぶように家臣を急かしている。また、伊達政宗は国元の家臣に対して、他大名家の人足が続々と上京する一方で、自身の人足が到着していないことに焦りを見せ、一刻も早く差し上らせるように催促している(66)。大名たちは中央での役負担を遂行する際に、常に他家と比較しながら家中に危機感を伝えたのである。

そうした中で、秀吉が示していた厳罰の論理は大名側にも浸透していった。例えば、徳川家康は普請中の法度を定めて家中統制を図り、前田利家は伏見での普請で無沙汰をした家臣の所領を没収し、毛利輝元は下知に背いた者は成敗する旨を人夫に通達している(67)。これらは〈首都〉を頂点とした大名権力の強化と評価できよう。

如上の秀吉の行動からは、いかなる意図が読み取れるだろうか。戦時の軍役では、一番槍や敵の首級など、戦功が明確であるのに比べると、普請役は功績が可視化されにくいという問題点がある。普請の人夫数や期間は政権から数値が定められているため、諸大名の奉仕に差異が見出しにくく、単純作業に陥る危険性が伴う。そうした事態を避けるために賞罰の明確化によって競争心を煽ったと考えるのが妥当であろう。

(iii) 在地への不貫徹

第三に、民衆の夫役動員について検討を及ぼしたい。高木氏は大仏殿普請において千石夫が百姓に賦課されたことをもって、豊臣期に国役体系が石高制に組み込まれ、民衆支配を強化したと論じた。確かに、千石夫は伏見山城や大坂城の普請でも見られ、直轄領からの動員である蔵入地詰夫も二千石に一人の基準で賦課されていることから、石高基準の役は百姓に適用されたといえる(68)。しかし、これらは大名に課された普請役と連動しておらず、減免もない。そもそも、家並賦課が一般的な国役と、石高で賦課された千石夫は切り分ける必要があり、後者にこそ近世の統一権力としての特質が表現されていると判断しうる(69)。

実態としては、千石以上の高を有する村は少なく、複数村にまたいで徴発せざるをえず、在地社会への依存度が大きかったと思われる(70)。また、遅延の際の過料が設けられ、日用による代替が横行し、普請現場からは逃亡が相次ぐなど、役忌避の動向が強く見られた。[71] 政権は先の【史料一】のように、普請を免除した際に領国の開作を奨励しているが、そのことは、普請役の徴発が田畑の荒廃に繋がりえた事情を物語っていよう。
さらに、戦時の陣夫役では、役屋数を基に徴発する場合が多い。石田三成領国においては平時の夫役ですら、給人地における賦課基準が家数や村高に対応しておらず、夫役負担者以外に課される夫米も大名領国ごとに基準が異なった。よって、役における石高制の主機能は大名への賦課基準にあり、在地社会を捕捉する役割としては不十分だったといえよう。[72]

三　番　役

（1）〈首都〉での役儀

天正十九年四月、在京中の島津義弘は、石田三成の家臣・安宅秀安から島津氏の置かれた状況への警告を受け、強い危機感を国元へ訴えた。

【史料五】[73]

先国持之大名者毛利殿・家康、其次にハ島津にて候、然共　関白様御用に可罷立事ハ一も無之候、其謂者、縦なにたる国より一揆なと蜂起候とて、先手之人衆ニ被食加候とも、無人数にてハ可難成候、不然者　関白様御側ニ可被食加之由候共、やう〱乗馬之五三人にて、島津と名乗可罷出様も無之候、扨者　御前むき御はなし衆へ御用にも不罷成、御普請等之御用にも不罷立候、如此之国侍（持）、たれ人歟長久ニ国をたもち候ハん哉、京都・大坂へかよひに五騎三騎にてさへ、鑓を一本持候供衆無之候、龍造寺・鍋島・橘（立花）・伊東なとの躰にもおとりたる様式、誠言語道断沙汰之外候、（後略）

義弘は、国持大名の中では毛利輝元と徳川家康に次ぐ大身として島津氏が挙げられるにもかかわらず、役儀を果たせていないままでは国を長く保つことができないと焦りを露わにしている。在上方の家臣も乏しく、供の人数や装備は他の九州大名たちに負けていると、格下の大名家と比較することで島津氏の窮状を際立たせたのである。

後略の部分でも、何の忠貞もないのに屋敷の作事は進まず、供回りも貧相で、借銀のみが増える京都屋敷の状況を嘆いている。「御国本之置目」を改善させれば借銀も減り、「京儀」に精を入れて御用に立つことで外聞も保て、家の安定へと繋がるというのが義弘の認識であった。そして、現状のままでは国替どころか、島津家滅亡も目前であると報じている。また、大名たちは普請を免除されれば、金銀を秀吉に献上してその御礼を申し上げるのが一般的であるのに、それもないことを非難している。京都での役儀や外聞、それに伴う経済負担は大名家存続にとって必要不可欠のものだったのである。

ここで、義弘が軍役や普請役と比すべき奉公として秀吉御前での「御はなし」を挙げていることに注目したい。実は、〈首都〉における大名の役儀は普請役以外にも、臨時の儀礼に関する役や、「御はなし衆」に代表されるような恒常的・断続的な「番」に関わる役が存在した。しかし、それらは石高のような明確な基準では捕捉できないため、従来は政権の課役体系の中に位置づけられてこなかった。儀礼については家格や官位が基底的な尺度と推測され、研究も盛んであるが、番については、御咄衆や医者衆など個々の集団に関する指摘がなされる程度に留まっている。よって、本節ではこれを「番役」として捉え、その概要を提示したい。

（2）広間・書院の番

ここでは、番役のうち、広間や書院の番を検討する。秀吉の御前に祗候する人々については、以下の六つに大別できよう。①詰衆（近侍衆）は近習や小姓にあたる。天正十二年頃の「御広間御詰衆」には大谷吉継や石田三成など、のちに奉行層として活躍する人々が見える。天正二十年、壬辰戦争に向けて秀吉が名護屋へ出陣する際には、

「御つめ衆御番」が定められ、一晩一時ずつ交代で寝ずの番をした。詰衆の統括者は、常に筆頭に名の挙がる杉原長房と思われ、「番くミの衆」への触れ流しなどを担当していた。(74) ②物書衆は右筆を指し、詰衆に含まれることもある。キリシタンとして著名な安威重信や、吏僚層に成長する木下吉隆・山中長俊・長束正家らを輩出した。(75)

③御咄衆（御伽衆）は御前で武辺咄や諸芸を行った。④医者衆（薬師衆）は交代で診察をする番医制を採っていた。統括者の施薬院全宗は、御咄衆にも加わっている。⑤女房衆。北政所付きの侍女は孝蔵主・ちゃあ、淀殿付きの侍女は大蔵卿局が統括した。⑥その他。坊主衆（同朋衆）は茶や掃除を担当し、久阿弥・友阿弥が統括した。鷹匠（番匠）は平塚為広・堀田一継・佐々行政らが統括した。また、台所人や奉公人（侍・小者）らも見られる。(76)

これらのうちで、大名を内包したのが③御咄衆である。(77) この御咄衆は多彩な人々によって構成されていた。(i)室町幕府の関係者。三松（斯波義近）・山名禅高（豊国）らである。壬辰戦争に際しては昌山（足利義昭）を筆頭に旧管領・所司・守護層が一団となって名護屋へ出陣しており、江戸期の高家のような扱いがなされていたと推される。(ii)織田家の関係者。常真（織田信雄）・有楽斎（長益）など。佐久間不干（信栄）や松井友閑ら織田旧臣も確認できる。(iii)現旧の大名。茶道や咄に長けた人物が選ばれた。宮部継潤・金森長近・小寺休夢（高友）ら法印号を有する者や、富田一白・山岡道阿弥（景友）ら僧体の者が多かった。(iv)茶人（堺衆）。当初は千利休が差配していた。今井宗薫のような商人だけでなく、古田織部（重然）らもこれに類する存在と見られる。(v)禅僧。鹿苑僧録の西笑承兌が近侍した。(vi)芸能者。樋口知秀・祝（岩井）重正・伊藤安中ら能役者や、文筆家の大村由己などが挙げられる。彼らは元武士や商人でもあった。

御咄衆の役割を大名との関わりから見てみよう。大友義統所持の名刀・骨喰藤四郎を所望した秀吉は、松井友閑・千利休を通して刀を献上させた。義統の父宗麟は利休に「内々之儀」を相談するよう秀長から助言されており、利休は秀吉への大きな発言力を有していた。また、伊達輝宗・政宗には服属前から友閑や祝重正・施薬院全宗・富田一白が信長・秀吉への口利きをした。御咄衆は対大名交渉の重要な窓口の一つだったといえよう。(78)

表 8-2　天正 19 年の咄番の構成

番	人名
一	富田一白・奥山重定・長岡忠興・石川吉輝（数正）・松井友閑・山岡宗無・佐久間不干
二	有馬則頼・黒田孝高・織田有楽・牧村利貞・毛利秀頼・津田宗凡・前田利長
三	前田利家・渡辺宗安・施薬院全宗・武野宗瓦・木下祐慶・伊藤安中・猪子一時
四	金森長近・水野忠重・長谷川秀一・瀬田正忠・長岡藤孝・古田重然・大村由己・木村一
此外	小寺休夢・奥平貞能・寺西正勝・樋口知秀

天正十九年初頭、秀吉の命に従って上京した政宗は、御咄衆の全宗・一白・木下祐慶から馳走を受けた。その後も「秀次事件」で関与を疑われた際に、政宗のもとへ派遣されたのは全宗・寺西正勝・祝重正と所司代の玄以であり、朝鮮在陣時にも在京家臣に対し、上記の人々や今井宗薫・徳法軒道茂らを頼るよう指示している。また、宇喜多秀家の大坂屋敷に秀吉・秀頼父子が御成した際、「御放之衆」を相伴させるよう秀吉から命令が出された。[79] このように、在京大名の馳走や儀礼への参加も御咄衆の重要な役割であった。

さて、こうした御咄衆に現役の大名が加わっていたことは、特筆すべきであろう。天正十九年九月、「御はなしの衆番之次第」が定められ、咄番が四組に編成された。[80] その成員をまとめたのが表8-2であるが、前田利家ら旧織田系の大名や、木村一ら子飼大名が名を連ねている。「此外」は日替わりで番を勤めた。岩沢愿彦氏はこれを朝鮮出兵に向けた臨戦体制下のものとするが、詰衆の番編成が出陣直前の天正二十年三月であったことや、当時の大名としては長期間在京する人々が選ばれていることからも、聚楽第における平時の咄番編成と考えるべきであろう。【史料五】から、大名を含んだ咄番の成立はこれ以前に遡る可能性が高い。ただし、この段階ではいまだ旧戦国大名は加えられていなかった。

御咄衆の番編成が本格化したのは、諸大名の伏見集住が確立した「秀次事件」以降と考えられる。例えば、文禄五年六月三日には富田一白が、翌日は前田利家が「御番」を勤めていた。その機会に家康と利家は、加藤清正の赦免について秀吉の様子を窺いながら取り成すよう一白に依頼している。また、慶長二年には子・辰・申の日に秀吉の御前で「夜話」が行われ、西笑承兌の参加状況が伊藤真昭氏によって解明されている。そこには大名の姿も見え、三月二十五日には伏見山城で宇治の聞茶が行われ、家康・利家・一白・金森長近・その他「御伽之衆」十二、三人が同席していた。十一月二十九日には利家が所労により「御番」を勤めなかった[81]。大名も定期的な咄番で城中に出仕していたのである。この頃の咄番を示すと思われる交名[82]をもとに作成したのが表8-3であるが、配列順にAは大大名、Bは法体、Cは小大名、Dは茶人として大別されていたものと思われる。なお、表8-2と比べると半数ほどが入れ替わっており、流動性が指摘できる。ここに至って、旧戦国大名の伊達政宗の名前が見えるが、やはり織田旧臣などの比重が大きい。

表8-3　慶長2年頃の咄番の構成

	人名
A	徳川家康・前田利家・徳川秀忠・前田利長・長岡忠興・丹羽長重・伊達政宗
B	織田有楽・西笑承兌・富田一白・施薬院全宗・金森長近・山名禅高・有馬則頼・青木重直
C	瀧川雄利・寺西正勝・稲葉重通・新庄直頼
D	古田重然・中川宗半・伊藤安中・佐久間不干・今井宗薫・津田宗凡・山岡宗無

咄番の管轄をしていた人物は、織田有楽斎であったようだ。咳気で咄番を休むとの承兌の連絡に返答し、秀吉の御成に際して利家と全宗に「明日之御番」であることを伝えているのがその証左である。武野宗瓦が「御番」の古田重然と相談のうえでの返答を依頼したのも有楽であった。前田利家は浅野長吉(長政)からの要望に対し、秀吉の翻意が難しいことを告げ、施薬院と有楽を通して秀吉に返事をするよう忠告している[83]。

また、家康の侍医・板坂卜斎の証言では、御咄は伏見山城の千畳敷(大広間)の中で行われ、二十人ほどが三つの咄番に編成されていたという。家康は「御咄頭」として三日ごとに御前に出仕し、刀持・草履取り一人ずつを伴い二の丸まで行き、本丸へは単身で入って門で刀も預け、自分の名の記された箱から草履などを取り出した。御前にはふた時ほど滞在して、小姓・茶湯坊主各十人程度が伺候し、料理も出たとされる[84]。一次史料ではないが、この記述は他の史料とも合致する部分が多く、信憑性は高いと思われる。

御咄衆たちは御前での交流を通じ、各自の伏見屋敷にも参集した。家康の招きで有馬則頼邸に赴いた承兌は、そこで長岡幽斎や有楽、「伽衆」二十人ほどと会っている。家康邸に出向いた際には、有楽・有馬則頼・金森長近・山名禅高らや当時失脚中の浅野長政が詰めていた。また、伊達政宗は樋口知秀を通し、全宗と有楽に「夜咄」へ来るよう誘っている。さらに、「秀次事件」で謹慎していた曲直瀬玄朔の赦免が決まったのも、有楽邸で秀吉が御咄衆と雑談していた際のことであった。ただし、病気などで御前出仕を免除されている時は他邸での茶会参加は許されず、秀吉への従属度が高かった。(85)

このように、豊臣期には大名を含む御咄衆が定期的に秀吉の御前に出仕し、そこでのやりとりが政治決定の判断材料となることもあった。また、咄番ではないが、奉行層も同じ頃には「御番」で御前に詰めていることが確認でき、(86)番役は政治・文化の両面で機能していたと結論づけられよう。

(3) 門・櫓の番

室町・江戸期の研究においては、「番方」という直属家臣団の存在が指摘されている。(87)室町期の奉公衆がそれにあたり、番頭と番衆が五つに編成され、御料所を預かる存在であった。平時には将軍御所の番や将軍の外出に供奉し、戦時には旗本・馬廻として活躍した。彼らの出自は足利一門や根本被官、守護の庶流・被官、有力国人などであった。また、江戸城の番方は小姓組・書院番・新番組・大番組・小十人組からなる将軍常備軍の中核であり、譜代の旗本がその任にあたった。なお、大坂城・二条城などにも譜代小大名や大番組が派遣されていた。豊臣期については、前項で触れた詰衆が小姓組や書院番などに該当するが、城内や門の番は誰が担っていたのだろうか。

大坂城では、天正十七年八月に本丸鉄門番の掟で、西上刻から明辰刻まで城中の出入りが禁止され、夜中の御用は「御門番」を通すように定められた。慶長二年四月にも本丸奥向き掟が改められ、城中との文や切手の受け渡しは門の「当番衆」を通すことが確認された。(88)

聚楽第では、天正十七年に鉄門の番所の壁に落首が書かれ、当番の番頭と番衆が処罰された。この際、「大名衆十人」が牢に入れられており、門番は大名が担当していたことが知られる。同十九年段階で鉄門（東門）の番にあたっていたのは、堀秀治・池田照政・長谷川秀一・木村一・浅野長継(幸長)・玄以の六名であり、いずれも聚楽第の内郭に屋敷を許された人々であった。池田の当番と思われる日に青木一矩が番にあたっていることから、これら六名が中心となって他の大名らを番に編成・監督したのであろう。なお、戦時には夜間の書状などの受け渡しの規制が厳重となった。また、聚楽第が秀次に譲られた後には、秀次家臣の西尾光教や木下吉隆らが鉄門の門番を担当している。(89)

名護屋城でも、天正二十年七月、秀吉の一時帰京中の留守番が定められ、奉行や代官・側近らが本丸の大手・裏の門番、馬廻らが組ごとに三の丸や本丸広間の番を割り当てられた。指月伏見城では、文禄二年十一月の城内の掟書で「二丸御門定番」を玄以・浅野長吉・石田三成の三名が管轄することが決められた。また、「慶長地震」によって天守が倒壊した時、御城番衆として櫓に詰めていた横浜一庵が死去している。慶長三年五月に秀頼が伏見山城の舟入御殿に仮住まいをした際、増田長盛・長束正家・石川一宗・同光吉が在番して警固を行った。(90)

このように、門や櫓の番については、大名や奉行だけでなく、代官や馬廻も多く動員されていた。また、旧戦国大名層の参加は確認できず、子飼層や織田旧臣、すなわち広義の譜代が中心であった。

(4) 秀吉死後の番役

慶長三年八月に秀吉は死去するが、遺言の中で伏見山城と大坂城の御番を「五奉行」が交替で行うことが定められた。また、死の直前には番の体制も強化され、伏見山城では石川一宗・光吉・石田正澄・片桐且元の「秀頼四人衆」が詰衆と女中方を監督し、代官層が舟入の番を担当した。大坂城でも本丸の表門・裏門、諸口の門番が定められ、宮部継潤や小出秀政ら在坂直臣層が警固にあたった。(91)

慶長四年正月の秀頼の大坂移徙によって、伏見は家康、大坂は利家が管轄するようになる。この月、大坂城内の規則が定められ、秀頼には「五大老」「五奉行」「秀頼四人衆」が祗候し、詰衆も杉原長房と大野治長の下で二番に編成され、定番に暮松越後守・埴原八蔵ら、そのほかに浅野を除く「五奉行」の子息が祇候することとなった（浅野は次男の長晟が詰衆に編成）。御咄衆や坊主衆も従来通り出仕した。大名らも秀頼移徙に伴って、東国大名が伏見から大坂へ移り、西国大名は伏見に妻子を置きながら、必要に応じて大坂でも御番や普請をするように命じられた[92]。同年九月に大坂城西の丸に入城した家康は「秀頼様御番・御置目」を改め、翌慶長五年正月には同二年四月の掟を踏襲した規則を三奉行に定めさせた。この頃、曲直瀬玄朔が「秀頼様御番之御医者」に加えられており、番医制も存続していたことが知られる。伏見山城では西国大名が大坂へ移ったため、代わりに結城秀康が御番を勤めた[93]。

本節の考察をまとめよう。大名たちは家の存続のため、積極的に〈首都〉での役を負担した。その代表が普請役と番役であり、中でも秀吉に近侍する咄番は名誉とされ、そこでは重要な政治的駆け引きも行われた。また、城を守る門や櫓の番は秀吉に近しい大名や直臣層が主に担っていた。こうした番役は、秀吉の死後にも継続された。

番役の担い手には石高や家格などの明確な基準を見出せず、基本的には秀吉との親疎に基づき、一部の大名だけに許された栄典として捉えられる。門番は広義の譜代層に限定された一方、咄番は「秀次事件」以後に旧戦国大名層を包摂する役として確立した。ただし、旧族大名の多くは番役から疎外されており、だからこそ一層、名誉な場と認識されたのであろう。

四　儀礼役

番役が〈首都〉における日常的な役であるとすれば、それと対をなす臨時の役として儀礼の存在が指摘できる。既に横田氏も、石高に基づく軍役動員だけでは捉えきれない武家社会の序列や秩序を確認する場としての儀礼に注目しているが[94]、ここではその具体的様相と特徴を描出することで、大名の意識や慣習をも照らしていきたい。以下、儀礼役を天下人への参観（服属上洛・年頭御礼）、朝廷関係の儀礼（参内・譲位・行幸）、天下人の移動に際する供奉（御成・移徙・芸能・遊山・祭事）、外国使節に関する儀礼の四つに大別して検討する。

（1）天下人への参観

（ⅰ）服属御礼

大名たちは豊臣政権の傘下に入った後、服属を示すために上京・上坂した。上方への道中では、各地の大名や城代らが接待や進物をし、交通や宿所の世話も行った。途上で秀吉からの使者である吏僚層に迎えられ、案内を受けて入洛・入坂した後、秀吉への謁見を果たし、豊臣姓・羽柴名字や官位などを授与された。在京・在坂中は公家・門跡・大名・茶人らと交流や贈答を頻繁に行い、名所を遊山してから秀吉に暇乞いを遂げ、帰国した。帰路でも接待を受け、帰国後も都鄙間で多数の音信がなされた(95)。

上方での滞在にあたっては、政権から宿所や扶持米の提供を受けた。上方に自らの屋敷や在京賄料を与えられる以前の段階であるため、このような対処がなされたといえる。天正十五年九月に上京した島津龍伯（義久）は「関白様御気色一段可然候之間、諸歴々迄も羨敷被存候由申散、外聞実儀満足候」と国元に報じている。翌年六月の大仏殿地鎮祭では、他の諸大名が芝居（一般の見物席）であったのに対して、龍伯は秀吉の桟敷へ招かれて帷子を拝領したため、「日本江之御仕合」と人々が褒めたとされ、淀川の川狩でも大名らの中で特別に扱われたという(96)。秀吉に手厚く遇されることは、大名にとって内外に誇るべき名誉だった。

一方、天正十六年九月に帰国した龍伯と入れ替わる形で閏五月に上坂した弟の義弘は、「無用意にて罷登候てハ、結句公儀も雖不可然候、急速ニ不致上洛候ハヽ、御家之為ニ罷成間敷」と「公儀」の役を果たすために必要な人手と資金を集めるのに苦労しつつ、上洛の遅延は「御家」にとって良くないという板挟みにあい、京都での借銀に頼るほかなかった。同じ頃、島津氏との領域紛争を抱えていた伊東祐兵は、在地が荒れてしまえば「京都之御公役」

（ここでは軍役も含む役負担全般を指す）も果たせなくなるので、せめて井手・溝の普請をしたいと島津氏側に申し入れている。(97)〈首都〉における秀吉への奉仕が「御家」の存続と関わる義務と認識されていたことに加え、大名家の財政難や領国荒廃が役負担を困難にするという負の連鎖も指摘しうるだろう。

（ⅱ）年頭御礼

大名たちは年甫に際しても自身か使者を〈首都〉にのぼせ、秀吉に参礼を遂げていた。大名らの元日参賀が盛大となり、公的な意味合いを増すのは、秀吉関白任官後の天正十五年からであったとされる。(98)前述の通り在坂していた島津義弘は、天正十七年の元日に大坂城へ年頭御礼に向かい、そこで驚きの光景を目にした。(99)未明から諸大名が出仕し、九ッ前頃に秀吉が出御すると、昌山（足利義昭）、織田信雄・秀信、羽柴秀長・秀俊、宇喜多秀家らが次々と礼参し、太刀を進上した。公家成以上の者が約三十三名、その他「諸大夫・法印様・諸侍・町衆ニ至る迄悉皆御目見」を行った。そして、公家成大名が順に三献に呼ばれ、銭を進上した。また、町衆の代表者も礼参し、取次を通して披露された。なお、その前日に義弘は、山里丸で斯波義近（津川三松）・長谷川秀一・堀秀政と一緒に利休の茶を相伴しており、その際に秀吉から二度言葉をかけられ、ほかの人にはそれがなかったので「外聞実儀」満足したと述べている。長谷川は長岡忠興とともに、天正十七年正月の公家・寺社による秀吉と鶴松への年頭御礼の際も御前に控えていた。(100)

宣教師のガスパル・コエリョも、正月には全ての人々が主君に敬意を表しに行くのが日本の風習であり、九州の大名らも皆、秀吉への礼参のために自らか代理者を派遣している旨を報じている。大名たちは秀吉への献上物を京都で買い揃えるために銭を用意した。進物がない場合には敵と見なされ、所領没収や国替などの可能性があったためという。(101)実際に、島津氏の傘下にある北郷氏は、年頭の御礼を行ってこなかったため、「御家」の存続が危ぶまれ、秀吉や三成への礼参を毎年欠かさないよう、安宅秀安から指導を受けている。(102)その折に、「年頭之外ニも端午・八朔・重陽如此之御祝令」と示されているように、年頭だけでなく、端午や八朔・重陽などの節句、さらには歳暮や陣頭見舞いなどに際しても礼参や贈答が行われた[103]。参賀は大名や国人層だけでなく、公家や僧侶・町人らも行っており、政権に対する従属関係が社会全体において再確認される場として評価できよう。

（2）朝廷関係の儀礼

（i）参　内

巡察師のヴァリニャーノの見立てによると、秀吉が大名に京都屋敷を構えさせたのは、年初の秀吉への御礼と参内のためだったという。大名たちは毎年正月に上京し、一定期間滞在して、秀吉への恭順を示さなければならなかった[104]。秀吉自身の参内は、①叙任御礼、②年頭御礼、③出陣・帰陣報告、④能・茶会などに分類することができる。年頭参内は天正十四年が初例とされ、同十七年までにかけては、大坂城で大名の年頭御礼を受けてから上洛し、参内を行った。秀吉に伴って参内したのは、主に公卿に昇進した大名と「清華成」大名であり、装束も政権から指定された[105]。また、文禄四年に一時は瀕死に陥るほどの重病となった秀吉は、奇跡的な回復を遂げた後、翌年五月にお拾（秀頼）の昇殿・参内を実行し、慶長二年九月にも秀頼の元服と叙任御礼の参内をするなど、自らの死後を見据えた政権継承の場として活用している[106]。これらの参内では御簾役や御沓役を長谷川秀一・堀秀政・長岡忠興らが果たし、供奉や辻固にも大名や直臣層が動員されている[107]。

（ii）譲位・行幸

天正十四年十一月の正親町天皇から後陽成天皇への譲位に際し、諸大名に上京が命じられた。陣義には公家成・諸大夫成大名が参加したが、その後の出御・宣命には秀吉以外では織田信雄、徳川家康、羽柴秀長・秀次のみが公家らと同席しており[108]、参議以上（のちの「清華成」大名に相当）で線引きがなされていた。

天正十六年六月の聚楽第行幸でも、多くの大名・直臣層が供奉や辻固を行った。行幸は当初三日間の予定だったが、「聚楽行幸記」では、秀吉が「余りに御残りおほし」として五日間に延長したとされる。もっとも、飛鳥井雅継は雨天によって五日間に長引いたと推測しており、実際に三日目の十六日は雨天で、十七日の午刻に「雨止」とされる[109]。ここでは、行幸前の大名の動向を示すものとして、次の史料を取り上げたい。

【史料六】[110]

態染筆候、其地普請儀、最前如約束可出来、行幸日限為相定事候間、其以前各入精可被申付候、廿日頃可上洛候間、可得其意候也、

三月十六日（朱印）

羽柴津侍従（織田信包）とのへ
羽柴筑前守（前田利家）とのへ
羽柴越中侍従（前田利勝、のち利長）とのへ
羽柴北庄侍従（堀秀政）とのへ
羽柴東郷侍従（長谷川秀一）とのへ
羽柴松任侍従（丹羽長重）とのへ
羽柴敦賀侍従（蜂屋頼隆）とのへ
羽柴松賀嶋侍従（蒲生氏郷）とのへ
羽柴丹後侍従（長岡忠興）とのへ
羽柴金山侍従（森忠政）とのへ
羽柴曽根侍従（稲葉貞通）とのへ
金森兵部卿法印（長近）

発給年次は「行幸日限」より、天正十六年で動かないであろう。問題は「其地普請」が何を指すかであるが、まず大仏殿普請の可能性が想起される。実際に、宛名の人々は天正十六年五月に大仏殿の地形普請を担当した者のうち、公家成大名に相当し、その後の手伝普請にも多くが動員されている[111]。しかし、大仏殿の地形・石垣普請が三月段階で開始されている徴証は管見には入らず、事前の石の運搬としても、「普請」の語と齟齬する。

それでは、行幸に向けた聚楽第周辺や路次に関する普請と想定してみるとどうだろうか。文意としても、京都に不在（在坂）の秀吉が進捗状況を尋ねたものと解釈しうるし、行幸の日限が決まったので、それまでに完成させよ、という内容と合致する。このうち、前田父子に関しては、三月十日に中山親綱が見舞いのため対面しており、やはり行幸関係の普請の可能性が高い[112]。以上から、儀礼と普請役の連動性が指摘でき、比較的在京期間の長い旧織田系大名が当該期の京都における普請の中核にあったと考えられる。

なお、天正二十年正月の秀次主催の行幸については、近年、新たな行幸記が紹介された[113]。それによれば、秀次家臣だけではなく、石田三成ら中枢奉行層をはじめとした秀吉直臣も参列したことが判明する。この行幸でも、雨天を心配して舞御覧の順番を前倒ししており、天候による影響が見出せる。また、圧死した見物者も出るほどの賑わいが見られるなど、秀吉のものと遜色のない規模であったと想定され、秀次への天下継承を大々的に示すための儀礼と評価しえよう[114]。

（3）天下人の移動に際する供奉

（i）御成・移徙

秀吉は〈首都〉の大名邸への御成を行った[115]。御成でも諸大名や法印衆・御咄衆などが供奉し、直臣の諸大夫衆が配膳・御簾役、公家成大名らが奏者役を務めることが多く、道中では大名家臣によって辻固がなされた。御成の後の宴席で秀吉や公家と相伴できたのは公家成以上であり、「清華成」大名と少将・侍従では座次や折敷などの明確な区別がなされた[116]。

文禄三年の前田利家・蒲生氏郷・上杉景勝邸への御成は豊臣期の「式正御成」の端緒と位置づけられてきた。二木謙一氏は、「式正御成」は当初、宇喜多秀家・徳川家康・毛利輝元を含めた六名が対象であったとし、彼らを「五大老」の原型と推測した。一方で、矢部健太郎氏は、通常の御成との差異が明確ではないと二木説を批判しつつ、彼らの官位上昇と連動している点を指摘している[117]。

十月二十五日の蒲生邸御成においては、氏郷が「今より宰相の御位」とあり、同二十八日の上杉邸御成記でも「会津宰相」が進物の奏者をしているため、参議任官が確認できる[118]。ゆえに、矢部氏の想定が裏付けられよう。また、氏郷に対しては様々な大名から進物が贈られ、少しでも負担を軽減しようとする配慮が見られたが、秀吉への進物や御成の経費には到底及ばなかったとされる。上杉邸御成では翌日に中納言昇進の御礼のために景勝が参内し、朝廷にも献物を進上したことが確認でき、出費は御成当日に留まらなかった。天正十八年九月の毛利邸御成の際には、前日に勧修寺晴豊から差し入れがなされ、御成の三日後には方々へ輝元が礼参している[119]。華やかな御成は、受け入れる大名側に莫大な金銭的負担を強いるものであり、多額の出費に対する互助慣習が、大名だけでなく公家も含んだ〈首都〉の交流の中で育まれていたといえよう。

二木氏は触れていないが、諸大名邸への御成が「式正」であったとする記述には続きが存在し、前田邸御成と同じ年に秀吉が聚楽第の秀次のもとへも「式正御成」を行い、五日間滞在したとされる[120]。実際、十月二十日から二十四日まで聚楽第御成が挙行されており、この点からも「式正御成」の対象を六名の大大名に限定する二木氏の見解は成立しがたい。聚楽第御成は当初、八月一日から十五日の間のいずれかに挙行する予定であったが、八月に入ると十五日から二十日までに変更され、さらに直前になって延期、九月二十日からと計画されるも三度先延ばし、十月に挙行されるに至った。秀吉家臣の諫止のためともされるが、お拾の移徙に向けた指月伏見城普請（秀次家臣が担当）の進捗状況にも影響を受けたであろう[121]。それに伴い、蒲生・上杉邸御成も八月上旬に予定されていたものが、十月へと繰り下げられており、聚楽第御成と諸大名邸御成が連動していたことが確認できる[122]。

ここで注意したいのが、茶々（淀殿）が聚楽第御成の成功を祝う秀次への消息の中で、「姫君」が息災であることに触れている点である。秀次の娘はお拾の許嫁となっており、その仲介を担ったのが、前田利家夫妻であった。前田邸御成の直後にお拾の伏見城移徙が計画され、実際には十一月に決行された点に留意するならば、大大名邸御成と聚楽第御成・お拾移徙の連続性も想定できる[123]。秀吉は政権の将来を見据え、一連の儀礼を挙行することで、秀次とお拾の関係を確認し、それを担保するものとして大大名を位置づけたと評価してよいだろう。

日常的な秀吉の帰洛・出陣・帰陣などに際しては出迎えや見送りがよく見られたが、とりわけ秀吉や鶴松・お拾の移徙は政権にとって重要行事であり、かつ多くの大名や公家らの参礼を伴っていた。大名らは行列にも供奉し、移徙の数日後には公家・寺社や遠方の大名からの使者の礼参と進物が多く確認できる。なお、大政所・北政所や淀殿ら女房衆を伴う移徙においては、男性や僧侶は見物を禁止され、柴垣によって行列が隠されたと思しい[124]。政権は儀礼において見せる対象と見るべき主体を選別していたといえよう。

（ii）芸能・遊山・祭事

御成や行幸・参内などの際には、酒宴だけでなく、能や狂言、茶会や歌会の席が設けられた。それ以外の機会にも、そうした芸能行事や花見・鷹狩・湯治、仏事や祭礼などが単独で、あるいは複合して催され、多くの大名や公家らには供奉や警固が命じられ、贈答なども行われている[125]。

特に能は文禄二年頃から秀吉が没頭し、同年十月の禁中能では、秀吉自らだけでなく、織田常真（信雄）や徳川家康・前田利家なども能を演じている[126]。ここで留意しておきたいのが、演能は単なる文化的な催しではなかった点である。聚楽第御成の直後、秀吉は秀次に能を舞わせた。若くから能に親しんでいた秀次は相応の演技を見せ、観客から大いに賞賛された。それを見た秀吉は、秀次の演技が自らよりも優れているために、秀次に評判が集まることを恐れ、能の名人として著名な常真に演能を命じた。常真は故意に失敗をして双方を立て、秀吉から賞賛と褒美を賜っている。[127] ここから、かかる芸能興行は権威と名誉を競う極めて政治的な催事でもあったといえ、そこでは参加大名に平衡感覚が必要とされたことが窺える。

（iii）外国使節に関する儀礼

外国使節が秀吉に対面する際にも、大名の動員が確かめられる。仲介役の吏僚層らは道中の誘導・警固や馬の準備などを担当した。行列には諸大夫成大名も供奉したが、対面の儀礼には「清華成」大名のみが同席でき、直臣層や大名家臣は供奉や辻固を務め、道筋の清掃・装飾なども命じられた。

天正十九年閏正月のインド副王使節（ヴァリニャーノ）との対面に際しては、インド副王の国書が捧呈・朗読された後、盃が長谷川秀一の手で秀吉のもとへと運ばれ、相伴した人々に回された。フロイスによると、この献盃の役は「最大の栄誉」であったという。文禄五年九月一日に明使と対面した際も長岡忠興が奏者役を果たし、その功績で参議に任官したとされる。儀礼における旧織田系大名（長岡・蒲生・堀・長谷川）の抜擢は、参内や御成の際にも見出せ、彼らは聚楽第内郭において屋敷も与えられており（本書第六章参照）、秀吉の全国統治の正統性を担保する存在であったといえよう。芸能や辻固の場でも織田家（常真・秀信）の活用が見られ、フロイスが「これらの護衛兵はすべて、（本来なら）天下の権を握るはずであった（織田）信長の孫にあたる美濃の大名（秀信）の家臣たちであった」と述べているように、織田家を従えていることを内外に示す狙いもあっただろう。[128]

文禄五年の明使との対面に際して、「武者揃」が行われたことも特筆される。同年二月、会見に備えて武具や馬の準備が大名に命じられた。[129] 前田利家は金銀箔の刀や槍、伊達政宗は鳥毛の指物、真田信幸は赤備と金の母衣を家臣に用意させている。なお、本来は六月中を予定していた武者揃が五月初旬に前倒しされている点にも注目したい。おそらく、使節来朝のおよその日程が定まった後、その前にお拾初参内（やはり二月から具体化）を挟み込むことで、より多くの耳目と参加者を集め、お拾の晴れ舞台を飾り立てようとしたと推測される。

ところが、四月に明の正使李宗城が逃亡したこともあり、使節が堺に到着したのは閏七月四日のことであった。それに合わせて、諸大名も武者揃のための多くの手勢を引き連れて上京した。この点について目を惹くのが、次の史料である。

【史料七[130]】

今度御武者揃、御馬廻赤母衣ニ金之馬よろい可仕之旨最前被　仰出候、然者弐千石ゟ上之知行取、千石ニ付家来之馬乗一疋宛可召連之旨、御諚候、家来之馬乗迄よろい相調申候哉、若不足之所於在之者、書付可被上候、将又役儀之義、最前従御奉行衆如被申入、可有御用意候、恐々謹言、

閏七月朔日　一宗判

石川掃部頭

中村又蔵殿

御宿所

二千石以上の馬廻衆に赤母衣と金の馬鎧の準備が命じられ、「役儀」（儀礼での役割か）については政権中枢の「奉行衆」（増田ら）から通達がなされていた。直臣層でも二千石が一つの区切りと推測されると同時に、多くの武士層が儀礼に参加したことも窺える。彼らの駐留地は伏見では足りず、草津から鞍馬・西岡までに分散されたといい、先述の伊達政宗や真田昌幸父子らには桂川対岸の向日明神の町場が引き渡されている。[131]行進の道筋が装飾され、順序も通達されるなど、閏七月末にようやく挙行される予定であったが、十三日未明に大地震が発生したことにより、延期となった。結局、使節との対面は九月一日に大坂城で行われるが、これも直前に決まったようで、同席した上杉景勝にさえ前日に通達されている。[132]

武者揃には全国から十五万人もの武士の招集が噂され、当初の計画を示すと思われる陣立書によると、大名・直

臣らは三十六備に編成され、合計十二万三千五百人が動員される前代未聞の盛大な儀礼が予定されていた。その一方で、大名たちは秀吉の歓心を買うために華美な装飾を競い、普請や出陣による負担も相俟って財政が逼迫し、借金に苦しんでいた。直臣層であっても装束・装飾の調達は基本的には自身で行い、不足した場合のみ申請するように命じられていた。儀礼における競争意識の過熱は衒示的消費と社会の疲弊を加速させたといえよう[133]。

おわりに

本章での議論を踏まえつつ、豊臣政権による大名課役の特質をまとめよう。

まず、課役と石高制について。石高基準の本役は政権の成立当初から存在しており、壬辰戦争の段階で全国規模の体系として確立された。もっとも、大名への賦課において、番役や儀礼役のような石高に拠らない役が存在し、属人的要素は残されていた。また、石高制は大名領国にそのまま浸透したわけではなく、民衆への夫役動員の局面でも、在地社会において有効に機能したとはいえない。よって、課役体系という観点から眺めるならば、石高制は国家や社会に貫徹するような性格を有するものではなく、中央政権と大名権力を連結させ、国家統合を包む外皮のような意味合いが強いといえるだろう[134]。

ついで、軍役と普請役の関係について。幕藩制構造論の段階では、一般に普請役は軍役の一種として理解されていた。ただし、松尾美恵子氏は江戸幕府が諸藩に課した手伝普請では軍役規定が適用されておらず、主従関係を規定する意味においてのみ軍役と捉えられると限定的に評価した。他方、森下徹氏は、手伝普請であっても、藩が家中に課した普請役では幕府の軍役規定に準拠したと指摘している[135]。よって、兵粮支給と同様に、中央政権—大名と大名—家中・在地との二つの次元で捉える必要があろう。

豊臣期においては、軍役と普請役はともに同一の本役が設定されていた可能性が高い。扶持米も理念上はともに同じ基準で支給されたが、実態としては軍役では直臣団に限定され、それ以外は大名の自賄に依存していた。在地での夫役徴発においても、普請人夫と陣夫では賦課方法が異なった。すなわち、政権と大名との関係においては枠組み上、普請役は広義の軍役に包摂されており[136]、その反面、現場の運用においては差異が目立ち、個別の対応が取られたと結論づけられる。こうした二元性は例外ではなく、常態と捉えられるが、豊臣期と徳川期では反転して表れている点に留意したい。

最後に、役の威信性について。政権による課役は重い負担であると同時に、大名にとっては奉公の見せ場として意識され、外聞や大名家の存続と強く結びつくものであった。大名たちは他家との競争意識と平衡感覚の間で揺れ動き、借財や互助慣習によって糊口を凌いでいた。秀吉の賞罰による扇動は、大名の兵粮自賄や普請の督促、〈首都〉での奉公を正当化し、家中や領内の不満を糊塗する口実ともなった。一方で、過重な課役の乱発は領国を疲弊させ、通常の役賦課の機能不全も招く[137]。一見相反するかに見える「栄典としての役」と「際限なき軍役」は表裏一体の関係にあり、在地再生産との危うい均衡のもとで政権の課役体系は成立していたのである。

第三部　対外戦争と国内統治

第九章　壬辰戦争と〈豊臣の平和〉

はじめに

豊臣秀吉の大陸侵攻は、日本では「文禄・慶長の役」や「朝鮮出兵」という用語で知られる。一方で、韓国では「壬辰倭乱・丁酉再乱」、中国では「万暦朝鮮役」ないし「抗倭援朝」という呼称が用いられてきた。こうした状況を打開すべく、近年、東アジアの国際戦争を表す統一呼称として「壬辰戦争」が提起され、韓国や中国では定着しつつある。日本においては、日本史研究者の間では完全に浸透しているとはいいがたいが、一六世紀の東アジアにおける広域的な相互作用を重視する東アジアの「近世化」論とも親和的であり、以下ではいわゆる「文禄の役」や戦争全体については「壬辰戦争」の呼称を用い、「慶長の役」のみを指す場合は「丁酉再戦」としたい(1)。なお、侵略自体を擁護・糊塗する意図はないことをあらかじめ明記しておく。

壬辰戦争の研究は、戦前の池内宏氏による実証的成果を基盤とし、一九六〇年代以降の幕藩制構造論・国家論の中で、蔵入地や軍役と密接に関わる問題として注目された。こうした構造的分析は、北島万次氏や三鬼清一郎氏の研究によって深められ、豊臣政権の特質や近世国家の成立過程を把握する際に不可避の主題の一つとなるに至った(2)。

一九九〇年代以降、史料の読み直しや政治過程の分析によって、動態的な研究成果が生み出された[3]。その一方で、対外侵略戦争という特異性が強調される傾向も見られ、膨大な研究史と史料の読み込みが必要なため、個別分野化も懸念される。しかし、最近では戦争の通史的叙述が示され、基礎史料集も刊行されたことにより[4]、研究環境が整備されつつある。本章では、こうした成果に導かれながら、諸議論の整理を試みたい（戦争の経過については表9−1参照）。

さて、壬辰戦争に参陣したある武士は、その従軍記録の筆を次のように書き起こしている。

【史料一】[5]

抑、昔よりうつし置れしせかい《世界》のゑづ《絵図》を見るに、唐四百余州、天ぢく《竺》は十六の大国、十千の小国、南ばん《蛮》・高麗までつゞき渡て、其さかい国は大河有と見へたり、日本は東海はるかにへだゝつて、わづかの島たり、大国にくらぶれば、九牛か一毛たりといへとも、日本は神国たるによつて、神とうめうゆう《猛勇》のき有、人の心の武きことは三国にも勝れたり

世界図を広げると、中国や天竺は大国であり、南蛮から朝鮮まで陸続きとなっている。それに対し、日本は遥か東の海に浮かぶ小さな島国である。しかし、小国とはいっても、神威の強さや人心の武勇においては優れている、とする。ここに、大航海時代における〈世界〉との出会いを通じ、国内統一を経て対外侵略へと突き進んだ日本が、劣等感の裏返しとしての自画像――すなわち神国意識と武威を増幅させるに至る様が活写されている。本章の目的は、こうした観点から壬辰戦争を近世日本成立の中に位置づけることにある。

そのために以下では、①交渉と儀礼、②人と富、③情報と価値意識、の三つの交錯を切り口としたい。具体的には、①は国家や権力者の名誉・体面が戦争の推移にどのような影響を及ぼしたのか、②は交易や輸送、略奪がいかなる歴史的背景と経緯を有したのか、③は戦局判断や対外・対内認識が戦争の過程でいかに動揺し、変質したのかを分析する。

表 9–1　壬辰戦争の推移

年月日	出来事
天正 20•4	日本軍，朝鮮上陸（壬辰戦争勃発）／秀吉，名護屋着陣
天正 20•5	漢城陥落／秀吉，三国国割構想を公表
天正 20•6	平壌陥落／秀吉，渡海延期／梅北一揆
天正 20•7	明の先遣隊，平壌奪還失敗／日本水軍，閑山島の海戦で敗北／加藤清正，朝鮮二王子拘束／秀吉，一時帰京
天正 20•11	秀吉，名護屋に戻る
文禄 2•1	明軍，平壌奪還／日本軍，碧蹄館の戦いで明軍撃退，戦線膠着
文禄 2•2	朝鮮軍，幸州山城の戦いで日本軍撃退
文禄 2•4	日本軍，漢城撤退
文禄 2•5	秀吉，名護屋で明「勅使」と対面
文禄 2•6	晋州城陥落（第二次晋州城の戦い）
文禄 2•8	秀吉，上方に帰陣／明軍，帰還
文禄 3•12	内藤如安，北京で万暦帝に謁見
文禄 5•9	秀吉，大坂で明使と対面（講和破談）
慶長 2•1	日本軍，朝鮮再上陸（丁酉再戦勃発）
慶長 2•8	南原城陥落
慶長 3•1	蔚山籠城戦で明・朝鮮軍撃退
慶長 3•8	秀吉，没す
慶長 3•11	日本軍，釜山撤退（戦争終結）

そして、かかる検討は、〈豊臣の平和〉の実情をも浮かび上がらせることになるだろう。「豊臣平和令」論を展開した藤木久志氏は、北島氏の成果を踏まえつつ、壬辰戦争を「惣無事令」の国外適用と捉えた。しかし、当該戦争における「無事」や「惣無事」は基本的に講和交渉や和平そのものを指すため、「惣無事令」を停戦命令と捉える藤木氏の所説にはそぐわない。一方で、氏が「日本で民衆の合意のもとで実現した平和の体制が、朝鮮にとっては抑圧の体制にほかならなかった」という両義性から〈豊臣の平和〉を捉えた視角を引き継ぎつつ、その内実や矛盾を最も顕在化し、かつ挫折させた場面として壬辰戦争を見据える必要があるだろう(6)。

また、藤木氏の議論に象徴的なように、国内統一過程から対外侵略戦争を見通す研究は多いが、逆に対外戦争の結果や挫折がいかにその後の国内政治を規定したのか、という視角は薄いように感じられる。この点、蔚山籠城戦が関ヶ原の戦いにもたらした影響を解明した笠谷和比古氏の議論が注目され[7]、こうした観点を領国統治にも敷衍することで、この課題に応えたい。

一 「唐入」に至る過程

（1）「唐入」言説の段階差

かつて、秀吉が初めて大陸侵攻の意向を公表したのは、天正十四年（一五八六）四月十日付の朱印状に見える「高麗御渡海」の文言であるとされてきた。しかし、岩沢愿彦氏は、天正十三年九月三日付の朱印状における次の文言に初発が遡ることを指摘した[8]。

【史料一】[9]

一、右之分ニ申上候上ハ、廿石宛の者を五百石・千石宛たひく（加藤光泰）ニかさねさせられ、唯今ハ大柿之かなめ之城ニ二万貫、城廻にて被下、七千石之代官を被仰付候ハ、作内ためニハ、秀吉日本国之事ハ不及申、唐国迄被仰付候心ニ候歟、（後略）

そして、その契機は九州攻めではなく、関白任官と畿内周辺の領国化にあると想定した。これ以後、豊臣政権がその成立当初より対外侵略を一貫して企図していたという理解が定着する。

近年、鴨川達夫氏はこうした通説に対し、【史料一】の「唐国迄被仰付」を「秀吉は光泰に唐国をも任せてくれる」の意味と捉え、「心ニ候歟」は秀吉が光泰の我意を推測したものと解釈し直し、秀吉には大陸侵攻を公言する意図はなく、改易に処した光泰の思い上がりを断罪するための修辞にすぎないのではないか、という疑問を投げかけた。しかし、堀新氏によって、「唐国迄被仰付」は「秀吉が唐国すら支配する」と捉えるべきであるとの反論が提出された[10]。また堀氏は、当該朱印状が秀吉家臣団に回覧されていることから、「唐入」は明言こそされていないものの、その構想が社会に共有された点では重要な効果をもたらしたと評価した。

筆者も基本的に堀氏の見解を支持するが、この論争の意義は、大陸侵攻に関する秀吉の言説には段階差があり、抽象的な大言壮語がいつ具体化しえたのか、という新たな論点を開いたことにあるだろう。

鴨川氏は、天正十五年の九州平定後、朝鮮に服属を要求し始めるまでは、秀吉は大陸侵攻の意向を明言しなかったと捉えた。一方、堀氏は、織田信長の大陸侵攻計画を念頭に、秀吉も天正十一年段階から「唐入」構想を持っていたと見なす。その後、天正十四年から「唐入」構想が直接的に述べられるようになり、同十五年以降は準備が命じられたものの交渉難航により進展せず、同十八年末からは構想が現実化し、同十九年八月以降は実行段階に入ったと、段階的に「唐入」が具体化したと考えている[11]。

ただし、両氏の議論においては、朝鮮と明を区別せずに検討しているのが問題点として残る。「唐入」と一括されるが、両国に対する扱いは異なっている。よって、以下では、朝鮮と明に分けて大陸侵攻を指す語の変遷を辿ることで、秀吉やその周辺の「唐入」言説の段階差を明らかにしたい。

まず、朝鮮に対して。先述した天正十四年四月十日付の朱印状の段階で既に「高麗御渡海」が呼号されており、朝鮮への軍事侵攻はこの段階から公言されていたと考えてよい[12]。しかし、朝鮮との交渉役の対馬宗氏や小西行長が間を取り成したため、翌年五月には、朝鮮からの帰順の返事が遅れれば侵攻を行うとし、軍事圧力に基づく服属要求へと変化する[13]。秀吉は一年の期限を設けて、朝鮮国王が日本の内裏へ出仕すれば「赦免」すると通達したが、その理由は「日本之覚」や「後代名をのこさるべき」ためであり、自らの歴史的偉業を意識して服属儀礼を要求したのである[14]。

しかし、朝鮮国王来日の実現は長引いた。しびれを切らした秀吉は天正十七年初頭には小西行長と加藤清正を先遣隊として派兵しようとしたが、宗義智が自身の朝鮮への直談判と夏までの「国王参洛」を条件に派兵延引を求め、それを承諾した。[15] 同年末に小西が浅野長吉に送った文書の末尾は左掲の如くである。

【史料三】[16]

（前略）

一、従高麗対馬守（宗義智）飛脚を差越申候、高麗人出船仕儀、聢御請申之由申越候、雖然異国ニ而御座候故、年内彼国往来難成候間、正月中ニ召連可罷渡之由申候而、対馬守ハ高麗ニそれ迄逗留仕候、対馬守ニ相添高麗へ遣申候拙者使島井宗室、今明日中ニハ罷帰候間、是又召連罷登、彼国之様体可申上候、兎角日本へ罷渡候ニ申之由、慥ニ申越候間、先御注進申上事、右之趣宜御披露奉頼候、恐惶謹言、

小西摂津守

十一月八日　行長（長吉）

進上　浅野弾正少弼殿

漢城へ向かった義智と儒僧の景轍玄蘇、豪商の島井宗室らは、交渉の末に朝鮮からの使節派遣を引き出し、道程の遠さを理由に「高麗人」の来日を翌年初に先延ばしすることを求めた。秀吉はそれを「国主参洛」と捉えて、再度承諾したが、結局は天正十八年七月に金誠一（李退渓の弟子）ら三使が上洛し、十一月に秀吉と対面するに至る。[17] この三使との会見は日本にとって、朝鮮の服属儀礼の起点と捉えられた重要な出来事であり、のちの講和交渉でもたびたび言及されることになる。

ついで、明に対して。【史料二】には「唐国まで」と記されており、「唐国へ」や「唐国を」ではない点に注意したい。というのも、天正十七年十一月段階までの「唐国」に関する言説は、基本的に「唐国まで」と記されているのである。[18] その含意は、「唐・南蛮・高麗国迄」とも表現していることや、北野大茶会において「数寄心懸在之者ハ、唐国之者迄も不苦候事」と広く参加者を募ったことを想起すれば、異国全般を視野に入れた中での呼号（意訳

すれば「あの中国すらも」）であり、自らを飾る抽象的な語としてしか表現しえなかった段階といえよう。もっとも、天正十四年四月、秀吉がガスパル・コエリョらと対面した際には「自分は朝鮮とシナを征服することを決心」したと述べたことはよく知られている[19]。ただし、かかる言説は公的な文面には現れず、その場限りの大言壮語といえる。

ところが、天正十八年二月以降、「渡海」や「唐入」「大明国を治めんと欲す」など、直接的な出陣を指す用語が現れ始め、具体的な段階へと移ったことが看取される[20]。こうした文言の初見が小田原攻め以前であることから、その契機は国内統一ではなく、前述の朝鮮「国主」来日の一報に求めるべきであろう。秀吉やその周囲にとって、朝鮮による「征明嚮導」が大陸侵攻の実現と直結していた様子が窺える。

そして、天正十九年八月以降、こうした用語は次第に「唐入」や「大明国御動座」に収斂していく[21]。それは、同月に秀吉の愛児・鶴松が死去し、大陸侵攻を内外に宣言したためであろう。もっとも、「唐入」や「入唐」の語は主に天正二十年の時点を指す語として用いられるため[22]、狭義には大陸への出陣や明領への侵入を意味しており、侵略戦争全体の呼称としては馴染まないように思われる。

（２）大陸侵攻の主因

さて、これまでの研究史でも最も見解が分かれているのが、秀吉の大陸侵攻の動機をめぐる議論である。主要なものだけでも、国内矛盾を重視するＡ領土拡張説、Ｂ大名統制説、対外関係を重視するＣ勘合復活説、Ｄ中華皇帝化説、Ｅイベリア・インパクト説、秀吉の心理を重視するＦ鶴松死去説、Ｇ承認願望・威信説に大別できようか[23]。

従来説の問題としてはまず、国内統一から対外侵略への展開を不可避の構造と見ていた点が挙げられる。特に、一九六〇・七〇年代には、先述の岩沢氏の指摘を受けて、豊臣政権が初発から大陸侵攻を目指したと捉えられた。例えば、朝尾直弘氏は、蔵入地の不足や軍役編成の必要から国外に領土を求めたと考えてＡ・Ｂ説に立ち、藤木久志氏もこの段階では、国内の安定のために諸将の覇気を削ぐ必要があったとするBの見方を支持している[24]。

確かに、ルイス・フロイスは、朝鮮で領土を獲得し、甥の秀次や外様大名・キリシタン大名など自らに謀反を起こす可能性のある勢力を移封するのが秀吉の目的と見ていた[25]。しかし、これらはあくまでも宣教師側からの推測に留まり、実際には加藤清正をはじめとする多くの子飼武将を先遣部隊としたこととと齟齬するだろう。また、本書序章で述べた通り、「惣無事令」論批判に代表される近年の政治過程論は、初発からの意図を貫徹したという豊臣政権像を克服し、試行錯誤の結果として国内統一を理解する方向へと進んでいる。壬辰戦争においても、交渉次第では軍事侵攻ではなく、服属儀礼で充足される可能性があったと考えるべきであろう（たとえ、それが相手方を考慮しない絵空事であったとしても）[26]。よって、大陸侵攻を不可避のものとする捉え方は適切とはいえない。

また、講和交渉において日本側が提示した条件を、そのまま侵攻の要因に読み替える傾向も根強い。しかし、講和条件はその段階での最大限の見栄と最低限の妥協の駆け引きを示し、戦争や政治の状況、相手の出方によって変質するものであり、ただちに要因と同一視するわけにはいかない。特にCの勘合については、交渉過程で持ち出されたため、当初から掲げられたものではない点は、既に多くの先学が指摘する通りである[27]。

何も一つに絞らずとも、様々な原因が交わって作用していたとの見方も穏当ではある。しかし、ここで問いたいのは「主因」である。それを探るためには、こうした言説が誰の視点から発せられたか、を重視すべきではないだろうか。例えば、C交易（勘合・朝貢）の復活という発想は、実は対馬の宗氏から出たものであることが指摘されている[28]。既に織田政権下において、宗氏は朝鮮に対して独自に日明貿易の仲介を打診しており、秀吉の「征明」を入貢に言い換え、講和交渉で朝貢を持ち出したのも景轍玄蘇や小西行長であった。よって、C説も、統一政権の登場を自らの利益確保に利用しようとした地域側の意向に端を発しており、秀吉周辺はそれに呼応したにすぎず、主因とは考えにくい。なお、文禄三年（一五九四）段階で、加藤清正は戦争の目的は領土拡張や経済的利益ではなく、宗義智の恣意が発端と見ており[23]、その点からもA・C説は疑問といえよう。

ついで、宣教師の言説を根源に持つ説について。近年、平川新氏が唱えたEイベリア・インパクト説は、秀吉がキリスト教布教をポルトガル・スペインによる征服の第一段階と見て、それへの反抗から大陸侵攻を目指したとする議論である。[30] こうした見方については、イベリア勢力の影響力を過大視しており、実際にはイエズス会の主流派は適応主義と呼ばれる穏健志向を有していたため、日本征服論は一部の過激派の主張にすぎないという批判が出され、平川氏による反論もなされている。[31] ここでの関心からすると、この論争で最も重要な点は、秀吉側がイエズス会の行動をどう受け取り、それが大陸侵攻と関わりを持つか否かにある。

前項で整理した通り、秀吉の明をめぐる言説は、イエズス会への態度が友好から弾圧へと急旋回した天正十五年六月の伴天連追放令発布時点では変化が見られず、天正十七年末の朝鮮からの「国主」来日の一報と連動して出兵が具体化していた。よって、秀吉の中では大陸侵攻はあくまでも朝鮮との折衝過程で策定されたものであり、イベリア勢力の脅威を直接的契機と見ることはできないだろう。

そこで、秀吉からの視点に注目すると、まず武功をあげれば大陸で加増するというAを示す文言が確認できる。ただし、その言説はあくまで秀吉や大名が家臣を侵攻へと駆り立てる際の梃子として持ち出されており、対外的に主張されているわけではない。[32] 一方で、秀吉自らが内外に発した言説を拾い上げてみると、秀次が聚楽第に後陽成天皇を迎えた際の政権側の記録には、次のように書かれている。

【史料四[33]】

名を万年にたれん事をおもひ給ふにや、大明をせめしたかへ、日本の風紀を四百州にうつさむかために、先新羅・百済・高麗に命令してみちを仮て渡海すへき

すなわち、名声を後世に残すことが秀吉の意図として掲げられたのである。それ以外にも、「後代名をのこさるへきとの御事」や「御名を後代にあげん」を政権の喧伝記録において明言している。[34] これらから抽出できる「不朽の名誉」は、諸因子の全体を包摂しうる性格を有し、朝鮮との折衝段階から見られ、戦争の過程で取り下げられる

こともない。ただし、かかる言説は秀吉側の謳い文句であるがゆえに、当時の人々や研究者も別に真因があると推測して様々な説が乱立したといえよう。

そして、大陸侵攻がなぜ天正二十年に開始されたのか、という点については、前述の通り、前年八月五日の鶴松の死が契機であったといえる。その翌晩、禅僧の有節瑞保は、玄以から「殿下入唐」の知らせを受けて、東福寺に赴いた。秀吉側近の石田正澄も遠方の大名に対し、鶴松死去を報じるとともに唐への「乱入」の出陣準備を命じた。フロイスも、秀吉が鶴松の夭逝を悲しむあまり、明への軍事侵攻によって「名誉あり優れたその企図を試みた日本（史上）最初の君主として、自らの名を後世に不滅ならしめ、その回想を永遠に留めようと決意した」と説明している。[35] つまり、大陸侵攻の主因は不朽の名誉の樹立にあり、自身の功績を実の子孫へ継受する希望の喪失が引き金であったと考えるのが妥当だろう。後述の通り、お拾（秀頼）の生誕を受けて秀吉が帰陣したこととも齟齬しない。よって、本書の立場はGに近い。もっとも、筆者は壬辰戦争の発端を単に天下人個人の精神状態のみに帰すべきとは捉えていない。その点を、次に侵攻の背景を探ることで明確にしたい。

（3）大陸侵攻の背景

そもそも、大陸侵攻が「唐入」と称されたのはなぜだろうか。その背景には、当時の日本社会の「唐」（狭義には中国、広義には朝鮮を含む異国）への社会的欲求が想定される。当時の東アジア海域では、倭寇と宣教師を媒介とした富や情報・武器の往来が見られた。特に、堺・博多から北京へと至る、薩摩―琉球―福建・浙江、対馬―釜山―遼東の二つのルートは、東アジアの物流・人流の大動脈であった。壬辰戦争の主役たちもこれらの地域の出身者や関係者が多い。例えば、沈惟敬は浙江、李如松は遼東、小西行長は堺に出自を持ち、石田三成も堺・博多の代官を歴任している。また、秀吉が当初想定した明への侵入口は遼東と浙閩（浙江・福建）であった。[36]

戦国時代、このルートを経由して、日本には大量の唐物と唐人が流入し、反対に朝鮮でも倭物需要が生じ、大陸には石見銀が流出した[37]。従来、豊臣期に関しては、茶器における唐物から和物重視への転換が指摘されてきたが、唐物は何も茶器に限らず、絹織物・生糸から書籍・仏像に至るまで、様々な舶来品を指す[38]。通説的には和物への転換を主導したとされてきた秀吉や千利休とて、唐物から自由ではなかった。例えば、利休は茶入れの鑑定を依頼され、和物なので購入する必要はないだろうと返答している。名護屋城には加藤清正の建てた「上様御唐物蔵」が見え、伏見山城や大坂城にも唐物蔵があり、秀吉の御物を預かる侍女は「御茶湯道・唐物」が特に重要と認識していた。秀吉は名護屋からの一時帰京の際、「御から物」を積んだ船を丁重に運ぶように船頭や同朋衆に命じた[39]。壬辰戦争時、諸将は競って唐物を略奪・入手し、日本の市場には唐物と南蛮物が溢れ、莫大な需要と利益を生んでいた[40]。唐物は絶対視こそされなくなったが、流入路と需要層の拡大により、その磁力は日本社会を覆うに至ったのである。

また、唐人はこれまで注目されてきた九州だけでなく、関東・東北に至るまで広く日本国内で商工活動を営んでおり、日本人と血縁・主従関係を結ぶ例もあった。秀吉は中国人が日本人の武威を恐れているという情報を倭寇から仕入れ、島津氏に医術で仕えた福建出身の許儀後は、秀吉の挙兵や日本の状況などを本国に通報した。当然、逆に大陸へと渡り、福建・浙江や釜山に定住する倭人もいた[41]。

当時の日本にとって、唐物や唐人は〈世界〉の象徴であり、憧れであった。そうであるからこそ、「唐入」は最大の名誉として認識され、掲げられた。その証拠に、天正十九年八月に秀吉が「唐入」を呼号すると、人々は取り憑かれたかのようにそのことばかりを話題にしたという[42]。

二　壬辰戦争の構造

（1）交差する自他認識

明や朝鮮の史料では、一般に秀吉のことを「平秀吉」と呼んでいる。確かに、秀吉は天正十二年十月の五位少将任官時に「平」姓（正確には氏、以下同）を用いているが、翌年七月には「藤原」姓を名乗り、その後「豊臣」姓を創出したのは周知のことである。にもかかわらず、なぜ「平秀吉」という呼称が東アジアに広まったのだろうか。

明側が「平秀吉」の名を初めて認識したのは、天正十九年三月、対馬の柳川調信や景轍玄蘇が漢城で「仮途入明」を求め、その報が十一月に朝鮮から伝えられた時点と思われる。秀吉は朝鮮国王宛ての国書に「日本国関白」としか書いておらず、琉球など他の諸国に対しても同様であり、自ら「平秀吉」とは名乗っていない[43]。この四年前、宗氏は日本での「新王」誕生を理由に朝鮮通信使派遣を求めて断られた経緯があり、それまで「源義明」など偽の室町将軍の名を用いて交易再開を画策していた対馬側[44]が、内乱の終結と平姓への易姓革命を印象づけるために「平秀吉」呼称を用いたと推測される。実際に、宗氏側は「平秀吉、代源氏為王」と説明し、朝鮮との国交回復後にも「平秀吉死後、家康革改平姓、自主国政、悉反秀吉所為」としている[45]。源平の抗争自体は歴史的経緯として知られていたうえに、「豊臣」という二字姓では下位に見られる可能性を考慮したのではなかろうか。

その結果、壬辰戦争が始まると、日本軍が用いる「豊臣」姓や「羽柴」名字との間に混乱が生じた。例えば、明廷では秀吉の日本国王冊封時に「豊臣平秀吉」と呼び、「豊臣」を名字と理解していた節がある。「関白降表」とそれに対する万暦帝からの勅諭では、「平秀吉」と「豊臣行長」が同文中に登場している[46]。また、朝鮮側においては、「日本有豊臣・朝臣等職号、豊臣則凡関白稟報之事、直自為之、朝臣則不敢也云」、すなわち「豊臣」は「朝臣」同様に官職名であり、秀吉に直接上申できる地位を示し、上申できない地位が「朝臣」ではないかと推測された。さらに、秀吉から亀井茲矩に下賜された扇を手に入れた李舜臣は、そこに書かれた「羽柴筑前守秀吉」の署名から、「平秀吉」が家臣の「羽柴筑前守」に与えた扇と見なしている。[47]

これと関わって問題になるのが、天皇と秀吉との関係である。堀新氏は、中世には天皇を国王とする見方が基底に存在しつつ、信長や秀吉は〈日本国王〉を自認し、壬辰戦争の過程で秀吉が天皇の上位たる〈中華皇帝〉へと自らを位置づけるに至ったと論じた。[48] 先に挙げたD中華皇帝化説である。〈中華皇帝〉化の中核的論拠は秀吉が掲げた三国国割にあり、傍証として芸能（能や音楽）での「皇帝」への愛好が挙げられている。[49] それに加え、許儀後も秀吉が「吾帝大唐矣」と公言したと報じており、これも中華皇帝を目指したとする言説であろう。[50] しかし、三国国割には秀吉の立場は明記されておらず、それ以外は風聞や推測の域を出ない。そこで、壬辰戦争に直接関わった人々の認識を探ってみよう。

加藤清正は朝鮮僧の惟政との講和交渉の中で、日本の王は秀吉ではなく、ほかにいると明言していた。彼の家臣も、秀吉は武官の長にすぎず、王は万世不易、すなわち天皇であると主張した。また、安国寺恵瓊も、秀吉を「大日本の大王」、天皇を「日域の皇帝」とそれぞれ区別し、後者の地位の方が高いことを示している。[51]

朝鮮使節の金誠一は、「偽皇」（天皇）が日本の主であり、「関白」（秀吉）は「相君」にあたることを知り、朝鮮国王と対等な立場での交渉に難色を示した。また、講和交渉の中心にあった沈惟敬は、日本の王位が天皇にあることを問題視し、明皇帝が天皇の王位を剝奪し、秀吉を日本国王に就けるという手順を踏むことで、初めて通交や通商の交渉が可能になるとの見通しを示唆していた。それゆえ、万暦帝に謁見した小西行長家臣の内藤如安は、国王は天皇であり、信長に殺されたと証言したが、これは冊封にあたって天皇との国王併存問題をクリアするための方便であった。[52]

これらから、当時の日本諸将の間ではあくまでも天皇は秀吉の上位に置かれており、だからこそ秀吉は明や朝鮮の「大王」・「関白」を参内させ、天皇に降参させることを目標に掲げたと見なせる。[53] よって、秀吉も天皇を奉じる立場を内外に示し続けていたとする、跡部信氏の見解が妥当と判断されよう[54]。

Dのいま一つの論拠は、秀吉が自らを「日輪の子」と位置づけたことである。すなわち、秀吉は東アジアの新王朝樹立を意識していたとする見方であり、堀氏はその前提に秀吉の天皇落胤説があったと見る[55]。もっとも、「日輪の子」は天正十八年から文禄二年という限定的な期間に、外国宛ての公式な国書にのみ現れる特殊な文言であり、自らを飾る修辞といえる。他方、許儀後らが報じた秀吉の来歴は、元々は薪や魚を売っていたところ、信長に出会って仕官し、高い木に登るのが得意だったという、一般にも馴染みが深い「木の下の猿」の立身譚であった[56]。当時、こうした話は巷間に流布しており、秀吉も「大明に、私がもと賤しかったことを知らしめたとしても、何ら害になることはない」と語ったように、それが国内外に広まることをさして気に留めてはいなかった[57]。

よって、落胤説や「日輪の子」言説は社会的な承認を得られるものではなく、秀吉もそうした効力は薄いと判断していたことが読み取れよう。東アジアにおける始祖神話を取り込んだのは、自らの正統性を国外に示すにあたってのレトリックであり、天皇を超えた〈中華皇帝〉化のために用いられたわけではなかった[58]。

先の【史料四】にも見えるように、秀吉は大陸侵攻の目的を、日本の「国風」を明や朝鮮に移入し、「政化」(民を教化)するためと掲げ、諸将もそれに倣った[59]。その自信の根拠としては、【史料一】に見える武威や神国思想に加え、王法仏法の興隆が挙げられる。太田牛一は日本での王法仏法の繁盛と対比し、朝鮮の仏法衰退を強調した。また、日本が琉球への出兵を控えたのも仏国であるためと噂された。同じ論理は伴天連追放令でも見られ、神国意識と王法仏法興隆の双方が秀吉の治める国柄と主張された[60]。

こうした認識は一見、前節で確認した大陸への憧憬と相反するようにも思われるが、日本の諸将は明皇帝からの金印を我先に拝見して喜び、明使来日の際には最大限の敬意を払った。明を崇敬する秩序意識は依然残っており、憧れがあるからこそ、その相手を帰服・和親させる価値が高まったといえる。他方、金誠一は、来日の意義を夷狄の「威化」(華夷思想に基づく教化)と捉え、明皇帝も当初、秀吉を順化王(「徳化」対象の夷狄)として扱おうとした[61]。

互いに相手を教化せんとする相容れない交錯により、譲歩を難しくさせる構造が、交渉や儀礼の場において虚飾を必要とさせたのである。

（2）釜山の重要性と日本軍の特質

秀吉は、三使との会見によって朝鮮が日本に服属したと見なし、「征明嚮導」に従うことを期待していた。これが「仮途入明」と同義であったことは、天正二十年二月段階の政権の意図表明たる【史料四】からも窺うことができる。[62] よって、秀吉は同年三月の段階に至っても朝鮮からの返事を待ち、万一従わない場合に限って四月一日から出兵せよ、と諸将に伝えていた。宗義智らも非現実的とは知りながら、侵攻開始後も朝鮮への「仮途」要請を名目に掲げており、あくまでも目標は「入明」であった。もっとも、秀吉は朝鮮が応じた場合でも、「高らいの船付」に築城するように命じており、当初から釜山を拠点化する方針が確認できることは注目に値する。[63] それは領土拡張というよりも、交易や交渉のための足がかりと捉えるべきであろう。

諸将や禅僧は当初、朝鮮国王の出仕と唐への案内によって「赦免」するという態度を示しており、明皇帝と朝鮮国王を天皇に降参させる服属儀礼をもって戦争が早期に終わると認識していた。[64] これらは侵略者側の自己正当化の論理であると同時に、国内統一戦での大名服属過程の応用でもあった。四月十二日、小西行長・宗義智らの一番隊が海を渡り、軍事侵攻が開始される。

釜山落城の報を受けた秀吉は四月二十五日、行列を武者仕立に改めて名護屋に着陣し、武威を輝かせる。[65] 開戦前は異国人を侮るなと諸将に触れていたはずが、「大ぬる山」だと掌を返し、周囲も朝鮮は半月で平定可能、明もすぐに手に入ると楽観視した。五月に漢城を陥落させると、三国国割構想を打ち出し、秀吉の対外認識は膨張をみる。[66] 名護屋で待機する諸将も六月段階では「還国の儀も、来年は治定たるべし」と述べ、十二月でも「正月までも延まじく候」と年内の落着を予想した。朝鮮半島で情勢が急転していた年明け段階においても、朝鮮国王には日本で捨扶持を与え、朝鮮半島は日本のものとなり、明も降伏して「唐之関白」を人質に出し、毎年入貢して「日本之唐」となる、つまり明と日本の華夷秩序が逆転するという見通しを示していた[67]。

日本側の侵攻拠点は、釜山に置かれた。釜山では戦争前から、対馬など日本人との交易が盛んであり、「倭戸」と呼ばれる日本人居住者も多く、朝鮮人とも婚姻・雑居状態にあった[68]。そうした状況を前提に、侵攻が始まると、漢城・遼東へと向かう「つなぎの城」の起点となり、軍隊・兵粮の流入口として機能した。日本軍の陣所は百を超え、城下には三百余りの家屋が建てられたという。例えば、安国寺恵瓊は釜山の蔵に兵粮や不要な荷物を入れており、文禄二年八月に輝元に代わって釜山倭城に入った毛利秀元への秀吉の指令からは、本丸・二の丸・広間などが備わっていたことが見受けられる[69]。

日本からは武士だけではなく、商人も海を渡った。堺商人の善四郎は、空になった朝鮮の城から略奪を行い、釜山浦の河口で売買している[70]。日本へ船を戻そうとした際、禁止されている朝鮮民衆からの略奪ではないかと疑われ、対馬の舟奉行の宮木豊盛に船荷を差し押さえられていることから、本当に城からの略奪のみであったかは疑わしい。このののちも、釜山や名護屋には御用商人らが日本各地から続々と押し寄せた。京都のとある商人は伏見から迎えの船に乗り、九州へ下り、大名たちに面会してから一・二か月ほどで帰京したという[71]。

それでは、当初の日本軍の速やかな侵攻を可能とした要因は何であっただろうか。一番には鳥銃（鉄砲）が想起されるが[72]、それに加え、土木技術と兵士の心性も注目される。朝鮮では、日本軍の特技は戦闘時に即座に堡塁（土嚢）を積み、防御性を高めることだと報告され、第二次晋州城の戦いや南原城の戦いにおいても、竹橋や即席の櫓で攻撃し、堀を埋草で塞いで道にするなど、土木工事（仕寄や築山）の速さが特筆されている。こうした技術は、戦国期以来の戦場や城郭普請での経験が活かされたものと思しく[73]、「御土居」構築の工期の短さもそれを物語る（本書第五章参照）。

また、日本の兵卒は生まれてすぐに将官の家で働き、多くは妻子を持たず、戦死を名誉と捉えるなど、戦争に特化している点が朝鮮軍との違いであるとも分析されている。朝鮮側は当初、「降倭尽殺」を明に主張したが、軍事力強化や鉄砲技術習得、諜報活動のために次第に降倭誘引へと政策を転換していく(74)。こうした降倭が続出した背景としては、日本軍の奉公人・陣夫の流動性が指摘できる。例えば、天正十九年十月の名護屋城普請開始時において、先駆の一番隊から四番隊を率いる諸将が、他の軍勢へ脱走した奉公人や誓約以前の走り百姓は召し返すことを誓約している。事前にこうした相互規定を行ったということは、壬辰戦争において雑兵の錯綜が諸将間の軋轢を惹き起こす懸念材料であったと想定され、実際に、侵攻時の諸将の誓約には奉公人や走り者の引き渡し規定が頻出することからも、それは現実のものとなった(75)。

この侵攻には、日本国内から多くの民衆が駆り出された。近江においては、湖岸の町や村からは水主、内陸の村からは陣夫が徴発されている。徴発率二割に及んだ前者にこそ政権から配当米や家族への扶持米が与えられたものの、後者は村内（徴発を免れた者）から合力米を出すように命じられており、百姓への負担は極めて大きかった。長浜町では、当初二十名の水主徴発が命じられたが、政権と繋がりの深い吉川三左衛門の折衝のすえ、十六名に減免されている。免除されたうちの一名は三左衛門自身であるため、一見すると利己的な動きにも取れるが、自身の免除が確約された後にも交渉を続けてさらなる減免を勝ち取っており、共同体のための行動という側面も認めうる(76)。

次の史料は、徴発による民衆の損害を端的に示す。

【史料五】(77)

○一、幷みなとの加子のこと、以上六十五人有、此分御ほうかう仕候分なり、
一、此外三拾六人ハかふらい（高麗）にてはて申候分也、
一、同弐人ハ名護屋にてはて申候分なり
一、同八人ハ巳ノ年（文禄二）正月廿八日ニむら松まへにてはて申候也、
一、此外ニ八人ハ江漕人ノ加子にて候也、

以上分いせ大湊之舟加子分ノ書立ニ候、

伊勢の大湊では、総計百十九名の水主のうち、三十六名が朝鮮半島、二名が名護屋で死去しており、漁村に大きな爪痕を残した。小野木定次（重次の弟）は天正二十年七月十六日の平壌城の戦いで討死し、配下のとある部隊では、朝鮮半島での死者七名に対し、失人が六名とほぼ同数が逃散し、「無事に罷帰候はん事は中々存もよらず候」と絶望感が漂った。[78] このように奉公人や陣夫・水主らは脱走し、降倭になる者や帰国を試みた者もあったため、国内での「人掃」や「人留」はそれへの対応策と捉えられよう（本書第十章参照）。

三　吏僚層の動向と講和交渉

（1）「朝鮮三奉行」の渡海

大規模な対外侵略戦争は、政権の内部構造にも変化をもたらした。天正二十年六月、秀吉に代わって渡海した増田長盛・石田三成・大谷吉継の「朝鮮三奉行」（同時代史料での呼称は「三奉行」や「都ノ御奉行衆」）を中心にその点を検討してみよう。

従来、この三名はひと括りで捉えられてきたが、その立場や役割は流動的であり、差異も認められることには注意を要する。例えば、石田と大谷は秀吉に先立って天正二十年二月二十日に出陣し、名護屋で迎えの準備をしていた一方、増田は秀吉と同行していた。秀吉が名護屋に入った翌日の四月二十六日には、石田・大谷は御座所の準備と廻船のために先行渡海を命じられており、翌日には中止されたものの、当初はこの両名での行動が予定されていた。[79] 三名での集団行動の端緒は五月十六日の三国国割構想の時点と思われるが、そこでの彼らの役割は、秀吉の渡海後も名護屋に残り、全軍の渡海が済んでから自身も渡るという事後処理にあり、渡海の円滑化がその任務と見られる[80]。

渡海を焦る秀吉は、天正二十年六月二日に御前会議を開く。その会議において、秀吉の渡海を推進したのが石田三成、渡海に反対して諫止したのが徳川家康と前田利家で、両陣営が激論を交わしたとこれまでは理解されてきた[81]。しかし、史料には三成が「迚も被成御越候者、当月可然」と主張し、様々な意見が出された後に家康が「当月・来月ハ不慮之風御座候由候間、御一人自然之儀候へハ、天下相果候」と落涙ながらに訴えたと記されている[82]。ここからは、先に三成が渡海の機会を六月に限定したことで、家康の天候を理由とした渡海の困難さの主張が有効性を持ち、ついに秀吉も即時渡海を断念するに至ったという展開が読み取れる。つまり、三成と家康はともに秀吉の渡海を制止する方向性を大枠で共有していたといえよう。だからこそ秀吉は、三成らを派遣した後、「只今罷越候者とも」も即時渡海に反対したと述べ、丁酉再戦でも三成の対外侵攻への懐疑的な立場が見出せるのだろう[83]。

六月六日、「朝鮮三奉行」は長谷川秀一・木村一・前野長泰・加藤光泰の四名とともに朝鮮へ渡る。その役割は、先駆(九州・四国・中国の大名ら)に明国境までの軍事計画を伝えることと、代官所を設定して秀吉渡海のための御座所(つなぎの城)を普請することにあった。七月十六日には「朝鮮三奉行」ら七名は漢城に到着、宗義智が管理していた蔵や財物を点検しており、漢城周辺での兵粮や金銀の把握も彼らの任務の一つであったことが窺える[84]。

八月七日から十日頃の朝鮮における在陣計画を示すと思われる新出史料の「朝鮮之役絵図」によると、坡州が前野長泰の、高陽が大谷吉継の管轄となっていることが注目される[85]。大谷は八月二十九日にも「番船蜂起」(慶尚道での李舜臣ら朝鮮水軍の攻撃か)に対応するために出撃し、翌年正月には平壌の小西勢敗退を受けて開城に赴くなど、「朝鮮三奉行」の中でも、漢城に籠らずに軍事活動に従事しているのが目立つ。なお、文禄二年二月には、大谷の眼に何らかの問題が生じ、花押が据えられない状況に陥っており、朝鮮において眼病が進行していた可能性がある[86]。

天正二十年八月七日、長谷川・木村は長岡(細川)忠興とともに漢城から昌原城・晋州城へ向かう。ここから、

「高麗都の軍法御仕置」を命じられて漢城に留まった前野・加藤との役割の差異が読み取れよう。長谷川・木村の吏僚層との連携の前史については、小田原攻め・奥羽仕置時の活動が想起される。長谷川は石田三成と連署して会津に秀吉の指令を伝え、木村は浅野長吉と同行して関東で禁制の発給や城の攻略・請取を行い、大谷吉継らとともに出羽方面の仕置に出向いている[87]。これらから、長谷川・木村の両者には吏僚層を軍事的に補強する役割が期待されたことが窺える。

（2）情報伝達網の変動

秀吉の名護屋在陣と「朝鮮三奉行」の渡海に伴って、政権と諸大名の情報伝達網にも変化が見受けられるようになる。天正二十年三月の秀吉出陣後、京都では所司代の玄以と秀次側近の駒井重勝、名護屋では長束正家・木下吉隆・山中長俊が窓口となる。長束・木下・山中は秀吉に同行して名護屋へ下り、そのうち二名が秀吉への披露状の宛名や秀吉発給文書の口上文言（末尾の「尚某可申候」などの記載）に登場する[88]。木下は天正十三年、長束は同十六年以降から石田三成らとの連署状や口上文言への連名が見え、奉行層を補完する役割を果たしていたが、山中は少し遅れて同十八年二月段階から同様の役割を果たすようになり、小田原攻め時がこうした活動の前提と思しい[89]。

天正二十年六月の「朝鮮三奉行」渡海後、名護屋の木下らからの添状や口述を朝鮮の増田らが諸将に伝えるという旨の口上文言が見られ、秀吉と奉行層の居所の分離が情報の伝達過程を複層化した。また、石田正澄も三成や大谷の代理として、木下らと同様の役割を果たすようになる[90]。さらに、翌七月に秀吉が大政所危篤の方を受けて一時的に上方へと戻ると、木下・山中が秀吉に同行する一方、長束・正澄に加えて寺沢重政（正成、広高）が名護屋に残り、朝鮮の動向を秀吉へ報じる状況が、名護屋再着陣の十一月段階まで続く[91]。そして、秀吉が名護屋に戻った後、在陣諸将からの宛名や秀吉文書の口上文言において長束・木下・山中の三者で連名される例が見られるようになり、彼らは「側近衆」としての地位を浮上させたことが読み取れる[92]。

右のように、戦争に伴う居所の分裂が、情報伝達回路の多元化と新たな吏僚層の台頭をもたらした。秀吉への近侍こそが吏僚たちの権勢の源泉であったことと同時に、「朝鮮三奉行」らはそうした立場を超えつつあることも読み取れる。もっとも、彼らの役割や居所は戦況によって流動的に組み合わせが変更されうるものであり、例えば、秀吉の名護屋再着陣を知った「朝鮮三奉行」らが、秀吉の側近くにいた長束・木下・石田正澄のうち一人の渡海を希望しながら、それも難しいだろうから自身らのうち一名を名護屋に送ることで、着陣御礼と情報共有を試みようとしている点には留意すべきである。[93]

さて、小西行長は平壌で明軍先鋒を退けた後、しばらくは進軍を止める。その理由は秀吉渡海延期後の計画を踏まえたことに加え、明側からの交渉役、沈惟敬との折衝が挙げられる。八月三十日に平壌近郊で会談した両者は、五十日間の停戦協定を結ぶ。沈は表向き日本（実際には宗・小西ら）の冊封・朝貢要求を明廷に上奏するためとしつつ、明軍本隊到着までの時間稼ぎを図った。ここまで戦勝を重ねた小西がこれに応じたのは、当初、沈側から和議を求め、人質を提出すると述べていたのを受け、服属使節を引き出すことで終戦を見越したためであろう。沈は自らの落馬などを理由に会談を延引し、ようやく十一月下旬に交渉再開、小西らは人質を待ったが、翌年正月に到来したのは李如松（李成梁の子）率いる約四万の明軍であった。[94]

辛うじて平壌を撤退した小西軍だったが、漢城の「朝鮮三奉行」は撤退理由を兵粮不足と清正の軽挙妄動のためと秀吉に報じた。小西の敗戦には「火花をちらし候」と奮闘を強調し、責任転嫁を図ったのである。明軍到来を受けて朝鮮軍も「猛勢」になったと恐れを抱いた日本軍は、漢城の朝鮮民衆の内通を疑って皆殺しを行い、「都には唐人（朝鮮人）壱人も居り申さず」という凄惨さの極致に立ち至った。[95]

海を隔てた遠征においては、情報の齟齬や不通、時差が戦局を大きく左右した。そのため、朝鮮半島と名護屋の間では同内容の複数の書状や使者が往来し、情報の新旧の精査が必要とされた。[96]秀吉からの指令は在陣諸将の間で回覧され、諸将は独自に注進を行っていたが、「朝鮮三奉行」が漢城に入った後の天正二十年八月頃からは、朝鮮における諸将への情報伝達の取捨選択や、秀吉への戦況の正式な報告も彼らが担うようになる。[97] こうして、指令が届くまでの時差と情報伝達網の再編により、現地の「朝鮮三奉行」らの判断を秀吉が追認せざるをえない状況が生み出された。

もっとも、戦況に関係しない改元などの情報は重視されなかったようである。天正二十年十二月八日、元号は文禄に改められた。しかし、この時期の在陣諸将の発給文書には、天正二十一年の年号を持つ書状が多く検出でき、遅い場合には七月末まで用いられている。朝鮮における情報の中心にあった「朝鮮三奉行」の大谷吉継ですら、文禄二年五月に明「勅使」(謝用梓ら)を連れて名護屋へ一時帰還した際に改元を知ったようである。[98] 戦国・織豊期には無年号文書が一般的だったことが、改元情報に触れる機会を狭めたともいえよう。

(3) 講和交渉の破綻

明と日本は、碧蹄館の戦いと幸州山城の戦いでそれぞれ敗れたことで、和議に傾く。講和交渉は停戦協定から足かけ五年にも及んだが、文禄五年九月、大坂城での明使との会見において破談を迎える。その過程や原因についても、様々な見解が出されている。

通説では、文禄二年六月に秀吉が示した和議七か条のうち、明皇女降嫁と朝鮮南部割譲の二条件が充足されなかったことが講和破綻の原因とされてきた。しかし、佐島顕子氏は、明皇女降嫁は既に沈と小西の間で解決済みであり、七か条の実現の可否は問題とされていなかった事実を解明した。そして、破綻の背景には朝鮮王子来日の不履行があったが、決定打は明側が日本軍の完全撤退を求めたことと捉えた。ついで、中野等氏は、文禄四年五月に秀吉が再提示した和議三か条を再検討し、日本側は南四道の割譲を求めたのではなく、条件付きの返還を認めていたと解釈した。また、王子不参は再出兵の口実で、破綻の真因は完全撤退要求と結論づけた。[99]

一方、跡部信氏は原因の主副関係を逆転させて捉えた。日本側の諸将が朝鮮側に提案していた和議の条件からも真因は王子不参にあり、領土問題は王子来日を引き出すための脅迫文言にすぎないとする。それに対して佐島氏は、南四道の条件付き返還は朝鮮王子の豊臣大名化を意味する重要な問題であり、単なる脅迫文言ではないと反論し、議論は平行線を辿っている。[100]

従来の研究の問題点としては、第一に、朝鮮からの撤退（撤兵問題）と朝鮮の一部割譲（領土問題）を同一視している点が挙げられる。出兵当初から秀吉が特に重視していたのは「船付」である釜山周辺の確保であった。[101]釜山は領土として必要というより、外交・経済の面からも、重要な拠点と目されていたのである。よって、撤兵問題と領土問題は区別すべきであろう。

第二に、講和破綻時の王子来日のみに焦点を絞ると、その前後には要求が明皇女降嫁や重臣・貢物に変化している点が説明しがたい。交渉過程において王子以外の代替案も提示されたことを踏まえるならば、史料に見える「来謝」や「無礼」は、外交儀礼の問題として広く捉えるべきであろう。

この点を踏まえつつ、ここではA撤兵・B領土・C交易・D儀礼の四つの問題群に大別して論点を整理し、日明双方の要求の力点がどこに置かれ、いかにすれ違っていったかの推移を分析していきたい。

天正二十年十一月の交渉で、小西は大同江以南の割譲（B）を主張した。対して、沈は撤兵問題（A）に重きを置き、捕虜や漢城の返還を求め、見返りとして朝貢許可（C）を示唆した。宗氏は開戦前から明との国交・朝貢復活の取り成しを朝鮮に求めており、交易は宗・小西側の悲願であった。[102]

平壌撤退後の文禄二年三月の段階でも、沈の要求は変わらず、謝罪文の提出を加えたくらいであった。一方、小西は冊封と朝貢（D・C）に焦点を絞り、対内的にはそれを服属儀礼に読み替えることで秀吉の体面を保とうとした。明兵部の石星も冊封・朝貢を認めたが、明廷内でその諾否をめぐり議論が割れることとなる。[103]

日本側でも、冊封・朝貢の履行に拘る小西に対し、「朝鮮三奉行」らは文禄二年四月、兵粮不足を名目に漢城撤退を優先した。前月に小西らが守備する龍山倉が焼き討ちされ、兵粮枯渇が深刻化したことに加え、謝用梓らの到来により、秀吉の体面を取り繕うことができると判断したためであろう。この間、「日本よりの舟つきて」である釜山の手薄さが危惧されるようになり、三月頃から普請が始まり、要害化が進められた。明側は、日本軍が釜山を足がかりに再度侵攻をするのではないかと懸念し、それが撤兵問題（A）の焦点となっていく[104]。

文禄二年五月、明の「勅使」と対面した秀吉は、和議七か条を示す。最重要課題は明皇女降嫁（D）と四道割譲（B）であったが、秀吉の狙いは「州域県邑・金銀珠玉」ではなく、功名を万代に残すことにあるとされ、服属儀礼において最大限の成果を引き出すために領土問題が持ち出されたのであろう[105]。この頃の大名の噂を示すものとして次の史料に注目したい。

【史料六】[106]

一、従大明国為御詫言、官人二人なこ屋（名護屋）へ参着候、上様御このミ由御座候て、未御無事之義相究之様子承届、
　来便ニ可申入候、

一、上様御馬可納事、七月之末可為八月候と申事候、

日本国内では、明使来日は「詫言」（降伏）の申し入れのための服属儀礼（D）と見られ、「高麗国惣無事」[107]（和議成立）は「上様御このミ」（条件交渉）により延引しているものの、七月末以降の秀吉の「納馬」が予見された。晋州城陥落の報を受け、八月には秀吉が大坂へ帰陣し、在陣諸将も一部を残して帰日、伏見でのお目見え後、下国を果たす。朝鮮は秀吉の手に属したという認識が広がり、目指していた不朽の名誉を達成し、戦争は終結するはずであり、後は明からの返答を待つばかりであった[108]。

その頃、沈と小西の間では関白降表が作成され、冊封と朝貢も実現するかと思われた。しかし、日本国内での秀吉への反発が大きいため、諸将を離間させるのは容易く、貪欲な秀吉への封貢は無用であるとの情報が福建経由で明廷に伝わり、議論の末、翌年十月に冊封のみの認可が決まった。明皇帝は日本軍の撤兵完了が沈の虚報であったことに激怒し、十二月に内藤如安と謁見した際にも、冊封許可と同時に釜山からの撤兵（A）を求めた。こうした

状況を受け、沈はひとまず冊封（D）を受けたうえで、段階的に交易（C）を求めてはどうかと小西側に提案している。[109]

文禄四年五月、秀吉が再提示した和議三か条では、朝鮮王子来日（朝鮮に対するD）の実現と引き換えに南四道を返還（B）し、撤兵問題（A）も一部の破城で応えようとしている。もっとも、明との勘合（C）は継続案件とされた。[110] 小西らは使節来日によって幕引きを図ろうとしたのである。

明皇帝が派遣した正使の李宗城は、表向きは福建人に渡日の危険性を吹き込まれて逃亡したとされるが、実際には撤兵問題に固執したために講和交締結の障壁と見なされ、冊封を撤兵に先行しようとする小西や沈らによって、副使の楊方亨と交代させられたのではないかと考えられている。[111]

以上のように、明側はA撤兵、日本側はD儀礼を一貫して要求し続けており、それらが双方の重点であったと見なせよう。よって、明側にとってみれば、冊封（D）を履行したからには撤兵も実現して当然と理解していたのではないだろうか。

講和破綻の背景には、朝鮮王子来日の不履行があったが、その直接の契機は撤兵問題に求められよう。破談の一週間前には王子不参を知り、一度は納得していたはずの秀吉が激怒したのは、沈の書状が撤兵を要請する段に差しかかったその瞬間であった。[112] 秀吉にとっては服属儀礼も不十分で、一部の破城まで譲歩したにもかかわらず、〈世界〉への窓口である釜山をも手放せというのは、一方的な要求と映ったのであろう。すなわち、丁酉再戦は、服属儀礼の履行（および懲罰）と釜山を中心とする朝鮮半島南部の実効支配を目指したものといえる。

ゆえに、総大将たる小早川秀俊（秀秋）は釜山に置かれ、明や朝鮮側も和議破綻直後から、釜山を攻撃目標としていた。秀吉死後の撤兵にあたっても、朝鮮からの使節すら実現できない場合には、次の収穫時期までは釜山を残置するよう命じており、最終段階でも服属儀礼と釜山確保が掲げられている。清正が「一辺撤兵、一辺奉王子」と述べたように、D儀礼とA撤兵の問題は常に表裏一体の交換条件であり、いずれか一方のみを重視することは難しかろう。[113]

なお、「朝鮮三奉行」のうち増田長盛は、文禄四年正月に小西側が示した冊封案において、「清華成」大名と同格の「都督同知」に加えられており、奉行層の中でも筆頭に位置づけられていたことが読み取れる。長盛はこれ以前にも、文禄二年二月の秀吉の計画では漢城の留守居や釜山での普請などを命じられ、九月にも帰陣の後始末を行うなど別行動を指示されており、「朝鮮三奉行」の中で統括的位置にあった。ここでもやはり奉行層の運用には流動性が認めうる。[114]

四　朝鮮における挫折とその影響

（1）「仁政」の内幕

禅僧の西笑承兌は、秀吉の国内統一と大陸侵攻を「以仁政・勇武、一朝安海内於盤石」「縦雖属大明・朝鮮於麾下、亦其志猶有余、上古無可比量之良将材、後世蓋有之耶」と絶賛した。一方で、寛永期（一六二四〜四四）に儒者の堀杏庵は「伏見の城郭（伏見山城）（中略）昼夜の境もなく急がせらる、天災と云ひ、人の労苦と云ひ、其上に又朝鮮に入らる、事は、仁政にあらずとつぶやく人あれども、あらはに諫むる臣はなかりける」との世評もあったことを書き留め、公儀普請と大陸侵攻が民衆の負担になっていたと分析している。[115]

秀吉は侵略の正当化に「天」の力を掲げ、諸将は自らの命運を「天道」に委ねたが、朝鮮側も同じく「天」や「天道」の賞罰を信じ、日本を「不共戴天」「万世必報」の敵と憎悪した。[116]合わせ鏡のような自他認識が交錯する中で、日本軍は東アジアに共通する天道思想に則り、「天命」を受けて「仁政」を施す主体として振る舞おうとした。これこそが秀吉の「政化」の意味するところであったが、その実状はどうであったか。

秀吉は朝鮮国王宛ての国書で日本の百姓を撫育したことを誇り、侵略後も「高麗国中」を対象として、還住した民衆には課税せず、飢えた百姓を救い、放火や人捕の禁止を掲げるなど、日本同様の統治を諸将に命じた。しかし、朝鮮の現場ではそれらはほぼ守られておらず、空文に等しい[117]。そもそも、基準とされた国内の統治にしても、秀吉は対外的には百姓を撫育し、慈恵を施したと誇ったが、実際には日本の百姓は恐怖と搾取にさらされ、かつてないほどに貧困を極め、秀吉はそれを少しも憐れむことがなく、自画自賛していたと評されている[118]。

漢城陥落後、諸将は各道の分割統治を進める。六伯（地方官人）を掌握し、榜文や鑑札で百姓の還住と耕作を促し、刀狩で義兵への転化を抑制しつつ、人質や入籠で収穫を確保し、指出で田畑や鉱山の調査を行った[119]。こうした対処は、鑑札を除いては国内統治の延長線上にあり、諸将は百姓が〈豊臣の平和〉を喜んでいると日本に注進した。朝鮮民衆の中には当初、日本軍に迎合する者もいたが、それとて生き延びるための忍従にすぎず、民衆の多くは逃亡して山に籠もり、広域の統治は難航した。朝鮮の百姓が日本側に付くことは「石ハ浮、木葉は沈ともあるましく候」と報じられた。榜文が百姓への慈しみを口実にした誘因策であるという「仁政」の内幕は見透かされていたのである[120]。

朝鮮民衆の間では侵略当初から「百姓為城」（百姓こそが城）という主張が見られたが、義兵の蜂起によってそれは現実のものとなった。日本側は義兵を「唐人一揆」と見たが、現実には両班による組織化に加え、「散卒」という官軍の再編成の比率も高く、その軍事力を低く見積もったことが仇となった[121]。朝鮮軍や義兵の反抗が強まると日本軍の暴力性も増し、武器を持つ者はことごとく殺戮され、朝鮮民衆は恐怖で反抗できずに年貢を納めるしかない状況も生じた。人や富の略奪と破壊が加速し、長期の山籠もりで飢餓と荒廃が広がり、朝鮮の被害と混乱に拍車がかかった[122]。

一方で、毛利輝元は侵攻当初から朝鮮の広大さを報じ、漢城撤退を誘導しようとした「朝鮮三奉行」らも、想定より広い国土への統治の困難さを訴えた。天正二十年八月、増田長盛は、これまでは百姓を「なでつけ」てきたが、義兵の蜂起を受けて「なでぎり」に転換し、当面は厳しく対処することで鎮圧すべしとの意見を日本に送った。[123] ここに、〈豊臣の平和〉は早くも馬脚を露わした。

こうして、諸将は統治の対象を、次第に倭城周辺に絞らざるをえなくなる。講和休戦期に実効支配をしていた南東部の沿岸地域においては、農耕や商売で一定の成果を挙げ、雑居状況も生じていた。特に釜山は城塞化を遂げ、城下は日本人と朝鮮人で賑わった。もっとも、朝鮮民衆は腰牌（鑑札）を下げる必要があり、罪に問われれば、すぐに殺された。[124]

講和決裂後の丁酉再戦でも榜文が掲げられたが、「上官狩り」によって地方有力者を除くことで義兵の芽を摘み、統治の円滑化が図られた。表向きは朝鮮民衆を「日本之御百姓」にすると告げたが、裏では朝鮮人を皆殺しにして、西日本の民衆を入植して耕作させるという計画も噂されていた。また、日本軍による鼻切りは朝鮮民衆にも及んだ。再侵の直前、清正自身が朝鮮中の村や民家、田畑山林に至るまで滅却し、荒廃の地と化すと言い捨てたように、日本軍は朝鮮の国土を灰燼に帰したのである。[125]

（2）〈民政〉への自覚

宣教師の言によれば、日本の大名らは侵攻前から、異国への出陣や国替を内心では迷惑がっていたが、秀吉の前では謝意を表し、死を厭わぬ覚悟を述べたという。漢城陥落直後の段階でも、在陣中の毛利吉成は自分にもしものことがあれば子供たちを頼む、と政権中枢にすがっていた。天正二十年六月に秀吉の渡海が延期されると、諸将は不安に駆られ、帰国を切望した。[126] 家臣を「唐入」に従軍させるにあたって、国元に残した妻子に賄いを与え、万一大陸で死去した場合は子に名跡を継がせることや、無事の帰国後には厚遇することを約束しなければならない武将もいた。従軍した人々の書状には国元の家族に思いを馳せるものが多く、逃亡者は出陣直後から出ていたが、平壌撤退以降に奉公人や人夫の逃散や帰国が加速し、講和休戦期になると降倭が続出、残った者も和議成立を心待ちにした[127]。国内統一の過程では、一年を超す滞陣の経験はなく、望郷と厭戦観が諸軍を覆っていた。名護屋で秀吉の命令を待つ大名は在陣衆の疲労や困窮を噂し、渡海取りやめとなった諸将は命を拾ったと喜びあった。秀吉もそうした空気を読み取り、国内での城普請の方が過酷だと触れ流した。それを受け、普請衆が在陣を羨ましがっているという倒錯した言説が朝鮮在陣衆に伝えられた[128]。

出陣前の大名の中には、軍役を忌避する家臣に対し、天下の「一大事」に我意を構えるのは言語道断だと責め、在陣諸将が長期滞陣や普請を覚悟する今、領国内の代官が百姓から年貢を取り立てられないのは「比興《（卑怯）》第一」だと糾弾する者がいた。田地返上や課役忌避という百姓の抵抗を「雅意」とし、妻子を人質にしてでも取り立てろ、と命じる者もいた。侵略戦争という「公」によって「私」が塗りつぶされようとしていた。一方で、領国の民衆が飢えた場合には米を与えるよう留守居に指示する大名もいた[129]。

表面上、京都では上は天皇から下は百姓まで「唐入」を礼賛し、朝廷は「異国征伐」を祈願、豪商は三国の永久支配を予祝した[130]。西笑承兌は明と朝鮮が服属したと「戦勝」をアピールし、東国の天台僧の亮弁も秀吉を「日本・高麗之将軍」と持ち上げたが、彼らとてそれを信じ込んでいたというよりも、秀吉を称えることで、自らの立場を有利なものにしようとしたにすぎない。だからこそ、景轍玄蘇は徳川政権下でも朝鮮との講和交渉にあたり、承兌も慶長九年（一六〇四）の孫文彧や惟政の来日と和親締結を「感荷にたえず」と褒め称えたのである[131]。

他方、当初から異国への戦争は迷惑だという世論も多く、諸将の反乱や戦死、失脚の噂が飛び交った。在陣衆は秀吉が陣夫まで一人残さず帰国させよと命じたとする噂に沸き立つも虚報とわかり、かえって不満が燻った[132]。また、明や朝鮮側は再三、清正や家康、島津義久らの反逆を誘おうと試みた。よって、秀吉が諸将を名護屋に集めた理由は、反乱を未然に防ぐためでもあっただろう[133]。

開戦から二か月後に起きた梅北一揆は、国人領主層の統一政権への反発が根底にあるが、反乱が壬辰戦争への参陣途中に企図されたことは、対外戦争への厭戦観の根強さを裏付ける。一揆には百姓も参加したが、「民岩」を恐れた諸将が留守居の兵を残していたため、短時間で鎮圧されてしまった[134]。しかし、長期の遠征が続く中、諸国では抑止力の低下に伴って村落間相論などの紛争が相次ぎ、畿内を守っていた秀次は「喧嘩停止」を掲げて厳罰に処すことで秩序の回復を図った。「生民の塗炭」は既に極まっており、命からがら帰国した大名らが目にしたのは、荒廃した自らの領国であった[135]。

こうした過程で、大名たちは〈民政〉への自覚を深めていく。ここでは、清正を例に挙げよう。侵略当初、清正は統治の方法さえ正しければ、朝鮮民衆も従わせることが可能と考えており、自らの管轄である咸鏡道では、民衆が清正を待ちかねて感謝しているため、国元の肥後よりも静かだと誇った。他の諸将の担当する地域では義兵への恐怖心や朝鮮人への差別意識によって統治に失敗していると非難し、自信をみなぎらせていたのである[136]。しかし、天正二十年も末になると、朝鮮民衆への警戒心を露わにし始め、逆襲や情報漏洩を恐れて、城内に朝鮮人を入れないように指示し、統治の困難さを思い知るようになる。文禄二年の春には日本側の劣勢を感じ、征明よりも帰国後を意識し始めた[137]。

それでも、清正はこの段階では肥後の田地が荒れても構わないので水主を徴発せよ、百姓からは人質を取って走り者は厳罰に処せ、と領国荒廃を顧慮しなかった。文禄三年春には、荒地にも課役をかけるので再開発をせよと命じているが、厳しい姿勢は崩していない[138]。

ところが、文禄五年に強制帰国のうえ上方へ喚問されるにあたり、百姓が迷惑しないように、田畑を荒らした場合は給人や代官の責任とすると明記した制札を領内に立てさせ、荒廃した村には種貸しを命じるようになる[139]。朝鮮での統治に失敗し、領国をも失う危機に瀕した時、清正は村落の復興や百姓の「成り立ち」へと意識を向けるようになったのである。丁酉再戦からの帰陣後、清正は年貢や諸役を数年免除すると掲げ、実際に翌年の城普請でも徹底させている[140]。

他の諸将も、相次いで領国復興政策を打ち出した。丁酉再戦からの帰陣後の慶長三年十一月、長宗我部盛親は

「人民草臥」を配慮して国役を免除するに至ったが、ここには先述の清正と類似の志向性が看取される。また、上杉景勝も会津入国後の同年二月、百姓を勝手に処罰すること（私成敗）を禁止、還住と他領からの移住を奨励し、百姓の困窮に対応している。[141] 講和休戦期に政権によって主導された豊後や尾張の復興、いわゆる「荒田没収令」なども同様の文脈から理解できよう。[142]

このように、朝鮮での挫折が領国や百姓へのまなざしの転換を促し、国内統治に大きな刻印を残したのである。その転換は、織田期における一向一揆との対決による「もはや殺せない」という武士層の自覚に根を持ち、[143] 近世の百姓保護政策への方向性を決定づけたものといえよう。

おわりに

大坂城での和議破綻直後の文禄五年十月、宗義智家臣で通事の梯七大夫は、朝鮮側に次のように語った。低い身分から出世した秀吉は「民間の疾苦」を知らないはずがないのに、人々を酷使する暴君になり、悪事を改めないため、日本人は上下ともに「皆怨入骨髄」の状況である。よって、そう遠くないうちに内乱が生じ、政権の崩壊によって戦争は終結するだろう、と。[144] この言説には丁酉再戦を防げなかった宗氏側の弁明も含まれるであろうから、少し割り引いて考える必要があるものの、見事にその後の推移を予見している。政権から人心は離れ、統治の正当性も揺るがされつつあった。

壬辰戦争はまさしく〈豊臣の平和〉の理念と実態の懸隔を極限化させた場であった。秀吉の掲げた「仁政」は異国の地において、暴力による圧政や略奪、破壊へと逢着する。大陸への憧憬と侵攻の挫折、虚構の「戦勝」と秀吉の死を経て、歪な自他認識が形成され、その土壌に「日本型華夷意識」が芽生えることとなる。国内外に秀吉への怨嗟は募り、諸将の間にも亀裂が広がる一方で、統治の困難さを思い知った大名たちは、民衆と向き合う必要性を学ぶに至った。

はたして、未曽有の国際戦争は、様々な意味と局面において、近世日本の国家と社会を規定したといえよう。

第十章　壬辰戦争時の国内政策

――次舟・人留・人掃――

はじめに

壬辰戦争時における豊臣政権の諸政策は、その集権性が著しく表現されたものであり、それによって幕藩制社会を特徴づける様々な要素が促成されたと考えられている。国内に限っても、①兵粮や人夫確保のための名護屋への廻米・廻船、②上方と名護屋を結ぶ輸送・通信（次立制）、③全国の石高（軍役賦課基準）を掌握・増嵩するための御前帳徴収・太閤検地、④夫役の賦課対象とその基準を明確化するための身分統制・戸口調査（「人掃」）など、多くの重要な政策が実行されている。確かに、豊臣期全般を眺めても、政権の大きな転換点の一つをこの時期に置くことは極めて自然なことと思われる。ただし、これまでの成果[1]によるならば、それらの政策や事象は、壬辰戦争に向けた準備段階において企図されたという以上に、戦争の遂行過程で必要に応じて案出・改変された結果として捉えるべき側面を多分に含んでいることには注意する必要があろう。

また、①の兵粮や船舶の問題と③の石高制や軍役については豊富な蓄積がなされ[2]、両者の関係も既に中野等氏らによって明らかにされている。一方で、②の次立制（とりわけ次舟）と④の「人掃」については、それぞれ①・③との関わりの中で語られることはあっても、相互の連関については検討されてこなかった。しかし、列島規模での人の移動を促した壬辰戦争に際して、軍勢とともに商工業者や芸能者などが名護屋に集まったことは、政治・経済・文化の諸方面において大きな影響をもたらしたはずであり、それによって惹起されたものとして②と④を見直すべきであろう。

本章では、人の移動とそれへの規制という視角から、②と④を繋ぐための媒介項として⑤交通統制（「人留」政策）を設定する。「人留」についてはこれまで本格的には取り上げられたことがなく、具体的な検討は論を進める中で行うが、人や物の移動という点では①や②と、人の移動への規制という点では④と密接な関係を有する。また、①・②、および⑤は当時の政権中枢所在地であった名護屋を一つの結節点としていた。壬辰戦争の政治過程が詳細に解明された今日の研究状況においては、それらの国内政策が秀吉の居所であった名護屋城から発せられていたことも看過できず、その役割を考察することで、①〜⑤を通観するための視座を得られよう。

以下ではまず、従来触れられなかった⑤の「人留」政策に着目し、その実態を明らかにすることで、国内政策を総体で把握するための土台を用意する。ついで、①や②を担った「舟奉行」についての事実関係と論点を整理し、「人留」との関連を述べたうえで、④の「人掃」にも言及し、名護屋城の役割の変遷に沿って諸政策の展開過程を俯瞰する。そして最後に、諸事例から帰納される豊臣政権の政策や法令の特質についても論じることとする。

一　「人留御奉行」と過所制

（1）壬辰戦争時の「人留」

文禄二年（一五九三）五月、井伊直政の使者として朝鮮に渡海していた三浦安久をはじめとする五名は、役目を終えて釜山から帰国の途につく。その際、釜山在陣中の浅野長吉と早川長政から次のような文書を発給された。

【史料1】[3]

此人上下五人、井伊侍従《直政》殿為使被相越候、可有御通候、以上、

五月廿日　浅野弾正《長吉》（印）

早川主馬《長政》（印）

御奉行衆中

つしま《対馬》

いき《壱岐》

なこや《名護屋》

せきの戸《関戸》

三浦家の由緒書によれば、右の「関所之御切手」を携えて帰国した三浦は現地で朝鮮人を捕虜としており、由緒書の記された元禄四年（一六九一）時点でもその被虜人の子孫が生存していたという[4]。なお、三浦家にはこのほかにも【史料1】に類似する文書が現存する。

【史料2】[5]

井伊兵部《直政》もの上下八人可有御通候、以上、

文二

六月廿日　関戸

田中助右衛門（印）

同

岡本二郎右衛門（印）

人留御奉行

五月二十日に釜山を後にした一行が、関戸（下関、赤間関とも。以下、本章では関戸と表記）に到着したのがひと月後の六月二十日だったのであろう。【史料1】と【史料2】を比較すると、同行人数と差出、宛名に差異が認められる。人数に関しては、名護屋に在陣する徳川氏の関係者が加わったと考えられる。(6)【史料2】の差出の田中助右衛門と岡本二郎右衛門という人物については追って検討することにし、ここでは宛名の違いに着目したい。【史料1】では対馬・壱岐・名護屋・関戸の「御奉行衆中」となっており、朝鮮半島から九州を経て本州の西端に至る要所に何らかの奉行が配置されていたことを示している。一方、【史料2】では「人留御奉行」とされるのみで、具体的な地名は記されていない。三浦の向かった先が京もしくは上野国の井伊領のいずれであるかは定かではないが、その帰国経路を考えるならば、海路をとって朝鮮半島から関戸まで戻り、その後に関戸から山陽道を陸路か海路で東へ向かったと考えることができる。

よって、ひとまず【史料1】は朝鮮半島からの海路に配置された「御奉行衆」、【史料2】は山陽道の陸路もしくは海路に配備された「人留御奉行」に宛てて三浦らの通行許可を求めた過所（通行手形）であったと考えたい。なお、【史料1】と同様のものとしては、文禄二年五月九日付で同書式の、浅野と早川が連署で発給した過所の写しが確認できる。そこでもやはり対馬・壱岐・名護屋の「御奉行衆中」に対して、伊達政宗配下の三名の名護屋への帰着が保証されており、後代の編纂者はこの過所を「海路ノ通判」と説明している。(7)

では、「人留御奉行」とはどのような存在なのだろうか。この時期の「人留」については、いくつかの史料から断片的にその様子を窺うことができる。例えば、直江兼続が先の【史料2】に表れた田中・岡本の両名に宛てた書状が挙げられる。(8)上杉勢の帰陣から文禄二年十月のものと推測されるこの書状で、直江は「人留御切手」に記された軍勢は百八十五人であるが、一度に帰国させることができないので、まず百十八人と馬四疋を差し戻すことを田中らに伝えている。そして、残りの六十七人と馬八疋については、再度「拙者手判」を持たせて東上させるので、通行の便宜を図ってくれるように頼んでいる。先の例と併せて考えれば、「人留」は通行人の取り調べであり、この時期、少なくとも名護屋近辺では、武士や奉公人らの往来には過所が必須であったと見てよい。

ただし、田中と岡本は単なる「人留」の奉行ではなく、切手の発給者であり、三浦一行の道中の安全を保障する存在であった。そもそも、【史料1】の宛名が三浦の帰路の全行程ではなく、関戸までしか記されていないのは、一行の人数変化によって新たに切手が必要とされたのではなく、浅野と早川がはじめから田中・岡本の存在とその過所を前提としていたことを意味するように思われる。よって、以下では田中・岡本を関戸奉行と表現する。

なお、「人留御奉行」については、天正二十一年（文禄二年）三月四日付で漢城の「朝鮮三奉行」（大谷吉継・石田三成・増田長盛）が発給した過所の宛名にも表れる。[9] ここでは、六名（上杉氏の関係者か）と小荷駄の馬三疋を漢城から名護屋まで（馬は釜山まで）派遣するにあたって、「海陸共無異儀」通行を「日本・高麗所々人留御奉行中」に命じている。類例としては、文禄二年八月十八日付で釜山「舟奉行」の増田長盛・毛利重政・早川長政の三名が発給した過所の写しが知られ、上杉氏家臣の高梨頼親の配下三十名を尼崎惣左衛門（商人）の船で帰朝させるにあたって、「人数改御番中」に対して通行を認めるよう頼んでいる。また、同年九月三日付で石田三成が発給した、五端帆船一艘四十八名にテルマ・カクセ（朝鮮人女性の捕虜）三名を加えた一行の過所の宛名は「海陸共ニ人数御奉行中」であり、（文禄三年）十二月二十五日付で宇喜多秀家が大坂までの飛脚二名の通行許可を求めたのも「路次中人留の御番衆」であった。年不詳だが、朝鮮在陣中の小西行長が小者六人を大坂に戻す際の過所の宛名には「人あらための衆中」と見える。[10]

これらから、「人留御奉行」とは、交通の要所に配置され、「人留」（人数改め）を行う役人であったと結論づけられる。この段階では、朝鮮半島から日本列島に至るまでの各所に奉行が配置されていたようである。右の諸例を総合すると、日本においては、対馬・壱岐・名護屋と関戸から少なくとも京・大坂周辺までには存在したと推測できるが、その他の地域での広がりはどの程度まで想定できるだろうか。

文禄三年十二月二十一日付で、「人留御奉行衆」に宛てた伊達政宗の過所が存在する。[11] これは、「国本」から妻妾と女房三名を上洛させるにあたっての過所であるが、居城の岩出山から聚楽屋敷までの道中に「人留」の担当者がいたと考えるべきであろう。そうした場合、文禄三年末の時期には、西国だけでなく、東北から関東にかけてまで広く「人留」が行われていた可能性がある。そこで思い起こされるのが、先行研究でも言及されている「人留番所」の存在である。

佐竹氏や肥後加藤氏の事例によれば、戦争の長期化に伴って、朝鮮や名護屋の陣所から大量の陣夫や武家奉公人が逃亡して帰国する事態が発生していた[12]。同様に、上杉氏でも「闕落之者」の所領が勲功として与えられていることから[13]、欠落は給人層にまで及んでおり、在陣諸大名が共通して抱える問題であったと見ることができる。豊臣政権は、文禄二年三月の秀吉の「御渡海」に向けて兵粮と船舶を補填し、奉公人を再度名護屋へ呼び寄せた[14]。しかし、奉公人らの欠落は止まらなかったようで、同年二月には、諸大名の留守居に対して、領国内の要所に「人留番所」を設けて通行人を監視し、朱印状を高札に掲げるよう命じた[15]。その中で、「無手判輩」の通行を一切認めず、不審な者は捕縛して名護屋まで連行するように明記している点は注目に値し、先に見た「人留御奉行」の職務と重なることが指摘できる。

同じく文禄二年三月に名護屋城近辺の国人・波多氏の領内で、唐津・大川野・町切の三か所に「関所」が置かれ、留守居の家臣が「手形」を判別して、人改めを行っていたことが知られる。翌月には山陰道の港湾や道中にも同様の「番所」の設置が指示されたように、全国各地に大名らの配備した「人留番所」が展開しており、そこで過所制が敷かれていた[16]。また、同年閏九月には、朝鮮在番諸将に対して、「走候族」を取り締まるため、帰国に際しては「切手」を発給することが義務づけられている[17]。これらの「人留」政策がどの程度継続されたのかは定かではないが、右に挙げた諸事例を勘案すると、文禄二年二月の布達から半年余りと、秀次の朝鮮派兵が取り沙汰された同三年末前後には実施されていたことが確実である。

豊臣政権の「人留」政策の実効性については、次の史料が興味深い内容を伝える。

【史料3】(18)

返々、此折紙前々まて御通候而可給候、頼申候、以上、

此者壱人甲斐国へ使ニ遣申候、人留之所々無御違乱御通候て可給候、下之関ニ而御両人へ申候此折紙御覧候而、是をさき〳〵甲斐国まて御通候て可給候、無左而越候へハ、人留之所々ニ而可有違乱候、次此方へ召連候小者多自是走申候、何之道を通候て上へのほり候哉と存事候、何時も我等者上せ申候ハ、拙者之自判歟、左候ハすハ、此ほそなかき印判を仕候而進候間、御通候て可給候、頼存候、恐々謹言、

此後ニ人をのほせ申候ハヽ、何時も此印判を斗遣可申候、御通候て可給候、以上、(印)

加藤遠江守

五月廿五日　光泰（花押）

下之関御番衆

此外人留之

御番所中

加藤光泰は天正二十年六月に渡海し、翌年八月に死去しているので、発給年次は文禄二年で確定できる。本文の「下之関ニ而御両人」や宛名の「下之関御番衆」は田中・岡本を指すだろう。光泰は使者一名を領国の甲斐に戻すにあたり、各所の人留奉行への通行保障を田中らに依頼しており、おそらくは両名が本文書を受けて、関戸以東の人留番所宛て過所を発給したと推測される。しかし、後半で光泰は、自らの軍勢に属する小者たちが多く逃散しており、彼らがどのような経路で上方まで逃走できているのか疑問を呈し、光泰から許可を与えた者は花押か印判を据えた書状を出すので、その者のみを通すように念を押している。ここから、「人留」政策の本格稼働後も、朝鮮半島から国内へ大量の雑兵が逃げ出している様相が窺え、過所を偽造するか、関所を迂回することですり抜けるような事例が跡を絶たなかった実態が浮かび上がろう。

（2）関戸奉行の職掌

ついで、関戸奉行が「人留」以外にいかなる職掌を有していたのかを探ってみたい。

文禄元年（天正二十年から改元）十二月、秀吉の在陣見舞いのために京から名護屋へ下向した近衛信尹は、海路を西に向かい、翌年正月十日に関戸に着岸した。その際、出迎えに来たと思しき田中と岡本の両人に対して、霙酒一樽をそれぞれ贈っている[19]。夜になって、信尹は「御公米、此所ニ不分僧俗之家被積置」との話を耳にした。関戸は、中国地方における替米の拠点にも定められており[20]、それらの管理・運用を行うことが関戸奉行の役割の一つであったと見られる。

また、この事例からは、文禄二年二月の「人留」政策の全面的展開以前、既に関戸奉行の両名は現地に駐在していたことがわかるが、それ以外の活動としてはどのようなものが挙げられるだろうか。この前後の関戸に関する史料の中に、次のようなものが見出せる。

【史料4[21]】

名こや《(名護屋)》へ御め《(召)》しのゑ《(江)》川酒弐荷并をんな大夫・つたうひやうへ《(津田右兵衛)》・いやし《(弥石)》与次郎・やはた《(八幡)》笛すけ《(助)》左衛門・もりき《(森喜)》太郎つかわされ候、つき《(次)》舟四たんほ《(端帆)》壱そう申つけ、さうくをくりとゝけ申へく候、ゆたん候ましく候、くハしくそつほういん《(帥法印)》より申へく候也、

文禄二

二月十二日　（黒印）

しものせき

舟奉行

これは、当時大坂城にいた北政所が名護屋まで芸能者らを派遣するにあたって関戸の「舟奉行」に宛てて出した次立黒印状である。他の日付で出された同様の次立黒印状では、「下之関役人」や「あかまがせきぶぎやう」と記

されており（後掲表10−1参照）、これらは同一の宛名を指すと見られる。その初例は、天正二十年十月まで遡ることができ、「人留」政策に先行する時期の関戸には「舟奉行」が存在したことを示している。

「舟奉行」と「人留」の関係を考えるにあたって、再び過所からその手がかりを探ろう。文禄二年六月、上杉氏重臣の泉沢久秀は、御師の蔵田亦五郎ら三名を帰国させるにあたって、「所々御船奉行中」に通行の便宜を頼む過所を発給している[22]。これは先述の直江兼続の例でいう「拙者手判」に相当し、本文中にも「相添申」とあるため、おそらくは政権側の奉行の発給した過所が存在し、それと併せて泉沢から出されたものと考えられる。ここで注意したいのは過所の宛名で、「舟奉行」（この場合は、帰国経路から考えるに対馬・壱岐の「舟奉行」か）が「人留」を行っていたことを示していよう。

先述した釜山の「舟奉行」が過所の発給を行っていた事実をも加味すると、同じく【史料2】を発給しえた関戸奉行は「舟奉行」とも類似した役割を有していたと考えることができる。時期の前後から考えて、特定の海上の要所に設定されていた「舟奉行」が、のちに全国的に「人留」が展開される際、その任をも担うようになったと見なすべきであろう。では、「舟奉行」とはいかなる職掌を有していたのだろうか。次節では朝鮮半島や日本の諸浦で活動していた「舟奉行」について論じていきたい。

二　「舟奉行」と次立制

（1）国内における次立制

これまで、「舟奉行」は国内の輸送・通信の問題と、朝鮮半島と名護屋を結ぶ間の兵粮・船舶確保の問題としてそれぞれ考察が深められてきた。まず、前者の次立制（次舟・次馬・次飛脚）の研究史をまとめたうえで、その成立過程と実態を明らかにしたい。

次立制は、豊臣政権の交通政策の代表例として、その意義が論じられてきた。かつて新城常三氏は、戦国期の交通政策から近世への展開を見通し、豊臣政権が朝鮮侵略時に海陸の宿駅や港湾を直接支配下において駅制(次立制)を運用したために水運が飛躍的に発達し、近世的水運の基礎が築かれたと説いた(23)。また、近年、本多博之氏は、豊臣政権の次立制は短期的なもので、開設時には従来の交通体系に依存していたことを指摘しつつ、大名領国内の交通網整備を促進し、近世の交通体系形成の一画期でもあったと評価している(24)。他方、近世史側からは、豊臣政権は主要街道や宿駅の直接掌握を十分に果たせておらず、近世的交通体系の確立は江戸前期の村民による宿立を待つ必要があるとする丸山雍成氏の見解が出されている(25)。

一見齟齬するかのように感じられる三者の見解だが、新城氏が豊臣政権を中世の終着点と見て、丸山氏がそれを近世の始発点と捉えているために異なった評価がなされ、それらを中世から近世への移行の問題として大名領から整合的に跡づけたのが本多氏であると考えることができる。それでもなお残される問題としては、通信・輸送制度だけでは交通政策の全体像を把握するのが困難な点である。三氏を含めた先行研究では、次立制や伝馬制を主な検討対象としており、交通統制に関しては、織豊政権による関所の撤廃や存続という観点しか示されていない。しかし、前節で明らかにした「人留」政策や関戸奉行をこの中に定置することで、当該期の交通政策をより構造的に、総体から評価しえよう。

では、次立制の成立過程を概観してみよう。新城氏や本多氏は触れていないが、壬辰戦争時の次立制を考えるにあたっては、その前史として、小田原攻めの際の人馬次立をも考慮に入れる必要がある。夙に相田二郎氏が論じたように、天正十八年五月から七月にかけて、京の聚楽第と小田原の秀吉陣所の間において、文書や荷物、人物(女性や芸能者、囚人など)を輸送するための次飛脚や町送が行われ、翌天正十九年の九戸の乱時にも、京の秀吉と奥羽の秀次らを繋ぐ次立が東海道筋の大名たちによって運用されていた(26)。

この次立がどのような裾野を有していたのかを考えるにあたっては、「百姓中」に宛てられた伊奈忠次（徳川氏家臣）の郷中定書に注目したい(27)。この定書は、小田原攻めの前哨戦で制圧した伊豆地方の諸村に対して、百姓還住と復興を目指して出されたものである(28)。前段で勧農策が示されるとともに、後段に「伝役」についての規定があり、そこには、「何事も伝役之儀、従家康被仰付候分ハ、我等手形次第御奉公可被申候、上様《（秀吉）》より之於御用等者、不及手形、不限夜中、御奉公可被申候者也」と書かれている。文意から、「伝役」は租税ではなく輸送に関わる夫役と見られ、大名領におけるこのような夫役負担が、次立を下支えしていたと考えられる。伝馬や宿送は、戦時だけでなく、平時にも政権からの命令で各大名に課された。大名やその妻子、および使者が上京するにあたっても伝馬が馳走され、それらは街道沿いの大名が負担したのである(29)。

壬辰戦争が始まり、名護屋への次立が登場したのは、天正二十年正月のことであった。まず、秀吉が毛利輝元と小早川隆景に対して、名護屋までの次飛脚と次舟を指示し、ついで翌月には秀次が同様の文書を発給しているが、その宛名には「長門赤間関ニて安芸宰相《（毛利輝元）》代官」や「筑前蘆屋にて羽柴筑前侍従《（小早川隆景）》代官」と記されていた(30)。よって、当初の次立は大名に委任する方式が想定されていたと考えられ(31)、関戸（赤間関）にも輝元の代官が置かれていたのである。

しかし、大政所の危篤に伴って秀吉がいったん帰京した際、秀次によって次のような掟書が出された。

【史料5】(32)

大坂よりなこや《（名護屋）》へ次舟

一、大坂よりハ　北政所殿　御印、
　　　　　　　　関白殿　御朱印、
一、なこやよりハ　大閤様　御朱印、
一、右浦々ニ一文遣之精銭百貫文宛被置候ハ、次舟ニ可被下ためニ候、但、奉行相紛悪銭被遣候ハヽ、御定之

ことく、何銭にても増を入可請取事、
一、次舟四たんほ《端帆》たるへく候、壱艘一里ニ付て、右之公用廿文宛、十里之分、合弐百文哉事、
一、御定之御朱印・御印めい〳〵請取置、次舟ニ公用遣之、追而算用可仕候、自然御朱印・御印無之族、次舟之儀雖申付、不可許容事、
右条々、若違乱輩忽可被処厳科者也、
天正廿年八月日　（朱印）
下のせき

同文の次舟掟は兵庫と宮島に、類似した文言を持つ次馬・次飛脚掟は兵庫・岡山・花岡・深江に出されている(33)。この掟により、京・大坂と名護屋を結ぶ次立が制度化されたのであるが、その特徴を二つ挙げたい。まず、次立制は豊臣政権が主体となって運用したことである。それまでの大名委任から転換し、政権が運賃を定め、その運用費も各宿駅・港湾に準備された。そして、そこには奉行（港湾の場合は「舟奉行」）が存在した。ついで、その輸送が有償であったことである。例えば丸山氏や深井甚三氏は、次立が有償であることを豊臣政権の限界や譲歩として捉えている(34)。それは近世の公儀御用が無償であることから、無償か否かを交通政策の質的変化のメルクマールとしているためであるが、その見解には従いがたい。

先の小田原攻めにおける次立に対して政権側が費用を設定した事実は確認できない。天正十八年時点の東海道沿いの諸国では、たとえ大名や村が何らかの補塡をしていたとしても、自らは出費をせずに次立を施行していた豊臣政権が、天正二十年時点の山陽道沿いの諸国においては有償でなければ通信・輸送を行いえなかったとは考えにくい。よって、この段階の次立制が有償であったのは、まず、迅速かつ的確な長距離通信・輸送を目的とした支払いであったことが理由に挙げられよう。この掟書が壬辰戦争の最初期にではなく、天正二十年八月段階に出されたのに、既に上方と名護屋を結ぶ通信・輸送は行われていたものの、確実性に問題があったとも推測される。また、本

多氏が述べているように、この掟書のいま一つの眼目が「精銭」基準の貨幣流通への誘導にあった点も重要である。それは、各宿駅・港湾に「銭定」の高札が立てられていたことにも象徴される。[35] 運賃設定による貨幣流通の意義は、次立制の円滑な運用から見ても大きなものであった。

かかる次立制の運用実態を見てみると、前節に挙げた【史料4】のような次立朱印・黒印が多く残されている。それを一覧にしたのが表10-1である。天正二十年十月から文禄二年七月までの間にその発給が確認でき、ほぼ秀吉の名護屋再着陣から再帰陣までの間に相当する。これらは、【史料5】の「北政所殿御印」「関白殿御朱印」「太閤様御朱印」に相当し、本多氏も指摘するように、秀吉が必要とする物や人を名護屋に運ぶことが主目的であったと考えられる。そして、それに携わったのは宿駅や港湾の奉行であった。

例えば、【史料4】では江川酒と能の役者が次舟によって運ばれているが、その際、大坂城で北政所を補佐する帥法印歓仲が添状を発給している。[36] それによると、次舟を行ったのは、尼崎の辻甚左衛門尉、兵庫の増田正重の下代、播磨室・備後（鞆か）・不明二港（瀬戸と上関か）・下関の「舟奉行」であった。辻甚左衛門は船を多数所有していた尼崎の商人と思われ、増田正重は長盛の兄にあたり、兵庫の代官を勤めていた。[37] 一方で、室・鞆・瀬戸・上関・下関の「舟奉行」には名前は記されておらず、少なくとも大坂城では彼らが設置されていることを前提としながらも、人名は把握できていなかったと推察される。

なお、文禄三年五月には、秀吉が朝鮮在陣諸将へ宛てた大量の朱印状を、名護屋の寺沢正成まで届けるよう、経路上に領国を有する宇喜多秀家・毛利輝元・小早川隆景に命じており、[38] その頃までには再度、次飛脚は大名に委ねられるようになったようである。

（2）名護屋と朝鮮半島を結ぶ「舟奉行」

壬辰戦争時には、名護屋―釜山間にも「舟奉行」と呼ばれる存在が確認できる。ここではその活動実態について

表 10–1　壬辰戦争時の次立朱印・黒印一覧

年月日	差出	宛名	輸送内容	輸送手段	出典
(天正 20) 10•28	秀次	兵庫舟奉行中	御道具	継舟	「古文書纂」7
(天正 20) 10•28	秀次	赤間関舟奉行中	御道具	次舟	「大阪城天守閣所蔵文書」
天正 20•12•12	北政所	あかまがせき／ぶぎやう	御服	次夫十人	「萩高校所蔵文書」
天正 20•12•14	北政所	あかまがせき／ぶぎやう	大事之御物	次夫三人	同上
(文禄元) 12•24	秀次	赤間関奉行中	御鷹鶴五	次夫	同上
(文禄元) 12•28	秀次	赤間関舟奉行中	鷹	次船	同上
(文禄 2) 1•7	秀次	赤尾／舟奉行中	御使吉田修理亮	継舟一艘	「続常陸遺文」10
(文禄 2) 1•7	秀次	冨田代官中	御使吉田修理亮・荷物二十荷	継夫	「桑原羊次郎収集文書」
文禄 2•1•19	北政所	あかまかせき／ふきやう	急ぎの御用（書状ヵ）	次飛脚一人	「長井家文書」
文禄 2•2•1	北政所	下之関役人	苧□千貫目	次舟三端帆二艘	同上
文禄 2•2•6	北政所	あかまかせき／奉行	大事之御道具並御小袖	人足一人	「萩高校所蔵文書」
文禄 2•2•6	北政所	こくら奉行	大事之御道具并御小袖	人足一人	「個人蔵文書」
文禄 2•2•11	北政所	あかまかせき／ふきやう	能小袖	次夫二人	「長井家文書」
文禄 2•2•12	北政所	あかまがせき／ぶぎやう	女能ちぼ大夫	伝馬一疋	同上
文禄 2•2•12	北政所	しものせき／舟奉行	江川酒二荷・女大夫四人	次舟四端帆一艘	同上
文禄 2•2•15	北政所	あかまがせき／ぶぎやう	御物の葛籠一つ	次夫一人	同上
文禄 2•2•22	秀次	(後筆)「両替／久兵衛」	能道具・荷物四十五荷	伝馬人足	「古文書纂」29
文禄 2•2•28	秀次	しはく船奉行中	医師三十五人并下々其外奉行	八端帆継舟二艘	「塩飽人名共有文書」
文禄 2•3•2	北政所	下の関／舟ぶぎやう	鉄炮薬	次夫四端帆一艘	「大玉新右衛門家蔵書」
文禄 2•3•4	秀次	塩飽舟奉行中	竹俣和泉上下二十人并荷物十荷	次舟	「塩飽人名共有文書」

文禄 2・3・4	秀次	おんとの瀬戸舟奉行中	竹俣和泉上下二十人并荷物十荷	次舟	「神田孝平氏所蔵文書」
文禄 2・3・5	秀吉	赤間関奉行	御茶壷	次夫拾人	「赤間関本陣伊藤家文書」
文禄 2・3・6	北政所	(後欠)	能道具入りの葛籠二つ	次夫一人	「長井家文書」
文禄 2・3・18	北政所	(後欠)	大閤様御鏡・御鏡台其外御道具	次舟一艘四端帆	同上
文禄 2・3・20	北政所	あかまがせき/ぶぎやう	御能の御道具	次夫一人	「萩高校所蔵文書」
文禄 2・4・2	秀吉	赤間関[　　]	(書状ヵ)	次飛脚一人	「長井家文書」
文禄 2・4・7	北政所	あかまがせき/[　]	道具葛籠二つ	次夫二人	同上
文禄 2・4・13	北政所	あかまかせき/ふきやう中	御物鷹包五つ	次夫二人	同上
文禄 2・6・2	北政所	あかまか関/奉行中	御物鷹包二つ	次夫一人	同上
文禄 2・6・13	北政所	あかまか関/奉行中	御急ぎの御物鷹包五つ	次夫二人	「古文書纂」35
文禄 2・6・22	北政所	あかまがせき/奉行中	鷹包	(次夫)一人	「長井家文書」
文禄 2・6・29	秀吉	あかまかせき/[　]	(書状ヵ)	次飛脚一人	「萩高校所蔵文書」
文禄 2・6・29	秀吉	ふか江	(書状ヵ)	次飛脚一人	「千葉文書」
文禄 2・7・4	秀吉	赤間関[　　]	(書状ヵ)	次飛脚一人	「萩高校所蔵文書」
(文禄 2) 7・19	秀吉	赤間関	(書状ヵ)	次飛脚一人	同上
文禄 2 [　　]	北政所	(後欠)	能道具鷹包二つ	次夫一人	「長井家文書」

考察し、国内の「舟奉行」との相違点を明らかにしたい。

天正二十年三月、秀吉の出陣を前に、九州・中国地方の諸大名を中心とする陣立書が公表される。その中で、名護屋「舟奉行」として石田三成・大谷吉継・岡本良勝・牧村利貞、壱岐「舟奉行」として一柳可遊・加藤茂勝（嘉明）・藤堂高虎、対馬「舟奉行」として服部一忠・九鬼嘉隆・脇坂安治、高麗（釜山）「舟奉行」として早川長政・毛利友重（高政）・同重政が任命された[39]。当初の彼らの職掌は、軍勢輸送船の廻送であった。四月には壱岐と対馬の「舟奉行」だった加藤・藤堂・九鬼・脇坂の四名が「警固舟」の担当に代わるが、その他の面々はそのまま任にあたったと思われる。例えば同月、高麗「舟奉行」の早川と毛利兄弟に宮木豊盛を加えた四名が対馬と釜山の間の廻船に従事していた事例や、翌五月にはそのうちの一人である毛利重政が釜山にあって、大名船団の船頭や水夫をも支配下に入れて廻船を行っていた事例が知られている。

天正二十年四月、石田・大谷・岡本・牧村の四名が寺沢正成に宛てて、壱岐から名護屋に向けて廻送された小吉秀勝の船（六端帆一艘）の請取状を出している[40]。ここから、四名が実際に名護屋「舟奉行」として廻船に従事しており、壱岐の担当には寺沢が加わったことが窺える。ただし、このうちの石田と大谷は、「朝鮮三奉行」として渡海することになり、六月六日には名護屋から出発する。そして、彼らと前後して、岡本と牧村も「十六人衆」として渡海した。その直後、名護屋に着陣したばかりの島津義久の家臣は、「此日、薩州方ゟ参候諸舟、皆舟奉行衆日記ニ付候而、長束大蔵《正家》・石川兵蔵《光吉》・今一人以上船奉行三人也」と記している[41]。これにより、石田らに代わって、長束ら三名が名護屋「舟奉行」に任じられたことがわかる。また、その職掌は、名護屋に出入する船舶を調査・記帳して把握することと、脱走船の糺明であった[42]。

同年七月には、早川と毛利重政が兵粮を差配しており、「舟奉行」は米の管理も行っていた[43]。さらに、十二月には、朝鮮半島において次立が行われており、釜山（早川・百々綱家・三輪五右衛門）と漢城（増田・石田・大谷）を結ぶ路次での人足や荷物の運送が命じられた[44]。それからしばらくの間の「舟奉行」の活動は不明であるが、文禄二年六月の講和交渉期に入ると、再び史料上にその姿が現れる。釜山には増田・早川・毛利重政、対馬厳原には宮木・山崎家盛、壱岐勝本には本多利久・小川祐忠・垣見一直が配備され、次舟によって情報伝達や輸送を速やかに行うよう命じられている。実際に、同月九日、朝鮮で没した長谷川秀一の重臣らは、病気になった長谷川家臣を名護屋まで送るよう、本多と小川に依頼している[45]。

文禄二年八月にも釜山「舟奉行」の三名が過所を発給していたことは既に述べた。一方、同じ頃の名護屋「舟奉行」は、長束に寺沢正成と木下吉隆を加えた三名であったと考えられ、やはり渡海大名への船舶の貸与を行っている。また、佐竹氏家臣の御代重秀や斎藤右馬助らが大島と名護屋間を移動した際、「舟路切手」が交付されており、名護屋帰還後、切手を政権に返却している[46]。この「舟路切手」は前節で見た過所に相当するものと思われ、おそらくはその発給にも名護屋「舟奉行」が携わっていたと考えられる。

慶長二年（一五九七）の再派兵においては、釜山・壱岐・対馬・名護屋の次舟は寺沢正成が一括して管理運用していた[47]。なお、同年七月の巨済島海戦勝利後には朝鮮在陣中の大名に対して、国内（大坂—名護屋間）に「早船・次舟・次馬」を敷いているため、明軍南下の報が届き次第、速やかに秀吉自身が渡海する旨が喧伝された。それに先立って大坂から明石・室・備前・中国（鞆・蒲刈・大畠・天神国府・関戸）・名護屋への注進用の早舟と次馬を敷いたが、中国については毛利輝元に設置を命令しており（備前は宇喜多秀家か）、この段階の情報伝達は多くを大名に委任していたようである[48]。

さて、ここまでに明らかにした「舟奉行」とその役割について総括しよう。国内では、天正二十年八月、京・大坂—名護屋間の次立制を開始するにあたって、港湾に「舟奉行」が設定された。職掌は、①次舟の円滑な運用と②支払手段としての精銭の流通であった。そして、その活動時期は、文禄二年七月を下限とする。なお、大名領における「舟奉行」の構成員は、北政所周辺の発給文書には明記されておらず、大坂城から派遣された人物ではなかった可能性が大きい。一方、名護屋—釜山間の「舟奉行」は天正二十年三月に定められ、戦況による人員や形態の変化を伴いながらも長期的に運用され、名護屋や釜山の「舟奉行」については、秀吉とともに彼らが帰京した文禄二年八月前後まで確認できる。その後は縮小され、寺沢正成らが管轄したのであろう。その職掌は、①廻送用の船の調達、②港湾に出入りする船の把握と逃亡者の監視、③過所の発給と確認、④兵粮米の差配であった。人名も逐次秀吉の軍令によって指示されており、政権直属の人物が任命されていた。

ここで、関戸奉行の職掌に立ち返ると、彼らも過所の発給と確認、および米穀の管理を行っていたことは確実である。そして、過所を点検して人数改めをしていたということは、関戸に入港する船の管轄も行っていたことを意味しており、そういった彼らが次舟に全く関与していなかったとは考えがたい。次舟朱印・黒印の残存状況から、関戸で実際の輸送・通信に従事していたのは、現地の有力者である伊藤氏らであったと思われるが、関戸奉行の両名はそれらを統括する役割を担っていたのではなかろうか。よって、関戸奉行は京—名護屋間の「舟奉行」と名護屋—釜山間の「舟奉行」の両者に類似した性格を兼ねており、関戸における人や物の往来を管轄し、過所制や次立制の運用に大きな影響力を持っていたと考えられる。

三　戦局の変遷と国内政策

（1）関戸奉行設置に至る経緯

関戸奉行の田中助右衛門と岡本二郎右衛門の両名はいつ頃に配置され、どのような経歴を持つのであろうか。ここでは、関戸の統括者の変遷を探りつつ、その疑問を解決したい。

文禄五年秋、日本に派遣された朝鮮使節の黄慎は、上方へ向かう途中で関戸を通過した。その際に彼が書き留めた話は、当時の関戸の重要性を言い表している。「到赤間関、一名下関、関在海路咽喉之地、各処往来之舡、必皆経由是処、形勢極阻险、民居亦稠盛、海畔両山相対、中為広野」[49]。すなわち、本州と九州の結節点である関戸は、地形が狭く険しいために、往来する船が必ず経由する港となっており、町場も発達していたのである。

そのような要衝の地であるため、当該地域の政治権力は古くから関戸を重視した。毛利氏もその例に漏れず、南部（鍋）城を築いて代官を在番させ、公用輸送や海上警固、および九州の情勢把握を行った[50]。代官としては堀立直正や高須元兼、井上元治らの名が知られ、天正十九年頃には粟屋平右衛門がその任に就いていたとされる。なお、粟屋は慶長二年段階でも関戸の代官であったと見られる。また、現地の有力者としては海商の佐甲氏や伊藤氏がおり、彼らが毛利氏の被官となって壬辰戦争時に次立制に組み込まれたことは、先に触れた通りである。

天正十五年の九州攻めでは、毛利氏家臣の蔵田就貞と井上元寿が「赤間関渡之船奉行」に任命されたといわれる[51]。秀吉も関戸の重要性を把握しており、自らの九州動座を睨んだ天正十四年四月には、毛利分国内の関の撤廃と関戸への蔵の設置を命令し、同十月の毛利氏出陣にあたっては先鋒の黒田孝高のほかに見廻として毛利友重・重政を関戸に派遣し、小西行長には兵粮一万石を同地に運ばせた[52]。さらに、翌年三月の九州動座後には、増田長盛と宮部宗治が「要害御留守」として関戸に留まり、本隊の後方支援や城の警固を行っており、その帰洛は九月初旬頃であった[53]。

壬辰戦争における秀吉の名護屋初下向時には、関門海峡での渡航船の確保は片桐直倫（且元）と宮木豊盛が担当していたようである[54]。関戸奉行が置かれたのは、先の九州攻めの増田らの例を参照すれば、本隊が通過した天正二十年四月以降と考えるのが自然である。同月晦日、名護屋に到着した山中長俊は田中と岡本の両名に対して、「其地御扶持方」を小倉まで船で送るように依頼しており、この時点での設置が認められる[55]。田中助右衛門は南部城に在城したと伝えられ、毛利氏側の代官や海商を指揮下に置いて任にあたったのであろう。

ただし、田中は秀吉直属の家臣ではなかった。文禄四年八月、秀吉が日根野弘就に新知を宛行った中に、「へきかい郡田中助右衛門分」の井内村ほかの六百石余が含まれている[56]。すなわち、彼は三河国碧海郡に所領を有していたのである。文禄四年七月時点では三河は秀次家臣らの所領で占められており、日根野への宛行いが「秀次事件」後の処置であることから明らかなように、田中は秀次の配下であった。

一方、岡本はどうか。彼については、極めて著名な次の史料に注目したい。

【史料6[57]】

急度申候、

一、従当　関白様、六十六ヶ国へ人掃之儀被仰出候之事、

付、中国御拝領分ニ、岡本次郎左衛門・小寺清六被成御下、広嶋御逗留之事、

（中略）

右之究於御延引者、彼御両人直ニ其地罷越、可致其究之由、一日も早々家数人数帳ニ御作候て可有御出候、於御緩者、其地下〳〵へ可為御入部之由候之間、為御届こま〳〵申達候、已上、

天正十九年

三月六日　安国寺（恵瓊）

佐世与三左衛門（元嘉）（花押）

桂左馬助殿

粟屋彦衛門尉殿

（押紙）「広家奉行」

第一条の付けたりに出てくる「岡本次郎左衛門」は、厳島に残された写し[58]では、「岡本二郎右衛門尉」と記されている。すなわち、岡本は関戸駐在以前に、「人掃」の奉行として広島に下されていたのである。

（2）「当関白様」の「人掃」

ここで、「人掃令」の研究史を簡潔にまとめておく。(59)「人掃」は相田二郎氏によって発見され、当初、天正十九年に秀吉が発令したものと考えられていた。その後、三鬼清一郎氏は、「人掃令」施行史料の残存状況と照らし合わせると、【史料6】の天正十九年という付年号は誤記と見られ、実際には天正二十年に秀次が発令したものであるとの説を提唱した。その後、天正二十年正月の秀次朱印状(60)（「五ヶ条置目」）を「人掃令」そのものであると位置づけた勝俣鎮夫氏は、天正十九年八月の秀吉朱印状(61)（「身分法令」）をも「人掃令」の初令かつ基本法であると考え、「国民」掌握のための国家政策と評価した。しかし、勝俣説に対しては久留島典子氏が反論を加え、「身分法令」は「人掃令」とは見なせず、それらは欠落禁止を主眼とした陣夫確保のための法令であったと結論づけた。これが今日の到達点といえよう。

ところが近年、三鬼氏以来の定説に疑問を投げかけたのが金子拓氏である。(62)氏は、三鬼氏の主張を再点検し、「人掃令」は天正十九年に秀吉によって発令されたものだと改めて主張している。それに対しては既に三鬼氏による反批判も出されているので、(63)本章では金子氏の立論の根幹にあたる【史料6】の解釈、すなわち、①付年号が本文と同筆である理由、②石田三成掟書との関係、③「当関白様」は誰か、という三点に絞って検証を行いたい。

まず、①については、差出の署判に着目することから始めよう。【史料6】には、佐世元嘉のみが花押を据えており、安国寺恵瓊の花押はない。しかし、付年号が存在しない厳島の写しには、安国寺にも「在判」と記されている。文面から、この命令を出した時に安国寺と佐世は広島にいたと考えられるが、【史料6】の作成時には安国寺が何らかの事情で花押を据えることができなかったのであろう。

ところで、【史料6】が天正二十年のものだとした場合、なぜ天正十九年という年号が付されたのかを説明する必要がある。その際、三鬼氏も取り上げた次の史料が参考になろう。

【史料7】(64)

高麗渡海留守□□(居之カ)條々

一、太閤様為高麗御取詰、可為被成御出馬旨、去年八月被為　仰出候刻、不移時刻隆□(景)・安国寺差上せ、浅弾(浅野長吉)・増右(増田長盛)・石治少(石田三成)令談合候□(而カ)、我国方角殊ニ数ヶ国之領知、依旧家□(兵カ)六万八千余馬五千七百騎、捧帳面、臨御先手□(乗カ)企候処、則時　御意応被為成　御朱印、茲国急具馳登、遂御礼候処、剰行平之御腰物包永御脇差・御馬拝領、会稽無隠事、

一、関白殿ヨリ拙城留守之間、為守力加番有御意、渡瀬左衛門佐(繁詮)被　仰付候之儀、猶以快然満足之事、

一、拾ヶ国為留守居、其方残置候儀、雖有勘酌(斟カ)是非之上、不背愚意満足之事、

一、太閤様名護屋御出張、其上御登城之刻、我国拾壱ヶ所之御宿并御海上津々浦々奉行□(者カ)万事御馳走、抽肝胆御意ニ可入、動堅可申渡事、

一、備中河辺ヨリ長州赤間関迄愚領御道中、公儀不背諸法度、奉行・代官等ニ堅可申付事、

(中略)

天正十九

正月十一日　輝元

佐世与三左衛門殿

この文書は、毛利輝元が朝鮮に出陣するにあたって、広島留守居の佐世に宛てた条目である。輝元が広島から出陣したのは天正二十年二月二十八日であり、この文書が発給されたのは天正二十年と考えるべきである。ここから、のちのある時点(安国寺の非在国時、もしくは死後)において、佐世元嘉に関係する壬辰戦争時の内政文書が天正十九年のものと見なされた(あるいは誤解された)可能性が導き出せる。とりわけ、「人掃」は文禄・慶長年間に入っても毛利領国で数度にわたって実情に合うように改変して再規定されていた[65]。このような大名領における法の受容と再活用の過程で、手本となる【史料6】が再度作成されたという想定は、付年号が同筆であることに対する一つ

の仮説となりえよう。

ついで、②に移る。金子氏は石田三成掟書[66]を挙げ、そこに記される「当村の百姓之内、さんぬる小田原御陣の後、ほうこう人・町人・しよく人ニ成、よそへまいり候ハヽ、めし返し候へと御はつとに候間」という文言の「御はつと」が天正十九年八月の秀吉朱印状（「身分法令」）の第一条にある「奉公人、侍・中間・小者・あらしこに至るまで、去七月奥州へ御出勢より以後、新儀ニ町人・百姓に成候者於有之ハ、其町中地下人として相改、一切をく（置く）へからす」を指すと考え、「小田原御陣」＝「去七月奥州へ御出勢」＝天正十八年七月と解釈する。また、【史料6】の三条目に見える「去年七月以来上衆人を可頼候由申候共、不可有許容事」も同一内容であり、「去年」は天正十八年を指すことをもって、【史料6】を天正二十年とする三鬼説への批判の有力な根拠とする。

　しかし、三成掟書は、百姓が奉公人・町人・職人になり、他の場所（主に町）に移住することを禁じている。一方で、「身分法令」は、奉公人が町人・百姓になり、町や村に隠れ住むことを禁じている。同じく身分と居住の変更を規制していても、その対象が異なる点には注意すべきである。

　百姓の奉公人成を禁止する法令はほかにもいくつか確認できるが、例えば天正十九年五月に、同じく秀吉家臣の吉田清右衛門が在地の有力者に提出させた起請文前書の中には、「如　御法度之、地下中の者奉公ニ出申ましき事」という箇条が確認できる[67]。かかる文言は、百姓の奉公人成が天正十九年八月の「身分法令」発令以前、既に「御法度」として禁止されていたことを示していよう。また、百姓の奉公人成自体は遅くとも天正十六年の段階で、個別法令の形で政権側が禁止しているため、三成掟書の当該箇所は、その規定が「御法度」として固定されたのが天正十八年の小田原攻めであったことを物語る[68]。よって、「御はつと」は「身分法令」そのものを指すわけではなく、金子氏の説は論拠を失う。他方、奉公人の町人・百姓成禁止は、天正十九年七月の「奥州へ御出勢」、すなわち九戸の乱鎮圧のための秀次出陣を起点としている。この両者が前提となって、天正二十年正月の秀次による欠落禁令（「五ヶ条目置目」）が出され、それを施行したのが「人掃」であったと考えるべきであろう。

③についでは、三鬼氏も指摘する通り、当時の記録でも秀次のことを「当関白」と表現することは一般によく見られた。また、大名たちも同様の呼称を秀次に対して使用しており、「当関白」を秀次とする認識は相当広範に及んでいたと考えるべきであろう[69]。そして何より、「当関白様」の命を受けて広島に下向してきた岡本二郎右衛門は田中助右衛門と同様、秀次の家臣であった。というのも、文禄三年正月、秀次領の尾張復興にあたって設定された海東郡堤築奉行の中に、「岡本次郎右衛門」の名前が確認できるからである[70]。

ほかにも、壬辰戦争にあたって、秀次の家臣が山陽道の要所に配置されたらしいことが断片的に窺える。【史料7】の二条目では、広島城の留守の加番として秀次から渡瀬繁詮が派遣される旨が記されている。実際に、三月になって秀吉からも渡瀬の派遣と在番が毛利側に伝えられている[71]。「人留」の広域的展開以前の天正二十年七月、秀吉の一時帰洛に際して、名護屋の留守を任された徳川家康と前田利家が過所を発給しているが、その宛名の「路次御奉行」は、渡瀬のような存在や、【史料7】の五条目に見える毛利氏の奉行・代官であったと想定できる[72]。また、赤穂に配備された「舟奉行」とされる八田友治も、秀次の家臣であった[73]。関戸に秀次配下の田中と「人掃」を終えた岡本が奉行として着任したのも、自然なことと見なせる。よって、【史料6】の「当関白様」は秀次を指すと考えるべきである。岡本らは、秀吉の帰京した文禄二年八月以後、京都か秀次領に帰還したのであろう。

（3）名護屋城の変遷

ここまでの考察で、岡本二郎右衛門が「人掃」と「人留」の双方に関与していたことが明らかになったが、両政策自体は関連性を有するのであろうか。大局的な視点から整理するために、いま一度時系列に沿って、両政策を政治過程の中に落とし込んでみよう。その際に注意したいのが、次立制や「人掃」・「人留」には秀次の関与が認められ、それ自体興味深い事柄ではあるものの、当時の政策の発信源はあくまでも秀吉の居所、名護屋城であったことである。

政権の拠点を〈首都〉という観点から捉える際、これまで名護屋は一時的な〈首都〉という面が強調されてきた。例えば横田冬彦氏が名護屋を「兵営として移動する首都」と表現するように、渡海のための臨時の駐屯地であり、いわば消滅することを運命づけられた〈首都〉と評価されてきたのである。[75]それゆえ、目まぐるしく変転する戦局や政局によって生じる、名護屋城の性格の変化についてはあまり顧慮されてこず、他の〈首都〉との連続性についても積極的な説明がなされてこなかったように思われる。

しかし、戦争が長期化の装いを見せた天正二十年末頃に名護屋が〈首都〉の「代替地」に昇格したとする宮武正登氏の見解や、書院造の御殿と茶室を有する名護屋城や大名の陣所に「首都性」を見出し、恒久的都市への発展の可能性を孕んでいたとする玉井哲雄氏の議論[76]を参考にするならば、臨時の〈首都〉という固定観念を取り払い、戦況によって惹き起こされた名護屋城の変質が、他の〈首都〉へいかに波及したのかという視角をも組み込んで〈首都〉論を展開する必要があろう。本書第六章で明らかにした通り、大名が恒常的に在京するようになるのは「秀次事件」以後の伏見を待たねばならず、京都での大名間の交際も限られた範囲に留まっていたはずで、名護屋は大規模な交流を可能にする初めての場であったと考えられる。

城郭史や建築史の見地からすると、名護屋の築城は大きく三期に分けられる。[77]第一期は、天正十九年十月に主に九州大名らが行った普請・作事で、五か月以内に石垣と天守・本丸などの主要殿舎が急造された。第二期は、天正二十年三月に九州大名が渡海し、代わりに着陣したその他の全国大名が着手したもので、本丸広間や二の丸、三の丸、門などの作事であった。第三期は同年七月、秀吉が一時帰京した際に、留守を預かった大名らが継続した作事で、山里丸や弾正丸がこの時に造られた。その後も拡張工事は継続されたが、中心部は十一月頃までには完成したものと思われる。

さて、右の経緯に戦局による秀吉の渡海計画の変遷を重ね合わせてみると、第三期はさらに文禄二年三月を境に二分することができる。本章で述べてきた国内政策との関連を含めて、四つの時期における名護屋城の役割をまとめると、次のようになる。

第一期（天正十九年十月〜天正二十年二月）には、名護屋城は秀吉の渡海に向けた最前線の兵站基地として築造が急がれた。国内では、在陣中の人夫欠落を懸念して秀次の「人掃令」（「五ヶ条置目」）が正月に出され、秀吉の出陣経路にあたる毛利領国では、道中の宿や浦に毛利氏の奉行が配置され、馳走態勢が整えられた。秀吉は次立の運用も毛利氏に命じており、国内の指令は聚楽第の秀次に、山陽道の海陸の輸送・交通は毛利・小早川両氏に委任されていた。

第二期（天正二十年三月〜六月）は、秀吉が名護屋に着陣し、具体的な渡海計画の実現段階にあった。名護屋城は秀吉の本陣であり、渡海に向けた朝鮮半島への玄関としての役割を有した。諸大名は石高を基準とした軍役を課され、先遣隊として九州大名らが渡海し、迅速な派兵のために釜山—名護屋間には「舟奉行」が設置された。国内では、毛利領国に「人掃」の奉行として岡本二郎右衛門らが派遣され、広島の在番には渡瀬繁詮が付けられた。四月、名護屋には秀吉以下全国の大名が着陣し、城の拡張工事が行われた。名護屋は地理的制約はありながらも、京都などとは異なり、秀吉を頂点とした求心構造をかなりの程度反映して構築・配置できる拠点であり、その威容が整えられた。商工業者が集って町場が急速に発展し、一時的な都市としても栄えたと考えられる。それに伴い、関戸にも岡本と田中が廻米のために駐留した。しかし、六月二日、家康らの制止もあって秀吉の渡海は延期され、代わりに「朝鮮三奉行」が派遣されることになった（本書第九章参照）。

第三期前半（天正二十年七月〜文禄二年二月）は、秀吉の長期滞陣も視野に入れた〈首都〉の「代替地」としての役割へ重心が移る時期と考えられる。七月末に秀吉が一時名護屋を離れ、留守居の諸将によって山里丸などの遊興空間が造られた。帰京した秀吉は、八月に上方における「隠居所」として伏見屋敷の建造を命じた。その一方で、秀次に次立掟書を発布させ、山陽道の宿駅・港湾に奉行を置き、次立を制度化した。翌月には伏見屋敷普請をいったん中断し、十一月に秀吉は名護屋に再着陣する。すると、翌文禄二年正月には能に傾倒し始め、大名らを伴って茶湯や遊山、花見も楽しんだ[78]。

同じ頃、三月の「高麗御渡海」を目指し、秀次により「人掃」が再令される[79]。この時の「人掃」は欠落者の調査と陣夫や奉公人の呼び戻しに主眼があった。二月には「人留」を全面的に展開し、西国を中心に往来の監視態勢が強化されており、これも名護屋や朝鮮半島からの欠落への広域的対策といえる。ゆえに、町場や在地において欠落者の炙り出しを行う「人掃」再令と、主要な港湾や宿駅において欠落者の逃亡を阻止する「人留」政策は、連動して行われることによって効果を発揮したと見なせよう。

第三期後半（文禄二年三月～八月）は、秀吉の渡海がほぼ実現不可能となった時期である。文禄二年二月に渡海の再延期が決定され、代理として浅野長吉や黒田孝高らが派遣された。そして、華々しい戦果の代わりに、茶湯や能などの盛大な遊興行事が前面に押し出された。四月には本丸で金春能が催され、六月には瓜畠遊山で大名らが仮装を行った。また、大名陣所は秀吉の御成を想定した格式を有し、数寄屋や能舞台を備えていた[80]。五月には既に秀吉周辺に淀殿の懐妊が伝えられ、明使到来に先立っては、講和の気運を高めるために在陣諸大名から誓紙が提出された[81]。このように、今日我々が思い浮かべる名護屋城の文化的イメージが醸成されるとともに、のちの伏見の〈首都〉性を構成する政治文化の諸要素が生み出され、共有された[82]。八月には名護屋に男児（のちの秀頼）出生の報が届き、秀吉は二の丸で四座による能を催してから、即座に帰路に着く。翌月には指月伏見城の第二期工事が開始され、新たな〈首都〉伏見を中心とする秩序形成へと結実するのである。

おわりに

本章で見てきた国内政策の一義的な目的を総括すると、次立制は上方と秀吉との連絡・輸送線の構築、「人留」

は陣所からの欠落者の監視、「人掃」は欠落者の摘発と陣夫や奉公人の召還にあった。これらの政策は時事的な色合いが濃く、最初から恒常的・画一的な体制の構築を目指し、達成しえたわけではないため、近世の宿駅制や関所、戸籍制度に直接繋がるものとは見なせない。一方で、前代以来の地域交通や貨幣流通、身分制の実態を背景にしつつも、それらを促進させ、統合していく性格を有していた。ゆえにその固有の意義は軽視できない。例えば、国戦時体制下の大量輸送は、海運の構造的転換をもたらす直接的契機であり、「人掃」は夫役の村請の量を定め、国家の「役」体系構築を志向したものと評価されている。[83] では、「人留」の意義はいかに捉えるべきであろうか。

戦国期には、地域の領主が関所の設置権を掌握し、課役や駄別などの礼銭を徴収しており、通行するには各地の有力者の支援を仰ぐ必要があった。[84] そして、戦国大名は、陸上では伝馬手形、海上では浦伝手形を用いて、領国内外で伝馬や船による輸送を行っていたが、それはあくまでも同盟関係にある大名間に限られていた。[85] 両者の関係が悪化し、戦時になると交通は制限された。

豊臣政権は畿内・近国の関銭徴収を禁止し、運輸業務を保証することで在地の有力者を「役」の体系下に編成する。また、天下一統の過程で、大名領国内の交通網を列島規模の交通体系に接続した。すなわち、大名領国を巻き込んで展開された「人留」政策は、番所の機能を関銭の徴収から通行改めに純化したことの象徴といえよう。そして、それは、敵対勢力への物資や情報の漏洩を防ごうとした戦国期の段階から、支配下にある人々の無許可の移動や欠落を規制する段階、いわば、外向きの通行改めから内向きの通行改めへの転換でもあった。[86]

また、本章で述べ来った内容からは、豊臣政権の政策や法令の特質を考えるうえで留意すべき点が二つ導ける。

一つは、その形成過程である。壬辰戦争時の政策や事象――兵粮輸送や太閤検地、〈首都〉の様相など――は、文禄期の諸段階において順次変貌を遂げていった。次立も大名委任から直接掌握へと当初とは異なる形で運営され、「人掃」も単独の発令から「人留」との複合という、より有効な手立てへと変更された。そして、大名在京が全国規模で達成されるのは伏見城以降であり、その端緒は名護屋城において見出された。政権の政策や法令は、一度発せられただけで全てを抜本的に改変するわけではなく、再令や細則、制裁の反芻を経て社会に浸透していく。しかも、そのたびごとに政策自体が、折々の政治状況や社会状況に左右されて、微妙に色合いを変化させていった。したがって、それらを「革命」や「国家構想の体現」として手放しに評価することはできない。

いま一つは、その受容のあり方である。右のようにして政権の内部において生み出された政策が、法令や個別裁定、口頭伝達によって領主や在地に伝えられる。その過程で、さらに二つの次元においても取捨選択が行われた。

第一は、領主（大名や公家・寺社）において。領主層は、政権の法令を自らの領知に施行しながら、より地域に即した統治の方法を模索した。「人掃」という言葉が政権の命令を毛利氏側で受けとめた際の表現であったことや、次立制が毛利領国で活用された事実を想起されたい。[87]

第二は、在地において。政策を施行するにあたっては、領主の奉行・給人・代官らと在地側の駆け引きの中で、また、村落内部の力関係のもとで、着地点が探られた。[88]「人留」において欠落者が関所をすり抜け、「人掃」においても村ぐるみの夫役忌避が認められるように、法令・政策の掻い潜りや読み替えが多々発生していたはずである。このように、政権の諸政策が地域社会の論理によって捉え返されていく過程で、近世における諸制度の基層が固められた。

豊臣政権の政策や法令が、かかる三つの局面（政権内部、領主権力、および在地社会）において歪められているにもかかわらず、近世社会に影響を及ぼす質的転換が見出せるのであれば、我々はその柔構造性にこそ、政策の（ひいては政権の）本質を見出さねばなるまい。

第十一章　豊臣政権の「喧嘩停止」と畿内・近国社会

はじめに

一九八五年に出版された藤木久志氏の『豊臣平和令と戦国社会』は、勝俣鎮夫氏の『戦国時代論』とともに、現在に及ぶ中近世移行期研究の盛行を生み出した核であった[1]。その中で藤木氏は、大名に対する「惣無事令」、村落に対する「喧嘩停止令」、百姓に対する「刀狩令」、海に対する「海賊停止令」という四つの法令を体系化した「豊臣平和令」論を展開した。自力救済の慣行に厳しい抑制を求める傾向を有したそれらの法令を、豊臣政権の全国統合を貫く基調であったと捉え、中世社会の希求に基づいた、自力の惨禍からの解放と評価したのである。さらに氏は、その所論を起点として移行期村落論を構築、村の自力や習俗などを掘り起こすことに成功し、豊かな成果を生み出した。

しかし、「豊臣平和令」のうちの「惣無事令」については、近年多くの批判が寄せられている[2]。それらの研究は、具体的な政治過程や地域情勢を重視することで「惣無事令」を否定ないし相対化し、より正確な歴史的文脈や政治・社会秩序の中に位置づけ直すものであった。ともすれば、法令の存否という部分に目が奪われがちになるが、藤木説とその批判から見出すべきは豊臣政権の本質そのものであると筆者は考える。

かつての豊臣政権像は、「革命」や「集権」といった印象が先行し、その成立当初から強固な一貫性を有したものとして描かれることが多かった。藤木氏の議論は一九六〇年代以降の幕藩制成立史研究、とりわけ兵農分離論への批判を意図しながらも、「豊臣平和令」を新たな基軸に据え直して、〈平和〉の実現を遂行した権力として豊臣政権を捉えており、実はそれらと同様の問題を抱えているといえよう。一方で「惣無事令」批判は、関係文書の年次比定を手がかりに「惣無事令」の広域的・持続的性格を疑問視し、地域秩序や政治情勢に応じて多様な方法をもって統一事業が進められたことを明らかにした。すなわち、近世社会の形成を、初発の意図が一貫して追求されたものとしてではなく、統一過程における変転や葛藤をも含めた帰結として捉える必要があることを示唆したのである。ただし、一連の「惣無事令」批判はこのような問題点を炙り出すことには成功したが、政権像の転回にまでは踏み込めていない。

「惣無事令」以外の多くの法令や政策を見渡してみると、実はそれらも同様の性質を有していることに気づかされる（本書第十章参照）。加えて、時間軸における一貫性だけでなく、権力から社会への貫徹性についても疑問が付きまとう[3]。ゆえに、本章では、政権の法令や政策がどのように形成され、いかに社会に浸透したのかに留意しながら、その特徴たる柔軟さを明らかにすべく、「喧嘩停止令」を素材に取り上げたい。「惣無事令」は「豊臣平和令」論の出発点であり、議論の骨格ともいうべき存在であるが、その後の藤木氏の研究における力点の置き方からすれば、「喧嘩停止令」こそがその枢要であったことは衆目の一致するところであろう。にもかかわらず、「喧嘩停止令」に正面から切り込んだ論考は極めて少ない。

藤木氏が上掲書で挙げた「喧嘩停止令」の発動事例は、次の四つからなる。①天正十五年（一五八七）の河内国観心寺と七郷の山論、②天正十六・七年の播磨国坂越村と相生村の山論、③天正十七年の近江国中野村と青名・八日市村の水論、④天正二十年の摂津国鳴尾村と瓦林村の水論である。とりわけ④は、酒井紀美氏によって近世農民像確立の象徴として取り上げられ、藤木氏の著書にあっても「喧嘩停止令」を説明する際に、冒頭に掲げられた事例である。[4]藤木氏は④の事例を下敷きにして、これらの相論の処理過程を概括した結果、村落間の山野水論における百姓の武力行使を規制する法令が存在したと見て、それを「喧嘩停止令」と名付けたのである。

「喧嘩停止令」論への反応は、賛否いずれにせよ、そのほとんどが理論面からの言及に留まっており、実証成果を伴う批判としては、三鬼清一郎氏の論考が挙げられるのみである。[5]氏は、施行例しか知られていない現状において、制定法としての「喧嘩停止令」の存在を前提とする藤木氏の見解に疑義を呈し、多様な在地秩序の変容過程を追うべきだとの見方を示したが、定説の位置を占めるには至っていない。その理由としては次の二つが考えられるだろう。一つに、三鬼氏は藤木氏の挙げた事例自体を考察の対象とはしなかったこと、いま一つに、三鬼氏が考察を行ったのは主に伊勢国有滝・村松水論であり、その後に他の事例を含めた検討を行っていないため、議論を深められなかったことである。

三鬼氏の警鐘は軽視すべきでないが、それに加えて本章では、藤木氏の「喧嘩停止令」論において、④の事例の事実認識が基本的に酒井氏の考察に依拠していることや、事例間の類似点と相違点の検討がなされていないことにも着目したい。とりわけ、「天下悉」という文言が表れるのは④だけであり、他の事例とは区別する必要があろう。また、「喧嘩停止令」発見後の藤木氏の関心は村落における紛争解決の作法・習俗に向かった。その成果は重要だが、本来の趣旨からすれば、村落の武力行使に対する権力側の対応の意味合いや背景をも視野に入れることで、初めて「喧嘩停止」の総合的把握が可能になるはずである。

ここから、本章の課題が浮かび上がる。すなわち、「惣無事令」をめぐる研究状況を踏まえながら、A酒井氏が考察を行い、藤木氏が「喧嘩停止令」の代表例として位置づけた鳴尾・瓦林水論を再検討し、従来とは異なる観点から捉え直すこと、B地域や時期の近接する事例を取り上げ、相論の発生と裁定、および処罰時の政治・社会状況を探ること、C事例間の異同に留意して「喧嘩停止」の特質に迫ること、D領主側の対応に着目して「喧嘩停止」の歴史的意義を解明すること、の四点である。これらの検討は、豊臣政権像自体の再構築にも繋がるだろう。

一　「天下悉ケンクワ御停止」の実相

（1）鳴尾・瓦林水論の再検討

武庫川が瀬戸内海にそそぐ河口部の右岸に、近世には北から瓦林と鳴尾の両村が並んでいた。本節で俎上に載せるのは、この両村の間に起きた水論である。この相論が著名な理由は、先に述べたように、酒井氏によって中世社会から近世社会への転換を見出せる好例として取り上げられ、藤木氏によって「喧嘩停止令」発動の代表例として意義付けられたところにある。まずは両氏によって復元された事件の経緯をまとめてみよう。

天正二十年（一五九二）の夏に、摂津国で水論が発生した。当事者の一方は日野家領・佐々長成知行地である鳴尾村で、もう一方は石川光重の知行する瓦林村であった。両村は、境にある枝川の北郷樋をめぐり、周囲の村々を巻き込んで大規模な武力衝突を起こした。問題解決には日野輝資・吉田兼見といった公家や相国寺の有節瑞保らが尽力したが、秀吉は両村の在所衆および年寄を京都に召喚し、投獄した。十月に入り、「喧嘩停止令」に違反したかどで、片桐且元と増田長盛によって関係者八十名余りが磔刑に処せられた。水論の理非は刑事処分とは別個に扱われ、のちに検使が派遣されて鳴尾村勝訴と定まった。

しかし、かかる両氏の説明には基礎的な事実認識において混乱が認められ、「喧嘩停止令」に論及するためには、その見直しから始める必要がある。酒井氏は次の史料を挙げ、一連の水論とその処理を示すものと理解した。その解釈について、酒井・藤木両氏の説を、それ以外の先行研究(6)との比較を交えながら検討していこう。

【史料1】(7)（天正二十年十月の記事）

廿三日、（中略）

一、摂州ノ百姓共去夏水事喧嘩ノ衆八十三人ハタ（機）物ニ被上了ト、天下悉ケンクワ（喧嘩）御停止ノ処曲事ノ故也ト

云々、十三才ノ童部父ノ命ニ代テハタ物ニ上了ト、哀事、抑孝行ノ儀也、末世不相応々々々、

【史料2】[8]（文禄二年（一五九三）正月の紙背文書）

覚

一、つ（津）の国なるを（鳴尾）之内五郎左衛門ハ、在所の年より（寄）ゆへ罷出候て、双方のあつかい（曖）を仕候、先度在所衆被召上、被成御紀明、連判を仕候時も、五郎左衛門ハ不罷上候、雖然此度在所の年よりにて御座候間、是非ニ可罷上由候て罷上候処、惣在所並ニ籠者仕候事、

以上

【史料3】[9]（天正二十年六月の記事）

十五、（中略）、日野殿内兵庫酒肴持来、新丞来也、蓋吉田方仁訴之一件也、（後略）

十六、（中略）、往吉田宅、訴日野殿津国知行之事、立談了、（後略）

【史料4】[10]（天正二十年九月の記事）

廿一日、於吉田宅、日野殿与百姓批判在之、（後略）

廿七、（中略）就摂州衆数人籠者、赴徳永（寿昌）宅対談、喫夕飡、同宿輿兒用晩炊、秉燭帰矣、

【史料5】[11]

貴殿御知行摂州鳴尾村用水之儀付、前々如有来被仰付尤存候、自然又河原林なとゝ口論不仕候様ニ可有御申付候、石伊州（石川光重）へも其通申遣候、可被成其意候、恐々謹言、

民部卿法印

卯月十八日　玄以（花押）

佐々孫十郎殿

人々御中

【史料6】[12]

摂州武庫郡鳴尾村、北郷と申井水之儀ニ付而、河原林と申分之事、今度検使を遣、双方令対談、絵図仕来候上にて遂糺明候処、当郷申分無紛候間、如有来、鳴尾村用水仕可申候、自今以後不可有申事者也、

長束大蔵

八月廿五日　正家（花押）

増田右衛門尉

長盛（花押）

徳善院

玄以（花押）

鳴尾村

百姓中

まずは、人物比定について。酒井氏は【史料5】の宛名を「佐々孫七」とし、これを『寛政重修諸家譜』巻四四三に見える佐々喜三郎長成に比定する。また、酒井氏の所説を引いた藤木氏は「佐々又七」とする。しかし、文書を実見したところ、これは「孫十郎」と読むべきだと判断される。また、当該期の他の史料にも「佐々孫十郎」は確認できるが、「佐々孫七」は見出せない。なお、孫十郎は佐々成政の息子、もしくは甥と見られる人物で、実名は「成治」であったとされる。[13]さらに、酒井氏は【史料3】の「吉田」を吉田兼見のことと捉えているようである。しかし、他の箇所では「吉田修理」と記されており、豊臣秀次の家臣である吉田勝治（好寛）に比定できる。[14]

ついで、知行関係について。酒井氏は、「日野家の知行する摂津国鳴尾」、「当時鳴尾村を知行していた佐々孫七」とし、石川光重が「河原林を（中略）知行していたのではないだろうか」と記述している。藤木氏は「日野家領（佐々又七知行）の摂津国武庫郡鳴尾村」としている。前者は鳴尾村を相給、後者は本来日野家領だった鳴尾村を佐々

が知行していたと考えているようである。先の人物比定をも考え合わせれば、両氏は鳴尾を知行する日野・佐々と、瓦林を知行する吉田・石川という構図で捉えていたのではないだろうか。

しかし、先に掲げた史料による限り、知行関係が確定できるのは、【史料5】に見える佐々の鳴尾村だけである。[15]日野輝資の知行はあくまでも「津国知行」としか書かれていない。酒井氏は【史料2】の存在から、この「津国知行」が鳴尾村であると推測しているが、紙背文書という性格上、「日渉記」の記主である有節瑞保の受け取った覚書と思われ、日野家領と直接結びつけられる要素は見当たらない。しかも、この「津国知行」に関する公事は、【史料3】が示すように日野輝資と百姓との間に発生したものであり、村落間相論ではない。

では、この「津国知行」とはどこを指すのであろうか。中世の公家領を考察した菅原正子氏の研究を参照すると、戦国期から慶長期にかけての摂津の日野家領として知られているのは大塚荘と磯島村のみであり、鳴尾・瓦林両村ともに同家領であったとは考えにくい。[16]また、【史料3】に見える吉田勝治は高槻城代であったと考えられ、周辺地域の代官支配を行っていたことが確認できる。[17]そして、大塚と磯島は、高槻城から南へ三キロほど下った淀川流域に存在していた。吉田が本件に関与していることからも、「津国知行」とは大塚荘周辺を指すものであり、【史料3】は鳴尾・瓦林水論とは関係ない別の案件を指すものと考えるのが妥当である。

なお、瓦林村については、織田期まで等持院の散在所領のあったことが確認できるが、文明期（一四八〇頃）には既に「不知行」とされるなど、その支配は安定していなかった。[18]また、江戸時代に入ると石川光重の子孫が知行していたとされるも、それは慶長十五年（一六一〇）からのことで、それまでは幕領であったとされる。[19]ただし、【史料5】の内容から、この時には当地の給人もしくは代官であったと見て大過ないであろう。

また、【史料1】には村名の記載はなく、「摂州ノ百姓共」とあるのみである。【史料2】や在地の言い伝えなどより推して、その中に鳴尾村と瓦林村を含むと見てよいが、処罰者数の多さからも、同水論のみに関わるものとは限らない。[20]

「津国知行」は秀次配下の吉田勝治が処理をしていたことが判明したが、その他の案件に対処した主体は誰だったのであろうか。【史料4】の「徳永」は、徳永石見守寿昌のことを指すが、彼も秀次の家臣であり、「ならびなき出頭人」と称される人物であった。[21] ここでの「籠者」は【史料2】との内容の類似から、鳴尾・瓦林水論に関係する可能性が高い。よって、「津国知行」の公事も「摂州衆数人籠者」の問題も秀次家臣が対処したのであった。また、藤木氏は、鳴尾・瓦林水論の処理を命令したのは秀吉であり、詮議と処罰を秀吉配下の片桐且元と増田長盛が行ったとしている。[22] しかし、秀吉や片桐・増田は当時、名護屋や朝鮮に在陣しており、上方には不在であった。彼らの代官が処罰を行ったとも考えられるが、畿内に留まっていた政権の人物によって処理されたと見る方が無難である。

さらに、【史料5・6】の年次比定について検討してみよう。酒井氏は『西宮市史』の年次比定を訂正し、【史料5】を文禄二年(一五九三)、【史料6】を慶長元年以降に発給されたものと考えた。藤木氏も酒井説に準拠している。玄以の通称が「民部卿法印」から「徳善院」に変化することに着目して後者の年次を改めた酒井説は重要であるが、両通の年次比定には不正確さが残る。

まず、【史料5】については、文禄二年四月に発給されたものだとすれば、玄以の居所が問題となる。玄以は、文禄二年正月に名護屋へ下向し、上方へ戻ったのは同年の八月のことであった。[23] 佐々の居所は必ずしも明らかではないが、この史料の発見者である奥浦義一氏が推測しているように、名護屋に在陣していたと思われる。この段階ではいつ帰陣できるのかは不明であり、受発給者が名護屋にいるにもかかわらず、国元の用水相論の処理を行うよう命じる文書を発給した可能性は低い。

本文書の発給年は、上限は天正十七年であろう。佐々孫十郎が秀吉に属したのが佐々成政死後と思われるためである。下限は、奥浦氏も指摘する通り、西方寺過去帳に佐々の没した年月日が文禄三年五月二十四日と記されていることから、文禄三年となる。そのうち、天正二十年と文禄二年には佐々は名護屋に在陣していたと見られることから、在地への申し渡しを含む【史料5】がその期間中に出されたとは考えにくい。よって、ひとまず天正十七年から十九年の間か、文禄三年のものと考えることができる。玄以が単独で処理をしており、文面からは秀吉の命令も想定できないことから、秀吉や他の奉行が畿内に不在であり、かつ玄以が在京している天正十八年が状況としては適合的とも考えられるが、なお決め手を欠く。

【史料6】については、長束正家の花押に注目したい。長束がこの文書に見られるN5a型を使用していたのは慶長二年四月から最大限見積もって慶長三年七月までの間である（本書第一章参照）。よって、発給年は慶長二年と確定できる。すると、ここで問題となるのが、天正二十年に起きたとされる「喧嘩」との関連性である。通説では、【史料5・6】ともに武力行使を伴った天正二十年の水論に関係するものとして捉えられてきた。しかし、【史料5】はそれ以前に発給された可能性がある。文中には「自然又」「口論不仕候様ニ」と記されるのみであり、「喧嘩」や刃傷があったとは書かれていない。もし【史料5】が天正二十年からさほど時を経ていない頃に出されたものであれば、あれほどの処罰を行ったにもかかわらず、それに触れていないのは不自然である。また、【史料2】には「先度在所衆被召上、被成御紀明、連判を仕候時」とあり、「此度」「籠者」になる前に、「在所衆」が召喚されて糺明を受け、連判（おそらく誓紙か請文）を提出したと記されている。糺明の過程で「喧嘩」行為が明るみになった可能性も想定しうるが、「喧嘩」の前段階に既に諍いがあったと考えるのが妥当であろう。そして、【史料6】に至っては、天正二十年の水論の発生から五年が経過しており、その裁定と見るのは不可能であろう[24]。

そもそも、山野河海の相論が一度生起した場合、長期間にわたる断続的な紛争の発生を伴う事例は、多々見受けられる。武庫川流域に限ってみても相論が多発しており、鳴尾・瓦林村の対岸にあたる守部村や大嶋村、浜田村では、豊臣政権期に数度の紛争が発生している（本書第三章参照）。よって、鳴尾・瓦林水論も数度にわたって争われたと考えるべきであろう。【史料5】を「喧嘩」発生以前の発給と仮定するならば、相論は少なくとも三段階に区分しうる。すなわち第一段階は、「口論」が発生し、糺明の上、在所衆が請文を提出していったん収束する（【史料

2・5】)。ついで、「喧嘩」が発生し、在所衆は「籠者」となり、「ハタ物」の処罰が下される第二段階(【史料1・2・4】)。最後に、「申分」により、検使が遣わされて糺明が行われ、鳴尾村の勝訴が決まった第三段階(【史料6】)である。時期は第一段階が天正十七〜十九年、第二段階が天正二十年、第三段階が慶長二年との推測が可能である。

如上の検討をまとめると、これまで一連の水論とその処理を示すものと考えられてきた史料は、次の五つに整理することができる。①【史料1】に示される、摂津の百姓らが大量に処刑された一件。②【史料3】に示される、吉田勝治が担当した日野輝資と百姓との公事。なお、この日野家領を大塚荘と考えた場合、その他の史料から、相論の内容も推測しうる。[25] 大塚荘では、天正十六年に、葭原の公用役をめぐって日野家側と武家側で紛争が起きていた。また、文禄三年十月には長束直吉によって検地が行われ、翌年三月には日野家による葭島の当知行が認められている。同様の葭をめぐる問題が領主・領民間で発生していたと想定するのは、相論の発生が年貢収納の時期とは一致しないことをも含め合わせると、困難ではなかろう。

また、③【史料2・4】が示すのは、徳永寿昌が担当した、摂津の数名(鳴尾村五郎左衛門を含む)が「籠者」となった一件。④【史料5】に見えるのは、鳴尾・瓦林村の「口論」で、担当は秀吉の奉行である玄以。これは【史料2】の「先度」にあたる可能性がある。⑤【史料6】が示すのは、鳴尾・瓦林村の「申分」が秀吉の奉行である玄以・増田・長束によって裁定された件である。

これらのうち、①と③は摂津の百姓らが捕縛・処断されたという点において共通し、関連するものである可能性が高いが、①の処罰者や③の「籠者」の全てが鳴尾・瓦林水論の関係者であるかどうかは不明である。ただし、少なくとも②は他の相論とは全くの別件と考えるべきであり、③〜⑤にしても、これまでは同時期のものと考えられてきたが、数度にわたって問題化した可能性が高い。

そしてこれらの相論解決のうち、②と③は担当者から明らかな通り、秀次周辺が関与していた。また、①についても、秀吉が名護屋への再出発時に指示していたとしても、実際に処理したのは畿内に残された人物であった。次項では、この視点から「天下悉ケンクワ御停止」を見直してみたい。

（2）壬辰戦争時の政治状況

右の検討からは、壬辰戦争時の相論解決に秀次周辺の関与のあったことが浮かび上がった。しかし、現状の秀次研究の到達点ともいうべき藤田恒春氏の研究[26]にあっても、留守を託された秀次が「一般民政などに関わるべくもないのは当然である」と評価されている。よって、この点について掘り下げ、壬辰戦争期、とりわけ秀吉が名護屋に在陣していた期間の秀次の政治動向を解明することで、先の相論処理を複眼的に捉え直す必要があろう。本来、畿内・近国における紛争は、その地の領主や代官によって処理され、それでも解決できない場合は中央の秀吉や奉行（増田長盛ら）に訴えられた（本書第三章参照）。では、その多くが秀吉の馬廻などで構成される畿内の領主や代官が、政権中枢とともに長期間不在であった当該期には、どのような対処がなされたのだろうか。

天正十九年五月、奈良で金商人に関する事件が発生した[27]。彼らは政権の詮議を受け、いったん騒動は収まったかに見えたが、翌年四月に問題が再燃し、九月には金商人と結託して過分の利子を得ていた代官の井上高清を奈良惣中が政権に提訴するに至った。秀吉はこの一件の処理を秀次に委ねてから十月一日、名護屋へ下っている[28]。秀次は、両替衆や蔵方を含めた奈良の町人と金商人の双方を京都に召喚し、牢屋に入れた。先の【史料1】において、筆者の多聞院英俊が水論の果てに「喧嘩」に及んだ百姓の末路を書き留めたのは、時を同じくして同様に投獄され、吟味を受けていた奈良の町衆と重ね合わせ、その行く末を案じたためではなかっただろうか。結局、玄以によって帳簿の点検を伴う詮索が行われた後、奈良中からの保釈金提出により町衆は解放され、金商人は没落した。この事件の推移からは、重要な論点が二つ見出せる。第一は、秀吉の名護屋在陣中、畿内の主要都市で発生した問題の解決は、秀吉から秀次に委任されたこと。そして第二に、秀次側はそれらの問題に対して、所司代の玄以と協同して厳格な吟味と対処を行ったということである。むろん、これらの動向は都市に限定されるものではなかった。

天正二十年六月、摂津国安威村と五社野衆（太田村・宮田村・赤大路村など）の間に井水相論が発生した[29]。五社野衆によると安威村が井手を塞いだことが発端だとされる。安威村は秀吉の蔵入地で、五社野は秀次の蔵入地であったため、五社野の百姓が上京して、玄以と吉田勝治に訴えた。検使が現地に下され、惣持寺で対決が行われた結果、先例通り五社野へ水を下すよう裁定がなされた。このように、畿内・近国では、太閤蔵入地と関白蔵入地の混在により、双方が共同で訴訟に対応する必要が多く生じていたと思われる。

同じく摂津国のおふち村と下おふち村との水論を処理したのは、所司代の玄以と、秀次の宿老である山内一豊・堀尾吉晴・中村一氏の四名であり、その文中には「関白様《（秀次）》為　御諚申入候、去夏津国おふち村・下おふち村井水之儀ニ申事仕候、子細可被成御尋候間、早々百姓共召具候て可被上候、従　大閤様《（秀吉）》も被入御念被　仰出候間、於由断者不可然候」と記されていた[30]。この文書は岩沢愿彦氏が紹介し、中野・跡部両氏の研究でも文禄二年か同三年の九月に発給されたものと考えられてきた[31]。しかし、必ずしも両年の状況に合致するとは思われない。

まず、文禄二年であったとすると、秀次はこの書状が出される二週間ほど前に京都を発して熱海に下っており、秀吉は大坂にいたと思われる[32]。玄以は京都にいたと考えられ、百姓らの連行先も同所と思われるが、秀吉のいる大坂ではなく、秀次不在の京都に召喚するのは現実的でない。実際、秀次は二か月後にようやく帰京している。また、文禄三年と考えた場合、居所は秀吉が伏見で秀次が京都であり、文意と齟齬はしないが、宛名の伊藤秀盛との関係が問題となる。秀盛は秀吉家臣であり、彼とその領民に上京命令を行うために、わざわざ秀次に頼んでその宿老衆の連署を必要とするいわれはなかろう。在地支配において秀次権力が必須であったとは考えられないし、後援策と見るにしても迂遠にすぎる。

「太閤様」との呼称や秀次の存在から、この文書の発給年は天正二十年から文禄三年の三年間に絞れるため、天正二十年の可能性を探ってみよう[33]。この年のものと仮定すると、秀吉と秀次はともに京都にいた。ただし、秀吉はこの翌々日に京都から大坂に下り、翌月一日に名護屋へ向かう。よって、実際の処理をするのは秀次であり、彼の宿老衆が発給する必然性が認められる。ここでにわかに想起されるのが、【史料1】である。「去夏」の摂津の水論について在京政権が九月に召喚命令を行ったという諸点において、これらは驚くほど合致している。【史料1】に記録された処罰者数が鳴尾・瓦林村の伝承よりも多数にのぼることを考え合わせると、断定はしきれないものの、複数の事件の処罰が同時に行われたとも考えられる。たとえそうでなくとも、ここで重視すべきことは、鳴尾・瓦林水論と類似する状況が当時の畿内・近国で現出しており、その対処に秀次周辺と玄以が連携してあたっていたという点である。藤田恒春氏は秀吉の奉行人と秀次の奉行人との間に係争や紛糾があった可能性を指摘しているが[34]、その証拠とされた史料も、命令の執行と免除にあたって双方の吏僚層が折衝していたことを示している。よって、両者は協調していた側面の方が強かったと思われる。とりわけ、秀吉不在時には彼らの協働がなければ畿内・近国の秩序を維持することは難しかったはずである。

翻って前項で整理した相論の処理過程を確認すると、まず、天正二十年三月頃に表面化した日野家領の百姓公事【史料3】については、同年六月二十一日に吉田勝治の邸宅で裁定が行われている。九月に再度日野側が訴訟を働きかけていることから、吉田による裁定のみで問題が解決したわけではなさそうであるが、秀次家臣が裁定者として選ばれ、それに対処していた事実はゆるがない。また、同年九・十月の摂津の「籠者」(【史料4】)についても、秀次配下の徳永寿昌が対応しており、【史料1・2】との関連から、鳴尾・瓦林水論の処理にも秀次周辺が関与していたと考えられる。つまるところ、「天下悉ケンクワ御停止」を処罰の理由に掲げたのは、秀吉周辺ではなく、京都で留守を任されていた秀次や玄以であったと見てよい。

このように、秀次は秀吉不在時の上方において、在地支配などの国内統治を担当していたのである。その範囲は洛中洛外に留まらず、大和や摂津などの案件について、玄以と協同で対処していた。むろんそれは、秀次権力の独自性を示すものではなく、秀吉の委任のもとでの政務処理であったと見なせる。また、「天下悉ケンクワ御停止」という文言がこのような政治状況下で掲げられたことを加味するならば、その意味合いも藤木氏の所説とは変わってこよう。以下では、当時の畿内・近国の社会状況とそれへの領主側の反応を検討することで、「天下悉ケンクワ御停止」の前提を探りたい。

(3) 壬辰戦争時の社会状況

未曽有の対外侵略に際し、在地からも大量の人々が陣夫や武家奉公人として動員されることによって、日本国内の村落が荒廃し、百姓の反発が高まっていたことについては、これまで多くの研究が明らかにしてきた通りである。[35] しかし、その事例として挙げられるのは、九州が中心であり、そのほかには中国地方や東国などが多い。

では、畿内・近国の状況はどうだったであろうか。壬辰戦争前後、天正十九年には近江、文禄三年には伊勢・摂津・河内・和泉・播磨、文禄四年には大和などにおいて大規模な検地が行われたが、それに伴って、近江では百姓らが訴訟や逃散を企て、摂津や河内でも荒地や逃散が領主を悩ませていた。[36] 同時に、陣夫役を忌避する動向も存在したとされる。[37] また、漁村についても壬辰戦争による打撃が見受けられる。全国的に実施された水主の徴発は、有償ではあったものの、在地の再生産構造に少なからず影響を及ぼしたと推測されており、琵琶湖岸や瀬戸内海・伊勢湾地域では、造船と水主徴発が活発に行われた。[38] このように、畿内・近国の村落も他の地域同様、疲弊と反発に覆われて生産力が減退する一方で、領主たちの多くは名護屋や朝鮮に在陣しており、対応は遅れがちであったと推測される。政権中枢が帰京後、慶長初期にかけて行った諸政策(日用取停止令・田麦年貢三分一徴収令など)や、領主として公布した領国統治法(石田三成領・増田長盛領など)も、そうした状況を受けての復興策として位置づけられる。

ただし、このような事態は政権側も早くから危惧しており、天正二十年正月には、「御陣へめしつれ候百姓之田畠之事、為其郷中作毛仕可遣之、若至荒置は其郷中御成敗なさるへきむねに候事」との命令が諸大名に出されていた。[39] しかし、具体的な打開策を提示しえないまま、戦争は長期化の様相を呈していく。政権側の焦燥感も相当なものであっただろう。そして、この朱印状を発給したのは秀次であった。同時期の家数人数改め（「人掃」）を担ったのが秀次であり、その際に百姓側が作成した起請文の宛名が玄以であったことをも含めて考えるならば、国内統治を委ねられた彼らこそが、畿内にあって村落の荒廃という状況と相対していたと見ることができる。[40]

また、この前後の畿内・近国村落では、荒廃だけでなく別種の問題も目につく。それは村落間紛争の激化である。検地に対する百姓の反発については先に触れたが、影響はそれだけに留まらず、村落間の相論をも惹起していた。検地に備えて近隣村落同士が入会地を確認し、境目相論の事前抑制を図るなどの動向も見られたが、実際に検地が始まると、井水や草場をめぐる境目相論が続発し、検地奉行や領主はその対応に追われた（本書第三章参照）。そして、壬辰戦争期に入って主要な軍勢が出陣すると、村落間相論はさらに増加傾向を見せ、武力衝突に至ることも多々あった。以下、判明する事例を挙げていこう。

鳴尾・瓦林両村から北西七キロほどに位置する摂津国有岡周辺地域には、猪名川水系に上流から三平井堰・大井堰が設けられ、それぞれに川沿いの複数の村が水利組織を構成していた。堰の新設をめぐってしばしば三平井組と大井組の対立が起きており、[41] 天正十七年には藻川の取水口に関する争いが発生し、増田長盛が裁定を下したとされている。そして、天正二十年五月には「井河原」において、「鑓・長刀其外兵具を用」い、「六人即死」という両組の武力衝突が起こった。当時の領主（もしくは代官）は大谷吉継で、彼は名護屋に在陣していた。その留守に騒動を起こしたことは重罪であるとして、玄以による吟味が行われた結果、庄屋七人が四条河原にて処刑されたという。百姓助命を求める大谷の書状は処刑の後に到来したために間に合わなかったが、そこには、「百姓之用水を論ハ武士之国郡ヲ諍と同事」との内容が記されていたと伝えられる。大谷が上方にいたとすれば、おそらくは穏当な対処がなされていたはずであるが、在陣中であったために、玄以によって厳罰に処せられたのである。

同じ頃、播磨国野里村と小川村・佐良和村の間では入会山をめぐる出入が発生していた。[42] 相論発生時、領主の小寺休夢は在陣中であり、近隣の姫路城を預かる木下家定の在国衆が「双方存分ヲ山へ打置」と宥め、帰陣後に裁定を仰ぐよう野里村の代表者らに命じた。ここで領主側は「喧嘩」の発生を恐れ、村に請文を提出させている。この時の紛争の主体は「若衆」であったようだが、武力衝突が生じた場合の責任は請状に判形をした人々（庄屋ら村役人層）に帰された。こうした経緯は鳴尾・瓦林水論とも相通じる。

また、伊勢国水沢野田村には次のような話が伝わっている。[43] 内部川（堺川）を挟んで南北に位置する大久保村と水沢村は、水利および山野の用益をめぐって、たびたび紛争を起こしていた。大久保村の代官である岡本良勝の「高麗陣之御留守」の間に紛争は激化し、文禄二年正月、水沢村の百姓が大久保村の「薬師堂之山」へ柴刈りを決行、大久保村側が応戦した。水沢村側は大久保村の百姓五人を捕え、その身柄は山木を押領したかどで水沢村領主の田中吉政に引き渡された。拘束された五人については、岡本氏の家老・岡本三休が良勝帰陣後の裁定を申し入れ、ひとまず返還された。一方、相論自体は、帰陣後の文禄三年正月に政権の奉行の預りとなり、大久保村の勝訴が決定した。その結果、水沢村の新右衛門が田中吉政によって断罪に処せられ、その首は岡本良勝へ渡されている。

秀吉馬廻の伊藤長次が領する摂津国止々呂美村も、南西の細郷との間に山の境目相論を起こしていた。[44] 相論は文禄二年十一月に、両村の給人の「無等閑衆」である増田長盛・福島正則・蜂須賀家政によって仲裁がなされた。三名は両村から絵図を提出させ、田地や家屋の状況を吟味したうえで境目を確定したのであるが、ここでも「今度朝鮮御陣之御留守ニと、ろミ《（止々呂美）》より作仕付候畑、細郷より人数を相催なきすて《（薙捨）》候段、曲事無是非候、公儀へ出候ハ、、可被成御成敗候」という見解が示されている。在陣中の村落間相論における武力行使が中央へ出訴されれば処罰は免れないものの、領主やその周辺が調停することによって、穏便に済まされるに至ったのである。

壬辰戦争時の畿内・近国村落においては、荒廃や逃散のみではなく、軍事的抑止力の不在による在地秩序の弛緩も生じていた。領主や代官らが近くにいる場合には、百姓の武力衝突は抑制され、仮に発生してしまったとしても、穏便に処理されることが多かった。しかし、彼らが帰陣するまで百姓の武力衝突を制御する必要に迫られた留守を預かる人々の中には、応急処置として厳罰をもって対処する者も見られた。よって、同様の状況下で在京政権によって村落間水論に対する処罰が断行され、その根拠として掲げられたのが「天下悉ケンクワ御停止」であったと考えられよう。

二 「喧嘩停止」の史的位置

(1)「喧嘩停止」事例の特質

前節では、「天下悉ケンクワ御停止」が掲げられた壬辰戦争時の政治・社会状況を明らかにした。では、その他の「喧嘩停止」事例との関係はどうであっただろうか。本節では、藤木氏が「喧嘩停止令」の施行例として挙げた諸事例を中心に、適宜それと関連する既述の事例やその他の訴訟対応事例(本書第三章参照)を追加しながら、それらの類似点と相違点を整理してみよう。

まず、類似点として挙げられるのが、「喧嘩停止」という文言は、畿内・近国において秀吉や秀次の周辺のみが用い、かつ、彼らがその場にいない場合に持ち出されていることである。観心寺と七郷の山論において帥法印歓仲が「喧嘩停止」を掲げたのは島津攻めの最中で、秀吉らは九州に在陣中であった。また、前節で見たように、摂津の「喧嘩ノ衆」が処罰された事例も、秀吉をはじめ多くの大名が名護屋や朝鮮に在陣していた時期にあたる。村落の武力衝突は領主側の抑止力の空洞状況において噴出しやすかったと考えられる。そして、若干事情は異なるが、中野村と青名・八日市村の水論を裁定したのは、在京する領主の秀次に代わって近江の統治にあたっていた年寄らであった。よって、相論の処理を任された留守を預かる人々が、秩序回復のために用いたのが「喧嘩停止」であったといえる。

また、同じく類似点としては、過去に政権の裁定が行われているにもかかわらず、再度相論が起きた際に処罰を下す場合が多いことが挙げられる。観心寺の山論や中野村と青名・八日市村の水論などはその好例である。そして、鳴尾村と瓦林村の水論も、「喧嘩」に発展する以前に、一度は請文を提出して解決が図られている。この点は、「喧嘩停止令」が存在したと仮定しても、どのようにしてそれが村落に伝達されたのか、という問題を考える際に重要となる。三鬼氏が指摘するように、政権樹立後の秀吉は百姓身分に直接宛てるような法令を発布しておらず[45]、村落に出された禁制などに「喧嘩停止」が盛り込まれる事例は僅少である。とすれば、想定される事情は二つで、刀狩令のように領主に対して命じたか、個々の相論裁定そのもの（あるいはその申し渡し）かの、いずれかであろう。この点については、次項で詳しく検討したい。

一方、相違点はどうだろうか。その第一としては、処罰の軽重が事例によって異なることを指摘したい。観心寺山論では処罰は行われず、その他の事例では一村に一名程度であることがほとんどである。しかし、鳴尾・瓦林水論では大量の処罰者が確認できる。これは同じ時期の三平井組・大井組水論でも見出せ、壬辰戦争時に厳罰化が起きたことは間違いない[46]。

また、処罰や梟首の対象と場所についても変化が見出せる。村落の武力行使に対する政権の対応の本来的なあり方は、葛川と伊香立の山論や観心寺の山論のように、武力行使を「喧嘩」と認定し、その在所や周辺に張本人の首を晒すことで再発防止を目指すものであった。しかし、壬辰戦争時の鳴尾・瓦林水論や三平井組・大井組水論では、在地から離れた〈首都〉（京都など）において村落の代表者らが磔刑に処されている。その意図するところが、社会全体への見せしめであることは明らかであろう。これが相違点の第二である。

これと関連して、相違点の最後には処罰の目的を挙げることができよう。観心寺山論における「喧嘩停止」は、観心寺の僧侶に対して七郷衆が打擲刃傷することを規制していた。よって、本相論への対処の眼目は寺院（観心寺）の保護にあったと思われる。一方、壬辰戦争時には村落だけではなく、広く都市も含んだ社会の秩序維持がその目的であった。

ただし、朝鮮侵略前後の政権の狙いはそれだけに留まらなかったと思われる。慶長三年（一五九八）六月、筑前の代官となった石田三成は、志摩郡在々宛てに九か条の条書を布達した。その中に、次のような条文がある。

【史料8】(47)

一、百性、庄屋并隣郷と公事篇・相論の事あり共、七月十五日の中ニ申上間敷候、其故者、耕作仕付申さハりニ成申候間、詮作有度事あり共、此法度之旨ニまかせ令堪忍、七月十五日過、郡奉行ニうつたへ可申、如此相定候ニ、七月十五日内ニ申上族あら者、たとい理たりと云共、其者可為曲事、

ここから明らかなように、筑前蔵入地における村落間相論の裁定の訴願は、七月十五日以前においては禁止されていた。その理由は、田畠の耕作や仕付が滞ることへの危惧にあった。相論ともなれば、吟味のために百姓らは村落を離れる必要があり、係争地の耕作も凍結されなければならない。三成の代官支配は、丁酉再戦に伴う兵粮米確保を第一の優先課題としており、在地秩序の安定は作物収穫の前では二の次とされたのである。同様に、文禄二年の豊後検地において、山口宗永は相論中の田地があった場合、当年はくじ引きで年貢取得権者を決定し、追って糺明すると伝えており、やはり理非判断より収取が優先されている(48)。

戦国社会を統一へと導いた豊臣政権は、村落においても多発していた喧嘩や紛争に対処する必要に迫られた。「喧嘩停止」は、一義的には領主不在時の在地における百姓の武力行使を抑制し、政権の裁定に実効性を付与した。しかし、壬辰戦争時には村落が疲弊し、軍事力不足によって武力衝突を統御することが難しくなった。その一方で、政権の最優先課題は米穀の確保に置かれ、相論による耕作の遅延や田地の荒廃は避ける必要があった。そこで社会全体を視野に掲げられたのが「天下悉ケンクワ御停止」であった。帰陣した政権中枢や大名たちは領国統治法を打ち出し、復興を目指した。かかる紆余曲折の結果として、政権を頂点とする武士階級へと武力発動を集中させる秩序が構築され、社会にも〈平和〉が強制されたのである。

日本の政情を知悉した宣教師のオルガンティーノは文禄三年、日本での布教活動が改善する兆しにあることをイエズス会総長に伝える書簡の中で、秀吉が国内の〈平和〉や統一のために用いた十の統治手法の一つを、次のように述べている。

【史料9】[49]

第三に、（関白殿）はあらゆる騒乱、謀反、戦争、衝突を厳重に禁止した。そしてこの種の罪科で捕縛された者たちは一同委細かまわず、両者とも死刑に処せられた。（中略）もし多数が有罪であれば、多くの者は虐殺されたり磔刑にされた。同じ掟によって、もっと多数の無罪の者たちが斬首されることがあった。このような厳酷さのために、今や日本国内では争いや合戦は非常に稀になった。

この条目は民衆を対象としており、まさしく「喧嘩停止」を指すと思われる。この直前の二条目には「あらゆる種類の武器さえも農民たちから取り上げてしまった」とあり、刀狩令を含んでいることから、「喧嘩停止」は刀狩令と区別されうるものであり、酒井紀美氏のように「喧嘩停止」を刀狩令の敷衍と見なすことはできない。

ここで問題となるのが「掟」の中身であるが、この文面だけを見ると成文法であるかのように思われ、処罰の幅も広いものだったと考えることができる。しかし、前項に明らかなように、「喧嘩停止」事例は裁定や処罰の場面のみに見出され、その内容を明示する令書は現状では確認できない。にもかかわらず、藤木氏は「豊臣平和令」を全国法令（豊臣基本法）として高く評価し、一方で越訴の容認政策などは「豊臣の家領もしくは特異な紛争地点での個々の発動例に過ぎ」ないと見なしている[50]。これまでの検討によるならば、「喧嘩停止令」も後者に分類されるべきではないかとの疑問を禁じえない。事例間の相違を加味すると、「喧嘩停止」は村落の武力行使の抑制という方向性こそ有するが、その対応には一貫した原則が存在するわけではなく、時々の政治・社会状況に呼応して内実を変えうる弾力を備えたものだったと考えられる。

ただし、「はじめに」でも述べたように、これは「喧嘩停止」だけの特徴ではない。豊臣政権の法令や政策は多かれ少なかれこのような性質を持っていた。もっとも、それらの効力や射程は自ずと異なっており、発布された形態や目的に沿って区分することは可能である。よって、何を「基本法」とすべきかを考慮に入れながら、政権の法体系における「喧嘩停止」の位置を探ってみよう。

豊臣政権の法令の発布形態を概括した三鬼清一郎氏は、A秀吉朱印状で発布される法令（刀狩令・海賊停止令・「身分法令」・伴天連追放令など）、B有力大名の連署状で発布される法令（御掟・御掟追加など）、C奉行の連署状で発布される法令（辻切すり盗賊禁止令・田麦年貢三分一徴収令・日用取停止令など）、D発布形態が不明で口頭発令と推測される法令（御前帳徴収令・「人掃」など）に分類している[51]。ただし、このうちの御前帳徴収は奉行連署状により命令が下されているため、Cに分類する必要がある。

Aの法令については、森山恒雄氏の分析がある。森山氏は「定」や「条々」の様式をとり、宛名が存在しない一連の秀吉朱印状の下達対象を日本全領土の人民と見て、それらを「国家法」と呼称した。そして、その具体例として、①天正十四年正月十九日付の天正十四年令と②同年三月二十一日付の同追加令、③天正十五年六月十九日付の伴天連追放令、④天正十六年七月八日付の海賊停止令と⑤同日付の刀狩令、⑥天正十九年八月二十一日付の「身分法令」と⑦天正二十年三月の「人掃」を挙げる[52]。基本的には森山氏の理解は妥当だが、⑦の「人掃」は秀吉朱印状ではないため除外するとして、代わりに天正十九年八月二十四日付の貸付禁令[53]を加える必要がある。また、これらの前提として、政権樹立以前の天正十年四月日付の天正十年令[54]をも重視すべきであろう。

上記の秀吉朱印状は必ずしも全てが日本全国を対象としたものではないが、元々は範囲の限定された法でも、発令後に全国へと波及し、大名が自らの領国統治に取り入れることで「国家法」ともいえる性格を備えるようになったのであろう。よって、これらこそ豊臣政権の「基本法」とすべきであり、刀狩令と「喧嘩停止令」を同列に「基本法」として扱う藤木氏の見解には従いがたい。

「喧嘩停止」は三鬼氏の分類でいえばDに近いが、具体的な指示内容を記した史料が大名家に残されず、また在地にあらかじめ公布された証左も見当たらない。そもそも、「喧嘩停止」という文言を用いているのは秀吉や秀次の家臣だけであり、大名は政権と類似した対処を行っているにすぎない（藤木氏の挙げる坂越村・相生村山論を見よ）。よって、領主を介して行う一般的な在地への法伝達（例えば刀狩令や「人掃」など）とは異なる性質を有している。

豊臣政権は一度裁定を行ったにもかかわらず、それに従わずに村落が武力行使に及んだ場合、処罰に踏み込んでいた。また、「喧嘩停止」文言は畿内・近国のみで確認され、大名領国で同様の対処が行われた場合には見られない。すなわち、個別裁定における武力行使抑制の姿勢の明示こそ、【史料9】の「掟」の内容であり、それを受けた大名たちが自らの領国統治にも取り入れることで、全国に波及したと考えるべきである。そして、このような対処の過程で、本来は個別具体の方針だったものが成文法となる場合（例えば海賊停止令は初令が確認できず、④の秀吉朱印状は再令とされるが、前者は口頭伝達であり、後者で明文化されたものと思われる）[55]もあれば、「喧嘩停止」のように成文法とはならなかった場合もあったはずである。よって、「喧嘩停止」とは、明文化される以前の政策方針を示す標語であったと考えるのが妥当であろう。

また、天正十五年七月の村上氏家中の海賊行為は、政権中枢奉行（増田長盛ら）と村上氏との間での折衝過程で「御耳」に立てる以前の対処が推奨され、最終的には秀吉の上聞に達したものの、武力制裁をちらつかせながらも毛利・小早川両氏に処罰を委ねるに留められている。[56]前節第3項で見た止々呂美・細郷の山論でも、奉行らが穏便かつ公平な処理を領主に約束している。このように、明文化以前の政策には、違犯が起きた場合でも、秀吉の耳に達するまでの情報操作を奉行らが行いうる余地[57]が多く残され、領主の仕置に委ねる道も開かれやすかった。実際の対応との折り合いをつけることで、秀吉の方針は守られたのである。それこそが豊臣政権下において法を明文化しないことの意味であったのではなかろうか。

（3）「喧嘩停止」政策の歴史的意義

第1項で確認した通り、天正期の観心寺の山論における「喧嘩停止」は、僧侶らへの村落の武力行使に向けて発せられていた。よって、「喧嘩停止」政策は必ずしも当初から村落間相論のみを固有の規制対象としていたわけではない。ゆえに、自力の惨禍からの解放は初発からの政権の目的とは見なせない[58]。では、いかなる歴史的経緯を背景に「喧嘩停止」は村落間相論をも捉えるようになり、その後どのような展開を見せたのであろうか。その点に関して、やや時代の幅を広げて検討してみよう。

室町・戦国期の権力は、市や町、寺社での「喧嘩口論」の禁止をたびたび掲げていた。ただし、その規制対象は武士や都市民であった。この時期に既に多く見られていた村落間相論においては、領主による武力規制は弱く、紛争解決のための習俗が在地で形成された[59]。そういった地下や村への対応として、畿内・近国の権力に注目すべき事例が見出される。

永正十三年（一五一六）、等持院領朱雀村と東寺領八条村の用水相論における「打擲」が幕府法廷へ訴えられ、故戦防戦法が適用されたのは著名である[60]。また、大永七年（一五二七）、堺公方の配下の三好元長と可竹軒周聡が堺南庄に宛てた定書の二条目には、「喧嘩被停止訖」と記されていた[61]。一六世紀初頭、幕府周辺は村落や都市における武力行使を規制対象に入れ始めたが、同時期の近江の「山越衆中」が市町や路次津湊における「打擲」「喧嘩」を自制し、一五世紀半ばに近江の菅浦で自力による報復の「かんにん」が後世の教訓として掲げられたように[62]、在地において先行する形で強まっていた武力行使抑制の必要性を受けて、権力もそれに応ずべき段階に至ったためと見なすことができよう。

藤木氏は、「喧嘩停止令」の前史として、故戦防戦法とともに永禄十年（一五六七）の「六角氏式目」第十三条を挙げている。式目制定からほどなく六角氏自体が滅亡しており、この条目の実際の適用例は確認できないが、制定以前の対応から、権力が置かれていた状況を推測することはできる。天文十二年（一五四三）、近江国日野川左岸の井組である中津井衆と宮井衆の間で水論が発生し、「鉾楯」(戦闘行為)に及んだことが六角氏に訴えられた。六角氏は用水の使用を差し押さえ、審理の結果、先例に任せて宮井衆の勝訴を言い渡した(63)。ここで六角氏は武力行使を「言語道断次第」と問題視しており、紛争激化を抑制しようとする動きが読み取れる。また、永禄期にも蒲生郡今在家村で喧嘩が発生したことを聞き、「如古法順路」落着することを荘園領主の山門側に求めている(64)。式目にも採用されたことから、このような武力衝突は常態的に発生していたものと思われる。

同じく近江の浅井氏においても、類似した動きが見られる。天文後半に浅井氏の配下としての活動が確認できる熊谷次郎左衛門は、菅浦において「喧嘩」が発生した報を聞き、早期解決を依頼している(65)。また、坂本の日吉山王祭の開催に際しても、熊谷は「喧嘩停止之事、下々まて堅可被仰付候事肝用にて候」と月行事に命じている(66)。弘治三年(一五五七)には、犬上郡の栗栖村で百姓の水論が喧嘩に発展し、「御糺明」を加えようとしたが、近江尼子氏と係争中のため、土地が押さえ置かれている(67)。宛名の馬場若狭守は浅井氏の配下であり、「御糺明」の主体はやはり浅井氏だろう。喧嘩の抑制はいまだ現地任せで強制力も弱いが、その発生に神経をとがらせた権力側から「喧嘩停止」が叫ばれ、介入が試みられる状況が生じつつあった。

また、畿内を手中に収めた三好氏は、天文十九年には山城国革島庄に掲げた禁制に「喧嘩口論事」という条項を盛り込み、永禄二年に嵯峨野の仙翁寺村と近隣土豪の間に起きた用水相論では、三好氏配下の松永久秀が「百姓打擲」が事実であれば「御法度」を破る曲事だと断じ、摂津国千里山でも三宅村側が「打擲」をしたかを問いただしている(68)。

六角氏が村落を直接の受益者とした文書を発給する、より在地に密着した権力と評価され、浅井氏が在地土豪(給人・代官)層の違乱を排除して、村落を直接の支配単位とした権力と評価され、三好氏が畿内の村や町の共同体に立脚した権力と評価されているように(69)、畿内・近国の戦国大名も他の大名同様、在地への対応に迫られていた。とりわけ、共同体の自治が発達していた当該地域では、村落の武力行使をいかに抑制すべきかが主要な課題となっていたが、権力側は事後対応の段階に留まっていた。よって、かかる課題に直面した戦国期畿内・近国の権力が在地との折衝過程で織り成してきた統治の方法が、豊臣政権の「喧嘩停止」政策の前提として存在し、その解決策を打ち出すことこそが、政権の歴史的意義に直結していた。

戦国期に進展していた国人・小領主層の淘汰と共同体への直接対応を社会体制として確立させたのが、この地域に侵攻した織田氏であり、その配下の秀吉であった[70]。天正前期には、町場における喧嘩口論への両成敗や、寺社祭礼における「喧嘩停止」を禁制で掲げる程度で戦国期段階と変わらない対応が多いが、柴田勝家が先の中津井と宮井の相論を裁き、条書を出して井水の分配を定めるなど、一歩踏み出した対処も萌芽的に見られた[71]。

豊臣政権は、畿内・近国の最高裁定者として紛争処理を要求され、それに応じる中で新たな秩序の構築を模索した。様々な武力行使を「喧嘩」の範疇に押し込め、それを抑制する姿勢を示したのである。「喧嘩」から訴訟への転換の論理的根拠の柱は、「喧嘩両成敗」の村落への適用と公儀による山野河海の領有観念にあったと思しい[72]。

文禄二年（一五九三）、紀伊の山間部に位置する花井村と河合村の間に、木材を切り出す山をめぐる出入りが発生した。領主に訴えが上げられたが、当の羽柴秀保は名護屋在陣中であり、在国していた家臣の横浜良慶と小堀正次が対処することになる。両名は双方の肝煎を召喚し、審理・裁定を行ったうえで、諍いを再発させないよう命じた。彼らが在地に下した置目の最後の条目には、「喧嘩口論仕族有之者、理非におよばず双方成敗可仕候」と記されていた[73]。すなわち、「喧嘩口論」が発生した場合には両成敗が適用されることが示されたのである。

「喧嘩停止」政策に両成敗の要素が含まれていたことは、先のオルガンティーノ書簡の「両者とも死刑に処せられた」との記述からも窺いうる。ただし、「喧嘩停止」の初期の事例である観心寺山論や葛川・伊香立山論では、事件の一方の張本人のみが処罰対象とされ、両成敗はいまだ示されていない。喧嘩両成敗が権力の弱さの表現であり、訴訟への誘導の手段であったとする見解[74]を参照すれば、文禄期の村落間相論裁定に両成敗が盛り込まれたのは、軍事的抑止力の不足を補いつつ秩序回復を目指す権力側の、焦りや足掻きと捉えられよう。

文禄五年、和泉では新家庄と信達庄の間で堀川山をめぐる山論が生じていた。信達側が大勢で山に登り、新家ら「拾三箇村」の人々に剥取や打擲を加えた。翌日、新家側は新儀に塞がれた道をもとのように開く対抗措置を執った。この二年前、秀吉は和泉国中からの山銭徴収のために小出秀政を代官とし、秀政家臣と貝塚の卜半斎（願泉寺）了珍が「惣国中山之御奉行」に設定されていた。ゆえに山論は山奉行の聞くところとなり、山銭納入の先例を証拠に、堀川山は新家の領内と裁定された。この事例からは、藤木氏も指摘する用益権に基づく先例主義が窺えるとともに、政権による山奉行の設定に伴い、訴訟への誘導が図られている点が導きうる。[75] 山奉行設置以外にも、領主の入部や検地などを契機に村落に喧嘩口論の抑制が働きかけられた徴証もある。[76]

文禄期の豊臣大名の領国統治法の中に、喧嘩両成敗規定が多く見出されるのも、同様の文脈といえる。その後、慶長四年の中村一氏領国（横田村詮法度）では、村落間相論や百姓同士の喧嘩口論は郡奉行へ訴えるよう定められており、慶長六年の加藤清正領国でも、百姓らの喧嘩口論が禁止されている。[77] ともに複数の村落に同時に発せられており、武力行使の禁止と訴訟への誘導が明文化されるようになったと評価できる。こうして、豊臣政権の「喧嘩停止」政策は大名の領国統治に取り入れられることによって、畿内・近国に留まらず全国的な広がりを見せたのである。

如上の過程を経て、村落側の動向にも変化が見られるようになる。領主の裁定を前提とし、武力行使の自制を重視するようになったのである。例えば、丹波国下山村百姓中は、隣村の上胡麻が領内の柴木を刈り、武力行使を行ってきても、「御公儀を大事と存、一切此方より手を出し不申候」「日頃御法度を大事と堪忍仕候」と主張している。[78] また、和泉国熊取谷庄屋の中左近が、一族の中左太夫と争った際にも、「けんくわ《（喧嘩）》にもおよふへく候へとも、御はつと《（法度）》をそんしかんにん《（堪忍）》仕申候」と申し立てている。[79] こうして、「喧嘩」は「御法度」であるため「堪忍」すべきとの意識が広く社会に共有された。領主による武力行使への裁定・処罰と領国統治法への明文化により、「喧嘩停止」は民衆にも規範として認識され、法的正当性を示す手段として活用されていったのである。

江戸幕府も豊臣政権の「喧嘩停止」政策を引き継いだ。近江国伊香郡・浅井郡・野洲郡の水論裁定にあたっては、「公儀かるしめ、けんくわ（喧嘩）など仕候者、双方可有御成敗」とする徳川家康の裁定が百姓中に伝えられている(80)。その後、慶長十四年二月に出された徳川秀忠黒印状の二条目(81)に「郷中ニて百姓等山問答・水問答ニ付、弓・鑓・鉄炮にて互喧嘩候者あらハ、其一郷可致成敗事」という禁令が記され、「喧嘩停止」は幕府法としても明文化されるに至った。

おわりに

本章で述べたことをまとめる。第一節では、藤木久志氏の「喧嘩停止令」論の根幹となる「天下悉ケンクワ御停止」について検討した。従来、天正二十年の鳴尾・瓦林水論に関するものと考えられてきた一連の史料は、複数の異なる相論を示すものであることを明らかにした。そして、壬辰戦争時の畿内・近国村落では、抑止力不足によって相論が多発しており、「天下悉ケンクワ御停止」も、留守を預かる秀次周辺が村落間相論における武力行使を処罰した際に、その根拠として掲げたものであったことを示した。

第二節では、前節での検討を踏まえ、その他の事例を含めて「喧嘩停止」の史的位置を考察した。「喧嘩停止」は秀吉や秀次の不在時、過去の政権側の裁定に違反する武力行使が行われた場合に、留守を預かる家臣らによって用いられた。その当初の目的は寺社の保護や在地での再発防止であり、必ずしも処罰を伴うわけではなかったが、壬辰戦争が始まると、村落の疲弊防止と米穀確保のために、社会全体の秩序を回復する必要が生じ、多くの人々が都市で処罰された。「喧嘩停止」は、戦国期の畿内・近国の権力が在地の紛争を解決するよう求められる中で生み出され、豊臣政権によって、村落の武力行使を規制する標語として掲げられるに至った。その施行状況から、領主を介した在地への法伝達は行っておらず、明文化以前の方針として捉え直すべきである。

このように考えると、全国の村落間紛争を固有の規制対象とした法令の典型的な施行例として「天下悉ケンクワ御停止」を捉え、そこから「惣無事令」とともに政権の成立当初に制定された「基本法」たる「喧嘩停止令」を想定する藤木氏の理解は成り立たない。

豊臣政権は全国統一を成し遂げたため、従来、その法令や政策は即座に全国に適用され、社会に貫徹しえたと捉えられがちであった。しかし、藤木氏は刀狩令に関して、法の意図と貫徹を弁別する必要性を説いており、こうした観点をこそ引き継ぐべきであろう。(82) 本章で見たように、政権の法や政策の中には、政治・社会状況を背景として、柔軟に施行されたものが多く存在する。そして、それを範として、各地の領主や在地によって政策が取捨選択のうえ導入された結果、社会の秩序が安定するに至ったのである。我々は、確固たる志向性と拘束性を有した豊臣政権像から解放されるべきであろう。

そのうえで、さらに政権の意義を問い直す必要が生じてくる。豊臣期に認められる変質を考える場合、本章での検討の範囲に限っていえば、「喧嘩停止」という領主の統治理念が地域社会に受容され、規範として共有された面を重視すべきである。(83) 藤木氏も明らかにした通り、近世の訴訟においては、「公儀おそろし」と「天下御法度」を遵守したとの主張が盛んになされた。(84) ここに、秩序形成の過程で豊臣政権が行った裁定や処罰の帰結を見出すことができる。政権の「喧嘩停止」政策は在地における自力救済抑制の動向・要請を踏まえ、それを敷衍する形で強制力を伴いながら社会に還流したがゆえに、権力と民衆の双方にとって合意しうる立脚点になったのである。

第十二章　豊臣大名の領国統治

はじめに

大名権力はいかにして近世化を遂げたのか。かかる疑問は、幕藩制成立史の本源的問題として、一九六〇年代に究明が進んだ。集権分権論を提唱した朝尾直弘氏は、豊臣政権による大名領国への干渉を集権化の動きと捉え、それが政権の内部抗争に直結していたと見なした[1]。すなわち、自己の権力確立のために政権の統制を必要とした上杉・佐竹氏などの大名と中央官僚の石田三成らを強硬路線の集権派とし、独立的に領国権力の形成を全うできた徳川・伊達氏などの大名と羽柴秀長・千利休・浅野長吉（長政）ら秀吉周辺を宥和路線の分権派と区分したのである。

一方、藤木久志氏と山口啓二氏の立場は、豊臣大名化論とまとめられよう[2]。佐竹領国を検討した藤木氏は、大名が政権の統一的知行体制に包摂され、「際限なき軍役」を強制されることによって、城下町への集中や太閤検地・知行割などの領国体制の変革が可能となり、領主権を確立することができたと論じた。また、朝尾・藤木氏らの所論を発展させた山口氏は、政権への従属による利点として、領国の兵農分離が推進されて大名権力の確立強化がなされた点、小農自立の成果を権力側に引き寄せるための戦略を先取りして学びえた点を挙げた。こうした議論はその後も通説の位置を占め、島津氏や毛利氏などにおいて同様の事例が検出された[3]。

しかし、一九八〇年代に入ると、従前の領国支配体制を維持したまま豊臣大名化する事例や、政権の統制が大名権力の強化を促進する反面、領内矛盾をも激化させる側面が池享氏・山本博文氏によって指摘され[4]、六〇年代の議論における、政権からの強制が大名権力確立に結実するという評価への疑義が呈された。その結果、政権の統治原理がどのように領国に導入されたのかを追究する必要が生まれ、二つの方向性が示されるようになる。それらの代表的論者が池・山本両氏であることは偶然ではなかろう。

第一は、「取次」論である[5]。山本氏は「取次」が単なる連絡役ではなく、豊臣大名へと成長するよう導く役割を有していたと指摘し、個々の「取次」を介して大名統制や政策指導が行われていたことを解明した。これによって、集権分権論や豊臣大名化論で所与のものとされた、官僚制的な政権像が批判されたのである。

第二は、「マニュアル」論である。ほぼ同時期に、三つの異なる観点から政権の政策原理を「マニュアル」という語で説明する試みがなされており、ここではそれらの総称として用いる[6]。①在地支配に着目した池氏の議論。慶長四年（一五九九）の横田村詮法度と慶長六年の福島重治条目の文言が一致することから、移封大名による畿内型の支配方式の導入にあたって、「マニュアル」が存在したと想定する。②都市からの視点に立つ研究。城下町プランや法令・文書の字体に関する類似性を織豊政権の規範に添った「豊臣大名マニュアル」とした小島道裕氏の議論と、それを発展させ、法制・検地・「惣無事」・文化をも含めた「マニュアル」を想定し、その「教育」の場が〈首都〉であったとする仁木宏氏の議論が挙げられる。③天下統一過程を重視する藤田達生氏の議論。国分の後に服属地に出された「仕置令」の存在を想定し、豊臣領国で形成された人質徴発や城割・検地・刀狩などの政策を包含した「マニュアル」であったと評価した。

「マニュアル」論は主に領国経済に力点が置かれていた幕藩制構造論段階の議論を、法や文化などにも拡張した点が成果といえよう。近年、①を子飼大名に限定されたものとする見解や、②でも領国の状況によって受容されない事例が報告されている[7]ものの、議論の大枠を越える視角が提起されているとはいいがたい。

これまでの研究の大きな問題点としては、まず、大名像が客体的・受動的に描かれてきたことが指摘できよう。大名たちは「際限なき軍役」を強制され、秀吉へと取り次がれ、「マニュアル」を教育されることによって、豊臣大名化を遂げたと見なされてきたのである。そこでは、彼らの主体的・能動的な経験や学びは捨象されている[8]。

また、先学の多くが、その検討対象を外様の旧戦国大名に限定してきた点にも課題が伏在する。かつてのように、「政権の法令や政策がいかに全国に貫徹していたのか」という観点からすれば、旧族大名を素材とすることは至極当然である。しかし、大名領国ごとの偏差が指摘されている現在においては、視座を逆転させ、「政権の法令・政策がなぜ貫徹しなかったのか」という問いから議論を出発させる必要があろう。ゆえに、それらがどのような形で摂取され、変質していったのか、大名領国における多様性はいかにして生まれたのかを考察すべきといえる。

そうした時、従来は当たり前のように政権の法令を遵守したと想定され、検討の対象外とされてきた織豊取立大名の統治こそ最適な題材として浮上する[9]。近年、先行する織田期についても、織田大名への領域支配の委任を強調する成果が出されているが[10]、大名権力側の主体性という問題は豊臣期においても展開する必要があろう。

よって、本章では、豊臣大名の領国統治について、村落に関する法令・政策を中心に検討することで、如上の問いにアプローチしたい。その際、法令の一部の項目のみを掻いつまむのではなく、条文全体を政治過程の中に据え直す手法を採る。第一節では、豊臣大名の統治の前提として、秀吉の村落への対応を分析する。第二・三節では、秀吉子飼の大名による統治の実例として、特筆すべき法令・政策が見出せる蜂須賀氏と浅野氏を取り上げる。それらを踏まえ、第四節では、織豊取立大名の領国統治の全国的展開過程を時系列で整理し、その特徴を論じたうえで徳川期への展望を示したい。

一　秀吉の領国統治

織田政権下における秀吉の領国統治に関しては、近江に分析が集中しており、多くの研究が蓄積されている。そこでは、秀吉が江北で村落と対応する中で様々な統治の手法を学び、それが豊臣政権の法令・政策へと昇華していったという評価が主流といえる。例えば、近江だけでなく播磨・但馬・因幡も含めて秀吉の領国統治を検討した柴裕之氏にあっても、江北で学んだ検地方式（畝制）を播磨に持ち込んだ点を強調していることから、そうした理解の根強さが窺えよう[11]。

右のような捉え方の背景には、戦国期以来の惣村の自治が発達した近江における統治には、先進的な対応が見られるはずであるという暗黙の前提が存在しているように思われる。また、近江における在地史料の豊富さもそれを下支えしていよう。実際、既往の研究の多くは、検地や石高制といった収取関係を中心に評価を下している。しかし、ここではそうした研究成果を前提にしたうえで、近江だけでなく、その前後の時期にあたる京都近郊や摂津以西での村落への対応と比較しながら、本能寺の変後までの在地関連法令を見通すことで、より複眼的な視座から近世的な統治手法の形成過程を描出したい。

（1）京都近郊

永禄十一年（一五六八）九月、織田信長は足利義昭を奉じて入京する。十一月に美濃へ帰国するにあたって、京都に五名の統治担当者を留め置いた。秀吉はその中心的存在であり、永禄末期に多くの政治的案件への関与が検出されるが、元亀年間（一五七〇～七三）に入ると減少し、活動の中心は近江に移る[12]。こうした事情から、上洛当初は連署も多く、そこから秀吉の統治の独自性を読み取るのは困難といえる。

また、上洛直後から秀吉らは「名主百姓中」宛ての文書を発給しているが、そのほとんどは荘園領主側に残っている[13]。内容に関しても、所領や守護不入の確認、押領・違乱の排除、徳政・課役の免除など、荘園領主からの要請が中心であった。秀吉の役割は信長朱印状の遵行であり、寺社側が秀吉の添状を求める場合が多い[14]。よって、荘園領主を通してしか統治ができない段階であり、村落への直接対応は希薄な状況と判断される。

その中でも注目すべき傾向が二点ある。一つは、申し次ぐ（取次）行為の重要性である。元亀元年十一月、信長が賀茂郷への徳政免除を認める朱印状を銭主・惣中に宛てて出し、秀吉が添状を発給している。しかし、翌年末に幕府から境内徳政が命じられたため、秀吉は義昭近臣に対して、「我等朱印申次候間、達而御理可申上覚悟候」と抗議し、元亀三年四月に改めて信長朱印状を遵行している[15]。

一方、元亀二年十二月には、同じく織田家中の丹羽長秀が秀吉に対して、貴布禰山の支配権をめぐる上賀茂と市原野村百姓の相論について「賀茂之儀、拙者申次之条、可預御分別候」と釘を刺している[16]。ここでは、徳政免除の案件を足がかりに関与を強めようとする秀吉と、上賀茂社の窓口としての長秀という競合関係が想定できよう。これらの事例からは、信長家臣が寺社や村落の要請を仲介する行為を重視し、秀吉もそこを起点として、政治的経験を重ねていった様子が看取される。秀吉の子飼家臣たちも同様の経緯を辿り、豊臣大名として成長していくこととなる[17]。

二つ目は、指出の厳格化である。元亀三年九月、秀吉は武井夕庵と連署で、西院村の妙智院領の百姓中に宛て、指出を妙智院に提出するように命じた。その中で、「或者隠田、或者上田を薄地ニ替、恣之族」がいれば厳科に処すと通達している[18]。ここからは、隠田や等級の過少申告という百姓側の抵抗への警戒が読み取れよう。

（2）江北

天正元年（一五七三）九月、浅井氏が滅亡し、秀吉はその旧領を与えられた。翌年三月には野村と三田村郷の水論を裁定しているが、その判物の宛名は「三田村郷名主百姓中」であった。江北において秀吉は村宛てに文書を発給し、それが村の共有文書として伝存しているが、そうした対応は浅井氏の延長線上にあり、後の石田三成の統治の前提と評価されている。また、国人・小領主層を淘汰しつつ、自らの家臣団に編成することで、村落に直接対応できるようになったとされる。(19)こうした状況は京都近郊とは段階差を認めることができ、近江における村落自治の進展を前提としつつ、広域的な領国統治を展開したと見てよい。もっとも、柴氏が指摘するように、江北には浅井旧臣の阿閉氏の所領や信長蔵入地も併存していたことには留意が必要である。(20)

秀吉は江北において、中間得分や名体制を否定し、畝制や高額斗代の石高制を採用していった。領国統治の中で近江の在地慣行を吸収し、近世的な収取制度を錬成したことは疑いを容れない。(21)なお、江北入部後の天正元年十二月、秀吉は石高で家臣に知行を宛行っているが、約半年前には尾張・美濃の境において貫高を採用しており、地域差が認められる。美濃では天正十六年段階でも貫高での宛行いが確認でき、翌年の太閤検地に至ってようやく石高へと転換したと見られる。(22)よって、地域の慣行に合わせつつ、段階的に石高制を敷いていったといえよう。

さて、天正二年三月に出された次の定書は、村落に関する体系的な豊臣法の劈頭を飾るものとして耳目を集めてきた。

【史料一】（後掲表12−1b、以下〔b〕のように記号のみ記す）

定

一、在々所々作職等事、去年作毛之年貢納所候ともから可相抱事、
一、あれふの田地、当年ひらき候百姓末代可相抱事、
一、最前上使出し候時、さし出しの上、ふみかくし候といふ共、只今罷出、有様申におゐてハ、其とかをゆるすべき事、
一、在々所々つゝみの事、堤下の物者中におよばず、隣郷の百姓も罷出、普請すべき事、

一、在々所々ふみかくし、並こたへさけあるに付て、来廿五日糺明として、直可罷出候、其以前に、さし出しあり様に仕を可相待候、もし無沙汰のともからあらば、となり七間可成敗者也、仍申触所如件、

天正弐年

三月十九日　藤吉郎

尾下成敏氏は、右の定書に給人に関する規定がない点を指摘し、知行地が給人に打ち渡されていない段階の法令であり、秀吉の直接統治ゆえの文面と推測している。[23] また、翌四月に阿閉氏が大浦下荘で第一条に準拠した規定を命じていることも知られている。[24] もっとも、当該文書が在地の文書として残存したのではなく、「雨森文書」の写しのみ知られている点はやや留意を要す。雨森氏はこの段階では阿閉氏に属する国人領主層であり、浅井氏旧臣のみに触れられた可能性を排除できないためである。ただし、端裏書には「長浜御入之時の触状」とあり、尾下氏の指摘を踏まえるならば、秀吉の直接統治地域を対象とした法が、阿閉領でも部分的に摂取されたと理解するのが適切といえようか。

内容としては、第一条で作職の当知行を宣言し、第二条で荒田の再開発を推進、第四条で地域協働での堤普請を命じている。いずれものちの秀吉の法令にも継承されており、第二条の内容は個別の村落宛て法令にも類似する規定がある。また、これらの条項は、浅井氏との戦争終結に伴う地域復興や、入部直後の指出に対する百姓側の反発を加味した融和策という評価がなされており、いずれも首肯できる。[25]

一方で、第三・五条では一貫して指出の不備への厳罰を掲げており、秀吉の主目的が田地把握にあることは明白であろう。こうした態度は京都近郊での対応と類似するもので、のちにいわゆる太閤検地方式を創出する原点と見なしうる。

なお、秀吉は三日後に「在所掟之事」を出している（〔c〕）が、こちらは「当所」とあることから、限定的な法である可能性が高い。内容としても村内での検断に関わるものであり、村に盗人成敗権を認めている点で中世的対

応と評価されている。[26]

（3）摂津以西

秀吉は天正五年十月以降、播磨・但馬への軍事進攻を開始し、天正八年五月頃に両国を平定、因幡へと軍勢を進める。なお、天正六年十月の荒木村重の謀反を受け、有馬郡を中心とした摂津にも関与する事例が見られるため、領国として統治したわけではないが、併せて検討したい。

（ⅰ）都市に掲げられる村落関係法令

まず注目されるのが、三木周辺での戦後処理である。天正八年正月の三木落城直後に二枚の木札を城下に建てた。[27] 一枚目は、諸役免除や借銭の破棄を謳った都市復興策、翌月に出された二枚目が村落復興策にあたる。後者の一条目で百姓の還住を命じ、二条目で荒地の年貢を当年は三分一のみの徴収とし、三条目では植え付け以前に還住した百姓には人夫役は課さないこと、付けたりで荒田の再開発者に作職を与えることを宣言している。【史料一】の第二条と類似した措置といえる。

後者の木札の対象は、三木領の村々と推測されるが、原本が現在に至るまで三木町の宝蔵に納められていることからもわかる通り、村宛ての法令が町に掲げられて周知されたと思しき点は興味深い。ここからは都市と村落宛ての法令が双生児であること、および地域統治に関する核としての町の役割が浮かび上がる。前章で扱った「喧嘩停止」が村落同士の武力衝突を禁じているにもかかわらず、処罰は都市において行われた事例が想起されよう。また、のちに加藤清正も村落に関する法度書を木札に写し、各郡や城下の熊本に建てさせている（〔ホ〕）。

木札が掲げられたのと同月、三木町の北東に位置する久留美村では、秀吉家臣の杉原家次が在地の飯尾理右衛門尉に対して、肝煎や百姓らを連れ戻し、田畑を荒れないようにすることと引き換えに、屋敷土居廻の年貢を免除している。[28] ゆえに、国人・小領主層の力を借りながら、法令が現実に履行されつつあったことが確認できよう。

(ii) 三つの主要な問題群

ついで、特筆すべきは、のちの豊臣政権・大名の法令の基本要素となるA武家奉公・B非分抑制・C耕作専念という三つの問題群への対応が出揃う点である。そもそも、【史料一】にも明らかなように収取関係の文書が見られるのは普遍的なことであるが、非分抑制や武家奉公の問題は京都近郊や江北では顕在化しておらず、摂津以西における統治の中で直面したものと思しい。

B非分抑制は戦国期以来、禁制に盛り込まれることが多く、配下の軍勢が村落に対して非分を申しかけることを禁じた事例が見られる。そうした中で、当該期には還住した百姓に対する非分を具体的かつ厳密に規制していく動向が検出される。例えば、但馬国では、秀吉の弟の羽柴長秀(のち秀長)が「山口百姓中」に対し、自らの奉公人が悪党行為をした場合は捕えて注進せよ、もし隠した場合は百姓も処罰すると厳命している。[29] ここでの非分には長秀の命令ではない課役の賦課や無賃での寄宿などが挙げられているが、百姓側の申告を義務化していることから単なる救恤策という評価では一面的である。領国統治に際して、村の自力に依拠しつつ〈平和〉を上から強制し、自らがその体現者として振る舞うことで公権力としての正当性を担保する目的があったといえよう。

A武家奉公については、天正八年六月、播磨国において知行付きでの奉公が命じられている。すなわち、在所を知行する給人に対する奉公のみが認められたのである。戦国期には複数の権門・領主と被官関係を結ぶことは一般的であり、それが課役免除の口実とされたが、徐々に帰属先が一元化されていき、豊臣期の重要な政治課題の一つとなった。[30] 秀吉は同年四月に英賀一揆を滅ぼし、百姓らに指出を命じた後に、姫路へと居城を移しており、[31] 右の命令は播磨平定と抵抗勢力の一掃を機に出したものといえよう。

これらの事例はいずれも領国への編入直後であり、戦時からの復興の色合いが強く、一つの法令に体系的にまとめられる段階ではない。しかし、武家奉公・非分抑制・耕作専念という三つの問題群への対処が摂津以西で見出せる点は、従来の近江での経験を重視する見方を一定程度相対化しうるだろう。播磨では姫路城周辺において赤松氏や小寺氏らをはじめとした勢力が残存したまま秀吉傘下に入ったため、羽柴家中との奉公関係が錯綜する恐れがあった。また、近江と比べるとこの地域では、国人・小領主層の淘汰が進んでいないことにより、個別被官関係の残存度合も強かったと想定される。

また、奉公関係の一元化（A）により、武家に出仕する奉公人とそれ以外（＝耕作に従事する百姓）の差異が明確となり、給人・代官・上使ら武士層による非分を抑制する（B）ことで、私的な搾取を排除し、環境を整えて耕作に専念させ、年貢納入時の基準を定める（C）、という理論上の進展過程が想定される。法の規定としてはAが最後に加わったのは、BとCだけでは不十分であることの気づきの結果といえよう。

（iii）天正十年令

上記の理解を念頭に置いた時、次の史料の位置づけも明瞭となってこよう。

【史料二】（〔g〕）

定

一、家中におゐて奉公人不寄上下、いとま不出にかなたこなたへ罷出輩在之ハ、可加成敗条可申上事、付、遣女同前事、

一、知行遣候已前之領中つきの若党・小者、いつかたに奉公仕候共、当給人違乱有間敷候、但田地事ハ給人次第可取上事、

一、知行遣候以後、其在所之百姓他所へ相越ニおゐてハ曲事たるへし、いかやうニも給人任覚悟、其ものから取上可申事、

一、五　もとの在所へ於還住者、不可有違乱事、
一、四　此以後何々の百姓たりといふ共、前々ゟ田地作候百性を此以後に者、めしつかふへからさる事、
右条々、一柳市助（末安）・小の木清次（小野木重次）・尾藤甚右衛門（知宣）・戸田三郎四郎（勝隆）、此四人として聞立有様ニ可申上候、もし他所ゟ於聞付者、四人之者可為曲事者也、

天正十

卯月　日

当該文書は、豊臣政権の体系的な法令の前史として極めて重要なもので、その内容も後代に継承されている。ここでは、後述の天正十四年令（知行方法度）に倣って、天正十年令と呼称しておきたい。しかし、そもそもこの法令がどこに、いかなる背景のもとで出されたのかについて検討した研究は管見に入らず、まずはその点から着手したい。

天正十年令の対象として想定されるのは、当時の秀吉領国たる江北か播磨・但馬・因幡である。このうち、但馬は長秀、因幡は宮部継潤が統治を委任されており、一柳末安ら秀吉直属の家臣が派遣されたとは考えにくい。よって、江北か播磨に絞ってよいだろう。当該史料の残る「永運院文書」は宮木豊盛宛ての文書が多く、その来歴を考慮すれば、近江が候補に挙がってくる。

一方で、一柳ら四名の活動を追ってみると、一柳・小野木は天正八年の播磨の城割に従事しており、一柳自身も播磨に所領を有していた。天正九年六月には鳥取攻めに従軍していたようだが、翌年六月には一柳・尾藤は於次秀勝の軍事指揮下で備中高松城攻めに加わっている。[32]こうした経緯と照らし合わせれば、播磨の可能性も捨てがたい。

では、当該文書の発給時点の秀吉の動静を見てみると、天正十年四月二日には備前片上を出て、四日に岡山に到着、備中の冠山城攻めに向かい、二十五日に落城させている。[33]すなわち、直前には姫路に在城していたと思しい。

また、第二・三条からは知行の打ち渡しがこの直前にあったと推測されるが、播磨では同年三月二十一日付で知行宛行いが確認できる(34)。

以上から、天正十年令は播磨を対象とした法令である可能性が高い。第一・二条で武家奉公の規定がある点も、播磨であることの傍証といえよう。

内容の分析に移ると、第一条では、家中の奉公人が元の主人に暇乞いをせずに他所へ奉公することを禁止している。こうした多重奉公の制限は信長の法令にも見られ、天正十四年令にも引き継がれた。第二条では、知行の打ち渡し以前の奉公人はどこに奉公してもよいが、田地は新しい給人の支配としている。第三条では、打ち渡し以後は百姓の移住を禁止しており、この両条項からは被官関係と土地領有権を切り離す方針が読み取れよう。

第四条と第五条は順序が入れ替えられており、第四条では有力百姓らによる一般百姓の使役を禁止している。この時点で百姓間の個別的な従属関係に基づく使役を否定していることは特筆すべきで、後述の天正十五年の浅野長吉条々の前提と見なせよう。第五条では還住する百姓への違乱を禁止している。

天正十年令全体の評価としては、奉公人と村落に関する規定が同一の法令内に併存している性格が天正十四年令と類似しており、その重要な前提といえる。また、一柳ら四人が給人とは別に目付のような形で設定され、申告責任も課されており、第三者による監査で法令の客観性の担保を試みている点も、後代の豊臣大名の対応の先蹤と見なせよう。加えて、直接村落に宛てたわけではなく、あくまでも武士層に対して出されるという性格は、のちの秀吉の法令にも引き継がれる。

(4) 本能寺の変後

(i) 法の序列化と大名への伝播

天正十年の本能寺の変後、秀吉は天下一統へと歩み始める。その過程で、大名間紛争・訴訟への対応が見受けられる。例えば、天正十一年十一月には、池田氏と稲葉氏の相論を裁定し、押領した物成の返還、年貢納入前の逃散百姓の処罰、奉公人の喧嘩口論や多重奉公の規制（暇乞いの義務化）、村質郷質の禁止などを命じている。[35] 中でも、双方の年寄の折衝でも決められないもめ事は、訴人・論人を大坂へ召喚するよう命じており（本書第六章参照）、大名よりも上位の裁判権者として自身を位置づけていることが興味深い。給人を巻き込んだ近江の用水相論において、以前の秀長の裁定を破棄し、新たに理非を申し渡している事例[36]からも、自らの地位上昇に伴って、裁判権の序列化を図る動きと捉えられよう。

天正十四年九月、稲葉氏の領知を確定した際にも、村切や収納升の統一を命じるだけでなく、「如御法度」奉公人や百姓は知行付きとし、「被定御法度候上者」家中の訴えは大名が裁定せよ、としている。[37] 過去も含めた秀吉の規定に「御法度」として重みを持たせる意図があろう。

また、支配領域を拡大する中で、新入部大名に対して統治方針を伝授した事例も散見する。例えば、天正十三年閏八月には、越前に配置した堀秀政に対して条々を与える（［h］）。一・二条目が耕作への専念で、国替に際する百姓の移住を規制し、不作時は損免を許したうえで、さらなる損免要求があれば三分一を百姓に取らせ、三分二を給人が取るように命じる、いわゆる二対一配分法を定めている。三条目では給人非分を抑制し、百姓の大名直訴を認めた。四・五条目は武家奉公関係で、奉公人は自身の知行所において抱え、新規奉公は以前の主人に暇乞いを確認するように命じている。三つの問題群への対処を織り交ぜた法令であるが、その条文は翌年の天正十四年令に発展継承された。

天正十五年九月には、伊予東部を与えた福島正則に対して、条々を下している（［l］）。家中による百姓非分抑制、戸田勝隆領との境目争いの禁止などを命じつつ、ここでも戸田と相談して「御掟」を守るように念押ししており、秀吉自身の「公儀」としての権威向上が見受けられる。ただし、これらにおいても大まかな方向性を示すのみであり、具体的な統治は大名に委ねたと考えられる。

なお、秀吉は検地奉行に対しても法令を与えている[38]。検地時には百姓逃散などの抵抗が表面化しやすく、それへの対応として、非分を禁じ、還住を奨励する必要があったためであろう。

(ii) 天正十四年令

秀吉の在地関連法令の体系化は、著名な天正十四年令(知行方法度)とその追加法に見られる((i・j))。両法令は前年閏八月の大規模国替を踏まえ、武家奉公・非分抑制・耕作への専念という三つの問題群への対処を包括的に整理するために公示したものと評価しうる。

まず、C耕作への専念については、二対一配分法を明示し、年貢・諸役納入以前の移住を禁止し、堤普請を図るなど、それまでの年貢確保策を踏襲したものである。加えて、検見時に給人が百姓と相対することを求めており、合意の形成を重視している。こうした姿勢は六角氏に先駆的な対応が見られ、戦国期以来の百姓との折衝の蓄積を踏まえて盛り込まれたといえよう[39]。

右のうち、二対一配分法の評価については、古典的には貢租が二公一民に固定されたと理解されてきたが、現在では①実際の豊臣大名の免率が様々であることから、損免出入時に限定した規定とする見解、②平年作と旱水損時の条文(二・三条目)が分けられていることから、損免時に限らず領主—百姓間の分益比(≠貢租率)を定めたとする見解、③原則や理念を掲げたものであって、実態としては個別給人や村ごとに独自の慣行によって収取が行われたとする見解が出されている[40]。

②と③は相互参照されていないものの、矛盾する解釈ではなく、ともに戦国期の畿内・近国における慣習を踏まえたものと評価している点に特徴があり、宣教師の記録とも合致する[41]。また、③の観点から①を再解釈すれば、建前であるからこそ、損免時に前景化しやすいとも考えられる。よって、③の理解が全体を包摂しうると判断されよう。ただし、従来は二対一配分法を田や米に限定して捉えてきたものの、政権や大名の法令の中には、麦や竹、蜜

柑・油などについても適用例（未遂含む）が知られ（〔シ・レ〕）、小物成に敷衍しうる性格も有したと想定される（本書第七章参照）。

天正十四年令・追加法で新たに盛り込まれた条文としては、京升（十合升）や口米の規定と土免乞の禁止が挙げられる。口米規定は種々の付加税の賦課を禁止し、口米の徴取に統合したものであるが、中世における慣行と比べると概して低率であった。土免乞の禁止も、中世以来の百姓による年貢減免要求を排除したもので、これらの条項は近世的な年貢収取体系への移行を示すものと評価されている[42]。百姓側の闘争手段を封じつつ、雑税を下げることで利害を調整しようとする意図が看取されよう。

ついで、A武家奉公について。暇乞いは従来の個別法を制度化したものであるが、奉公人の範囲を侍・中間・小者・荒子と明示し、彼らの履物や衣服を規定した点が新しい条文となっている。近年、織豊期の兵農分離論は奉公人論として深められており、それを身分と捉えるか否かで立場の違いはあるものの、いずれも天正十四年令が奉公人という区分を明確化した点では一致している[43]。

B非分抑制については、給人が代官などに農政を任せず、百姓が迷惑しないように計らえと命じているものの、具体的な方策や数値の設定などが示されているわけではない。その理由はおそらく、地域や家中によって非分を生じさせる要因や構造が異なるという事情のもと、豊臣大名らが実際の統治の中で個々に対処することが求められたためと考えられよう。また、秀吉の法令が直接村落や百姓に宛てられていないのは、領国や村への法の発出が大名に委ねられた証左といえる。

天正十四年令がそのままの条文で大名領国において活用された事例は少ないが、秀長が「和泉国中」宛てにほぼ同文の法令を出しており（〔ウ〕）、前欠ながらそこでは衣服規定（八〜十一条目）が削除されたと思しい。在地関係のB・Cの規定のみを取捨選択して触れたのであろう。それ以外は概して天正十四年令の骨子を踏まえつつ、大名が地域の状況を加味して法を咀嚼したと見なせる。なお、秀吉がこれ以降に在地関連の法を再度体系化することだなかったのは、統治を大名に委ね、各領国で展開させることを基本としたためであろう。したがって、天正十三年の国替によって創出された多くの豊臣大名が領国統治を開始する際の指針として、当該法令が打ち出されたといえよう。また、耕作への専念は、刀狩令や奥羽仕置令で掲げられた「耕作専に仕候へは、子々孫々まで長久に候」「百姓ハ田畠開作を専に可仕事」という理念に継承されていく。(44)

(iii) 天正十四年令の意義と背景

では、天正十四年令は領主─百姓関係においていかなる意味を有したであろうか。かつて藤木久志氏は、中世の百姓の闘争形態としての逃散を禁圧し、給人を含む領主階級の共同利益を確定した法と評価した。(45) 前半は現段階においても適切といえるが、後半の領主階級を一体で捉える見解については、やや修正が必要と思われる。

例えば、氏は給人が百姓に迷惑をかけないように分別せよ、という五条目を抽象的な見せかけと評価していたが、これは前述の通り、以前から個別に対応していた非分抑制を明示したものである。よって、当該法令で規制されているのは大名家中（給人・代官ら）であって、大名はそれを監督し、政権から委任された統治を執行する主体であった。すなわち、大名と家中を切り離し、大名権力を浮上させる意図が読み取れよう。また、大名とて絶対的な存在として想定されているのではない。例えば、佐々成政の如く一揆を発生させてしまった場合には、国人領主層や百姓に非分を働いたと政権から認定され、所領没収と切腹が命じられた。(46) したがって、大名にも一定の自己規制が求められた点には留意しておきたい。

また、藤木氏が政権・大名の在地法令を一向一揆との死闘や寺内解体の過程で生み出されたものと見通した点は、柴田領国の越前、羽柴領国の江北・播磨など一揆激発地（〔b・e・g〕）に織田大名の特徴的な法が見られることからも核心を突いたものといえる。ただし、一揆との直接の因果関係が明瞭でない地域もあり、豊臣期には一向一揆は見られないため、ここではやや広く、分国拡大に伴う地域再編において、小領主・一般百姓らとの緊張関係と社会的要請を踏まえつつ打ち出したものと捉えることで、次節以降の議論に接続したい。

本節の検討結果をまとめる。秀吉の村落統治は、京都近郊では荘園領主を介したものに留まった一方、江北以降で直接対応が可能になった。秀吉は申し次ぎにより統治の経験を重ねつつ、当初より田地把握への志向を強く持っていた。領国単位での統治を開始した近江では、石高制を摂取し、戦乱からの復興、百姓との折衝を経験した。加えて、摂津以西（特に播磨）において、耕作専念・非分抑制・武家奉公の三つの問題群への対応が出揃い、奉公人と百姓の双方を規定する最初の体系法たる天正十年令が編み出された点は、さらなる進展として評価したい。

本能寺の変後には、秀吉の法・裁定が大名権力の上位に位置づけられるとともに、大名への統治手法の伝播が見られた。こうした蓄積のもと、天正十四年令において統治原則が整理・明示され、大名の法令や政策の重要な前提となった。政権は中世的な在地慣行を取捨選択しつつ、近世的な統治の基準を示したのである。

二　蜂須賀氏の領国統治

（1）阿波入国の前後

本節と次節で扱う蜂須賀氏と浅野氏はともに初期から秀吉に仕え、寺社や大名との交渉役や検地奉行を経験し、親子での領国統治・継承など類似点も多い。相違点としては、浅野氏は奉行層として政権中枢での活動が見られ、領国も蜂須賀氏は播磨龍野から阿波徳島へ、浅野氏は播磨揖東郡から近江坂本・大津、若狭小浜、甲斐府中へと転封を経験している。よって、豊臣取立大名が畿内・近国における統治経験を、他地域にどう応用したのかを分析する際の好例といえよう。

蜂須賀正勝が龍野に入部した時期は明確ではないが、天正八年九月に拝領した可能性が指摘されている(47)。この時期に注意されるのは、正勝の子・家政が領国統治に関与している点である[48]。例えば、「いかりいわ百性中」に対して、夫役・諸公事を三年間免除し、田地と荒田を与え、開墾地の作職も認めている。特権が失効する三年以後の逐電は処罰対象とするなど、大名側が開発を推進しようとする姿勢が読み取れる。また、太子堂（斑鳩寺）での「拙者家来者」の「悪事」に対して厳しい態度で臨んでおり、家中の非分抑制にも関心を払っていた。

天正十三年六月、蜂須賀家政は阿波国を拝領する。家政は領国全体宛ての法令こそ出していないものの、家中への指示や村落への個別対応において統治の方針や様相が窺える。まずは、入国直後の次の史料を検討しよう。

【史料三】[49]（〔イ〕）

条々

一、検見以後損地、下墨付之上、聊不可有相違事、付、人質儀、公物相済次第可返遣候間、可得其意事、

一、百姓上田之儀者、自代官苅可申事、

一、鶴石下地、内検以後一反ふミ出年貢事、残三反置ニ可算用事、

一、八木計事、自余之次、可為在様之事、付、催促銭なと不可出事、

一、向後人足なとの事召遣刻者、以墨付可申付候、於無其儀者罷出間敷之事、

右之体、何茂相背非分於申付者、為何時共可言上之者也、

天正十三

十二月十一日　阿波守（花押）

矢野百姓中

当該史料は個別村落宛てではあるが、豊臣大名の在地法令としては早い事例で、天正十三年の大規模な国分により、子飼家臣が領国を拝領し、統治を開始した時期にあたる。一条目では、検見以後の損地を認めず、年貢の担保として人質を取り、皆済後に返すとしている。当該期には一般的に見られる対応であるが、百姓側の損免交渉や抵

抗への警戒を示し、入部直後の緊張関係が読み取れる。

その一方で、二条目で田地の返上を認め、四条目で年貢の計量については旧来通りとするなど[50]、暫定的な措置も見受けられる。この段階では耕作放棄の禁止や京升規定には至っていない。また、五条目で人夫役は大名の印判状のみで命じており、家中の非分抑制策も打ち出している。入部による在地の混乱を和らげ、円滑な年貢納入を優先したと評価できよう。

（2）領国統治の深化——郡奉行・百姓成立・作職之道

（i）郡奉行宛ての定書

蜂須賀正勝は天正十四年五月に死没、七月に家政は七か条からなる定書を重臣の牛田一長に与え、村落統治の規則を通達している[51]。その眼目は郡奉行の設置にあり、豊臣大名の中では初例と思しい[52]。郡奉行には給人や代官の非分を解決するための中立的立場が求められ、先の天正十年令に見える目付のような存在を恒常化したものといえる。その役割は、在地巡見による給人非分と百姓逃散の抑制（一条目）、年貢収納の監督と未進催促（三〜五条目）であった。ただし、ここでは「阿波九城」の城代が郡奉行となっており、農政に特化した第三者というより、重臣に領域統治を委任した形を取っている。よって、後北条・武田氏に見られる郡代と城代を兼ねた存在に近く、戦国期的な性格といえる[53]。また、郡奉行を設定したからといって、即座に家中の非分が根絶されるわけではなく、慶長期以降も諸大名の法令に非分の抑制が掲げられ続けた点には留意しておきたい。

また、当該条書では天正十四年の年貢を半免としており（二条目）、百姓への歩み寄りの傾向が強い。前年の年貢未進も見られる（三条目）ことから、村側の反発・闘争を踏まえての対応と思われ、社会的要請が統治法に反映されたと評価できる。また、年貢升を「大坂之御判升」（京升）に定め、規格外の升を使用した過上徴収を処罰する（四条目）など、【史料三】の段階から平時の統治への移行を目指したものといえよう。

なお、武家奉公を知行付きとする六条目は豊臣政権の方針に準拠している（〔k〕）が、未進催促時の贔屓を規制して給人と百姓の癒着を警戒し（五条目）、木の伐採を給人・百姓ともに禁止して山野の領有権を公儀が有することを示す（七条目）など、のちの豊臣政権や大名の政策に先行する規定が見られる点からも統治の深化を読み取れる。

（ii）親族宛ての訓戒

ついで、家政が牛岐城代の細山政慶（姉の嫁ぎ先）に宛てた「其方平□（生カ）心持之事」という訓戒状の二条目と四条目を取り上げたい。

【史料四】[54]

一、領知方無沙汰にて人に任置之条、年々荒かさなり百姓不成立様に相聞候、沙汰之限無是非候、当年より百姓等召寄、直様体聞届、作食種子以下我等可申付候間、荒地相開、失候ものも帰住候様ニ堅可被申付候、付、由木（岐）・木岐之儀、荒分浦々百姓家役か人役に田を打懸、相開候様に可被申付候事、

（中略）

一、当国に堪忍之諸侍中へ多少老若によらすいかにも慇懃に仕、何も無如在様に可被仕成候、付、右諸侍中にて或は惣別知行悪歟、或は年ニより水損干魃にあい、はたと身上不成仁在之時、何か度も対拙者訴訟使可被仕事、

二条目では、政慶が統治に疎く人に任せていたため、荒れが重なって百姓が成り立たなくなっていると聞き、叱責している。百姓に直接様子を聞いたうえで、家政から種籾を与えるので、荒地を再開し、失人を還住させ、漁村の百姓にも田を割り付けるよう命じたものである。村への直接対応や当事者意識を訴える家政の姿勢がよく表れている。こうした「百姓成立」をも重視する傾向は、文禄期に秀吉自らも尾張復興策で「給人も百姓も成たち候様ニ可被仰付候事」と命じ、加藤清正も「百姓も迷惑せさるように」し、「なりかね候を申かけ候」ことを禁じている

（〔p・ホ〕）ように、一般的には壬辰戦争からの領国復興の文脈で立ち現れ、近世大名の基幹的な課題となる。[55] その意味で、家政の訓戒はこうした動向の先駆けと見なせよう。

　また、家政は一・三条目で借銭をせずに家臣に目をかけよと諭し、四条目でも「当国に堪忍之諸侍中」は丁重に扱い、水干損などで経済状況が悪化すれば、家政へ訴えるよう命じている。ここでの「諸侍」は国人らを指すと思われ、入部直後の家政は「身上之儀者、成立候様可相測候」と彼らの存立を保障し、正勝も「国衆并今度渡海之御牢人衆、御堪忍候様ニ御心付肝要ニ存知候」と家臣に述べている。[56] こうした配慮は、入国直後に一部の国人・小領主層が百姓とともに蜂須賀氏の入部に抵抗したことに由来するだろう。[57]

　五条目では自身の茶道具を売ってでも困窮した者に合力米を与えるべきだと述べ、寛永期に細川忠利が家臣に示した態度と重なる。[58] 近世初頭の公儀権力は武士と百姓双方の成り立ちを重視しており、家中による非分の抑制と百姓の耕作専念は表裏の関係にあった。両者の存立の均衡こそ当該期の重要課題であったといえよう。

（iii）直轄領への定書

　さて、阿波では天正十七年に惣国検地が行われ、翌年の小田原攻めに家政ら四国勢は船手として従軍、開城後には富士において大仏殿の材木調達を担当した。[59] 帰陣後の天正十九年閏正月、自身の直轄領村落の政所に宛てて定書を出している（〔ツ〕）。注視すべきは、一条目で、井車や堤の整備など「作職之道」に精を入れない百姓は地下中として罰するように命じている点である。これは刀狩令の「百姓は農具さへもち、耕作を専に仕候へハ、子々孫々まて長久に候」を想起させ、[60] 村内の自治に委ねながら、耕作の質の向上を促すべく、百姓の規範を「作職之道」という言葉で表現したものといえる。ゆえに、「専業農民の成熟」[61] は民衆の社会的願望であると同時に、上からの強制として方向づけられたことには留意が必要であろう。

　二条目では「惣別地頭・百姓ハ末代之儀、代官ハ当座之事」であるため、代官や下代の非分は隠さず報告せよと命じている。こうした態度からは、戦国期に近江浅井氏が大浦上荘に「只今遣候所務人者、始終之代官にてハ無之候」と述べた例が想起される。[62] 百姓の恒久性と比較する形で代官の一時性を強調し、代官の不正を言上すれば褒美を与え、逆に代官と結託した場合は親族も含めて磔刑にすると脅すなど、両者の接近・癒着を強く警戒していることが読み取れる。

以上、蜂須賀氏による統治をまとめる。家政が非分抑制のために郡奉行を設置し、給人・代官と百姓の切り離しを図ったのは、個別的な被官関係・支配関係から公儀権力―村落という身分集団間の関係への転換を目指したものといえる。[63] そこでは百姓と武士の双方の成り立ちが掲げられ、百姓は「作職之道」に専念するよう求められた。従来の特権を喪失した国人・小領主層についても、支配関係からは排除したものの、大名側は相応の配慮を払っていた。こうした対応は豊臣政権の方針と重なりつつも、領国での折衝に裏打ちされるがゆえに、時にそれを先取りし、独自に打ち出したものと評価できよう。

三　浅野氏の領国統治

（1）近江から若狭へ

（i）三つの都市法

浅野長吉（のち長政）は天正十一年十一月、杉原家次に代わって近江坂本城を預かる。翌月には、坂本と堅田に宛てた都市法を出した。[64] ただし、両定書には秀吉の意向を奉じた表現が見られ、坂本城周辺に秀吉の蔵入地が集中し、長吉の所領が遠方に配置されたことからも、城代としての性格が強いだろう。[65]

前者は信長の安土山下町中定書の条文を継承したもので、のちに八幡（現在の近江八幡）でも秀次や京極高次が同様の法令を出しており、近江における影響力の強さを物語る。信長の定書からの変更箇所で着目したいのは、十一条目に田畑の作物を盗むことを禁じ、見逃がせば同罪とし、通報者には褒美を与えるとしている点である。懸賞制の採用によって社会からの告発を促す方向性は、戦国期の延長線上にあり、のちの政権や浅野氏の対応にも散見する[66]。

一方、後者は永禄十二年の堅田宛て信長定書の条文を継承しておらず、通行税徴収の否定に象徴されるように、新たに規定したものである[67]。この法令は一部が天正十九年の江州諸浦宛ての秀吉定書にも継承されていく[68]。

天正十四年、秀吉は坂本を廃城して大津に築城を開始、長吉も大津城に移る。翌年二月、五か条からなる定書を大津に出した[69]。内容としては、堅田に与えた湖上舟運の特権を大津にも認めるもので、堅田宛ての定書を発展したものといえる。この定書はのちに増田長盛（天正十七年二月）、新庄直頼（天正十九年五月）、京極高次（文禄四年（一五九五）九月）、大久保長安（慶長六年七月）と管轄者が変更するごとにほぼ同文の高札が立てられている[70]。おそらくは町側が権力に要請したものと考えられよう。

以上から、長吉は近江における前の統治者であった信長の都市への対応に学びつつ、新たな統治のあり方を模索し、さらにそれが後代に継承されていく様子が看取される。基本的には村落についても類似した法の波及を想定してよいだろう。

(ii) 検地と法

長吉は天正十年の山城における指出以後、諸国で検地に従事した[71]。例えば、天正十五年七月には戸田勝隆とともに伊予検地を担当しているが、検地時や直後に法令が多く出されている。戸田の在地宛て条書（一キ）では、一条目で検地奉行の自在庄（自賄）、二条目で薪・雑事・糠・藁・草は百姓が有償供出、三条目で礼銭・礼物・酒肴の禁止と違反者の通報義務を定めている。

四条目では、検地帳面に誤りがあれば給人・代官に断って免を乞い、二対一で配分し、給人・代官がそれでも収奪しようとすれば、三分一を刈り取り、残りを返上せよとしており、天正十四年令を継承しつつ、さらに具体化した規定といえる。また、五条目では、このように命じた上は、百姓が逃散・逐電したら召し返せ、また末尾で非分を直訴しなければ百姓を成敗するとしており、一条目から四条目で百姓への恩恵（と権力側が捉えるところの）政策を示したことの見返りに、統治への助力を強制したと捉えうる。同様の条文はほかにも見え（〔ツ〕）、この段階における非分抑制は百姓への憐愍を装いつつ、現実には逃散や耕作放棄を未然に防ぎ、厳罰対象とするための交換条件として掲げられたものであった。

長吉も寺院宛ての禁制において、寺中への非分の一銭切・検地奉行の自在庄・山林竹木伐採禁止を掲げており（〔ク〕）、戸田の規定と同様の方向性が見られる。また、個別村落に対して、早田・大唐米・稗の刈り取りと二対一配分を伝えている。(72) その際、長吉は「おとな百姓」が請け合ったことを明記しており、先の戸田の法令でも百姓還住の責務を「おとな百姓」に課しており、村の年寄層を窓口として統治を進めていた点は、のちの若狭での対応とも類似する。なお、戸田とはこの前後に九州でも行動を共にしており、翌年に長崎で法令を出している。(73)

検地後に伊予へ入封した戸田は苛政を敷いたとされるが、『清良記』など後世の記録による脚色と見られ、(74) むしろ豊臣大名の一般的な統治のあり方が、地域社会にどう受けとめられ語られたのか、という観点から捉える必要があろう。

（iii）天正十五年条々の評価

天正十五年九月、若狭一国を与えられた長吉は、翌月に極めて著名な次の法令を出す。

【史料五】（〔ケ〕）

条々

遠敷郡宮川之内

　本保村

一、隣国より年貢等とりうせこし候者、相かゝへましき事、

一、盗賊人、又はたよりもなく一切しれさる者、かゝへをくましき事、

一、給人・代官、百性に対し、不謂やから申かけ、人夫等むさとつかひ候事、承引仕間敷候、かうきに仕にをひては直訴可申事、

一、ありやうの年貢、相定候升を以はかり可渡候、年貢を無沙汰いたし未進仕候ハヽ、百性可為曲事、

一、前々よりはしり候百性よひかへし、田地あれさるやうに可申付候、荒地は半納、年々あれは来年夫役可令用捨候、あれ地をひらき、又ぬしなしの田地作毛付候者、末代さいはんすへき事、

一、おとな百性として下作に申付候て、作あひを取候儀無用ニ候、今まで作仕候百性直納可仕事、

一、地下のおとな百性又はしやうくわんなとに、一時もひらの百性つかはれましき事、

右所定置如件、

天正十五年十月廿日　弾正少弼（浅野長吉）（花押）

この天正十五年条々は、多数の村宛てに広範に残されているため、領国全体に出されたものといえる。また、浅野氏転封後に同国に入った木下勝俊が法令を踏襲しており（〔ヒ〕）、そこでは宛名に百姓の名が記されたものもあり、残存状況からも村役人層に交付されたものと思しい[75]。

研究史上、特に重視されてきたのは六・七条目であり、安良城盛昭氏は名主百姓（「おとな百性」）からの名子・被官（「ひらの百性」）の独立を促進した小農自立政策の象徴的事例と位置づけ、以後議論が百出した[76]。もっとも、この両条のみが取り上げられることも多く、他の条項を含めた全体の評価や浅野氏をはじめとする豊臣大名の法令との比較検討が薄い傾向が看取される。

両条に見える「作あひ」禁令について、石井紫郎氏は類似法令の乏しさや反例の存在から、幕藩権力にとって本質的ではないと限定的な評価を下しており、村田修三氏も指摘する通り、「作あひ」の否定は安良城説のように年貢への加地子の吸収を意味しない[77]。確かに、「作あひ」禁止条項は当該法令を継承した木下勝俊掟書を除けば他の豊臣大名の法令において類例を見出せない。

それでもこの両条は、給人・代官―百姓間ではなく、村落の上層百姓―中下層百姓間の問題に踏み込んだ点で、やはり画期的と見なせる。むろん、村落内の階層間矛盾への規定は、他の豊臣大名の法令では基本的には年貢勘定時のもめ事に限定されている。下作や労役に関する規定が他では見られないという意味では、いまだ主要な問題として一般化されていない段階といえる。

だが、類似規定が天正十年令に見られることは先述の通りであり、のちの甲斐における浅野氏の法令でも、かかる条項を発展させた内容が盛り込まれており、村内の階層間矛盾への対処がこの後の幕藩権力の主要課題の一つになることは疑いえない。村請に基づく領国統治には有力百姓の協力が不可欠ではあるものの、下作や使役による一般百姓の疲弊も避けなければならないことが、領主としての難題であった。ゆえに、突出した位置にあるものの、萌芽的・先行的な規定として両条項の意義を再評価する必要があろう[78]。

他の条文も併せて検討すると、一条目は秀吉の天正十四年令に準拠した規定である。二条目の盗賊の排除は、天正二年の「在所掟之事」やのちの秀吉定書（〔m〕）に類似規定が見える。三条目は給人・代官の非分抑制と直訴、四条目は京升規定という当該期の一般的な条項といえる。

五条目は、走り百姓の召還、および荒田再開発における年貢・夫役免除規定や耕作権の付与という村落復興策にあたり、統治の現場において根幹をなしたと思しい。というのは、翌年に長吉の家臣が出した追加法では当該条を具体化し、充実させているためである（〔サ〕）。すなわち、稲が植えられない場合は大豆を植えさせ（一条目）、走り百姓の田畠は惣中の責任で耕作し（三条目）、実りが悪ければ検見をして二対一配分とする（五条目）など、荒地の耕作放棄をいかに防ぐかが最重要課題であったと見受けられる。

なお、追加法四条目では検地に誤りがあれば、百姓と相談のうえで打ち直すとしている。これは、伊予検地とは異なる規定であり、検地奉行としての対応と領国統治者としての対応の差が条文にも反映していよう。そこには百姓との対話の余地が開かれていた。

翌天正十六年、浅野は若狭において検地を実施したが、それ以前の検地経験を踏まえ、田畠の等級別斗代基準の統一を志向したものと評価されている。(79)

（2）甲斐入国

（i）法の集大成――筋奉行・四分の理・勤農強制

文禄二年十一月、浅野長吉・長継（のち長慶・幸長）父子は甲斐に転封となり、翌年に法を整備した。まず三月四日には、五か条の覚書を発し、筋奉行を設定した（[ニ]）。これは甲斐の九筋（地域区分）において、在地を巡見する担当者を三人ずつ設定したもので、城代などではなく、中級家臣が任じられている点からも、近世的な郡奉行のあり方といえよう。その役割は家数人数の把握や荒田開発などの勧農と、奉公人や百姓に法令を伝達することが中心であり、地域によっては鷹巣の管理も命じられている。(80)

翌五日には、筋奉行に対し、都市・村落に関する次のような法令を出した（[ヌ]）。重要なため、全文を掲出する。

【史料六】（丸付き数字は便宜上、引用者が付した）

①（前欠）町人之儀、諸公事免許候、自然伝馬人足用之事候ハヽ、直判にてやといめしつかふへき事、

②一、百姓夫やく之儀、陣夫并京都御普請の時ハ、直判を以、家数ニおうし可申付候間、給人・代官ニ下にてつかハれましく候事、

③一、百姓・町人と奉公人申事候ハヽ、百姓・町人ニ四ツの理、奉公人ニ六ツの理雖在之、百姓・町人理運たるへし、但、年貢出入之儀ハかさねて聞届、有様ニ可申付候事、

④一、けんくわ《（喧嘩）》之儀、理非ニよらす双方成敗可申付事、

⑤一、火事之儀、火を出し候ものゆるし候間、成次第火をけし可申候、但如在にて火を出し、類火於在之ハ、其もの共としてからめ取可出候、糺明をとけ、其身とかにおひてハ成敗可申付事、

⑥一、ぬす人之事、つけしらするにおひては同類たりといふ共、とかをゆるし、其高下ニよつてほうひ《（褒美）》すへく候、とかに無之候ハヽ、糺明をとげ、若いわれさる儀ニおひてハ申出し候もの可為越度事、

⑦一、在々名主共事、百姓ニかうさく之儀無由断申付、荒地無之様ニ仕、年貢等無如在納所させ、又百姓もめいわくせさる様ニ仕候ハヽ、如先々名主たるへく候、若百姓ニ対しいわれさる儀申かけ、めいわくニおひてハ、直訴可仕候、糺明をとげ、あり様ニ可申付候、次公儀へも私曲仕ニおひてハ、ひら百姓頭たるへく事、

⑧一、はしり候百姓悉なをすへく候、さ候ハヽ、三ケ年之間、諸公事ゆるすへき事、

⑨一、他国ゟ立かへり候百姓荒地おこし候ふんニ、たね・作り食利なしニかり可申候、たとひあり来百姓たるといふ共、荒地おこし候ふんニハ、たね利なしにかし可遣事、

⑩一、年々荒・去年之荒、悉おこすへく候、然ハ当納の年貢百姓ニ可遣候、来年ゟハ百姓あいたい候て、申次第年貢さたむへき事、

⑪一、町人・百姓かうさく仕もの、あさハ六ツ時ゟ出、晩ニも六ツをかきりニやとへかへるへく候、女房・子共十ゟうへハその家職を可仕候、若由断にてあそひ候ものこれあらは、可為曲事、

⑫一、相定候年貢并前々ゟあり来口米壱俵ニ付て七合ツヽ可納候、此外少も非分有ましき事、

⑬一、町人・百姓、めしつかひ候下々のものはしり候をかくし置輩ハ、見つけ次第あいことハり可取返候、若承

引不仕ものハ可為曲事、

⑭一、牛馬そたて候事、百姓まゝニ候、何かたへ参候共、有様之代ニ売買すへき事、

⑮一、代官・給人共在々へ罷越時ハ、じざいしやう（自在庄）たるへし、少も非分あるましき事、

⑯一、出入之商人ニ対し、聊非分あるましき事、

⑰一、もめん之事、今迄仕置ふんハ今月廿日以前ニ可売払候、其以後ハ信玄之時のさためのことく弐丈五尺の寸尺たるへく事、

右條々、於違犯之輩者、可処厳科者也、仍如件、

文禄三年三月五日　左京大夫（浅野長継）（花押影）

弾正少弼（浅野長吉）（花押影）

河内筋

浅野兵部少輔殿

岡野弥右衛門尉殿

条文の長大さや詳細な規定から、当該期の法令の白眉といえるが、言及する研究は少ない[81]。①では町人役、②では百姓夫役を規定するが、印判状での直接命令に限り、給人・代官の私的使役を防ぐなど、一般的な対応といえる。注目すべきは③で、百姓・町人と奉公人（ここでは武家奉公人に限らず家中全般か）がもめ事を起こした際、後者に六分の理があっても、前者の勝訴としている[82]。ただし、年貢に関する訴訟は対象外で、詳しく審理された。武士・奉公人側を不利にすることで自重を求め、非分をより強く抑制しようとする意図が看取される。

ついで、④〜⑥は主に町人宛ての規定で、坂本宛ての定書と比較すると、⑤において火事の場合には火元の罪を問わないので、消火に加わるよう命じているのが特筆される。火元を有罪とすることで逃亡が多発し、かえって延焼を拡くのを防ごうとしているのだろう。過去の経験から条文を改めたものと推測される。ただし、過失による類

火の場合は糺明の対象としている。

⑦～⑩は主に百姓が対象で、⑦では名主の条件を提示する。百姓の耕作を監督し、荒地や未進を防ぎ、百姓が迷惑しないようにすれば、これまで通り名主を勤めてもよいとする。百姓が迷惑すれば直訴を許し、公儀への不正があれば名主を解任すると脅すことで、村役人としての責務と自覚を促している。ゆえに、この条項は、有力百姓層による一般百姓層からの搾取を禁止するという方向性において、天正十五年条々を継承したものといえよう。一方で、下作や労役などの具体的な記述が消え、抽象化している意味では、村役人層に村政を委任し一定の権限を認める余地も看取しうる。

⑧～⑩は村落復興策で、還住百姓には三年間の諸役をかけず、荒地開発をした場合は当年分の年貢を免除すると定める。他国から戻った百姓には種籾・作食米を無利子で貸し、それ以外にも種籾は貸すとする。

異色の条項は⑪で、耕作時間を朝六つから暮六つと規定し、女性や十歳以上の子供も家職に励むべし、遊ぶ者は罰するとしている。前者については、在地社会の村掟においても、作毛の盗取防止の文脈から、朝六つから暮六つを耕作時間と規定しており、そうした社会慣行を前提にしたものといえる。[83] 後者については、この時期に日本を訪れた宣教師が、日本人は耕作を怠けがちであり、酒や遊芸などに時間を浪費していると述べたことと照応する。[84] こうした状況に対して、上から勤農を強制した徳化政策といえよう。

近世史では伝統的に、百姓の生活規範にまで踏み込んだ法令が見られるのは、寛永飢饉以降（幕藩制第二段階＝小農維持）とされている。[85] ⑪の内容が以後の浅野氏や豊臣大名の法令には継承されていないことから、やはり特異な位置にあるのは間違いなく、かかる一片の条文から小農維持への転換時期を引き上げるのは慎むべきである。しかし、豊臣大名が領国統治を模索する中で、萌芽的に百姓の生活や耕作時間にまで言及した点は、高く評価できる。加えて、甲斐で出された点も考え合せると、時代は隔たるものの、いわゆる「慶安の御触書」（ないし「百姓身持之覚書」）[86] の淵源の一つとしても看過できないのではなかろうか。

⑫の口米規定は天正十四年令など豊臣政権や大名の規定（一石につき二升）とは一見数値が異なっている。しかし、甲州俵・六合摺で換算すると、一俵は京升で三斗六升となり、ほぼ同様の基準にあたる。直後に長吉が携わった和泉・摂津国検地では、一石につき二升と定めていることから、地域慣行に即した単位で示したものと捉えうる[87]。⑬・⑮は従来の浅野氏の法令と類似の規定といえる。⑭では、牛馬の飼育と売買の自由を定めており、耕作に関わる基盤整備と財産処分権を公認した特徴的な規定といえる[88]。⑰は町関連ではあるが興味深い内容を持つ。木綿一端を二丈五尺と定めており、それが武田信玄の規定に準拠したものと明記している。信玄の時代に木綿の寸法が法制化されていたかは不明だが、寛正三年（一四六二）の大内氏掟書においては古式によって一端を二丈八尺と定めており[89]、類似の規定をしていた可能性はある。⑫と併せて、戦国期の規格を継承する側面も指摘できよう。

さて、同年六月には「家中之法度」という十九か条からなる家中法も制定しており、百姓に迷惑をかけずに憐愍せよとの命令（三条目）や二対一配分法（四条目）など、従来の豊臣法を踏襲しつつ、家数の維持を命じ（五条目）、堤普請は武士も鍬を持って加わるように求め、もし応じなければ所領の五分一を没収すると定める（十四条目）など、新たな規定も見られる[90]。特に後者のように、細かな罰則規定や過料を多く導入している点は浅野氏の法令の特徴といえるが、厳密に所領没収を施行したとすると相当の混乱が生じたと予想され、おそらくは過酷な罰則を設けることで秩序を引き締める狙いがあったと思しい。本書第二章で言及したように、長吉が参与した政権の蔵米算用においても、同じ頃から知行地の没収や過料などが導入されたが、実際には脅し文句と見られ、かかる中央での傾向と相通じよう。

従来、豊臣大名の在地関連法令の代表例としては、文禄五年の石田三成条々や慶長四年の横田村詮法度が挙げられてきた。しかし、浅野親子の法は、都市・村落・家中に関する規定の整備や体系化を図ったもので、【史料六】は村に直接宛てたわけではないが、広く触れられたと思しい。よって、石田条々・横田法度に先行し、比肩しうる豊臣大名の法の一つの到達点と位置づけられよう。

(ii) 統治の体現者としての奉行

甲斐に入った長吉は、政権中枢の奉行かつ秀吉の親族大名としての立場から奥羽・関東の東山道を管轄したと見られる[91]。そうした中、文禄四年に蒲生氏郷が死去すると、会津蒲生氏の統治を監督し、仕置(家老)宛てに二つの法令を出す。

一つは領国全体に対する十七か条の条々(〔ネ〕)で、走り者対策や、氏郷時代に設置された郡奉行には荒地開発を命じたものであり、従来通りの統治を求めつつ、甲斐での法令とも重なる条文が見られる。いま一つは城下の若松(現・会津若松)に対する十三か条の掟条々[92]で、町人と奉公人が喧嘩した場合は糺明の後に町人側を保護するなど、【史料六】③と類似する条文が見られる一方で、触流しや旅宿の規定、借家人の罪科・質物や盗物の対処など、会津独自の条文も多い。よって、蒲生家中や都市側からの要請も反映して法を案出したものと捉えられよう。

長吉は文禄五年四月に失脚し、慶長三年までは政権の奉行から外される。国元に戻った長吉は検地を行うが、検地奉行に与えた「甲州検地之覚」(〔t〕)の内容は、秀吉の伊勢検地での条目(〔r〕)との類似性が指摘されており、政権の検地方針を反映したものとされる[93]。確かに、検地竿の寸法や三百歩一反の制などは太閤検地原則に準拠している。ただし、桑・漆・竹など小物成の把握(五・八・九条目)や検地除外地の規定(十~十二条目)などはむしろ、薩摩における石田三成の検地覚書(〔s〕)と同様の方向性を示しており、荒地の規定(六・七条目)や検地後の収取(十三条目)は収穫期を前にした独自の条文といえる。

ここで特記しておきたいのが、政権中枢の奉行は長吉同様、多くの法令を各地で出している点である。石田三成は訴訟や検地奉行・奥羽仕置の過程で村落への対応を経験し(〔タ・m・s〕)、自身の所領の摂津や丹波亀山・近江佐和山において統治法を制定(〔セ・ソ・ヘ〕)、筑前や越前の蔵入地では長吉とともに法を定めている(〔ヨ・ラ・w〕)。増田長盛も同様に訴訟対応や所領での統治法制定が見られ(〔エ・タ・ヤ〕)、長束正家は検地に関する法令を村落に通達している(〔ヱ〕)。彼らには、豊臣政権の政務に従事する過程で、現場において統治の方法を模索し、文禄期に自らの領国統治を展開する中で法令を体系化したという共通点が見受けられる。

加えて、石田三成は作職を検地帳の名請人の進退とする旨をたびたび明文化しているが（〔セ・ヘ〕）、天正十一年検地を受けた近江今堀惣中の村掟に同様の規定が見られる。秀吉が初期から掲げた作職固定（【史料一】）が惣村側の希求と合致することを確かめうると同時に、近江の小領主層出身の三成がそうした社会的要請や検地奉行としての経験を踏まえつつ、これらを再び法に還流し、定着させていくという循環構造が浮かび上がる。[94]

同時に、三成は非分抑制のための百姓による直目安を認めつつ、手続きを踏まえない越訴や「筋なき事」の上申は処罰対象としており（〔セ・ヘ〕）、民衆への訴訟の開放にあたって、相応の訴訟能力と年貢皆済を求めていた。[95]ゆえに、これは単なる救恤と捉えるべきではなく、年貢・課役負担義務の反対給付としての権利保障であり、民衆の主体的な社会知の向上を促しつつ、訴訟制度の整備を目指すものと見なせる。

これらの傾向と長吉の法令に見られる先進性を踏まえるならば、政権中枢の奉行は豊臣の法や統治の牽引的な体現者であると同時に、社会的要請と政権の理念の橋渡しをする、国家・社会構造改編の主体と評価することが許されよう。[96]ただし、讒訴事件により長継が統治能力に欠けるとして家督を一時剥奪されたように、彼らは常に政局による淘汰の危険性を抱えた存在でもあった。

（iii）蔚山籠城戦から関ヶ原へ

慶長三年正月、蔚山籠城戦で九死に一生を得た浅野長慶（文禄五年に長継から改名）は、国元の家老から昨年は豊作であったとの知らせを受け、百姓や女・子供が還住したことを喜び、さらに「立直候様、可被入精候」と激励した。長きにわたる海外への侵略戦争で疲弊した諸将は、帰国後の領国復興を見据えていたが、長慶の右の反応はそのことを如実に示すものである。また、この事実は、これまでの継続的な村落対応の成果であり、戦国期的状況の精算とも評価されている。[97]

同年七月、長政（慶長二年に長吉から改名）は近江神崎郡内で加増を受け、九月には愛智川町宛てに都市法を出している。[98] 五か条の簡潔なもので、武士が混在する城下との差が見受けられる。また、翌月には豊臣蔵入地に編成された筑前において統治法を定めている（〔v〕）が、年貢の納入規定や走り百姓対策など、当座の所務と荒廃からの復興が目的といえる。

慶長五年正月には、長政が甲斐の新町宛てに荒田畠の開発を命じ、二年間は作取で、三年目から年貢十分一、五年目からは三割とし、翌月には幸長（慶長三年に長慶から改名）も類似する規定を村宛てに出している。いずれも優遇措置であり、領国の疲弊への対応策と見られる。一方、同年七月には家康の会津攻めに伴って、陣中法度とともに留守中法度を定めるが、慶長五年は満作が期待されるので、しっかりと納所するよう言い置いている。[99] この差は、慶長二年秋が豊作だったものの、翌年秋には大風と洪水により「諸国凶作」となり、同四年夏には東日本で餓死者も出たことに起因するだろう。慶長五年には京都近郊でも豊作が確認できる。[100]

慶長五年十月、関ヶ原の功績によって、浅野幸長は紀伊国を拝領するが、直後に領国統治法を制定している。[101] それまでの法令の内容を踏襲したものであり、以後、安芸に入部した際も長晟が「安芸国百姓中」宛てに覚書を出し、郡奉行を設定するなど、移封先で活かされている。豊臣期の統治経験は徳川期にも引き継がれ、発展を遂げたのである。

以上、本節の内容を概括すると、浅野氏は近江に蓄積された都市法や検地経験を前提にしつつ、若狭一国を領有して以降、村落宛ての統治法を発出した。甲斐転封後、詳細かつ体系的な都市・村落・家中宛ての法令を相次いで打ち出した。また、他大名領の統治を監督し、独自に太閤検地方式を実施するなど、吏僚層としての蓄積も重ねており、政権中枢奉行として豊臣政権の統治を体現したものと評価しえよう。朝鮮からの帰陣後は戦争や天災で荒廃した領国の復興を目指し、こうした蓄積は関ヶ原後にも継承された。

四　領国統治の展開

本節では前節までの検討を踏まえ、豊臣大名の領国統治の全体的な動向を整理し、時期ごとの特徴を抽出したい。その際、統治の方針を体系的に示した在地関連法令に着目し、一つ書き形式で複数の条文からなり、「定」や「条々」という表題を有する、織豊取立大名やその家臣の法令を主な考察対象とする。これらをまとめたのが表12−1であり、適宜、織田大名や秀吉の法令、大名の単行法令や書状などとも比較しながら、以下で検討していく。

（1）天正十四年令以前の動向

まずは、前史として織田取立大名の領国統治を見ていきたい。信長も秀吉同様、大名に国掟という形で統治原則を示しているが、個別の指示に留まる。[102] その内容は、百姓への非分抑制や奉公の際は前の主人に届け出ること（暇乞い）などの規定が入ってはいるが、訴訟を公正に行い、武篇を奨励するなど、領主としての心がけを述べた条文が多く、武士層に力点が置かれている。また、耕作専念などに関する条文はなく、荘園領主や国人層への一定の配慮を求めるなど、村落への直接対応が規定されていない点は秀吉段階とは異なる。むしろ主な関心は流通（関所・道作）や軍備（城普請・兵粮）に寄せられており、軍事経済政権としての性格がよく表れている。

ゆえに、実際の村落への対応は、織田大名に委ねる面が強かった。[103] 周知のように、信長から越前国掟を示された柴田勝家は、七か条の条々を国中に出している（[e]）。そこでは、人足役や竹木伐採を大名の直接命令のみに限定し（一・六条目）、在地に赴いた上使の賄の数量を規定する（三条目）など、非分抑制の具体策が示されている。二年後には在地への巡見において奉行は自賄と定めており（[f]）、のちの浅野氏らの対応に先行する形で統治法を深めていることが確認できる。また、百姓らの新規の奉公を禁止しており（五条目）、奉公関係の条文も見られる。

表 12-1 織豊取立大名の在地関連法令

	年月日	文書名	宛名	対象範囲	条数	典拠[1)]
a	天正 2・3・1	佐久間信栄定書写	—	野洲・栗太郡	3	「安治区有文書」宮川満『太閤検地論』III
b	天正 2・3・19	羽柴秀吉掟書写	—	江北・羽柴領	5	「雨森文書」『秀吉』83号
c	天正 2・3・22	羽柴秀吉掟書写	—	江北・羽柴領	3	「雨森文書」『秀吉』84号
d	天正 3・6・26	柴田勝家条々写	宮井井衆	近江・個別村落	3	「宮井文書」東史ボーン
e	天正 4・3・1	柴田勝家条々	余谷五村ほか	越前・柴田領	7	「野村志津雄家文書」『福井県史』資料編 5 ほか
f	天正 6・3・19	柴田勝家条々	—(下番村ヵ)	越前・個別村落	3	「大連彦兵衛家文書」『福井県史』資料編 4
g	天正 10・4	羽柴秀吉定書写	—(播磨の給人ヵ)	播磨・羽柴領	5	「永運院文書」『秀吉』412 号
h	天正 13・閏 8	豊臣秀吉条々写	—(堀秀政)	越前・堀領	5	「堀氏代々家伝記」『秀吉』1596 号
ア	天正 13・9・14	羽柴秀長掟書	和州法隆寺	大和・秀長領ヵ	5	「法隆寺文書」『大日本史料』
イ	天正 13・12・11	蜂須賀家政条々写	矢野百姓中	阿波・個別村落	5	「小熊格夫氏所蔵文書」『蜂須賀三代』
i	天正 14・1・19	豊臣秀吉定書写	—	豊臣領全域	11	「黒田共有文書」『秀吉』1843 号
ウ	(天正 14) 2・21	羽柴秀長定書	和泉国中	和泉・秀長領	5(前欠)	「吉田家文書」『阪南町史』上
j	(天正 14) 3・21	豊臣秀吉条々	—	豊臣領全域	3	「大覚寺文書」『秀吉』1864 号
エ	天正 14・4・13	増田長盛事書	大島百姓中	摂津・個別村落	3	「東大島部落農文文書」『尼崎市史』6
オ	天正 14・7・25	蜂須賀家政条々	牛田一長(郡奉行)	阿波三好郡	7	「半田又十郎氏所蔵文書」『阿波藩民政資料』
k	天正 14・9・21	豊臣秀吉覚書	稲葉良通・典通・貞通	美濃・稲葉領	5	「豊後臼杵稲葉文書」『秀吉』1956 号
カ	天正 15・2・13	前田利家定書写	鹿島郡在々百姓中	能登鹿島郡	2	「松雲公採集遺編類纂」『新修七尾市史』3
キ	天正 15・7・14	戸田勝隆検地条々	—	伊予風早郡ヵ	5	「二神家文書」『愛媛県史』資料編近世上
ク	天正 15・7・18	浅野長吉検地条々写	奈良谷龍谷寺	伊予・龍谷寺領	3	「宇和旧記」『愛媛県史』資料編近世上
l	(天正 15) 9・8	豊臣秀吉条々	福島正則	伊予・福島領	5	「福嶋家文書」『愛媛県史』資料編近世上

ケ	天正 15・10・20	浅野長吉条々	遠敷郡本保村ほか	若狭・浅野領	7	「清水三郎右衛門文書」『小浜市史』諸家文書編 4 ほか
コ	（天正 15 ヵ）12・12	蜂須賀家政事書	細山政慶	阿波・細山領	4	「蜂須賀文書」『阿波藩民政資料』
サ	天正 16・2・24	浅野長吉家臣定書	本保村御百性中	若狭・浅野領	5	「清水三郎右衛門文書」『小浜市史』諸家文書編 4
シ	天正 16・閏 5・6	加藤清正定書	北里政義・重義	肥後・加藤領	7	「北里文書」『新熊本市史』史料編 3
ス	天正 17・2・24	福島正則条々	桑村郡河原津	伊予・個別村落	7	「松木家文書」『今治郷土史』資料編古代・中世
セ	天正 17・4・19	石田三成事書	（浜田村百姓）	摂津・個別村落	3	「寺岡得夫文書」『尼崎市史』5
ソ	天正 17・10・6	石田三成定書	佐治	丹波・個別村落	3	「平沼伊兵衛収集文書」『日本の中世文書』
タ	（天正 17 ヵ）10・16	増田長盛・石田三成達書写	富長庄百姓中	近江・個別村落	3	「光照寺文書」『東浅井郡志』4
m	天正 18・8・10	豊臣秀吉定書	石田三成ほか	奥羽	7	「個人蔵文書」『秀吉』3379 号ほか
チ	天正 19・閏 1・17	長岡忠興事書	代官中	丹後・長岡直轄領	13（前欠）	「小倉家文書」『宮津市史』史料編一
ツ	天正 19・閏 1・23	蜂須賀家政定書	沖村・大幸村政所	阿波・蜂須賀直轄領	5	「福永龍太郎氏所蔵文書」『阿波藩民政資料』
n	（天正 19）4・1	早川長政書状	伊香郡高月村政所百姓中	近江・個別村落	1（実質 7）	「三田村文書」『滋賀県市町村沿革史』4
テ	天正 19・5・6	早川長政家臣掟書	富田村庄屋・惣百姓中	近江・豊臣蔵入地	5	「川崎家文書」滋経所蔵[2)]
o	天正 19・5	百姓起請文前書案	―（吉田清右衛門あて）	和泉・豊臣蔵入地ヵ	16	「池辺家文書」『和泉市史』二
ト	天正 19・8	松下之綱・山内一豊連署掟書写	―	会津・伊達領か	5	『歴代古案』
ナ	（文禄 2）6・7	山口宗永事書	（戸次村ほか）	豊後・旧大友領	14	「高橋文書」『熊本県史料』12 ほか
p	文禄 2・11・28	豊臣秀吉条々	―	尾張・秀次領	9	「辻太氏所蔵文書」「張州雑志」『秀吉』4803・4 号
q	文禄 2・12・14	豊臣秀吉掟書案	―	尾張・秀次領	16	「駒井日記」『秀吉』4812 号
ニ	文禄 3・3・4	浅野長吉・長継連署覚書	（逸見筋の奉行ほか）	甲斐・浅野領	5	『浅野家文書』ほか
ヌ	文禄 3・3・5	浅野長吉・長継連署覚書写	（河内筋の奉行）	甲斐・浅野領	17（前欠）	「太祖公済美録」『山中湖村史』1

r	文禄 3･6･17	豊臣秀吉検地条々写	（伊勢の検地奉行）	伊勢	12	「渡辺家文書」『秀吉』4952 号
s	文禄 3･7･16	石田三成検地覚書写	薩州奉行中	薩摩・島津領	11	『入来院文書』
ネ	文禄 4･7･21	浅野長吉条々写	（蒲生氏の年寄）	会津・蒲生領	17	「梁田文書」『会津若松市史』8
ノ	文禄 4･9･20	石田正継条々写	伊香郡古橋村百姓中	近江・個別村落	5	「古橋村高橋家文書」『新修彦根市史』5
ハ	文禄 4･10	原長頼掟書写	大大和村・脇上下村・浅井村惣百姓中	三河・原領	19	「参州岡崎領古文書」『新編岡崎市史』史料古代中世
ヒ	文禄 4･11	木下勝俊掟書	遠敷郡本保百姓中小四郎ほか	若狭・木下領	7	「清水三郎右衛門文書」『小浜市史』諸家文書編 4 ほか
フ	（文禄 5）1･24	藤堂高虎条々	藤堂良政ほか	伊予・藤堂領	15（前欠）	「藤堂家文書」『三重県史資料叢書』5
ヘ	文禄 5･3･1	石田三成条々	成菩提院村ほか	近江・石田領	9･13	「成菩提院文書」『新修彦根市史』5 ほか
ホ	文禄 5･5･14	加藤清正法度写	加藤可重ほか	肥後・加藤領	9	「大阪城天守閣所蔵文書」『秀吉家臣団』
t	文禄 5･7･11	浅野長吉検地覚書写	（検地奉行）	甲斐・浅野領	15	「太祖公済美録」『山中湖村史』1
マ	文禄 5･閏 7･13	山口宗永覚書	嘉麻郡ほか	筑前・小早川領	15	「臼井文書」『新修福岡市史』資料編近世 1 ほか
ミ	（文禄 5）8･28	加藤清正事書	新美藤蔵	肥後・加藤領	17	「個人蔵文書」『新熊本市史』史料編 3
ム	文禄 5･9･晦	石川光吉・一宗連署条々写	—	河内・石川領ヵ	9（前欠）	「招提寺内興起後聞記并年寄分由緒実録」『枚方市史』6
メ	文禄 5･10･13	藤堂高虎家臣置目写	細井久介ほか	伊予・藤堂領	5	「宇和島伊達文化保存会所蔵文書」『今治郷土史』資料編古代・中世
モ	慶長 2･2･4	織田信秀事書	—	近江・個別村落	9	『近江国長安寺文書調査報告書』
ヤ	慶長 2･2･28	増田長盛法度書写	—（給人）	大和・増田領	7	「談山神社所蔵文書」『広陵町史』史料編下
ヰ	慶長 2･12･13	原長頼掟書写	浅井村惣百姓中	三河・個別村落	9	「参州岡崎領古文書」『新編岡崎市史』史料古代中世
ユ	慶長 3･2･21	日根野高吉事書案	神戸百姓中	信濃・個別村落	6	「神戸共有文書」『信濃史料』18
ヱ	慶長 3･6･20 ほか	検地奉行条々写	—	越前	5	「石徹白文書」『岐阜県史』史料編古代中世補遺ほか

ヨ	慶長 3・6・22	石田三成条々	筑前国志摩郡在々ほか	筑前・豊臣蔵入地	9	「朱雀文書」『新修福岡市史』資料編近世 1
ラ	慶長 3・6・25	石田三成条々写	—	筑前・豊臣蔵入地	3	「小金丸文書」『新修福岡市史』資料編中世 1
u	（慶長 3・7）	豊臣秀吉検地条々写	（越前の検地奉行）	越前・加賀江沼郡	13	「駒井日記」『秀吉』5871 号
v	（慶長 3）10・26	浅野長政書状写	（筑前の郡奉行）	筑前・豊臣蔵入地	5	「太祖公済美録」東史写真帳
リ	慶長 3・10・吉	中川秀成定書写	竹田惣百姓中	豊後・個別村落	5	「喜多村氏蒐集文書」『大分県史料』26
w	慶長 4・1・14	浅野長政・石田三成連書状写	—	越前・豊臣蔵入地	4	「木村孫衛門家文書」『福井県史』資料編 6
ル	（慶長 4）1・15	小早川秀秋定書	筑前国志摩郡ほか	筑前・小早川領	5	「朱雀文書」『新修福岡市史』資料編近世 1 ほか
レ	慶長 4・6・吉ほか	横田村詮法度	蕨野村惣百性中ほか	駿河・中村領	5	「浅野文書」『静岡県史料』3 ほか
ロ	慶長 4・11・12	中川秀成家臣連署条々写	竹田惣百姓中	豊後・個別村落	6	「御年譜」『中川史料集』
ワ	慶長 5・2・4	藤堂高虎条々写	板島（留守居家臣）	伊予・藤堂領	36（うち 13）	『高山公実録』

備考）網かけした a ～ w は参考史料（豊臣大名の条書形式や在地宛て法令ではないもの）
1）刊本等で参照しやすいものを掲げたが，適宜写真帳や影写本等で校訂して使用した
2）藤田恒春「豊臣政権期近江の史料」（同著『豊臣秀次の研究』文献出版，2003 年，新稿）

加えて、耕作専念のため城普請を免除し（一条目）、内得や小成物を在地に留保する（二条目）などの優遇措置を講じる一方、役忌避のための移住は禁止し（七条目）、年貢確保策も打ち出している。ここに、秀吉よりも早く、武家奉公・非分抑制・耕作専念の三つの問題群への対処が体系的に示された点は、織田取立大名の到達点として高く評価できる。百姓に対して厳罰や連帯責任などを掲げるのは普遍的な武家領主の法の特徴といえるものの、一向一揆平定後の越前を復興させるにあたって、村落への直接対応の必要性に直面した勝家が、硬軟を織り交ぜた法を案出したと考えられる。換言すれば、一揆との死闘が勝家に統治法の制定と一定の譲歩を迫る大きな要因であったともいえよう。ただし、表12-1に明らかなように、こうした対応は織田大名のごく一部に留まり、全国的な展開は豊臣期に持ち越されることとなる。

秀吉取立大名の在地関連の法が見られるのは、前述の通り、天正十三年の国替後のことで

あった。第二節で見た蜂須賀氏以外では、大和における羽柴秀長の事例が注目される。同年閏八月に大和を拝領した秀長は、法隆寺に対して掟書を出しているが、内容から推して、寺領限定ではなく、大和での統治方針を示したものと思われる〔(ア)〕。

一・五条目では家中による百姓への非分を禁止し、礼銭収取を処罰対象とし、百姓に直訴を命じ、二・四条目では人足役と竹木伐採は秀長の直接命令とし、三条目では家中の寄宿を禁止し、木賃宿を借りるように命じている。総じて、非分抑制を具体的に規定した法であり、柴田勝家条々や【史料三】の蜂須賀家政条々と類似の方向性を有しているといえよう。

(2) 天正十四年令以後の動向

(i) 統治法の多様化

天正十四年令以後の豊臣大名の法令の展開を通覧すると、二対一配分法や京升・口米規定などは発展継承されている例が多く、数値による基準の明示が大きな意味を持ったといえる。その際、「如御掟」や「任御法度之旨」〔(テ・ヤ)〕とされており、秀吉の法令は広く守るべきものとして認識されるに至った。

また、非分抑制や堤普請なども継承されてはいるが、条文そのままに踏襲しているのは第一節で触れた和泉の事例〔(ウ)〕を除けば皆無で、天正十四年令を前提としつつ、大名が具体化・深化させるのが一般的であった。前述の蜂須賀氏における、郡奉行の設置や年貢催促時の贔屓の禁止などは非分抑制の具体策の代表例といえよう。

ここで留意したいのが、天正十四年令以前の慣習法や個別法令を発展させたと思しい事例が、同令に準拠した例以上に観測される点である。先述の通り、使者や役人が在地を巡回する際、自賄とする規定は柴田勝家条々〔(f)〕に萌芽的に見られ、伊予検地における戸田・浅野の事例〔(キ・ク)〕で賄方無用と薪以下の百姓供出分が明示されるが、それが秀吉の掟として見られるのは天正十七年の美濃検地のことであり、文禄三年の伊勢検地では秀吉自身が「如御法度自賄ニ可仕候」と述べるに至る[104]。伊予検地では供出すべき糠・藁の数値を定めているが、他の秀吉法令には数値基準が見えないため、独自の規定と思われる。伊予検地における自賄や礼銭禁止がたとえ秀吉の命令を受けたものであったとしても、各地域での検地法令が大名や検地奉行に周知されていたとは考えにくく、織豊大名総体として検地を重ねることによって自賄が「御法度」として定着したと捉えられよう。

同じく伊予検地における礼銭・礼物の禁止も、のちの秀吉の検地法令で踏襲される内容であるが、信長の治世において既に同様の禁令が出されており、浅野自身も天正十三年に近江の統治の中で、関所における礼銭収取を禁じている[105]。これらから、秀吉の法と大名の法は互いに影響を及ぼしあいながら発展したと見なせる。

また、第一節で触れた稲葉氏宛ての事例では、秀吉自身が知行付きでの武家奉公を「如御法度」としているが、これは直接的には天正十年令やそれ以前の個別対応で示した内容であった[106]。百姓の年貢運搬についても、取立大名ではないが、徳川家康の著名な七か条定書に五里以内とする規定が見られるのが早い例で、秀吉ものちに同様の規定を豊臣蔵入地において指示しているが[107]、慶長期になると増田長盛が「任御法度之旨」五里以内と明記するに至る（〔ヤ〕）。よって、天正十四年令などの広域に周知された豊臣基本法のみが絶対的基準となる「御法度」であったわけではなく、法の蓄積や権力の志向性の総体を指して「御法度」と呼称したと考えられる。この点は、同じく村落に向け、「御法度」と表現された「喧嘩停止」政策のあり方を考えるうえでも示唆的である（本書第十一章参照）。

加えて、豊臣大名が領国の統治の中で細則を案出した例も散見する。加藤清正が城下熊本への詰夫を十石に一人、普請道具などの熊本への運搬は百石に二人ずつと定めた例（〔シ〕）や、福島正則が大坂への水主役に対する飯米を一人につき一升ずつ出すことを定めた例（〔ス〕）など、人夫役の賦課・反対給付に関する数値基準に顕著に見られ、これらは非分抑制のための運用規定と捉えうる。

このように、豊臣大名の統治法は前代以来の蓄積と領国ごとの必要性に応じて多彩な展開を遂げたのである。天正十四年令は型通りに継承されたわけではなく、豊臣大名の法令は大まかな方向性こそ類似するものの、多様で偏差も大きい。よって、豊臣政権が大名に具体的な「マニュアル」を示したと想定するには躊躇が生じる。より緩やかな統治方針や理念が政権により掲げられ、大名が主体的に取捨選択を行ったと捉えた方が実態に即していよう。

(ii) 非分抑制条項の逓減と耕作専念条項の増加

天正十九年頃を境に、非分抑制に関する規定の比率が漸減する。これは、百姓に対する非分そのものが無くなったからではなく、非分の禁止が自明の前提として周知されてきたことや、数度の所領替を経て給人の在地遊離が進展してきた状況の反映と推測される。また、武家への奉公も一部の条項には見えるものの、「身分法令」などのように別個の法令として出される傾向が強まる。こうした中で、耕作専念に関する規定に力点が置かれ、条文数が二桁を超える法令が増加する(表12-1参照)。大名権力は、よりお節介で厳しくなり、村の自律性と責任を促すようになった。

こうした傾向は年貢確保の場面において顕著に見出せる。損免時の二対一配分法に関して、肥料を適切に入れ、雑草を取った場合に限って適用し、それを怠れば本年貢の基準で徴収するという規定(〔テ〕)、苗を植え付けても手入れを怠った作人がいれば、「公私之御ため」に夏までに言上せよ、届け出がなければ庄屋を成敗するという規定(〔o〕)などはその代表例といえよう。第二節で見た蜂須賀家政の「作職之道」という言葉に端的に表されているように、耕作の質や中身にまで言及するようになったのである。

小物成の規定もこの時期以降に前景化する。本書第七章で見た通り、政権はその初期より、山野河海の資源を田租から切り離して徴収する志向性を見せていた[108]。それが大名の統治法にも反映され、具体化していく段階といえよう。綿や糸・麻の徴収(〔チ〕)、海川山林の小成物の指出(〔o〕)などが見え、文禄期に発展継承されていく[109]。

こうした厳しい収奪と表裏の関係にあるのが、合意形成の徹底である。小物成の請取状を百姓に必ず渡し、渡さなければ代官が弁済せよという条項(〔チ〕)は、給人・代官—百姓間の文書主義を徹底するものといえる。夫役は惣郷で平均して負担し、夫銭などの算用は小作や出作にまで共有せよという規定（〔ｏ〕）では、同時に庄屋層に起請文を提出させて、条文を小百姓まで申し聞かせることを求めており、大名権力―村役人―小百姓間の合意の回路構築は切実な課題であった。[110]なお、耕作者全体への条文共有は、文禄期に入ると年貢勘定にも適用され、割付は寄合にて小百姓まで聞かせよ、もし庄屋・年寄・歩きが恣意的な収奪をした場合は成敗するという規定が見えるようになる（〔ハ・ム〕）。

畿内・近国において、慶長十年代から初期村方騒動が検出でき、その主な争点が村役人層による年貢勘定の取り込みであったことは周知の通りである。[111]右の諸事例は、既に文禄期において年貢勘定が村内の構造的問題として領主側に認識されており、その未然の防止が目指されたことを示すが、こうした規定を必要としたのは、当該期における庄屋の広範な設定[112]を背景に、村落内矛盾の改善という小百姓側の社会的要請があったためであろう。また、慶長四・五年段階で、百姓中が年貢夫役減免・未進破棄とともに村内の不均衡を訴えており、村方騒動の芽は豊臣期にも兆していた。[113]ゆえに、かかる対立が一般化・表面化するのが慶長十年代以降であったと捉えられよう。

このような中で、百姓の私成敗の禁止を掲げる大名も現れた。長岡忠興は百姓に曲事があっても、代官が忠興に報告せずに成敗することを禁じている（〔チ〕）。慶長期の横田法度でも、百姓にいかなる罪があろうとも、給人の私成敗は厳禁されており（〔レ〕）、のちに家康が掲げた「百姓をむさと殺候事御停止」の源流と見てよい。[114]

右のような収奪と保護の併存的深化は、壬辰戦争の具体化に先行するため、おそらくは天下一統により、新たな土地の獲得や所領拡張が頭打ちとなったことが背景に想定できようか。ひとまずの戦乱終結と自己の領国確定に基づき、大名が新たな統治の方法を模索した結果といえよう。[115]こうした動向は、異国の地において新たな領土を得ることに消極的な大名や奉行らの態度（本書第九章参照）と符合するだろう。

（3）講和・休戦期以後の動向

（i）荒田対策の重点化

壬辰戦争直前の天正二十年正月、豊後大友領国で百姓が田地返上と耕作放棄の動きを見せ、翌年五月の大友氏改易後には、多くの失人と荒田が見られた。藤木久志氏は、こうした傾向が村落下層に顕著で、侵略戦争による軍役の在地転嫁を示すものと捉え、文禄期には畿内・近国や東国でも同様の状況が広がっていたことを指摘している。隣国豊前でも「知行散々」で未進百姓が続出し、「当御陣御兵粮も成かね」という有様であった。(116) かかる動向を受けて、主に文禄二年夏、講和・休戦期以降に豊臣大名の法令も変化を見せる。すなわち、荒田対策を中心とした耕作専念条項の肥大化である。

前節に見た浅野氏の事例では、筋奉行の設定や百姓の耕作時間にまで踏み込んだ規定が見られた。類似する条文は他の大名でも確認でき、百姓を組に編成し、組頭が荒地を出さないように監督せよ（〔ヰ〕）、繁忙期の六月は昼夜を限らず親子で耕作に取りかかり、満作にせよ（〔マ〕）とあるように、相互監視と小家族経営が押し付けられた。ゆえに、在地でのもめ事は二の次とされた。特に荒廃の激しかった九州においては、植え付けを優先するために用水の新規開通を許し、相論の対象となった田地は一時的にくじ引きで耕作者を決め、追って裁定するとし（〔マ〕）、もめ事があっても、七月十五日までは耕作に差し障るため言上するなと命じられた（〔ヨ〕、本書第十一章参照）。また、他人が有している田でも、断りを入れれば耕作してよいとし（〔マ〕）、再開発した荒田畠は作付をした人の物とする（〔モ〕）など、作職固定の原則を一部緩和してまで、当作や開作を優先する姿勢が見受けられる。

出入作への規制もこの時期に顕著となる。出作の田地返上を禁止し（〔へ〕）、刈取の遅滞は処罰対象と定め（〔メ〕）、居村に荒田がある場合は出作を認めない（〔ヰ〕）など、出入作が耕作放棄や荒地化に繋がりやすい事情が反映されていよう。

逃散への対策は、「悪儀を不仕」入百姓を三年間諸役免除とする事例があり（〔ハ〕）、浅野氏の対処（【史料六】⑧）

でも同様である。年貢を無沙汰する「徒者」がいれば成敗せよ（ム）、肝煎・長百姓から人質を取り、村内から走り者が出たら人質は成敗する（メ）などの規定からは、権力と百姓との緊張関係の激化が窺える。年貢未進や逃散などの抵抗を「悪儀」「徒」と糾弾し、村役人の責任を重く問う姿勢からは、領主側の焦りすら看取される。

一方で、浅野氏が家中に対し、百姓に憐愍を加えよと伝え、訴訟での町人・百姓の優遇措置を講じたように、百姓の成り立ちに考慮する大名も増え始めていた。そこでは、百姓に迷惑をかけて田畠が荒れた場合は給人・代官の責任とし（ホ）、「弁指《（村役人）》もわき百姓も」迷惑しないように夫役を均せ（リ）というように、家中—上層百姓—中下層百姓の三者の成り立ちが目指されたのであり、その均衡を取りつつ統治にあたることが求められた。加藤清正は、庄屋や年寄たちは必ずしも百姓還住と荒地開作に積極的ではなく、そうした一種の抵抗への対策として、還住した百姓をいたわるように村役人層に誓紙をさせている[117]。ゆえに、こうした融和策は百姓への歩み寄りともいえるが、他方で大名は百姓側にも、代官や下代を蔑ろにするなと釘を差すことを忘れていなかった（ハ）。このように、朝鮮半島や名護屋からの帰陣後の領国復興は、強い緊張のもとに百姓保護を含みつつ展開されたといえよう。

（ii）政権の後援・干渉と大名の統治

文禄五年四月に秀吉が発令したとされるのが、いわゆる「荒田没収令」である。その内容は、翌年春に諸国へ検使を派遣し、荒田があれば没収するというものであった。従来、この「荒田没収令」は、慶長二年四月の「田麦年貢三分一徴収令」とともに、豊臣政権が個別領主の知行権を一部否定した政策と捉えられ、絶対主義的志向の萌芽と評価されてきた[118]。確かに、「田麦年貢三分一徴収令」では左の如く、「六十六ケ国」を対象としたとする史料が存在し、多くの施行例も知られる。

【史料七】[119]

一、六十六ケ国之麦ヲ当年ヨリ大閤《（閤）》へ可有納所トノ儀付、面々ノ給人へ被申付事在之也、在々ノ百性以外迷惑

申候、則寺門ヨリ宮本へモ伏見ヨリノ写折紙来候也、［　　］田余在々庄屋方へ申次送也、

一方で、「荒田没収令」は毛利氏以外では確認できないため、限定的な計画段階の可能性があり、「田麦年貢三分一徴収令」とは区別すべきであろう。よって、以下では「荒田没収計画」と呼称する。また、発出された時期についても、「荒田没収計画」は講和交渉と冊封のための明使が日本へ向かっている状況下であり、「田麦年貢三分一徴収令」は丁酉再戦の開戦後であるため、別個の文脈で解釈する必要がある。

「荒田没収計画」の直接の前提は、三鬼氏も指摘する通り、文禄二年十一月の尾張復興策（〔p・q〕）であろう。ただし、この復興策はお拾生誕を受けた秀次の領知権の否定を目的としたのではなく、逆に秀吉による秀次への後援であったと跡部氏が捉え直している[120]。秀吉・秀次双方の上使が派遣されたことや、当初は秀次領尾張への巡見と同時に織田秀信領の岐阜へも立ち寄る計画があったと思しいことから[121]、十分に首肯されよう。

尾張復興策では、荒地の状況を把握したうえで、百姓夫役を三年間免除して、農閑期の堤普請のみを命じ、給人も軍役を半免されている。「給人も百姓も成たち候様」とあるように、武士と百姓の双方の再生産を保障することが目指された。秀次領への視察にあたる鷹狩が秀吉の「納馬」直後から企画されていることからも[122]、壬辰戦争による国内荒廃への対応策の一環に位置づけるべきであろう。

そうであれば、「荒田没収計画」が戦争の終点と当時考えられていた明使との対面を見越して出された意味も変わってくるだろう。すなわち、戦時から平時への転換にあたり、諸国の復興を促すための上使派遣が計画され、荒田没収はその強制力として掲げられたが、結果的に講和破綻によって立ち消えになったものと捉えうる。

それでは、「荒田没収計画」の影響はいかほどであっただろうか。荒地の免については、永荒は二年作取、一・二年の荒は当作の様子により三分一か五分一の年貢賦課としているが、これに準拠したと思しい例は少なく、その事例においても「一年も二年も手柄次第に作り取に可仕候」と明確に二年としているわけではない（〔ム〕）。一般的には作取は一年間とされ、この水準は計画発出の前後においても変化はない（〔q・ヌ・モ・ワ〕）。また、少額年貢

とする場合も、基準は示されておらず（〔ハ・w〕）、これらの中には政権中枢の奉行が関わった事例もあることから、当該規定の現実の拘束力は認めがたい。

荒地の没収や荒らした百姓への罰則は、天正十九年の近江検地に関わる法令（〔n・テ〕）に見出せ、「荒田没収計画」の前史の一つといえる。ただし、一般的には荒田を再開発せよという規定が多い傾向にあり、荒らした場合に罰則を設ける事例（〔ム・モ〕）が文禄五年九月以降に複数見出せるようになる点は注目に値する。[123] こうした大名領国での荒田の厳罰化という動向は、この計画の方向性や危機意識が大名にも共有されていたことを示していよう。

なお、文禄五年閏七月のいわゆる「慶長地震」は大きな被害を出したが、文禄五年後半から慶長二年前半にかけての統治法（〔マ〜ヤ〕）が被害地域の豊後水道から瀬戸内・畿内に重なる点は興味深い。もっとも、地震の影響を明示的に記す条文は確認できず、天譴論からすれば、表立って震災復興は掲げられなかった可能性があろうか。

また、文禄・慶長期には各地で太閤検地が行われた。藤堂高虎は伊予に入部した直後、自領での検地の施行を委ねられた。その際、検地帳と絵図の雛型が国元に届けられ、前の領主である戸田勝隆時代の米・大豆の徴収帳簿とともに参照されている（〔フ〕）。天正十九年の近江検地でも検地奉行の長束正家が絵図の書き方を指示しており、同年には全国から御前帳とともに郡絵図が徴発されている。[124] こうした帳簿や絵図にはある程度の基準の存在が想定されるため、それについては「マニュアル」と表現することも可能であろう。

そうした中で、慶長三年の越前・南加賀検地において、統治法が検地帳にも記載されたことが目を惹く。条々の形式で在地に通達された法令（〔ヌ〕）と同文の規定が、検地帳の末尾に付記されており、複数の検地奉行が作成した検地帳において確認できる。[125] そこでは、検地関連の条文だけではなく、口米・京升・年貢米運搬が秀吉の法令に依拠した形で規定されており、検地後の大名らの統治の前提とされたと思しい。検地帳は権力側と村側の双方で保管され、交付の際には庄屋・年寄・小百姓を集め、請状も取っているため（〔u〕）、こうした法が政権から派遣された奉行によって在地に残された意義は大きい。新領主の小早川秀秋らへの後援という面を持ちつつ、「田麦年貢三分一徴収令」も併せて考えると、豊臣政権の干渉が強まり、個別領主権を飛び越えて、統治法を押し広めようとする動向とも評価できよう。

(iii) 丁酉再戦から関ヶ原へ

講和・休戦期の統治法の中で、朝鮮に駆り出された人夫や水主は当月中に召喚すると記されているように、壬辰戦争の陣夫役は田地荒廃の大きな要因であった。しかし、交渉決裂前の文禄五年正月段階の検地でも、田畠改めよりも水主船や家数の調査が優先された〔フ〕ように、大名たちは再度の侵攻を意識していた。当該期においては、領国復興のための耕作専念を掲げながらも、陣夫役や公儀普請役も求められた点に大きなジレンマが存在した。そして、その懸念は丁酉再戦という形で現実のものとなった。

丁酉再戦時には、夫役賦課においても権力側の狙いが剝き出しとなった。例えば、講和・休戦期において、百姓の親子や親族の二世帯が一つの家に住むことが規制され〔q〕、家の破却や売買を禁止する例もあった〔ハ〕。複数世帯の合一は百姓側による抵抗策であり[126]、大名権力は対外戦争の長期化に伴う夫役忌避を規制すべく、役家数の維持を重視したといえる。また、この時期には、百姓が奉公人になることを禁止しつつも子が多い場合は給人への出仕を認め、同じ法令内で給人への詰夫は規制しながら陣夫役は別に命じるとしている例〔ヤ〕があることからも、耕作者と夫役数を確保しつつ、奉公人も調達したい大名権力の葛藤が看取される。

慶長三年八月に秀吉は死去するが、その後の動向についても確認しておこう。この時期に特筆すべき法令としては、横田村詮法度が挙げられる。村詮は中村一氏の重臣で領国統治を担い、駿河で寺社や伝馬の法令も多く出し、村詮法度は検地直後の村に交付されたと考えられている[127]。また、冒頭で述べた通り、池享氏は村詮法度と福島重治条目の文言の類似性から、豊臣政権が作成した在地支配のための「マニュアル」が存在したと推定している[128]。

しかし、村詮法度では、二対一配分法や判升・口米などでは豊臣政権の基準に即しているが、夫役の規定が千石につき三人とされるなど、細部では差異も認められる。最も重視すべき第一条で、村の等級に合わせて免相を掲げているが、こうした規定は他の豊臣大名では皆無であり、普遍的条項とは見なしがたい。むしろ直前に駿河を領有した徳川家康が、検地後に七か条定書と年貢割付書を併せて下した事例の影響が想定しうるだろう[129]。ただし、家康の七か条定書から村詮法度への条文の継承関係はほぼ認めえず、検地・法令・割付を一連の政策として実施する点を学んだものと思われる。よって、村詮法度の存在のみから豊臣政権のマニュアルを想定するのは難しく、その完成度の高さゆえに福島氏が模倣したと考えるのが妥当であろう。

なお、慶長三年から五年にかけて、朝鮮在陣諸将が帰国したにもかかわらず、講和・休戦期と比べると在地法令の制定事例は少ない（表12-1参照）。その理由としては、第一に、政局の不安定化による内戦、および三度目の大陸侵攻への警戒が挙げられるだろう。慶長五年二月、藤堂高虎は国元に、諸浦の水主が逃散しないように気をつけよと伝えている（〔ワ〕）。同じ頃、小早川秀秋も、内乱が起きなければ家康は来年の朝鮮再侵を目指すつもりだと話しており、そうした噂は朝鮮にも伝わっていた[130]。それが現実的な計画であったか否かは措くにしても、大名らが再出兵や内戦を十分可能性のあるものとして意識していたことは認めてよいだろう[131]。

第二に、本書第四章でも確認した通り、秀吉死後には新たな宛行いや加増は基本的には凍結され、特例的に「五大老」の新知宛行状が数例見られる程度であり、新規入国の事例自体が少ないことも関係すると思われる。

こうした状況を受けて、関ヶ原後には大名が新たな領国を得たこともあり、多くの統治法が出されるようになる[132]。例えば、加藤清正は百姓の還住とともに、乱妨苅田の被害があれば麦種を貸し付けろと命じており、内乱からの領国復興が目指されたのである。これらの統治法は、豊臣期の蓄積を踏まえつつ、国内における一時的な安定によって開花したものと評価できよう。

おわりに

本章では、豊臣大名の在地関連の法令について通時的に検討した。その結果、政権の法令を遵守したと考えられてきた織豊取立大名においても、多種多様な条文が見出され、具体的な「マニュアル」の存在を想定することは困難であると結論づけられる。それらは秀吉の法令・政策を前提に、領国統治を委ねられた個々の大名が在地状況や政治情勢を踏まえつつ、硬軟を織り交ぜて試行錯誤した産物といえよう。[133]ゆえに、彼らの統治に関しては、政権の強い統制のもとで近世化を遂げたというよりも、大名が主体的に取捨選択した面を重視すべきであろう。そこには、いわゆる「取次」の介入・干渉を受けない取立大名の特徴が表れている。むろん、それは政権・大名総体としての方針が存在しないことは意味せず、中央からの上意下達ではなく、社会との合意の回路の中で、かかる傾向が形成されたと見るべきである。

豊臣政権や大名の法は、「作職之道」という言葉に象徴されるように、家中（給人・代官）と百姓（村役人・小百姓）のあるべき姿を示すものであった。そこでは、武家への奉公関係の整理、家中による非分抑制、百姓の耕作専念の三本の柱が重視された。それらは、給人・代官と百姓（さらには「おとな百姓」と「ひらの百姓」）の個別的な主従・支配関係を、領主と村の集団間の関係へと転換し、双方の社会的役割を確定する性格を有したものと捉えうる。ただし、給人非分の抑制が逓減しつつも政権や大名の法令に掲げられ続けたこと自体が、家中が在地に関与しうる状況を前提としており、給人・代官と村の関係は完全に否定されたわけではなかった。[134]

また、それらは、戦国期以来の統治の蓄積や在地での法慣習を反映しつつ、徳川期の統治へと受け継がれたという意味でも近世化を特徴づけるものであった。従来、元和・寛永期が起点とされてきた幕藩権力による〈民政〉はそれ以前からの基調と見なせ、いわゆる「元和偃武」や寛永飢饉は政治的な意味での促進契機と相対化しうる。[135]

もっとも、豊臣大名のうち、本章で検討した蜂須賀氏・浅野氏の対応は、ある意味で突出した事例でもあり、全ての取立大名に共通するわけではない。当然、様々な条項を兼ね備えた法令を出した大名がいるわけでもなく、あくまでも全体的な傾向として把握する必要がある。しかし、その後の幕藩権力の動向を先取りしたという意味では、豊臣期の統治の意義を積極的に評価しうるであろう。

最後に、豊臣政権や大名の法令・政策によって、民衆の生活はいかに変化したのか、異国人の証言から探ってみよう[136]。朝鮮被虜人の姜沆は、以前は百姓から生産物全てを搾取するのを恥とする領主意識があったが、秀吉の登場により、年貢収奪が苛烈化し、民衆は極めて貧しくなったと述べる。その情報源には藤原惺窩ら日本人儒者が含まれ、単なる秀吉への憎悪による歪曲化とすることはできまい。巡察師のヴァリニャーノは、秀吉が大名らに統治手法を教示することで、家中や国人層の力は削がれ、民衆の生活は徐々に圧迫されたと述べる。貿易商のアビラ・ヒロンも、日本の百姓は貧困にあえぎ、年貢未納の代償として子供を売らざるをえない者もいたとする。これらを戦国期に国人・小領主層が有していた加地子得分権の否定としてのみ評価するのは適切ではなく、一反三百歩制などの基準の導入による全体的な負担増加と捉えるべきだろう。

こうした証言は主に西日本の状況の反映と推測され、京都や和泉の落書においても年貢の搾取や検地の厳しさを批判したものがあり、河内の蔵入地でも課役負担の過重さが回顧されている[137]。特に政権の膝下たる畿内・近国において、土地掌握と年貢・課役徴収の厳密化が百姓の生活を締めつける傾向にあったことは疑いようがない。

しかし、かかる抑圧に対して百姓が一揆や逃散・未進・損免交渉・夫役忌避など様々な抵抗を展開し、天下一統と過酷な壬辰戦争を経る中で、領主側に百姓の成り立ちや「迷惑」への意識が醸成され、給人・代官や有力百姓層による搾取の抑制、私成敗の禁止や合意形成、年貢課役の減免や耕作・開発への扶助などの条項を法令に盛り込むことが要請された。ゆえに、政権や大名の法に見られる収奪と保護の併存こそ、統一権力を社会に誘い込まざるをえなかった民衆側による、文字通り懸命の切り返しの確かな証しといえよう。

終章　豊臣政権論

論点の整理——朝尾「豊臣政権論」の構造

本章では、前章までの成果を総括しながら、既往の研究蓄積とその課題を改めて整理し、豊臣政権論の再構築を目指す。

序章でも述べた通り、一九六三年に公表された朝尾直弘「豊臣政権論」は、現在の研究段階に照らせば、個別実証において数多くの問題点を抱えているものの、その枠組みの大きさについては今なお魅力を保ち続けている[1]。すなわち、①「小領主」の身分上昇・自己否定としての兵農分離論、②政権の権力基盤としての蔵入地の機能・知行統制論、③政権に内在する対立構図としての集権分権論である。このうち、②蔵入地の機能については、全武士階級の再生産という評価は適切ではなく（本書第二章）、朝鮮侵略（壬辰戦争）を蔵入地不足による領土拡張のみに引き付けて捉えることもできない（本書第九章）。

③集権分権論については、そのまま継承されることも多いが、浅野長吉（長政）の位置づけを中心に疑義が呈されてきた[2]。朝尾氏が石田三成や上杉景勝・佐竹義宣らを集権派、浅野や徳川家康・伊達政宗らを分権派に分類し、両者の路線対立で権力闘争を捉えようとしたのに対し、浅野を分権派に色分けすることを疑問視、ないし関ヶ原の

遡及的理解とする批判である。確かに、氏の理解は二項対立に単純化したきらいがあり、批判も故なきことではない。また、政権構造と権力闘争も完全には照応しておらず、「秀次事件」が集権派の主導のもとで推移したのであれば、なぜ直後に形成された新たな「公儀」に分権派を中心とする大大名（「五大老」）を構成員として内包せねばならなかったのかについての論理的説明が不足している。古典的な文治派（石田ら）と武功派（加藤清正ら）の党派闘争史観を権力構造の問題として昇華させようとした結果、無理が生じたと考えられよう。もっとも、当時の研究水準を押し上げる意味では重要な仮説であったことは間違いない。

しかし、朝尾氏の議論の本来的な重点や狙いはそこにはなく、幕藩体制の前史としての豊臣政権の性格の解明にあったと思われる。そもそも、日本近世の国制が集権と分権の相反する二つの傾向を内包していたという指摘は明治・大正期に遡る。専制的警察国家論（福田徳三氏）や郡国併置論（山路愛山氏）を踏まえた中村孝也氏は、江戸時代は経済発展の未成熟な段階にあるため、分権的封建制度と集権的郡県制度が混合していたと論じた[3]。封建制再編説を唱えた中村吉治氏も、徳川期は中央政権の集権に限度があり、大名の独立的な分国政治を容認していたことを重視していた[4]。

一方で、第一次近世封建制論争の論点を総括した本庄栄治郎氏は、内田・福田論争に先行するジョン・ガビンズ氏の論考の存在を指摘し、ガビンズ氏が大名の封建的権利は尊重されつつ、将軍の最上位権力が確立されたと捉えた点を重視した。すなわち、集権と分権は併存しながらも、やはり集権的封建制が中核にあったと主張したのである[5]。大局的に見れば、戦前においては、集権と分権のいずれに重点を置くかの違いはありつつも、〈集権と分権の併存〉という共通理解が存在したといえよう。

朝尾氏はこうした議論を前提としたうえで、集権と分権という相反する傾向がなにゆえ併存しえたのか、という問いに踏み込んでいた。「豊臣政権論」においては、大名が自領国内での権力強化のために中央政権へと集権していく必然性を有しており、政権も大名連合の代表としての性格を帯びた、換言すれば、〈集権に寄りかかる分権〉

と〈分権の上に立つ集権〉という統合的な理解が示されたのである。当該論文の中ではこうした集権分権論を党派闘争に絡めて説明した点がのちに批判されたわけだが、政権に内在した集権と分権の性格をいかに捉えるべきか、という問いは、とりわけ一九九〇年代以降において、正しく継承されていない。

氏は翌一九六四年に発表した「兵農分離をめぐって」において、自身の見解を発展させる。幕藩体制の集権的性格と分権的性格の相互連関を解明する必要を説き、「小領主」の運動方向が水平的連帯（分権）と垂直的武士化（集権）の双方を有しており、後者の動向の帰結として鎖国や幕府権力の集権化を捉えた。[6] その後、山口啓二氏も、大名が政権に集権的に編成されることによってのみ、自らの分権的な支配を貫徹しえた面を重視したように、〈集権に寄りかかる分権〉は幕藩制成立史研究における一つの通説をなした。[7] 本章では、こうした成果に則り、「集権」を中央政権による大名への統制や政権自身の権力強化、「分権」を大名による自立的な領国経営や大名権力の強化として捉える。

ここで注意すべきは、〈分権の上に立つ集権〉においては、政権が大名権力に一定程度の自立性（分権）を認めたのは妥協や歴史的帰結と位置づけられ、究極的には郡県制ないし絶対主義的なあり方が政権の理想であったかのように捉えられていた点である。こうした通念を逆手に取ったのが山本博文氏の議論であろう。[8] 氏は、豊臣政権は戦国大名の達成としての領国支配機構を前提にした連合政権としての色彩が強いことを認めたうえで、近世の多くの藩は複合国家論における「国家」には該当しないとし、中央集権的・強圧的な統治構造を重視して豊臣・徳川期を絶対主義国家と評価したのである。

現状の研究段階において、近世を絶対主義と捉えることには同意できない（本書序章）。しかし、山本氏の大胆な提起を汲み取りつつ、〈分権の上に立つ集権〉に再解釈を施し、政権側が大名の自立性を必要としたという可能性を探ることはできないだろうか。すなわち、〈分権に寄りかかる集権〉という視角――幕藩制成立史の成果を組み込むならば、〈もたれあう集権と分権〉――の追究を本書の総括にあたっての第一の課題としたい。この点は、豊臣政権が大大名を内包せねばならなかった理由にも直結してこよう。

①兵農分離論については、その後、朝尾氏が兵農分離→石高制→鎖国という近世封建社会の論理的構成序列を提示し、研究史に多大な影響を与えたことは周知の通りである。しかし、氏の議論は一九八〇年代に入ると、地縁的・職業的な身分集団を公儀権力が統合・編成したとする身分制社会論へと転回する。(9) 問題は、近世封建社会論と身分制社会論の関連性が必ずしも十分には明示されないままに、前者が半ば放棄された形で、にもかかわらず近世社会の特質を語るうえでの定説として受容され続けたことであろう。(10) ゆえに、藤木・勝俣説も併せた自立的共同体論（特に諸身分集団からのまなざし）を組み込んで豊臣政権論を再構成することを二つ目の課題としたい。

以下、本書の構成と対応させて論点を整理していく。第一節では、政権の内部構造を扱い、秀吉の直属吏僚層から奉行制が成立する過程とその特質を描き出す。その際、政権の方向性を規定した最大の要因として後継者問題に着目したい。第二節では、政権の国家編成を論じ、本書第一部と第三部の成果を接続するため、政権と寺社・朝廷との関係を訴訟・財政を中心に概観したうえで、そうした関係が構築される場としての〈首都〉の変遷を抑え、政権による国家統合の原理を抽出していく。第三節では、対外戦争と国内統治の関連性を探り、日本における「近世」化を東アジアの動向の中に位置づけ、在地社会の変動や〈豊臣の平和〉との接合を図る。右の検討を通じて集権と分権の関係を明らかにし、もって政権の歴史的性格に論及する。

一　豊臣政権の内部構造

（1）秀吉の後継者——鶴松の重要性

秀吉が待望の男子である鶴松を得たのは、数えで五十三歳の時であった。秀吉の後継者問題が政権構造を解くうえで重要な鍵となることは既に朝尾「豊臣政権論」でも示唆されていたが、以後の研究において秀頼と比べると鶴松への注目は薄く、政権論に反映されることもなかった。ここではまず後継者の推移から確認したい。

従来、鶴松や秀頼が生まれる前の秀吉の後継者については、於次秀勝・秀次・秀俊（のち小早川秀秋）・六宮（のち八条宮智仁親王）らの名が挙げられてきたが、それらは継承者としての性格が異なるように見受けられる。そこで以下、①豊臣家の養子、②政権の継承者、③関白職の継承者、④天下の継承者の四つに腑分けして検討しよう。

金吾秀俊が秀吉の養子と推測できる史料は、天正十三年（一五八五）閏八月の秀吉書状に養女の豪姫と併記されているのが初見とされる[11]。その年の十二月に上坂した小早川隆景・吉川元長が進物を贈った先は、順に「関白様へ」「金子《（金吾）》殿へ」「北ノ政所」「大政所殿へ」と記され、秀長や秀次が諸大名と列記されているのに比べれば、秀俊が①豊臣家の養子として扱われていることは歴然としている[12]。

ついで、秀長は、天正十四年三月に秀吉が大坂城でガスパル・コエリョと会見した際、天下一統の完成後に「国を弟の美濃守殿に渡す」と公言したとされ、②政権の継承者として位置づけられていた。この直後、秀長が大友宗麟に対して「内々之儀者宗易、公儀之事者宰相《（秀長）》相存候」と述べたことは著名である[13]。これに先立って、天正十三年正月には秀長は秀吉の「名代」として信雄方と交渉し、翌年十月には「秀吉ハ王ニナリ、宰相《（秀長）》殿ハ関白ニ」なるという噂が立ったように、世間でも秀長は秀吉の次席と目されていた[14]。

また、甥の秀次は、天正十二年六月の段階で「羽柴孫七郎」と改め、十月には「秀次」の名が見えるため、三好氏から羽柴氏へと復帰したようである。長久手の戦いでの大敗により、「御次《（秀勝）》ハ病者候之条、秀吉代をも可作致歟とも存候」と譴責を受けたように、後継者候補の一人ではあるものの、この段階ではまだ養子ではなかったと考えられる[15]。しかし、翌年六月に秀長とともに四国攻めの統率者となり、戦後に褒美として近江を拝領、天正十四年二月には、秀長が大坂城、秀次が聚楽第の普請の監督に任じられたのも、秀吉の期待の表れであろう（本書第六章）。

天正十五年六月の伴天連追放令発令直後、宣教師のフランシスコ・パシオは「孫七郎殿は関白殿の甥で養子となり、天下人の政権が彼に引き継がれるのは確かとされており、今回の戦役の時は、関白殿は自分の代りにこの人を都に残した」と記している。[16]一般的には、秀次が秀吉の養子になった時期は鶴松死去後と推測され、聚楽第行幸の時点で養子は秀俊のみと想定されているが、[17]この記述が正しければ、秀次はこの時点で①豊臣家の養子、かつ②政権の継承者に位置づけられていた可能性もある。もっとも、秀次は関白任官前まで羽柴名字と思しく（本書序章）、キリスト教に同情を示したという文脈での評価でもあるため、割り引いて考える必要があろう。

さて、秀吉の後継者の諸要素が最も錯綜して表出したのは、天正十六年四月の聚楽第行幸に際してであった。行幸二日目、秀吉は洛中の地子を朝廷に献上し、そのうち米五百石を「関白領」として六宮に進献している。その後の史料からも、秀吉の猶子として六宮に次の関白職を譲る契約がなされていたことが知られている。[18]ここで③関白職の継承者が新たな意味を有するに至る。六宮が猶子になった時期は不明であるが、前年に遡る可能性がある。[19]

一方、同じ日に大名らが起請文を提出した宛名は「金吾殿」であり、翌日の舞楽後の北政所・大政所からの献上品の使者を務めたのも「金吾侍従」であった。矢部健太郎氏は翌年七月の毛利輝元上洛の際にも秀俊が酒宴の席で高間に座ったことから、「豊臣摂関家」の跡取りかつ「秀吉の代理」と推測している。[20]ただし、六宮との関係を考えれば、あくまで①豊臣家の養子筆頭と捉えるべきであろう。

起請文への血判の際、秀吉は徳川家康・織田信雄・宇喜多秀家・秀長・秀次を前にして、「予の余命は幾ばくもない。（予は）ここに列席の五人のうち一人が天下の主となる必要があると存ずる」ゆえに、内裏への誓約を促したとされる。[21]ここでは、豊臣家家督や関白職を経ずに実力で天下を取る可能性も想定されており、④天下の継承者として五名の「清華成」大名（実際の誓約には前田利家が入る）が名指しされたといえよう。ところが、上京の町衆が行幸の祝いに贈物をした先は、秀吉と秀長・秀次の三名であった。世間では②政権の後継者は秀長か秀次と捉えられており、右の秀吉の発言を特に両者に向けたものと理解する者もいた。[22]

以上の経緯から、①〜④の特徴を抽出しよう。①豊臣家の養子は大名の進物先や誓紙の提出先にあたることから、大名編成のうえで重要であり、北政所を含めた豊臣家への主従関係を象徴していた。②政権の継承者は軍事や普請の統括を任され、世間でも秀吉の後継者と目されたことから、社会に公表される性格を有し、政権の持続可能性を広く示すための存在であった。逆にいえば、幼い秀俊では②は覚束ないという認識があったことになろう。一方、③関白職の継承者は、明確に朝廷への配慮を意味しており、④天下の継承者は、秀吉自身がそうであったように、実力に基づく天下人の地位を表していよう。

かかる錯綜は秀吉に実子がないままに、伝統的な国制に依拠することで国家統合を急いだ点に起因し、大名・寺社・惣町・朝廷という様々な立場からの政権へのまなざしを反映していた。この段階では、秀長と秀次が②と④を兼ね、大名編成にも関わるため、最も有力な位置にあったと評価できる。ただし、これらの諸要素は互いに重なりあいながら、その後も併存し続けた。朝尾「豊臣政権論」において、「秀次事件」後に武力強制（実力主義）が体制原理になったと想定されたのは、③の路線が放棄された結果、④の色彩が強まったことの表現であろう。

そして、後継者の混戦状況を一変させたのが、天正十七年五月の鶴松生誕であった。矢部氏は鶴松生誕に合わせて全国から大名が上洛し、「清華成」大名が参内したことを指摘し、河内将芳氏は翌月には早くも鶴松が後嗣に定められたと見る[23]。①と②は鶴松に移ったといえよう。ついで、同年十一月、朝廷では豊臣家を相続した人物が関白職を継ぐべきかとの勅問に応じる形で、摂家からも同意が調達され、翌月に六宮は「八条宮」となった[24]。ここに③も鶴松へと正式に移行し、①〜③が一人の人物に収束したことになる。世間では十二月一日に鶴松への関白職譲与が計画されたものの、幼少のため延期になったという噂が流れたが、これは朝廷側からの返答に対し、秀吉が鶴松の幼少を理由にいったんは辞退したことを指すだろう[25]。

ゆえに、天正十七年八月以降の寺社領検地とそれに伴う十二月の門前境内地子免除および聚楽廻奉公人屋敷成・大仏屋敷成の替地[26]は「京都改造」の前提と見なせ、同年九月の大名在京命令とともに、鶴松への継承に向けた動きと評価し直せよう（本書第六章）。天正十八年十一月の朝鮮使節（三使）会見の場にも鶴松の姿が見え、翌年正月に聚楽第で公家らの年頭礼を受けた際にも鶴松が同座していた[27]。同月、秀吉は朝廷に再度の聚楽第行幸を申し入れているが[28]、これも同月に開始された淀川普請・「京都改造」とともに鶴松への継承の一環と捉えられる（本書第五章）。ただし、注意したいのは、天正十九年閏正月のインド副王使節との会見の場に鶴松の姿が見えないことで、これは病気のためと推測される。フロイスは対面の際に聖護院道澄・菊亭晴季とともに秀次が同席したことを特筆しており、「彼は関白殿の後継者に定められて」いたとする[29]。病弱な鶴松への継承は確実ではなく、秀長が病没した段階において、秀次は有力な後継者候補としてなお独自の位置を占めていた。鶴松が病気になるたびに秀吉は寺社への祈祷を命じたが、天正十九年八月、ついに鶴松は没してしまい、「唐入」が始動、秀次への関白継承が急がれることとなる（本書第九章）。

（2）直属吏僚層の変遷

それでは、前項の推移を念頭に置きながら、秀吉直属の吏僚層の変遷を捉えてみよう。その際、留意すべきは、朝廷や寺社・町との関係において極めて重要な所司代（京都奉行）ですら、複雑な経緯を辿ったことである。天正十年六月〜八月は桑原貞也、八月から十月は杉原家次と浅野長吉、十月からは杉原単独、翌年五月に玄以が加入、八月に杉原が抜けて玄以単独体制が六年以上続くも、天正十七年九月から同二十年正月までは再度浅野が加わり、文禄四年（一五九五）八月からは上京担当の増田長盛、下京担当の石田三成、公家寺社担当の玄以に分掌されるようになる[30]。ゆえに、一つの職掌の構成員が常に一定であったという考え方は捨て去る必要があろう。

（i）詰衆（近習・小姓）

ここではまず、直属吏僚層の代表として、増田長盛の初期の動向について掘り下げたい。増田は近江出身と思われ、その活動が初めて史料上で確認できるのは天正八年頃のことであり、播磨や因幡の国人宛ての秀吉書状の尚文言（「尚〜可申候」など）に登場し、口上や添状発給を担当している。[31] 因幡には神子田正治・荒木重堅が派遣されており、増田は秀吉に近侍してその意向を通達する立場にあったと推測される。同じ頃、播磨曽根天神への秀吉寄進状が地域統括者の杉原家次に渡された旨を神社側に知らせており、寺社にも同様の役割を果たしていた。[32]

そうした状況が変化するのが天正十年六月の本能寺の変後である。秀吉のもとには公家や寺社などから様々な訴訟が持ち込まれたが、それを秀吉に披露するのが増田らの役割であった。七月、在京（伊藤吉次邸か）していた増田は本能寺から寺家衆還住の訴えを受け、秀吉に申し達し、実際に秀吉の上洛後に「御還住尤」とする意向が伝えられ、信長屋敷跡への陣取禁止が保障されている。[33] その際、増田にも進物が贈られており、仲介行為に付随する権益といえよう。また、九州の鍋島信生（直茂）からの秀吉への書状と使者を披露し、秀吉返書の添状を発給している。[34] 十月には秀吉に近侍して山崎にいたようであり、秀吉との面会を求める吉田兼和（兼見）の奏者を龍庵とともに務め、大和国人の平盛長からも柴田勝家に対する軍勢派遣について問い合わせを受けている。[35] 十二月の美濃岐阜城攻めには参陣した模様で、龍安寺や称名寺からの戦陣見舞いの奏者として名が見える。[36]

このように、秀吉に近侍して屋敷や戦陣に同行する詰衆（近習・小姓に相当）は、寺社や大名・国人らからの音信・訴訟を仲介する奏者として活動を開始する例が多く、天正十一年には「筑州家中出頭面々」として杉原家次・浅野長吉・増田長盛・石田三成の名が見えるように、出頭人と認識されるようになる。[37] 石田も最初期の発給文書は淡路の国人広田氏宛てのものであり、大谷吉継や木下吉隆らとともに「御広間御詰衆」に数えられたように、秀吉に近侍する存在であったが、この段階では増田の方が席次は上であったと推測される。[38] 天正十一年から、増田・石田は木村吉清とともに上杉氏の奏者として活動の幅を広げていく。

やや遡って天正十年四月、秀吉は備中冠山城を攻めるが、前月付で近隣の吉備津神社に禁制を出している。その制札銭は銀子十枚であったが、なかなか納められなかったようで、翌年六月二日、制札を同社に交付した蜂須賀正勝らからの要請を受けて、増田は龍安（庵）・安威重信とともに催促をしている。増田は大村由己らとともに播磨国人の梶原氏にも「御知行御折紙銭」を催促しており、右筆としても活動していたと思しい。[39] ゆえに、詰衆と物書衆の境目は曖昧であった。

また、誰が秀吉に披露するかは決められていたわけではなく、例えば梅原伝左衛門からの書状を増田経由で受け取った堀尾可晴（吉晴）は、用件があれば桑原貞也に宛てて申し越すか、桑原が留守であれば「慶松《（大谷吉継）》かこまちよ《（片桐貞隆）》」を通して申し上げよとの返答を伝えており、[40] その時に不在であれば他者が代替するのが初期には一般的であった。小笠原貞慶が「我等御奏者増田《（長盛）》仁右衛門方と相定候」[41] と述べたように、次第に奏者が固定される傾向を見せるが、奏者の不在などにより他者が代替するのは自然といえよう。

（ii）物書衆（右筆）

さて、本書第八章でも触れたように、詰衆と同じく秀吉に近侍したのが物書衆（右筆）であった。天正十一年八月、吉田兼和は信長朱印の通り吉田郷の諸役を免除する旨の秀吉継目判物を「筆者」の豊田定長から受領した。ところが、十一月にも豊田から使者が来て、「七人之筆者へ分一可出」という右筆連署状を見せられ、兼和が様子を探ったところ、判物をもらった他の公家衆も同様に申し懸けられていた。翌日、兼和は坂本に使者を下し、豊田に断りを入れ、銭二百疋で手を打ってもらっている。[42] なお、ここで兼和は二百疋を吉田郷に課すのだが、それを命じた先は「各殿原共」であった。この「殿原」は吉田家に出仕する地侍にあたり、一般の侍衆（公家侍）と区別して「地下殿原」と呼ばれ、在地の訴訟主体と目される存在でもあった。[43]

右の事例のように、物書衆は複数名で秀吉書状の作成を担当しており、礼銭の十分一を筆功銭として徴収する権益を有していた。豊田は翌年には「奏者豊田龍介」として見え、[44] 秀吉判物の手交を契機に兼和の奏者としての役割を果たしている。物書衆としては、長束正家・木下吉隆・山中長俊・安威重信・白江（白井）正重・粟屋彦兵衛・星野新左衛門・徳法軒道茂・回斎宗補・和久（自庵）宗是らの名が知られ、天正二十年の名護屋への出陣に際して

「御詰衆」に編成され、「側近衆」へと成長する人物も含まれる。[45] このうち、和久宗是が伊達政宗に政権内の情報を漏らしていたことは良く知られているが、[46] それ以前から道茂も芦名氏との交渉を担当していた（本書第一章）。ゆえに、物書衆もまた政権の交渉窓口の役割を果たしていたといえよう。

曽根勇二氏は右筆が文書の作成や筆功銭の徴収に留まらず、天正十八年頃から制札の遵行（還住）や添状の発給など、秀吉の意向を補完し、中枢奉行層の業務を補佐する役割を果たしたと指摘している。[47] 特に、宛行状や寄進状発給に際して、知行高千石につき筆耕料三百疋を要求している点が興味深いが、これに関わる史料として次のものを見出せる。[48]

以上

先年左衛門尉様御拝領御知行分筆功銭之儀、被仰付候者可忝候、千石ニ付而八木壱石、壱万石付而五石宛可召置之由、旧冬為御奉行衆被定置候、岐阜中納言（織田秀信）様御知行分筆功銭之儀、徳善院（玄以）以御肝煎去夏百々越前守（綱家）より請取申候、中納言様御一所ニ可被仰付候と存申入儀無之候き、急度被仰付、渡被下候者忝可存候、恐々謹言、

栗屋彦兵衛

八月十六日　□（之カ）成（花押）

白江善五郎

正成（花押）

星野新左衛門尉

□（長カ）範（花押）

自庵

宗是（花押）

羽柴左衛門尉様

御奉行衆中

宛名の「羽柴左衛門尉」は織田信高と思われ、「左衛門佐」となる慶長四年（一五九九）以前、(49) 文中の「徳善院」より文禄五年以降の発給とわかる。信高は文禄四年七月に愛知郡で千石を加増されており、文意から慶長二年頃と推測しておきたい。(50) これによると、慶長初期に「御奉行衆」（増田らを指す）によって領知宛行状の筆功銭が千石につき米一石、一万石につき米五石と定められ、銭から米に転換していたことが知られる。慣習的な権益が制度として固定されつつあったとともに、受領者側が一年以上経っても納入しておらず、いまだ浸透していなかった事情をも物語っていよう。

なお、知行宛行状発給に際しては物書衆による手違いもあったようである。天正十五年十月、津田重長に手渡された秀吉の知行方目録の中には丹波国舟井郡小畑村の内で二十五石五斗との記載があるが、これは「胡麻畑」の誤りであった。増田長盛は重ねて朱印状を遣わすと伝えているが、「津田家文書」に残された知行方目録はもとのままであり、再発行はなされなかったと思われる。(51) 同様の例として、天正十九年四月、近江国愛知郡平流郷六百石のうち百石が近江長命寺に寄進されたが、翌年に「御物書衆」の手違いで六百石全てが織田秀信に与えられてしまった。長命寺は北政所と田中吉政に訴え、今年の分は長命寺が納所するようにとの裁定を受け、仲介者の中江栄継を通して長束正家にもその内容が伝えられている。(52) ここから、知行宛行いに中枢奉行層と右筆の介在が確認できるが、両者の関係を示すものとして、左掲の史料が注目される。(53)

乍御大儀長大（長束正家）所迄今朝御出候て、夜前被　仰出候御知行割、御沙汰具可被下候、是非共憑存候、恐惶謹言、

長大

十月十六日　正家（花押）

山々城

長俊（花押）

木大
吉隆（花押）
人々御中
増右様《(増田長盛)》

当該文書の発給年次は長束の花押型がN５型であり、木下吉隆が連署しているので、文禄三年で確定する。夜前に秀吉から知行割の指示を受けた増田が、翌朝に長束の屋敷に来てその内容を伝えてほしいと懇願されている。実際、同年十月十六・十七日付で、伊勢・摂津における数点の知行宛行いが確認できるが、この時の宛行状は聚楽第御成の準備のあおりを受けて発給が遅延し、年貢納入に影響しないように浅野長吉による仮の知行方目録が出され、秀吉の宛行状はのちに遡及発給されたことが知られている。[54] ゆえに、浅野・増田と、右筆出身の長束・山中・木下には格差があり、前者は知行割の決定に参与し、知行方目録を代行しうるのに対し、後者は「側近衆」として台頭した（本書第九章）後であっても、知行割そのものには関与できなかったと捉えられよう。なお、山中は秀吉の死の直前まで右筆としての属性を失っておらず、朱印状の案文を作成している。[55]

(iii) 個別奉行

天正十三年四月、本願寺の顕如光佐が紀州攻めの帰陣祝いに秀吉のもとを訪れた際、石田三成が「今日ノ御奏者」を務めたが、浅野は雑賀に残り、増田は「舟奉行」に任じられ、先に上京していた。[56] 秀吉直臣はこうした戦後処理や個別案件の奉行としての役割を果たす場合もあった。一時的なものとしては、検地・指出・刀狩、普請・作事・石、扶持方・道作などの奉行が確認でき、吏僚層（近習・右筆など）と旗本・馬廻層（母衣衆・使番衆・弓鉄砲大将など）が主に担当した。検地奉行の場合、検地後の担当地域の領主や代官に任じられる例も見られ、[57] 普請・作事奉行に使番衆と重なることが多い。また、継続性のある案件については、竹木奉行（本書第七章）や山奉行（本書第五・

十一章）などが挙げられる。中枢奉行以外の吏僚層（御牧景則・長谷川宗仁・太田牛一ら）も、畿内・近国において蔵入地代官に任用され、「代官衆」とも呼称された(58)。

こうした個別案件の対処の中から次第に集団性を帯びる事例もある。例えば、天正十年七月以降、山城・近江で指出を担当した伊藤秀盛・石川光政・小出秀政は、増田長盛や石川光重、元姫路城留守居衆の一牛斎（帥法印）歓仲・寺沢広政・蒔田久勝とともに、天正十二年七月以降に訴訟対応（本書第三章）や秀吉の家族（大政所・北政所・鶴松）関係の家政に携わり、「六人衆」と評価されている(59)。訴訟の範囲が大坂城周辺であり、裁定場所も大坂城と伝わるため(60)、留守居役として常駐していた可能性が高く、小田原攻めの際には鶴松に伴って聚楽第へ移っていたと思われる。鶴松付きの松浦重政とともに奥向きを管轄していたようで、壬辰戦争時にも大坂留守居衆として名前が見え、秀吉死後の「秀頼四人衆」の前身と見なすこともできよう(61)。

壬辰戦争の過程では、「朝鮮三奉行」や片桐且盛（且元）ら「十六人衆」などが秀吉の意向を伝えるために朝鮮に派遣された（本書第九章）。また、「秀次事件」後の「御掟追加」では直訴の目安を受け付ける「十人衆」が設定されるが、その構成員を富田一白・寺西正勝ら吏僚層に比定する通説に対し、彼らの連署状が存在せず、増田ら中枢奉行との関係も不明瞭として、否定的な見解も存在する(62)。しかし、著名な浅利相論こそ、「十人衆」の実働を示す事例として捉えるべきではなかろうか。

文禄二年秋、出羽の蔵入地の算用に際し、秋田実季とその配下の浅利頼平が反目しあい、頼平は上洛して豊臣直臣への取り立てを目指すが、木村一の仲裁で落着した(63)。文禄四年八月以降、両者は数度の軍事衝突を起こし、翌年二月には中央からの「矢留」の要請によって停戦となる。その際、浅野長吉が「御肝煎」の佐々行政に対して秋田氏側の停戦を求めているが、行政は「十人衆」の一人である(64)。行政は鷹匠ゆえに秋田氏と元々繋がりを有していた可能性はあるものの、軍事衝突を伴う大名と家中（国人）の相論を扱う立場とは考えにくく、「御掟追加」による法制化でその役割を担ったと捉えられる。「御掟追加」には特例的な対処が必要な場合は連署者の六人の大大名に上申せよとあるが、当該案件でも浅野を通して前田利家に相談がなされており、規定に照応する。こうした経緯からは、「十人衆」が合議で対処するのではなく、直訴目安を受け付けた構成員が個々に訴訟を担当する体制が想定され、連署状が見えないことも不自然ではない。

なお、浅利相論は長らく、政権内の党派闘争（長束と浅野の対立）や前田利家らへの工作から、政権の過渡期的症状を示すものと評価されてきた。しかし、長束が相論に関与するのは慶長二年九月に頼平が軍役や検地高を書き上げたのを嚆矢とする。これは蔵入地算用に関わる職権的な対応と見られ、頼平の妻子の処遇についても、玄以や増田に連絡をしている。[65] 浅野は同年十月以降は訴訟への関与が窺えず、そもそも政権中枢からは離れている。しかも、訴訟における表向きと内々の併存は様々な権力体において見られ、豊臣政権固有の特徴ではない。ゆえに、当該案件のみから過渡的性格を導くのには慎重でありたい。

(3) 奉行制の形成過程

序章でも示した通り、「五奉行」成立の画期は、古典的には天正十三年の関白任官に置かれてきたが、桑田忠親氏によって慶長三年の秀吉の死の直前に引き下げられた。それに対して、鈴木良一氏は「五奉行」のみに限定するのではなく、検地奉行なども含めて「奉行制」として捉えるべきと反論し、朝尾氏らによって文禄四年に「五奉行」の原型が見出されるようになった。一方、最近では曽根勇二氏が文禄二年末頃に成員が固定化することを重視している。[66] では、本書の検討からは奉行制の形成過程をどのように捉えられるだろうか。時系列で整理してみよう。

(i) 奉行制の始動——中枢奉行層の台頭

天正十三年七月、秀吉の関白任官に伴って諸大夫成したのは、吏僚層では石田三成・大谷吉継・片桐直盛（且元）・尼子宗澄であり、増田長盛と浅野長吉も同年十一月までに諸大夫成を遂げたと推測される（本書第一章）。この頃、安国寺恵瓊は秀吉側近に進物をし、吏僚層では石田・大谷に五百石、浅野に二百石と馬太刀、木下吉隆・安威重信・石田正澄らには三十石が贈られているが、増田・長束の名は見えない[67]。また、天正十四年四月以前に増田は摂津西宮周辺で蔵入地を委ねられ、同年六月、石田は小西立佐とともに堺政所に任じられた[68]。増田や浅野はこの段階から自らの代官所の村落間相論を裁いており（本書第三章）、こうした経験がのちの政権としての訴訟対応や大名としての統治法に活かされたであろう。なお、既に所司代として活動していた玄以はひと足早く、天正十二年二月に法印に叙され、秀吉親族の浅野は天正十年十月頃の槇島城を振り出しに瀬田城、坂本城、大津城の城代を歴任している。この時期は来歴の違いもあり、政権内での立場は区々であったといえよう。

ついで天正十六年二月を初見とし、奉行が二名で畿内・近国村落の訴訟に対応する事例が見出せる。主体は増田とほか一名（浅野・石田・長束）であった。この年の正月、足利義昭が落飾して公卿から外れ、三月には徳川家康・羽柴秀長・秀次らが「清華成」を遂げ、聚楽第行幸で披露されている[69]。家格による大名編成と奉行層の訴訟対応はほぼ同時期に始動したといえ、足利将軍家の権威の最終的解体とともに豊臣政権による国家秩序形成が本格化したと評価できよう。ただし、この段階では、奉行らは行幸での誓紙提出者には含まれていない。

天正十七年五月、増田・石田・長束の三名が秀吉の御諚を報じる「為　御意」文言を書出に持つ連署状を初めて発給する（本書第一章）。前年八月、毛利輝元は下国の際の暇乞いの使者・進物を浅野父子・石田・蜂屋頼隆・長束・増田・施薬院全宗・長岡幽斎・玄以・大谷吉継に遣わした。天正十七年七月に上洛した大宝寺義勝も、奏者の石田・増田に進物を贈った後、浅野・長束・尼子宗澄・木村吉清・大谷・玄以にも進物を贈っている。浅野・石田・増田・長束・玄以・大谷が取り成し関係の有無を超えた共通の音信対象として見出せ、当時の政権中枢についての大名の認識が垣間見える[70]。

天正十七年八月には石田が丹波亀山城代となり、同年九月に死去した蜂屋頼隆の跡に敦賀城主になったのは大谷であった。翌年七月には秀次の尾張転封に伴って増田が水口城、長束が長浜城を預かった。[71] 従来、文禄四年の「秀次事件」以後における中枢奉行の畿内での領国大名化と蔵入地の「預地」化が、政権の変質を示す大きな画期の一つとして注目されてきた。[72] しかし、右の経緯を踏まえるならば、畿内・近国における奉行層の城代・城主化の起点は天正十七年に見出せ、文禄四年はその拡張と捉えるべきであろう。むろん、天正十五年九月の浅野の若狭拝領に遡らせて理解することも不可能ではないが、こちらは天正十年以来の親族大名としての待遇と見るべきだろう。

天正十七年九月に浅野が所司代に再任し、翌年二月の鶴松の初上洛直前に秀吉が浅野邸に御成を挙行したことも踏まえれば、これらの奉行層の台頭は、天正十七年五月の鶴松生誕に結びつけうるだろう。[73] そもそも、秀吉家臣団の特徴は、譜代家臣を有しないがゆえの実力主義にあり、それは下剋上の動向を権力基盤に取り込む意義を有した。直臣層の出身は国人・小領主層が多く、伊藤吉次や小西立佐・千利休のような商人・茶人も政権初期には重要な位置を占めた（本書第二・六・十二章）。南部信直が見抜いたように、小者であっても良く奉公する者を侍に取り立てたため、競争意識が強く生まれた。[74] それは同時に欠点ともなり、秀吉と直臣・大名との関係は極めて属人的であり、家同士の関係は形成途上にあった。とりわけ、後継者が一人に収斂していない状況では、政権の将来像は不鮮明にならざるをえなかった。ところが、後継者たる鶴松が生まれたことによって、永続性を持たせるべく秀吉の政務を分掌する奉行制が明確化し始めたと見なせよう。

その後、天正十八年には、小田原攻めと奥羽仕置において浅野・石田・大谷らが軍勢を率い、軍事活動や仕置に従事した（本書第九章）。彼らが相応の軍役負担をできたのは、畿内・近国における城代化の結果といえる。また、この時に残された絵図では、秀吉本陣の近くを固めたのは浅野・小野木重次・石田・大谷・増田と鉄砲衆・馬廻衆・小姓・御伽衆であった。[75] 同年末、増田・長束の二名による蔵米算用が初めて確認できるようになるが、これは天正十七年分の決算をしたものであり、前年からの流れの延長線上に位置づけられる（本書第二章）。

(ii) 奉行制の展開――「奉行衆」の集団化

天正十九年五月、全国に御前帳徴収命令が出され、玄以・石田・増田・長束の四名が「為　御意」を冠した連署状で上進を命令する。四名の奉行層が連署する初めての機会であるが、玄以が増田らと連署するのは前年十二月の浪人払いを端緒とする。[76] 天正十九年九月に京都の寺社が提出した土居堀成分の宛名も玄以・増田・長束(石田は奥羽下向中)であった(本書第五章)。同年五月頃には山中長俊や大谷吉継も「為　御意」文言を用いており、直属吏僚層全体の地位向上が見受けられる(本書第一章)。

しかし、壬辰戦争期に入り、この後しばらくは四名での連署が見られなくなる。石田・増田・大谷は「朝鮮三奉行」として朝鮮に渡って軍事活動や仕置に従事し、代わりに国内に残った長束・木下・山中ら「側近衆」や石田正澄・寺沢重政(正成、広高)が浮上した(本書第九章)。秀吉に近侍することが中枢奉行層の権能の源泉であったがゆえに、居所が隔たると秀吉への上申や下達については他者で代替する必要が生じ、この段階の彼らはいまだ構成員の定まった政治組織とは評価できない。もっとも、この後も所司代や蔵米算用・訴訟対応には木下・山中・大谷らが参画することはなく、関与するにしてもあくまでも補助的位置にあったため(本書第二章)、これらに関しては排他的職域として捉えうる。

また、多様な選択肢の中から、構成員の死去や失脚・政変によって淘汰が生じた。かかる経緯のもと、次第に中枢奉行層の集団化の動きが見出せるようになる。蔵米算用に関しては、文禄二年十二月以降に玄以・浅野・増田・長束の四名体制となる(本書第二章)。[77] 訴訟対応についても、文禄三年正月頃に増田・長束とほか一名(玄以・石田)の三名体制が取られるが、寺社訴訟では前年十二月以降、玄以・浅野・増田・長束の四名での対応も見られた(本書第三章)。文禄三年四月のお拾(秀頼)移徙の準備と同年七~九月の聚楽第御成に関しては、玄以・増田・石田・長束の連署が見られるが、[78] 同年五月には公儀普請について長束・石田・増田が連署しており(本書第八章)、中枢奉行層の成員はなお一定していない。

跡部信氏は文禄四年七月の「秀次事件」以降、玄以・増田・石田・長束の四名が「四奉行」として機構化し、彼らの職域は無制限だったとの見方を示している。[79] しかし、当時の算用や訴訟においては事件後もこの四名での体制は採られておらず、氏のいう「四奉行」の役割はとりわけ〈首都〉関連の事柄（御成・参内や外交、役など）に集中的に表れる。また、その成立時期は事件以前に遡るであろう。

文禄三年頃の状況を語るイエズス会士チリーノの書簡抜書には、「太閤（秀吉）様は、都の市、及び他の諸地方の用務のために四名の奉行を置いていた。その一人は増田（右）衛門（長盛）殿、もう一人は玄以法印と称され、最も地位が高くかつ最も太閤様と親しく当国の副王（所司代）であった。他の二人は治部少（石田三成）及び長束大蔵（正家）と称された。これらの奉行は、跣足派（フランシスコ会）の諸司祭が太閤様の命令と意志に背きその教会で公然とミサを捧げ授洗しているのを怒った」と記されており、[80]「秀次事件」以前から跡部氏のいう「四奉行」が設置され、〈首都〉を中心とする政務を担い、キリスト教の問題にも対処していたことが明らかとなる。

こうしたあり方を、これ以前の時期の外交やキリスト教への対応と比較してみよう。本書第九章の【史料三】で小西行長が浅野長吉を通して来日遅延について言及していたのは、直接的には秀吉朱印状の口上文言に浅野が記されていることに対応する。だが、そもそもなぜ浅野が担当したのだろうか。天正十五年の九州攻めに際し、浅野は九州の領主に対して「諸事馳走」する旨が通達されており、肥後国人一揆が発生すると、翌年には残党討伐と検地のために再び九州へ派遣され、仕置を担当している。[81] また、その過程で九州に来航する黒船や外国使節との関係も構築するようになり、海賊を排除し、唐船や黒船の来航を保障することを秀吉に命じられている。宣教師らも伴天連追放令後の秀吉の態度緩和の可能性を探るために浅野に接近しており、インド副王使節の来日の可否を尋ね、秀吉からの許可を得ることに成功していた。[82]

従来、「取次」や「指南」は政権側から設定された職制と見られていたが、近年では下からの依頼や慣習（「取り成し」）としての面が重視されてきている。[83] 右の経緯から、対外関係についても「取り成し」は受益者の選択が契機になっていたといえよう。ただし、インド副王使節一向が来日した際、浅野は奥羽仕置のために下向しており、秀吉との対面が大幅に遅れることを危惧したヴァリニャーノらは黒田孝高を通じて取り成し先を増田長盛に切り替えている。(84) ゆえに、秀吉への窓口は受益者側の判断によって変更が可能であり、外交関係の役割は個人に固定されていたわけではなかった。こうした様相は国内の対大名交渉でも見出せ、天正十八年九月に上洛した佐竹義重は、増田・石田三成の帰洛以前であったため、石田正澄を通じて秀吉への出仕の伺いをしている。(85) 佐竹氏の場合、宿の手配は三成に頼んでおり、取り成し関係が変更されたわけではないが、他者でも代替しうる点に注意したい。

一方、玄以は文禄二年正月、短期間の滞在の予定で名護屋へ下るも、帰坂は八月末まで延びた。秀吉だけでなく所司代の玄以まで不在だったため、京都の人々は「めいわく〳〵無申計よし候、御上洛を待かね申候」という状況だったといい、実際にこの間の発給文書は前後の時期に比べて極端に少ないため、京都や朝廷・寺社関係の政務が滞っていたと考えられる。(86) 玄以は名護屋から戻る直前の八月八日付で、コエリョの後任であるペドロ・ゴメスに書状を送り、ルソンからの使者（フランシスコ会士）の上洛を許した経緯と、布教さえしなければ日本に逗留しても良いという秀吉の意向をイエズス会側にも伝え、あくまでも外交使節として扱う旨を通達している。(87) この書状を受け取ったイエズス会側は、書状の真偽を確かめるべく、日本人キリシタンらに問い合わせた。その際に「玄以法印は都の奉行であり、関白はこの者に日本国外の諸国から来た使節を預け、その処理を委ねた」「高麗・支那・印度の外交使節を扱ったように、外国の諸問題及び外国から来る外交使命の問題を任務としている者である」とする証言がなされている。玄以が所司代であるがゆえに外交に関与したとの認識が示されていよう。(88)

これまで、政権の奉行層による外交やキリスト教への対応については、玄以の存在が注目されてきた。(89) しかし、浅野の例のように、個々の取り成し（下からの依頼）に応じた関与のあり方が天正期の基本といえよう。それと比すれば、文禄三年頃の状況は、跡部氏のいう「四奉行」が〈首都〉の政務に携わる中で、外国使節やそれに付随するキリスト教の問題に集団で対処したものと見なしうる。例えば、文禄五年十月、ペドロ・マルティンスがインド副王使節として上京して秀吉に対面した際、秀吉は二十六聖人の処刑を命じる直前であり、マルティンスが日本に留まることを許さなかった。イエズス会は「太閤様の四人の奉行」や小西行長と相談のうえで日本駐留について相談したが、インド副王の進物を披露した玄以・長束から長崎奉行の寺沢正成宛てに、秀吉の不快を伝える連署状が出されている。連署状の署判だけでは窺えない四名での集団的対処の実働が知られよう。[90]

それでは、中枢奉行層の職域の拡大という跡部氏の想定は誤りだったのであろうか。そうとも言い切れないのは、実は、文禄三年末から文禄四年前半にかけて、早熟的に「五奉行」が成立しつつあった兆候が認められるからである。

文禄三年十二月、浅野・石田・増田・長束の四名が馬廻層妻子の伏見移住(本書第六章【史料五】)や大坂の蜂須賀家政邸の御成(翌年正月十八日挙行)、代官所における物成の引き渡しや詰夫召喚を命じているが、これは十月末に玄以が重病を患い、しばらく臥せっていたことによる連署体制と推測される。[91] 文禄四年二月には回復した玄以を含めた五名の連署で馬廻・小姓の伏見移住を命じ(本書第六章【史料六】)、三月には山城代官とともに十名で訴訟を裁定(本書第十一章)、六月には蒲生氏知行方について諸大名から意見を聴取するなど、[92]「秀次事件」以前に五名での活動が目立つようになる。こうした動きは文禄三年十一月末のお拾(秀頼)の伏見城移徙と連動していよう。

その後、「秀次事件」への対処の過程で浅野が政権中枢から外される一方、玄以・石田・増田・長束は翌年にかけての起請文の受発給者に位置づけられる。慶長二年頃からは算用にも石田三成が加わって四名体制となり、伏見山城内での寄合が見出せ(本書第二章)、丁酉再戦に関する窓口や全国法令の主体として確立する。[93] ゆえに、跡部氏の想定する広範な職域は慶長二年以降に見出せよう。これらの検討から、「四奉行」を固定的に捉え、その成立を「秀次事件」に引き付ける氏の議論は適切とは見なしがたい[94](図終-1)。

では、政権中枢の奉行層はどのように呼称すべきであろうか。秀吉死後に関しては、「五奉行」は「年寄」と自称していたことが堀越祐一氏によって解明されている。[95] ところが、秀吉生前においては彼らが文書中で「年寄」と

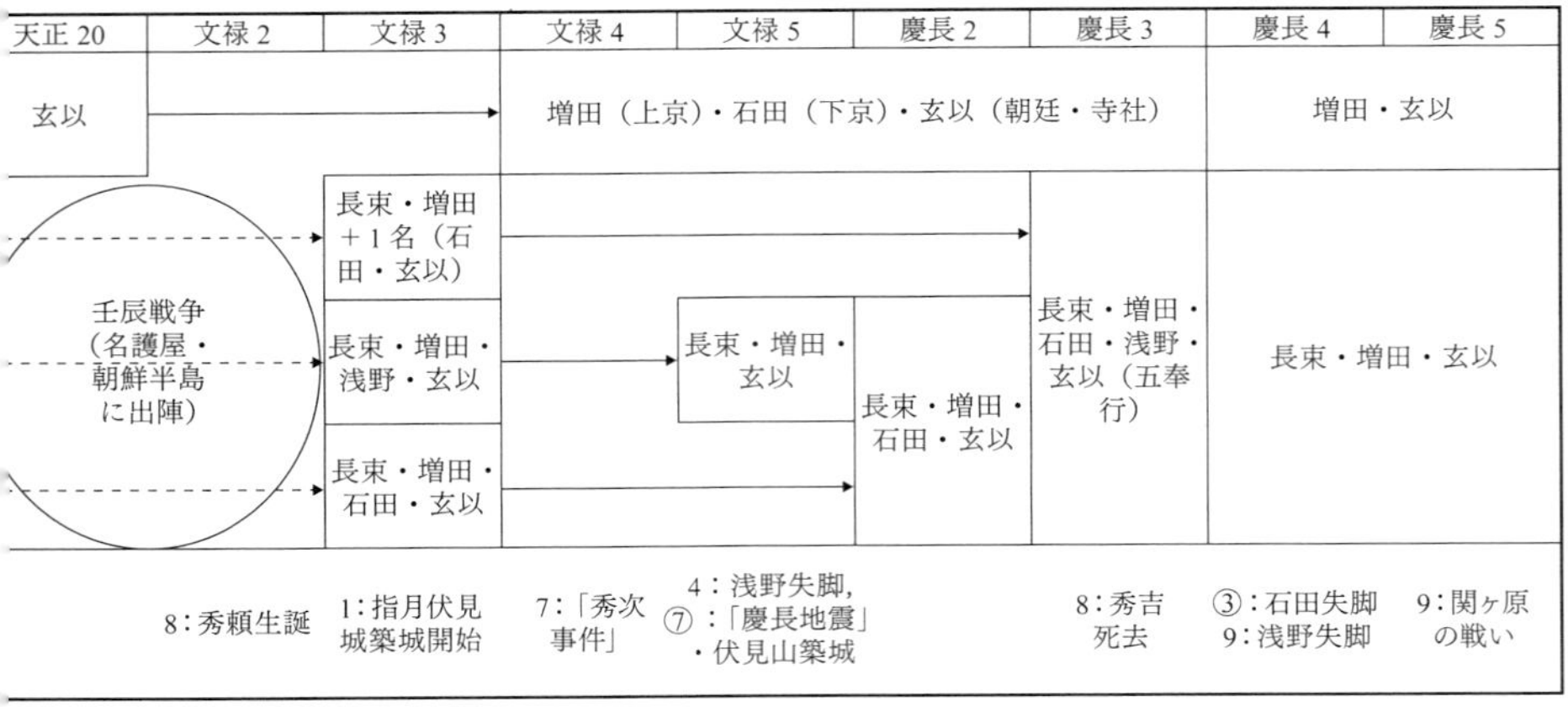

行制の成立過程

記す場合、基本的に大名家の家老層や村・町の役人層を指す。[96] 政権中枢の奉行を「年寄」とする史料は自称・他称ともに確認できない。[97] 一方、彼らを集団で指す場合には、「奉行衆」という呼称が天正二十年頃から見られるようになり、文禄三年頃には定着するようになる。[98] こうした状況は、右で確認した奉行制の成立過程とも合致しよう。

以上の経緯を辿れば、慶長三年の「五奉行」成立の前提として、天正十七年の中枢奉行層の台頭と、文禄三年の「奉行衆」の集団化という二つの画期が想定でき、それぞれ秀吉の後継者たる鶴松と秀頼の存在と分かちがたく結びつけられることが明瞭となろう。

(iii)「奉行衆」の歴史的位置——党派闘争史観を超えて

右記の如き豊臣政権の「奉行衆」は、歴史的にどのように位置づけられるであろうか。戦国期の室町幕府では、政所頭人・伊勢氏のもとで売買・金銭貸借関係の訴訟を処理する政所沙汰と、それ以外の案件に将軍と内談衆・奉行衆が対処する御前沙汰という二つの政治機構が存在した。[99] 特に将軍側近で構成された「八人奉行」（内談衆）は足利義晴が家督を幼子に譲るという名目で、政務を代行させるために設定されたという。[100] 内談衆の代表的存在である大館常興は御料所代官も務めているため、豊臣政権の「奉行衆」

	天正 12	天正 13～	天正 16	天正 17	天正 18	天正 19
所司代（京都奉行）	玄以	→	→	玄以・浅野	→	→
公事			増田＋1名（長束・石田・浅野）	→	→	→
算用					長束・増田	→
〈首都〉関連						長束・増田 石田・玄以
出来事		天正13・7：関白任官，天正15・3～4：九州攻め		5：鶴松生誕		8：鶴松死去

備考）「出来事」の数字は月を，○付き数字は閏月を示す

図終–

とも類似する面を持つが、内談衆は寄合の場は持つものの、彼ら自身が連署状を出すことはなかった。

一方、室町幕府の奉行人奉書は二名連署が基本であり、細川京兆家や三好氏においても奉行人奉書が存在した。細川・三好氏ではそれとは別に内衆（年寄衆・近習）の連署状があり、馬部隆弘氏は近習のうち権力化する者を「大身」、細川氏当主に近侍する者を「側近」と区分する。氏によれば、近習は当主の意向を代弁し、個人的な恣意でないことを示すために二名から五名程度で連署状を発給しており、大身と側近は取次として相互補完的に活動したという。[101] こうした奉行人や内衆の官位はおおよそ従五位下相当であった。戦国大名においても、当主側近層と一門・宿老層が奏者・取次を務める例が知られ、豊臣期との連続性も指摘されている。[102] 確かに、仲介行為だけで見れば戦国期のあり方との差はさほど明瞭ではないが、豊臣期の「奉行衆」総体としての職務や立場から見るとどうだろうか。

第一に、豊臣政権の「奉行衆」が広域な領国や代官地を有していた点が注目される。その起点は天正十七年の城代化に見出せ、文禄四年の「秀次事件」後に確立する。「奉行衆」は単なる側近吏僚ではなく、彼ら自身が領国統治を実践する大名でもあったところに特徴がある。第二に、その職域の広さで、訴訟・算用だけでなく、公儀普請などの課役や対外交渉をも統括するようになる。ゆえに、単なる奉行人や側近衆を超えた存在といえよう。こうした職域拡大は文禄三年以降に見られ、慶長二年には確立した。

「奉行衆」をはじめとする吏僚らは国人・小領主層の出身（浅野・石田・山中は国人・土豪・地侍、玄以や長束・木下吉隆は寺家・寺庵）が多く、こうした点では、やはり室町幕府の奉行人系統よりも、戦国期の内衆や側近衆に近い存在と見なせる。もっとも、検地など各種の案件に携わることで、その活動は天下一統の過程とともに全国に及んでおり、経験の蓄積による社会的要請の反映という点では大きな差が見出せる。これが第三の特徴である。第四に、関白・太閤となった秀吉の「貴種」化に伴い、仲介行為を行う吏僚層自身の権威も浮上した。跡部氏が鋭く指摘したように、秀吉の「御諚」が絶対性を帯びつつ可変性をも有するという余地において、「奉行衆」の社会的意味合いは重みを増したのである。(103)

そうした中で、「奉行衆」配下の活動も活発化する。一例を挙げよう。(104)慶長二年七月、サン・フェリペ号事件と二十六聖人殉教事件を受けて、フィリピン総督は秀吉に使者のルイス・ナバレテを送る。カフル人水主と殉教者の亡骸を引き渡してもらうことが主な目的だったが、日本では贈物の黒象が目を惹いたようである。秀吉は呂宋国王宛ての返書を渡したが、所司代・増田長盛の下代の榎並助丞がその内容を密かに写してオルガンティーノに知らせている。榎並はマティアスという洗礼名をもつキリスト教徒であった。彼は「都の三役人の一人」であり、「太閤様が各地へ宛てるあらゆる書翰・許可状・法令は帳簿に写しとられる。そのため、その帳簿は太閤様の奉行所に存在するので、助丞殿——さきの大使［ナバレテ］の接待の任にあたった増田右衛門尉殿の代理で秘書である——は、ここに提出された［太閤様書翰の］写しを写しとった」という。ここから、増田右筆の榎並が「三役人」として京都の〈行政〉に職権的に関わっていたことと、秀吉の朱印状が奉行所（おそらくは伏見山城内）に控えられていたことが窺えよう。

榎並は実際に国内の史料にも多く登場し、増田の所司代就任後の京都関係に絞っても、文禄四年十・十二月に永原市左衛門とともに法華宗や上京から礼銭・銀子を贈られ、慶長三年三月には玄以の下代（葛西・奥田）とともに後藤徳乗の屋敷を拡張することを命じられ、慶長五年七月にも西軍に属した田丸直昌室の宿所について葛西とともに相談を受けている。[105] 増田の家臣としては、主だった者でも高田小左衛門・瓦林猪左衛門・相模里斎・谷市助・武藤理兵衛などが挙げられるが、高田・瓦林は算用関係、相模は摂津関係、谷と武藤は増田に近侍かつ大和関係でよく名が見え、おおよその分掌がなされていたと思しい。こうした傾向は他の奉行でも検出され、[106] 所司代や算用奉行、領国・代官統治がそれぞれ別個の職掌と認識されていたからこその役割分担といえよう。

さて、榎並の事例は、政権中枢の機密情報の横流しが和久宗是の例以外にも見出せ、かつ党派闘争とは結びつかない場面にも敷衍できることを示していよう。そこで、朝尾集権分権論の一面を構成する党派闘争史観についても検討を及ぼしたい。政権内部の派閥争いという見方は渡辺世祐氏に遡り、「五奉行」設置に伴う文治派と武勲派の対立が秀吉死後の権力闘争に繋がったとしている。渡辺氏は権力が弱体化すると内紛が起きやすくなるという理解のもと、応仁の乱や大内氏の内乱についても文治派と武断派の対立構図で説明しているが、これは明治政府内における台湾征伐をめぐる文治派（岩倉具視ら）と武断派（西郷隆盛ら）との対立に着想を得たものと推察される。[107] 黒板勝美氏も渡辺説に依拠して、閨閥（北政所と淀殿）や後継者（秀次と秀頼）の問題と絡めて論じている。一方で、徳富蘇峰氏はこうした党派闘争を豊臣氏のためではなく、自らの利害のための離合集散と見なした。[108]

戦後、鈴木良一氏は文治派を封建王政・秀吉独裁・統一強化、武断派を純粋封建制・大名連合・独立領国化という政治路線の対立軸で色分けし、朝鮮侵略の失敗が両派の軋轢を増幅させたと捉え、ここに党派闘争史観は権力構造と接続された。[109] 朝尾集権分権論はそうした理解を踏まえて、鶴松誕生を契機に政権内の権力闘争が激化し、東国政策の宥和路線（分権派）と強硬路線（集権派）の対立にも反映されたと捉えたのである。

しかし、こうした理解の根源である渡辺説に顕著なように、歴史的帰結から逆算して、豊臣政権の内部構造の弱さを説明するために党派闘争が抽出されている点には注意したい。そもそも、吏僚派と武断派の対立が徳川政権にも存在していたことは、朝尾氏自身ものちに指摘した通り、[110] 大久保彦左衛門や本多正純の例を挙げれば十分に理解できるだろう。すなわち、党派闘争は権力体が崩壊する一条件ではあっても直接的理由たりえず、豊臣政権においては後継者問題こそが主要因であったと考えられよう。

秀吉生前において、中枢奉行層は、大名の自立を促しつつ、中央での奉仕を引き出すように、分権と集権の両立を目指していた。ゆえに、政権の大名政策における干渉と後援の境界線は見定めがたいだろう。また、鞍馬相論の例からわかる通り、彼ら自身も訴訟に巻き込まれる形で、奉行間の対立に発展することもあったが、集団化や寄合の場を持つことによって解消を図った（本書第三章）。しかし、最上位調停者たる秀吉が没すると、意見の相違は様々な対立を表面化させた。朝尾氏は政権内の構図を集権派と分権派の二極で理解したが、佐々木潤之介氏は領国路線派・中央路線派・中間派（それぞれ家康・三成・利家を指すか）の三派分立という対論を出している。[111] 秀吉死後の政局を三派で捉える伝統は江戸時代から見受けられるが、こうした理解は当然、四派、五派、…n派の色分けへと細分化されうるために生産的ではなく、一括して多極構造として把握すべきだろう。

多極構造論を採るに際しては、対立構図そのものよりも、政局を左右した磁力に着目したい。それは朝尾「豊臣政権論」にも示唆されている「太閤様御置目」と「秀頼様御為」の二つである。実際、秀吉死後から関ヶ原に至る過程において、立場を問わず「太閤様御置目」と「秀頼様御為」を掲げていることが確認できる（本書第四章）。この二つの文言は「秀次事件」後の誓紙において初めて見出せ、政権末期を貫く最優先事項であった。[112] ゆえに、政局において争われたのは、「太閤様御置目」を守り、「秀頼様御為」を実現するための手段の相違であり、それが離合集散の理由であったといえよう。

二　豊臣政権の国家編成

（1）寺社との関係

幕藩制成立史研究の段階では、織豊政権と朝廷は緊張関係にあるという公武対立論が中心であったが、近年では堀新氏が協調・融和的性格を基調と見て、公武結合王権と評価している。堀氏は朝尾「幕藩制と天皇」に対しても、伝統的な官位制度を実体的に捉えている点を問題視した[113]。また、朝尾氏は中世の「権門勢家」から近世の「将軍権力」へという見通しを示しながらも、政権の寺社政策に関しては言及が乏しく、所司代による内部干渉という理解に留まっている。対して、寺社の要請に対処した所司代の後援策と捉え直したのが伊藤真昭氏である[114]。ゆえに、以下ではこうした研究動向を念頭に置きつつ、天下人秀吉や所司代玄以に集中しがちな視線を政権構成員全体に広げることで、朝廷や寺社との関係を構造的に把握できるように心掛けたい。

（i）寺社訴訟

Ⓐ奉行層を通した訴訟――表向きと内々

前節で見た通り、本能寺の変後、秀吉周辺には公家・寺社の訴訟が殺到した。やはりそこでも奏者の役割は重要であり、例えば北野社の竹内門跡（曼殊院良恕）と松梅院禅昌の相論では、室町将軍の判物を提出した後者が勝訴しているが、秀吉朱印状が増田長盛によって取り次がれ、玄以を経由して松梅院に渡されている。禅昌は裁定結果をより確実にするため、孝蔵主・増田・木下吉隆に対して、秀吉への耳打ちを依頼し、増田の使者に進物を贈っている。一方、天正十九年七月、秀吉が大津から帰京する途上で薩摩僧が直訴を企て、五山を大仏周辺に移すように訴えた。西笑承兌は厳罰が下りかねない直訴に恐怖し、声を呑んだ[115]。このように、訴訟にあたっては、表向きと内々の双方のルートを通じて事を運ぶことこそが肝要であり、それは受益者側の選択であったと見なせる。

訴訟においては、日頃からの根回しも必要とされた。天正十七年九月、近江摠見寺は近隣の領主でもある吏僚層の尼子宗澄を通して松茸を秀吉に進上し、長束正家がそれを披露したところ、「山林御政道」の秀吉朱印状を獲得した。尼子は今後山林を勝手に伐採する侍衆がいれば自分まで名字を報告するように伝えており、朱印状の内容を補完した。長束からは今後とも「相応之用」があれば言ってくるよう伝えられている[116]。少し遡って、天正十五年三月、秀吉の九州攻めに従っていた尼子は、豊前国都郡の長野城下において、相国寺光源院からの使僧の来訪を受けた[117]。馬ヶ岳城にいた秀吉に光源院の音信を披露し、祝着との旨を記した朱印状を獲得、使僧に渡している。寺社側は音信や戦陣見舞いなどの機会を逃さずに関係を深め、訴訟などへの地ならしをしていたといえよう。

Ⓑ東海地域の寺社出訴――大名の領主権

本書第三章で触れた東海地域の寺社からの訴えは、領国が秀次家臣に引き渡された天正十九年以降も継続して政権に持ち込まれた。遠江の法多山尊永寺領では、前年分の物成が渡されていないとの訴えが長束のもとに寄せられ、長束は秀吉朱印状の通りに渡すよう領主の山内一豊に依頼している。長束は尊永寺宛ての秀吉の礼状でも口上文言に表れ、奏者として訴訟に関与したといえる[118]。同国鴨江寺と二諦坊からも前年の物成未払いの訴訟があり、孝蔵主が堀尾吉晴に渡すよう伝えている[119]。長束は三河の龍渓院からも寺領が十石不足しているとの訴えを受け、田中吉政に寺領と山林を寺に引き渡すよう「馳走」を頼んでいる[120]。その際、「去年東国御出馬之砌取次申」した秀吉朱印状の内容を遵守するよう求めており、やはり秀吉の小田原攻めが起点であったことが窺える。

遠江の西楽寺も、新領主の松下之綱が寺領を引き渡しておらず、人足役も賦課されたことを長束に訴えたが、長束は松下が出陣中であり、帰陣後に連絡すると告げている。年末に再度連絡（今度は替地の訴えか）を受けた長束は、鷹狩中の秀吉に同行している孝蔵主に献上品の披露を依頼し、松下によく訴えることが肝要と伝えた。西楽寺は、翌年初めに替地を認める旨の松下書状を獲得し、その後も、「慶長地震」の際に秀吉と長束に見舞いの品を贈るな

ど、訴訟以外でも政権との関係を継続している。(121)

「秀次事件」後にも、駿河の村山浅間神社の辻坊・池西坊の相論を受け、増田・長束が領主の中村一氏に秀吉朱印状通りの裁定を依頼している。新たに尾張に入った福島正則に対しても、両名から熱田神宮領の替地が伝えられた。(122)

これらの事例から、東海地域の寺社訴訟は、松下領を含むため秀次領に限らない動向と見られ、徳川領から豊臣大名領に代わったことが最大の契機であったといえよう。村山浅間神社の事例では、中村一氏家臣の横田村詮が一度徳川氏に問い合わせ、国替以後は不関与との旨を伝えられていることから、それが裏付けられる。(123) また、政権中枢奉行層は自ら裁定するのではなく、基本的には依頼に留まり、領主の判断に委ねている点も看過できない。豊臣取立大名の領主権（分権）に干渉しないよう補完したものといえ、領国統治の委任と評価できる（本書第十二章参照）。さらに、秀吉に近侍する奥向きの孝蔵主にも同様の訴訟が寄せられており、ここでも表向きと内々の併用が確認される。加えて、寺社側が解決後にも音信を継続する例があるため、次の訴訟に備えて中央との接点を保ち続けたいという思惑とともに、訴訟が断続的に確認される事情の背景も読み取れよう。寺社については政権側の推奨というよりも、受益者側の判断により、訴訟が中央に持ち込まれたと捉えうる。

Ⓒ金剛寺の訴訟・検断・出仕――宗教秩序の編成

ついで、河内金剛寺の事例を取り上げよう。金剛寺の使僧は秀吉の寺領安堵状を獲得するため、天正十一年八月午刻に上京し、伊藤吉次邸（本書第二章参照）を訪れた。そこで、伊藤与二郎（与次郎）から、浅野長吉に相談するよう勧められて瀬田に下り、寺中に悪いようにはしないとの浅野配下の八島増行の内証を得た。未刻、秀吉が大坂に下ったことを聞きつけ、大坂まで尋ねたが、奏者である増田・浅野が不在のため、力及ばずその日の訴訟は叶わなかった。使僧はなお諦めず、与二郎からも書状が来るはずなので、堺衆を頼り、随分の「御才覚」が必要だと三綱（寺務の管轄者）に伝えている。九月朔日付で寺領三百七石を認める判物を獲得しており、訴訟は成功した。(124) ここからは、伊藤邸が京都での訴訟窓口になっていた点、奏者の不在は受益者側にとって不利になる点、および、「才覚」が社会側の内部規範としても浸透している点を確認しておく。

その後、金剛寺領周辺には船越景直給人地が設定された。寺領の損免で紛争があったのか、天正十三年には増田・大谷吉継に相談をして、増田から船越領と同基準で損免を行い、算用すべきとの回答を得た。同年、秀吉は高野山と根来寺に対して悪逆人を寺中に置くことを禁じ、翌年には秀吉の御前で高野山衆徒らが服従を誓い、寺内の裁量は木食応其に委ねられた。[125] 同じ頃、金剛寺でも殺人・盗人・喧嘩口論などの悪党がいれば寺中で詮議して訴え出て、隠していれば成敗されてもよいとする請文を三綱が増田らに提出している。[126] こうしたあり方は豊臣政権の町共同体への対応（本書第五章）と類似しており、代表者を設定して身分集団の自検断を認めつつ、上申や誓約を強制することで政権の検断権に接合させる狙いが看取されよう。

慶長三年八月には、大仏千僧会への参列が応其から金剛寺に命じられた。要求された人数が多く、法衣などの準備が整わず断ろうとしたが、応其から再度命令を受け、高野山からも法衣を借りて出仕を急いだ。[127] 他の宗派でも広範な地域から僧侶が集められ（自ら出仕を願い出る場合もあり）、法華宗では千僧会への出仕に反対する勢力が台頭し、不受不施派の分立という宗派内対立へ発展したことはよく知られている。[128] 政権による国家的仏事は求心的かつ強制的性格を有し、教団内部の編成を促進させると同時に、分断を招く因子ともなった。

Ⓓ石清水社務相論――「御代替」と「御代始」

最後に、政権への出訴の構造をより立体的に把握すべく、石清水八幡宮の社務相論を検討したい。石清水では田中・善法寺・新善法寺・壇などの祠官家が交替で社務職に任じられてきたが、その順序をめぐって相論が頻発していた。豊臣期の相論は従来、慶長四年のものが注目されてきたが、実は複数回にわたり様々な論点が絡み合って展開されており、その点を踏まえながら分析を加える。

社務改替の契機としては①当社務の死去や不適任、②将軍の死去や代始という神社・権力双方の要因により、吉凶の先例が名目として持ち出された。某年、田中秀清が社務への補任を求めて玄以に提出したのが次の申状（三条目のみを抜粋）である。(129)

一、近来社務職之事、善法寺　武家御師職ニ付て、或童形或黒衣之身にて、彼職存知候事、偏　武家御師職故候、然時者　禁裏御師職田中にて御座候上者、雖如何様申分在之、彼職望申候ても、有其例事歴然候、只今其切理運、　禁裏御師職、又ハ長清先例、彼是を以、社務職事可被仰付候、最前御譲位之刻可申入義候へ共、堅因幼少之間不及沙汰候つる、今度　関白殿被成御与奪候、珍重之切ニ候之間、社務職も可被改事勿論候、長清先例ニ任候而、則今度得度仕候而、望申儀候間、社務職之儀被仰付候様、可預御披露候、仍如件、

田中
三月十三日　秀清（花押）
民部卿法印（玄以）
御雑掌

武家御師職を務める善法寺家が童形であるのに対し、秀清が僧形であることが問題視されたが、田中家は禁裏御師職で、父親の長清が社務職となった先例もあるので問題ないと主張している。秀清は翌月にも重申状を提出し、凶事がないので改替には及ばないとした当社務の壇栄清の主張に対し、吉例で改補する先例があり、当社務の時代には凶事も見られると反論した。(130)両通の発給年次は大日本古文書や『石清水八幡宮史』などでは慶長四年とされてきたが、宛名は「民部卿法印」とあり、文禄五年以前となる。また、「最前御譲位之刻」とは後陽成天皇への譲位にあたり、秀清は幼少のため改補はなかったと主張している。そして、「今度　関白殿被成御与奪」は天正十九年十二月の秀次関白就任を指し、「今度得度」は同年十一月の秀清の得度を指すため、天正二十年のものである可能性が高い。

そこで改めて経緯を整理すると、天正二十年二月、秀清が朝廷に社務職補任を求めるも、新善法寺重清も広橋局を通して補任を希望、現社務の壇栄清と三つ巴の様相を呈した。栄清側から反対意見が出されたため、相論が開始され、秀清が先例を主張したのが前掲の史料である。[131]この結果、同年に重清が社務に任じられたともされるが、[132]後述の慶長四年の相論では栄清が社務の継続を主張しており、栄清の留任と見るべきであろう。

ここで注目すべきは、右記の史料で、秀清が秀次への「御与奪」を改替の好機と捉えていることである。重申状では「御代替」を主張しており、秀吉の名護屋への下向を目前にして、秀次が畿内に留まり政務を委ねられた政治状況を敏感に察知し、働きかけを行ったと思しい。同様に、同年四月、有節瑞保は秀次の「御判始」として公帖を拝領し、十一月には長浜の知善院・徳勝寺が駒井重勝に対して「御継目御朱印」を申請するなど、秀次の関白襲任は政権の代替りとして広く認知されていた。[133]

慶長四年二月、再び秀清は「御代始」[134]による社務改補を求める。同年正月、秀吉の死が世間に公表され、二月初旬には「五奉行」が元結を払っており、秀頼の「代始」という情勢を踏まえた迅速な対応といえる。申状では、将軍が病気により子供に将軍職を譲って死去した際には、改替はないと栄清が主張したのに対し、足利義満・義持・義政の死去時の先例を持ち出し、代始の改補の正当性を訴えた。[135]しかし、収穫期が近づいた八月になっても決着がつかず、秀清は社務領の納所凍結を依頼し、翌月に玄以から社務領・山林の凍結が命じられている。[136]

同年十月、大坂城西の丸に入った家康は置目改めを実施する（本書第四章）。それを受けて本相論も変質し、舞台は大坂へ移る。同月二十七日に鶴峯宗松は大坂の玄以邸を訪れたが、「八幡新善法寺与田中公事相談」のため待たされており、三つ巴状況は改善されなかったと思われる。秀清はこれ以前から、田中家被官の志水宗清の娘・お亀の方（家康側室）を通して内々の工作を行っており、「おもてむき」と並行して訴訟を有利に進めようとしていた。[137]十一月二十日の大坂対論（受布施派と不受不施派の相論）のついでに家康の裁許を得ようとするも、玄以の承認が取れていないため決着せず、最終的には翌慶長五年五月二十五日に家康の御前で裁定が出され、秀清の勝訴が確定した。[138] 社務領の凍結も解除、以後の廻職の順序が田中→新善法寺→善法寺→壇と定められ、各家に通達された。[139]

ところで、この前年七月、八幡惣中が天正十七年検地での没収地の返却を求めた訴訟を「御奉行衆」（「五奉行」）に起こしていた。本来は社務相論とは異なる訴訟であるが、会津出兵を控えた家康には迅速な処置が求められ、社務相論と同日付で石清水社領に対して家康単独で百六十通余りもの大量の朱印状を発給した。[140] なお、社領の指出や還付社領の知行目録の発給に際しては、三奉行が家康の裁定を補佐していた[141]（本書第四章）。知行目録には「為秀頼公御祈祷、彼出分悉被還附畢」とあり、秀頼への祈祷が名目とされている。また、相論の過程で、お亀の方の母（妙慶）も家康は秀頼が成人になるまで政務を預かっているだけなので、知行を削減することはないと秀清に伝えていた。[142] 家康はあくまでも「秀頼様御為」を掲げており、内々にもそうした認識が共有されていたのである。

（ii）寺社算用・贈答・祈祷

寺社が秀吉に訴訟を働きかけたのは、「いつれの寺社をもそだてられ、天下たいへいのミ世と、諸人あふきたてまつり候」という期待がその背景にあった。[143] 政権側は指出・検地と寄進状の発給によって公家寺社領を整理し、戦国期のような武家による押領は構造的に解消される。[144] ただし、大寺社の所領は大幅に削減され、興隆の名のもとに少分が返付、ないし当知行が安堵され、地方有力寺社では知行を認められない場合もあった。[145] 寺社にとっての〈豊臣の平和〉の実態とはかかるものであった。

寺社領寄進と検地はまた、政権が寺社の算用に関与する契機ともなった。例えば、天正十三年六月、高野山では金堂復興のために三千石の寺領が返付されたが、その知行物成を毎年算用し、秀吉に対して勘定を遂げるよう血判起請文で誓約させられている。一方、京郊村落では、同年末に寺社領指出が行われ、淀城で玄以ら検地奉行による検地帳の算用が行われた。[146] その結果、翌天正十四年頃から玄以が算用で多忙な様子が看取され（本書第二章）、後世の記録によれば、玄以屋敷の小広間で算用が行われ、寺社の提出した算用状に下代が裏判を据えて勘定したとされる[147]。上賀茂社のように、一六世紀半ば頃から独自に算用状を作成する場合もあるが、政権の勘定命令はそうした寺社側の自立的な財政立て直しを後援する狙いがあったといえよう。実際、太閤検地以後に上賀茂社の収入は安定していることが指摘されており、健全化の方向に作用した例と見なしうる[148]。

寺社には玄以からの切手で出世・官銭や公義官物の支払いが命じられ、指定先や玄以下代に米銭を渡した後に玄以の請取状を受給し、のちに算用した[149]。こうした決算方式は蔵入地算用や竹木上納のあり方とも類似している（本書第二・七章）。玄以は問題が生じた場合、最近の出世官資の請取状を全て点検するなど、単なる追認ではなく、先例を確認したうえで勘定を遂げていた[150]。また、文禄元年十二月に秀次は五山での学問興隆の一環として、相国寺鹿王院と東福寺南昌院で月次聯句・詩会を開くことを立案し、その会席料は秀次から扶助され、出仕者は出世官銭を免除された。実際に、会席料は玄以下代から切手が到来し、施薬院全宗の代官所で米を請け取っている[151]。

算用にあたっては、玄以から夜中に検地帳の抜書を提出せよと命令が下る例や、出世官資の書立を献上するために夜前まで作業する例もあり、寺社側が政権の要求に急いで対応している様子が窺える。大坂で算用を終えたはずが、残高処理をしないうちに帰洛したことを怒られるなど、厳しい監査を受け、政権による財政立て直しは反面で強制力を伴っていた[152]。

先述の通り、寺社は折々に政権に対して贈答を行っていた。天正十三年、本願寺顕如の使者が秀吉に礼物を献上しようとしたが、取り次いだ石田三成の「存分」によって披露を二・三日遅らせた結果、秀吉の機嫌が良く、相伴も許された。ゆえに、奏者は秀吉の機嫌を窺いつつ、自己の判断で披露の機会を調整したといえよう[153]。また、寺社算用状を分析した伊藤真昭氏は、政権初期には奏者は固定されておらず、様々な吏僚層が担当していたが、上賀茂社については天正十五年二月以降に贈答の窓口が玄以へと一本化することを指摘している[154]。これはおそらく、同月以前に玄以屋敷が聚楽第に移った事実（本書第五章）と対応するだろう。

加えて、寺社は秀吉本人や親族（大政所・鶴松）の病気・出陣に際して加持祈祷を命じられた。勅使や綸旨が出される場合もあり、朝廷権威も活用された。大験を得ると、政権は見返りに莫大な寄進を行ったが、強引な進め方であったために寺社側はその使途にも苦慮し、二の足を踏んだ。[155]なお、祈祷の際に命令を通達したのは奉行・側近層（浅野・増田・玄以・木下吉隆）や「六人衆」であった。例えば、慶長三年七月に秀吉の病気祈祷が玄以・増田・浅野の三名から三宝院義演に命じられているが、義演は当初、誤って玄以・増田・石田宛ての返書案を作成している。[156]実際には石田は筑前、長束は越前に赴いていたためにこの三名での連署となったのだが、おそらくは浅野の奉行復帰は周知されておらず、義演は所司代からの命令と捉えたのだろう。ここから、「五奉行」制成立直前に至っても、政権の中枢吏僚層に対する社会側の認識は固定化されていなかったことが読み取れよう。

このように、政権の政策は、寺社側の自立的運営・再建を促し、国家的に編成する意図を有していた。寺社側は能動的かつ継続的に自らの利益を追求する主体であり、その内部では政権との窓口（北野社の松梅院禅昌、高野山の木食応其など）に権力が集中したが、反面で政治的事件に巻き込まれることで立場を失う恐れも有していた（「秀次事件」や関ヶ原など）。同時に、こうした後援策は強制性を伴ったため、寺社にとって必ずしも好ましいものとはいえない面も有した。

（2）朝廷との関係

（i）朝廷・公家の財政

朝廷の財源たる禁裏御料所からの収入は、取次の公家が御所では長橋局、院御所では帥局まで持参した後、宮中の人々へ配当された。遠藤珠紀氏は御料所からの上進の継続性や院御所での配当加増を指摘し、豊臣期に禁裏の収入が安定したと指摘している。[157]ここでは、具体的な貢納の見られる備前鳥取庄と出雲横田庄、および石見銀山について検討しよう。

鳥取庄は長講堂領に端を発し、中世を通じて貢納が確認され、当該期の取次は勧修寺晴豊であった。天正九年十月、前年分の公用として銀十枚が宇喜多直家から納入されたが、朝廷側は内侍所神楽の催行料として当年分の進納を急かし、翌年正月に納入を見た[158]。その際、「路銭」として一枚が運上されており、これは晴豊の得分と思われる。銀十枚に固定化したのは天正八年からで、以後断続的に貢納されるものの未進や遅延も多く、文禄三年正月には三年分が一度に進納されているが、これは壬辰戦争の影響と思しい。翌年、朝廷は権中納言にまで上った宇喜多秀家への期待からか、増額を要請するが、以後も十枚で変わらない。ただし、秀家が「五大老」になって以降の慶長四年には三年分を分納して遅延を取り戻しており、政治的地位に応じた態度を示しつつあった[159]。

横田庄は文保元年（一三一七）に禁裏御料となり、以後断続的に貢納が見られる。当該期の代官・取次は菊亭晴季、下地代官は三沢為景（毛利氏配下）である。天正十年、米百石で定額化されたが、金銀での代納もまま見られる[160]。天正十八年十月、横田庄分として百石が貢進されたが[161]、同時に石見銀山からも納入がなされた。おそらくはともに毛利輝元が管轄しているからであろう。石見銀山は永禄六年（一五六三）正月に毛利元就が将軍家と朝廷に二分して献上したもので、一時中絶ののち、天正十三年四月に勧修寺尹豊（晴豊の祖父）が安芸に下向した際に厳重な貢進を約諾し、銀百枚が定納化されている[162]。文禄二年十月には尹豊が「分一」として銀子十枚を得ているので、やはり一割が取次の得分であったと思われる[163]。

御料所の算用は当初、玄以が担当していたと推測され、賄方の担当者（長橋局・帥局）のもとに玄以が赴き、「かねのにんき」（金銭出納帳）を確認している。遠藤氏は天正十八年十一月に阿野休庵（実時）と施薬院全宗が玄以に代わって御料所代官に任じられたと指摘しているが、彼らの活動はどのようなものだったのだろうか[164]。

阿野休庵と御料所の関係は織田期に遡り、天正五年二月に休庵が御料所代官を三年間統括するように定められている[165]。天正十二年にも、禁裏御料所十一ケ郷の一職支配を認めた秀吉判物の宛所に休庵の名が見える。天正十五年には玄以が譲位に伴う算用を休庵邸で行い、天正十八年五月には祈祷料の払い渡しをするなど、任命以前から朝廷財政に深く関与していたことは疑いない[166]。その具体的活動を窺えるものに次の史料がある[167]。

已上

態令啓達候、仍而京中去年之地子方禁中江納分、未被召遣其侭蔵ニ在之由、小嶋清右衛門方ゟ申越候、蔵以下も在之間敷候、又当米も頓而相納可申候間、急度被召遣候様ニ頼申候、若不被召遣候ハヽ、さうはのねニ御売候て金子にても御上候て可給候、拙者其方ニ居不申事ニ候条、御手前之分先々被差置、我等分被召遣候様ニ奉頼候、恐々謹言、

浅野弾正少弼

六月十九日　長吉（花押）

休庵

御宿所

右の文書の浅野の花押型はA５型であり、所司代在任中と思われるため、発給年次は天正十八・十九年のいずれかに絞れる。浅野は家臣の小嶋清右衛門[168]から、納入された京中地子米（聚楽第行幸時に院御所に寄進）がそのまま蔵に残っているとの報告を受け、今年分の米がもうすぐ納入されるため、すぐに使うか相場の値段で換金するよう休庵に依頼している。浅野は両年とも東国・東北に下向しており、文意にも合うが、休庵の御料所代官就任後と考えれば天正十九年発給となり、その場合、地子免除直前にあたる。ゆえに地子・年貢の管理が休庵の役割の一つであったといえよう。

一方、施薬院全宗は、院御所設立に際して「御料所米」を玄以とともに禁裏御蔵に納め、必要次第に長橋局（後の帥局）に渡すよう秀吉から命じられている。[169]ただし、実態として院御所における貢納にどれほど関わっていたかは不明で、天正十八年以降に関与が本格化した可能性も残る。同年十一月には祇園社に奉納する太刀を「御料所御代官」として用意し、文禄三年正月にも祈祷料の払い渡しに休庵とともに携わっている。[170]

豊臣政権からの合力・下行に際しては、公家が休庵・玄以（秀吉の場合）、吉田（益庵）宗甫・駒井重勝（秀次の場

合）、客人・孝蔵主（北政所の場合）らの発給する切符（切手）をもらい、彼らの下代・代官ないし京都の土倉や近隣の蔵（下鳥羽・大津）へ雑掌が赴き、切符と引き換えに米銭を渡され、請取状と交換した。(171) こうした仕組みは、豊臣氏蔵入地や第1項で見た寺社の場合と基本的には同じであり、当時の一般的な算用のあり方だったといえよう（本書第二章）。

合力（助成）は、大きなものでは二回確認できる。初回は天正十九年九月の公家への「辻家」の合力米で、浅野家臣から切手が振り出され、米が渡された。合計千五十石の米が大坂から鳥羽まで舟で運ばれている。(172)「辻家」の意味は不詳だが、時期としては京中地子免除に該当し、地子の替地も同時に相談しているため、地子銭に関する権益を指すのではないだろうか。二回目は天正二十年三月、秀吉の壬辰戦争への出陣の際、公家衆に合計一万石の合力米が約束されている。同年後半に大津で、浅野・増田・新庄直頼の配下から武佐枡で米を段階的に受け取り、玄以下代の長屋七右衛門に請取状が渡された。(173) ここから、大津には歴代城主（城代）の蔵が存在し、京升以外での計り渡しも残存していた様子が窺える。

対して、一般の下行は祈祷料や奉加米・香典、元服・家作などの入用時、下向時の賄料（在庄）、院庁や天正十六年行幸の陣之儀・参仕料などが知られる。(174) 祈祷では御所の安鎮法や秀吉・秀次の家族（旭姫・八百姫）、在庄は大坂城への礼参などが目を惹く。(175)

なお、公家領については、指出・検地や地子免除、領知朱印状の交付によって段階的に整理された。当知行安堵が基本であるが、天正十六年四月の聚楽第行幸に伴う近江高嶋郡での加増が特筆され、知行の進退は天皇に委ねられた。(176) また、高嶋郡の公家領における年貢未進については玄以に訴えられ、百姓召還と籠舎が行われ、百姓の目安を受けて年貢収取法の条書を下したのは石田・増田であった（本書第三・五章）。ゆえに、財政だけではなく村落統治に関しても、朝廷は政権に依存していたといえよう。

（ii）公武交渉

政権と朝廷との力関係を探るうえで、検断をめぐる既往の成果は示唆に富む。小牧・長久手の戦いの最中の天正十二年五月、京都では佐久間道徳が徳川方に味方して謀反を企てた[177]。ちょうど玄以が離京していた時で、淀城留守居の小野木重次が駆けつけ、道徳一味の借家のある一条東町と実相院町を包囲し、町人を捕えた。二条蛸薬師に牢屋を仮設して入れ置き、餓死者が出る始末であった。その中には内裏公人・公家被官や真宗門徒もおり、朝廷や本願寺から解放を働きかけたが、小野木は無礼な悪態をつき、聞き入れなかった。洛中の町の釘抜・潜木戸は閉ざされ、七口には番が置かれ、逐電した両町の住人を探すための通行改めも実施、上京中も探索を強制された。七月に入って聖護院道澄の仲介で赦免が決まり、籠者は解放された。この一件は、朝廷・宗教権威や町人に対する政権の圧倒的優位を示し、秀吉に対面も許されなかった勅使は面目を失った。ゆえに、翌年に小野木が一時失脚した際には、「去年禁中狼藉天罰」と囁かれた[178]。本書第五章で、政権は旧来の町共同体や寺社の自治に頼りつつそれらを編成したと述べたが、朝廷も含めた諸身分集団の政権への従属を象徴するのが当該事件であり、編成される側にとっては重い刻印となった。これに比すれば、文禄二年の安東平蔵刺殺事件に伴い、公家侍だけでなく、禁中の女官も一時拘留される事態が生じたが、公家らは「余恣ノ義」と噂するのみで、従属関係は定着しつつあった。

天正十五年五月、准后勧修寺晴子の御所で盗物事件が発生し、玄以は院御所の人々を糺明しようとしたが、外聞を気遣った正親町院から捜索を中断するよう曇花院を通して申し入れがなされた。朝廷側では内衆が身の潔白を示す起請を行うことを提案し、玄以の考えた文言に沿った連判起請文が作成され、院と玄以の双方で確認した[179]。ここから、起請文提出は糺明される側の要請による場合もあったことが知られ、案件を軟着陸させるための合意形成の性格も析出しうる。諸身分集団の内部規律化を促すことで犯罪抑止を目指す方針が確認されよう。

天正十八年六月には、勧修寺晴豊が小姓の袖岡彦七の不義を発見して捕縛、玄以に身柄を引き渡し、成敗が決まったが、門跡・公家衆の説得で助命された[180]。ここでは晴豊が自身で配下を成敗するのではなく、玄以に委ねていることが注目され、諸身分集団が政権の検断権に自ら係属されざるをえない様相が浮かび上がる。

ついで、祈祷・仏事・祭礼について検討を加えたい。秀吉の出陣や親族の病気時の祈祷が朝廷にも依頼された点は第1項でも触れた通りだが、秀吉死後はどうだったのだろうか。淀殿が病がち（気鬱）になったのは、通説的には『医学天正記』の記述を典拠に関ヶ原後とされ、徳川政権樹立への動きが原因とされることもある。(181) しかし、慶長五年三月、朝廷に「御袋御方御煩」の知らせが入り、祈祷や代参が検討され、晴豊は玄以に詳細を問い合わせている。(182) ゆえに、前年九・十月の大蔵卿局や大野治長の排斥と家康による置目改め（本書第四章参照）こそ、淀殿の体調不良の契機であった可能性が高いのではなかろうか。

同じく慶長五年三月、大坂では天王寺再興供養が執り行われたが、朝廷からは大覚寺空性と曼殊院良恕の両門跡や公家衆・役者衆も下向し、晴豊が玄以に鳥羽から大坂への舟の手配を依頼している。(183) 翌月、京都では豊国祭礼が催され、諸大名が社参した。晴豊は勅使として日野輝資が派遣されること、および、下行米料は政権側に任せることを一安軒宗養らを通じて玄以に伝えている。(184) このように、秀吉死後においても「豊臣伝奏」の晴豊と所司代の玄以が仏事や祭礼に関する公武交渉を担っていた。(185)

公武交渉に関して目を惹くのが、毛利輝元の位置である。先述の通り、御料所からの貢納を通して公的に朝廷と関係を有していた輝元であるが、天正十六年七月の上洛・参内を契機として頻繁に贈答を行うだけでなく、在京時には花見や茶会・振舞、輝元室による神楽興行など密接な交流が確認できる。(186) 毛利氏と深い関わりを持つ紹巴の姿も見えるため、連歌など文化的な面での京都との繋がりも活かされたのであろう。(187) 慶長四年八月、家康が参内するが、晴豊は輝元も同伴すると思っていたところ、病気で延引するとの知らせを受け（禁中への申し次ぎが晴豊）、見舞いの書状を送った。また、安国寺恵瓊も天皇に典籍を貸与し、禁裏文庫への進納を打診されるなど、毛利氏は経済・文化双方で朝廷と密接な関係を構築していた。(188) 同じく御料所を管轄していた宇喜多秀家と比べれば、晴豊と輝元の親密さが際立つ。

他の「五大老」に関してはどうだろうか。徳川家康は永禄期から朝廷と接触し、任官の見返りに費用献上を行っていた。天正十四年の参議昇進以降にたびたび音信・進物が見られ、秀吉死後にも継続している。秀忠や井伊直政、茶屋四郎二郎など家康周辺も朝廷との交流を有した。(189)上杉景勝は天正十四年五月に上洛・参内して以降、晴豊とも家族を交えたやりとりを重ね、家康・輝元に次ぐ存在感を示している。秀吉死後については、慶長四年八月に会津へ帰国したこともあり、影は薄くなる。(190)前田利家父子は晴豊との関係は希薄だが、中山親綱とは天正十六年頃から家族も含めた交流が確認できる一方で、宇喜多秀家は任官時などの公的なやりとりに留まる。(191)

慶長五年四月、六条有広が勅勘を許されたが、赦免を執奏したのは家康であり、輝元や玄以も連携して働きかけをしていた。(192)この段階では家康主導のもとでの三者による公武交渉が有効に機能していたといえよう。同年六月に輝元は下国するが、晴豊を通して禁裏に暇乞いの進物を贈る。七月四日、大坂の毛利邸に留まっていた秀元は晴豊と久方ぶりに音信しており、十二日の決起以前から輝元と三成らが通じていたとする光成準治氏の想定が正しければ、朝廷への足固めと見ることもできよう。(193)

同年九月には、田辺籠城中の長岡幽斎の退城を勧告する勅使が派遣されるが、その際の公武間の意思伝達は玄以と晴豊が行っている。(194)その見返りか、禁裏御料の山科七郷で大津城攻めの軍勢が苅田・竹木伐採を働いていることに対し、晴豊は輝元・玄以に濫妨停止の徹底を依頼している。(195)二か月前の伏見城攻めの際にも三奉行からの禁制が出されているが、度重なる違乱行為は止まず、この後に関ヶ原での敗軍が伝わると、徳川方による濫妨も受け、「建武・応仁ノ大兵乱」を超える乱世と嘆かれた。このように、晴豊は従来からの関係を頼りに輝元と玄以に依頼をしており、朝廷側の期待のほどが窺えよう。

以上より、朝廷と政権との関係は寺社に類似したものといえ、経済的にも法的にも政権の後援を受けることで、近世的な集団として再建された。(196)寺社・朝廷は〈首都〉において政権側との日常的な交流を深め、政治状況に応じて主体的な働きかけを行っていた。ただし、政権構成員の朝廷への関わり方は区々といえ、吏僚層では所司代(玄以・浅野）や山口宗長が目立ち（本書第五章）、大大名では家康・輝元が抜きん出ていたといえよう。

（3）統合の原理――〈収斂と請負〉

（i）〈首都〉への統合

秀吉は、政治情勢や後継者問題（第一節参照）に左右されながら、複数の城郭と〈首都〉を併用した。聚楽第・大坂城や指月伏見城の普請を秀長と秀次に委ね、聚楽第の郭内には両者と秀俊の屋敷があったように、秀吉の城と後継者は密接に関わっていた。天正十七年以降は、明確に鶴松への継承を念頭に公儀の結集核としての〈首都〉の形成（大名妻室の在京命令や「京都改造」）を進めたが、鶴松の夭逝によって急転、聚楽第と京都を秀次に譲ることとなる。こうして京都の織豊城下町化（相対化）が完成し、鶴松関白襲任を見越した将来像の破綻も相俟って、政権における京都の政治的位置づけは低下した（本書第五・六章）。

壬辰戦争に伴い、名護屋城下において大名の国家的交流が加速し、武家文化が醸成された。秀吉は文禄二年のお拾（秀頼）生誕によって指月伏見城を築城し、秀次との共存を図るも、「秀次事件」に帰結する。後継者は再び秀頼に一本化され、「慶長地震」を経て伏見山城が築かれた（本書第六・十章）。

こうした〈首都〉の変遷を示したのが図終-2である。政治・軍事・経済・儀礼などは各都市の代表的な役割を示したものであるが、聚楽第と大坂城が政治的な互換性を有していたように、京都・伏見・大坂は重なりあって「三都」を構成していた。一方、従来の〈首都〉論は「政治」の面を単線的に繋いだものと理解できよう。秀吉が複数の〈首都〉を最後まで併存させた意味は、秀吉死後の政治過程からも見出すことができる。「三都」は絶対的な「天下人」が存在するからこそ統括され、有効に機能するが、不在の場合には機能不全を起こし、むしろ統合の阻害要因となった。すなわち、家康は最初に伏見山城、ついで大坂城を段階的に掌握する必要があった。複数の〈首都〉は「五大老」「五奉行」のような政治組織と同様、一人に権力を集中させない効果を期待された（本書第四

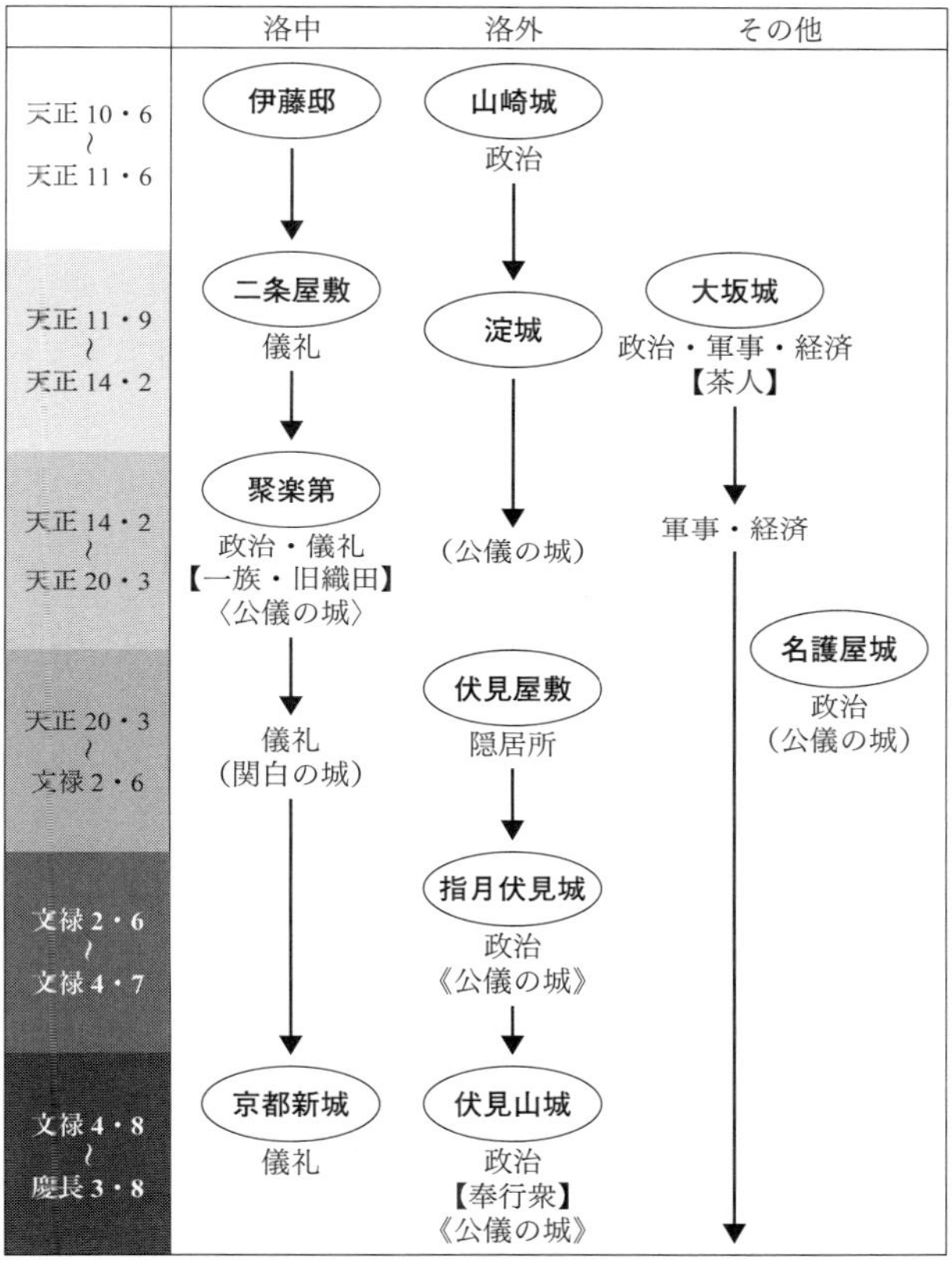

図終−2　秀吉の拠点・城郭と〈首都〉の変遷

備考）【　】は内郭構成員，（　）は未必・一時的性格，〈　〉は成立，《　》は確立を示す

〜六章）。

大坂城では茶人、聚楽第では一族大名や旧織田系大名、伏見山城では奉行衆がそれぞれ郭内に屋敷を許されたように、秀吉は各段階における政権構想を城郭構造に反映していた。他方、旧族大名は秀吉生前においては最後まで郭内に屋敷は見られず、御咄番への編成も伏見山城以降にようやく確認できる。大名在京も段階的に形成され、「秀次事件」以後の伏見において国家的統合を示す〈首都〉が確立、大名の下国認可は奉行衆の秀吉への披露に委

ねられた（本書第六・八章）。

大名の重臣層（万石以上）も〈首都〉に屋敷を有し、妻室を在京させた（本書第六章）。国元の大名居城でも、重臣屋敷を郭内に抱え込む事例が見出せ、政権と大名への二重の結集が現出した。ここに、領知宛行制・公役負担・〈首都〉集住という三つの特徴を有する近世大名が成立した。[197]

かかる〈首都〉への統合の共通項として、第一に天皇権威や由緒の活用が挙げられよう。大坂は「古都」としての意味合いを有し、聚楽第は行幸を目的に建造された。大名屋敷も天下人への礼参と参内・叙任に紐づけられ、竹木徴発も院御所新設を掲げて寺社に課せられた（本書第五〜八章）。ただし、これらはあくまでも名目に留まり、実態としての朝廷の権力化を意味しない。

第二に、政権は諸身分集団の自立性を前提とし、それを編成・促進した。政権の役賦課は京郊地域において藪主の寄合を促成し、大名や家中に競争意識・平衡感覚を浸透させた。むろん、それらは第2項でも確認した通り、強制性を伴う内部規律化の動向といえ、政権に権力が収斂する構造を加速させ、大名領国にもそうした方向性は共有された。逆に、受益者側は政治動向を敏感に察知して政権に訴訟を持ち込むことで、自己の要求実現に結びつけようとした。大名・寺社・朝廷・町村という多様な共同体の交錯する〈首都〉こそは、国家統合の一大舞台であり頂点であった（本書第五〜八・十二章）。

(ii) 天下人への富の収斂——「礼」と「役」の構造

異国人たちは秀吉を暴君と批評した。恣意的な賞罰を振りかざし、暴力と弾圧によって押さえつけているため「(日本の)全人民にも怨まれて」おり、専制君主たる秀吉が死ぬと国家は再び分裂し、戦乱に逆戻りすると予見したのである。[198] 伴天連追放令や壬辰戦争によって外国からの評価が著しく下がっていたことを差し引いても、日本国内からも同じような声が挙がっており（本書第九章）、文禄・慶長期の一般的世評を反映したものといえよう。秀吉に権力が集中する反面、政権の基盤は脆弱と見られていた。天正十年代前半には「日本全国から崇敬をあつめ」、民衆からは信長を凌ぐ英雄と喝采を浴びていたことと比すれば[199]、その隔たりは覆うべくもない（本書序章）。

それでも、伴天連追放令発令後にすら、コエリョは秀吉を「周到で頭の切れ味の良い現世の真の落とし子」と評価し、その国家統合のからくりを次のように整理していた[200]。①自己の名誉を永久化するために神になろうとし（自己神格化）、②日本全国の富を集積・分配（金賦）、③広大な土地を自身の手元に置き（蔵入地化）、④領国の組み換えと転封・分封を行い（国分）、⑤大名から挨拶や進物を受け（贈答儀礼）、⑥〈首都〉を再編して城郭と城下を建設（公儀普請）、⑦上方に大名が住居を構えることを強要した（〈首都〉集住）。以上の結果、大名は貧困に苦しみ、秀吉の財は極めて莫大なものとなった。特に、コエリョが富の集積に「礼」が大きく作用したと観測している点は重要であり、「礼」の役割を秩序面だけでなく、経済面にも開いていく手がかりとなろう。

このような富の収斂に拍車をかける社会構造について、ヴァリニャーノの説明を聞いてみよう[201]。大名は領知の多くを家中に配分するため、自身の収益はわずかしか残らない。家臣もまた陪臣に分配する必要がある。その一方、主従関係における義務が強固であり、家臣から百姓に至るまで、自らの身分と石高に応じた「役」を奉仕する。ゆえに、日本では大名の多くは貧しいが、同時に無償の課役によって「絶対的な権力」を有している。もっとも、家臣同士の結合も強いため、大名は家中の意を汲んだ振る舞いを求められた。ここから、朝尾氏が知行統制論で想定した知行取層の「自分遣い」の少なさは、彼らの地位の不安定さに直結するものではなかったと捉えられよう。

同様の理解は他の異国人の叙述にも見出せ、西洋の王侯に比肩しうる財力を誇るのは秀吉ただ一人と噂された。そして、大名を〈首都〉に召喚することで散財させ、逆に自らが集積した富は数百年を通じて見られなかったほどの規模に及んだという[202]。秀吉のみが、無償の奉仕と莫大な富の双方を手中にしたといえる。扶持の反対給付としての役負担と、「礼」に基づく贈答や饗応の過熱（本書第八章）が、〈首都〉において天下人に富が吸い上げられる擬球的構造を生み出していた。秀吉の収入源は蔵入地というよりも、むしろ権力構造そのものにあった。

(iii)「才覚者」の時代――英雄像と暴君像の背景

フロイスは、本能寺の変後から大坂築城開始までの十五か月ほどの秀吉の躍進について、大徳寺での信長の葬儀や安土での三法師の擁立など、織田家を尊重するふりをして人心を掌握し、賤ヶ岳の戦い後には「がぜん過去の仮面を捨て」、信長を凌ぐことに心血を注いだと評した。コエリョも「周到な手練手管」で「きわめて短時間のうちに全日本の君主に成りあがった」と証言し、唐人の許儀後らは「甘言と大話と黄金と詭計」で全国を併呑したと報じた。[203] 秀吉がわずか八年で天下を一統した要因は、富の再分配と巧みな情報操作にあったと見なされていたのである。それに加えて、諸身分集団の主体性に委ね、請負を基本としたことが急速な統合を可能にしたのであり、窓口を設定してそれらを国家に接続したことが一統への最短経路でもあったといえよう。ゆえに、政権も諸集団の自立を必要としていたと捉えるべきだろう。

『太閤記』を世に出した小瀬甫庵は、秀吉の時代に「才覚者」という言葉が流行したと回顧する。[204] 本能寺の変後、秀吉は中川清秀に信長生存という偽情報を伝え、「御才覚専一」と与同を促した。三成ら政権中枢も、取り次いだ相手に対して「才覚」を求めるとともに、他所からの「才覚」を警戒していた（本書第一章）。後北条氏の奏者を務めた富田一白と津田盛月は「不才覚」を責められて一時幽閉され、伊達政宗も一揆鎮圧に際して家臣に「才覚」をもって対応すべきと命じた。[205] 先に見た金剛寺の訴訟でも寺僧は「才覚」が肝要であると三綱の奮起を求め、貝塚の新川石見も親の卜半斎がいかに「才覚」をもって本願寺や寺内町に尽力したかを法廷で訴え、勝訴している。[206] 変動の激しい社会において情勢を見極め、適切な交渉や軍事行動によって所属集団の利益を追求しつつ、自身の地位向上をも図ることこそが「才覚」といえよう。かかる「才覚」を重視する風潮は社会にも浸透しており、もはや個人の特性ではなかった。それは相手への委任や鼓舞と同時に、責務も問うという両義性を有していた。

フロイスが「稀有の熟慮と旺盛な才覚の持主」と評したように、「才覚者」の最たる存在こそ秀吉であった。[207] 後世の人は「太閤秀吉公ハ智謀・才覚勝レテ、万事ハカ行事ハ日本無双ナリシカトモ、聖人ノ道ヲ知リ給ハス、民ヲ苦シメ、一人ノ栄花ヲ極給フ故ニ子孫ニ伝ハラスシテ、早ク禍イコソ出来リケン」「是皆天命也」と評した。[208] 秀吉は「才覚者」である反面、富を独占し、民衆を苦しめたがゆえに政権が永続しなかったことは「天命」であると理解された。ここに、秀吉の両極端な評価、英雄と暴君の二つの顔が刻まれている。乱世において、武将たちは合戦の勝敗や家の浮沈を「天命」に委ね、天下人こそが「天道」に認められた存在だと捉えられた。[209] 裏を返せば、歴史的帰結のみが「天命」を示しており、豊臣政権が短命であったことが、政権の依拠する構造そのものへの悪印象を増幅させたともいえよう。

三　対外戦争と国内統治

（1）豊臣期の社会変動

（i）東アジア「近世」化と壬辰戦争

秀吉の朝鮮侵略は前近代東アジア史の一大画期をなす国際戦争とされる。[210] 本書でも、近年の研究動向を踏まえて「壬辰戦争」の語を用いたが、それを「文禄・慶長の役」や「朝鮮出兵」の単なる言い換えに終わらせてはならない。従来の日本における「中近世移行期研究」が対外的契機を十分に組み込めなかったことは序章でも述べたが、そうした点を踏まえ、東アジア「近世」化の潮流の中に戦国・織豊期の社会変動、および織豊政権による国家統合を位置づける必要があろう。本項では、既存の研究蓄積[211]を整理し、自力救済と〈平和〉の展開に焦点を絞りながら、国内外の動向を交差させよう。

一五世紀半ば以降、日本では応仁・文明の乱から明応の政変へと政治的混乱が続き、既存の国家・政治秩序が融解していった。列島周縁部では地域的な統合の動きが見られたが、列島中央部では内乱の時代を迎えた。社会の側では、身分集団である惣町や惣村が成長して自らの構成員を認定し、自力の報復を抑制しようとする観念も芽生えつつあった。一方、中国大陸では朝貢＝海禁システム下で都市・経済発展の胎動が始まった。

一五二〇年代以降、日本では在地社会の動きに対応する形で地域権力が伸長し、九州や東北では東アジア・東北アジアとの交易も見られた。自力救済の抑制については、商人が打擲や喧嘩の自制の動きを見せ、室町幕府は都市を中心に武力行使規制を視野に入れ始めた（本書第十一章）。中国では銀需要が拡大し、日本における石見銀山を中心とする銀産出の急増を受け、倭寇・海商による密貿易が活発化する。

一五五〇年代以降、日本では戦乱を経て地域権力から地域的統一権力へと統合が進む。畿内では三好・六角・浅井氏らが台頭し、村に対して「喧嘩停止」や「打擲」抑制の意向を示す（本書第十一章）。他方、福建・浙江地域からは、日本銀を求めて密貿易商の渡航が急増し、その流れに伴って南蛮人が鉄砲やキリスト教をもたらし、九州を経由して堺・京へ到達する。日本列島各地の沿岸部には「唐人某官」が来航し、唐物への社会的欲求が高まりを見せた[212]。銀・生糸を媒介とした東アジアにおける富と人の循環の奔流に呑み込まれ、日本の近世化を導く諸契機（技術・思想など）が流入、社会変動と地域統合が加速的に進んだ（「触媒としての東アジア」）。かかる意味で、在地の内発的発展のみから「中近世移行期」を捉える見方は肯んじがたい。

一五七〇年代以降、日本では濃尾平野から近江・京都へ侵攻した織田氏が台頭し、八〇年までには畿内・近国を統合し、統一政権化を果たす。地域の統治を任された家臣の中には、一向一揆との対決を経て村落に対して直接法令を交付し、紛争の抑制に乗り出す者も現れた（本書第十一・十二章）。その過程で在地の国人・小領主層を淘汰・家臣団化し、家中と村の集団同士の関係に整理するとともに、権力編成原理として石高制を採用した。中国の遼東地域では、交易の活発化を背景に軍閥の李成梁が台頭したが、商業＝軍事的新興勢力としての性格は織田政権と類似する。

一五九〇年代以降、日本では織田氏の配下から全国を統一した豊臣秀吉が、自力救済を訴訟へと誘導していった。〈首都〉において富を集積した秀吉は、東アジアの富の大動脈を遡上する形で、壬辰戦争を開始する。侵攻の過程において、「唐入」を掲げて社会の関心を引き寄せ、御前帳徴収を通じて石高制のもとに全国の大名を接続、物流・人流の統制を行うも、政権内部が朝鮮半島―名護屋―上方に分裂することにより、齟齬が生じ始める。畿内では軍事的抑止力不足により村落間紛争が激化し、留守を預かる秀次が「喧嘩停止」を掲げ、厳罰をもって対処した。戦争から帰国した諸将は荒廃した領国を復興する中で〈民政〉に目覚める（本書第八～十二章）。大陸では、ヌルハチが建州女真を統一、李成梁の子（李如柏・如松・如梅ら）が哱拝の乱や壬辰戦争・サルフの戦いに従軍した。ゆえに、壬辰戦争は東アジアの社会変動の落とし子であり、その後の経緯も含め、日本の近世化にも極めて大きな影響を与えたといえる。

（ii）在地社会の動向

豊臣期の在地社会に関しては、本書では、大名・給人・代官との関係（訴訟や法令、第三・十二章）や村落間相論（山野河海に関わる実力行使、第十一章）は検討したものの、村落の内部については領主法令の観点からの言及に留まったため、社会構造に迫りうる特徴的な例を三つ挙げて分析を加えたい。ここで注意すべきは、朝尾氏の兵農分離論は従来の「名主百姓」を勧農（公儀）的性格に着目して「小領主」と再定義したものの、時期による相違や国人領主層と土豪・地侍層を区別せずに一括したことが批判されている点である。[213] ゆえに、村落上層の差異に留意しながら論を進めたい。

Ⓐ村落上層の離村――播磨国揖西郡平野村の場合

天正十六年十一月、平野村の三宅与九郎・四郎二郎が「今度与州江御越」につき、自身の家・下地・山林を在地の政所らに預けた。政所は必要な時にそれらを四郎二郎に返却することを誓約し、「若小百性江預候て、何かと申候者、其時此捻にて旁々御さんたん可有候」として一筆を認めた。[214]「今度与州江御越」とは、前年九月に伊予を与えられた福島正則か戸田勝隆に従っての移住を指すと思われる。戸田の所領は播磨国加西郡と揖東郡において確認でき、福島は不明だが、龍野城主であったとされ[215]、距離の近さから考えると三宅与九郎らは福島家中かと推測される。なお、元和期の福島家中には「三宅久五郎」の名が見えるが、血縁関係などは不明である[216]。

三宅らは村落上層（地侍層か）と考えられ、平野村に屋敷地と田畠・山林を有していた。播磨では天正八年には検地が行われていたが、一国検地実施は文禄三年のことである。揖東郡の斑鳩寺領では天正九年三月の石高と文禄四年八月の石高がほぼ変わっておらず、天正八年検地で既に相応の把握がなされていたと思しい[217]。

ここで第一に注目されるのが、名請地や屋敷地を預けた先が政所であった点である。南山城では、狛氏（国人領主）が武家に仕官して離村した後に、在地に残った旧臣（庄屋ら）がその屋敷や田畑を守った事例が知られている[218]。一方で、三宅氏の場合は、国人・土豪層のような突出した立場にあったわけではなさそうである。平野村には慶長十二年三月付の池田氏による検地帳が残されており、そこでは大高持で屋敷を持ち、下人を従えている小領主層として源左衛門・二郎右衛門・二郎三郎の三名が検出できる[219]。前二者は中世以来の土豪で村役人でもあったとされ、いずれも三宅与九郎らの帰村した姿や一族とは想定しがたい[220]。また、三宅氏は村に戻る未来も想定しながら屋敷などを預けており、豊臣大名への仕官や国替による離村は不可逆的なものではなく、在地での旧来の権益を確保しながら家臣化する動向は国人領主層（狛氏や上坂氏）に限らないものと見なせよう。

第二に、なぜ転封から約一年後に伊予に移住するのかが問題となる。伊予における福島家中への知行宛行いは天正十六年二月と翌年七月に確認できる[221]。福島と戸田は天正十六年正月に肥後国人一揆鎮圧後の上使として派遣され、検地と残党処理を行った後、閏五月まで肥後に滞在していた。同行していた浅野長吉は六月頃に上京し、十一月に若狭へ帰国しているため、福島らも同じ頃に帰国したと思われ、おそらくは三宅与九郎らが播磨から伊予に移ったのは、その機会と考えてよいだろう[222]。ここから、転封後一年が経過しても福島家中には本拠を元の在所に置いていた者が存在した可能性が浮上し、天正十八年の徳川氏の国替時に家康家中がすぐに妻子を伴って引っ越すことができない場合は、都合の良い時まで延期してよいと秀吉が命じた事例も想起される。[223] ゆえに、国替によって一挙に兵農分離が進むのではなく、段階的に離村が行われたといえよう。

第三に、田畠を預かった小百姓が返還しない可能性を想定して当該証文が作成されている点にも注意したい。この場合、小百姓に田畠を預けるかどうかは政所の判断とされており、検地帳の名請人としては三宅氏ないしその旧被官が想定される。しかし、実際の耕作者である小百姓が権利を強めていたため、村落上層もそれを警戒せざるをえない状況を読み取ることができよう。

Ⓑ庄屋と小百姓の争い――近江国高嶋郡武曽村の場合

第二節で触れたように、天正十六年の聚楽第行幸に伴い、公家には高嶋郡内で加増がなされた。勧修寺晴豊には武曽・横山村のうち二百石が宛行われたが、両村には高倉家領二百三石も設定されており、天正十一年段階（杉原家次領）では千百二十五石が計上されているため、複数の相給であったことが知られる。[224] 天正十九年七月には「高嶋知行」について日野・中山・高倉家の下代が勧修寺邸に集まり談合しているが、同じ頃に西洞院時慶も「高嶋之帳」を調べさせており、これは御前帳徴収に関わるものと推測される。[225] そうした武曽村に関して問題が生じたのは、慶長五年のことだった。[226]

尊札拝見申候、仍高嶋武曽村庄屋若狭儀付而様子承候、然者、彼者年来小百性共を追失、在所を明させ、田畠荒、其上百性等迷惑之由依訴訟申候、右分申付候間、御分別可有之候、猶面拝之刻可申入候、

七月十四日
徳善院（玄以）

晴豊は玄以から武曽村庄屋の若狭のことについて問い合わせを受けて、返答している。それによると、若狭は長年にわたり小百姓を村から立ち退かせ、田畠を荒らし、百姓から迷惑との訴訟が勧修寺家に寄せられた。晴豊は訴えを受けて若狭を処分（庄屋改替か）したところ、おそらく逆に若狭が玄以へ訴え出たため、事情を尋ねられたので

あろう。

武曽村では慶長七年の検地において約四分一の土地が「荒田」や「荒畠」として計上されている。この時の荒田畠は実在しない架空のもので、近隣では寛文検地で「無地高」と認定された村もあったようであるが、[227]少なくとも武曽村では実際に田畠が荒れていたと捉えるべきであろう。

また、相論が小百姓と庄屋の間で争われており、百姓の「迷惑」に論点が置かれているのは興味深い。村役人層には小百姓を在所に有り付かせ、田畑を荒れないようにする義務があり、領主もそれを求めていた（本書第十二章）。もしも違反した場合には小百姓らが訴え出ることができ、少なくとも晴豊はその要求を認めたと考えられる。慶長後期の初期村方騒動で惣百姓の「迷惑」が争点に掲げられたことは既に水本邦彦氏が明らかにしているが、こうしたあり方は明確に豊臣期にまで遡りえよう。[228]

なお、これとほぼ同じ頃、山城国内里村の安田源介が石清水の志水忠宗（お亀の方の弟）を頼って、自らを庄屋に加えるように領主の大光明寺に迫っている。[229]同寺住持の西笑承兌は複数庄屋制への移行による年貢未進の悪化を懸念し躊躇しているが、村落上層が自ら庄屋任命を求める事例といえ、権力側の一方的な庄屋の設定のみではなく、相応の権益獲得を目指した下からの動きも考慮に入れる必要があろう。

Ⓒ地域ぐるみの逃散——摂津国有馬郡藍荘の場合

慶長四年十一月、有馬郡藍荘の内の岩倉村の「百生中」が領主の山崎氏に訴状を提出した。[230]争点は多岐にわたるが、以下の如くである。①下代からの免相の下状交付が遅く、作付が悪いのに免が認められないので、多くの百姓が逃散した。②失人の未進分は村に残った百姓に課せられたが、数年の未進累積もあるため、破棄してほしい。③村に還住した場合は、百姓全体で算用をしてほしい。なぜなら、孫九郎（村役人層か）は未進があるのに奉公に出ており、年貢や課役を転嫁された一般の百姓は生活が苦しく迷惑しているためである。④在所の耕作もできていないのに、他村への出作を命じられるのは迷惑。⑤大きな村と同じくらい夫役が課せられ、飯米も下付されない。⑥還住に応じない者が数名いても、ほかの百姓に割り付けをしないでほしい。⑦二郎が奉公に出たが、今年は少しも扶持米がもらえないので、一緒に逃散した。⑧隣村の日出坂との田地の出入りについて、先例通りに裁定してほしい。

要求内容は、対領主（年貢減免、未進破棄、出作・夫役・奉公の不満＝①・②・④〜⑦）、対有力農民層（村内の不均衡改善＝③）、対他村（村落間相論の裁定＝⑧）に大別されようか。百姓が村から集団で逃散し、領主層に訴え出たものと見られるが、当時の村落における課題の多くが盛り込まれている点で注目される。

同じ月、隣の本庄村の彦十郎も「御小姓衆様」に宛てて訴状を提出している。戦国期に当該地域を治めていたのは藍氏・森鼻氏で、藍岡山城を拠点としていた。彦十郎はその末流と思われ、慶長七年段階で四十六石余りという村内でも突出した年貢額（全体の二割強）を負担し、慶長四年正月には彼に次ぐ高持ちの七右衛門らの飯米を肩代わりするなど、経済的にも突出した地位にあった[231]。文禄期以来、領主から土取（丹波の立杭焼の陶土）などの支配を委ねられたという由緒を有しており、土豪（小領主）と位置づけられよう。

その訴状の内容は次の通りである。⑨片方ではなく、双方の申分を聞いてほしい。⑩村の免を持高で割り付ければ平均二割二分になるが、脇百姓には六分しか下されず、出作分も三分しか免が遣わされていない。⑪免を持高で均すよう定めてくれれば、免米五十石の一割を殿様に上納し、今年の未進分も村中で皆済させる。⑫井料は今年から（代官ではなく）殿様に納めたい。⑬（高割が認められれば、彦十郎が）失人を召し直して田畠を耕作させる。⑭人足は従来通り詰夫一人と定め、他の課役は免除してほしい。⑮（彦十郎への）給米分が支払われておらず迷惑している。⑯彦大夫（彦十郎の一族か）の子供を召し直してほしい。⑰この訴状は「御代官衆」への不満ではなく、「御下代」久十郎の仕置が悪いので、詮議をしてほしい。

こちらは、領主への要求（免の高割、井料の直納、課役免除、給米支給、再奉公＝⑩・⑫・⑭〜⑯）および、要求が容れられた場合の小領主の尽力（上納、皆済、還住＝⑪・⑬）からなる。⑪・⑫や端裏書より小姓衆を通した殿様（山崎家盛）

への直訴であり、⑰より山崎氏直轄領下代の非分が主題であることが読み取れる。また、岩倉村と同じく百姓の逃散が見られ、藍荘域にわたる抵抗が想定される。ただし、小領主は下代の非分を排除してもらえれば百姓を還住させるとしており、地域における影響力の大きさが窺える。領主側も小領主の助けなしに統治ができないことを見越した要求といえよう。また、小領主側は一般百姓を非難しておらず、むしろ脇百姓らの負担を減らす高割を求めるなど、③を織り込んだ「百生中」側とは態度が異なる。ゆえに、地域内部では一般百姓から上層百姓への反発（初期村方騒動の芽）も兆していたと想定できる。これは豊臣大名の統治法において、給人・代官の非分排除を主題としつつ、村落内の階層矛盾への対処も現れ始めていたことに対応しているだろう（本書第十二章）。

以上の経緯からは、地域ぐるみで逃散と訴訟が行われ、村落上層だけでなく、百姓中も訴訟主体となって要求実現を目指した様子が読み取れる。例えば、近江国三上村では、天正末年以降に百姓（名主を含む）が侍衆（小領主層）との出入主体として立ち現れ、庄屋が両者の調停を担っていたことが指摘されているが、それと類似する動向といえよう[232]。すなわち、岩倉村の百姓中が逃散を盾に下代の非法を訴える一方、土豪側は還住・皆済を約束してその調停役として振る舞いつつ、地域レベルの要求を大名に直訴したと解釈できるのではないだろうか。また、当該案件は、武家奉公・非分抑制・耕作専念という領主の在地法令の三つの問題群（本書第十二章）が村落側の訴えの中からも検出できることを示している。

さて、右に概観した村落内の対立構図（給人・下代―小領主層―小百姓）が東アジアの動向といかに関わるのかを示すのは至難といえ、その点にこそ社会構造分析を中心とした「中近世移行期」研究の死角が存在するのだが、あえて取り結ぶとすれば次の二点になろう。第一に、福島・戸田は「船手人数」として壬辰戦争に出陣しており、豊臣取立大名の四国移封は九州や大陸侵攻に向けた足がかりといえる[233]。三宅与九郎らもおそらくは朝鮮に従軍したのではないかと推測されるが、そこに国人・小領主層の織豊軍団化の終着点を見ることができよう。また、山崎家盛も舟奉行として同戦争に動員されているため、帰陣後の大名権力と村落の駆け引きの一例にも位置づけうる。第二に、国人・小領主層の離村や帰農と小百姓の社会的地位の向上（換言すれば兵農分離と太閤検地）は、近世日本の小農社会を特徴づけた。村役人層を窓口とし、村落共同体による請負（村請など）を基本とする間接的な統治の構造が体制化されたのである。同時に、村役人の恣意を防ぐために、彼らには百姓に「迷惑」をかけず、給人・代官の「迷惑」にも直訴をもって対処する「才覚」が求められた。このような人・富の流動と、その帰結としての請負・才覚の定着こそが、日本の在地社会において東アジア「近世」化が及ぼした波紋であった。

（2）〈豊臣の平和〉の内幕

（i）〈豊臣の平和〉をめぐる研究の成果と課題

フロイスは、秀吉が都市における喧嘩や騒動を禁じたのは「正義を愛する熱意からなどではなく、純然たる私利に基づいていた」と評し、違反した際の懲罰や罰金こそが狙いと捉えた。また、序章冒頭でも掲げた如く、〈豊臣の平和〉の裏面に人々の恐怖と貧困が存在することを看破していた。同様に、明の海商も政権の厳罰主義によって日本が平穏になったと報告していた[234]。東アジア「近世」化の申し子たちの証言ゆえに、傾聴すべきであろう。同じことをヴァリニャーノは次のように説明している[235]。大名は道理に合わない振る舞いをすれば秀吉によって滅ぼされるため、利害調整にあたっては戦闘ではなく政権への提訴こそが重要であると理解していた。社会においても、秀吉によって既存の権益者が排除され、武力行使や略奪行為が抑制された。同時に、秀吉は大名に領国統治の方法を教えたため、大名は領国内で権力を強大化して家臣を統制し（分権化）、民衆の負担が増えた。これによって社会の慣習は中正になり、大名はより穏和に、民衆はより謙虚になった。すなわち、異国人の目には、厳罰を掲げた強制こそが〈豊臣の平和〉の実態であり、結果として社会の規律化が進んだと映っていたのである。

それでは、研究史上において、〈豊臣の平和〉はどのように評価されてきただろうか。近年、再評価がなされているように、戦前の歴史学においても〈豊臣の平和〉をめぐる議論は存在していた。田中義成氏は、天下統一過程において秀吉が、最初は「平和手段」で説諭や降伏を進め、相手がそれを聞き入れない場合に初めて軍事侵攻を行うとしており、藤木「惣無事令」論に近い捉え方が萌芽的に生じていた[236]。

加えて、田中氏の議論を、文化史の文脈から発展させた花見朔巳氏の叙述も見過ごせない。花見氏は刀狩を秀吉の最重要政策と位置づけ、兵農分離によって社会の秩序が保たれた点を重視した。また、刀狩の結果として「国民全体の気分」が狂暴・自衛から平和・従順へと変化したことも指摘しており、〈豊臣の平和〉に通底する理解を示していた。西村真次氏も秀吉の政治理想が「平和を保障して生産力を増加し、富力の増進と快楽の享受とを追求すること」にあり、戦争は平和のための手段であったと評価した[237]。

ただし、陸軍中将の井上一次氏が、秀吉は平和的解決が無理な場合にのみ攻撃を加え、利用できる者には恩恵を与えて信服させたと論じ、昭和戦前期の対外膨張の擁護や教訓として援用したように、右の議論は次第に政治的プロパガンダに取り込まれていった[238]。このことが戦後の研究で〈豊臣の平和〉が忘却された要因といえよう。

戦後歴史学に文字通り「革命」的転換をもたらした安良城盛昭氏の「太閤検地の歴史的意義」も、秀吉による全国統一過程は平和・戦争の両面を通じた戦国大名の帰属・圧伏であるとする通念を疑問視することから筆を起こしており、戦後にも田中氏以来の捉え方は通説としてなお影響力を有していたことが窺える[239]。ただし、ウクラード論を重視したその後の幕藩制成立史研究にはかかる議論は受け継がれなかった。

そうした中で登場したのが藤木久志氏の「豊臣平和令」論であった[240]。氏の議論の根幹は、①秀吉の統一戦争は〈平和〉侵害の回復行為として行われ、②〈豊臣の平和〉は一方的な強制かつ私的武力行使権の剥奪であると同時に、③中世土着の過酷な自力の報復からの解放を意味した、という点に集約されよう。藤木氏は、②と③の両義的な治安の強制こそが〈豊臣の平和〉の実態と捉え、純然たる「正義」を意味しないと強調しており（本書序章）、先のフロイスの評価とも合致する。藤木氏の議論を踏まえたものとして、中世史の永原慶二氏、近世史の高木昭作氏の研究が著名であるが、本章ではもう一つの発展形として村井章介氏の議論に注目したい[241]。

村井氏は藤木氏に先行する一揆の〈平和〉をめぐる学説を再評価した。在地領主の一揆が〈平和〉団体として創出されつつも、その属性の一つに専制支配が認められるという勝俣鎮夫氏の指摘、および一揆が外部に対する自立という横（結合）の性格と、構成員への自力救済の抑制という縦（専制）の性格との相反する両面性を有したとする石井進氏の指摘である。そして、④自力救済は紛争を回避する仕組み（中人制や下手人）を伴うため、過酷な報復の惨禍という藤木氏の理解③に疑問を呈し、⑤自力集団の代表たる一揆が、その成立当初から自力救済否定の論理を内包しており、ゆえに紛争解決を部分的に上位権力に委ねるのは内在的必然であったと評価した。そのうえで、⑥豊臣政権は全国の領主階級を「一揆」させ、構成員（大名）の私戦を禁止したため、政権における〈強権と平和〉の併存は一揆に由来したとし、一揆の「無事」から秀吉の「惣無事」へという展開を見通した。豊臣政権「大名一揆」論ともいえるが、その後の政権研究には必ずしも反映されていない。

かかる村井氏や石井氏の議論は、それに先立つ朝尾直弘氏の兵農分離論とも相似形を成す[242]。冒頭でも述べた通り、朝尾氏は「小領主」の運動方向として、武士化・下剋上という縦の動きと連帯・一揆という横の動きが併存したことを指摘し、後者の発展方向が前者に敗れた先に、織豊武士団による統一を見通していた。古典的な一向一揆・自治都市敗北史観から立論しており、村井氏が豊臣政権にも縦と横の両面性を見出している点で異なるものの、朝尾氏の見解をも組み込んだ形で村井氏の議論を発展させる必要があろう。

よって、ここでは、村井氏の提起を受けとめたうえで、豊臣政権論としての課題を抽出したい。村井氏の論は家→一揆→大名→政権という、紛争解決がより上位の権力に委任される構造の立ち上がる過程を、一揆の内在的な論理から説明したものであるが、それが一応の完成を見た豊臣期においては、矢印を反転させることで、双方向の動きとして捉える必要があるだろう。すなわち、第一に、豊臣政権によって示された紛争解決方法がどのように社会に下降・還流するのか。政権の法令・政策の浸透過程を捉えることが重要となろう。第二に、政権が様々な集団間の紛争解決のために立ち現れたことが、権力と社会にいかなる影響をもたらしたのか。秀吉の専制化の過程とその帰着点を見据えることが肝要といえる。第三に、それでもなぜ政権は大名以下への委任を必要としたのか。〈分権に寄りかかる集権〉の仕組みを解くことが求められよう。以下で、順に検討していこう。

（ii）法令・政策の浸透過程

これまでも先行研究において、太閤検地や石高制の不貫徹性が指摘され（本書序章）、本書でも「人留」・「人掃」を事例に政権―大名―在地での二重の歪みを検出した（第十章）。再び、外からの評価に耳を傾けてみると、フロイスは「日本の首都であるミヤコで定められる事は日本全土に広がる知らせである」と述べていた[243]。秀吉の御掟はたとえ全国に宛てられた法令でなくとも、日本全体に広まるのであり、それこそが壬辰戦争期の村落間相論で武力行使に踏み切った百姓が、〈首都〉において見せしめのために処罰された意味でもあった（本書第十一章）。ただし、法令や政策・方針が広く知れ渡ることと、それが遵守されるかどうかは自ずと別であったと思われる。

藤木氏によって「豊臣平和令」の不可欠の一環と位置づけられた人身売買停止令は、氏も指摘する通り、繰り返し発令されていた[244]。当初は伴天連追放令の一条目として禁止された人身売買だが、天正十六年以後の売買を無効とする通達が断続的に出されており、実質的な効力については疑問符が付きまとう。この内情について、『天正遣欧使節記』では秀吉の人身売買停止令を評価したうえで、「その法律はもしその遵守に当る下役人がその励行に眼を閉じたり、売手を無刑のまま放免したりしなかったら、しごく結構なものだが」と付け加えられている[245]。すなわち、役人が私利私欲のために目をつぶることで売買が横行しており、政権の法令が遵守されていないとの理解が示されていよう。これは単なる役人個人の不正や怠惰ではなく、より構造的な問題であったと思しい。

なぜ法令や政策が守られないのか。その理由を解く鍵は件の伴天連追放令にある。追放令発令後も宣教師が日本に残留していたが、秀吉はその事実を認知したうえで「知らぬふり」をし、キリシタン大名の存在にも「目をつぶって」おり、それは日本における一般的な習わしであったと説明されている[246]。これは、何らかの罪で罰せられた側がその場所からいなくなったふりをし、罰した側も見て見ぬふりをすることで問題の表面化を避け、時期が来ればその罪を許すという当時の社会慣習の一つ（「陰を仕る」行為）であった。また、二十六聖人殉教に際しても、石田三成は秀吉の真意がキリシタンの大量殺戮にあるわけではないことを読み取り、できる限り穏当な処置を執りうるように尽力していた。[247]

このように、政権の法令や政策・方針には理念と実態に落差が見られ、その施行に際しては、現場で「見て見ぬふり」が適用され、穏当な解決が探られることも多かった。秀吉自身がそのことを理解していたのであれば、そもそもの政策自体に一定程度の不貫徹が織り込み済みであったと解釈すべきであろう。こうした柔軟な法運用は明文法よりも非文法により顕著に表れたことが想定され、ゆえに秀吉の体面を保ちつつ、現実的な対処が図られる状況が常態化していた（本書第九・十一章）。すなわち、秀吉の御諚をいかに捉え返し、合意を得られる着地点に落とし込むかは、政権中枢奉行や大名、各集団の担当者らの「才覚」に委ねられたといえよう。

（iii）秀吉の専制化とその帰結

イエズス会士の記録を通覧した松本和也氏によれば、秀吉が「全日本の絶対君主」と評価されるようになるのは天正十五年の九州攻めの頃であったという。信長は天正十年には「天下の君主」と位置づけられていたが、「全日本の絶対君主」という記述は例外的であり、宣教師は全国政権としての画期を豊臣期に見出していたことになる。[248]また、矢部健太郎氏は天正十六年に「武家清華家」が創出されたことを明らかにしており、豊臣政権が表面上の大名連合的性格を帯びるようになるのは、実に秀吉の「絶対君主」化の直後であった。[249]秀吉は譜代の家臣を持たないがゆえに、下剋上の論理を代表する国人・小領主層を直臣・奉行として抱え込む一方で、旧族大名を含んだ領主層の共同利益のために「大名一揆」を形成した。[250]ゆえに、権力編成においても政権内部に専制（縦の運動）と結合（横の運動）が併存していたといえるだろう。

第二節でも確認した通り、政権のもとには大名だけでなく、朝廷・寺社・村町などから訴訟が殺到しており、諸集団の必要から権力を呼び込む構図が看取される。政権側も領国を拡大する中で、恣意的にではありつつも要請を実現しうる主体として振る舞い、現実的な課題に応じて公儀の立場から「御法度」を案出した。社会における実力行使を抑制し、訴訟に誘導する形で新たな秩序に繋ぎ止め、法令において権利と義務を明確化し、民衆側の自己弁護能力を求めた（本書第九・十一・十二章）。その果てに、専制化に拍車がかかり、富を独占し、古今に類を見ない強大な権力に昇華していく。こうして、未曽有の侵略戦争が惹き起こされ、大名たちは本心では秀吉に反対しながらも、表向きは喜んで従軍すると述べ、誰も戦争を止めることができなかった（本書第九章）。明皇帝が秀吉に服属するとの噂を聞いた南部信直は「日本大小共ニ御前にて物を中人なく候、日本ニ少之けんくわ（喧嘩）も有間布候」と国元に書き送った[251]。人々の眼前に立ち現れたのは、一面で彼らの願いを反映し、無言の同意を調達したがゆえに、「絶対君主」かの如く闊歩する権力であった。それは個人の耄碌というよりも、政権構造に根ざした問題であった。

一六世紀後半から一七世紀初頭は武家による日本史上最大の百姓殺戮の時代でもあった。〈豊臣の平和〉はその反作用として生み出された[252]。秀吉の登場はその出自が低いだけに、「民意」を汲んだ権力という期待もあったが、それは裏切られた。しかし、領国統治を委ねられた豊臣大名は、「成り立ち」への社会的要請を踏まえつつ、政治過程だけでなく戦乱・災害からの復興、百姓の「迷惑」や稲の生育状況を加味した体系的な条書を示し始めていた（本書第九・十二章）。その結果、「謙虚」になったと評される百姓は窒息したのであろうか。そうではあるまい。一向一揆のような直接的な武力行使とは異なる形で、様々に「身分型自力」が発露されていった。かつて内田銀蔵氏が近世の最も著しい特色の一つに太平の持続を挙げたように、生業や文化・思想など内面的な充実に力点が置かれるようになったのである。戦後にも松本新八郎氏は、関ヶ原後の〈徳川の平和〉について、民衆は「自分の占有する土地で自分の思うままに耕作に打込むことが出来るというたのしさにあふれて、かれらは平和を心から望んでいた」と推察していた[253]。戦乱終結直後の人々の偽らぬ本音であろう。

(ⅳ)〈分権に寄りかかる集権〉の仕組み

かつて、豊田武氏が指摘した豊臣政権の弱さという論点は、幕藩制成立史研究にも批判的に摂取され、政権に対する大名権力の相対的な強さ(分権)が考慮された[254]。論拠の重点は主に経済や軍事面に置かれていたが、本書ではこれを単なる強さの裏返しとしての弱さではなく、〈分権に寄りかかる集権〉の問題として読み替えたい。

その際、先の〈専制と結合の併存〉という捉え方を、集権と分権の関係に応用する方途が採りえよう。政権の村落訴訟への対応は基本的には畿内・近国に限定され、それ以外の地域は大名に委ねられた(本書第三章)。大名は政権の法令を前提にしつつ、各自の領国で独自に法令を定めていた。この段階では地域ごとの課題の偏差が大きく、政権の法令を画一的に適用するのは困難であり、領国の状況を把握しうる大名権力に統治を委ねた方が都合が良かった(本書第十二章)。かかる意味では、ヴァリニャーノのいう秀吉が伝授したという統治の方法は、具体的な条文という以上に、抽象的な方向性として捉えられるとともに、大名への権力集中が政権の専制強化にも繋がっていたという事実をも示していよう。急速な国家の統合においては、前代以来の達成や課題を踏まえた形で法令や政策を打ち出すことが優先されたのであり、ここに集権が分権を求める所以を読み取れる。

政権は、刀狩や御前帳徴収・家数人数改め(人掃)・水主調達などの諸政策の施行や、〈首都〉における公儀普請・用材調達に関しても、多くを諸大名に依存しており、そうした役の奉仕は政権の権威を高める方向に作用した。さらに、日常的な大名権力への依存を示すものとしては、検断が挙げられよう。例えば、海賊停止令においては、領国内での海賊船の追捕や海民調査は大名に委ねられ、浸透度合いも多種多様であった[255]。恒常的な監視は中央政権には不可能であり、大名権力に依存せざるをえなかったのである。政権は〈首都〉における検断ですら、懸賞制を用いて大名や町共同体に協力を呼びかけており(本書第五章)、こうした構造は特殊ではなく常態と捉えられよう。

より本質的に、政権が諸大名の自立性を前提としていた状況を物語るのが、大名改易の場面であろう。従来、加藤光泰や佐々成政・大友吉統、蒲生氏の不才覚を明示して、諸大名に拡散された秀吉朱印状は、処罰の正当性を周知させることが目的であったと説かれてきた[256]。確かに、佐々・大友のように一揆勃発や戦場での臆病という歴然たる失敗（と公表された）事例に関しては、「見こり」（懲罰）のために通達されたものと理解できる。一方で、加藤光泰の事例では、「各ニ此一書を以、御尋なされ候間、せいし《誓紙》を一つ宛書候て、有様之存分、以一書か申上候、其異見次第ニかのものを追払候歟、又ハ可立置候歟、両条ニ一つ之異見ニ可付候事」とあり、蒲生氏の場合も「下々にいたる迄申聞、能々令得心、御返事可申上候」と末尾に記されている[257]。当然、意見聴取とはいっても、「御前にて物を申人」はいなかっただろうが、蒲生氏の場合は、周囲による内々の取り成しによってか秀吉自身が翻意して、所領は安堵された[258]。ゆえに、意見上申を単なる空文や義務と解釈するのは皮相にすぎよう。

徳川政権においても、重大案件の場合、改易以前に諸大名に事情を公開することで、事前に了解を取り付ける手順が踏まれたと指摘されている[259]。起請文提出が事件発生時の合意調達の手段であったこと（本章第二節）や、宇都宮氏の改易問題も領国の状況を確認するまで判断が保留されていたこと（本書第一章）を踏まえるならば、加藤・蒲生氏の事例は事前の意見聴取と見なせ、上申された大名の意見如何によっては秀吉の意向が変わる余地が残されていた。本当の意味での恐怖政治であれば、わざわざ理由を掲げる必要もなく処罰をした方が効果的であり、形式上とはいえ大名たちの合意を調達していた意味は重いであろう。「大名一揆」によって統一政権として振る舞うことを要請・公認されているという自らの権力の源泉を熟知しているからこそ、大名の主体性の否定、ないし介入の際には相当な慎重さをもって事を運ぶ必要があったといえる。

朝尾氏の知行統制論においても、領知の進退権は政権の集権化の端的な表現と目されていた。だが、大名改易という強権性が発動されやすい非常事態においてすら、こうした懲罰と慎重さの両面性が見出せるのであれば、日常における大名への委任はむしろ政権にとって好ましい状況であったはずである。それは何も大名に限ったことではなく、諸身分集団に対しても同様であった。政権は自身の権力基盤が盤石でないことに自覚的であるがゆえに、甘言と恐怖によって社会を統御しようとした（本章第二節[260]）。集権と分権は天下人の最終決定権のもとで、権力と責務を分担しあう互恵的関係を取り結ぶことによって初めて、一つの公儀を形成しえたのである。すなわち、〈専制と結合〉〈収斂と請負〉の同居が〈もたれあう集権と分権〉の構造を支えていたと見なせよう。

結　語——豊臣政権の歴史的性格

以上のように本書では、内部構造論（政権の政務主体としての「奉行衆」）、国家編成論（〈首都〉を頂点とする諸身分集団への委任と統合）、壬辰戦争・国内統治論（〈豊臣の平和〉の理念と実態の乖離）から豊臣政権の統治構造に迫った。これらを踏まえた時、政権の歴史的性格はいかに評価すべきであろうか。

朝尾「豊臣政権論」では、豊田説を克服するために小農経営を重視し、商業資本を副次的と位置づけた。こうした評価は幕藩制成立史研究に通底しており、朝尾氏はその後に東アジアや鎖国の観点を取り込む中で、鉱山資源や貿易の重要性も認めるようになるが、依然として領主と農民の関係を基軸に据え続け、重農（農本）的性格から豊臣政権を捉えていた[261]。

しかし、近世の国家・社会が自治的集団としての町と村に立脚し、武士階級が〈首都〉と城下に集住していることを特徴とする限り、商業資本との関係を軽視するわけにはいかない。政権は初期には商人に財政を依存しており、大坂城では堺の富を象徴する茶人を郭内に抱え込んでいた（本書第二・六章）。政権の経済基盤たる蔵入地においても貨幣収入と貢租収入は拮抗しており、慶長期には相場を踏まえた貨幣納への傾斜が見られ、年貢や課役の延滞時には過料が導入された（本書第二・八・十二章）。また、「礼」に基づく贈与の構造が政権の富を増幅させた。太田牛一は、秀吉の治世を外国との交易や金銀の流通から評価しており、当時から貨幣や商業が時代を代表するものと目されていた[262]。

幕藩制成立史研究以来、太閤検地と兵農分離の重視により、権力基盤としての村落に注目が集まってきたが、政権における商業資本の位置はそれと肩を並べる位置にあったと見るべきではないだろうか。すなわち、重農的性格と重商的性格は二者択一ではなく、政権の中に相並び立つものであったと捉えたい[263]。ただし、こうした性格は社会全体（大名領など）に敷衍できるものではなく、大都市の直轄化や貿易品の独占などに象徴的なように、あくまでも中央政権であるがゆえの特徴と考えられる。すなわち、政権構造としては重農的性格と重商的性格の並立という形を取り、国家編成としてはやはり重農的性格が色濃いものと判断される。

また、戦前において主にアメリカで論考を発表した朝河貫一氏は、徳川体制（幕藩体制）の村落統治の特徴を次のように論じていた[264]。①厳格な法（制度主義）と自由裁量の相反する二つの要素が備わり、②様々な集団の代表者（役人）が権限を有して公的義務の責任を負い、③戦闘も生産もしない武士階級によって排他的に農業社会が守られる変則的な「武装した平和」が築かれた。こうした仕組みは、④支配者は統治する見返りに支持を受け、被支配者は支持する見返りに統治されるという儒教的政治観に根ざしており、⑤社会には封建的要素と非封建的要素、中央政権には集権的傾向と分権的傾向が抱含されていた。

①と②は本章で見た双方向的な〈収斂と請負〉に相当し、④・⑤は〈もたれあう集権と分権〉を示し、③は高木昭作氏の「兵営国家」論を先取りする議論といえる。朝河氏の見解は日本の学界において十分に参照されなかったが、本書の理解を踏まえれば、こうした統治構造は豊臣期にその始原を見出すことができよう。

序章で整理したように、戦国期から徳川初期までを「移行と形成」の時代と見た場合、豊臣政権の特質はどのように把握できるだろうか。本書における検討の範囲に限れば、豊臣政権の内部構造としては、直属吏僚層（「奉行衆」・「五奉行」）と旧族大名（「清華成」大名・「五大老」）による〈専制と結合〉、財政面では米納と貨幣納による〈重農的性格と重商的性格〉が並立していた。また、国家・社会編成においては、天下人への富の集中と諸集団への委任としての〈収斂と請負〉、政権による統治委任・合意調達と大名による主体的従属たる〈もたれあう集権と分権〉

という、一見すると相反するかのような性格が内包されていた。いずれの要素も、比重は二項のうち前者に置かれており、後者は政権の構造的脆弱性を示すものと理解される場合も多かったが、急速な国家統合のための手段であり、必ずしも崩壊因子としてのみ働くものとはいえない。加えて、このうち、〈収斂と請負〉〈集権と分権〉の併存は徳川期にも受け継がれて近世国家・社会を特徴づけた。かかる意味において、豊臣期の「形成」面の色濃さを見出しうるのである。

注

序章

（1）「四国御発行并北国御動座記」『天正記』。ここでは、桑田忠親校注『太閤史料集』を参照しつつ、金沢市立玉川図書館所蔵『豊臣記』により補訂を施した。

（2）一五九二年一〇月一日付 ルイス・フロイス日本年報（『イエズス』第Ⅰ期第一巻、家入敏光訳）。

（3）朝尾直弘「豊臣政権論」（『朝尾直弘著作集』第三巻、岩波書店、二〇〇四年、初出一九六三年）。

（4）藤井讓治「解題」（前掲注3『朝尾直弘著作集』第三巻、新稿）。

（5）もっとも、朝尾「豊臣政権の問題点」（『朝尾直弘著作集』第四巻、岩波書店、二〇〇四年、初出一九六二年）では、安良城説を近世封建制論争の範疇で捉えているが、ここでは太閤検地論争をそれ以前の論争といったん分けて把握することで、「豊臣政権論」前夜の研究における立脚点の差異の明確化を図る。

（6）永原慶二『二〇世紀日本の歴史学』吉川弘文館、二〇〇三年。

（7）帝国大学編纂掛編『稿本国史眼』巻之五、大成館、一八九〇年。秀吉や豊臣政権については、第一五〇章から一五五章に記述がある。田中義成『豊臣時代史』明治書院、一九二五年。渡辺世祐『豊太閤と其家族』日本学術普及会、一九一九年。花見朔巳『安土桃山時代史』大鐙閣、一九二二年。

（8）『高柳光寿史学論文集』上巻・下巻、吉川弘文館、一九七〇年。桑田忠親『豊臣秀吉研究』角川書店、一九七五年。なお、前掲注7渡辺『豊太閤と其家族』にも桑田氏の助力・代筆があったとされる。「桑田忠親先生の人と学問」（『國學院雑誌』九〇―一一、一九八九年）。

（9）内田銀蔵『日本近世史』冨山房、一九〇三年。

（10）福田徳三『日本経済史論』宝文館、一九〇七年、初出一九〇〇年。阿部秀助「内田博士の日本近世史を読む」（『史学雑誌』一四―五、一九〇三年）。山路愛山「徳川時代史総論」（『愛山文集』民友社、一九一七年、初出一九〇八年）。内田銀蔵『近世の日本』冨山房、一九一九年。一連の経緯については、朝尾直弘「「近世」とはなにか」（『朝尾直弘著作集』第八巻、岩波書店、二〇〇四年、初出一九九一年）参照。

（11）西田直二郎『日本文化史序説』一九三二年。西村真次『安土桃山時代』早稲田大学出版部、一九二二年。中村孝也「封建制度論（上・下）」（『国家及国家学』四―一二・五―一、一九一六・七年）。本庄栄治郎『経済史考』内外出版、一九二一年。中村吉治『日本封建制再編成史』河出書房、一九三九年。なお、江戸時代を中央集権的封建制とするのは、内田氏の議論を踏まえた黒板勝美『国史の研究』（文会堂書店、一九〇八年）の指摘が早い。

（12）松本新八郎「南北朝内乱」（同著『中世社会の研究』東京大学出版会、一九五六年、初出一九四八年）。

（13）今井林太郎「信長政権の歴史的意義」（『思想』二八二、一九四七年）。同「信長の出現と中世的権威の否定」（藤木久志・北島万次編『織豊政権』有精堂、一九七四年、初出一九六三年）。鈴木良一「織豊政権論」（同上書、初出一九五六年）。豊田武「織豊政権」（同上書、初出一九五二年）。

(14) 野呂栄太郎『日本資本主義発達史』一九三〇年、初出一九二六年。
(15) 服部之総『明治維新史 附絶対主義論』上野書店、一九二九年、初出一九二八年。土屋喬雄『日本経済史概要』岩波書店、一九三四年。
(16) 藤田五郎『近世農政史論』御茶の水書房、一九五〇年。
(17) 安良城盛昭『幕藩体制社会の成立と構造』増訂第四版、一九八六年。同『日本封建社会成立史論』上、岩波書店、一九八四年。宮川満『太閤検地論』第Ⅰ〜Ⅲ部、お茶の水書房、一九五七〜一九六三年。遠藤進之助『近世農村社会史論』吉川弘文館、一九五六年。後藤陽一「封建権力と村落構成」（社会経済史学会編『封建領主制の確立』有斐閣、一九五七年）。
(18) 集権分権論の重要な前提として、朝鮮侵略の講和交渉における対立軸を、武断派（加藤清正ら）と文治派（小西行長・石田三成ら）の派閥抗争と連関させ、前者を大名権力の強化、後者を政権の方針の強制という方向性から捉えた鈴木良一『豊臣秀吉』（岩波書店、一九五四年）がある。朝尾説は鈴木説を構造論に発展させ、政権後期全般に敷衍したものといえよう。
(19) 朝尾直弘「序にかえて」（『朝尾直弘著作集』第一巻、岩波書店、二〇〇三年、初出一九六七年）。同「近世封建制論をめぐって」（前掲注10同第八巻、初出一九六九年）。
(20) 佐々木潤之介「統一的封建的土地所有体系の確立」（同著『幕藩権力の基礎構造』増補改訂版、御茶の水書房、一九八五年、初出一九六二年）。同「兵農分離制の確立」（同著『幕藩制国家論』上、東京大学出版会、一九八四年、初出一九七五年）。
(21) 山口啓二「豊臣政権の構造」（『山口啓二著作集』第二巻、校倉書房、二〇〇八年、初出一九六四年）。同「豊臣政権の成立と領主経済の構造」（同上書、初出一九六五年）。同「日本封建制論」（同第三巻、二〇〇九年、初出一九七三年）。
(22) 脇田修『近世封建社会の経済構造』御茶の水書房、一九六三年。同「近世封建制の成立——信長政権を中心に」（清水盛光・会田雄次編『封建国家の権力構造』創文社、一九六七年）。同『織田政権の基礎構造——織豊政権の分析Ⅰ』東京大学出版会、一九七五年。脇田説の前提として、高尾一彦「近世封建社会の成立をめぐって」（『日本史研究』七四、一九六四年）がある。なお、牧原成征「日本近世社会のとらえ方」（同著『日本近世の秩序形成——村落・都市・身分』東京大学出版会、二〇二二年、新稿）も脇田氏の所論の先駆性を再評価し、その咀嚼を今後の課題とする。
(23) 朝尾直弘「近世封建制論をめぐって」（前掲注10『朝尾直弘著作集』第八巻、初出一九六九年）。同「「将軍権力」の創出」（前掲注3同第三巻、初出一九七〇〜四年）。同「幕藩制と天皇」（同上書、初出一九七五年）。
(24) 朝尾氏は兵農分離については必然論ではなく、過程における多様な可能性を追究すべきと提起している（朝尾「兵農分離をめぐって」『朝尾直弘著作集』第二巻、岩波書店、二〇〇四年、初出一九六四年）が、前年の「豊臣政権論」においてはそうした視点は採られていない。
(25) 尾藤正英「近世史序説」（『岩波講座日本歴史』第九巻、一九七五年）。同「はじめに」（同著『江戸時代とはなにか——日本史上の近世と近代』岩波書店、一九九二年、新稿）。尾藤説の背景には、幕藩体制が西欧の封建制とは異なる独特の構造を有したとする石井紫郎「近世の法と国制」（同著『日本国制史研究Ⅱ 日本人の国家生活』東京大学出版会、一九八六年、初出一九七二年）が想定される。なお、水林彪氏は日本近世を専制的家父長制的家産官僚制国家と捉え、再編成説を発展させる形で豊臣期に集権的複合国家秩序が成立したと見た。一方、山本博文氏は山口説を容認しつつ、徳川幕府と西欧絶対王政との類似から、江戸期を封建国家の最終段階としての絶対主義と規定し、豊臣政権をその形成期と捉えた。もっとも、当該論争に幕藩制成立史研究の諸論者が積極的に参入しなかったのは、既に封建制概念の揚棄へ向かっていたからであろう。水林彪「近世の法と国制研究序説――紀州を素材として」(『国家学会雑誌』九〇―一・二～九五―一・二、一九七七～八二年)。同『封建制の再編と日本的社会の確立』山川出版社、一九八七年。山本博文「日本近世国家の世界史的位置」・同補論(同著『幕藩制の成立と近世の国家』校倉書房、一九九〇年、初出一九八三・五年)。

(26) 水本邦彦「解題」(前掲注10『朝尾直弘著作集』第八巻、新稿)。

(27) 藤木久志「上杉氏知行制の構造」(同著『戦国大名の権力構造』吉川弘文館、一九八七年、初出一九六〇・三年)。同「豊臣期大名論序説」(同上書、初出一九六四年)。同「統一権力と東北大名」(豊田武編『東北の歴史』上巻、一九六七年)。

(28) 藤木久志『織田・豊臣政権』一九七五年、小学館。のち『天下統一と朝鮮侵略』(講談社、二〇〇五年)に改題のうえ文庫化。

(29) 藤木久志『豊臣平和令と戦国社会』東京大学出版会、一九八五年、初出一九七八～八五年。同「移行期村落論」(同著『村と領主の戦国世界』東京大学出版会、一九九七年、初出一九八八年)。同『雑兵たちの戦場 中世の傭兵と奴隷狩り』朝日新聞出版、一九九五年。同『刀狩り――武器を封印した民衆』岩波書店、二〇〇五年。

(30) 藤木久志『戦国社会史論』東京大学出版会、一九七四年。

(31) ただし、藤木氏は集権派・分権派を採用せず、「石田ライン」・「反石田」のように単なる党派闘争として把握する意味では、古典的な理解といえる。

(32) 藤木久志「民衆はいつも被害者か」(同著『戦国史をみる目』校倉書房、一九九五年、初出一九八七年)。

(33) 勝俣鎮夫「戦国法」(同著『戦国法成立史論』東京大学出版会、一九七九年、初出一九六七年)。

(34) 勝俣鎮夫「戦国大名「国家」の成立」(同著『戦国時代論』岩波書店、一九九六年、初出一九九四年)。同「人掃令について――豊臣政権の国家構想と関連して」(同上書、初出一九九〇年)。

(35) 石母田正「解説」(『中世政治社会思想』上、岩波書店、一九七二年)。

(36) 石田善人「郷村制の形成」(同著『中世村落と仏教』思文閣出版、一九九六年、初出一九六三年)。志賀節子「地下請小考」(同著『中世荘園制社会の地域構造』校倉書房、二〇一七年、初出二〇一一年)など。

(37) 勝俣鎮夫「戦国時代の村落――和泉国入山田村・日根野村を中心に」(前掲注34『戦国時代論』、初出一九八五年)。

(38) この点、拙稿「中近世移行期の唐人――文化・技術からみた東アジアの「近世」化」(『立命館文学』六八二、二〇二三年)参照。

(39) 朝尾直弘「「公儀」と幕藩領主制」(前掲注3『朝尾直弘著作集』第三巻、初出一九八五年)。

(40) 尾藤正英「江戸時代の社会と政治思想の特質」(前掲注25『江戸時代とはなにか』、初出一九八一年)。同「戦国大名と幕藩体制」(同上書、初出一九八五年)。

(41) 高木昭作『日本近世国家史の研究』岩波書店、一九九〇年、初出一九七六～八七年。同「乱世」(『歴史学研究』五七四、一九八七年)。

(42) 小林清治『秀吉権力の形成――書札礼・禁制・城郭政策』東京大学出版会、一九九四年。

(43) 朝尾直弘「十六世紀後半の日本」(前掲注10『朝尾直弘著作集』第八巻、初出一九九三年)。藤木久志「あとがき」(前掲注27『戦国大名の権力構造』、新稿)。

(44) 池上裕子「織豊期検地論」(同著『戦国時代社会構造の研究』一九九九年、初出一九八八年)。同「指出と検地」(同上、新稿)。本書においても、太閤検地による隔絶した社会変革という立場は採らないが、荘園領主の検注や戦国大名検地との差として、①一反三百歩制や上田一石五斗の標準斗代を設定した点、②荘園制の最後の牙城であり、分厚い加地子得分が広汎に存在した畿内・近国を中心に、太閤検地における土地把握の面的な進展によって百姓の負担が増加し、ゆえに在地の剰余生産分は圧迫を受けた点、③検地帳登録と作職維持により百姓の新たな武士化への道が確実に狭まった点は、池上氏自身も関説しているものの、なお留意すべきと思量する。

(45) 前掲注25水林『封建制の再編と日本的社会の確立』。

(46) 平井上総「豊臣政権の国替令をめぐって」(『日本歴史』七七五、二〇一二年)。平井上総「豊臣期検地論」(織豊期研究会編『織豊期研究の現在〈いま〉』岩田書院、二〇一七年)。

(47) 深谷克己『百姓成立』塙書房、一九九三年。宮崎克則『大名権力と走り者の研究』校倉書房、一九九五年。渡辺尚志「村の世界」(同著『近世の村落と地域社会』塙書房、二〇〇七年、初出二〇〇四年)。

(48) 平井上総『長宗我部氏の検地と権力構造』校倉書房、二〇〇八年。中口久夫『太閤検地と徴租法』清文堂出版、二〇一二年。谷口央『幕藩制成立期の社会政治史研究――検地と検地帳を中心に』校倉書房、二〇一四年など。

(49) 高木昭作「いわゆる「身分法令」と「一季居」禁令」(前掲注41『日本近世国家史の研究』、初出一九八四年)。藤木久志「村の動員」(前掲注29『村と領主の戦国世界』、初出一九九三年)。前掲注34勝俣「戦国大名「国家」の成立」。

(50) 平井上総「兵農分離政策論の政策」(『歴史評論』七五五、二〇一三年)。同「中近世移行期の地域権力と兵農分離」(『歴史学研究』九一一、二〇一三年)。同『兵農分離はあったのか』(平凡社、二〇一七年)。

(51) 池上裕子「戦国の村落」(同著『戦国時代社会構造の研究』校倉書房、一九九九年、初出一九九四年)。吉田ゆり子『兵農分離と地域社会』校倉書房、二〇〇〇年。前掲注43朝尾「十六世紀後半の日本」。藤井譲治「身分としての奉公人」(同著『近世初期政治史研究』岩波書店、二〇二二年、初出二〇一七年)など。

(52) 久留島典子「「人掃令」ノート――勝俣鎮夫氏の所論によせて」(永原慶二編『大名領国を歩く』吉川弘文館、一九九三年)。

(53) 藤田達生「豊臣国分論(一)~(三)」(同著『日本近世国家史の研究』校倉書房、二〇〇一年、初出一九九一~五年)。

(54) 戸谷穂高「関東・奥両国「惣無事」と白河義親」(同著『東国の政治秩序と豊臣政権』吉川弘文館、二〇二三年、初出二〇〇八年)。同「豊臣政権の東国政策」(同上書、初出二〇一四年)。なお、小牧・長久手の戦いの講和についても「惣様御無事」と表現している史料は存在するが、現状維持・回復の範囲に収まる。(天正十二年)十一月十六日付 堀秀政書状(「兼松文書」『岐阜県史』史料編古代中世四)。

(55) 竹井英文「戦国・織豊期東国の政治情勢と「惣無事」」(同著『織豊政権と東国社会』吉川弘文館、二〇一二年、初出二〇〇九年)。同「「関東奥両国惣無事」政策の歴史的性格」(同上書、初出二〇一〇年)。同「織豊政権の東国統一過程――「惣無事令」論を越えて」(同上書、初出二〇一一年)。

(56) 尾下成敏「九州停戦命令をめぐる政治過程――豊臣「惣無事令」の再検討」(『史林』九三―一、二〇一〇年)。同「豊臣政権の九州平定策をめぐって――天正十五年七月から同十九年十二月までの時期を中心に」(『日本史研究』五八五、二〇一一年)。

(57) 藤井譲治「「惣無事」はあれど「惣無事令」はなし」(前掲注51『近世初期政治史研究』、初出二〇一〇年)。なお、氏は九〇年代から政治的主要人物の居所と行動を精緻に復元する手法を採用しており、それを織豊期にも応用した『居所』は政治過程論を後押しした。

(58) 藤木久志「序」(前掲注29『豊臣平和令と戦国社会』、新稿)。な

お、本書で「政治過程論」という場合、政治学での用例とは異なり、政治情勢を時系列で把握し、それに伴う政策の変容過程を分析する議論を指す。

(59) 移行期村落論全体の到達点と課題については、高木純一「中世後期村落論の研究史と本書の課題」（同著『中世後期の京郊荘園村落』吉川弘文館、二〇二一年、新稿）、同「中近世移行期村落論の課題」（『日本史研究』六九六、二〇二〇年）参照。

(60) 池上裕子『織豊政権と江戸幕府』（講談社、二〇〇二年）。同「中世後期の国郡と地域」（同著『日本中近世移行期論』校倉書房、二〇一二年、初出二〇〇〇年）。前者では藤木氏が自立的共同体論以前に主張していた権力側の強制性や一揆への危機感という論点も含んで叙述しており、その意味でも旋回前後の藤木説の統合的把握を試みたとも評価しうる。

(61) 池上裕子「日本における近世社会の形成」（前掲注60『日本中近世移行期論』、初出二〇〇六年）。同「中近世移行期を考える――村落論を中心に」（同上書、初出二〇〇九年）。

(62) なお、池上氏は通史叙述においては、戦国期の明からの密貿易や倭寇、鉄砲・キリスト教の伝来、織豊政権の外交・貿易政策について触れるものの、それが中近世の移行や国家・社会の統合に果たした意味合いには言及がない。池上『戦国の群像』集英社、一九九二年。前掲注60『織豊政権と江戸幕府』。また、本多博之「織豊期経済論」（前掲注46『織豊期研究の現在〈いま〉』）は貨幣経済の観点から、豊臣期（特に壬辰戦争期）以降にそれ以前とは異なる急激な変化があることを指摘し、連続面を重視する移行期村落論との整合性を今後の課題としている。

(63) 稲葉継陽「領域秩序の形成と国郡制」（同著『日本近世社会形成史論――戦国時代論の射程』校倉書房、二〇〇九年、初出二〇〇四年）。同「兵農分離と侵略動員」（同上書、初出二〇〇三年）。

(64) 稲葉継陽「近世社会形成史研究の課題」（前掲注63『日本近世社会形成史論』、新稿）。

(65) 牧原成征「中・近世移行期をどうとらえるか――江北の土地制度を中心に」（前掲注22『日本近世の秩序形成』、初出二〇一一年）。同「都市の建設と再編」（同上書、初出二〇一六年）。なお、牧原氏は明確には小領主に寺庵を含めていないが、本書では土豪・地侍に並ぶ構成要素として扱う。

(66) 牧原成征「身分と役――兵農分離像の再検討」（前掲注22『日本近世の秩序形成』、初出二〇〇四年）。同「兵農分離と石高制」（同上書、初出二〇一四年）。なお、牧原氏の議論に対する著者の受けとめ方については、『日本史研究』七四四号（二〇二四年）の書評を参照のこと。

(67) 藤木久志「序」（前掲注29『豊臣平和令と戦国社会』、新稿）。前掲注29藤木「移行期村落論」。

(68) 朝尾直弘「中世から近世へ」（前掲注10『朝尾直弘著作集』第八巻、初出一九七七年）。なお、「移行期」という把握自体は、「古代から中世への移行期」を論じた戸田芳実『日本領主制成立史の研究』（岩波書店、一九六七年）など他時代において先行し、一九七五年度の日本史研究会大会の全体テーマにも掲げられている。さらに、その元を遡れば、資本主義への「移行論争」に行きつくであろう。

(69) 萩原大輔「日本史の中近世移行期論をめぐって」（同著『中近世移行期越中政治史研究』岩田書院、二〇二三年、新稿）。

(70) 勝俣鎮夫「はじめに――転換期としての戦国時代」（前掲注34『戦国時代論』、新稿）。本章において藤木・勝俣説を一般的に用いられている「中近世移行期論」ではなく、「自立的共同体論」として括った理由の一端は、勝俣説では「移行」よりも「形成」に力点が置かれていることにある。

(71) 前掲注60池上『日本中近世移行期論』。前掲注63稲葉『日本近世社

会形成史論』。書名からもそれぞれの時代把握の差異が読み取れる。

(72)坂田聡「課題と方法」(同著『家と村社会の成立――中近世移行期論の射程』高志書院、二〇一一年、新稿)は時代区分論の観点から、勝俣―稲葉、藤木―池上の継受関係を指摘するも、勝俣説と藤木説をともに「移行期」論と把握している。なお、近年、実証分析においても藤木説と勝俣説の差異を見極める必要性が指摘されている。清水克行「ふたつの戦国時代像――藤木久志と勝俣鎮夫の学説をめぐって」(稲葉継陽・清水克行編『村と民衆の戦国時代――藤木久志の歴史学』勉誠出版、二〇二二年)。

(73)前掲注9内田『日本近世史』。同「織田豊臣二氏の時代に就きての所見」(『内田銀蔵遺稿全集』第三輯、同文館、一九二一年、初出一九一五年)。

(74)内藤湖南「応仁の乱に就て」(『内藤湖南全集』第九巻、筑摩書房、一九六九年、初出一九二一年)。内田銀蔵『近世の日本』冨山房、一九一九年。なお、内藤氏の提起は内田氏没後であった。

(75)高柳光寿「わが国に於ける国家組織の発達」(前掲注8『高柳光寿史学論文集』下巻、初出一九四七・八年)。

(76)前掲注47渡辺「村の世界」は、連続性を前提に「移行期」の始点と終点を比較した時、そこに質的な差を見出しうると指摘している。

(77)三鬼清一郎「太閤検地と朝鮮出兵」(同著『豊臣政権の法と朝鮮出兵』青史出版、二〇一二年、初出一九七五年)。同「朝鮮出兵における軍役体系について」(同上書、初出一九六六年)。同「豊臣政権の市場構造」(同著『織豊期の国家と秩序』青史出版、二〇一二年、初出一九七二年)。

(78)前掲注77三鬼「太閤検地と朝鮮出兵」。三鬼清一郎「朝鮮出兵における兵粮米調達について」(前掲注77『豊臣政権の法と朝鮮出兵』、初出一九七九年)。同「田麦年貢三分一徴収と荒田対策――豊臣政権末期の動向をめぐって」(同上書、一九七一年)。

(79)三鬼清一郎「戦国・近世初期における国家と天皇」(前掲注77『織豊期の国家と秩序』、初出一九七六年)。同「国郡制論をめぐって」(同上書、初出二〇〇一年)。太閤・関白権力併存説については、直接的には関白権力の独自運動説(前掲注23朝尾「幕藩制と天皇」)を批判しており、その点では正しいが、佐藤進一氏の議論を援用して秀次が統治権的支配を分掌したという評価については、国郡制的支配とは異なる次元の問題に接続しており、適切ではなかろう。なお、三鬼氏が主従制と国郡制を二者択一的に理解していることに対する反批判として、朝尾「前近代国家史研究の到達点と課題」(前掲注5『朝尾直弘著作集』第四巻、初出一九八二年)も参照。

(80)山口啓二・永原慶二「対談 日本封建制と天皇」(前掲注21『山口啓二著作集』第三巻、初出一九七六年)。

(81)西洋史においても絶対王政における官僚制・常備軍への疑問に端を発し、中間団体に注目した社団国家論、複合的・可塑的政治秩序を重視した礫岩国家論へと議論が展開している中、日本史において絶対主義論に回帰することの今日的意義は奈辺にあろうか。

(82)中野等『秀吉の軍令と大陸侵攻』吉川弘文館、二〇〇六年。同「第一次朝鮮侵略戦争における豊臣政権の輸送・補給政策」(同著『豊臣政権の対外侵略と太閤検地』校倉書房、一九九六年、初出一九九〇年)。同「大名領国における輸送体系の形成と展開」(同上書、一九九一年)。

(83)中野等「豊臣政権と国郡制――天正の日向国知行割をめぐって」(『宮崎県地域史研究』一二・一三合併号、一九九九年)。同「御前帳高の機能と石高の重層性」(前掲注82『豊臣政権の対外侵略と太閤検地』、初出一九九二年)。同「豊臣政権と島津領国」(同上書、新稿)。

(84)中野等「豊臣政権論」(『岩波講座日本歴史』第十巻、二〇一四年)。同「文禄・慶長期の豊臣政権」(前掲注82『豊臣政権の対外侵略と太閤検地』、初出一九九二・四年)。

(85) 前掲注23朝尾「幕藩制と天皇」。笠谷和比古『関ヶ原合戦と近世の国制』思文閣出版、二〇〇〇年。

(86) 前掲注23朝尾「幕藩制と天皇」。なお、中野氏の行論では「 」の有無で国制の区別をしていると思しき箇所も見受けられるが、徹底されていない。

(87) 矢部健太郎「豊臣「武家清華家」の創出」(同著『豊臣政権の支配秩序と朝廷』吉川弘文館、二〇一一年、初出二〇〇一年)。同「太閤秀吉の政権構想と大名の序列」(同上書、初出二〇〇三年)。同「豊臣摂関家の形成と「武家家格制」」(橋本政宣編『後陽成天皇』宮帯出版社、二〇二四年)。

(88) 前掲注35石母田「解説」。

(89) 藤井譲治「「公儀」国家の形成」(同著『幕藩領主の権力構造』岩波書店、二〇〇二年、初出一九九四・五年)。

(90) 矢部健太郎「関白秀次の切腹と豊臣政権の動揺——秀吉に秀次を切腹させる意思はなかった」(『國學院雑誌』一一四—一一、二〇一三年)。同「前田玄以の呼称と血判起請文——「民部卿法印」から「徳善院僧正」へ」(山本博文ら編『豊臣政権の正体』柏書房、二〇一四年)。同著『関白秀次の切腹』KADOKAWA、二〇一六年。藤井譲治「秀次切腹をめぐって」(前掲注51『近世初期政治史研究』、初出二〇二一年)。同「文禄四年の霊上巻起請文をめぐって——秀吉死後の政権構想」(同上書、初出二〇二一年)。同「文禄四年「御掟」「御掟追加」」(同上書、新稿)。秀次切腹に関する私見については、拙稿「「秀次事件」ノート」(『織豊期研究』二四、二〇二二年)を参照されたい。

(91) 前掲注23朝尾「幕藩制と天皇」。前掲注39同「「公儀」と幕藩領主制」。

(92) 跡部信「豊臣政権の代替わり」(同著『豊臣政権の権力構造と天皇』戎光祥出版、二〇一六年、初出二〇〇〇年)。同「秀吉の朝鮮渡海と叡慮」(同上書、初出二〇〇三年)。前述の「国制」概念の混乱は跡部氏には見られず、一貫して(ロ)の意味で用いられている。

(93) 跡部信「豊臣政権の対外構想と秩序観」(前掲注92『豊臣政権の権力構造と天皇』、初出二〇一一年)。同「文禄・慶長の役における秀吉の目標と対外認識」(『日本史研究』七二六、二〇二三年)。

(94) 跡部信「服属の作法と人質」(前掲注92『豊臣政権の権力構造と天皇』、初出二〇〇五年)。同「秀吉独裁制の権力構造」(同上書、初出二〇〇九年)。ただし、「二大老」を制度や機構として捉える点は疑問であり、利家抜擢の理由も不明確で、「秀次事件」後に輝元らに「坂西」を委ねる構想があったことや起請文の「異見」文言における差異とも整合しない。なお、家格の面からも「二大老」を固定的に捉える見解には疑義が出されている(前掲注87矢部「太閤秀吉の政権構想と大名の序列」)。

(95) 山本博文「豊臣政権の「取次」の特質」(同著『幕藩制の成立と近世の国制』校倉書房、一九九〇年、初出一九八〇〜四年)。同「豊臣政権の「指南」について」(同上書、初出一九八九年)。

(96) 詳細については拙稿「石田三成論」(拙編『石田三成』戎光祥出版、二〇一八年)、戸谷穂高「研究史の整理と問題点の提示」(前掲注54『東国の政治秩序と豊臣政権』、新稿)参照。

(97) 田中誠二「藩からみた近世初期の幕藩関係」(『日本史研究』三五六、一九九二年)。中野等「豊臣期の文書にみえる「取次」「御取成」などの仲介文言について」(『古文書研究』八九、二〇二〇年)。

(98) 通信使の黄慎は石田三成ら朝鮮三奉行を指して、「奉行者、居中用事之官」と本国に説明しており、「奉行」は秀吉との中間に介在して政務を執行する役職と捉えている(『朝鮮王朝実録』宣祖二十九年(一五九六)十二月二十一日条)。

(99) 山路愛山『豊太閤』文泉堂、一九〇八年。桑田忠親「五奉行制度」(前掲注7『豊臣秀吉研究』、初出一九三五年)。なお、同著『太閤家

臣団』（新人物往来社、一九七一年）で一門衆や直参衆・新参衆を集成している。

(100) 前掲注18鈴木『豊臣秀吉』。朝尾直弘ほか「〝天下一統〟について」（『日本歴史』二三四、一九六七年）。岩沢愿彦『前田利家』吉川弘文館、一九六六年。

(101) 三鬼清一郎「御掟・御掟追加をめぐって」（前掲注77『豊臣政権の法と朝鮮出兵』、初出一九八四年）。同「豊臣秀吉文書の概要について」（『名古屋大学文学部研究論集』史学四四、一九九八年）。曽根勇二「終章」（同著『近世国家の形成と戦争体制』校倉書房、二〇〇四年、新稿）。同「五奉行連署状について――秀吉在世中を中心に」（山本博文編『法令・人事から見た近世政策決定システムの研究』東京大学史料編纂所、二〇一四年）。ただし、三鬼氏や曽根氏が「奉行人」という名称を用いているように、中世的な形態の延長線上に捉えている点は本書の立場と異なる。

(102) 曽根勇二「豊臣蔵入地支配の形成」（前掲注101『近世国家の形成と戦争体制』、初出一九九二年）。同「朝鮮出兵と国内支配体制の実態」（同上書、初出二〇〇一年）。同「秀吉政権の東国支配」（同上書、初出二〇〇二年）。戸谷穂高「天正・文禄期の豊臣政権における浅野長吉」（前掲注54『東国の政治秩序と豊臣政権』、初出二〇〇六年）。梯弘人「豊臣期関東における浅野長政」（『学習院大学』四九、二〇一一年）。斉藤司「豊臣期関東における増田長盛の動向」（『関東近世史研究』一七、一九八四年）。同「豊臣期、関東における山中長俊の動向」（『立正史学』六〇、一九八六年）。中野等『石田三成伝』吉川弘文館、二〇一七年。前掲注96拙編『石田三成』。堀越祐一「太閤・関白間における情報伝達の構造――木下吉隆・駒井重勝の動向を中心に」（同著『豊臣政権の権力構造』吉川弘文館、二〇一六年、初出二〇〇六年）。

(103) 阿部勝則「豊臣五大老・五奉行についての一考察」（『史苑』四九―二、一九八九年）。同「豊臣政権の権力構造」（『武田氏研究』一〇、一九九三年）。

(104) 堀越祐一「豊臣「五大老」・「五奉行」についての再検討――その呼称に関して」（前掲注102『豊臣政権の権力構造』、初出二〇〇三年）。同「知行充行状にみる豊臣「五大老」の性格」（同上書、初出二〇一〇年）。同「豊臣「五奉行」の政治的位置」（同上書、新稿）。

(105) 前掲注94跡部「秀吉独裁制の権力構造」。

(106) もっとも、本書で主に扱うのはのちに「五奉行」となる徳善院（民部卿法印）玄以・浅野長吉（長政）・石田三成・増田長盛・長束正家であり、その点で遡及的理解と捉えられる恐れは無きにしも非ずだが、分析にあたって他の成員との連署や類似する政務の事例を排除しないことで、必ずしも彼らに収斂しない動向をも掬い上げ、同時代的・段階的に評価を下したい。

(107) 伊藤真昭「所司代の成立」（同著『京都の寺社と豊臣政権』法藏館、二〇〇三年、初出一九九七年）。同「所司代の展開」（同上書、初出二〇〇〇年）など。

(108) 横田冬彦「近世社会の成立と京都」（『日本史研究』四〇四、一九九六年）。同「豊臣政権と首都」（日本史研究会編『豊臣秀吉と京都――聚落第・御土居と伏見城』文理閣、二〇〇一年）。なお、本書では現代的含意を避けるため、〈首都〉と表記する。

(109) 仁木宏「近世社会の成立と城下町」（『日本史研究』四七六、二〇〇二年）。本多博之「中近世移行期西国の物流」（『日本史研究』五八五、二〇一一年）。

(110) 仁木宏「豊臣政権の「政道」と都市共同体」（同著『京都の都市共同体と権力』思文閣出版、二〇一〇年、初出一九八九年）。吉田伸之「公儀と町人身分」（同著『近世都市社会の身分構造』東京大学出版会、一九九八年、初出一九八〇年）。横田冬彦「近世村落における法と掟」（『文化学年報』五、一九八六年）。

(111) 伊藤真昭「豊臣政権における寺社後援策」(前掲注107『京都の寺社と豊臣政権』、初出一九九八年)。河内将芳「京都東山大仏千僧会について」(同著『中世京都の民衆と社会』思文閣出版、二〇〇〇年、初出一九九八年)。

(112) 山口和夫「統一政権成立と朝廷の近世化」(同著『近世日本政治史と朝廷』吉川弘文館、二〇一七年、初出一九九六年)。伊藤真昭「所司代と「武家伝奏」」(前掲注107『京都の寺社と豊臣政権』、初出一九九八年)。矢部健太郎「豊臣秀吉から天皇への使節」(前掲注87『豊臣政権の支配秩序と朝廷』、初出二〇〇〇年)。

(113) 神田裕理「織豊期公家の座次と家格」(同著『戦国・織豊期の朝廷と公家社会』校倉書房、二〇一一年、新稿)。

(114) 前掲注18鈴木『豊臣秀吉』。岩沢愿彦「秀吉の唐入りに関する文書」(三鬼清一郎編『豊臣政権の研究』吉川弘文館、一九八四年、初出一九六二年)。

(115) 中野等『文禄・慶長の役』吉川弘文館、二〇〇八年。佐島顕子「老いた秀吉の誇大妄想が、朝鮮出兵を引き起こしたのか」(渡邊大門編『戦国史の俗説を覆す』柏書房、二〇一六年)など。

(116) 岸本美緒「東アジア・東南アジア伝統社会の形成」(同著『明末清初中国と東アジア近世』岩波書店、二〇二一年、初出一九九八年)。村井章介『海からみた戦国日本——列島史から世界史へ』筑摩書房、一九九七年。なお、清水光明編『「近世化」論と日本』(勉誠出版、二〇一五年)も参照。

(117) 李啓煌「序言」(同著『文禄・慶長の役と東アジア』臨川書店、一九九七年、新稿)。鄭杜熙ら編『壬辰戦争』明石書店、二〇〇八年。川西裕也ら編『壬辰戦争と東アジア——秀吉の対外侵攻の衝撃』東京大学出版会、二〇二三年。

(118) 笠谷和比古「蔚山籠城戦と関ヶ原合戦」(同著『関ヶ原合戦と近世の国制』思文閣出版、二〇〇〇年、初出一九九八年)。

(119) 自立的共同体論の立場から、その点を意識した論考が前掲注63稲葉「兵農分離と侵略動員」といえよう。

(120) 本書において「統治構造」の語を選択したのは、従来の「支配構造」等の用語に政権の強固さ・貫徹性が内包されている点、および、本書の分析主軸たる中枢奉行層による政務が、対象とは直接の主従関係にない点に由来する。ゆえに、必ずしも西洋絶対王政との類似性を主張するものではない。

(121) 藤田達生「序——本書の視角」(同著『日本中・近世移行期の地域構造』校倉書房、二〇〇〇年、新稿)。同「終章——構造改革論」(同著『天下統一論』塙書房、二〇二一年、初出二〇一七年)。

(122) 前者は戦国史研究会編『織田権力の領域支配』岩田書院、二〇一一年。後者は前掲注55竹井「織豊政権の東国統一過程」。

(123) 前者は中野等「総括と展望」(前掲注82『豊臣政権の対外侵略と太閤検地』、新稿)、矢部健太郎「序論」(前掲注87『豊臣政権の支配秩序と朝廷』、新稿)。後者は牧原成征「日本近世における秩序形成」(前掲注22『日本近世の秩序形成』、新稿)。なお、本書では、それぞれの時代がもつ特徴を「固有性」、その中で一つが突出している様態を「異質性」として理解する。

(124) 前掲注13豊田「織豊政権」。宮川満「太閤検地をめぐる研究動向」(前掲注17『太閤検地論』第Ⅰ部、初出一九五六年)。

(125) 前掲注58藤木「序」。

(126) 小林清治『奥羽仕置の構造——破城・刀狩・検地』。同『奥羽仕置と豊臣政権』吉川弘文館、二〇〇三年。

(127) 池上裕子「検地と石高制」(前掲注60『日本中近世移行期論』、初出二〇〇四年)。

(128) 平井上総「本書の総括と「太閤検地」試論」(前掲注48『長宗我部氏の検地と権力構造』、新稿)。

(129) この点は、前掲注128平井「本書の総括と「太閤検地」試論」、前掲

注46同「豊臣政権の国替令をめぐって」参照。

(130) 牧原成征「地侍たちのゆくえ」(前掲注22『日本近世の秩序形成』、初出二〇一七年)。

(131) 鈴木良一「信長・秀吉・家康」(『歴史評論』二九、一九五一年)など。

(132) 前掲注25水林『封建制の再編と日本的社会の確立』。かつて太閤検地論争における安良城説批判への反省として、古島敏雄氏は無限定な偶発性の重視に警鐘を鳴らしていた。古島「二、三の感想」(前掲注17『封建領主制の確立』)。

(133) 山本博文「徳川絶対主義論と幕藩制国家論――佐々木潤之介『幕藩制国家論』をめぐって」(前掲注25『幕藩制の成立と近世の国家』、初出一九八五年)。前掲注22牧原「日本近世社会のとらえ方」。

(134) 前掲注123中野「総括と展望」。前掲注46平井「豊臣期検地論」。前掲注54戸谷「関東・奥両国「惣無事」と白河義親」。

(135) 前掲注19朝尾「近世封建制論をめぐって」。前掲注28藤木『織田・豊臣政権』。

(136) 小林清治「総括」(前掲注126『奥羽仕置の構造』、新稿)。竹井英文「織豊政権の全国統一過程に関する研究史整理と課題――東国を中心に」(前掲注55『織豊政権と東国社会』、新稿)。

(137) 高木「「公儀」権力の確立」(前掲注41『日本近世国家史の研究』、初出一九八一年)。

(138) 前掲注60池上『織豊政権と江戸幕府』。前掲注127同「検地と石高制」。

(139) 前掲注22牧原「日本近世社会のとらえ方」。前掲注123同「日本近世における秩序形成」。

(140) 藤木「村の境界」(前掲注29『村と領主の戦国世界』、初出一九八七年)。

(141) 前掲注42小林『秀吉権力の形成』。前掲注101曽根『近世国家の形成と戦争体制』など。

(142) 黒田基樹『羽柴を名乗った人々』KADOKAWA、二〇一六年。なお、豊臣賜姓以前を扱った論文においては「羽柴政権」を用いる例もある。

(143) 『秀吉』一一九〇号。『華頂要略門主伝』第二十四、天正十三年五月十四日条。なお、宣教師の記録でも関白任官以後に「羽柴」呼称が見られなくなることは、白峰旬「『十六・七世紀イエズス会日本報告集』における織田信長・豊臣秀吉・豊臣秀頼・徳川家康・徳川秀忠に関するイエズス会宣教師の認識について(その1)」(『別府大学大学院紀要』一七、二〇一五年)参照。

(144) 橋本政宣「「おた」信長と「とよとみの」秀吉」(同著『近世公家社会の研究』吉川弘文館、二〇〇二年、初出一九九七年)は豊臣秀吉を「とよとみのひでよし」とすべきと主張するが、信長については寛永伝を用いる一方で、秀吉には用いていないという不均衡が見受けられる。

(145) 「羽柴秀頼」の表記は早い例で小瀬甫庵『太閤記』に見えるが、秀頼を貶める評価の中で用いられており、同時代人とはいえ考慮が必要である。また、姓氏一致は宗家に限ると思われ、秀吉の弟の秀長は終生「羽柴秀長」であったとされる(柴裕之「羽柴(豊臣)秀長の研究」(同編『豊臣秀長』戎光祥出版、二〇二四年))。印文も「羽柴秀長」を用い続ける(『金剛寺文書』三五五号)。秀次についても、関白任官前までは「はしは」「羽柴中納言」とされる(『お湯殿』天正十五年二月六日条、『多聞院日記』同十八年十一月十一日条)。

(146) 三宅正浩「近世大名の成立過程――徳川政権の武家編成」(『九州史学』一七五、二〇一六年)。

第一章

(1) 『居所』、『秀吉』。

（2）竹井英文『織豊政権と東国社会――「惣無事令」論を越えて』吉川弘文館、二〇一二年など。
（3）曽根勇二「五奉行連署状について――秀吉在世中を中心に」（山本博文編『法令・人事から見た近世政策決定システムの研究』東京大学史料編纂所、二〇一四年）。なお、本書校正段階で『居所』第三版が刊行され、玄以・増田・長束の居所と行動も追加された。
（4）現在の水準をよく示すものとして、馬部隆弘「細川晴国陣営の再編と崩壊――発給文書の年次比定を踏まえて」（同著『戦国期細川権力の研究』吉川弘文館、二〇一八年、初出二〇一三年）、大浪和弥編『加藤清正文書目録』（科研報告書、二〇一五年）などが挙げられる。
（5）岩沢愿彦「山城・近江における豊臣氏の蔵入地について」（藤木久志・北島万次編『織豊政権』有精堂出版、一九七四年、初出一九六四年）。
（6）相田文三「浅野長政の居所と行動」（『居所』）。「専修寺文書」『大日』第十一編二十四。
（7）前者は（年不詳）十月十九日付 浅野書状（東史影写本「浅野文書」）。本文書は後述の花押型から、文禄二～四年のものと推測される。後者は（慶長四年）二月十六日付の五奉行連署状（「村上文書」『兵庫県史』史料編中世二）。同月十七・十八日付の五奉行連署状にも確認できる。なお、慶長四年二月の「入道」については、長束・増田・石田も同様である。『言経卿記』慶長四年二月四日条。
（8）前者は東史影写本「北里文書」。後者は「寺記」所載文書」『山梨県史』資料編八。前掲注6相田「浅野長政の居所と行動」。
（9）長浜城歴史博物館寄託「竹生島文書」。図1－1ではこの花押をもとに加工を施し、トレース図を掲げた。なお、以下の花押型の番号は初出論文ではローマ数字を用いたが、今回新たに分類するにあたって、混同を避けるためにアラビア数字に改めた。
（10）前者は東史影写本「佐伯文書」。後者は長浜城歴史博物館寄託「中井家文書」。
（11）前者は安土城考古博物館寄託「長命寺文書」。後者は東史写真帳「渡平八郎氏所蔵文書」。
（12）前者は東史影写本「観心寺文書」。後者は同「稲荷神社文書」。
（13）前者は岐阜県歴史資料館所蔵「諸家文書」。後者は東史影写本「浅野文書」。
（14）前者は広島市立中央図書館浅野文庫所蔵「蒲池文書」。後者は東史影写本「北里文書」。
（15）前者は東史写真帳「太祖公済美録」。後者は東史写真帳「島津家文書」。
（16）『秀吉』五五三一号。
（17）前者は東史影写本「近江水口加藤文書」、および「島津家文書」。後者は「太祖公済美録」。
（18）前者は国立公文書館内閣文庫所蔵「阿部四郎五郎所持古文書」。後者は「天城文書」（『兵庫県史』史料編中世一）。
（19）藤田恒春「長束正家の居所と行動」（『居所』）。「若杉家文書」『福井県史』資料編二。『多聞院日記』天正二十年九月六日条。
（20）前者は京歴写真帳「馬場義一家文書」。後者は東史写真帳「（播州）清水寺文書」。
（21）（天正十一年）三月二十日付 長束正家・同直吉・中井平右衛門連署状写（宮書所蔵「東福寺蔵文書」）。（年不詳）二月二十五日付 長束正家書状（國學院大学所蔵「土御門家記録紙背文書」）。（年不詳）十二月二十九日付 同書状（同上）。堀越祐一「秀吉権力と杉原家次」（『國學院大學校史・学術資産研究』九、二〇一七年）参照。
（22）（天正十年ヵ）十二月二十一日付 一柳末安・加藤光泰連署状（「崇福寺文書」『岐阜県史』史料編古代中世一）。「賀茂別雷神社文書」『大日』第十一編二十六。なお、村上頼勝ら丹羽旧臣が秀吉に大名と

して取り立てられたのが天正十三年閏八月であり（『秀吉』一五六〇号）、長束も同じ頃かそれ以後に秀吉配下となったのであろう。

(23)（天正十五年）五月十日付 長束・宮木連署兵粮米請渡状（「永運院文書」（『大・永』）一四四号）。

(24) 前者は東史写真帳「筥崎宮文書」（および「筑紫家文書」『筥崎宮史料』）。後者は安土城考古博物館保管「摠見寺文書」。

(25) 前者は「精忠神社所蔵文書」（『鳥居元忠——山城伏見の別れ』壬生町歴史民俗資料館特別展図録、二〇一七年）。後者は東史影写本「石川文書」。算用状の遡及発給については本書第二章参照。

(26) 前者は「鴨江寺文書」（『浜松城主堀尾吉晴』浜松市博物館特別展図録、二〇一二年）。後者は滋図写真帳「木村家文書」。

(27) 前者は東史謄写本「古案（五十嵐政雄氏所蔵）」。後者は東史ボーン「久留島文書」。

(28) 前者は東史写真帳「(厚狭) 毛利文書」。後者は「有浦家文書」。

(29) 前者は「矢島共有文書」。後者は「上坂家文書」（『石田三成』長浜城歴史博物館特別展図録、一九九九年）など。

(30)（文禄三年）五月十九日付 増田・長束・石田連署状（東史影写本「橋本保氏所蔵文書」）。（同年ヵ）六月八日付 長束正家書状写（東史謄写本「堀家文書并系図」）。

(31) 前者は京歴写真帳「四手井家文書」。後者は東史影写本「近江水口加藤文書」。

(32) 前者は福井県立歴史博物館所蔵「橘家文書」。後者は真田宝物館所蔵「真田家文書」。

(33)「関白任官記」『太閤史料集』。

(34) 前者は『秀吉』一四三五号。後者は『秀吉』一五二〇号。

(35) 中野等「石田三成の居所と行動」（『居所』）。

(36) 前者は東史謄写本「歴代古案」。後者は「筑摩安曇古文書」『上越市史』別編二、三一三八号。

(37) 東史影写本「岩代大石文書」。

(38) 佐藤進一「十六世紀の武家の花押」（『花押を読む』平凡社、一九八八年、初出一九七五年）。

(39) 東史写真帳「小田部好伸氏所蔵文書」。

(40)『島津家文書』二、一一〇四号。図版も同書に所収。

(41) 東史影写本「伊木文書」。

(42)「石田三成花押・印章リスト」（太田浩司編『石田三成』宮帯出版社、二〇一二年）。なお、三成発給文書については、拙編「石田三成発給文書目録稿」（拙編『石田三成』戎光祥出版、二〇一八年）に一覧を掲げた。ただし、刊行時から新たに見出した文書も含め、現状では計五百十三通を確認できており、何らかの形で補遺を公表したい。

(43) 田中克行「亀井琉球守再考——亀井茲矩の官途の変遷について」（同著『中世の惣村と文書』山川出版社、一九九八年）では、「増田仁右衛門尉」と文中に記された九月十二日付・十一月十五日付の秀吉朱印状を天正十三年のものと推定しながら、両通称の違いが「仁」の有無だけであるため、混同されやすかったと処理している。

(44)『金剛寺文書』三四四号。

(45)『秀吉』一七五八号。

(46) 反例としては、（天正十四年）六月十七日付の小笠原貞慶書状（「青山文書」『福島県史』第七巻）の文中に「増田仁右衛門」が見出せるが、既にこの頃には「右衛門尉」と署名する書状が確認でき、貞慶が増田の改称を知らなかったか、誤って旧称で記したと推測される。

(47) 東史影写本「中沢文書」。『秀吉』五九〇六号。なお、秀吉の呼称が一時「筑前守」から「藤吉郎」に戻っていた点は、播磨良紀「羽柴秀吉文書の年次比定について」（『織豊期研究』一六、二〇一四年）による。

(48) 前者は東史影写本「本能寺文書」。後者は安土城考古資料館寄託

「長命寺文書」。

(49) 前者は「山内治夫家文書」(『新修亀岡市史』資料編二)。後者は安土城考古資料館寄託「長命寺文書」。

(50) 前者は東史写真帳「上杉文書」。東史影写本「高野山文書」。

(51) 「羽柴家文書写」編年二七号、村井祐樹「秀吉の報・連・相」(同著『中世史料との邂逅――室町・戦国・織豊期の文書と記録』思文閣出版、二〇二四年、新稿)所載。「賀茂別雷神社文書」「玄以」六七号。「天正十一年折紙跡書」「玄以」七一号。

(52) 渡辺清「徳善院考」(『書状研究』五、一九七七年)。矢部健太郎「前田玄以の呼称と血判起請文――「民部卿法印」から「徳善院僧正」へ」(山本博文ら編『豊臣政権の正体』柏書房、二〇一四年)。

(53) 伊藤真昭「所司代の展開」(同著『京都の寺社と豊臣政権』法藏館、二〇〇三年、初出二〇〇〇年)。光成準治「日用停止令と豊臣政権」(前掲注52『豊臣政権の正体』、二〇一四年)。

(54) ①は『歴代古案』一、一〇七号。②は大阪城天守閣所蔵「木下家文書」。③は東史写真帳「(芦浦)観音寺文書」。

(55) 石井良助『はん』學生社、一九六四年。典拠は「翁物語」『大日』第十二編八。

(56) この逸話と類似した史実としては、文禄五年四月に起きた浅野長吉讒訴事件が挙げられる。本書第二章参照。なお、島津義弘は上方において「天下一若杉」という博士(陰陽頭土御門家の家司)に占ってもらい、花押を改めている((天正十七年)正月三日付 島津義弘書状「島津家文書」)。この時代、算置が花押占いをしていた点については、マティアス・ハイエク「算置考――中世から近世初期までの占い師の実態を探って」(『京都民俗』二七、二〇一〇年)参照。また、花押の改変が吉凶を左右するものとして流行していたことに対し、細川忠興は「虚空」であると子の忠利をたしなめている。((慶長七年)十月朔日付 細川忠興書状『細川家史料』一、二二号)。

(57) 東史影写本「水口加藤家文書」。

(58) 例えば、慶長二年五月朔日付 長束・増田・浅野・玄以連署状(「実際庵文書」『東浅井郡志』第四巻)、(慶長二年)八月十日付 長束・増田・瀧川雄利・浅野連署状(『島津家文書』二、九八一号)など。

(59) 同じ頃、秀吉が早川長政らに逼塞を命じた際にも、浅野が「奉行三人」とともにその任にあたった。(慶長三年)五月二十六日付 福原長堯・垣見一直・熊谷直盛連署状(『島津家文書』二、九七八号)。なお、宣教師の記録によるならば、浅野の加入は七月十五日の遺物下賜後のこととされるが、それは正式な公表がその日であったことを示すものと思われる。一五九八年一〇月三日付 フランシスコ・パシオ「一五九八年度、日本年報」(『イエズス』第I期第三巻、家入敏光訳)。

(60) 『西笑和尚文案』七九号。

(61) この点については、既に桑田忠親・三鬼清一郎両氏も同様の推測を行っている。桑田「五奉行制度」(同著『豊臣秀吉研究』角川書店、一九七五年、初出一九三五年)。三鬼「豊臣政権の崩壊」(井上光貞ら編『日本歴史大系』三、山川出版社、一九八八年)。また、(慶長三年)七月十五日付 三奉行連署状(『島津家文書』一八一一号)では、わざわざ長束が越前に検地、石田が九州下向のため、三名で署判していることを断っている。

(62) 藤木久志「関東奥両国惣無事令の成立」(同著『豊臣平和令と戦国社会』東京大学出版会、一九八五年、初出一九七八年)。藤井讓治「「惣無事」はあれど「惣無事令」はなし」(同著『近世初期政治史研究』岩波書店、二〇二二年、初出二〇一〇年)。光成準治「豊臣政権の大名統制と取次」(山本博文ら編『消された秀吉の真実――徳川史観を越えて』柏書房、二〇一一年)。「筑摩安曇古文書」『上越』別編二、三一三八号。

(63) なお、早稲田大学図書館所蔵の「筑摩安曇古文書」によれば、「増田右衛門尉」「石田治部少輔ヵ 普通三成ニ作」の部分は付箋赤字、「堀丹後守直寄にはあらさる歟、尚尋ぬへし」の部分も付箋に書かれている。

(64) 東史謄写本「信陽玉証鑑」五。

(65)「筑摩安曇古文書」『上越』別編二、三一三九号。竹井英文「「関東奥両国惣無事」政策の歴史的性格」(前掲注2『織豊政権と東国社会』、初出二〇一〇年)。

(66)『華頂要略門主伝』第二十四、天正十三年閏八月十二日条。(天正十三年)十一月四日付新発田重家書状写(「古簡雑纂」五・六『上越』別編二、三一五六号)。(同年)十二月十日付 上杉景勝書状写(同上三一五六号)。

(67) 九州停戦命令に関する現状の到達点としては、尾下成敏「九州停戦命令をめぐる政治過程——豊臣「惣無事令」の再検討」(『史林』九三—一、二〇一〇年)が挙げられる。

(68)『秀吉』四六四号など。

(69)(天正十二年)十一月十七日付 小野木重次書状写(『宗国史』)。

(70)『秀吉』一九〇〇号など。なお、その後、「天下静謐」は大名上洛の名目に掲げられるようになる。(天正十六年)五月二十五日付 毛利輝元書状写(『萩藩閥閲録』第三巻)。また、秀吉の「天下静謐」については、立花京子氏の一連の論考(「秀吉権力と「天皇の静謐」」(本多隆成編『戦国・織豊期の権力と社会』吉川弘文館、一九九九年)など)がある。「惣無事」という用語によって全てを説明しようとした藤木氏への批判としては見るべき点があるが、それを包摂した論理として「天下静謐」を持ち出し、国内統治一般の問題に敷衍した部分に問題を残す。

(71) 藤木久志「東国惣無事令の初令」(同著『戦国史をみる目』校倉書房、一九九五年、初出一九八六年)。高木昭作「「秀吉の平和」と武士の変質——中世的自律性の解体過程」(同著『日本近世国家史の研究』岩波書店、一九九〇年、初出一九八四年)。

(72) この点、本章初出論文も踏まえ、東国における「惣無事」と「天下静謐」の推移を論じた戸谷穂高「豊臣政権の東国政策」(同著『東国の政治秩序と豊臣政権』吉川弘文館、二〇二三年、新稿)を参照のこと。なお、室町将軍の「天下静謐」からの展開を論じたものに、則竹雄一「戦国・織豊期停戦令の系譜——秀吉はどのように戦国を終わらせたのか」(稲葉継陽・清水克行編『村と民衆の戦国時代史——藤木久志の歴史学』勉誠出版、二〇二二年)がある。

(73) 垣内和孝「伊達政宗の家督相続と蘆名氏」(同著『伊達政宗と南奥の戦国時代』吉川弘文館、二〇一七年、初出二〇一五年)。

(74)『秀吉』一八七五号。

(75)【史料二・三】はいずれも尊経閣文庫所蔵「古文書写」。なお、末尾にこれらの文書は会津の北田氏(富田氏の一族)が所有していたと注記される。

(76) 藤本顕通「中世末期の浄土宗藤田派僧の活動——百万遍知恩寺を中心に」(『印度學佛教學研究』三四、一九八五年)。なお、岌州のもとには天正十三年十月段階で盛隆の死去と伊達の侵攻が金上盛備から伝えられており、三成への通報が遅れたのは岌州側の事情ないし操作の可能性もある。(天正十三年)十月六日付 岌州書状(「正徳寺文書」『会津坂下町史』二)。

(77)(天正十四年)二月二日付 石田三成書状写(尊経閣文庫所蔵「古文書写」)。内容が重複している箇所もあり、書状のやりとりに混乱があったことが窺える。

(78) 小林清治『伊達政宗』吉川弘文館、一九五九年。同「政宗家督相続の前提」(『伊達政宗の研究』同上、二〇〇八年、初出一九九〇年)。

(79) 前掲注65竹井「「関東奥両国惣無事」政策の歴史的性格」。

(80) 粟野俊之「戦国末期南奥羽における伊達氏包囲網について」(同著

『織豊政権と東国大名』吉川弘文館、二〇〇一年、初出一九八五年）。なお、戸谷穂高「天正・文禄年間の豊臣政権における浅野長吉」（『遥かなる中世』二一、二〇〇六年）は上杉景勝が届けられなかった可能性を想定している。

（81）前掲注62藤井「「惣無事」はあれど「惣無事令」はなし」。なお、前掲注65竹井「「関東奥両国惣無事」政策の歴史的性格」も藤井説に賛同する。

（82）津野倫明「宇都宮氏改易の理由」（『戦国史研究』八一、二〇二一年）。

（83）国文学研究資料館所蔵「徴古雑抄」巻十一中。

（84）文禄三年十二月十七日付 真田昌幸判物（東史影写本「信綱寺文書」）。

（85）『秀吉』五六八一号。（慶長二年）十月七日付 佐竹義宣書状（東史影写本「佐竹文書」）。

（86）（慶長三年）正月十四日付 増田長盛書状写（『宗国史』上巻）。

（87）前掲注61桑田「五奉行制度」。三鬼清一郎「豊臣秀吉文書に関する基礎的研究」（『名古屋大学文学部研究論集』史学三四、一九八八年）。小林厚太「豊臣氏五奉行について――特に発給文書の形式を中心に」（『鴨台史学』七、二〇〇七年）。

（88）（文禄二年）十二月六日付 浅野・増田・長束・玄以連署状（「雲龍寺文書」『兵庫県史』史料編中世二）。（慶長二年ヵ）七月十七日付 石田・増田・長束・玄以連署状写（『相良家文書』二、八五一号）。両事例は浅野・増田、石田・増田の両名が担当であったと理解すれば一応の説明はつく。

（89）『中世のなかに生まれた近世』吉川弘文館、一九九一年。

（90）（慶長二年）二月十五日付 玄以・長束・石田・増田連署状（東史レクチ「成簣堂古文書」・東史写真帳「上坂文書」）。

（91）なお、奉行連署状の包紙ウハ書では、一名のみが実名を記すが、日下の人物に相当する例も多い一方で、異なる場合もある。これは、実際の文書の送達者に該当するものと思われ、日下の人物はむしろ連署状を用意する立場にあったとも考えられる。（天正十四年）九月五日付 増田・石田連署状（『上杉家文書』八一六号）。（天正十七年）十一月十日付 富田一白・浅野連署状（『伊達家文書』四四〇号）。

（92）相田二郎『日本の古文書』上、岩波書店、一九四九年。中村直勝『日本古文書学』上、角川書店、一九七一年。笠谷和比古「幕藩関係文書の諸類型」（同著『近世武家文書の研究』法政大学出版局、一九九八年、初出一九八九年）など。なお、本章初出論文公表後、金子拓氏は、豊臣氏奉行連署状が室町幕府奉行人奉書を模倣した守護家の奉行人連署状や織田家の奉行連署状の系譜に位置すると指摘しており、首肯される。金子拓「戦国大名の文書と天下人の文書」（小島道裕ら編・国立歴史民俗博物館監修『古文書の様式と国際比較』勉誠出版、二〇二〇年）。

（93）高木昭作「近世史研究にも古文書学は必要である」（永原慶二ら編『中世・近世の国家と社会』東京大学出版会、一九八六年）。

（94）矢田俊文「戦国期守護家・守護代家奉書と署判者」（同編『戦国期の権力と文書』高志書院、二〇〇四年）。

（95）『駒井日記』文禄三年四月十五日条など。なお、奉行らの添状を「御奉書」と呼ぶ場合もあった。（年月日不詳）毛利元政書状案（「右田毛利家文書」『山口県史』資料編中世三）。

（96）今谷明「細川・三好体制研究序説」（同著『室町幕府解体過程の研究』岩波書店、一九八五年、初出一九七三年）。なお、今谷氏は天文十年代の長慶発給文書を初例として重要視するが、これ以前に細川晴元家臣が用いた事例や、上久世荘の侍衆が用いた事例もあるため、一概に長慶による「一大変化」とは捉えられない。『蜷川家文書』三、五五八―二〇号。『東寺百合文書』四、ぬ函一二〇号。

（97）前掲注87三鬼「豊臣秀吉文書に関する基礎的研究」。

(98) 曽根勇二「秀吉と大名・直臣の主従関係について――いわゆる五奉行連署状の成立を中心に」(前掲注52『豊臣政権の正体』、二〇一四年)。

(99)『吉川家文書』一四七六号。

(100) 天正十七年二月二十四日付 吉川広家官途状(東史謄写本「岩国藩中諸家古文書纂」)。藤井讓治「豊臣秀吉の居所と行動(天正十年六月以降)」(『居所』)。なお、当該史料に関する分析は拙稿「織豊政権論」(上野大輔ら編『日本近世史入門』勉誠社、二〇二四年)が初出である。

(101)(天正十九年)五月三日付 長束・増田・石田・玄以連署状(東史写真帳「島津家文書」)。太田浩司「宮部継潤宛豊臣四奉行連署状をめぐって」(『織豊期研究』九、二〇〇七年)。(天正十九年)五月十三日付 山中添状(「喜連川文書」『茨城県史料』中世編六)。(天正二十年)五月六日付 長束・増田・大谷・石田連署状写(東史謄写本「古案」)。

(102) 前掲注61桑田「五奉行制度」。阿部勝則「豊臣政権の権力構造」(『武田氏研究』一〇、一九九三年)。なお、阿部氏への批判としては堀越祐一「豊臣「五奉行」の政治的位置」(同著『豊臣政権の権力構造』吉川弘文館、二〇一六年、新稿)がある。

(103) これらの職掌の比重は時期によって異なり、開始時期もまちまちである。また、検地など臨時の案件処理や所司代としての役割はここでは除外する。

(104) 大谷吉継に関しては、石畑匡基「豊臣奉行発給文書の基礎的研究――大谷吉継発給文書を中心として」(『大手前比較文化学会会報』二五、二〇二四年)参照。なお、現状では、山中長俊の花押型に関しては五つの形態変化、木下吉隆については六つの形態変化を観測している。

第二章

(1) 秀吉の直轄領は当初「台所入」や「代官所」と呼称されたが、天正十四年頃から「蔵入」と称されることが多くなった。また、蔵入地からの収入としては、田地からの貢租(蔵米)以外に、鉱山収入と諸役銭(役料や地子銭)が存在する。以下ではそれらも含めて検討する。なお、本章では便宜上、天正十年から慶長五年までを豊臣政権期として扱う。

(2) 朝尾直弘「豊臣政権論」(『朝尾直弘著作集』第三巻、岩波書店、二〇〇四年、初出一九六三年)。脇田修「豊臣政権の市場統制」(同著『近世封建社会の経済構造』御茶の水書房、一九六三年)。藤木久志「豊臣期大名論序説――東国大名を例として」(同著『戦国大名の権力構造』吉川弘文館、一九八七年、初出一九六四年)。岩沢愿彦「山城・近江における豊臣氏の蔵入地について」(藤木久志・北島万次編『織豊政権』有精堂出版、一九七四年、初出一九六四年)。

(3) 山口啓二「豊臣政権の成立と領主経済の構造」(『山口啓二著作集』第二巻、校倉書房、二〇〇八年、初出一九六五年)。

(4) 森山恒雄『豊臣氏九州蔵入地の研究』(吉川弘文館、一九八三年、初出一九六六〜七七年)。朝尾直弘「織豊期の畿内代官」(『朝尾直弘著作集』第三巻、初出一九七〇年)。

(5) 三鬼清一郎「朝鮮出兵における兵粮米調達について」(同著『豊臣政権の法と朝鮮出兵』青史出版、二〇一二年、初出一九七九年)。桜井克己「豊臣政権の朝鮮出兵における兵粮米調達政策とその実態」(『一橋研究』九―三、一九八四年)。中野等「第一次朝鮮侵略戦争における豊臣政権の輸送・補給政策」(同著『豊臣政権の対外侵略と太閤検地』校倉書房、一九九六年、初出一九九〇年)。同「大名領国における輸送体系の形成と展開」(同上書、一九九一年)。曽根勇二「豊臣蔵入地支配の形成」(同著『近世国家の形成と戦争体制』校倉書房、二〇〇四年、初出一九九二年)。同「朝鮮出兵と国内支配体制の実態」（同上書、初出二〇〇一年）。中條健太「秀吉の朝鮮侵略における兵粮米調達について」（『ヒストリア』一六五、一九九九年）。

(6)『大日本租税志』巻三一。実際に確認できる蔵入地との齟齬も指摘されている。なお、文化期に編纂された『太祖公済美録』（東史写真帳）は、秀吉が増田長盛に下した「領地御朱印帖并御蔵入給人寺社領軍役帖」三十冊のうちに「御蔵入有米帖」が存在し、慶長二年分の分米が記載されているとする。御前帳のとりまとめを増田が担当していたこと（秋澤繁「天正十九年豊臣政権による御前帳徴収について」（『論集中世の窓』吉川弘文館、一九七七年））から信憑性は高く、それ以前から所領高を記した「上様へ被上候御帳」が存在したことも知られる。（天正十三年）九月二日付 秀吉朱印状（「中川家文書」『秀吉』一六二一号）、（天正十五年ヵ）十二月八日付 加藤房次書状（『脇坂家文書集成』四六号）。原本の所在は不明であるが、今後かかる史料が見出されれば、動態的な検討が可能となろう。

(7) 山本博文「豊臣政権の「取次」の特質」（同著『幕藩制の成立と近世の国制』校倉書房、一九九〇年、初出一九八〇～四年）。同「豊臣政権の「指南」について」（同上書、初出一九八九年）。

(8) 跡部信「秀吉独裁制の権力構造」（同著『豊臣政権の権力構造と天皇』戎光祥出版、二〇一六年、初出二〇〇九年）。本書第四章参照。

(9) 主に前者を用いた研究の代表例としては、前掲注3山口「豊臣政権の成立と領主経済の構造」、後者を用いた代表例としては、前掲注2朝尾「豊臣政権論」・前掲注2脇田「豊臣政権の市場統制」が挙げられる。

(10) 文書名は『真蹟』に従った。ただし、本章では、例えば米穀貸与方切符や銅銭渡方切符を一括で論じるため、「切符」のように記述する。

(11)『青竜山瑞泉寺関家御蔵器』。『秀吉』未収。

(12) 永禄十一年五月二日付 秀吉段銭請取状（「安富コレクション」『秀吉』五八七五号）。関連して、元亀三年十二月晦日付の秀吉宛て信長段銭請取状も残される（「同上」『新鳥取県史』資料編古代中世一古文書編上）。

(13) 室町幕府の御料所は、将軍家の日常的経費の基盤であったとされ、③・④に相当するものは戦国期には国役によって賄われていた。田中淳子「戦国期室町幕府の御料所支配」（『年報中世史研究』二四、一九九九年）など。なお、御料所は収入の中に代官得分を含んでいたが、豊臣期では蔵入地とは別に代官の給地が設定されるのが一般的であった。

(14)（元亀元年）十二月二十七日付 秀吉自筆書状（「徳川公爵家旧蔵文書」『秀吉』三七号）。桜井英治「日本中世における貨幣と信用について」（『歴史学研究』七〇三、一九九七年）。

(15) 天正十五年十二月二十九日付 秀吉朱印状写（「生駒家宝簡集」『秀吉』二四一二号）。

(16) 豊臣秀次や徳川家康による扶持米給付についても同様の手続きを踏んだことは、盛本昌広「扶持米支給と切紙」（峰岸純夫編『日本中世史の再発見』吉川弘文館、二〇〇三年）参照。

(17) 自筆かどうかの判断は『大日』・『真蹟』・『秀吉』に従う。なお、［イ4］の事例は鳥取城攻めの留守の台所飯米を受け取っており、宛名の松浦重政は蔵の出納担当の可能性がある。また、切符の宛名に頻出する小出秀政も蔵入地代官ではなく、蔵米の出納に関与していたことが指摘されている。福田千鶴「小出秀政に関する基礎的研究」（『九州文化史研究紀要』六六、二〇二三年）。額面の大きな［イ5］の事例なども蔵の管理者や商人らからの引き出しの可能性がある。

(18) 既に脇田氏も指摘する通り（前掲注2脇田「豊臣政権の市場統制」）、のちの秀次蔵入地においても同様に「御払方之儀者少によらす被成 御朱印、代官之名付御自筆ニ被遊候事」とする慣例が見られる（『駒井日記』文禄三年三月二十一日条）。秀次の皆済状としては、文禄二年八月二十九日・同年十一月二十八日付の藤堂良政宛てのもの（「藤堂文書」『三重県史』資料編近世一）などが挙げられる。

(19)天正十八年五月十七日付 長束正家大豆請取状（「精忠神社所蔵文書」『壬生町史』資料編原始古代・中世）。（文禄二年）五月十八日付 浅野長吉城米請取状（『浅野家文書』七二号）。文禄四年八月八日付 玄以・長束・増田・石田連署請取状（「日下文書」東史影写本）。文禄四年十一月二十六日付 同請取状（「組屋文書」『小浜市史』諸家文書編一）。文禄三年十二月二日付 石田三成請取状写（『萩藩閥閲録』巻一六四、山口裁判、横屋六右衛門五号）。同年同月十一日付 石田・長束・増田下代連署請取状（「組屋文書」）。慶長三年六月十三日付 玄以・長束・増田・石田下代連署請取状写（「吉川家中并寺社文書」東史謄写本）。

(20)（文禄四年ヵ）七月二十二日付 長束正家書状（「寺西文書」東史写真帳）。

(21)（慶長三年ヵ）三月十八日付 長束・増田・玄以連署状写（「秋田藩家蔵文書」『茨城県史料』中世Ⅳ、佐竹中務義秀并家臣家蔵文書三〇号）。なお、同様の指令は畿内代官である御牧景則にも出された（「四手井家文書」京歴写真帳）。

(22)（文禄四年）五月二十五日付 増田・長束・浅野・玄以連署状（「末吉文書」東史影写本）。慶長二年正月十一日付 長束・増田・石田・玄以連署状（「芦浦観音寺文書」『新修彦根市史』五、史料編古代・中世）など。文禄四年八月二十六日付 秀吉材木渡方切符（「大和称念寺文書」『秀吉』五三〇二号）。

(23)藤田恒春「聚楽第をめぐる豊臣秀次と賀茂の氏人」（石川登志雄ら編『上賀茂のもり・やしろ・まつり』思文閣出版、二〇〇六年）。本書第七章参照。

(24)（文禄三年）十二月六日付 長束・増田・石田・浅野連署状（「保阪潤治氏所蔵文書」東史影写本）。なお、『弘文荘古書販売目録』三六に写真掲載。

(25)慶長三年九月五日付 五奉行連署切符（『思文閣古書資料目録』二二八）。同四年正月五日付 同切符（「佐藤行信氏所蔵文書」東史影写本）。同年三月十一日付 同切符（『甲子夜話』続篇六）同年十二月二十三日付 三奉行連署切符（「金沢工業大学図書館所蔵文書」東史写真帳）。同五年五月晦日付 同切符（『古典籍下見展観大入札会目録』昭和五十八年）。同年七月十日付 同切符（「寺西文書」『山形県古文書解読』一二号）など。

(26)『浅野家文書』六九号。便宜上、(1)〜(4)および傍線を付した。

(27)「算用状」の中には、端裏書に収穫年および代官名が平仮名まじりで記されているものが多く確認でき（〔ニ3・4・10・12・14・15・17・18・22〕）、ここにも「請取状」「切符」「皆済状」の宛名に通底する性質を見出すことができる。なお、〔ハ3・4〕は、奉行の「算用状」発給時期と重なるが、蔵入地の新規設定などにあたり、「算用状」への継承の過渡期にあったと考えられる。

(28)（慶長三年ヵ）十一月十三日付 三奉行連署状（「朝民家文書」『山田村郷土誌』）。（慶長四年ヵ）八月二十日付 四奉行連署状（「岡部文書」『大分県史料』一二第二部、一一二号）。

(29)（天正二十年）七月十七日付 秀吉朱印状（「早稲田大学図書館所蔵文書」『秀吉』六一八四号）。岩沢愿彦「豊臣氏印章攷」（『歴史地理』四四五、一九五七年）。なお、〔ニ4〕の「算用状」では、「おるんさま御ち《（乳）》の人へ渡、増田右衛門折かミ《（紙）》あり」とあり、増田の折紙が同様の役割を果たしていたことが想定できるが、奉行発給の切符はほかにも同じく増田の一例が確認できるのみである（（年不詳）十月二十一日付 増田長盛切符（「中村不能斎採集文書」四、東史写本））。切紙形式でないことや、額の記載がなく、扶持米を渡すように命じただけであることから、これらは一般的な「切符」とは性質を異にしており、例外と考えたい。

(30) 本書第一章参照。
(31) (天正十六年頃ヵ、月日不詳) 和泉国信太村ほか物成勘定目録(「阿部家伝来文書」、徳川義宣「加藤清正と讃岐国」(『徳川林政史研究所研究紀要』一九七二年) に所載)。清正が和泉の代官であった点は、大浪和哉「加藤清正と畿内――肥後入国以前の動向を中心に」(山田貴司編著『加藤清正』戎光祥出版、二〇一四年、初出二〇一三年) 参照。(天正十九年) 四月七日付 今堀村算用状 (『今堀』四六一号)。森山恒雄「再侵略基地の筑前・博多」(前掲注4『豊臣氏九州蔵入地の研究』、新稿)。(慶長五年、月日不詳) 河州北中島御蔵入帳 (大阪城天守閣寄託「澤田家文書」)。慶長六年七月二十日付 松平忠吉家臣勘定目録 (「四手井家文書」)。
(32) 藤井讓治「豊臣体制と秋田氏の領国支配」(同著『幕藩領主の権力構造』岩波書店、二〇〇二年、初出一九七一年)。
(33) (年不詳) 正月八日付 増田・浅野連署状写 (「芥田家文書」『姫路市史』第九巻)。藤木久志「村の越訴」(同著『村と領主の戦国世界』東京大学出版会、一九九七年、初出一九八七年) は天正十七年発給と推測するも、文面から天正十八年以降の発給と思われる。
(34) 長束が長浜で蔵を受け取り、蔵入地の引き継ぎと同時にその蔵も渡し、秀次配下の益田照従も朝妻で蔵を借り、「御公米」を大津へ運んでいる。(天正十九年) 八月二十四日付 長束正家書状写 (「南部文書」東史影写本)。(年不詳) 十月二十七日付 益田照従書状 (「片岡家文書」『招提村片岡家文書の研究』)。なお、天正十年以前にも浅野長吉が秀吉右筆の見斎如渕に対し、「去年御代官所御算用」のうち留置分の預米について問い合わせており、代官による預分の保管はかなり早い段階からの特徴と思しい。(年不詳) 十一月十三日付 浅野長吉書状写 (「羽柴家文書写」、村井祐樹「秀吉の報・連・相」(同著『中世史料との邂逅――室町・戦国・織豊期の文書と記録』思文閣出版、二〇二四年、新稿) 所載)。
(35) 前掲注31今堀村算用状。
(36) (文禄四年) 十二月二日付 長束・増田・玄以連署状 (「駒井文書」『尊経閣古文書纂』諸家文書一)。聚楽第や大坂城の蔵にも米が運ばれたことについては、(年不詳) 十月二十七日付 増田長盛書状 (「囊簡集残編」六、東史謄写本)、(慶長三年) 五月十七日付 長束・増田・石田・玄以連署状 (「四手井家文書」) 参照。
(37) (年不詳) 十二月七日付 玄以書状 (「囊簡集残編」「玄以」三四〇号)。
(38) (年不詳) 五月十二日付 長束・増田・玄以連署状写 (「比留田家文書」京歴写真帳)。(年不詳) 十一月二十四日付 寺沢弘政書状 (「東宏氏所蔵文書」『大東市史』史料編一) など。
(39) 藤木久志「豊臣期佐竹領国の構造」(前掲注2『戦国大名の権力構造』、初出一九六三年)。森山恒雄「九州統一期設置の豊臣蔵入地」(前掲注4『豊臣氏九州蔵入地の研究』、初出一九六八年)。中野等「豊臣政権と島津領国」(前掲注5『豊臣政権の対外侵略と太閤検地』、新稿)。
(40) (天正十九年ヵ) 三月二日付 長束正家書状写 (滋経所蔵「吉川三左衛門家文書」)。(慶長三年) 正月二十三日付 長束・増田・玄以連署状 (「四手井家文書」)。
(41) 前掲注2脇田「豊臣政権の市場統制」。
(42) 前掲注2朝尾「豊臣政権論」。
(43) 三鬼清一郎「太閤検地と朝鮮出兵」(前掲注5『豊臣政権の法と朝鮮出兵』、初出一九七五年)。
(44) 「算用状」からは窺い知れないが、醍醐寺金堂建立のための下行米千七百石は丹波における玄以管轄の蔵入地から支出された。(慶長五年) 三月一日付 玄以書状「三宝院文書」「玄以」四五四号。
(45) 脇田修『秀吉の経済感覚』中央公論社、一九九一年。牧原成征「日本の近世化と土地・商業・軍事」(同著『日本近世の秩序形成

――村落・都市・身分』東京大学出版会、二〇二二年、初出二〇一九年)。その一方で、牧原氏は宣教師の記録を用い、天正十六年頃の秀吉の収入が直轄領からの年貢米と金銀山の運上でほぼ同規模であるとも推定している。牧原「世界のなかの近世日本」(同ら編『日本近世史を見通す』一、列島の平和と統合――近世前期、吉川弘文館、二〇二三年)。

(46)「イ34〜36」の柳沢の事例から、鉱山収入にも控除分があった可能性は残るが、不明とせざるをえない。

(47)「大河原家文書」『秀吉』五七四号。なお、蔵入地の史料を網羅的に収集した岩沢氏ですら、天正十一年八月以前については述べておらず(前掲注2岩沢「山城・近江における豊臣氏の蔵入地について」)、この時期の蔵入地や算用に言及した研究は見当たらない。しかし、「請取状」や「切符」の存在からも、この時期の代官所の様相を分析する必要性は明らかである。

(48)二条屋敷の普請は天正十一年九月に開始され、翌三月には秀吉の宿泊が確認できる(『兼見卿記』天正十一年九月十一日条・同十二年三月十日条など)。

(49)拙稿「大徳寺黄梅院にみる近世京菩提寺の成立と存立」(早島大祐編『中近世武家菩提寺の研究』小さ子社、二〇一九年)も参照。なお、これらの史料では「吉次」が実名として確認できる。一般に知られる「道光」は法名かと思われる。

(50)(天正八年)四月二十六日付 秀吉書状(「播磨網干郷文書」『秀吉』二三四号)。(天正九年ヵ)四月十八日付 同書状(「後藤文書」同上三〇九号)。鳥津亮二「小西立佐・如清の生涯と史料」(『堺市博物館研究報告』三三、二〇一四年)。

(51)『時慶記』第一巻、天正十五年十一月十日条。(天正十六年ヵ)二月十九日付 地子銭・家数改帳(「善長寺町文書」京歴写真帳)。天正十七年十二月一日付 秀吉朱印状写(「実相院文書」『秀吉』二七九五号)など。なお、伊藤の子息として「彦四郎」の存在が確認できるが、彼の消息も不明である(『言継卿記』天正四年十一月二十日条)。

(52)前掲注2岩沢「山城・近江における豊臣氏の蔵入地について」・注4朝尾「織豊期の畿内代官」。

(53)伊藤真昭「所司代の成立」(同著『京都の寺社と豊臣政権』法藏館、二〇〇三年、初出一九九七年)。なお、洛外の〈行政〉は代官の小野木重次や松浦重政らが担うようになる。

(54)『兼見卿記』天正十四年二月二日条・同年十二月十日条・同年同月二十四日条。

(55)前掲注2岩沢「山城・近江における豊臣氏の蔵入地について」・注4朝尾「織豊期の畿内代官」。

(56)天正十五年六月朔日付 長束・宮木連署兵粮米書上案(「永運院文書」『大・永』)一四五号)。同年十月八日付 増田長盛書状(「津田家文書」金沢市立玉川図書館所蔵)。天正十六年十二月十五日付 増田長盛皆済状断簡(「浄光寺文書」福井県立文書館架蔵写真帳)。なお、「算用状」の料紙継目の紙背には黒印が捺されることが多く、表2-2に示したi型は方形、ii型は円形である。前者は誰の印か不明だが、後者は長束の印と考えられ、彼が算用において中心的役割を果たしたと推測される。

(57)「ニ27」を見ると、この時だけ長束・増田の二名連署に戻っているように見える。しかし、この算用状には本来あるべき宛名が存在せず、『有馬の名宝』(神戸市立博物館特別展図録)に掲載されている写真から判断する限り、紙継のすぐ後ろで文書が途切れている。このことから想像するに、この文書は後続の差出と宛名の部分が何らかの事情で切断されているのではなかろうか。よって、ひとまず本来は四名連署であったと想定しておく。また、奉行の構成員の反例として、慶長元年分の紀州室郡之内御倉米御算用状(堀内氏善代官所)が挙げられる(「水野代治氏所蔵文書」『史料蒐集目録』一六二、東史所蔵)。本算用状は慶長二年十二月二十八日付であるが、差出は長束・増田・浅野・玄以であったとされる。しかし、省略が多く、原文書の所在も不明であるため、採用にはなお検討を要する。

(58) 文禄二年十二月十四・二十八日付 大仏殿御造営覚(『天理図書館善本叢書古文書集』)。(文禄四年頃)八月二十五日付 福原長成書状(「富岡文書」『兵庫県史』史料編近世一)。山中に関しては前掲注5曽根「豊臣蔵入地支配の形成」参照。

(59) (文禄三年) 五月二十日付 木下・山中連署状(「永運院文書」『大・永』) 二一号)。

(60) 慶長元年十二月二十八日付 高田小左衛門・宮木貞治・志野勝右衛門連署状(「大利文書」『兵庫県史』史料編中世一)。

(61) 慶長八年十二月二十八日付 片桐・小出連署蔵米算用状(「吉井良尚氏所蔵文書」『兵庫県史』史料編中世一)。慶長九年三月二十八日付 片桐且元蔵米算用状(「生駒家宝簡集」乾『大日』第一二編二、一三五頁)など。前掲注5曽根「豊臣蔵入地支配の形成」参照。

(62) 前掲注40長束・増田・玄以連署状。(慶長三年ヵ)三月二十日付 御牧景則書状(「四手井家文書」)。前掲注4朝尾「織豊期の畿内代官」参照。

(63) 「大阪城天守閣所蔵木下家文書」『ねね』六号。

(64) 森山恒雄「蔵入地をめぐる代官の政治動向――代官加藤清正を中心に」(前掲注4『豊臣氏九州蔵入地の研究』、初出一九七二年)。

(65) 中野等「文禄・慶長期の豊臣政権」(前掲注5『豊臣政権の対外侵略と太閤検地』、初出一九九四年)。

(66) 矢部健太郎「秀次事件と血判起請文・『掟書』の諸問題」(山本博文ら編『消された秀吉の真実――徳川史観を越えて』柏書房、二〇一一年)、同「前田玄以の呼称と血判起請文――「民部卿法印」から「徳善院僧正」へ」(同編『豊臣政権の正体』柏書房、二〇一四年)。文禄五年五月に玄以の名乗りが民部卿法印から徳善院に変化した点は本書第一章参照。

(67) 一五九六年(文禄五年)一二月二八日付 ルイス・フロイス年報補遺(『イエズス』第I期第二巻、家入敏光訳)。『言経卿記』文禄五年四月十日条。「能閑旧記之写案」(東史所蔵「北野光乗坊文書」)同年四月十日条。『兼見卿記』同年四月十三・二十六日条。なお、『利家夜話』や『清光公済美録』は礒谷を長継の元右筆とし、石田三成や増田長盛が長継の偽判を作成させたが、発覚して処刑されたと記す。『川角太閤記』も関連する逸話を載せる。

(68) 本起請文作成日は特定しがたいが、失脚事件からそう日を隔てずに作成されたと考えられるため、矢部氏の想定する文禄五年五月と見て矛盾はない。なお、石田三成が連署していないのは、この時点では彼が算用奉行の構成員でないためであろう。

(69) 文禄三年段階では玄以が「大閤様御勘定方、民法御渕庭」、「貴老御手前之儀幸 大閤様御算用御聞被成候事候」と記されるように、個人としての面が残存していた(『駒井日記』文禄三年三月八・十四日条)。なお、〔ニ9〕の「算用状」は、差出の玄以が「徳善院」と名乗っているため、浅野失脚後に遡及発給したものと推測される。また、「算用状」の中にはほかにも遡及発給と思われるものが少なからずあり、それらには表2-2の発給年月日に( )を付した。前節で見た通り、「算用状」の正文には、「請取状」「切符」と奉行宛ての案文が代官から提出された日付に合わせて、後日に作成されたと考えられる事例が見られ、それは全ての「算用状」にあてはまると想定しうる。よって、その連署者も日付より半年ほど後の算用奉行の成員を示していると見るのが妥当である。一連の起請文の中で算用奉行のものが遡及発給された理由は定かにしえないが、右の算用上の特性と関連するとも考えられる。

(70) (文禄四年)十二月十六日付 増田長盛書状(国立国会図書館蔵『耳比磨利帖』巻二、濃州加納森氏蔵)。

(71)（文禄四年ヵ）十月十一日付 長束・増田・玄以連署状（「駒井文書」『尊経閣古文書纂』諸家文書一）。（同五年ヵ）正月二十三日付 同連署状（同上）。（同年ヵ）三月十三日付 同連署状（同上）。なお、文禄四年八月八日付で観音寺詮舜や朽木元綱にも近江国内で蔵入地が預けられている（『秀吉』五二七三・四号）。

(72) 前掲注4朝尾「織豊期の畿内代官」。

(73)（慶長三年ヵ）三月二十四日付 同連署状（「四手井家文書」）。（慶長四年）四月二十九日付 四奉行連署状（「早稲田大学図書館所蔵溝江家文書」『越前金津城主溝江家』三三号）。

(74)「竹内恒三氏所蔵文書」東史写真帳。

(75)（天正十三年）九月十日付 秀吉朱印状写（「伊予小松一柳文書」『秀吉』一六二〇号）。（文禄三年）五月十九日付 秀吉朱印状（「黒田家文書」『秀吉』四九二五号）。

(76) 一五九六年（慶長元）一二月二八日付 フロイス年報補遺（『イエズス』第Ⅰ期二巻、家入敏光訳）。東史影写本「文禄大地震記」文禄五年閏七月十八日条。

(77)（天正十三年）十一月十八日付 秀吉朱印状写（「一柳文書」『秀吉』一六六二号）。「廻ニ堀をほり」については、近江称名寺において、村落を囲郭する土塁や堀・防御のための張り出しなどが、蔵入地支配の拠点として拡張されたと指摘されている。藤岡英礼「豊臣期における農村部寺内の囲郭について——栗東市上鈎寺内の成立と構造を中心に」（『城館史料学』四、二〇〇六年）。

(78)（年月日不詳）加藤清正書状（「下川文書」『熊本県史料』中世篇五）。慶長二年十月二十六日付 秀吉切手（「島津文書」『秀吉』五六七七号）。

(79) 今治市河野美術館所蔵文書。

(80)（文禄二年）十二月二十日付 長束・増田・浅野・玄以連署状（滋経所蔵「伊藤晋家文書」）。（文禄三年）七月十二日付 長束・増田・浅野・玄以連署状（「矢島共有文書について」『京都橘女子大学研究紀要』一六、一九八九年）。なお、蔵入地の算用は現地からの報告遅延によって生じることも多く、慶長期には当の増田の代官所ですら「免目録」が到着せず、下代を叱責した事例が知られる。（年不詳）十二月十三日付 増田長盛書状（『清興』一五）。

(81)（文禄四年）十一月一日付 長束・増田・玄以連署状（「山内家御手許文書」東史写真帳）。（慶長二年ヵ）十一月十一日付 増田・長束・石田・玄以連署状（「今井文書」東史影写本）。前掲注28（慶長三年ヵ）十一月十三日付 三奉行連署状。

(82)『鹿苑日録』第二巻二七、慶長二年十二月二十一日条。

(83) この時の勧進帳が残されており（「相国寺本坊文書（抄）」『西笑和尚文案』三九号）、納入者に付されている合点が、伊藤と水野には付されていない。

(84) 慶長三年七月二十一日付 河原実勝下代竹木渡方切符（『南禅寺文書』中巻、三二四号）など。

(85) 慶長六年正月十四日付 片桐・小出連署金子請取状（「須磨家文書」『加茂町史』第五巻資料編二）。なお、「御算用所」については、曽根勇二「「豊臣体制」の解体」（前掲注5『近世国家の形成と戦争体制』、初出一九八三年）でも関説されている。

(86) 豊田武「織豊政権」（藤木久志・北島万次編『織豊政権』有精堂、一九七四年、初出一九五六年）。前掲注2朝尾「豊臣政権論」。前掲注3山口「豊臣政権の成立と領主経済の構造」。

(87) 盛本昌広「織豊政権と松平家忠」（同著『日本中世の贈与と負担』校倉書房、一九九七年）。桜井英治「日本中世の贈与について」（同著『交換・権力・文化——ひとつの日本中世社会論』みすず書房、二〇一七年、初出一九九八年）。黒田基樹「戦国大名の経済基盤をめぐって」（『戦国史研究』五七、二〇〇九年）。なお、拙稿「豊臣政権における京都の拠点化——「太閤の糸」を手がかりに」（仁木宏編

『中世武家拠点の研究』高志書院、近刊予定）も参照。

（88）前掲注8跡部「秀吉独裁制の権力構造」。前掲注7山本『幕藩制の成立と近世の国制』。三鬼清一郎「御掟・御掟追加をめぐって」（前掲注5『豊臣政権の法と朝鮮出兵』、初出一九八四年）。

（89）文禄五年正月二十三日付 長束・石田・増田・玄以連署血判起請文（「大阪城天守閣所蔵木下家文書」『ねね』八号）。

第三章

（1）勝俣鎮夫「戦国時代の村落」（同著『戦国時代論』岩波書店、一九九六年、初出一九八五年）。藤木久志『村と領主の戦国世界』東京大学出版会、一九九七年、初出一九八七～九六年。

（2）久保健一郎『戦国大名と公儀』校倉書房、二〇〇一年。

（3）稲葉継陽「中・近世移行期の村落フェーデと平和」（同著『日本近世社会形成史論――戦国時代論の射程』校倉書房、二〇〇九年、初出二〇〇〇年）。ただし、別個の大名領国において固有の背景を有して形成された法令や制度を、戦国大名権力一般の問題に敷衍できるか否かについては留保が必要と思われる。

（4）藤木久志「豊臣喧嘩停止令の発見」（同著『豊臣平和令と戦国社会』東京大学出版会、一九九七年、初出一九八三・八四年）。

（5）中村吉治『近世初期農政史研究』岩波書店、一九三八年。喜多村俊夫『日本灌漑水利慣行の史的研究 総論篇』岩波書店、一九五〇年。

（6）酒井紀美「水論と村落」（同著『日本中世の在地社会』吉川弘文館、一九九九年、初出一九七六年）。前掲注4藤木『豊臣平和令と戦国社会』。前掲注1同『村と領主の戦国世界』。

（7）藤井讓治「「公儀」国家の形成」（同著『幕藩領主の権力構造』岩波書店、二〇〇二年、初出一九九四・九五年）。矢部健太郎「豊臣「公儀」の確立と諸大名」（同著『豊臣政権の支配秩序と朝廷』吉川弘文館、二〇一一年、初出二〇〇一年）。および、藤井氏や福田千鶴氏による矢部著書への書評（『歴史学研究』九〇八、二〇一三年。『国史学』二一三、二〇一四年）。

（8）天正十一年七月七日付 秀吉判物（「三雲文書」『秀吉』七三五号）。同年同月同日付 玄以判物（「同上」「玄以」一一号）。

（9）天正十一年六月十（二十ヵ）七日付 玄以書状写（「玄以法印下知状」「玄以」九号）。

（10）（天正十一年）九月十一日付 玄以書状写（「醍醐寺文書」「玄以」二五号）。朽木氏の久多支配については、西島太郎「中・近世移行期における在地領主の代官請について」（同著『戦国期室町幕府と在地領主』八木書店、二〇〇六年、初出二〇〇〇年）に詳しい。

（11）天正七年四月十七日付 織田信長朱印状（「大渓晃家文書」『信長』補遺）。

（12）なお、所司代就任後の寺社出訴については、糺明・裁定とともに玄以の専権事項であったとされる。伊藤真昭「所司代の職掌」（同著『京都の寺社と豊臣政権』法藏館、二〇〇三年、初出二〇〇二年）。

（13）「山内治夫家文書」『新修亀岡市史』資料編二。また、本文書の連署者は、後に「六人衆」と呼ばれる豊臣氏の側近集団の構成員と近似する。寺沢光世「秀吉の側近六人衆と石川光重」（『日本歴史』五八六、一九九七年）参照。同論文では石川光政は天正十一年十一月没とされているが、その後にも活動徴証がある。（天正十三年）正月十三日付 秀吉朱印状（「下郷共済文庫所蔵文書」『秀吉』一三一七号）。

（14）清水克行『日本神判史』中央公論新社、二〇一〇年。

（15）徳川期に入って再度両村の井水相論が起きた際には、理非判断をするために百姓を召喚したところ、寺村の百姓が応じなかったために春日部村の理運と定まり、絵図も作成されている。慶長十六年四月二十八日付 板倉勝重ら連署裁許状写（「山内治夫家文書」『新修亀岡市史』資料編二）。

(16) 天正十四年八月六日付 平村宛て片桐直盛・秋田頼弁連署状案（「前川文書」『兵庫県史』史料編中世二）。同年同月同日付 益田村宛て同連署状（「旧庄屋宅所蔵文書」、「秀吉の家臣・片桐且元の裁許状見つかる 加古川」神戸新聞二〇一二年二月五日版）。

(17)『尼崎市史』第二巻、八木哲浩執筆分、一九六八年。

(18) 野間井組水論聞伝書（「古林甚一郎文書」『尼崎市史』第六巻）など。

(19)（慶長五年ヵ）十月六日付 片桐且元・小出秀政連署状（「片桐文書」『兵庫県史』史料編中世九）。「天正記」（『福原家文書』上巻）天正十六年七月十七日条など。

(20) 八木哲浩「近世井組の性格——武庫川流域の用水争論」（今井林太郎・八木哲浩共著『封建社会の農村構造』有斐閣、一九五五年、初出一九五〇年）。

(21) 天正十四年四月十三日付 増田長盛条書（「東大島農会文書」『尼崎市史』第六巻）。

(22)（天正十五年ヵ）二月二十一日付 増田長盛書状（「寺岡得夫文書」『尼崎市史』第六巻）。

(23)『新修大津市史』近世前期、藤井譲治執筆分、一九八〇年。

(24) 天正十二年三月五日付 浅野長吉書状（「渡平八郎氏所蔵文書」東史写真帳）。

(25) 喜多村俊夫「いわゆる水上村用水支配の事例研究——特に西近江眞野川最上流上在地部落を中心に」（同著『日本農村の基礎構造研究』地人書房、一九九〇年、初出一九八八年）。

(26) 坂田聡「葛川研究の軌跡」（同著『日本中世の氏・家・村』校倉書房、一九九七年）。

(27) 慶長十二年三月十日付 伊香立村惣百姓中訴状（「伊香立共有文書」滋図写真帳）。

(28) 正長元年十二月一七日付 大法師良聡ら下知状（「伊香立共有文書」）。

(29) 天正十四年四月九日付 浅野長吉書状写（「葛川文書」京古写真帳）、これをAとする。（天正十四年）三月二十四日付 同書状（「伊香立共有文書」）、これをBとする。（年不詳）正月十五日付 同書状（同上）、これをCとする。

(30)（年不詳）三月十三日付 八島増行書状（「葛川文書」）。

(31)『華頂要略門主伝』第二十四、天正十三年十月十九日条。

(32) 文禄五年十月吉日付 観音寺詮舜検地目録（「伊香立共有文書」）。慶長七年六月二十一日付 八島増行物成算用状（同上）。慶長十四年十一月日付 山門行者中言上書（「葛川文書」）。慶長十六年四月二十日付 山門行者中惣代訴状（「伊香立共有文書」）など。

(33)（天正十二年ヵ）六月二十五日付 八島増行・真野五左衛門連署状（『観心寺文書』六三七号）。（同年ヵ）八月二十九日付 浅野長吉書状写（『同上』六三〇号）。

(34)（天正十三年）五月十六日付 浅野長吉書状写（『観心寺文書』六二九号）。（同年）同月十九日付 一柳末安書状（同上六三五号）。（同年）六月八日付 同書状（『同上』一四五号）など。

(35) 天正十四年十月十四日付 帥法印歓仲書状（『観心寺文書』六三二号）、同年同月同日付 同書状（同上六三三号）、（同年）同月十五日付 歓仲家臣吉富栄凞書状（『同上』六四三号）。なお、『観心寺文書』六三二号には天正十四年の付年号があるが、文中には「一柳市助」とあり、同年二月に伊豆守となった末安の呼称としては相応しくない。ただし、この場合、歓仲が一柳の改称を把握していなかった可能性と、証拠として提出された折紙（同上六三五号）に「一柳市助」とあったため、そのまま記した可能性が考えられる。よって、ひとまずこの付年号は妥当と判断する。

(36) 天正十五年四月二日付 帥法印歓仲書状（『観心寺文書』六三六

号）。

（37）福山昭「幕藩体制の成立と水利秩序」（同著『近世日本の水利と地域――淀川地域を中心に』雄山閣、二〇〇三年、初出一九八〇年）。石原佳子「近世水利組織と村落――淀川右岸中流域三ヶ牧組四ヶ村を中心に」（『ヒストリア』一〇一、一九八三年）。

（38）天正十三年七月二日付　中川秀政書状（「観世新九郎家文庫文書」『大日』第十一編二十六）。

（39）安威の実名は判別がつきにくいため、「了佐」・「守佐」・「重統」・「重胤」など様々な推測がなされてきた。しかし、『金春系譜』（佐藤和道「松廼舎文庫旧蔵『金春系譜』所収史料考――吉田東伍博士自筆ノート続稿」『演劇研究センター紀要』九、二〇〇七年）や「摂津国八部郡車村善福寺来歴事」（『兵庫県史』資料編中世四）には「安威摂津守重僖」と記されている。天正十三年十月二十七日付の安威書状（「瀧安寺文書」東史写真帳）や（年不詳）八月二日付の同書状（「浄土寺文書」東史影写本）でも「重僖」と判読できる。一方、花押鑑では「守僖」と読める事例もある（「大阪城天守閣所蔵文書」東史写真帳）が、文書全体が不明なので、本書では採らない。

（40）天正十六年四月十四日付　鳥養惣中三ヶ牧水利申合条々（「高槻市役所所蔵文書」『高槻市史』第三巻）。なお、本文書中で、両村が安威の発給文書の効力を確認しており、彼が地域の統治に関与していたことが裏付けられる。

（41）天正十六年閏五月十一日付　増田・石田連署状写（「葉間家文書」『神安水利史』史料編上）。

（42）天正十五年九月二十八日付　秀吉蔵入地目録（「芦浦観音寺文書」『秀吉』二三二一号）。天正十六年四月十五日付　同朱印状（「妙法院文書」『秀吉』二四八三号）など。

（43）（天正一九年）六月二十七日付　玄以書状（「前田家所蔵文書」「玄以」二〇九号）。

（44）『駒井日記』文禄二年閏九月二十五日条。

（45）この件については、藤木久志「村の越訴」（前掲注1『村と領主の戦国世界』、初出一九八七年）でも触れられている。

（46）本書第二章参照。

（47）前掲注12伊藤「所司代の職掌」。

（48）（文禄二年ヵ）二月朔日付　長束・増田連署状（「等持院文書」東史影写本）。

（49）（年不詳）十月十三日付　秀吉書状（「高時村文書」『秀吉』九二一一号）など。

（50）（年不詳）八月二十三日付　増田・浅野連署状（「己高山中世文書」『己高山中世文書調査報告書』）。（年不詳）九月二日付　同連署状（同上）。（年不詳）十月十八日付　同連署状（同上）。これらの発給年次は天正十四～十七年の間と推測される。

（51）（天正十八年）十二月二十一日付　増田・長束連署状（「西楽寺文書」『静岡県史料』第四輯）。（同十九年）閏正月二日付　同連署状（「鴨江寺文書」『同』第五輯）。当該事例については、本書終章参照。

（52）朝尾直弘「京都所司代」（『朝尾直弘著作集』第六巻、岩波書店、二〇〇四年。初出一九六九年）。ただし、同時に所司代が成立したとする見解については、伊藤真昭「所司代の成立」（前掲注12『京都の寺社と豊臣政権』、初出一九九七年）や遠藤珠紀「消えた前田玄以」（山本博文ら編『偽りの秀吉像を打ち壊す』柏書房、二〇一三年）などにより、否定されている。

（53）天正十五年十二月三日付で丹波国桑田郡弓削山相論を長束・増田が裁定した文書の写し（「上弓削村区有文書」『北桑田郡誌』近代篇）が知られるが、当時「長束新三郎」と名乗っていたはずの長束が「長大」と記されており、歴彩所蔵「京都府地券掛旧蔵文書」に残る写しを見る限り、長束の花押型もN3aとなり、この時期の花押型と齟齬するため、本章では採用しなかった。

(54) 木下昌規「織田権力の京都支配」(戦国史研究会編『織田権力の領域支配』岩田書院、二〇一一年)。
(55) (年月日不詳)越前専修寺言上状案(「越前法雲寺文書」『真宗史料集成』第四)。
(56) 中野等「石田三成の居所と行動」(『居所』)。相田文三「浅野長政の居所と行動」(同上)。同「増田長盛の居所と行動」(同上)。
(57) 伊藤真昭「豊臣政権における寺社政策の理念」(『ヒストリア』一七六、二〇〇一年)。
(58) 『多聞院日記』三、天正十七年十月八日条。
(59) 秋澤繁「太閤検地」(『岩波講座日本通史』第十一巻、一九九三年)。
(60) 天正十九年三月五日付 池田・今田居・小林村百姓ら証文(「御園村志賀氏文書」『近江神崎郡志稿』上)。同年同月十五日付 西破村惣中証文(「三津屋町共有文書」『八日市市史』第六巻史料Ⅱ)。
(61) 天正十九年四月十七日付 箕浦ほか四ヶ村百姓ら証文(「上丹生文書」『新修彦根市史』第五巻、史料編古代中世)。
(62) 天正十一年十二月十三日付 今堀惣分連署置文(「今堀日吉神社文書」『今堀』四六八号)。(同十三年)三月十九日付 秀吉朱印状写(「同上」『秀吉』一三五六号)など。
(63) (天正十九年)三月十一日付 長束書状写(「吉川三左衛門家文書」『新修彦根市史』第五巻、史料編古代中世)。(同年)四月一日付 早川長政書状(「三田村文書」『滋賀県市町村沿革史』第四巻)。天正十九年五月六日付 同家臣掟書(滋経所蔵「川崎家文書」)。
(64) 天正十九年二月一日付 小野木重次・片桐久盛連署状(「矢島共有文書について」『京都橘女子大学研究紀要』一六、一九八九年)。同年四月十三日付 検地奉行衆連署状(「猪飼文書」『東浅井郡志』巻四)。同年同月同日付 黒川成正・高田一之連署状(同上)。
(65) ここでいう「先規」は、天正十七年の秀次による裁定を指す。それ以前に秀吉の認可を得ていた中野村が勝訴したこの事例も「喧嘩停止」の一例に数えられる。本書第十一章参照。
(66) 三鬼清一郎「豊臣秀吉文書に関する基礎的研究(続)」(『名古屋大学文学部研究論集』史学三五、一九八八年)。山室恭子『中世のなかに生まれた近世』吉川弘文館、一九九一年。
(67) 秀次周辺の訴訟対応については、本書第十一章参照。
(68) 文禄三年九月十一日付 摂津・播磨国堺目定書請文(「多井畑八幡神社文書」『兵庫県史』史料編中世一)。(同年)同月二十八日付 浅野書状(「浅野史蹟顕彰会所蔵文書」『新編一宮市史』史料編六)。
(69) 統一政権が村の用益事実の継続による山野河海の占有を先例として追認した点については、藤木久志「村の境界」(前掲注1『村と領主の戦国世界』、初出一九八七年)参照。
(70) 慶長元年十二月二十九日付 秀吉請取状(「中野嘉太郎収集文書」『秀吉』五五三五号)。
(71) 藤井讓治「豊臣秀吉の居所と行動(天正十年六月以降)」(『居所』)。
(72) 天正十八年七月二十三日付 代官衆連署水配分定書(「中田文書」『兵庫県史』史料編中世二)。(年不詳)二月九日付 木下吉隆書状(「長浜文書」『兵庫県史』史料編中世二)。本文書は、木下の名乗りから文禄二年十月以前のものである。
(73) 文禄四年七月二十一日付 蒔田正次書状(「長浜文書」『兵庫県史』史料編中世二)。
(74) 岩沢愿彦「山城・近江における豊臣氏の蔵入地について」(『歴史学研究』二八八、一九六四年)。
(75) (年不詳)九月十二日付 河尻秀長宛て増田・長束・石田連署状写(『福井村沿革誌』所収文書)。(年不詳)同月同日付 福井村宛て同連署状(同上)。なお、『福井村沿革誌』は承応三年(一六五三)の裁許状より、本文書の発給年次を文禄四年とする。
(76) (慶長二年)十月十三日付 長束・増田連署状(「村松町自治会文書」

『三重県史』近世一）。長束の花押型がN５a型であることにより、同年に比定。本相論については、三鬼清一郎「在地秩序の近世的編成」（『岩波講座日本通史』第十一巻、一九九三年）参照。なお、写真の閲覧にあたっては、原蔵者様と三重県環境生活部文化振興課の中野美香氏にお世話になった。

（77）「新旭町有文書」『新旭町誌』。なお、『滋賀県市町村沿革史』第四巻所載の写真により校訂した。

（78）「江州今津甚右衛門伝書」『松雲公採集遺編類纂』第一期、古文書部一四〇（四一上）。

（79）例えば、（慶長三年）五月二十五日付 前田利家書状（『上杉家文書』二、八六九号）。

（80）前掲注42天正十五年九月二十八日付 秀吉蔵入地目録。文禄四年三月六日付 同朱印状写（「加藩国初遺文」『秀吉』五一六三号）。なお、奥村は善積庄の代官と考えられる。また、同庄はその後、前田利家の室・芳春院の化粧田となる。

（81）（慶長二年）八月二十五日付 長束・増田・玄以連署状（「西宮市立郷土資料館所蔵文書」『兵庫県史』史料編中世三）。

（82）（寛永元年頃ヵ）某覚書（「中川衛文書」『豊中市史』史料編三）。

（83）水沢野田村由緒之巻（「黒田家文書」『四日市市史』第八巻、史料編近世一）。大石学「統一政権の成立と地域――伊勢国三重・鈴鹿郡境地域を例に」（『日本歴史』五三四、一九九二年）。

（84）やや時期は下るが、慶長二年十二月には、一・六の日に長束・石田・増田・玄以が伏見城の「御番所」で外交や寺社訴訟に関する寄合を行っている（『鹿苑日録』第二巻二七、慶長二年十二月十六日条、同二十一日条）。なお、寺社出訴の場合、事例はわずかだが、大名領における出入や秀吉への安堵要求に関しては、長束・増田・浅野・玄以の四者で裁定を行うことがあったようである。（文禄二年）十二月六日付 浅野・増田・長束・玄以連署状（「雲龍寺文書」『兵庫県史』資料編中世二）。慶長二年五月一日付 長束・増田・浅野・玄以連署状（「実際庵文書」『東浅井郡志』四）。

（85）秀吉の死後には、中央に持ち込まれた訴訟は「五奉行」の「式日の参会」において処理されていた。本書第四章参照。

（86）文禄二年十一月二十八日付 秀吉条々写（「辻太氏所蔵文書」『秀吉』四八〇三号）。『駒井』文禄三年正月二十日条。

（87）『駒井』文禄三年二月十七日・三月二十四日・四月九日条。

（88）山口啓二「豊臣政権の成立と領主経済の構造」（『山口啓二著作集』第二巻、校倉書房、二〇〇八年、初出一九六五年）。

第四章

（1）その成果は山本博文『幕藩制の成立と近世の国制』（校倉書房、一九九〇年）にまとめられている。その後、諸氏によって批判や再定義が試みられたが、見解の一致を見ていない。それらの動向は、正岡義朗「豊臣期「取次」論の現状と課題」（拙編『石田三成』戎光祥出版、二〇一八年、初出二〇一二年）に整理されている。

（2）跡部信「秀吉独裁制の権力構造」（同著『豊臣政権の権力構造と天皇』戎光祥出版、二〇一六年、初出二〇〇九年）。

（3）（年不詳）十月六日付 おちよ宛て芳春院書状（『前田土佐守家資料館図録』家政三一一号）。利長の在富山と家康の在江戸より慶長十二、三年（一六〇六、七）頃のものか。

（4）その構成員は徳川家康・前田利家（死後、子の利長が継ぐ）・宇喜多秀家・毛利輝元・上杉景勝と、徳善院玄以・浅野長政・増田長盛・石田三成・長束正家である。ただ、構成員の出入りがあり、人数もそれぞれ五名から徐々に減少していくため、呼称が統一しがたい。行論中では組織としての彼ら全体を指す場合や人員の変化を伴う一定期間の彼らを表す場合には「五大老」「五奉行」と「」を付すこととし、ある時点での彼らを指す際には、構成員の数に従って三大老や三奉行などと表記する。

（5）「五大老」「五奉行」に関する専論としては、桑田忠親「五奉行制度」（同著『豊臣秀吉研究』角川書店、一九七五年、初出一九三五年）を嚆矢として、阿部勝則「豊臣五大老・五奉行についての一考察」（『史苑』四九―二、一九八九年）、同「豊臣政権の権力構造」（『武田氏研究』一〇、一九九三年）、堀越祐一「豊臣「五大老」・「五奉行」についての再検討――その呼称に関して」（同著『豊臣政権の権力構造』吉川弘文館、二〇一六年、初出二〇〇三年）、同「知行充行状にみる豊臣「五大老」の性格」（同上書、初出二〇一〇年）などの呼称や役割・性格に関する研究が挙げられる。また、近年では光成準治『関ヶ原前夜』（日本放送出版協会、二〇〇九年）や石畑匡基「秀吉死後の政局と大谷吉継の豊臣政権復帰」（『日本歴史』七七二、二〇一二年）などにより、当該期の政権を構成する諸大名・奉行の動向が解明されつつある。

（6）例えば、桑田忠親・高木昭作氏は「慶長三年誓紙前書」（東史謄写本）、阿部勝則・堀越祐一氏は『武家事紀』（巻第三一、古案豊臣家下）や「竹中氏雑留書」（東史謄写本）のみを典拠としている。前掲注5桑田「五奉行制度」・阿部「豊臣五大老・五奉行についての一考察」・堀越「知行充行状にみる豊臣「五大老」の性格」、高木「江戸幕府の成立」（『岩波講座日本歴史』第九巻、一九七五年）。

（7）高木氏はこの箇条の五人を「五大老」と解釈している（前掲注6高木「江戸幕府の成立」）が、差出人の「五奉行」と考えるべきであろう。

（8）前掲注6阿部「豊臣五大老・五奉行についての一考察」。

（9）前掲注2跡部「秀吉独裁制の権力構造」では、家康・利家を「二大老」として評価する。この時期の両名の政権内での立場は他の大老より一段高いものであったとの見方は本書も共有するところであるが、後述するように輝元の評価については賛同しかねる。なお、阿部・堀越両氏は『武家事紀』や「竹中氏雑留書」に写された誓紙前書を典拠として、当条を家康のみの規定としているが、「慶長三年誓紙前書」および「国初遺文」（『加能古文書』二一四六号）・「松井文書」八九（東史写真帳）などによれば、利家も同日付で同文の起請文を提出したと思われ、家康に限った規定とは考えがたい。前掲注5阿部「豊臣五大老・五奉行についての一考察」・堀越「知行充行状にみる豊臣「五大老」の性格」。

（10）「松井文書」八九。ただし、案文であるため、従来知られている「御暇之儀不申上、為私下国仕間敷事」という文言に修正された可能性も残る。

（11）この点、「五大老」の役割を「中央政権の権威の補完」であったとする堀越説（前掲注5堀越前掲「知行充行状にみる豊臣「五大老」の性格」）は首肯できる。

（12）『毛利家文書』九六三号。『浅野家文書』一〇六号。

（13）（慶長三年九月）七日付 山岡景友書状（『西笑和尚文案』紙背三―八号）。

（14）一五九九（慶長四）年十月十日付 ヴァリニャーノ日本年報（『イエズス』第Ⅰ期第三巻、家入敏光訳、一一九頁）。

（15）「鹿島神宮文書」三〇六号（『茨城県史料』中世Ⅰ）。

（16）『毛利家文書』九六四号、「筑紫家文書」三〇号（『佐賀県史料集成』古文書編第二八巻）。

（17）（慶長三年）十一月二日付 石田三成・浅野長政連署状（『島津家文書』九八九号）。景勝は途中で上京。（慶長四年正月ヵ）七日付 石田三成自筆書状（「大阪城天守閣所蔵文書」『豊臣と徳川』大阪城天守閣特別展図録）。

（18）前掲注14日本年報、一二一頁。なお、同書ではイチノカミを「市正」として片桐且元のことと推測しているが、「イキノカミ」すなわち毛利壱岐守の誤りであろう。

（19）「朝鮮陣古文」（『改訂史籍集覧』第一三冊、六一六〜六二五頁）。「清正記」（『続群書類従』二三輯上合戦部、三七三〜三八二頁）。「直茂公譜考補」（『佐賀県近世史料』第一編、七八二・七八三頁）。

（20）「清正記」によると、宛名は「家康公／利家公／景勝公／輝元公／秀家公／御家老中／御奏者中」、「直茂公譜考補」でも宛名・順序とも同じで脇付が「御家老中」とされるが、「朝鮮陣古文」では「阿部伊予守《（正勝）》殿／岡田長右衛門殿／橊村監物《（玄正）》殿／直江山城守《（兼続）》殿／堅田兵部少輔《（元慶）》殿／御年寄衆五人之御中」とされている。秀家（とその家臣橊村）の位置が異なるが、当時の署判順からすると後者が妥当であり、宛名に関しては後者がより実際の目安を反映したものと考えられる。なお、「直茂公譜考補」のみ日付を二十三日としている。また、前年末に博多の長政が上方に送った書状の宛名も堅田・橊村・直江（後欠）であり、「五大老」への窓口と思しい。（慶長四年）十二月六日付 浅野長政書状（「大坪文書」東史影写本）。

（21）ヴァリニャーノはキリシタンである小西に同情的であろうし、加藤・鍋島両氏の家譜や伝記に彼らの不利益になる情報が記載されるとは考えにくい。

（22）『毛利家文書』九三三号。なお、この一件に関しては笠谷和比古「蔚山籠城戦と関ケ原合戦」（同著『関ケ原合戦と近世の国制』思文閣出版、二〇〇〇年、初出一九九八年）参照。

（23）（慶長四年）閏三月二十七日付 秋田実季覚書写（「秋田家相伝文書」『青森県史』資料編中世二、七七一号）。事件の経緯に関しては曽根勇二「慶長四年の徳川家康と片桐且元」（同著『近世国家の形成と戦争体制』校倉書房、二〇〇四年、初出一九八六年）参照。

（24）前掲注6高木「江戸幕府の成立」。前掲注5堀越「知行充行状にみる豊臣「五大老」の性格」。

（25）また、第四節で述べる石清水八幡宮領に対しても、家康が宛行状を、三奉行が知行目録を発給している。ただし、醍醐寺の事例は慶長三年末に「諸大名申事」のため安堵状の発給が延期され、一時的に「割符」が出された後、実際には慶長五年五月二十八日に大坂城で大般若経転読が行われたのを機に、正式に寺領安堵状と目録が義演に手渡されているため、大老が日付の時点の五名ではなく三名となっている。よって、両事例とも寺社の訴えに応じて宛行状や安堵状、および知行目録が作成されていることになる。『義演准后日記』慶長五年五月二十八日、「醍醐寺文書」三〇函六五。

（26）慶長四年正月九日付 五奉行連署知行目録（『旧記雑録』後編三―六四九号）。慶長四年二月五日付 五奉行連署知行目録（松江歴史館寄託「乙部家文書」『松江市史』史料編四）。

（27）『黄薇古簡集』五一頁。「御香宮神社文書」（『御香宮神社』所載写真）。ただし、御香宮宛てのものに関しては、『毛利家文書』では所付けが小来栖村とされているが、「五奉行」の寄進状では深草村の内で三百石とされている。なお、本来の社領も深草村である。御香宮には「五大老」の宛行状は伝来せず、由緒などにも記されていないため、この時には発給されなかった可能性が高い。

（28）前掲6高木「江戸幕府の成立」。脇田修「統一権力と朝廷」（同著『近世封建制成立史論――織豊政権の分析II』東京大学出版会、一九七七年）。なお、脇田氏の理解に対しては、そもそも「五大老」連署宛行状は秀頼の奉書と見なすべきであるとの堀越氏による批判がある。前掲注5堀越「知行充行状にみる豊臣「五大老」の性格」。

（29）（慶長三年）九月三日付 宇喜多秀家書状（『西笑和尚文案』紙背三―六号）。当該史料の「おとな衆」は①「五大老」を指す場合、②「五奉行」を指す場合の二つの可能性がある。本章初出論文発表後、中野等「慶長三年の豊臣政権」（『織豊期研究』二一、二〇一九年）はのちの西軍側が「五奉行」を「年寄」と呼んでいたとする堀越氏の説（前掲注5堀越「豊臣「五大老」・「五奉行」についての再検討」）を援用して②を採り、「十人連判誓紙」そのものの署判と推測した。

しかし、その場合には宇喜多が「五奉行」に「被」という敬意表現を使ったことになるため、初出論文では①の可能性が高いと判断し、一般の連署状と考えた。仮に中野説が正しいとしても、承兌らが最初に宇喜多邸に来た時点で、「五奉行」が判を据えていない状況の連署状を持参したことになり、先に宇喜多に判を求めたとは考えにくく、その来訪の意図は文言の確認となろう（二度目の来訪で花押を据える）。「十人連判誓紙」という重要案件ですら回覧と加判を経たこと（しかもその最初期の事例）になり、いずれにせよ拙稿の想定自体は覆らない。

（30）（慶長五年）五月五日付 長束正家書状（『毛利家文書』一一三八号）。

（31）（慶長五年）四月八日付 御牧助三郎宛て三大老連署状（「四手井家文書」京歴写真帳）。ただし毛利側で写した際に誤った可能性も否定しきれない。

（32）もっとも、全ての宛行状が残されているわけではなく、長岡幽斎・寺沢広政・江原小五郎・友松忠右衛門・堀尾吉晴・一色民部大輔宛ての六通の宛行状に関しては、『毛利』の中に収められていない。

（33）相田文三「徳川家康の居所と行動（天正十年六月以降）」・尾下成敏「前田利家の居所と行動」・同「上杉景勝の居所と行動」・中野等「毛利輝元の居所と行動（慶長五年九月十四日以前）」（『居所』）参照。なお、同様の事態はこの時期の後にも想定できるが、家康以外の居所があまり判然としないため、ここでは取り上げない。

（34）慶長四年正月二十一日付 堅田元慶書状（「厳島野坂文書」（『広島県史』古代中世資料編Ⅱ）九九五号）。

（35）拙稿「石田三成論」（前掲注1『石田三成』）。

（36）当該部分の『鹿苑日録』に関しては、年不詳とされているものや錯簡が多く、扱いが難しい。本章では、以下のように年次を比定し直して立論している。①三六（第三巻一八九頁～二一五頁）は宗松の兄である津守国崇の死去の前後を記しており、天正十九年のもの。②三七に慶長四年七月十二日以降のものとして収められている記事（同二三九頁上段二行目～二四五頁上段二行目）は「雲光院」（津守国順）の命日との記述から、慶長四年五月の記事で、本来ならば二二三頁上段五行目の六月朔日条の前に入るべきもの。③三九の末尾に年次未詳のものとして収められている記事（同三四三頁～三四四頁）は宗松が伏見に滞在しており、里村昌叱や黒田如水が関与しているので、慶長四年七月の記事と思われ、二三九頁上段二行目に入るべきもの。④三八の末尾に収められている記事（同二九二頁下段一行目～五行目）も同様に慶長四年七月の記事と思われ、③の後に入るべきもの。なお、これらの比定や本文中の人物関係の根拠としては「津守氏古系図」（加地宏江「津守氏古系図について」『人文論究』第三七巻第一号、一九八七年に所収）を利用した。また、住吉社の内部構造については『住吉松葉大記（下）』を参考にした。

（37）『鹿苑日録』三十二、文禄二年二月二十日条。詳しい人物関係は図4-1参照。

（38）『鹿苑日録』三十七、慶長四年五月三日条。以下の記述は特に断らない限り『鹿苑日録』の該当日条による。なお、当該訴訟について西笑承兌の行動を中心に触れたものに、伊藤真昭「関ヶ原の戦い以前の西笑承兌」（『戦国史研究』四五、二〇〇三年）がある。

（39）『鹿苑日録』三十七、慶長四年五月九日・六月十一日条。なお、福勝院は、堺北庄に有していた屋敷を女婿の冷泉為満に渡している。『言経卿記』天正十七年十一月四日条。

（40）『言経卿記』慶長三年十一月三日条。

（41）『鹿苑日録』三十七、慶長四年七月二日条・同月四日条。

（42）『鹿苑日録』三十九、年次未詳（慶長四年七月）二十六日条など。

（43）（慶長四年）六月一日付 三奉行連署状（「田中文書」（『広島県史』

古代中世資料編Ⅳ）一号）。長束の花押型がN6であり、浅野の奉行としての活動中であるため、慶長三・四年のものと考えられる。秀吉の意向を反映する文言がないことから、年次は慶長四年とするのが適切であろう。なお、文中の「公用」は山城蔵入地においても「公用」として上銭・中銭・下銭が大坂城に納入されている事例があるため、銭と判断した。慶長五年十二月二十六日付 片桐且元・小出秀政連署算用状（「四手井家文書」京歴写真帳）。

(44)『鹿苑日録』三十七、慶長四年六月二十日条。なお、当該期の城番制については、前掲注35拙稿「石田三成論」参照。

(45)慶長四年六月六日付 四奉行連署状（『浅野家文書』一〇八号）。

(46)『義演准后日記』慶長五年七月十八日条。宮書所蔵「孝亮宿祢記（壬生本）」慶長五年七月十九日条。「賊中聞耳録」（朴鐘鳴訳『看羊録』一五八頁）。櫻井成廣『豊臣秀吉の居城』聚楽第・伏見城編、日本城郭資料館出版会、一九七一年。

(47)『鹿苑日録』三十七、慶長四年六月十六日条など。

(48)『鹿苑日録』三十八、慶長四年九月七日条。

(49)前掲注1山本『幕藩制の成立と近世の国制』。

(50)前掲注2跡部「秀吉独裁制の権力構造」。

(51)山田康弘「戦国期の御前沙汰」（同著『戦国期室町幕府と将軍』吉川弘文館、二〇〇〇年、初出一九九五年）。

(52)永禄十二年正月十四日付 室町幕府殿中掟案（『信長』一四二号）。

(53)藤井譲治「老中制の成立」（同著『江戸幕府老中制形成過程の研究』校倉書房、一九九〇年、初出一九八八年）。「山内家御手許文書長帳」（東史ボーン）。『江戸幕府日記』姫路酒井家本第四巻、寛永十二年十一月九日条・同月十日条。

(54)この点に関しては、本書第二・三章参照。秀吉死後については、『北野社家日記』慶長三年十一月二十三・二十六日条によると、寄合があったかどうかは不明なものの玄以が伏見において公事を裁いている。また、本書第二章で触れた伏見山城の「御番所」での寄合は、一・六の日に確認できることから、その頃には式日が設定されていた可能性もある。『鹿苑日録』二十七、慶長二年十二月十六・二十一日条。

(55)なお、算用に関しても、「遺言」の規定通りに家康・利家の確認を経ている事実が指摘されている。（慶長三年）十一月十四日付 浅野長政書状（「長井健一文書」（『小浜市史』諸家文書編一）四〇号）。曽根勇二「豊臣蔵入地支配の形成」（前掲注23『近世国家の形成と戦争体制』、初出一九九二年）参照。

(56)『鹿苑日録』三十七、慶長四年六月五日条など。

(57)『鹿苑日録』三十七、慶長四年六月十二日条など。

(58)『鹿苑日録』三十七、慶長四年六月十一日条。

(59)『鹿苑日録』三十八、慶長四年十一月二十二日・同月二十三日条。

(60)『鹿苑日録』三十八、慶長四年十一月二十四日・同月二十五日条。

(61)『多聞院日記』四十五、慶長四年閏三月十四日条。

(62)例えば前掲注6高木「江戸幕府の成立」、前掲注1山本『幕藩制の成立と近世の国制』など。また、それらの見解は通史にも踏襲されている。最近のものでは、藤井譲治『天下人の時代』（吉川弘文館、二〇一一年）でも、伏見入城が高く評価されている。

(63)水野伍貴「加賀征討と会津征討の連動性」（同著『秀吉死後の権力闘争と関ヶ原前夜』日本史史料研究会、二〇一六年、初出二〇一〇年）。

(64)前掲注1山本『幕藩制の成立と近世の国制』。藤井譲治『天皇と天下人』講談社、二〇一一年。

(65)白峰旬「豊臣七将襲撃事件（慶長四年閏三月）は「武装襲撃事件」ではなく単なる「訴訟騒動」である――フィクションとしての豊臣七将襲撃事件」（『史学論叢』四八、二〇一八年）も、当該記述が伏見城の「本丸」への入城という誤情報からの判断である点を指摘している。なお、庄内の乱への対処は重要であるが、討伐対象である伊集院忠真側には加藤清正や伊東祐兵らの援助が見られ、家康の指示は貫徹していない。新名一仁『「不屈の両殿」島津義久・義弘』KADOKAWA、二〇二一年。

(66)おそらく家康の勧めによって下国した景勝と利長は、連署状から徐々に排除された。慶長四年八月七日付連署状の発給時点では不在の両者の花押がなく、署名順は従来通りであったが、同月二十日付の連署状の時点では景勝が日下（輝元と逆順）に寄せられ、十月一日付では連署自体が無くなる。「相国寺本坊文書（抄）」（『西笑和尚文案』）四四号、『島津家文書』一〇九一号、「石川家文書」（福田千鶴「石川家文書に伝来する堀尾家・大久保家関係文書について」『学習院大学史料館紀要』二九、二〇二三年）。

(67)『義演准后日記』慶長四年九月七日条。『鹿苑日録』三十八、同日条。

(68)『北野社家日記』慶長四年九月十一日・十二日条。『言経卿記』同月十二日・十三日条。「智仁親王御記」（東史謄写本）同月十二日条。『義演准后日記』同月十三日条。

(69)「賊中聞見録」（『看羊録』一四〇頁）。ただし、当該箇所は本文ではなく、注記部分である。本文では、同一七二・三頁に類似の記述がある。

(70)（慶長四年）十月一日付 内藤隆春書状（『萩藩閥閲録』巻九九―二、内藤小源太七三号）。なお、被虜人を通して朝鮮に伝えられた日本情勢でも、九月の大坂入城により家康が「専擅軍国庶事、上下離心」とされる。『朝鮮王朝実録』宣祖三十四年（一六〇一）四月二十五日条。また、慶長四年末頃から、朝鮮では家康が「代立」したという噂が広まった。荒木和憲「「壬辰戦争」の講和交渉」（『SGRAレポート』八六、二〇一九年）。

(71)『鹿苑日録』三十八、慶長四年九月十三日条。『義演准后日記』同月二十二日条。なお、北政所は西の丸に定住していたわけではなく、それ以前から京都新城に移る予定であったと推測される。福田千鶴『高台院』（吉川弘文館、二〇二四年）。

(72)（慶長四年）九月十三日付 毛利輝元書状（「長府毛利家文書」（『山口県史』史料編中世四）一四一号）。跡部信「秀吉の朝鮮渡海と国制」（前掲注2『豊臣政権の権力構造と天皇』、初出二〇〇三年）参照。（慶長四年）九月二十七日付 前田利長書状（「堀家文書」、原史彦「新出史料「前田利長書状 堀秀治宛」「堀家文書」「徳川秀忠書状 越前宰相（結城秀康）宛」について」『金鯱叢書』第三七輯、二〇一一年所載）。

(73)（慶長四年）九月二十一日付 島津義弘書状（「島津家文書」東史写真帳、『旧記雑録』後編三―八八四号）。

(74)「島津家文書」、『旧記雑録』後編三―九一二・九二一・九二二号。

(75)（慶長四年）十月十七日付 金森素玄書状写（「松井文書」五一）。なお、家康側も「秀頼様御為悪事申ニ付て」大蔵卿局と大野治長を退け、伏見では手遠いので、大坂に居住して「諸事仕置」を命じると報じている。（慶長四年）九月二十三日付 伊那令成書状（『島津家文書』一六九三号）。

(76)（年不詳）十月一日付 三奉行連署状（『千秋文庫所蔵 佐竹古文書』二三号）。「秀頼様」の名乗りと長束の花押型より、慶長三年か四年に絞れる。また、秀吉の死からほどない慶長三年十月には置目を改めた形跡がなく、慶長四年が妥当と考えられる。同内容のものが『伊達家文書』六七四号にも残されている。なお、佐竹義宣はやはり家康の勧めで下国している。（慶長四年）七月二十三日付 佐竹義宣書状写（「佐竹文書（秋田藩家蔵文書）」『秋田県史』資料近世上）。

(77)慶長四年三月八日付 宇喜多秀家起請文案（『島津家文書』一二〇五号）。（慶長四年）閏三月二十一日付 徳川家康起請文（『毛利家文書』一〇一六・一〇一七号）。（慶長四年）四月二日付 徳川家康血判起請文（「島津家文書」、『旧記雑録』後編三―七一五号）。（慶長四年）四月五日付 伊達政宗血判起請文（「大阪歴史博物館所蔵文書」（『仙台市史』資料編一一、一〇四二号））。

(78) 慶長四年九月十八日付 新庄直頼・山岡景友・岡江雪斎宛て宮部長熙起請文前書（「宮部文書」『早稲田大学所蔵荻野研究室収集文書』下巻―九二二号）。（慶長四年）十一月日付 榊原康政・有馬則頼・金森長近宛て長岡忠興起請文前書写（「松井文書」五一）。慶長五年二月十六日付 中川秀成起請文前書写（「御年譜」第三『中川氏御年譜』）。

(79) 『鹿苑日録』三十八、慶長四年十月二十九日条。京都大学附属図書館蔵「平野社再興記」慶長四年十一月十一日条。『舜旧記』慶長四年十一月十六日条。

(80) 『北野社家日記』慶長四年十二月十一日条。慶長四年十二月二十日付 能作・能松連署言上状（京都橘大学所蔵「北野社宮仕沙汰承仕家文書」）。

(81) 『北野社家日記』慶長五年六月七日条。

(82) 於内府様御前対決記録（『頂妙寺文書・京都十六本山会合用書類』二書付（一）五七号）。なお、大坂対論については河内将芳「東山大仏千僧会と京都法華宗」（同著『中世京都の都市と宗教』思文閣出版、二〇〇六年、初出二〇〇四年）など参照。

(83) （慶長三年）十一月十三日付 法華宗目安（『頂妙寺文書・京都十六本山会合用書類』二書付（一）五二号）。『鹿苑日録』三十八、慶長四年十一月二十一日条。『頂妙寺文書・京都十六本山会合用書類』四簿冊（一）一七号。

(84) 『言経卿記』慶長四年十月二十日条。『校訂増補天台座主記』二品常胤親王、慶長五年五月条。

(85) 『鹿苑日録』三十八、慶長四年十一月二十七日条。（慶長四年）十月十三日付 田中秀清書状案（『石清水文書』田中九六〇号）。慶長五年五月十五日付 徳川家康八幡社務職判物（同上一二六一号）など。

(86) 慶長四年七月付 八幡八郷惣中検地赦免言上状案・慶長五年五月二十三日付 八幡庄知行還付御書出写（京都府立山城郷土資料館寄託「正法寺文書」）など。なお、伊藤真昭「八幡への家康朱印状と関ヶ原の戦い」（『戦国史研究』四二、二〇〇一年）、および本書終章参照。

(87) 「森家先代実録」（『岡山県史』二五、二七頁）。「田丸文書」一号（『岐阜県史』史料編古代・中世一）。『譜牒餘録』上、巻五、松平出羽守附家臣。

(88) 前掲注5堀越「知行充行状にみる豊臣「五大老」の性格」。

(89) 『北野社家日記』慶長五年正月二十日条。『時慶記』慶長五年二月十四日条。

(90) 『北野社家日記』慶長五年六月八日条。『お湯殿』同日条。

(91) 『鹿苑日録』三十九、慶長五年五月二十五日条。

(92) （慶長四年）十二月二十日付 高田小左衛門書状写（「日子山座主由緒」『彦山編年史料』古代中世編）。慶長五年三月五日付 三奉行連署条々（「高千穂家文書」『同上』）。なお、相論の経緯については、今福匡『真田より活躍した男 毛利勝永』（宮帯出版社、二〇一六年）参照。

(93) 慶長四年十二月二十六日付 家康船舶諸役免許状・慶長五年正月十三日付 三奉行連署状（「住友家所蔵田中清六関係文書」二・三号、藤井讓治「住友家所蔵の田中清六関係文書」（同著『近世史小論集』思文閣出版、二〇一二年、初出一九八〇年）所収）。

(94) 慶長五年正月五日付 三奉行連署状（「天城文書」東史影写本）。

(95) （慶長五年）二月二十七日付 三奉行連署状（「田丸文書」（『岐阜県史』史料編古代・中世一）二号）。慶長五年二月七日付 三奉行知行目録（『松井文庫所蔵古文書調査報告書』第一冊、二〇三号）。（慶長五年）七月十七日付 三奉行連署状写（同上第二冊、四二三号）。

(96) 慶長五年五月十三日付 三奉行連署状（「前田育徳会所蔵文書」『新修七尾市史』三、四三九号）。

(97)『伊達家文書』七七二号、（慶長五年）七月二十三日付 徳川家康書状写（『記録御用所本 古文書』下巻、二三三三号）。なお、前掲注2跡部「秀吉独裁制の権力構造」における家康の評価は、奉行との協働という点については本章における理解と重なるものであるが、輝元に「利家にかわって「二大老」の構成員となり、国政上の発言力を高めうる可能性」が示されていたとする点については、大坂入城後の家康の置目改めという段階差を考慮しないものであると考える。

(98)（慶長五年）七月十二日付 三奉行連署状写（『松井文庫所蔵古文書調査報告書』第二冊、四一五号）。

(99)『お湯殿』慶長五年七月十八日条。（慶長五年）七月二十日付 大谷吉継書状写（『松井文庫所蔵古文書調査報告書』第二冊、四一七号）。

(100) 慶長五年八月一日付 黒田如水自筆書状（『吉川家文書』九五〇号）。慶長五年八月一日付 下二介書状（「下家文書」『新鳥取県史』資料編古代中世二古文書編下）。（慶長五年）八月二十四日付 彦山政所坊ら連署状（「高千穂家文書」『彦山編年史料』古代中世編）。

第五章

(1) 西田直二郎「聚楽第遺址」「御土居」（同著『京都史蹟の研究』吉川弘文館、一九六一年、初出一九一九・二〇年）。小野晃嗣「京都の近世都市化」（同著『近世城下町の研究』増補版、法政大学出版局、一九九三年、初出一九四〇年）。秋山國三「町組制度の発達」（同著『近世京都町組発達史』法政大学出版局、一九八〇年、初出一九四四年）。

(2)『京都の歴史』第四巻、一九六九年。仁木宏「豊臣政権の「政道」と都市共同体」（同著『京都の都市共同体と権力』思文閣出版、二〇一〇年、初出一九八九年）。杉森哲也「近世京都の成立」（同著『近世京都の都市と社会』東京大学出版会、二〇〇八年、初出二〇〇一年）。日本史研究会編『豊臣秀吉と京都——聚落第・御土居・伏見城』文理閣、二〇〇一年。

(3) 伊藤真昭『京都の寺社と豊臣政権』法藏館、二〇〇三年。横田冬彦「豊臣政権と首都」（前掲注2『豊臣秀吉と京都』）。

(4) 横田冬彦「城郭と権威」（『岩波講座日本通史』第十一巻、一九九三年）。

(5) 寺沢光世「山崎合戦後の洛外における所領整理について」（『季刊ぐんしょ』二八、一九九五年）。天正十年十月二十四日付 某成秀書下案（「実相院文書」末柄豊・村井祐樹編『実相院文書』東京大学史料編纂所、二〇一九年）。

(6) 岩沢愿彦「山城・近江における豊臣氏の蔵入地について」（『歴史学研究』二八八、一九六四年）。伊藤真昭「所司代の成立」（前掲注3『京都の寺社と豊臣政権』、初出一九九七年）。堀越祐一「秀吉権力と杉原家次」（『國學院大學校史・学術資産研究』九、二〇一七年）。

(7)『兼見卿記』天正十二年八月十七日条。（天正十二年）十月十日付 細井方成書状（「曇華院文書」『大日』第十一編二十三、三七九頁）など。

(8)（天正十三年）十月二十日付 秀吉朱印状写（「久我文書」『秀吉』一六五二号）。『兼見卿記』天正十四年二月十六日条。『鹿苑日録』二十六、天正十七年十月二日条。馬部隆弘「京都府長岡京市に残る豊臣政権関係の史料三点」（『織豊期研究』一四、二〇一二年）。

(9)『兼見卿記』天正十三年十月二十一日条。秋澤繁「太閤検地」（『岩波講座日本通史』第十一巻、一九九三年）。

(10)『兼見卿記』天正十三年十一月十六日条。伊藤真昭「所司代の展開」（前掲注3『京都の寺社と豊臣政権』、初出二〇〇〇年）。下村信博「天正十三年山城国検地帳について——検地帳記載の日付をめぐって」（矢田俊文編『戦国期の権力と文書』高志書院、二〇〇四年）。

(11)『時慶記』天正十五年正月二十七日条。『兼見卿記』天正十四年二月二十三日条。

(12)藤井讓治「豊臣秀吉の居所と行動（天正一〇年六月以降）」（『居所』）。なお、淀城の位置づけについては、本書第六章参照。

(13)前掲注2『豊臣秀吉と京都』。中村泰朗「「京寿楽図」と聚楽第大広間に関する考察」（『史学研究』二九五、二〇一七年）。近年の成果としては、本丸南側の石垣検出や表面波探査による堀の復元などが挙げられる。石垣については本書第八章も参照のこと。

(14)『昭和五十八年十一月古典籍下見展観大入札会目録』。

(15)（天正十六年）五月二十一日付 秀吉朱印状（「多賀文書」『秀吉』二四九六号）。

(16)『変革のとき桃山』名古屋市博物館特別展図録、二〇一〇年。「貝塚」天正十三年七月六日条。『兼見卿記』天正十五年二月七日条。『時慶記』天正十五年二月十七日、十一月九日条。天正十五年十一月晦日付 中武者小路入用書上（「上下京町々古書明細記」『日本都市生活史料集成』一）。「妙心寺米銭納下帳」（東史影写本）天正十五年十月分。

(17)『兼見卿記』天正十四年十二月二四日条。『時慶記』天正十五年二月二十二日条など。『鹿苑日録』二十九、天正十九年三月十日条。「目代日記」（『北野天満宮史料』）天正十四年正月九日条。

(18)『時慶記』天正十五年九月十六日条。『鹿苑日録』二十六、天正十七年正月四日条。『晴豊』天正十八年十二月十一日条。『お湯殿』同年正月二十五日条。

(19)（天正十三年ヵ）十二月四日付 山口宗長書状（「座田文書」東史影写本）。天正十四年十二月三日付 同書状（「二尊院文書」京歴写真帳）。天正十六年十二月二十六日付 松尾社務ら連署請文案（『松尾大社史料集』文書篇一）。『兼見卿記』天正十四年六月十一日条。天正十六年八月二十一日付 長束正家書状（「溝口文書」東史影写本）。なお、「方広寺」は同時代の名称ではない点から、近年では「東山大仏殿」と呼称されているが、当時は「大仏寺」と呼ばれていたと思しい。（年不詳）十二月二十四日付 大谷吉継書状（「乙津寺文書」『岐阜県史』史料編古代中世一）、『看羊録』一六六頁。

(20)天正十五年十二月日付 近衛家雑掌書状写（「光源院文書」東史影写本）。前掲注10伊藤「所司代の展開」。天正十六年七月十八日付 山口・石川連署状（「宇野敬一郎氏所蔵文書」『南桑田郡誌』）。（同年ヵ）九月二十一日付 山口・河原・尾池定安連署状写（歴彩所蔵「北桑田郡各町村沿革調」）。藤田達生「小物成の成立過程――近世初頭の山支配を素材として」（同著『日本近世国家成立史の研究』校倉書房、二〇〇一年、初出一九九五年）。『鹿苑日録』二十六、天正十七年六月十三日条など。

(21)「金鶴峰海槎録」三（『海行摠載』一）。

(22)「目代日記」天正十五年十二月条。北堀光信「近世成立期の並官人について」（同著『豊臣政権下の行幸と朝廷の動向』清文堂、二〇一四年、初出二〇〇九年）。（天正十七年）二月十三日付 秀吉朱印状（「山内侯爵家文書」『新修彦根市史』五）。『華頂要略門主伝』天正十八年十二月二十六日条。（同年）九月十二日付 木下吉隆書状写（「翠関雑記」『愛知県史』資料編一三）。天正二十年十月二日付 秀吉朱印状（「大阪城天守閣所蔵文書」『秀吉』四二七一号）。なお、慶長四年の段階でも山口と朝廷とのやりとりは確認でき、関係が途絶したわけではない（東史謄写本「智仁親王御記」慶長四年四月二十二日条）。

(23)『多聞院日記』天正十七年二月二十八日条。『鹿苑日録』二十六、同年三月二日条。『時慶記』天正十九年正月十四日条。「天正年中聚楽亭両度行幸日次記」（『続群書類従』巻八四）天正二十年正月二十六日条。
(24)『鹿苑日録』三十二、文禄二年正月四日条。『兼見卿記』天正十五年九月十七日、天正十八年五月三日条。『駒井日記』文禄二年閏九月二十三日条。
(25)前掲注12藤井「豊臣秀吉の居所と行動（天正一〇年六月以降）」。なお、三枝暁子「天正・文禄の大地震と京都改造」（『年報都市史研究』二〇、二〇一三年）は秀吉の京都不在を強調するが、時期を区切っておらず、大坂での滞在期間との比較も十分でない。
(26)『鹿苑日録』二十六、天正十七年十一月二十三日条。
(27)天正十七年六月十五日付 金戒光明寺道残置文（「清浄華院文書」『京都浄土宗寺院文書』）。
(28)『兼見卿記』天正十四年十一月四日条。『鹿苑日録』二十六、天正十七年六月十三日条。天正十九年六月三日条。『時慶記』天正十五年三月十八日条。「春日社司祐国記」（東史影写本）天正二十年四月七日条。（天正十九年）二月二十九日付 鈴木新兵衛書状（『伊達家文書』五八七号）。
(29)（天正十一年）閏正月二十九日付 秀吉書状（「龍野歴史文化資料館寄託文書」『秀吉』五七八号）。
(30)吉田伸之「公儀と町人身分」（同著『近世都市社会の身分構造』東京大学出版会、一九九八年、初出一九八〇年）。『兼見卿記』天正十年十月十三日条、天正十九年閏正月二十一日・二月五日条など。
(31)「室町頭町文書」『京都町触集成』別巻二、二二八号。今福匡『真田より活躍した男 毛利勝永』宮帯出版社、二〇一六年。なお、森吉成が安威とも関係があったことは、海老沢有道・松田毅一『ポルトガルエヴォラ新出屏風文書の研究』ナツメ社、一九六三年。
(32)『日本教会史』上、第一三章。（天正十五年）九月八日付 加藤清正ら連署状写（「善長寺町文書」京歴写真帳）。同九日付 岩戸山北半町軒別書上（同上）。
(33)天正十五年九月二日付 材木町軒別書上（「大中院文書」『大・永』四号）。『兼見卿記』天正十五年九月六日条。天正地割については、渡邊秀一「天正期の京師町割と「本町のつきぬけ」」（『佛教大学歴史学部論集』八、二〇一八年）。
(34)天正十三年閏八月二十九日付 上賀茂社職中算用状（「賀茂別雷神社文書」『大日』第十一編二十六、一一九頁）。なお、上賀茂社からの秀吉への贈答においても、天正十五年七月を境に直臣層の奏者の名が見えなくなる。
(35)天正十九年十二月二十八日付 山中・木下連署状（「親九町組文書」『京都町触集成』別巻二、二四九号）。「善長寺町文書」京歴写真帳。
(36)前掲注10伊藤「所司代の展開」。後述の安東平蔵事件など。
(37)前掲注4横田「城郭と権威」。同「近世社会の成立と京都」（『日本史研究』四〇四、一九九六年）。（年月日不詳）玄以覚書（「饅頭屋町文書」京歴写真帳）。天正十四年十一月朔日付 同条書写（「同上」「玄以」一四二号）。天正十七年二月十五日付 同覚書（「三雲家文書」「玄以」一七九号）。
(38)前掲注2杉森「近世京都の成立」。
(39)三枝暁子「秀吉の京都改造と北野社」（『立命館文学』六〇五、二〇〇八年）。文禄二年正月十日付 傾城屋亭主連署置目（内藤昌『角屋の研究』中央公論社、一九八三年）。
(40)宮本雅明「城下町の都市造形」（同著『都市空間の近世史研究』中央公論美術出版、二〇〇五年、初出一九八六年）。高橋康夫「道と暮らし」（同著『洛中洛外 環境文化の中世史』平凡社、一九八八年）。
(41)（天正十三年ヵ）九月十八日付 玄以書状写（「善長寺町文書」京歴写真帳）。「黒川古文化研究所所蔵文書」東史写真帳。
(42)上田穣「一歴史家の見た御伽草子『猫のさうし』と禁制」（『研究季報』一四―二・三、二〇〇三年）。
(43)『兼見卿記』天正十四年五月十二日条、天正十九年正月四日条。

「島津日述様御在京供奉之日記」（『旧記雑録』拾遺伊地知季安著作史料集四）天正十五年九月二日条。『義演准后日記』文禄五年六月二十一日条など。一五九二年一〇月一日付 ルイス・フロイス日本年報（『イエズス』第Ⅰ期第一巻、家入敏光訳）。

（44）『鹿苑日録』三十、天正二十年三月二十五日、十月晦日条。

（45）天正十五年七月二十三日付 玄以定書（「鴨脚光敷文書」「玄以」一五七号）。丹生谷哲一「中世賤民研究雑考」（同著『日本中世の身分と社会』塙書房、一九九三年、初出一九八八年）。

（46）『義演准后日記』慶長九年三月二十九日条。

（47）久留島浩「盛砂・蒔砂・飾り手桶・箒――近世における「馳走」の一つとして」（『史学雑誌』九五―八、一九八六年）。

（48）辻ミチ子「京都における四座雑色」（『部落問題研究』第四輯、一九五九年）。朝尾直弘「鉄棒曳き――雑色小考」（『朝尾直弘著作集』第七巻、岩波書店、二〇〇四年、初出一九九五年）。丹生谷哲一「室町幕府の下級官人」（同著『検非違使』増補版、平凡社、二〇〇八年、初出一九八二年）。

（49）『兼見卿記』天正十年六月二十三日条。『晴豊』天正十八年六月十三日条。

（50）「聚楽行幸記」。『光豊公記』天正十八年正月朔日条。（慶長二年）七月十三日付 玄以黒印状（「妙法院文書」「玄以」三九四号）。『北野社家日記』慶長五年二月十一日条。同年三月二十三日付 覚日記（『頂妙寺文書』四）。

（51）『鹿苑日録』二十六、天正十七年四月十五日条。『晴豊』文禄三年七月二十二日条。

（52）天正十三年七月二十九日付 上賀茂社職中算用状（「賀茂別雷神社文書」『大日』第十一編二十六、一一三頁）。『兼見卿記』天正十二年十月四日条。『時慶記』天正十五年二月二十七日・三月五日条など。（年不詳）十二月二十三日付 松田政行書状（『鹿王院文書の研究』）。

（53）『時慶記』天正十九年七月三日条、文禄二年十二月八・十・十七・二十七・二十八日条。

（54）『時慶記』文禄二年正月二十九日条など。こうした奉公形態としては、尾下成敏「天正・文禄・慶長期における公家家臣の境涯――西洞院家の家臣板屋左近丞の事例」（細川涼一編『生・成長・老い・死』竹林舎、二〇一六年）参照。

（55）江戸時代に板倉父子が定めたとされる内規には、「近代まで京都作法之由にて、従雑色為籠舎之者首代銭・縄之代申懸、雖鳥目取来由候、御当代此儀令停止」とある（年月日不詳 板倉父子掟書「武家厳制録」一二二一号『武家厳制録・庁政談』）。

（56）『駒井日記』文禄二年閏九月二十三・四日、十二月十九・二十六～九日条。

（57）（年不詳）二月十三日付 津田八兵衛書状（『西笑和尚文案』紙背一―八号）。なお、牧原成征「牢屋の誕生」（『山川歴史PRESS』一三、二〇二三年）は豊臣期における「牢屋の誕生」を近世的特質として評価している。

（58）『北野社家日記』慶長五年四月朔日条。

（59）『北野社家日記』天正十七年八月二・二十日条。天正十八年四月二十八日条。慶長三年十月十七日、十二月二十二日条。慶長四年正月二十五日、七月二・十四日条など。

（60）『兼見卿記』文禄四年九月十四日条。『鹿苑日録』慶長二年十二月二十五日条。『義演准后日記』慶長二年十月三日条など。水林彪「近世的秩序と規範意識」（『講座日本思想』第三巻、一九八三年）は中世の当事者主義が室町・戦国期における権力の能動化傾向を経て、近世の職権主義へと転換したと論じている。

（61）『北野社家日記』天正十七年八月二十二日条。「貝塚」天正十四年二月二十一日条。

（62）『多聞院日記』三十二、天正十四年三月三日条。拙稿「石田三成

論」（拙編『石田三成』戎光祥出版、二〇一八年）。なお、犯罪注進への褒賞自体は戦国期にも見える。藤木久志「落書・考察・褒美」（同著『戦国の作法』平凡社、一九九八年、初出一九八六年）、『戦国遺文武田氏編』六九〇号など。

(63) 慶長十一年九月七日付 前田利長家臣連署定書写（「万治已前定書」『加賀藩史料』第二編）。「伊達日記」下（『群書類従』第二一輯）。

(64) 慶長二年三月七日付 長束正家・増田長盛・石田三成・宮部継潤・玄以連署掟書（「上坂家文書」『新修彦根市史』史料編古代中世）など。

(65) 河内将芳『落日の豊臣政権』吉川弘文館、二〇一六年。『時慶記』文禄二年七月八〜十一・十六日条。『兼見卿記』同年七月八・九・十二・十七日条。『鹿苑日録』同年七月八・九日条。（同年）七月九日付 行衛町請文（「大中院文書」（『大・永』）一一三号）。「日黄事故略鈔」（『大雲山誌稿』巻十九、東史謄写本）同年七月条など。

(66) 文禄三年七月十五日付 下本能寺前町定書（「下本能寺前町文書」『京都町式目集成』）。

(67) 前掲注2仁木「豊臣政権の「政道」と都市共同体」。

(68) 文禄四年八月十七日付 突抜町家数・職人帳（「突抜町文書」『史料京都の歴史』九）。清水克行「織豊政権の成立と処刑・梟首観の変容」（同著『室町社会の騒擾と秩序』吉川弘文館、二〇〇四年）。

(69) 池上裕子氏も仁木氏の議論を踏まえ、玄以が町の自治に依存しつつ、中世以来の慣習を否定することで個別支配関係から解放し、町が法的な主体として確立したと評価している（池上『織豊政権と江戸幕府』講談社、二〇〇二年）。

(70) 前掲注1小野「京都の近世都市化」。仁木宏「都市京都と秀吉——首都の平和と公儀」（『日本史研究』四二〇、一九九七年）。中村武生「豊臣政権の京都都市改造」（前掲注2『豊臣秀吉と京都』）。

(71) 前掲注70。前掲注1西田「御土居」。木下政雄・横井清「御土居と寺町」（『京都の歴史』四、学芸書林、一九六九年）。中村武生「京都惣曲輪御土居跡の推定」（『佛教大学大学院紀要』二三、一九九五年）。同「豊臣期京都惣構の復元的考察——「土居堀」・虎口・都市民」（『日本史研究』四二〇、一九九七年）など。

(72)「若山家文書」京歴写真帳。

(73)『甲賀市史』第三巻、第一章第一節、尾下成敏執筆分。

(74) 下坂守「岡本保望上賀茂神社興隆覚」（『賀茂文化研究』四、一九九五年）。なお、朝尾直弘氏も「上山城堤」を木津川・宇治川と鴨川・桂川の合流点を含む下流一帯の堤と推測している（「公儀橋から町衆の橋まで」『朝尾直弘著作集』第六巻、初出二〇〇一年）。

(75)『多聞院日記』天正十八年七月二十九日条。『兼見卿記』天正十八年七月三十日条。「春日社司祐国記」天正十八年八月一日条。『吹田市史』第二巻、第一章第三節、脇田修執筆分。

(76) 天正十九年正月十五日付 秀吉朱印状（「毛利家文書」『秀吉』三五七七号）。（天正十九年）閏正月二日付 同朱印状（「中川家文書」『秀吉』三五九四号）など。

(77) 足利健亮「伏見城と城下町成立の意味——宇治川河道の延長と伏見大手筋の関係」（同著『中近世都市の歴史地理——町・筋・辻子をめぐって』地人書房、一九八四年）。上山城堤普請における人足徴発は、大雨や洪水の被害が多かった慶長三年にも確認できる（『西笑和尚文案』四八・九三号など）。

(78)『兼見卿記』天正十九年正月十六・二十四日、閏正月三日・十三・十四日条。『言経卿記』天正十九年正月二十日条。（同年）閏正月五日付 秀吉朱印状（「本願寺文書」『秀吉』三五九六号）。

(79)「古今聴観」（『三藐院記』）。（天正十九年）閏正月十一日付 玄以書状（「賀茂別雷神社文書」「玄以」二〇〇号）。（同年）二月二十六日付 毛利重政・友重連署状（『賀茂別雷神社文書』二九九号）。『北野社家日記』同年閏正月二十八日条。『兼見卿記』同年閏正月二十一・

二十五・二十八日、二月一・二・十七日条など。
(80)『晴豊』天正十九年閏正月二十一・二十九日、二月二・三日条。『兼見卿記』同年閏正月二十四日、二月二十三日、三月四日、六月二十二日条など。前掲注28鈴木新兵衛書状。(天正十九年)四月二十五日付 浅野長吉書状(「瀧川文書」第四巻五『名古屋大学文学部研究論集』史学二三)。(同年)十一月二十八日付 徳川家康書状(「桑原羊次郎氏所蔵文書」『新訂家康』中巻)。なお、洛中町割については高橋康夫「豊臣秀吉の「王都」」(同著『海の「京都」――日本琉球都市史研究』京都大学学術出版会、二〇一五年)、公家町新設については登谷伸宏「近世に於ける公家町の形成について」(同著『近世の公家社会と京都――集住のかたちと都市社会』思文閣出版、二〇一五年、初出二〇一〇年)参照。
(81)本書第七章参照。『鹿苑日録』二十九、天正十九年三月十二日条。『時慶記』同年三月十二・十三日条。前掲注81浅野書状。同年四月十五日付 東寺領南田指出写(『教王護国寺文書』二九七〇号)。(同年カ)四月二十一日付 松田政行書状写(『天龍寺文書の研究』五五七号)。『華頂要略門主伝』第二十四、同年四月二十一日条。『兼見卿記』同年五月一・二十日条。『時慶記』同年五月二十日条。
(82)(天正十九年)五月一日付 玄以書状(「歓喜光寺文書」「玄以」二〇五号)など。
(83)『大徳寺文書』二五二六～二五三〇・二五六一～二五六六号。
(84)土居堀替地帳写(「賀茂別雷神社文書」東史写真帳)。御堀土居ニ成分指出(「岩佐家文書」京歴写真帳)。北野社領土居成分指出(「目代日記」)。東寺領指出(「田中教忠書状文書」東史影写本)。
(85)『駒井日記』文禄四年四月一～四日条。津田卓子「八曲一隻 洛中洛外図屏風について」(『名古屋市博物館研究紀要』三四、二〇一一年)。マシュー・フィリップ・マッケルウェイ「太閤時代を偲ぶ屏風」(『聚美』一一、二〇一四年)。なお、岩﨑奈緒子・高井多佳子「近世京都の「御土居」――京都町奉行支配と角倉家」(『日本史研究』六七四、二〇一八年)では、『北野社家日記』天正十九年六月十三日条を取り上げ、北野社周辺の御土居について、松梅院・宮仕・観音寺の三者が玄以から支配を認められ、それがのちに「預り」と称されたとする。しかし、松梅院は一円支配を命じられたことに対する請文を単独で政権に提出し、引き渡しにも立ち会っているため、全体の支配権はいったん、松梅院に与えられ、「預り」の形態で管理が分担されたのであろう。
(86)天正十九年九月十三日付 秀吉朱印状(「一条公爵家文書」『秀吉』三七五六号)など。北野社では九月十六日付で屋地子の指出が玄以・長束の下代に出された後、同二十三付で知行目録を発給されている(京総所蔵「松梅院文書」など)。
(87)秋澤繁「天正十九年豊臣政権による御前帳徴収について」(『論集中世の窓』吉川弘文館、一九七七年)。(天正十九年)十月二十四日付 玄以書状(「東文書」「玄以」二一三号)。
(88)豊臣期の「三都」を構成した大坂や伏見との関係については、本書第六章参照。
(89)本書第十章参照。
(90)(天正十九年)八月九日付 増田長盛書状(「尊経閣古文書纂」東史影写本)。同二十年五月十八日付 秀吉朱印状(「同上」『秀吉』四〇九七号)。前掲注65河内『落日の豊臣政権』も当該期の京都の不安定性を指摘している。
(91)前掲注4横田「城郭と権威」。水本邦彦『徳川の国家デザイン』小学館、二〇〇八年。

第六章

(1)横田冬彦「近世社会の成立と京都」(『日本史研究』四〇四、一九九六年)。

(2) 横田冬彦「豊臣政権と首都」（日本史研究会編『豊臣秀吉と京都——聚落第・御土居・伏見城』文理閣、二〇〇一年）。

(3) 吉田伸之「城下町の構造と展開」（佐藤信・吉田伸之編『都市社会史』山川出版社、二〇〇一年）。

(4) 跡部信「高台院と豊臣家」（同著『豊臣政権の権力構造と天皇』戎光祥出版、二〇一六年、初出二〇〇六年）。なお、「二元」と「二重」では意味合いが異なり、論者の着眼点によって用語が選択されているように見受けられるが、本章においては、後述する互換性や重複性を重視するため、「二重」ないし「多重」を用いる。

(5) 仁木宏「近世社会の成立と城下町」（『日本史研究』四七六、二〇〇二年）。

(6) 横田冬彦「城郭と権威」（『岩波講座日本通史』第十一巻、一九九三年）。

(7) 前者は櫻井成廣『豊臣秀吉の居城』大阪城編／聚楽第・伏見城編、日本城郭資料館出版会、一九七〇・一年。内藤昌ら「近世都市図屏風の建築的研究——洛中洛外図・その二～四」（『日本建築学会論文報告集』一八〇～一八二、一九七一年）。中村博司『大坂城全史——歴史と構造の謎を解く』筑摩書房、二〇一八年。白峰旬「文禄三年の伏見城普請」（同著『日本近世城郭史の研究』校倉書房、一九九八年、初出一九九七年）など。後者は千田嘉博『織豊系城郭の形成』東京大学出版会、二〇〇〇年。中井均『織田・豊臣城郭の構造と展開』上・下、戎光祥出版、二〇二一・二年など。

(8) 中井均「山崎城跡の構造と歴史——特に天正期秀吉築城を中心に」（『長岡京』三〇、一九八三年）。仁木宏「中世都市大山崎の展開と寺院——平安～織豊期の都市構造」（『史林』七五—三、一九九二年）。

(9) 一五八四年一月二〇日付 ルイス・フロイス書簡（『イエズス』第Ⅲ期第六巻、東光博英訳）。

(10) 中村博司「「清須会議体制」下の羽柴秀吉の政治的立場と課題——その居城構築と洛中支配・居所のあり方をめぐって」（同著『豊臣政権の形成過程と大坂城』和泉書院、二〇一九年）。前掲注6横田「城郭と権威」。

(11)「貝塚」天正十二年八月八日条。

(12) 内田九州男「豊臣秀吉の大坂建設」（『よみがえる中世』二、平凡社、一九八九年）。中村博司「「大坂遷都論」再考——羽柴秀吉の政権構想をめぐって」（前掲注10『豊臣政権の形成過程と大坂城』、初出二〇一六年）。

(13)（天正十一年）九月十五日付 本多忠勝書状写（「中村不能斎採集文書」『大日』第十一編五、六九頁）。

(14) 中村博司『天下統一の城 大坂城』（新泉社、二〇〇八年）など。

(15) 木下勝俊「さか衣」（『長嘯子全集』第二巻和文集、古典文庫）。

(16) 一五九六年一二月二八日付 フロイス年報補遺（『イエズス』第Ⅰ期第二巻、家入敏光訳）。大澤研一「文献史料からみた豊臣前期大坂城の武家屋敷・武家地」（同著『戦国・織豊期大坂の都市史的研究』思文閣出版、二〇一九年、初出二〇一五年）。

(17) 中司由起子「豊公能〈この花〉について」（『金春月報』二一—一一、二〇〇〇年）。

(18) 荊木美行「初期難波宮覚書——応神・仁徳天皇と難波の宮居」（『皇學館論叢』二五五、二〇一〇年）。西本昌弘「大化前代難波研究の現在地——高津宮・堀江・難波津・大郡・客館」（『ヒストリア』三〇〇、二〇二三年）。

(19) 本書第五章参照。聚楽第と平安京大内裏の北東隅が一致することが知られている。森島康雄「聚楽第内郭の復元」（大阪大学文学部日本史研究室編『近世近代の地域と権力』清文堂出版、一九九八年）。なお、二条屋敷（妙顕寺城）が閑院跡、指月伏見城が伏見御所の跡地であることも想起され、故地としての由緒意識を窺える。

(20) 中世学研究会編『城と聖地——信仰の場の政治性』高志書院、二〇二〇年。大坂城については生國魂神社と座摩神社の移転の例が取り上げられているが、古都性も加味すべきであろう。

(21)(天正十一年)十一月五日付 秀吉書状(「常願寺文書」『秀吉』八三五号)。同年十一月十三日付 秀吉定書(「豊後臼杵稲葉文書」『秀吉』八三八号)。「柴田退治記」(『太閤史料集』人物往来社)。

(22)天正十一年八月二十八日付 秀吉掟書(「光源寺文書」『秀吉』八一〇号)。上坂記を読む会「慶應義塾(センチュリー赤尾コレクション)蔵「小早川元総・吉川経言上坂記」」(『織豊期研究』二六、二〇二四年)。

(23)『兼見卿記』天正十一年九月二日、天正十二年三月二十五日条。藤井讓治「豊臣秀吉の居所と行動(天正十年六月以降)」(『居所』)。山崎城の天守の解体作業は所司代配下の松田政行の差配と思われ、二条屋敷で再利用された可能性がある。また、聚楽第から山崎城と同范瓦が出土しており(森島康雄「聚楽第と城下町の瓦」(『織豊城郭』創刊号、一九九四年))、山崎城→二条屋敷→聚楽第という移築が想定される。もっとも、政権側の認識は、秀吉の本拠は山崎から大坂へ移ったというものであった。(天正十一年カ)六月二十日付 千利休書状(「島井文書」『新修大阪市史』史料編第五巻)。

(24)『兼見卿記』天正十四年二月八日条。一五八六年一〇月一七日付フロイス書簡(『イエズス』第Ⅲ期第七巻、有水博訳)。一五八八年二月二〇日付 同書簡(同上)。本書終章参照。

(25)大澤研一「文献史料からみた豊臣前期大坂城の武家屋敷・武家地」(同著『戦国・織豊期大坂の都市史的研究』思文閣出版、二〇一九年、初出二〇一五年)。(天正十三年)正月二十三日付 秀吉朱印状写(「一柳文書」『秀吉』一三二二号)。

(26)(天正十三年)二月十三日付 秀吉朱印状(「一柳家文書」『秀吉』一三三四号)。天正十四年二月十五日付 秀吉朱印状(「一柳文書」『秀吉』一八五三号)。

(27)「水野代治氏所蔵文書」(『史料蒐集目録』一六二、東史所蔵)、『秀吉』未収。

(28)(天正十四年)二月八日付 秀吉朱印状写(『秀吉』一八五〇号)。(同年)二月十七日付 秀吉朱印状写(「一柳文書」『秀吉』一八五四号)。同年二月二十三日付 秀吉定書(「近江水口加藤子爵家文書」『秀吉』一八五五号)など。

(29)『兼見卿記』天正十五年九月十三日条。

(30)前掲注2横田「豊臣政権と首都」。

(31)(天正十四年)四月六日付 大友宗麟書状(『編年大友史料』)。

(32)本書第五章参照。前掲注23藤井「豊臣秀吉の居所と行動(天正十年六月以降)」。

(33)一五八九年二月二四日付 ガスパル・コエリョ日本年報(『イエズス』第Ⅰ期第一巻、日埜博司訳)。

(34)京総所蔵「上林文書」。

(35)『宇治市史』第六巻。村田路人「近世前半期の地域と役──治水・水利普請の検討を通じて」(同著『近世広域支配の研究』大阪大学出版会、一九九五年、初出一九八九年)。天正十七年十一月二十日付 秀吉朱印状(「上林文書」)。

(36)相田文三「浅野長政の居所と行動」(『居所』)。

(37)福田千鶴『淀殿──われ太閤の妻なりて』ミネルヴァ書房、二〇〇七年。

(38)(天正十二年)三月十三日付 秀吉書状写(「松雲公採集遺編類纂」『秀吉』九六八号)。

(39)(天正十一年)七月二十九日付 秀吉書状(「西川文書」『秀吉』七四三号)。(天正十二年)四月十六日付 秀吉書状(「慶應義塾図書館所蔵文書」『秀吉』一〇五五号)。(同年)四月二十七日付 山口宗長書状(「東文書」東史影写本)。

(40)『言経卿記』天正十三年六月二十四日条。『兼見卿記』天正十二年十月四日、天正十三年十月二十九日、天正十四年二月十六日条など。

(41)『鹿苑日録』二十六、天正十七年十月二日条。『兼見卿記』天正十八年正月二十・二十一日条など。拙稿「戦国・織豊期の伏見」(大阪歴史学会編『伏見城跡立入調査報告』二〇二二年)参照。

(42)前掲注37福田『淀殿』。天正十六年二月十四日付 宮部宗治書状(「下坂文書」『東浅井郡志』四)。(同年)八月晦日付 毛利輝元書状(「宮本家文書」『新鳥取県史』資料編古代中世一古文書編上)。

(43)岩沢愿彦『前田利家』吉川弘文館、一九六六年。藤木久志『織田・豊臣政権』小学館、一九七五年。前掲注2横田「豊臣政権と首都」。

(44)「蓮成院記録」(『多聞院日記』五附録)天正十七年九月一日条。なお、当該史料に触れた研究としては、長谷川成一「奥羽日の本仕置の中の北奥と蝦夷島」(同著『近世国家と東北大名』吉川弘文館、一九九八年)が挙げられる。

(45)嗣永芳照「小瀬甫庵『永禄以来事始』——史料紹介」(『史観』一〇七、一九八二年)。

(46)竹井英文『織豊政権と東国社会』吉川弘文館、二〇一二年。(天正十八年)四月十三日付 秀吉自筆書状(「高台寺文書」『秀吉』三〇二九号)。

(47)前掲注37福田『淀殿』。

(48)橋本政宣「後陽成天皇の譲位をめぐって」(同著『近世公家社会の研究』吉川弘文館、二〇〇二年、初出一九九五年)。藤田恒春『豊臣秀次』吉川弘文館、二〇一五年。

(49)『お湯殿』天正十九年正月十二日条。矢部健太郎「太閤秀吉の政権構想と大名の序列」(同著『豊臣政権の支配秩序と朝廷』吉川弘文館、二〇一一年、初出二〇〇三年)。

(50)前掲注23藤井「豊臣秀吉の居所と行動(天正十年六月以降)」。福島克彦「伏見城の機能とその破却について」(『ヒストリア』二二二、二〇一〇年)。なお、鶴松死去の影響の大きさは、妙心寺や都久夫須麻神社に名残をとどめる。Andrew M. Watsky *"Chikubushima": Deploying the Sacred Arts in Momoyama Japan*, University of Washington Press, 2003.

(51)(天正十九年)八月九日付 増田長盛書状(「尊経閣古文書纂編年文書」『愛知県史』資料編一三)。前掲注2横田「豊臣政権と首都」。本書第十章。有坂航希「肥前名護屋にみる豊臣期の首都」(『織豊期研究』二五、二〇二三年)。もっとも、名護屋が伏見に与えた影響は極めて大きいものの、大名の妻子不在という点では、厳密には名護屋は横田氏の定義する〈首都〉の要件を満たしていない。大名集住と妻子在住のいずれを重視するかで、〈首都〉の顔ぶれが異なる点には注意が必要である。

(52)(天正二十年)四月二十八日付 徳川家康書状(『新訂家康』中巻)。(同年)五月十八日付 山中長俊書状写(「組屋文書」『小浜市史』諸家文書編一)。なお、本章初出時には、当該史料の「[欠損]きよ所」の残画から、「隠居所」であった可能性を指摘していたが、その後に陽明文庫の別の写しの存在が紹介され、「御いんきよ所」であることが確認された(遠藤珠紀「新たな山中長俊書状写と豊臣秀吉の「唐入り」構想」『古文書研究』九三、二〇二二年)。

(53)(文禄二年)正月三日付 秀吉朱印状(「大村市立史料館所蔵文書」『秀吉』四三七六号)など。

(54)天正十六年六月十五日付 秀吉書状(「上杉文書」『秀吉』二五二五号)など。尾下成敏「前田利家の居所と行動」(『居所』)。

(55)(年不詳)十月四日付 佐竹義重書状写(「佐竹文書」『龍ヶ崎市史』中世史料編)。(天正十七年正月ヵ)石田三成書状写(『旧記雑録』後編二、五七四号)。(天正二十年)十月十三日付 同書状(「新納文書」東史影写本)。

(56)山口啓二「藩体制の成立」(『山口啓二著作集』第二巻、校倉書房、

二〇〇八年、初出一九六三年）。黒田基樹『羽柴を名乗った人々』KADOKAWA、二〇一六年など。

(57) なお、京都には直江兼続や松井康之などの屋敷が確認される。この点については、拙稿「織豊期の京都屋敷」（『近世京都の大名屋敷』文理閣、二〇二三年）参照。

(58) 跡部信「秀吉の朝鮮渡海と叡慮」（前掲注4『豊臣政権の権力構造と天皇』、初出二〇一一年）。『兼見卿記』天正二十年八月二十日条。

(59) 文禄二年八月十四日付 伊達政宗書状（「仙台市博物館所蔵文書」『仙台市史』資料編一一）。（同年）閏九月二十五日付 伊達政宗書状写（「引証記」『仙台市史』資料編一一）。『駒井日記』同年閏九月二十・二十六日条。秀吉と秀次の関係については、跡部信「豊臣政権の代替わり」（前掲注4『豊臣政権の権力構造と天皇』、初出二〇〇〇年）参照。

(60) （文禄二年ヵ）十月十七日付 長岡忠興書状（「延岡堀家文書」『堀家の歴史』）。『兼見卿記』同年十一月一・二日条。（文禄四年）五月吉日付 蒲生氏家臣連署知行目録写（「毛利文書」『秀吉』五一九六号）。

(61) 前掲注2横田「豊臣政権と首都」。前掲注41拙稿「戦国・織豊期の伏見」。

(62) 『秀吉』四八二九～四八三七号。『駒井日記』文禄三年三月十八日・四月二十六日条。なお、中村博司「豊臣秀吉による京・大坂の居城構想とその政権構想――大坂城と妙顕寺城・聚楽第・伏見城の造営をめぐって」（前掲注10『豊臣政権の形成過程と大坂城』、初出二〇〇〇年）では、伏見と大坂での惣構普請を、お拾生誕および秀吉と秀次・秀保との対立構図から読み解くが、それらの惣構の前史は「京都改造」時の「御土居」であり、論理的には成り立たない。

(63) （文禄三年）九月二十二日付 秀吉朱印状（「毛利家文書」『秀吉』五〇〇〇号）。『駒井日記』文禄三年四月十五日・十九日条。（文禄三年九月ヵ）秀吉自筆書状（「関戸文書」・「上田堪庵氏蒐集文書」『秀吉』六九〇七・六九一〇号）。福田千鶴「豊臣秀頼研究序説」（三鬼清一郎編『織豊期の政治構造』吉川弘文館、二〇〇〇年）。

(64) 『兼見卿記』文禄四年七月九日・九月三日条。なお、木村常陸介の実名は佐藤圭「豊臣政権一北陸大名の軌跡――木村一を中心に」（『織豊期研究』二四、二〇二二年）に基づき、「一」とする。加えて、読み方は「カツ」、姓は源であることが「法用文集」（東史影写本）から判明する。

(65) 「大阪城天守閣所蔵文書」（大阪城天守閣特別展図録『浪人たちの大坂の陣』）。

(66) 「早稲田大学図書館所蔵文書」『荻野研究室収集文書』。

(67) 曽根勇二「秀吉による伏見・大坂体制の構築」（『偽りの秀吉像を打ち壊す』柏書房、二〇一三年）。中野等『石田三成伝』吉川弘文館、二〇一七年。跡部信「秀吉独裁制の権力構造」（前掲注4『豊臣政権の権力構造と天皇』、初出二〇〇九年）。平井上総「中近世移行期の地域権力と兵農分離」（『歴史学研究』九一一、二〇一三年）。なお、中野氏は【史料五】の日付を七月十七日と翻刻しているが、誤りである。また、跡部氏は【史料五】には言及していないが、前掲注65『浪人たちの大坂の陣』では文禄四年としている。

(68) 前掲注25大澤「文献史料からみた豊臣前期大坂城の武家屋敷・武家地」。『兼見卿記』天正十八年九月十二日・十月二十日条、文禄四年正月二十七日条。

(69) 『言経卿記』天正十四年五月十三日・六月二十三日条、同十五年十一月二十二日条、同二十年十一月二十七日、文禄四年三月四日条など。

(70) 一五九五年二月一四日付 オルガンティーノ書簡（『イエズス』第I期第二巻、家入敏光訳）。

(71) 本書第一章参照。（年月日不詳）某書状（「永運院文書」『大・永』）

一〇〇号）。
（72）拙稿「首都としての伏見」（尾下成敏ら『戦国乱世の都』吉川弘文館、二〇二一年）。
（73）拙稿「伏見城は「木幡山」にあったのか」（『日本歴史』八四七、二〇一八年）。『鹿苑日録』二十七、慶長二年四月十六日条。（同年）七月十日付 加藤清正書状（「名古屋市博物館所蔵文書」『新熊本市史』史料編第三巻）。なお、この清正書状を跡部信「清正と家康の海賊退治」（前掲同著、初出二〇〇一年）では慶長七年の発給とするが、宛名の石川貞通の改易後のため、誤りといえる。
（74）慶長二年段階の秀吉や秀頼の装束の書上によると、参内や儀礼のための公家様の衣服などが「伏見」・「京都城中」（京都新城）・「大坂」に保管されていたことが知られる。（慶長二年三月）秀頼装束注文（『弘文荘古書目録』五〇巻四号）、一九八二年、（慶長二年六月）秀吉装束覚書（「大阪城天守閣所蔵文書」『大阪城天守閣紀要』一七、一九八九年）。京都はなお儀礼面において重要な位置を占めた。
（75）（慶長三年）八月五日付 秀吉遺言覚書（「早稲田大学図書館所蔵文書」『荻野研究室収集文書』）。（同日付ヵ）同覚書（『浅野家文書』）。（慶長四年）十月二十三日付 長束・増田・玄以連署状写（千文写真帳「聞書古案」十一）。
（76）千田嘉博「織豊系城郭体制の成立」（前掲注7『織豊系城郭の形成』、初出一九九六年）。同『信長の城』（岩波書店、二〇一三年）。
（77）前掲注25大澤「文献史料からみた豊臣前期大坂城の武家屋敷・武家地」。
（78）拙稿「石田三成論」（拙編『石田三成』戎光祥出版、二〇一八年）。『鹿苑日録』三十八、慶長四年九月十三日条。
（79）「北野大茶湯之記」（『北野大茶湯』茶道資料館特別展図録、二〇二〇年）。
（80）小松茂美『増補版 利休の手紙』（小学館、一九九六年）。永島福太郎「豊臣秀吉の大坂城茶会」（同著『利休の茶湯大成――続茶道文化論集』淡交社、一九九三年、初出一九八四年）。『言経卿記』天正十四年十二月二十九日条・同十五年十一月十二日条。
（81）フロイス『日本史』第二部九四章、松田毅一・川崎桃太訳。（天正十四年）四月六日付 大友宗麟書状（「大友家文書録」『大分県史料』三三）。利休の屋敷は【史料七】の道安の屋敷と同じと思われ、「小早川隆景・吉川元長上坂記」天正十三年十二月二十三日条によれば城内にあったと思しい（『大日』第十一編二十四、八五頁）。なお、秀次と蜂須賀正勝の大坂屋敷の初見も同記によって大澤氏の指摘より遡る。
（82）前掲注2横田「豊臣政権と首都」。
（83）本書第五章参照。
（84）『浅野家文書』一七号。
（85）前掲注56黒田『羽柴を名乗った人々』。
（86）天正十九年十二月二十四日付 増田長盛ら連署条書（『墨彩』三四）。
（87）前掲注41『伏見城跡立入調査報告』に図版掲載。『北野社家日記』慶長五年七月十八日条。『言経卿記』同月十九日条。宮書所蔵「孝亮宿祢記（壬生本）」同日条。
（88）浅野文庫所蔵「諸国古城之図」肥前名護屋。本章終章参照。
（89）郭内構造を大名の居城にも敷衍した考察として、拙稿「織豊期権力論からみた城郭史研究」（『ヒストリア』二九六、二〇二三年）も参照。
（90）前掲注15「さか衣」。
（91）万暦二十二年三月十五日付 張一学・一治書簡（「請計処倭酋疏」一七四頁）。『看羊録』一六三頁の「今夜は東に泊まる」などと命令を出しておいて、夕方には西にいたりした」という注記も上記を引用したものであろう。

(92) フロイス『日本史』第二部七四章。
(93)『看羊録』。『懲毖録』。『東槎録』。
(94) 一五九五年一〇月二〇日付 フロイス日本年報(『イエズス』第Ⅰ期第二巻、家入敏光訳)。ジョアン・ロドリゲス『日本教会史』第一三章。
(95) ロドリゲス『日本教会史』第一三章。一五八八年三月三日付 オルガンティーノ書翰(『日本史』第二部一一〇章)。一五八九年二月二四日付 ガスパル・コエリョ日本年報(『イエズス』第Ⅰ期第一巻、日埜博司訳)。
(96) 一五八六年一〇月一七日付 フロイス書簡(『イエズス』第Ⅲ期第七巻、有水博訳)。
(97) フロイス『日本史』第三部四四章。ロドリゲス『日本教会史』第一三章。都の都市人口拡大については、前掲注6横田「城郭と権威」参照。
(98) ヴァリニャーノ『日本巡察記』。フロイス『日本史』第三部一六章。
(99) フロイス『日本史』第二部一一〇章。
(100) 文禄四年四月五日付 宝寿院祐雅申状(『増補八坂神社文書』上巻、一一五九号)。フロイス『日本史』第三部四四章。なお、「京都改造」の意義については、本書第五章参照。
(101) 一五九五年一〇月(二〇日)付 フロイス年報補遺(『イエズス』第Ⅰ期第二巻、家入敏光訳)。一五九六年一二月一三日付 フロイス年報(同上)。フェルナン・ゲレイロ「日本諸国記」(『イエズス』第Ⅰ期第三巻、田所清克・住田育法・東光博英共訳)。
(102)『看羊録』。『鹿苑日録』二十五、永禄九年五月十九日条。『同上』三十二、文禄二年閏九月二十日条など。
(103) 前掲注101フロイス年報。
(104) フロイス『日本史』第三部二七・四六章。
(105) 前掲注101フロイス年報補遺。一五九六年一二月二八日付 フロイス年報補遺(『イエズス』第Ⅰ期第二巻、家入敏光訳)。
(106) ロドリゲス『日本教会史』第一三章。『看羊録』一七四頁。
(107)『看羊録』一九・一六四頁。
(108) 跡部信『豊臣秀吉と大坂城』吉川弘文館、二〇一四年。
(109) 天正十七年五月十五日付 材木代請取状(「賀茂別雷神社文書」東史写真帳)。(同二十年九月ヵ)資材届書(「大中院文書」)。(文禄三年ヵ)九月二日付 栗生之直書状(「神宮寺小山家文書」『日置川町史』第一巻)。『時慶記』慶長五年正月二十一日・三月五日条。慶長八年八月二十日付 多神社御殿御造営勧進帳(「天理図書館近世文書」『田原本町史』史料編第二巻)。慶長九年七月二十一日付 ふしみの五郎右衛門ら連署状(『大工頭中井家文書』)。(慶長十年ヵ)七月十四日付 片桐且元書状(『南禅寺文書』)。『鹿苑日録』四十六、慶長十二年二月八・二十日条。曽根勇二「材木搬出の意味」(同著『秀吉・家康政権の政治経済構造』校倉書房、二〇〇八年)。なお、大坂船場にも材木町があった(『当代記』慶長十九年十二月十一日条)。
(110) 一五九八年一〇月三日付 フランシスコ・パシオ日本年報(『イエズス』第Ⅰ期第三巻、家入敏光訳)。ゲレイロ「日本諸国記」。
(111) 一五八六年一〇月一七日付 フロイス書簡(『イエズス』第Ⅲ期第七巻、有水博訳)。
(112) フロイス『日本史』第三部四五章。
(113) フロイス『日本史』第二部五七・六七章。(天正十二年)七月八日付 秀吉書状(「潮田文書」『秀吉』一一三八号)など。なお、大坂以外では、坂本に「納馬」と述べる書状も多く、ここからも秀吉の居城への認識が伺える。(天正十二年)十一月十八日付 秀吉書状写(「後撰芸集」『秀吉』一二七〇号)など。
(114) フロイス『日本史』第二部七九章。前掲注101フロイス年報。ゲレイロ「日本諸国記」。

(115)『再造藩邦志』四。『錦渓日記』宣祖三十二年（一五九九）五月二十日条。

(116) 本書第五・十章参照。

(117)『看羊録』二九〇頁。ケネス・ロビンソン「朝鮮後期の刊本地図帳に見える日本図」（『アジア文化研究』別冊一二、二〇〇三年）。

(118)「一六〇〇・一六〇一年日本の諸事」（『イエズス』第Ⅰ期第四巻、家入敏光訳）。（慶長六年）四月二十日付 芳春院消息写「村井文書」（大西泰正編著『宇喜多秀家関係史料』私家版、二〇二二年）。

(119)『海槎録』。『一六—一七世紀日本・スペイン交渉史』。『ドン・ロドリゴ日本見聞録』。「一六〇五年日本の諸事」（『イエズス』第Ⅰ期第五巻、岡村多希子訳）。「和蘭東印度商会史」。

(120) 岩淵令治「江戸の大発展が「三都」を生んだ」（『週刊新発見！日本の歴史』三〇、二〇一四年）。

第七章

(1) 高木昭作「「惣無事」令と国土の領有」（同著『日本近世国家史の研究』岩波書店、一九九〇年、初出一九八五年）。

(2) 藤木久志「村の境界」（同著『村と領主の戦国世界』東京大学出版会、一九九七年、初出一九八七年）。同「村の当知行」（同上書、初出一九八九年）。

(3) 藤田恒春「小物成の成立」（同著『豊臣秀次の研究』文献出版、二〇〇三年、初出一九九五年）。藤田達生「小物成の成立過程——近世初頭の山支配を素材として」（同著『日本近世国家成立史の研究』校倉書房、二〇〇一年、初出一九九五年）。

(4) 岩沢愿彦「山城・近江における豊臣氏の蔵入地について」（藤木久志・北島万次編『織豊政権』有精堂、一九七四年、初出一九六四年）。朝尾直弘「織豊期の畿内代官」（『朝尾直弘著作集』第三巻、岩波書店、二〇〇四年、初出一九七〇年）。

(5) 伊藤真昭「所司代の展開」（同著『京都の寺社と豊臣政権』法藏館、二〇〇三年、初出二〇〇〇年）。本章における伊藤氏の見解については、特に断りのない限り、当該論文を指す。

(6) 瀬田勝哉『「木」の語る中世』朝日新聞社、一九九五年。中澤克昭「自焼没落とその後——住宅焼却と竹木切払」（同著『中世の武力と城郭』吉川弘文館、一九九九年、初出一九九六年）。下村周太郎「中世の戦争をめぐる法慣習の心性——神社への避難・隠物と竹木伐採禁制を中心に」（『年報三田中世史研究』二〇、二〇一三年）。

(7) 藤木久志「大名領国の経済構造」（同著『戦国社会史論』東京大学出版会、一九七四年、初出一九六五年）。盛本昌広『軍需物資から見た戦国合戦』洋泉社、二〇〇八年。尾下成敏「柴田勝家の山林竹木支配」（『日本史研究』五〇二、二〇〇四年）。

(8) 宇野日出生「秀吉馬廻役、河原長右衛門定勝について」（『戦国史研究』二五、一九九三年）。太田浩司「広島藩士「河原家文書」について——秀吉家臣から近世藩士への変容」（『芸備地方史研究』三一七、二〇二一年）。以下、両氏の見解については、当該論文を指す。また、「芸藩河原家文書」は太田論文に翻刻が掲載されている。

(9)（天正十八年）十月十九日付 木下吉隆書状（『筑波大学所蔵 北野神社文書』二二四号）の端裏書に「かわらちやゑもん殿」、『大かうさまくんきのうち』（斯道文庫）に「かはらちようへもん」とある。

(10) 竹田聴洲「郷士村落の同姓祭祀」（『竹田聴洲著作集』第五巻、国書刊行会、一九九六年、初出一九六四年）。井ケ田良治「近世村落身分秩序の成立と動揺」（同著『近世村落の身分構造』国書刊行会、一九八四年、初出一九六四年）。なお、馬路村の中川家には天正八年正月二十八日付の中川駿河守宛ての秀吉事書写（「中川文書」『秀吉』二一五号）も知られるが、要検討といえる。

(11) 中川小十郎「早くも経来つた一年」（『中川謙二郎先生』桜蔭会、一九二九年）。

(12) 太田亮『姓氏家系大辞典』第四巻、国民社、一九四四年。『東郷村誌』改訂版、一九五二年。

(13)（年不詳）十月十八日付 浅野長政書状（「芸藩河原家文書」）。花押型はA9であり、関ヶ原後のものと見られる。

(14)（年不詳）九月二十七日付 河原実勝書状（「芸藩河原家文書」）。

(15) 前掲注9木下吉隆書状。『鹿苑日録』二十六、天正十七年正月四日、七月晦日条。西笑承兌は聚楽第内部の玄以・山口宗長の屋敷に赴いた後に「尾長右衛門宅」を訪れているが、東史謄写本「日用集」で確認したところ「尾」は「瓦」の誤りと判断される。

(16)『兼見卿記』文禄三年二月十五日条。「先祖由来附」第一巻（『八代市史』近世史料編八）。

(17) 文禄四年八月三日付 豊臣秀吉知行宛行状写（「芸藩河原家文書」）。（慶長三年）九月朔日付 五奉行連署状（同上）。後者は長束正家の花押型がN6で、石田三成が奉行職にあるため、慶長三年で確定できる。早崎平六は『華頂要略門主伝』第二十四、天正十九年七月三日条にも見え、早崎平蔵（平三）家久の関係者か。鍛代敏雄「地域交通論」（同著『中世後期の寺社と経済』思文閣、一九九九年、初出一九九六年）。

(18)「岩佐家文書」京歴写真帳、X四二七号。『駒井日記』文禄二年閏九月十一日条。

(19)「岩佐家文書」X五〇一号。「河原家文書」京歴写真帳。

(20) 天正十三年六月十一日付 丹羽長重知行宛行状（「土橋家文書」京歴写真帳）。慶長三年七月二十八日付 秀吉知行宛行状（「同上」『秀吉』五八三七号）。

(21) 松平年一「戦国武将杉若無心の生涯」（『日本歴史』三四九、一九七七年）。

(22)（年不詳）十月二十六日付 推右衛門書状（「岩佐家文書」X無番号）。『北野社家日記』天正十七年八月二十三日条。『鹿苑日録』二十九、天正十九年八月朔日条。『同上』三十、同年十月二十八日条。『同上』三十五、文禄五年八月七日条など。

(23) 慶長三年七月二十一日付 加嶋三蔵触状（『南禅寺文書』中巻、三二四号）。天正十八年十月二十五日付 中路助六竹請取状（『冷泉町文書』第一巻、一号）。（天正十五年）正月晦日付 銭方納下帳（「正法山妙心禅寺米銭納下帳」東史影写本）。

(24)『兼見卿記』天正十四年十二月九・二十八日条。なお、天正十三年段階では寺沢広政が「秀吉ノ御分国にて竹木ヲキラスル奉行」（「貝塚」天正十三年六月十八日条）とされており、京都周辺とそれ以外で分担されていた可能性がある。

(25) 慶長八年十一月月付 鞍馬事務職覚書（「華頂要略」七三、東史謄写本）。（同年）十月二十八日付 青蓮院門跡雑掌書状（「青蓮院文書」東史影写本）。なお、天正十五年十二月三日付の長束・増田の連署状（歴彩所蔵「京都府地券掛旧蔵文書」）には御牧景則と河原実勝の名があるものの、当時の長束の通称と齟齬するため、検討から外す。また、天正十六年四月二十八日付の山口宗永との連署状の存在も知られるが（『八瀬童子文書』八七号）、山口の通称・実名が当時のものとそぐわず、除外した。

(26) 天正十四年十二月二十三日付 河原実勝書状（「天龍寺文書」東史影写本）は、天龍寺の藪地の運上竹を免除したものであるが、河原の花押型が当該期と合致せず、天正十六年以降に無年号で発給されたものが、他の文書に合わせて天正十四年の付年号が加筆された可能性がある。河原の花押型はおよそ四種類に分別できるが、絶対数が少ないため、本章では年次比定には用いなかった。

(27)『鹿苑日録』二十七、慶長二年八月十九日条。（文禄五年ヵ）十月六日付 河原実勝書状写（「岩佐家文書」『京都の歴史』四、三二六頁に写真掲載）。慶長三年七月十五日付 南禅寺参暇・奉行連署常住文書等引継目録（『南禅寺文書』中巻、三二三号）。慶長四年七月十六

日付　南禅寺常住帳箱入日記（『同上』下巻、四八九号）。

(28) 前掲注27南禅寺参暇・奉行連署常住文書等引継目録。なお、（年不詳）九月十六日付の稲荷・東福寺竹木覚（「富岡文書」東史影写本）もその頃の竹木の書立と思しく、関連するものであろう。

(29)「大中院文書」（『大・永』）二八〜三五号。

(30)『鹿苑日録』二十九、天正十九年三月十二日条。『北野社家日記』同日条。中村武生「豊臣期京都惣構の復元的考察――「土居堀」・虎口・都市民」（『日本史研究』四二〇、一九九七年）。

(31)「日黄事故略鈔」（『大雲山誌稿』巻十九、東史謄写本）天正十六年二月条。（天正十六年）二月晦日付　銭方納下帳（「正法山妙心禅寺米銭納下帳」）。

(32)『鹿苑日録』三十四、文禄三年八月十七日条。この件は、同月二日に鹿苑院の竹を銀一枚で売却したことと関連している可能性がある。

(33) 中部よし子「織豊政権の都市政策」（同著『近世都市の成立と構造』新生社、一九六七年、初出一九六六年）。『鹿苑日録』三十四、文禄三年九月二十六日条。

(34)『鹿苑日録』三十一、天正二十年七月七日、文禄元年十二月十四日条。『駒井日記』文禄四年四月朔日条。

(35) 伊藤真昭「所司代の職掌」（前掲注5『京都の寺社と豊臣政権』、初出二〇〇二年）。

(36) 天正十二年三月十九日付　田中勝介竹請取状（「岩佐家文書」X二八二号）。

(37) 天正十二年九月二十七日付　熊木勝次竹請取状（「岩佐家文書」X二八八号）。（天正十三年）正月十五・二十二日付　玄以切手（「岩佐家文書」X二九五号）など。玄以の切手は印判状、下代の請取状は書判が一般的であった。

(38)（天正十三年）正月二十五日付　多田喜助請取状（「岩佐家文書」X二九五号）。（年不詳）九月二十七日付　玄以書状（「大徳寺文書」「玄以」三二八号）。

(39)（天正十三年）正月晦日付　職中算用状（「賀茂別雷神社文書」『大日』第十一編二十六、七六頁）。（天正十四年）八月晦日付　銭方納下帳（「正法山妙心禅寺米銭納下帳」）。「目代日記」（『北野天満宮史料』）天正十三年正月二十二日条。

(40) 前掲注37玄以切手。（天正十三年）七月十日付　伊源四郎竹請取状（「岩佐家文書」X二九五号）。

(41) 天正十一年十一月二十二日付　秀吉判物（「賀茂別雷神社文書」『秀吉』八四四号）。同年十二月二十三日付　玄以判物（「賀茂別雷神社文書」「玄以」六四号）。

(42) 下坂守「上賀茂社家（岩佐家・梅辻家）文書について――特に分一徳政令と土倉野洲井」（『日本史研究』一〇九、一九七〇年）。

(43)「目代日記」（『北野天満宮史料』）天正十三年正月二十五日、七月十二日条。

(44) なお、高木昭作「「秀吉の平和」と武士の変質」（前掲注1『日本近世国家史の研究』、初出一九八四年）は関白任官によって国土の領有者としての資格を得たとするが、京都の寺社に対する小物成徴発の際の文言ですら関白職と結びついておらず、適切とはいいがたい。

(45) 須磨千穎「中世における賀茂別雷神社氏人の惣について（2）」（『南山経済研究』六―三、一九九二年）。

(46) 金子拓・遠藤珠紀・志賀節子・高橋敏子「賀茂別雷神社領関係文書」（『東京大学史料編纂所研究紀要』三三、二〇二三年）。志賀節子氏のご教示による。

(47) 天正十二年八月二十三日付　藪之御人数置文条々（「岩佐家文書」X二八五・二八六号）。

(48) 川嶋将生「町組と会所」（『京都庶民生活史』鹿島研究所出版会、一九七三年）。杉森哲也「町組と町」（同著『近世京都の都市と社会』東京大学出版会、二〇〇八年、初出一九九〇年）。

(49) 天正十三年十月十二日付　藪月行事算用状（「岩佐家文書」X二八九号）。

(50) 前掲注39職中算用状など。

(51) 天正十三年三月十日付　秀吉判物（「賀茂別雷神社文書」『秀吉』一三四六号）。伊藤真昭「京都寺社の史料からみる石田三成」（太田浩司編『石田三成』宮帯出版社、二〇二二年）。

(52) （天正十五年）九月十五日付　秋田頼弁・三上国吉・山城兼次連署状（「長福寺文書」東史影写本）。（天正十五年）九月晦日付　銭方納下帳（「正法山妙心禅寺米銭納下帳」）。

(53) 天正十三年九月十四日付　羽柴秀長掟書（「法隆寺文書」『大日』第十一編二十、二九五頁）。

(54) 天正十四年七月五日付　玄以書状写（「岩佐家文書」「玄以」一四〇号）。

(55) （天正十五年）正月晦日付　職中算用状（「賀茂別雷神社文書」東史ボーン）。（天正十五年ヵ）正月二十一日付　玄以書状（「早稲田大学所蔵荻野研究室収集文書」「玄以」二七四号）。

(56) （天正十六年）六月二十九日付　職中算用状（「賀茂別雷神社文書」東史ボーン）。天正十六年六月　上竹日記（「岩佐家文書」X三二三号）。

(57) （天正十六年七月ヵ）竹切手注文（「岩佐家文書」X三二四号）。

(58) うし（天正十七年）七月二十九日付　西より上竹覚（「岩佐家文書」D―一、三五二・三五三号）。

(59) 天正十六年七月五日付　秀吉朱印状（「肥前小城鍋島文書」『秀吉』二五四三号）。（同年）七月九日付　玄以書状（「松尾神社文書」「玄以」一七三号）。（同年）九月二十日付　毛利輝元書状（「宮本家文書」『新鳥取県史』資料編古代中世一古文書編上）。瀬田勝哉「秀吉が切らせた木――東山大仏殿材木と富士山」（『宗教・文化研究所だより』四五、二〇〇七年）。

(60) 文禄二年十月十四日付　大仏殿御算用事（「木食応其大仏殿御算用事　附大仏殿御造営覚」『ビブリア』四三、一九六九年）。三鬼清一郎「方広寺大仏殿の造営に関する一考察」（同著『織豊期の国家と秩序』青史出版、二〇一二年、初出一九八六年）。

(61) 「岩佐家文書」X三七〇号。

(62) 「岩佐家文書」無番、二八箱。

(63) 三手竹出帳（「岩佐家文書」X四二七号）。（天正二十年）六月晦日付　職中算用状（「賀茂別雷神社文書」）。

(64) 当初、玄以は八月頃の名護屋参陣が命じられていたが、結局は文禄二年正月に参陣した。（天正二十年）五月十八日付　山中長俊書状（「組屋文書」『小浜市史』諸家文書編一）。「年預方日記」（東史影写本）文禄二年正月七日条など。

(65) 山内譲『豊臣水軍興亡史』吉川弘文館、二〇一六年。

(66) 長者町屋敷については、拙稿「織豊期の京都屋敷」（藤川昌樹・山本雅和編『近世京都の大名屋敷』文理閣、二〇二四年）参照。

(67) （年不詳）八月二十二日付　玄以切手（「賀茂別雷神社文書」「玄以」三一八号）。藤田恒春「聚楽第をめぐる豊臣秀次と賀茂の氏人」（石川登志雄ら編『上賀茂のもり・やしろ・まつり』思文閣出版、二〇〇六年）。『兼見卿記』文禄四年九月九日条。

(68) （文禄三年）三月二十九日付　職中算用状（「賀茂別雷神社文書」）。

(69) 「岩佐家文書」無番、二八箱。

(70) 「岩佐家文書」X五一二号。

(71) 慶長二年二月十日付　河原実勝上竹書付（「岩佐家文書」X五二〇号）。

(72) 慶長二年七月二十一日付　竹出方覚（「岩佐家文書」X五二五号）。

(73) 仁木宏「「御土居」への道――戦国・織豊期における都市の展開」（日本史研究会編『豊臣秀吉と京都――聚楽第・御土居・伏見城』文理閣、二〇〇一年）。

（74）小椋純一「近世以降の京都周辺竹林の変遷」（同著『絵図から読み解く人と景観の歴史』雄山閣出版、一九九二年、初出一九八八年）。

（75）須磨千穎「中世における賀茂別雷神社氏人の惣について（3）」（『南山経済研究』七―二、一九九二年）。

（76）盛本昌広「生業の多様性と資源管理」（井原今朝雄編『環境の日本史』三、吉川弘文館、二〇一三年）。

（77）筑波大学附属図書館蔵「北野社家日記」慶長三年九月二十八日条。

（78）慶長四年八月十一日付 河原実勝書状（「真珠庵文書」東史写真帳）。

（79）前掲注4朝尾「織豊期の畿内代官」。前掲注8宇野「秀吉馬廻役、河原長右衛門定勝について」。嵯峨の清凉寺でも三分一が上納対象であった。（年不詳）十二月七日付 河原実勝書状（「清凉寺文書」『京都浄土宗寺院文書』）。なお、洛外の村落については、元々は代官（西岡の場合は小野木重次）が管理・徴発をしていたが、竹木奉行設定の段階で河原実勝に竹の管理権限が吸収されたと思しい。（年月日不詳）三鈷寺役者訴状（「三鈷寺文書」『栃木県史』史料編中世四）。

（80）慶長五年十月九日付 東九条諸公家領等知行高指出案（『九条家文書』四、一一八六号）。慶長十年九月二十六日付 板倉勝重上竹赦免状（「下海印寺区有文書」『長岡京市史』資料編三）。慶長十二年十一月九日付 同赦免状（「明治大学刑事博物館所蔵文書」）。慶長十七年閏十月十八日付 同下知状（「宝鏡寺文書」『史料が語る城陽近世史』第四集）など。

（81）「岩佐家文書」Ｘ五四九号。『鹿苑日録』三十八、慶長四年十一月八日条。

（82）杣田善雄「幕藩制成立期の奈良奉行」（同著『幕藩権力と寺院・門跡』思文閣出版、二〇〇三年、初出一九八〇年）。大宮守友「徳川政権と大和の寺社」（同著『近世の畿内と奈良奉行』清文堂出版、二〇〇九年、初出二〇〇四年）。

（83）天正十七年十月二日付 田辺貞治・湯河貞秀連署状（秋永政孝「窪田文書（一）」『大和文化研究』一六、一九五六年）。

（84）『中臣祐範記』慶長七年五月十一日条。

（85）『義演准后日記』慶長八年五月六日条。

（86）（天正二十年）十一月二十四日付 浅野長吉書状（「高城寺文書」『佐賀県史料集成』古文書編二）。（天正二十年）五月六日付 長束・増田・大谷・石田連署状写（「古案 豊臣家下」『武家事紀』第三十一）。

（87）（文禄二年）六月七日付 山口宗永事書（「高橋文書」『熊本県史料』十二）。文禄三年七月十六日付 石田三成覚書写（「長谷場文書」東史影写本）。

（88）（文禄三年ヵ）十一月二十一日付 加藤清正書状（「下川文書」『新熊本市史』史料編第三巻）。なお、それ以前に清正は代官に対して、八月に藪の細い老成した竹を伐採するよう命じていた。（天正十九年）八月十三日付 加藤清正書状（「渋沢栄一氏所蔵文書」『同上』）。

（89）文禄二年四月三日付 蜂須賀家政禁制（「箸蔵寺古文書」『日本山林史』保護林篇資料）。文禄四年二月十八日付 浅野長継黒印状写（「清光公済美録」東史写真帳）。同年九月二十日付 石田正継掟書（「古橋村高橋家文書」『新修彦根市史』第五巻、史料編古代・中世）。同年十月日付 原長頼掟書写（「参州岡崎領古文書」『新編岡崎市史』史料古代中世）。

第八章

（1）佐々木潤之介『幕藩権力の基礎構造』増補改訂版、御茶の水書房、一九八五年。

（2）朝尾直弘「豊臣政権論」（『朝尾直弘著作集』第三巻、岩波書店、二〇〇四年、初出一九六三年）。藤木久志「豊臣期大名論序説」（同著『戦国大名の権力構造』吉川弘文館、一九八七年。初出一九六四年）。山口啓二「藩体制の成立」（『山口啓二著作集』第二巻、校倉書房、二〇〇八年、初出一九六三年)。

(3)山口啓二「豊臣政権の構造」(前掲注2『山口啓二著作集』第二巻、初出一九六四年)。三鬼清一郎「朝鮮出兵における軍役体系について」(同著『豊臣政権の法と朝鮮出兵』青史出版、二〇一二年、初出一九六六年)。ただし、軍役論の枠組み自体は以後も研究史を規定した。

(4)高木昭作『日本近世国家史の研究』岩波書店、一九九〇年。

(5)山本博文「豊臣政権期島津氏の蔵入地と軍役体制」(同著『幕藩制の成立と近世の国制』校倉書房、一九九〇年、初出一九八三年)。佐藤圭「佐竹義宣に見る豊臣大名の出陣と軍役」(『織豊期研究』一八、二〇一六年)など。

(6)三鬼清一郎「方広寺大仏殿の造営に関する一考察」(同著『織豊期の国家と秩序』青史出版、二〇一二年、初出一九八六年)。中川和明「豊臣政権期の城普請・城作事について」(『弘前大学國史研究』八五、一九八八年)。白峰旬「文禄三年の伏見城普請」(同著『日本近世城郭史の研究』校倉書房、一九九八年、初出一九九七年)。

(7)中川和明「伏見作事板の廻漕と軍役(一・二)」(『弘前大学國史研究』七八・九、一九八五・六年)。中野等『豊臣政権の対外侵略と太閤検地』校倉書房、一九九六年。曽根勇二『秀吉・家康政権の政治経済構造』校倉書房、二〇〇八年など。

(8)山口啓二「豊臣政権の成立と領主経済の構造」(前掲注2『山口啓二著作集』第二巻、初出一九六五年)。朝尾直弘「十六世紀後半の日本」(『朝尾直弘著作集』第八巻、岩波書店、二〇〇四年、初出一九九三年)。横田冬彦「豊臣政権と首都」(日本史研究会編『豊臣秀吉と京都――聚落第・御土居・伏見城』文理閣、二〇〇一年)。

(9)藤井譲治「「公儀」国家の形成」(同著『幕藩領主の権力構造』岩波書店、二〇〇二年、初出一九九四・五年)。矢部健太郎『豊臣政権の支配秩序と朝廷』吉川弘文館、二〇一一年。跡部信「秀吉独裁制の権力構造」(同著『豊臣政権の権力構造と天皇』戎光祥出版、二〇一六年、初出二〇〇九年)。

(10)前掲注3三鬼清一郎「朝鮮出兵における軍役体系について」。

(11)三鬼「豊臣政権の知行体系」(前掲注6『織豊期の国家と秩序』、初出一九七一年)。前掲注6三鬼「方広寺大仏殿の造営に関する一考察」。なお、平野明夫「豊臣政権下の徳川氏」(同著『徳川権力の形成と発展』岩田書院、二〇〇六年、初出二〇〇二年)も小田原攻め以前の五人役成立を指摘している。

(12)天正十五年正月一日付 秀吉朱印状(「大阪城天守閣所蔵文書」『秀吉』二〇七二号)。

(13)天正十七年九月二十七日付 秀吉知行宛行状(「細川家文書」『秀吉』二七一三号)。

(14)白峰旬「『十六・七世紀イエズス会日本報告集』における軍役人数(兵力数)の記載について」(『別府大学大学院紀要』一八、二〇一六年)。天正十五年十二月二十二日付 秀吉覚書(「個人蔵文書」『秀吉』二四〇三号)。

(15)天正十二年九月付 秀吉知行割目録写(「松坂権輿雑集」『秀吉』一二一七号)。拙稿「蒲生氏郷論」(拙編『蒲生氏郷』戎光祥出版、二〇二一年)。一五八五年一〇月一日付 ルイス・フロイス書簡(『イエズス』第Ⅲ期第七巻、有水博訳)など。

(16)『近江日野の歴史』第二巻、第四章第二節、伊藤真昭執筆分、二〇〇九年。

(17)蒲生氏は会津に入部直後も、村高一石あたり永禄銭(実体は空位化した精銭)七貫文で換算して銭を上納させていた(川戸貴史「奥羽仕置と会津領の知行基準」同著『中近世日本の貨幣流通秩序』勉誠出版、二〇一七年、初出二〇一四年)。秋澤繁「太閤検地」(『岩波講座日本通史』第十一巻、一九九三年)でも、政権は石高制が未成立の地域では地高・貫高制を容認しつつ、石高による支配高・軍役の設定を急いだことが指摘されている。また、小林清治『奥羽仕置の構造』（吉川弘文館、二〇〇三年）も天正十八・九年の奥羽検地が一反三百歩制の導入や貫高の石高への換算という点では近世への移行を示す画期であったと評価すると同時に、地域や村落の内部変化には影響を与えなかったと評価している。そのほか、表高と内高・収納高が連動しない事例も多く知られている。

(18) 佐脇栄智「後北条氏の軍役」（『後北条氏と領国経営』吉川弘文館、一九九七年、初出一九八一年）。長屋隆幸「天正九年六月二日付け明智光秀軍法」（渡邊大門編『考証 明智光秀』東京堂出版、二〇二〇年）。

(19) 高木昭作「「公儀」権力の確立」（前掲注4『日本近世国家史の研究』、初出一九八一年）。前掲注7中野『豊臣政権の対外侵略と太閤検地』。同「「唐入り」と兵站補給体制」（池享編『天下統一と朝鮮侵略』吉川弘文館、二〇〇三年）。

(20) 永原慶二「小田原北条氏の兵粮米調達」（『おだわら』四号、一九九〇年）。久保健一郎「兵粮からみた戦争・戦場」（同著『戦国時代戦争経済論』校倉書房、二〇一五年、初出二〇〇四年）。久保田正志「豊臣政権下での兵站整備とその限界」（『軍事史学』一六六、二〇〇六年）。山本博文『「関ヶ原」の決算書』新潮社、二〇二〇年。なお、高木氏自身は兵站の確立とその機能は別問題とし、豊臣期以降も苅田が行われたことを示唆している。高木昭作「乱世——太平の代の裏に潜むもの」（『歴史学研究』五七四、一九八七年）。

(21) 中條健太「秀吉の朝鮮侵略における兵粮米調達について」（『ヒストリア』一六五、一九九九年）。

(22) 「紀州御発向記」『太閤史料集』。「九州御動座記」（清水紘一『織豊政権とキリシタン——日欧交渉の起源と展開』岩田書院、二〇〇一年）。『大かうさまくんきのうち』（斯道文庫）。

(23)（天正十四年）正月八日付 秀吉判物写（「長国寺殿御事蹟稿」『秀吉』一八三五号）。天正十八年正月二十八日付 同法度（「大阪城天守閣所蔵文書」『秀吉』二九一七号）。（天正十八年）四月十三日付 同自筆書状（「高台寺文書」『秀吉』三〇二九号）。

(24) 一五九四年九月二九日付 オルガンティーノ書簡（『イエズス』第Ⅰ期第二巻、家入敏光訳）。万暦二十二年（一五九四）三月十五日付 張一学・張一治陳状（「請計処倭酋疏」）。同十九年九月付 許儀後・郭国安陳状（「近報倭警」）。

(25) 本書第二章参照。なお、扶持米支給基準は軍役・普請役ともに一日一人五合である。

(26) 天正十年十二月十四日付 秀吉事書（「竹内文平氏所蔵文書」『秀吉』五三九号）。天正十二年六月十五日付 同書上（「備中山崎家文書」『秀吉』一一一一号）。「永運院文書」（『大・永』）一四二・一四三・一四七号など。

(27)（天正十四年）八月五日付 秀吉朱印状（「黒田家文書」『秀吉』一九二五号）。（同年）八月十四日付 同判物（「同上」『秀吉』一九三五号）・（同年）十月三日付 秀吉判物（「同上」『秀吉』一九六八号）。

(28)（天正十五年）四月九日付 秀吉朱印状（「赤木文明堂所蔵文書」『秀吉』二一五一号）。「永運院文書」一四五・一五三号。

(29)「永運院文書」一四四号。フロイス『日本史』第二部九四章、松田毅一・川崎桃太訳。

(30)（天正十三年）三月二十二日付 秀吉判物（「慶應義塾図書館所蔵文書」『秀吉』一三六一号）。（同年）七月二十九日付 同朱印状（「名古屋市博物館所蔵文書」『秀吉』一五二一号）。（同年）八月二十一日付 田中吉政書状（「永運院文書」二号）など。

(31)（天正十三年）九月三日付 秀吉朱印状（「三溪園所蔵文書」『秀吉』一六一四号）。（同年）十一月十八日付 同朱印状（「一柳文書」『秀吉』一六六二号）。前掲注7中野『豊臣政権の対外侵略と太閤検地』。

(32)（天正十五年）四月十七日付 秀吉朱印状写（「譜牒余録」『秀吉』

二一五九号)。(天正十八年)五月十二日付 同朱印状写(「『難波創業録』所収文書」『秀吉』三二〇五号)。(同年)三月十八日付 臼田権右衛門尉書状写(「堀田右馬太夫家文書」『愛知県史』資料編一二)。(同年)五月三日付 前田利家書状(「金沢文書」『小田原市史』史料編原始古代中世)。拙稿「「朝鮮三奉行」の渡海をめぐって」(『立命館文学』六七七、二〇二二年)。

(33)(天正十八年)五月二十八日付 秀吉覚書(「『思文閣古書資料目録』所収文書」『秀吉』三二三二号)。(同年)六月二日付 前田利家書状写(「山中山城守文書」『館林市史』資料編二)など。

(34)前掲注21中條「秀吉の朝鮮侵略における兵粮米調達について」。前掲注7中野『豊臣政権の対外侵略と太閤検地』。(文禄二年)四月七日付 秀吉朱印状写(「森由吉文書」『秀吉』四五二〇号)など。

(35)(文禄元年)十二月二十五日付 秀吉朱印状(「黒田家文書」『秀吉』四三六五号)。(文禄二年)正月二十六日付 同朱印状(「舛屋文書」『秀吉』四三九四号)。(慶長三年)正月二十二日付 同朱印状「竹内文平氏所蔵文書」『秀吉』五七四一号)。文禄二年七月二十四日付 伊達政宗書状(『伊達家文書』六五〇号)。(文禄三年)五月十九日付 山中長俊・浅野長吉連署状写(「鍋島家文書写」『佐賀県史料集成』古文書編一六)。(天正十八年)八月七日付 本多忠勝書状(名古屋大学文学部所蔵「瀧川文書」)など。

(36)(天正十三年)三月十七日付 秀吉書状(「小早川文書」『秀吉』一三五二号)。(天正三年)三月十三日付 徳川家康書状(「大阪城天守閣所蔵文書」『信長』下巻)。前掲注2朝尾「豊臣政権論」。

(37)前掲注6中川「豊臣政権期の城普請・城作事について」・白峰「文禄三年の伏見城普請」。黒田基樹『「豊臣大名」真田一族』洋泉社、二〇一六年。曽根勇二「五奉行連署状について」(山本博文編『法令・人事から見た近世政策決定システムの研究』科研報告書、二〇一五年)。

(38)なお、黒田氏も編者である『戦国遺文』真田氏編第二巻では、長束の花押型から【史料三】は慶長三年、【史料四】は同四年と推測している。

(39)(慶長二年)十二月十七日付 長束・増田・石田・玄以連署状(「溝江仲康氏所蔵文書」『越前金津城主溝江家』三〇号、「奥田文書」京古影写本、「佐野屋文書」『名古屋市史』政治編第一)。

(40)(慶長三年)正月二十一日付 徳川家康書状(「奈良県立美術館所蔵文書」『新修家康』第二輯)。

(41)拙稿「伏見城は「木幡山」にあったのか」(『日本歴史』八四七、二〇一八年)。(慶長二年)十二月二十五日付 毛利輝元書状写(『萩藩閥閲録』第一巻)にも、伏見に「来春ハ関東衆二月ゟ普請ニ候、大山を引くつし候」とあり、毛利氏は「来年無役」とされる。なお、馬廻の中村又蔵は五分一役を課されて栗石を集めており、引き下ろしを担当しない直臣層は減免されたままであったと思われる。(慶長三年)正月四日付 長束・増田・石田・玄以連署状写(「聞書古案」十一、千文写真帳)。

(42)(慶長五年カ)二月六日付 瀧川忠征ら連署状(『真田家文書』上巻二八号・「宮部文書」乾、東史影写本)。(同三年)七月二十四日付 西笑承兌書状写(『西笑和尚文案』八六号)。(同年)十二月七日付 長束・増田・玄以連署状(「上坂文書」東史写真帳)。(同四年)二月二十日付 長束書状(「大阪城天守閣所蔵文書」『大阪城天守閣紀要』五、一九七七年)。

(43)拙稿「豊臣政権の公儀普請と課役負担――「手伝」と「国役」をめぐって」(『織豊城郭』二一、二〇二三年)。なお、【史料四】は公儀普請における「丁場」と「築退」の初見史料と思われる。

(44)前掲注6中川「豊臣政権期の城普請・城作事について」。

(45)天正十六年七月五日付 大仏殿普請手伝番折書二(「肥前小城鍋島文書」『秀吉』二五四三号)。この普請番折が計画通りに運用されていたことは、堀秀政や長岡忠興の事例から確認できる。(天正十六年)十一月十四日付 堀秀政書状(『本法寺文書』七二四号)。(同年)同月十五日付 長岡藤孝書状写(「藤孝事記」、井手麻衣子「細川文庫『藤孝事記』について」(『古文書研究』七五、二〇一三年))。

(46)前掲注6白峰「文禄三年の伏見城普請」。なお、白峰氏は本役については中川説に拠りつつも、秀次家臣の場合は百石につき五人役が課されたことを指摘している。

(47)(文禄四年)五月十七日付 秀吉朱印状(「溝口文書」・「大阪城天守閣所蔵文書」・「尊経閣古文書纂」『秀吉』四九二〇〜二号)。『秀吉』は発給年次を文禄三年とするも、垣屋恒総の通称が文禄三年八月時点では「新五郎」であり(伏見大光明寺勧進帳「相国寺本坊文書」(『西笑和尚文案』)三九)、文中の「大和衆」も秀保遺臣の表現と思われる点から、文禄四年が適切と考える。

(48)天正十七年十二月八日付 秀吉定書(「宮部文書」『秀吉』二八四〇号)。なお、家督の交代はあるものの所領の変化はない。

(49)『駒井日記』文禄三年正月二十三日条。

(50)『山内家史料』。仮に一万石の無役高を想定すると、百石につき五人役となる。

(51)『家忠日記』文禄三年二月四日条。

(52)ただし、信幸の軍役高は一万千石となり、無役高が大きすぎる点には問題を残す。甲斐国の浅野長政親子の軍役高が二百石につき五人役程度だったこと(慶長三年八月朔日付 秀吉知行方目録(「浅野文書」『秀吉』五八四二号))を勘案すれば、本役が低く設定されていた可能性もある。

(53)なお、本役は五人役を標準としつつ、時期によって地域ごとの役数が設定され、そこから三分一・三分二・本役などが算出されたと思しい。(慶長五年)正月十六日付 山中長俊知行書立(「富岡文書」東史影写本)。

(54)「貝塚」天正十四年三月二日条。『多聞院日記』同年二月二十七日条。『兼見卿記』同月二十三・四日、十一月四日条など。

(55)(天正十六年五月ヵ)大仏普請衆地割目録「大中院文書」(『大中院文書・永運院文書』)一六九号。天正十七年正月十八日付 大仏御普請覚(「御記録」『秀吉』二六四九号)。

(56)(天正十七年)正月晦日付 島津義弘書状(「新納文書」東史影写本)。

(57)(天正十七年)四月六日付 島津義弘書状写(『旧記雑録』後編二、五八六号)。

(58)『駒井日記』文禄三年正月二十四日条。(文禄三年)正月十九日付 秀吉朱印状(「相馬藩士生駒家文書」など『秀吉』四八二九〜三七号)。

(59)(文禄三年ヵ)五月十九日付 増田・長束・石田連署状(「橋本保氏所蔵文書」東史写真帳)など。本書第二章参照。

(60)『言経卿記』慶長二年二月八日条など。なお、九州・四国・中国の諸将は朝鮮在陣のため免除されている。

(61)藤木久志『雑兵たちの戦場――中世の戦場と奴隷狩り』新版、朝日新聞社、二〇〇五年。(年月不詳)十四日付 玄以・長束・石田・増田連署状写(「楓軒文書纂」)。天正十一年八月二十八日付 秀吉掟書(『思文閣古書資料目録』所載文書」『秀吉』八〇九号)。天正十四年二月十五日付 秀吉定書(「一柳文書」『秀吉』一八五三号)。

(62)「妙心寺米銭納下帳」(東史影写本)天正十四年五月・天正十五年五月分。「日黄事故略鈔」(『大雲山誌稿』巻十九、東史謄写本)天正十五年三月条。『兼見卿記』天正十四年六月二十〜二十二日、七月四日条。

(63)『兼見卿記』天正十四年三月二十六日、六月二十一日、七月五日条。一五八六年一〇月一七日付 フロイス書簡(『イエズス』第Ⅲ期第七巻、有水博訳)。『日本史』第二部七四章など。

（64）（慶長二年）三月十一日付　亀井茲矩書状（「亀井家文書」『新鳥取県史』資料編古代中世一古文書編下）。（文禄三年）八月七日付　秀吉朱印状写（「古簡雑纂」『秀吉』四九六五号）。文禄五年四月一日付伊達政宗書状（『伊達家文書』六六九号）。

（65）「賊中聞見録」『看羊録』一五八頁。『家忠日記』文禄三年六月二日条。（年月日不詳）某書状断簡（「片岡家文書」『招提村片岡家文書の研究』）。（文禄三年）六月十八日付　秀吉朱印状（「名古屋市博物館所蔵文書」『秀吉』四九五三号）。（文禄三年）十月六日付　安宅秀安書状（『島津家文書』一七八二号）。『鹿苑日録』三十四、文禄三年九月二十三日条。

（66）（天正十七年ヵ）二月二十五日付　蒲生氏郷書状（「大阪歴史博物館所蔵文書」）。（年月日不詳）伊達政宗書状案（『伊達家文書』五三三号）。

（67）文禄三年二月五日付　徳川家康法度書（「徳川美術館所蔵文書」『新訂家康』）。同年六月十五日付　前田利家印判状写（「三輪伝書」『新修七尾市史』三）。（同年）九月二日付　毛利輝元書状写（『萩藩閥閲録』第三巻）。

（68）前掲注4高木『日本近世国家史の研究』。（文禄三年ヵ）十月二十八日付　長束・増田・玄以連署状（「芦浦観音寺文書」東史写真帳）など。

（69）国役と千石夫の相違点については、注43拙稿「豊臣政権の公儀普請と課役負担」参照。

（70）慶長二年四月十九日付　尾池定安黒印状（『丹波大谷村佐々木文書』）。同五年六月十五日付　千石夫定状（『今堀』二六七号）。東国における軍役の事例ではあるが、徳川領国では名護屋への陣夫が千石につき一人の割合で課され、千石に満たない場合は隣郷と寄り合って夫丸や路銭を負担するように命じられている。（天正二十年）正月十三日付　大久保長安・原佐左衛門連署状写（「旧大禰宜家文書」『千葉県史料』中世篇・香取文書）。

（71）一五九六年一二月二八日付　フロイス日本年報補遺（『イエズス』第I期第二巻、家入敏光訳）。

（72）伊藤真昭「石田三成佐和山入城の時期について」（拙編『石田三成』戎光祥出版、二〇一八年、初出二〇〇二年）。なお、千石夫は徳川政権にも引き継がれたが、加賀藩では家並で賦課された点においても高木説は批判されている。木越隆三「近世初期の有償夫役と銀納化」（同著『日本近世の村夫役と領主のつとめ』校倉書房、二〇〇八年、初出一九九二年）。

（73）（天正十九年）四月十九日付　島津義弘書状写（『旧記雑録』後編二、五八七号）。

（74）（年月日不詳）御広間詰衆ら名前書上（「リスボン・エヴォラ屏風文書」）。（天正二十年）三月二十日付　詰衆番定写（「高橋義彦氏所蔵文書」『秀吉』三九九二号）。「太閤さま軍記のうち」。（文禄五年）八月二十六日付　玄以・長束・増田・石田連署状（「増田コレクション」）など。

（75）桑田忠親「右筆と公文書に関する諸問題」（同著『豊臣秀吉研究』角川書店、一九七五年、初出一九四一年）。曽根勇二「秀吉の右筆」（山本博文ら編『消された秀吉の真実――徳川史観を越えて』柏書房、二〇一一年）。

（76）文禄二年十一月五日付　城番定書（「古文書纂」『秀吉』四七八三号）。同年十一月六日付　城番定書追加写（「奥藤文書」『秀吉』四七八四号）。慶長二年四月二十日付　城番掟書（「生駒家文書」・「大阪城天守閣所蔵文書」『秀吉』五五九三・五五九四号）。宮本義己「豊臣政権の医療体制」（『帝京史学』二、一九八六年）。三鬼清一郎「御掟・御掟追加をめぐって」（前掲注3『豊臣政権の法と朝鮮出兵』、初出一九八四年）など。

（77）桑田忠親『大名と御伽衆』増補新版、有精堂出版、一九六九年。

『秀吉お伽衆』大阪城天守閣特別展図録、二〇〇七年。

(78)『秀吉』一六三八号。(天正十四年)四月六日付 大友宗麟書状写(『大友家文書録』)。(同十六年)九月十四日付 富田一白書状(『伊達家文書』三八六号)など。大西泰正「豊臣政権と御伽衆」(『史遊』一三、二〇〇六年)。

(79)(天正十九年)四月二十七日付 浅野長吉書状(『伊達家文書』五九〇号)。文禄四年八月二十四日付 伊達家重臣連署誓詞案(「引証記」『仙台市史』資料編一一)。(同二年)五月十八日付 伊達政宗書状(「亘理家文書」同一一)。(年不詳)四月十九日付 宇喜多秀家書状(『真田家文書』下巻三六号、三七八頁)。

(80)天正十九年九月二十三日付 咄衆番之次第写(「千手院文書」『秀吉』三八三三号)。岩沢愿彦『前田利家』吉川弘文館、一九六六年。

(81)(文禄五年)六月三日付 家康・利家連署状(「大阪青山歴史文学博物館所蔵文書」『秀吉お伽衆』)。伊藤真昭「関ヶ原の戦い以前の西笑承兌」(『戦国史研究』四五、二〇〇三年)。『鹿苑日録』二十七、慶長二年三月二十五日、十一月二十九日条。

(82)『西笑和尚文案』紙背二―六。A~Dは筆者による。

(83)(年不詳)十二月七日付 織田長益書状(『西笑和尚文案』紙背四―六)。(年月不詳)九日付 同書状(「保阪潤治氏所蔵文書」東史影写本)。(年月日不詳)前田利家書状(「長井健一文書」『小浜市史』諸家文書編一)。(年不詳)十二月二十五日付 武野宗瓦書状(「正伝永源院文書」読売新聞社編『大名茶人 織田有楽斎』特別展図録)。

(84)「慶長記」『家康史料集』。

(85)『鹿苑日録』二十七、慶長二年八月十八日条、十月一日条。(年不詳)三月朔日付 伊達政宗書状(「小原辰三郎氏所蔵文書」『仙台市史』資料編一一)。(慶長三年)二月二十七日付 西笑承兌書状写(『西笑和尚文案』五五号)。天正二十年十二月十三日付 秀吉朱印状(「有馬文書」『秀吉』四三四八号)。

(86)拙稿「石田三成論」(前掲注72拙編『石田三成』)。

(87)福田豊彦「室町幕府の奉公衆」(同著『室町幕府と国人一揆』吉川弘文館、一九九五年、初出一九七一年)。小池進「江戸幕府直轄軍団の形成」(同著『江戸幕府直轄軍団の形成』吉川弘文館、二〇〇一年)など。

(88)天正十七年八月日付 門番定書(「山中文書」『秀吉』二七〇三号)。前掲注76慶長二年四月二十日付 城番掟書。大坂城の奥への出入りについては桑田忠親「大坂城と聚楽第」(前掲注75『豊臣秀吉研究』)参照。

(89)『多聞院日記』天正十七年二月二十八日条。(天正十七年二月ヵ)二十七日付 秀吉自筆書状(「『思文閣古書資料目録』所載文書」『秀吉』二六五四号)。(天正十九年ヵ)門番衆書付(『浅野家文書』一七号)。『時慶記』同年正月十四日条。『兼見』天正十八年五月三日条。文禄二年閏九月二十四日付 益庵宗甫・駒井重勝連署状写(『駒井同日条)。福田千鶴『淀殿――われ太閤の妻なりて』ミネルヴァ書房、二〇〇七年。

(90)(天正二十年)七月二十二日付 秀吉朱印状写(「徴古雑抄」『秀吉』四二二五号)。前掲注76城番定書・城番定書追加写。『華頂要略門主伝』第二十四、文禄五年閏七月十二日条。「文禄大地震記」(東史影写本)同年同月十三日条。(慶長三年)五月三日付 石田三成家臣連署状(「福岡市博物館購入文書」『新修福岡市史』資料編中世一)。

(91)(慶長三年八月五日ヵ)秀吉遺言覚書(『浅野家文書』一〇七号)。慶長三年八月八日付 御舟入番之次第(『朽木文書』四七二号)。同年八月十三日付 石川一宗ら連署起請文前書案(「慶長三年誓紙前書」東史謄写本)。慶長三年八月十四日付 大坂御番之次第写(「同上」『秀吉』五八五六号)。福田千鶴『豊臣秀頼』吉川弘文館、二〇一四年。

(92)慶長四年正月十日付 大坂城掟書写(『翁草』第六巻)。(同年)閏

三月二十三日付　四奉行連署状（「筑紫家文書」『佐賀県史料集成』二八巻）。

(93) 慶長五年正月五日付　三奉行連署定書写（「天城文書」東史影写本）。（同年）二月二日付 同連署状（高橋正彦「曲直瀬道三文書について」『史学』三六、一九六三年）。（同年）四月八日付　島津義弘書状写（『旧記』後編三、一〇八一号）。

(94) 横田冬彦「近世社会の成立と京都」（『日本史研究』四〇四、一九九六年）。

(95)「天正十四年上洛日帳」（「上杉博物館所蔵文書」『上越市史』別編二、三一〇六号）。「本庄俊長氏所蔵文書」（同上、三二九七号）。「天正年中日々記」（「島津家文書」東史写真帳）。「天正記」（『福原家文書』上巻、一〇号）など。

(96)（天正十六年）正月十三日付　島津龍伯書状写（「新納忠元文書」東史謄写本）。「長谷場越前自記」（『旧記雑録』後編二、三七二号）。

(97)（天正十六年）四月二十一日付　島津義弘書状（「島津家文書」）。（同年）四月二十五日付　伊東祐兵書状写（『旧記雑録』後編二、四四六号）。中野等「豊臣政権と国郡制――天正の日向国知行割をめぐって」（『宮崎県地域史研究』一二・一三、一九九九年）。

(98) 二木謙一「豊臣政権の儀礼形成」（同著『武家儀礼格式の研究』吉川弘文館、二〇〇三年、初出一九八一年）。

(99)（天正十七年）正月三日付　島津義弘書状写（『旧記雑録』後編二、五六六号）。

(100)『時慶記』天正十九年正月十四日条。

(101) 一五八九年二月二四日付　ガスパル・コエリョ日本年報（『イエズス』第Ⅰ期第一巻、日埜博司訳）。

(102)（文禄四年）九月十五日付　安宅秀安書状写（『旧記雑録』後編二、一六〇一号）。

(103) 三鬼清一郎編『豊臣秀吉文書目録』の儀礼関係欄参照。

(104) ヴァリニャーノ『日本巡察記』。

(105) 矢部健太郎「豊臣秀吉の参内」（同著『豊臣政権の支配秩序と朝廷』吉川弘文館、二〇一一年、初出一九九八年）。藤井讓治『天皇と天下人』講談社、二〇一一年。

(106)『義演准后日記』文禄五年二月二十日、五月九日条。前掲注71フロイス日本年報補遺。平野明夫「豊臣政権下の徳川氏」（同著『徳川権力の形成と発展』岩田書院、二〇〇六年、初出二〇〇三年）。

(107)『兼見卿記』天正十八年正月一日条。『光豊公記』天正十九年正月十二日条。

(108) 天正十四年十一月朔日付　玄以条書写（「饅頭屋町文書」「玄以」一四二号）。『兼見卿記』天正十四年十一月七日条。

(109) 宮書所蔵「御会部類記」。『時慶記』天正十六年六月十六・七日条。なお、雅継によれば、和歌の場所を記す際、「室町第」の先例に倣って「聚楽第」にすべきと決定したとある。政権側も「聚楽」ないし「聚楽御城」と記し、「聚楽第」とは記さない点には留意したい。（天正十六年）四月二日付　秀吉朱印状「小早川文書」（『秀吉』二四五三号）。（文禄三年）七月十七日付　玄以・長束・石田・増田連署状（「大阪城天守閣所蔵文書」『秀吉家臣団』特別展図録）。

(110)「北徴遺文」五（『石川県史資料』近世六）。『秀吉』未収。

(111) 前掲注55大仏普請衆地割目録・大仏御普請覚。

(112)『親綱』天正十六年三月十日条。

(113) 竹内洪介「『天正二十年　聚楽第行幸記』解題・翻刻」（『古代中世文学論考』四〇、二〇二〇年）。同「天正二十年聚楽行幸考――新出『天正二十年　聚楽第行幸記』を中心に」（『國學院雜誌』一二一―九、二〇二〇年）。

(114)「天正年中聚楽亭両度行幸日次記」（『続群書類従』巻八四）天正二十年正月二十七日条。『多聞院日記』三八、天正二十年正月二十六日条。

(115) 天下人の御成については、前掲注8横田「豊臣政権と首都」の一覧表を参照。
(116) 『毛利家文書』八六五号。(文禄三年)十二月二日付 浅野・長束・石田・増田連署状(「盛岡南部家文書」『青森県史』資料編中世一)など。
(117) 二木謙一「豊太閤前田邸御成記の考察」(前掲注98『武家儀礼格式の研究』、初出一九六九年)。矢部健太郎「太閤秀吉の政権構想と大名の序列」(前掲注9『豊臣政権の支配秩序と朝廷』、初出二〇〇三年)。
(118) 「小西家文書」『近江日野町志』巻上。「本庄俊長氏所蔵文書」『上越市史』別編二、三六二九号。
(119) 一五九五年一〇月一日付 フロイス日本年報(『イエズス』第Ⅰ期第二巻、家入敏光訳)。『上杉家御年譜』文禄三年十月二十九日条。『晴豊』天正十八年九月十七・二十一日条。
(120) 「利家夜話」『史籍集覧』十三。
(121) 前掲注109玄以・長束・石田・増田連署状。(文禄三年)八月四日付 長束・増田・石田・玄以連署状(「長府毛利家文書」東史影写本)。(同年)八月十日付 杉若無心書状(「堀内文書」東史影写本)。(同年)九月十八日付 山内一豊書状(「御手許文書」『山内家史料』)。(同年)九月十八日付 長束・増田・石田・玄以連署状(「大阪城天守閣所蔵文書」『大阪城天守閣紀要』四五、二〇二一年)。『鹿苑日録』文禄三年九月二十三日条など。
(122) (文禄三年)六月十日付 蒲生氏郷黒印状(「今井文書」東史影写本)。同月十九日付 石田三成書状写(「『越佐史料稿本』所載文書」『上越市史』別編二)。(同年)十月一日付 大谷吉継書状(「吉川金蔵氏所蔵文書」同上)。
(123) (年月日不詳)茶々消息(「福田寺文書」『改訂近江坂田郡志』第六巻)。『駒井日記』文禄二年十月朔日条。前掲注91福田『豊臣秀頼』。
(124) 『兼見卿記』天正十五年九月十三日条。『駒井日記』文禄三年四月十五日条。『義演准后日記』慶長二年九月九日条。
(125) 井上宗雄『中世歌壇史の研究 室町後期』、明治書院、一九七二年。盛本昌広「豊臣政権の贈答儀礼と養生」(『史苑』一六四、二〇〇〇年)。水野裕史「狩野永納筆《秀吉鷹狩絵巻》下絵と勧修寺家」(『デアルテ』三三、二〇一七年)。河内将芳『秀吉の大仏造立』法藏館、二〇〇八年など。
(126) 天野文雄『能に憑かれた権力者——秀吉能楽愛好記』講談社、一九九七年。
(127) 一五九五年一〇月二〇日付 フロイス日本年報補遺(『イエズス』第Ⅰ期第二巻、家入敏光訳)。
(128) (天正十六年)二月十日付 秀吉書状写(「好古類纂」『秀吉』二四三二号)。前掲注127フロイス日本年報補遺。
(129) (文禄五年)二月七日付 前田利家印判状写(「松雲公採集遺編類纂『三輪伝書』」『新修七尾市史』三)。(同年)二月十九日付 伊達政宗書状(「武山家文書」『仙台市史』資料編十一)。(同年)二月二十一日付 真田信幸書状写(「真武内伝附録」『信濃史料叢書』第四)。
(130) 千文写真帳「聞書古案」十一。
(131) 「慶長記」。(文禄五年)閏七月九日付 石川光吉ら連署状(『招提村片岡家文書の研究』)。
(132) (文禄五年)八月晦日付 上杉景勝書状写(『明治古典会七夕古書大入札会目録』平成十八年)。
(133) 前掲注71フロイス日本年報補遺。(年月日不詳)御人数御揃備之次第(「安土城考古博物館所蔵文書」、高木叙子・松下浩「滋賀県立安土城考古博物館の新規収蔵資料(古文書)について」(『紀要』四、一九九六年)所載)。桜井英治「日本中世史への招待」(『岩波講座日本歴史』第六巻、二〇一三年)。
(134) 高木昭作「「公儀」権力の確立」(前掲注4高木『日本近世国家史

の研究』、初出一九八一年）は豊臣政権によって設定された石高を、年貢収取・役賦課の両面においてフィクションと捉えた。また、池上裕子氏も、畿内・近国ですら検地石高と年貢収取高が異なり、それ以外の地域においては乖離が大きくなることを指摘している。池上「織豊期検地論」（同著『戦国時代社会構造の研究』一九九九年、初出一九八八年）、同「検地と石高制」（同著『日本中近世移行期論』校倉書房、二〇一二年、初出二〇〇四年）。

（135）善積（松尾）美恵子「手伝普請について」（『学習院大学文学部研究年報』一四、一九六七年）。森下徹「幕府普請役への萩藩の対応をめぐって」（『やまぐち学の構築』九、二〇一三年）。

（136）豊臣政権は壬辰戦争時に朝鮮在陣衆の不満を逸らすため、国内での普請役負担を引き合いに出しており、軍役と普請役を類似の範疇で捉える意識は確かに存在していた。（文禄四年）二月二十五日付大村由己書状（『相良家文書』七四九号）など。

（137）前掲注5山本「豊臣政権期島津氏の蔵入地と軍役体制」。

第九章

（1）鄭杜熙ら編『壬辰戦争』明石書店、二〇〇八年。清水光明編『「近世化」論と日本』勉誠出版、二〇一五年。岸本美緒『明末清初中国と東アジア近世』岩波書店、二〇二一年など。

（2）北島万次『豊臣政権の対外認識と朝鮮侵略』校倉書房、一九九〇年。三鬼清一郎『豊臣政権の法と朝鮮出兵』青史出版、二〇一二年など。なお、詳細な研究史の展開については、北島「豊臣政権の朝鮮侵略に関する学説史的検討」（同上書第一章）参照。

（3）中野等『秀吉の軍令と大陸侵攻』吉川弘文館、二〇〇六年など。

（4）北島万次『朝鮮日々記・高麗日記』そしえて、一九八二年。中野等『文禄・慶長の役』吉川弘文館、二〇〇八年。北島万次編『豊臣秀吉朝鮮侵略関係史料集成』一～三、平凡社、二〇一七年。以下、同書を引用する際は丸付き数字で巻数、漢数字で頁数を示す。

（5）「吉野甚五左衛門覚書」『続群書類従』二〇輯下。

（6）藤木久志「惣無事令と朝鮮侵略」（同著『豊臣平和令と戦国社会』東京大学出版会、一九八五年、初出一九八三年）。同「民衆はいつも被害者か」（同著『戦国史をみる目』校倉書房、一九九五年、初出一九八七年）。

（7）笠谷和比古「蔚山籠城戦と関ケ原合戦」（同著『関ケ原合戦と近世の国制』思文閣出版、二〇〇〇年、初出一九九八年）。

（8）岩沢愿彦「秀吉の唐入りに関する文書」（三鬼清一郎編『豊臣政権の研究』吉川弘文館、一九八四年、初出一九六二年）。

（9）（天正十四年）四月十日付　秀吉覚書（「毛利文書」『秀吉』一八七四号）。（天正十三年）九月三日付　秀吉朱印状（「三渓園所蔵文書」『秀吉』一六一四号）。

（10）鴨川達夫「秀吉は唐入りを言明したか」（東京大学史料編纂所編『日本史の森をゆく――史料が語るとっておきの四二話』中央公論社、二〇一四年）。堀新「豊臣秀吉の「唐入り」構想」（『立正史学』一二五、二〇一九年）。なお、牧原成征「日本の近世化と土地・商業・軍事」（同著『日本近世の秩序形成――村落・都市・身分』東京大学出版会、二〇二二年、初出二〇一九年）も類似の観点から鴨川説に疑義を呈している。

（11）前掲注10鴨川「秀吉は唐入りを言明したか」、堀新「豊臣秀吉の「唐入り」構想」。

（12）（天正十四年）六月十六日付　秀吉判物（「宗家文書」『秀吉』一九〇〇号）。（天正十五年）五月四日付　秀吉朱印状（「同上」『秀吉』二一七六号）。（同年）五月九日付　秀吉自筆書状（「『東西展観古典籍大入札会目録』所載文書」『秀吉』二一八二号）。

（13）（天正二十年）五月八日付　小西行長書状（「宗家文書」、武田勝蔵「伯爵宗家所蔵豊公文書と朝鮮陣」（『史学』四―三、一九二五年））。

(14)（天正十五年）五月二十九日付　秀吉自筆書状（「妙満寺文書」『秀吉』二二一〇号）、（同年）六月朔日付　秀吉朱印状（「中川文書」『秀吉』二二二二号）など。「九州御動座記」（清水紘一『織豊政権とキリシタン――日欧交渉の起源と展開』岩田書院、二〇〇一年）。

(15)（天正十七年）三月二十八日付　秀吉判物（「宗家文書」『秀吉』二六六四号）。

(16)「伊藤本文書」東史謄写本。

(17)（天正十七年）十二月二十八日付　秀吉判物（「宗家文書」『秀吉』二八七三号）。『懲毖録』（東洋文庫）二〇頁など。

(18)（天正十四年）八月五日付　秀吉朱印状（「黒田家文書」『秀吉』一九二五号）。前掲注14（天正十五年）五月二十九日付　秀吉自筆書状。（天正十六年）四月六日付　富田一白書状（「結城白川文書」『新訂白河結城家文書集成』）。（天正十七年）十一月十日付　浅野長吉・富田一白連署状（『伊達家文書』四四〇号）。

(19)（天正十五年）十月十四日付　秀吉朱印状（「宗家文書」『秀吉』二三五五号）。「北野大茶湯之記」（『北野大茶湯』茶道資料館特別展図録、二〇二〇年）。一五八六（天正十四）年一〇月一七日付　ルイス・フロイス書翰（『イエズス』第Ⅲ期第七巻、有水博訳）。

(20) 天正十八年二月二十八日付　秀吉朱印状写（「島津文書」『秀吉』二九七四号）。同年十一月付　秀吉国書（「近衛家文書」『秀吉』三五〇六号）。天正十九年七月二十五日付　秀吉国書（「天理図書館所蔵文書」『秀吉』三七一二号）。天正十八年八月二十二日付　山中長俊書状（「喜連川文書」『茨城県史料』中世編Ⅵ）。なお、名護屋城からは天正十八年五月の銘を持つ瓦が出土しており、その頃から普請準備が始められていた可能性がある。

(21)（天正十九年）九月三日付　秀吉朱印状（「名護屋城博物館所蔵文書」『秀吉』三七四八号）。天正二十年正月五日付　秀吉掟書（「小早川文書」『秀吉』三八六六号）。『鹿苑日録』二十九、天正十九年八月六日条など。

(22) 文禄期以降は用例が極端に減る。使用される場合でも、例えば、文禄四年（一五九五）二月二十八日付　蘆名盛重黒印状（「満願寺文書」『茨城県史料』中世編Ⅲ）では、「入唐出陣之剋、別而被抽精誠之由神妙候」として、過去の時点での忠節を褒める内容となっている。

(23) なお、諸言説については、六反田豊ら「文禄・慶長の役（壬辰倭乱）」（『日韓歴史共同研究報告書』第二分科篇、二〇〇五年）、津野倫明「朝鮮出兵の原因・目的・影響に関する覚書」（高橋典幸編『戦争と平和』竹林舎、二〇一四年）、米谷均「文禄・慶長の役／壬辰戦争の原因（実像編）」（『秀吉の虚像と実像』笠間書院、二〇一六年）を参照。ほかに明征服説もあるが、同義反復のきらいがあり、ここでは除外する。

(24) 朝尾直弘「豊臣政権論」（『朝尾直弘著作集』第三巻、岩波書店、二〇〇四年、初出一九六三年）。同「十六・十七世紀の東アジアと日本」（同第八巻、二〇〇四年、初出一九六六年）。藤木久志『天下統一と朝鮮侵略』講談社、二〇〇五年、初出一九七五年。

(25) フロイス『日本史』第三部五五章、松田毅一・川崎桃太訳。一五九二（天正二十）年一〇月一日付　フロイス日本年報（『イエズス』第Ⅰ期第1巻、家入敏光訳）。

(26) 例えば、秀吉は宣教師らに対して、「シナ人が彼に恭順の意を表するようになれば、それ以上のことは望まず、領土を占領したり、土地を取り上げたりはせず、唯彼の帝国に服従させるだけである」と語ったとされる。前掲注19フロイス書翰。

(27) 田保橋潔「壬辰役雑考」（『青丘学叢』一四、一九三三年）など。

(28) 佐島顕子「『朝鮮王朝実録』所載日本人名に見る豊臣政権」（山本博文編『法令・人事から見た近世政策決定システムの研究』東京大学史料編纂所研究成果報告、二〇一四年）。

（29）川西裕也「〈訳註〉壬辰戦争における加藤清正の会談記録（一）」（『環日本海研究年報』二八、二〇二四年）。
（30）平川新『戦国日本と大航海時代』中央公論社、二〇一八年。
（31）清水有子「イエズス会の軍事的性格をめぐって」（同著『近世日本の形成とキリシタン』吉川弘文館、二〇二四年、初出二〇一四年）、同「近世日本の形成と南蛮・キリシタン」（同上書、初出二〇二三年）、平川新「スペインとポルトガルの日本征服論をめぐって」（『歴史評論』八一五、二〇一八年）、朴慶洙「イエズス会の日本「武力征服論」について――高瀬・平川研究の批判的検討」（『歴史』一三三、二〇一九年）など。
（32）京都大学附属図書館蔵「日次記（菊亭文庫）」（翻刻は『近世初頭九州紀行記集』参照）天正二十年四月二十五日条など。
（33）「天正二十年聚楽第行幸記」、竹内洪介「『天正二十年 聚楽第行幸記』改題・翻刻」（『古代中世文学論考』四〇、二〇二〇年）。
（34）「九州御動座記」。『大かうさまくんきのうち』（斯道文庫）など。
（35）『鹿苑日録』二十九、天正十九年八月六日条。（同年）八月二十三日付 石田正澄書状（『相良家文書』六九九号）。フロイス『日本史』第三部四五章。
（36）金翰奎「壬辰倭乱の国際的環境――中国的世界秩序の崩壊」（前掲注1『壬辰戦争』）。鄭潔西「万暦時期に日本の朝鮮侵略軍に編入された明朝人」（同著『跨境人員、情報網絡、封貢危机――万暦朝鮮戦争与16世紀末的東亞』上海交通大学出版社、二〇一七年、初出二〇〇九年）など。
（37）村井章介「壬辰倭乱の歴史的前提――日朝関係史における」（同著『日本中世の異文化接触』東京大学出版会、二〇一三年、初出一九九九年）。
（38）古川元也「中世唐物再考」（河添房江・皆川雅樹編『唐物と東アジア――舶載品をめぐる文化交流史』二〇一一年、勉誠出版）。例えば、朝尾直弘氏は唐物憧憬からの脱却を日本型華夷意識の前提としているが、唐物はなお憧憬の対象であり続け、和物・高麗物・南蛮物などの台頭により一定程度相対化されたと捉えるべきであろう（『朝尾直弘著作集』第五巻、二〇〇四年、初出一九七五年）。
（39）（年不詳）十二月十三日付 千利休書状（「個人蔵文書」『増補版利休の手紙』七九号）。（天正十九年）十月十四日付 加藤清正書状（「室文書」東史影写本）。文禄三年十二月二十九日付 伏見城瓦箔押し手間代米書上（「大中院文書」（『大・永』）一七二号）。慶長三年九月十七日付 侍女ちよほ血判起請文（「大阪城天守閣所蔵木下家文書」『ねね』）。（天正二十年）七月五日付 秀吉朱印状写（「楓軒文書纂」『秀吉』六一八二号）。（同年）七月十八日付 秀吉朱印状（「溝江家文書」『秀吉』六一八五号）。
（40）『集成』①二八四・四二〇頁、③六四八頁。『鹿苑日録』二十七、慶長二年十月四日条。朴鐘鳴訳注『看羊録』（東洋文庫）二二八頁など。
（41）拙稿「中近世移行期の唐人――文化・技術からみた東アジアの「近世」化」（『立命館文学』六八二、二〇二三年）。管寧「秀吉の朝鮮侵略と許儀後」（『日本史研究』二九八、一九八七年）。増田勝機『薩摩にいた明国人』高城書房、一九九九年。米谷均「『全浙兵制』「近報倭警」にみる日本情報」（村井章介編『八―一七世紀の東アジア地域における人・物・情報の交流』東京大学大学院人文社会系研究科、二〇〇四年）。『両朝平攘録』巻四。
（42）『晴豊』天正十九年八月五日条。フロイス『日本史』第三部四六章。
（43）『集成』①一五七頁。天正十八年二月二十八日付 秀吉国書（「続善隣国宝記」『秀吉』二九七五号）。前掲注19秀吉国書など。
（44）『集成』①二一頁。米谷均「十六世紀日朝関係における偽使派遣の構造と実態」（『歴史学研究』六九七、一九九七年）など。

(45)『集成』①二三頁。『朝鮮王朝実録』光海君元年（一六〇九）四月二十一日条。

(46)『集成』②四六七・七九六・八五一頁、③二六七頁。

(47)『朝鮮王朝実録』宣祖二十八年（一五九五）二月十日条。『集成』①三八二頁。

(48)堀新「織豊期王権論――〈日本国王〉から〈中華皇帝〉へ」（同著『織豊期王権論』校倉書房、二〇一一年、初出二〇〇〇年）。同「織豊期王権論再論――公武結合王権論をめぐって」（同上著、初出二〇〇六年）。なお、〈日本国王〉と〈中華皇帝〉は実際の名称ではなく、それぞれ日本と中国の実権を握る存在を示す分析概念にあたる。

(49)堀新「信長・秀吉の国家構想と天皇」（池享編『天下統一と朝鮮侵略』吉川弘文館、二〇〇三年）。なお、〈日本国王〉化については、宣教師の記録や『多聞院日記』が典拠に挙げられている。

(50)万暦十九年（一五九一）九月付 許儀後・郭国安連名陳報（「近報倭警」）。

(51)『集成』②五一五・六〇二頁、①六九八頁。

(52)河宇鳳「十七世紀知識人の日本観」（同著『朝鮮実学者の見た近世日本』ぺりかん社、二〇〇一年、初出一九八九年）。『集成』②七七三・四頁。一五九四年二月七日付 セスペデス書翰（フロイス『日本史』第三部五五章）。

(53)『集成』①四二〇頁。（文禄二年）正月七日付 南部信直書状（「遠野南部家文書」『青森県史』資料編中世一）。

(54)跡部信「豊臣政権の対外構想と秩序観」（同著『豊臣政権の権力構造と天皇』戎光祥出版、二〇一六年、初出二〇一一年）。

(55)北島万次「豊臣政権の対外認識と東アジア世界」（前掲注2『豊臣政権の対外認識と朝鮮侵略』、初出一九八六年）。前掲注49堀新「信長・秀吉の国家構想と天皇」。

(56)鄭潔西「明代万暦時期における豊臣秀吉像」（前掲注36同著、初出二〇〇九年）。

(57)『看羊録』一五四頁。フロイス『日本史』第二部九七章。

(58)跡部信「秀吉の朝鮮渡海と叡慮」（前掲注54『豊臣政権の権力構造と天皇』、初出二〇〇三年）。

(59)『集成』①五七・四七四頁。「宿蘆稿」（『続群書類従』第十三輯下）。

(60)「豊国大明神祭礼記」『続群書類従』第三輯上。『大かうさまくんきのうち』（斯道文庫）。万暦十九年四月付 陳申陳報（「近報倭警」）。「九州御動座記」。『集成』②三一五頁。

(61)『集成』②七九六・九六五頁、③二六四頁。前掲注52河宇鳳「十七世紀知識人の日本観」。

(62)従来は秀吉の「征明嚮導」を小西らが「仮途入明」にすり替えたとされてきたが、跡部氏は当初より両者によって二つの表現が併用されていたことを指摘している。跡部信「文禄・慶長の役における秀吉の目標と対外認識」（『日本史研究』七二六、二〇二三年）。

(63)『集成』①一八二・一八五・二〇三頁、②七一五頁。

(64)『集成』①二四一・三一六・四二〇頁。『鹿苑日録』三十、天正二十年三月二十六日条。

(65)（天正二十年）四月二十四日付 木村一書状写（静嘉堂文庫所蔵「集古文書」）。（同年）四月二十五日付 徳川家康書状（「耀海寺所蔵文書」）。「日次記（菊亭文庫）」天正二十年四月二十四日条。

(66)（天正二十年）二月二十七日付 秀吉朱印状（「鍋島文書」『秀吉』三九五五号）。（同年）四月二十五日付 秀吉朱印状（「黒田家文書」『秀吉』四〇二四号）。同年五月十八日付 秀吉覚書（「尊経閣古文書纂」『秀吉』四〇九七号）。（天正二十年）四月二十七日付 長束直吉書状（「文禄中日記紙背」『西笑和尚文案』一―一八）。

(67)（天正二十年）六月四日付 相馬義胤書状（『相馬文書』一四一号）。（同年）十二月三日付 南部信直書状案（「遠野南部家文書」『青森県史」資料中世一）。前掲注53南部信直書状。
(68)『両朝平攘録』巻四・日本上。
(69)『集成』①四一九・七五七頁。文禄二年八月七日付 秀吉定書（「長府毛利家文書」『秀吉』六二二二号）。
(70)（天正二十年）七月二十二日付 毛利重政書状（「永運院文書」（『大・永』）三五号）。
(71)藤木久志『雑兵たちの戦場』新版、朝日新聞出版、二〇〇五年、初出一九九五年。「寒川入道筆記」（『続群書類従』三三輯上）。
(72)『集成』①八〇〇頁。久芳崇『東アジアの兵器革命』吉川弘文館、二〇一〇年。
(73)『錦渓日記』宣祖三十二年（一五九九）五月二十日条。『集成』②三〇二・六一五頁など。盛本昌広「戦国合戦と鍬・鋤・埋草」（『城郭史研究』三二、二〇一三年）。
(74)『看羊録』六九頁。『錦渓日記』宣祖三十二年（一五九九）五月十六日条。貫井正之『豊臣政権の海外侵略と朝鮮義兵研究』青木書店、一九九六年。
(75)天正十九年十月二十四日付 加藤清正ら連署状（『思文閣古書資料目録』一六三、「古文書雑集」東史謄写本など）。天正二十年六月二十一日付 増田長盛ら十四名連署条々（「阿部氏家蔵豊太閤朱印写」、金子拓「肥後加藤家旧蔵豊臣秀吉・秀次朱印状について」（『東京大学史料編纂所研究紀要』二一、二〇一一年）所収）など。
(76)天正二十年十二月六日付 唐夫定状（『今堀』一二五号）。（文禄二年）三月二十八日付 綾井今兵衛ら連署状（「大谷雅彦氏所蔵文書」東史写真帳）。（天正二十年）正月二十日付 長束正家書状写（「南部文書」東史影写本）。同年同月日付 観音寺詮舜ら連署状（「吉川慶治郎氏文書」『近江長濱町志』第一巻）。
(77)慶長二年四月七日付 船・加子書上（「明治大学刑事博物館所蔵文書」）。
(78)「福知山城天守下張文書」『甲子夜話』続篇二。
(79)中野等「石田三成の居所と行動」（『居所』）。「日次記（菊亭文庫）」天正二十年四月十三日・二十六条。
(80)（天正二十年）五月十八日付 山中長俊書状（「組屋文書」『小浜市史』諸家文書編一）。
(81)前掲注3中野等『秀吉の軍令と大陸侵攻』。跡部信「秀吉独裁制の権力構造」（前掲注54『豊臣政権の権力構造と天皇』、初出二〇〇九年）。
(82)（天正二十年）六月付 西笑承兌書状（「等持院文書」東史影写本）。
(83)天正二十年六月二日付 秀吉覚書（「羽田八幡宮文書」『秀吉』四一一八号）。『看羊録』一六〇頁。
(84)「日記」（『旧記雑録』後編二）天正二十年六月六日条。同年六月三日付 秀吉朱印状（「尊経閣古文書纂」『秀吉』四一三四号）。「西征日記」（『続々群書類従』三）同年七月二十二・三日条。
(85)「大阪城天守閣所蔵文書」。詳細の検討については、拙稿「「朝鮮三奉行」の渡海をめぐって」（『立命館文学』六七七、二〇二二年）を参照。
(86)（天正二十年）八月二十九日付 中小路一元書状写（「吉川家中并寺社文書」東史謄写本）。『集成』②四五〜五一頁。（文禄二年）二月朔日付 大谷吉継書状（「厚狭毛利家文書」『山口県史』史料編中世三）。
(87)（天正十八年）八月十三日付 長谷川秀一・石田三成連署状（『伊達家文書』五三一号）。（同年）五月朔日付 浅野長吉・木村一連署状（『戦国遺文』房総編二二八五号）。（同年）八月十七日付 木村一・大谷吉継・前田利家連署状写（「秋田藩家蔵文書」『秋田県史』資料古代中世）など。
(88)「日次記（菊亭文庫）」天正二十年四月十五日条。『集成』①二二〇頁。（天正二十年）四月八日付 秀吉朱印状写（「諸牒余録」『秀吉』四〇〇一号）。

(89)（天正十八年）二月晦日付　秀吉朱印状（「個人蔵文書」『秀吉』二九七七号）。（同年）三月四日付　秀吉朱印状（「同上」『同上』二九八〇号）など。曽根勇二「秀吉の右筆」（山本博文ら編『消された秀吉の真実――徳川史観を越えて』柏書房、二〇一一年）。

(90)（天正二十年）六月九日付　秀吉朱印状（「龍野神社旧蔵文書」『秀吉』四一四五号）。（同年）七月十一日付　同朱印状（「鍋島文書」『秀吉』四一九九号）。（天正二十年）六月六日付　大谷吉継書状写（「吉川家中并寺社文書」）など。

(91)（天正二十年）八月十四日付　秀吉朱印状（「島津文書」『秀吉』四二三四号）。（同年）九月二十四日付　同朱印状（「小早川文書」『秀吉』四二六六号）など。（同年）九月二日付　奈良惣中訴状写（「庁中漫録」二五）。

(92)（天正二十年）十一月二十六日付　長宗我部元親書状写（「蠹簡集」東史謄写本）。（文禄元年）十二月二十四日付　秀吉朱印状（「野村百次郎氏所蔵文書」『秀吉』四三六四号）など。播磨良紀「『駒井日記』（駒井重勝）――豊臣秀次側近が記した太閤―関白関係」（元木泰雄・松薗斉編『日記で読む日本中世史』ミネルヴァ書房、二〇一一年）。

(93)（文禄二年）正月十一日付　増田・大谷・石田・加藤光泰・前野長泰連署状（金沢工業大学所蔵「長九郎左衛門手紙」『大阪城天守閣紀要』三七、二〇〇九年）。

(94)（文禄二年）五月二十三日付　某書状（「富田仙助氏所蔵文書」東史影写本）。「服部伝右衛門自記」（東史謄写本）天正二十年十二月条。

(95)『集成』②六五・六六・二一七頁など。

(96)前掲注3中野等『秀吉の軍令と大陸侵攻』。佐島（国重）顕子「豊臣政権の情報伝達について」（拙編『石田三成』戎光祥出版、二〇一八年、初出一九八九年）。

(97)佐島顕子「秀吉と情報」（前掲注89山本ら編『消された秀吉の真実』）。前掲注86大谷吉継書状。

(98)天正二十一年五月十四日付　大谷吉継書状（「道川文書」『福井県史』資料編八）など。

(99)佐島顕子「壬辰倭乱講和の破綻をめぐって」（『年報朝鮮学』四、一九九四年）。前掲注3中野等『秀吉の軍令と大陸侵攻』。金文子「慶長元年の日明和議交渉破綻に関する一考察」（『人間文化研究年報』一八、一九九四年）も同様の見解を採る。

(100)前掲注53跡部「豊臣政権の対外構想と秩序観」。佐島顕子「老いた秀吉の誇大妄想が、朝鮮出兵を引き起こしたのか」（渡邊大門編『戦国史の俗説を覆す』柏書房、二〇一六年）。

(101)『集成』②二六四・八四七・八六六・九六八頁など。なお、撤兵問題と領土問題を区別すべき点は、前掲注62跡部「文禄・慶長の役における秀吉の目標と対外認識」でも指摘されている。

(102)『集成』①八一・九一三頁。

(103)『集成』②一四九・一七五頁など。三木聰「万暦封倭考――封貢問題と九卿・科道会議」（同著『伝統中国と福建社会』汲古書院、二〇一五年、初出二〇〇三・四年）。

(104)『集成』②六八・一五九・一六四・一六九頁など。文禄二年三月十四日付　伊達政宗書状（『伊達家文書』六四三号）。万暦二十一（一五九三）年七月十四日付　移本部咨（『経略復国要編』巻九）。なお、加藤清正も、講和・撤兵後も釜山は拠点として留置すると述べている。前掲注29川西「〈訳註〉壬辰戦争における加藤清正の会談記録（一）」。

(105)『集成』②二六一頁。前掲注54跡部「豊臣政権の対外構想と秩序観」。例えば、倭城（仕置の城）も領域支配のためではなく、明との交渉手段として構築された。『秀吉』四六六二号。文禄二年七月二十四日付　伊達政宗書状（『伊達家文書』六五〇号）。

(106)（文禄二年）五月二十三日付　古田重然書状写（『張州雑志』第七巻）。

(107)（文禄二年）五月六日付　宮部継潤書状（「中島寛一郎氏所蔵文書」

東史影写本）。（同年）五月二十八日付 泉澤久秀書状写（『伊勢古文書集』二下 所載文書」『上越市史』別編二）など。

(108)（文禄二年）十月十一日付 宇都宮国綱書状（「喜連川文書」『茨城県史料』中世編Ⅵ）。（同年）十月二十二日付 喜連川頼淳書状写（「喜連川文書」同上）。『駒井日記』文禄二年閏九月十八日条など。

(109) 三木聰「福建巡撫許孚の謀略——豊臣秀吉の「征明」をめぐって」（前掲注103『伝統中国と福建社会』、初出一九九六年）。『集成』②七四八・八三二頁など。

(110)『集成』②八九八頁。

(111) 佐島顕子「日明講和交渉における朝鮮撤退問題——冊封正使の脱出をめぐって」（中村質編『鎖国と国際関係』吉川弘文館、一九九七年）。

(112) 前掲注99佐島「壬辰倭乱講和の破綻をめぐって」。

(113)『集成』③三三七・三七七・四四八・五一九・九六九頁。前掲注62跡部「文禄・慶長の役における秀吉の目標と対外認識」。

(114)『江雲随筆』東史謄写本。文禄二年二月十八日付 秀吉覚書写（「浅野文書」『秀吉』四四六二号）。同年二月二十七日付 同覚書写（「立花文書」『秀吉』四四七一号）。『駒井日記』文禄二年閏九月十二日条。

(115)「学問所記」（『南陽稿』）。『朝鮮征伐記』巻五。

(116) 天正十九年九月十五日付 秀吉朱印状写（「朝鮮征伐記」『秀吉』三八一七号）。（文禄二年）三月十三日付 南部信直書状（「もりおか歴史文化館所蔵文書」『青森県史』資料編中世一）。『瑣尾録』宣祖三十一年（一五九八）正月二十四日条。『集成』②一七四頁など。

(117)『集成』①六六・二四八・三八五頁。北島万次『朝鮮日々記・高麗日記』そしえて、一九八二年。小林清治「秀吉と禁制」（同著『秀吉権力の形成』東京大学出版会、一九九四年、初出一九九二年）。

(118)『看羊録』二六・一八二頁。前掲注25フロイス日本年報。一五九六年一二月二八日付 フロイス日本年報補遺（『イエズス』第Ⅰ期第二巻、家入敏光訳）。本書序章参照。

(119)『集成』①三九四・五四一・五八二・六九八頁。

(120) フロイス『日本史』第三部四八・四九章。『集成』①六六三・六八九頁。（文禄二年）三月十九日付 高橋宗一書状写（「文書雑集」東史謄写本）。『瑣尾録』宣祖二十六年（一五九二）七月朔日条。

(121)『瑣尾録』宣祖二十六年（一五九二）四月十九日条。『集成』①八六三頁など。

(122)『集成』①四六七・六六三・六九六・九二四頁。

(123)『集成』①三四七頁、②六六頁。（天正二十年）六月二十八日付 増田長盛書状「松平文庫所蔵文書」、三鬼清一郎「朝鮮出兵における国際条件について」（前掲注2『豊臣政権の法と朝鮮出兵』、初出一九七四年）に所載。

(124) 村井章介「「倭城」をめぐる交流と葛藤——朝鮮史料から見る」（前掲注37『日本中世の異文化接触』、初出二〇〇七・九年）。『集成』①七五七頁、③九三二頁。

(125)『集成』③六三五・七四九・七七〇頁。慶長二年三月二十一日付「清正松雲問答」国立公文書館内閣文庫所蔵。

(126) フロイス『日本史』第三部二七・五〇章。（天正二十年）五月十八日付 毛利吉成書状（「長井健一文書」『小浜市史』諸家文書編一）。なお、森山恒雄「九州統一期設置の豊臣蔵入地」（同著『豊臣氏九州蔵入地の研究』吉川弘文館、一九八三年、初出一九六七年）は当該文書の宛名を長束正家と推測するが、浅野長吉であろう。

(127) 天正二十年正月二十八日付 酒井重忠定書（「秋本文書」東史影写本）。（同年）九月九日付 次左衛門書状写（『萩藩閥閲録』遺漏）。『集成』②一四〇・二七七・五八七・七四二頁など。

(128)『集成』②二二〇頁。（文禄三年）九月二十三日付 秀吉朱印状写（「伊東系譜」『秀吉』五〇〇一号）。（年月日不詳）行善書状（「堀内文書」東史影写本)。(文禄四年)二月二十五日付　大村由己書状(『相良家文書』七四九号)。

(129)(天正二十年)二月十五日付　前田利家書状写(「高畠文書」『加能古文書』二〇六九号)。同年九月十九日付　同書状写(「三輪文書」『同上』二〇七五号)。(同年)二月二十二日付　大友吉統書状(「平林利一氏文書」『編年大友史料』二八)。天正十九(二十)年正月十一日付　毛利輝元条々写(「武田氏所蔵文書」『広島県史』古代中世資料編Ⅳ)。

(130)『大かうさまくんきのうち』。「立入家記」(『禁裏御倉職立入家文書』六〇号)。山口和夫「統一政権の成立と朝廷の近世化」(同著『近世日本政治史と朝廷』吉川弘文館、二〇一七年、初出一九九六年)。

(131)「学問所記」。文禄五年三月中旬　宗光寺中興開起縁起(「全水寺文書」『関城町史』史料編Ⅰ)。「西笑和尚文案」(『西笑和尚文案』)三三八号。長正統「景轍玄蘇——一外交僧の出自と法系」(三鬼清一郎編『豊臣政権の研究』吉川弘文館、一九八四年、初出一九六三年)。

(132)前掲注24藤木『天下統一と朝鮮侵略』。

(133)前掲注50許儀後・郭国安連名陳報。『集成』②四八九頁など。

(134)紙屋敦之『梅北一揆の研究』南方新社、二〇一七年。前掲注23藤木『天下統一と朝鮮侵略』。

(135)本書第十一章参照。魯認「倭窟探情」『錦溪集』巻二(早稲田大学図書館所蔵)。

(136)『集成』①八一一・八二九・八三三頁。

(137)『集成』①九一〇頁、②一八八・二〇四頁。

(138)『集成』②一八八・二二四頁。文禄三年四月二十九日付　加藤清正書状(「武井友貞氏所蔵文書」『熊本県史料』中世編第五巻)など。

(139)『集成』③九三・二五二頁。

(140)稲葉継陽「兵農分離と侵略動員」(同著『日本近世社会形成史論——戦国時代論の射程』校倉書房、二〇〇九年、初出二〇〇三年)。

(141)慶長三年十一月十五日付　長宗我部盛親書状(「小笠原文書」『大日』第十二編二十、四四〇頁)。同年二月十日付　上杉家条書(「覚上公御書集」十八『上越市史』別編二)。なお、城郭技術においても丁酉再戦の前後で大きな画期があったことについては、拙稿「織豊期権力論からみた城郭史研究」(『ヒストリア』二九六、二〇二三年)参照。

(142)前掲注24藤木『天下統一と朝鮮侵略』。本書第十二章参照。

(143)朝尾直弘「兵農分離と戦後の近世史研究」(『朝尾直弘著作集』第七巻、岩波書店、二〇〇四年、初出一九九六年)。

(144)『集成』③二八九頁。

第十章

(1)中野等『豊臣政権の対外侵略と太閤検地』校倉書房、一九九六年。同『秀吉の軍令と大陸侵攻』吉川弘文館、二〇〇六年。なお、本章における壬辰戦争に関する基礎的な事実関係については、両書の成果に多くを依拠している。

(2)前者は、曽根勇二『近世国家の形成と戦争体制』校倉書房、二〇〇四年。後者は、三鬼清一郎「朝鮮出兵における軍役体系について」(同著『豊臣政権の法と朝鮮出兵』青史出版、二〇一二年、初出一九六六年)。秋澤繁「天正十九年豊臣政権による御前帳徴収について」(『論集中世の窓』吉川弘文館、一九七七年)など。

(3)「三浦十左衛門家文書」『三浦十左衛門家文書・池田愿同家文書調査報告書』。

(4)「侍中由緒帳(一三)」『侍中由緒帳』六。

(5)前掲注3「三浦十左衛門家文書」。

(6)「三浦十左衛門家文書」に残されるもう一つの過所(文禄二年)五月二十七日付の浅野・早川連印過所)の「牧野勘右衛門者壱人」

がその人数に入っている可能性もあるが、子細は判然としない。

(7)『伊達治家記録』二。「片倉代々記」(『白石市史』第四巻史料編上)にも同内容の写しが存在する。なお、帰国者には、前者では本内五郎左衛門、後者では新田進九郎・片倉右近が含まれていたとされる。

(8)(文禄二年)十月十一日付 直江兼続書状(「東京国立博物館所蔵文書」一、東史影写本)。

(9)「五十嵐文書」東史影写本。

(10)『歴代古案』四、一二八六号。「小林家文書」『丹波国船井郡小林家文書調査報告書』。『弘文荘古書目録』二九。「大村市立史料館所蔵文書」(鳥津亮二「小西行長発給文書集成」九三号、同著『小西行長――「抹殺」されたキリシタン大名の実像』八木書店、二〇一〇年)。

(11)「個人蔵文書」『仙台市史』資料編十一。

(12)藤木久志「豊臣期佐竹領国の構造」(同著『戦国大名の権力構造』吉川弘文館、一九八七年、初出一九六三年)。稲葉継陽「兵農分離と侵略動員」(同著『日本近世社会形成史論――戦国時代論の射程』校倉書房、二〇〇九年、初出二〇〇三年)。

(13)天正二十年(一五九二)五月二十八日付 泉沢久秀黒印状写(「景勝公諸士来書」十九『上越市史』別編二)。同年六月十七日付 同黒印条写(「覚上公御書集」巻十七上『同上』)。

(14)文禄二年正月日付 豊臣秀次朱印状(『吉川家文書』一、一二六号)。

(15)文禄二年二月十四日付 秀吉朱印状(「島津文書」『秀吉』四四三八号)。島津氏宛て以外にも、筑紫氏や肥後加藤氏の留守居にも発給しており、九州を中心に命じられたと思われる。

(16)(文禄二年)三月二十九日付 瀧川彦次郎ら連署状(「有浦家文書」『佐賀県史料集成』古文書編一九)一四七号)。同年四月三日付 秀吉朱印状(「浅野文書」『秀吉』四五一一号)。

(17)(文禄二年)閏九月二十六日付 秀吉朱印状(「吉川正統叙目」『秀吉』四七六〇号)。同内容の文書は、毛利氏や黒田氏・鍋島氏・肥後加藤氏、淡路加藤氏らにも出されている。

(18)「大洲加藤文書」東史影写本。

(19)『三藐院記』文禄二年正月十日条。なお、同記の扉によると、信尹はこの時、田中の求めに応じて和歌を贈っている。

(20)天正二十年十一月朔日付 秀吉朱印状(「浅野文書」『秀吉』四二八四号)。

(21)「長井家文書」『山口県史』史料編中世二。

(22)『歴代古案』四、一〇九四号。

(23)新城常三「近世交通発達への展開」(同著『戦国時代の交通』畝傍書房、一九四三年)。

(24)本多博之「豊臣政権の次夫・次馬・次飛脚・次船制について」(『内海文化研究紀要』四五、二〇一七年、初出二〇〇二年)。

(25)丸山雍成「近世宿駅研究上の若干の問題」(同著『日本近世交通史の研究』吉川弘文館、一九八九年、初出一九七七年)。同「近世的街道の成立について――唐津街道と奥州街道」(同上書、初出一九八九年)。

(26)相田二郎「豊臣秀吉の文書逓送に就いて」(同著『中世の関所』畝傍書房、一九四三年、初出一九三八年)。さらに遡ると、天正十四年九月に仙石秀久ら四国・中国大名によって九州攻めが行われた際、秀吉は九州からの「注進之船」を浦伝いに送り届けるように命じている。天正十四年九月二十五日付 秀吉朱印状(「柏木文書」『秀吉』一九六四号)。

(27)(天正十八年)五月十五日付 伊奈忠次定書(「白田金指文書」『静岡県史料』第一輯)。ほかにも同文の他郷宛て文書が十一通確認できる。なお、実際に家康の伝馬手形も出されている。『晴豊』天正十八年八月十日条。

(28)藤木久志『雑兵たちの戦場――中世の傭兵と奴隷狩り』朝日新聞社、一九九五年。『静岡県史』通史編三、近世一、高橋廣明執筆分、一九九六年。

(29) 佐竹義重とその妻子、伊達成実、喜連川頼純女の使者などが知られる。なお、経路上の大名の協力については、(天正十八年)八月十七日付の前田利家書状(「大縄文書」『茨城県史料』中世編Ⅱ)など。

(30)(天正二十年)正月二十四日付 秀吉朱印状(「毛利文書」「豊国神社所蔵文書」「小早川文書」『秀吉』三八九四〜七号)。(同年)二月日付 秀次朱印状(「松林氏所蔵文書」『佐賀県史料集成』二一、『小早川家文書』一、三〇六号など)。

(31) 前掲注24本多「豊臣政権の次夫・次馬・次飛脚・次船制について」。

(32)「佐甲家文書」『山口県史』史料編中世三。

(33) 前掲注24本多「豊臣政権の次夫・次馬・次飛脚・次船制について」。なお、深江宛ての次馬・次飛脚掟の写しは、宮書所蔵「豊臣家朱印状」。

(34) 前掲25丸山「近世宿駅研究上の若干の問題」。深井甚三「宿駅・助郷制の成立と伝馬役・助郷役」(同著『幕藩制下陸上交通の研究』吉川弘文館、一九九四年)。

(35)(天正二十年)八月二十四日付 秀吉朱印状(「花岡八幡宮文書」「厳島神社文書」『秀吉』四二四〇・一号)。

(36) 文禄二年二月十二日付 帥法印歓仲書状(「長井家文書」『山口県史』史料編中世二)。

(37)(天正十六年)十月二十六日付 寺沢広政書状写(『大友家文書録』三)。「天正記」(『福原家文書』上巻)天正十六年七月十七日条。

(38)(文禄三年)五月十九日付 秀吉朱印状(「小早川文書」『秀吉』四九三五号)。

(39) 天正二十年三月十三日付 高麗陣立書(「近江水口加藤子爵家文書」『秀吉』三九七七号)。三鬼清一郎「朝鮮出兵における水軍編成について」(前掲注2『豊臣政権の法と朝鮮出兵』、初出一九六八年)。中野等「第一次朝鮮侵略戦争における豊臣政権の輸送・補給政策」(前掲注1『豊臣政権の対外侵略と太閤検地』、初出一九九〇年)。

(40)(天正二十年)四月二十日付 大谷・石田・牧村・岡本連署船請取状(「岡崎寿夫氏所蔵文書」東史台紙付写真)。

(41)「日記」(『旧記雑録後編二』九一〇号)天正二十年六月八日条。

(42)「日記」天正二十年六月十一日条。

(43) 天正二十年七月十六日付 秀吉朱印状写(「高山公実録」『秀吉』四二一二号)。

(44)(文禄元年)十二月八日付 秀吉朱印状(「中川家文書」『秀吉』四三四一号)。(同年)十二月十日付 秀吉朱印状(「鍋島文書」『秀吉』四三四三号)。

(45) 曽根勇二「秀吉政権の交通支配」(前掲注2『近世国家の形成と戦争体制』、初出一九八六年)。中野等「在番体制と秀吉の凱旋計画」(前掲注1『秀吉の軍令と大陸侵攻』、新稿)。(文禄二年)六月九日付 嶋一正ら連署状(『思文閣古書目録』二七五)。

(46)「大和田重清日記」(『高根沢町史』史料編Ⅰ)文禄二年六月十五・十九日、七月九日条。

(47) 山本博文「豊臣政権の「取次」の特質」(同著『幕藩制の成立と近世の国制』校倉書房、一九九〇年、初出一九八四年)。

(48)(慶長二年)八月十日付 秀吉朱印状(「大阪城天守閣所蔵文書」『秀吉』五六四一号)。(同年)七月二十七日付 同朱印状(「早稲田大学図書館所蔵文書」「毛利文書」『秀吉』五六三〇・一号)。なお、伝馬の飼料や中間の扶持米は、毛利氏家臣に立て替えさせた。(慶長二年)九月三日付 長束正家・増田長盛連署状写(「萩藩閥閲録」巻一〇ノ三)。また、増田長盛も広島・鞆・下津井・室・明石・兵庫・大坂の次舟を命じているが、政権から直接次舟奉行が派遣された様子はない。(同年ヵ)九月二十五日付 増田長盛書状(「広島県立歴史博物館所蔵文書」『広島県立歴史博物館新収蔵資料展』図録)。

（49）「日本往還日記」（『青丘学叢』十一、一九三三年）万暦二十四年（文禄五年、一五九六）閏八月七日条。

（50）岸田裕之「大名領国下における赤間関支配と問丸役佐甲氏」（同著『大名領国の経済構造』岩波書店、二〇〇一年、初出一九八八年）。丸山雍成「歴史に見る「道」と「関」――山陽道赤間関付近を中心として」（『駒澤史学』五二、一九九八年）。前掲注24本多「豊臣政権の次夫・次馬・次飛脚・次船制について」。

（51）天正十六年八月一日付　蔵田就貞書状写（『萩藩閥閲録』第三巻、一二六、蔵田藤左衛門四号）。

（52）（天正十四年）四月十日付　秀吉朱印状（「毛利文書」『秀吉』一八七四号）。（同年）十月十日付　同判物（「同上」『秀吉』一九八七号）。（同年）十月十七日付　同朱印状（「近江水口加藤子爵家文書」『秀吉』一九九七号）。

（53）「楠長諳下向記」（『近世初頭九州紀行記集』）天正十五年三月二十八日条。「日記」（『旧記雑録』後編二、三五四号）同年六月二十九日条。岸田裕之「能島村上武吉・元吉と統一政権」（前掲注50『大名領国の経済構造』、新稿）。

（54）（天正二十年）四月十六日付　秀吉朱印状写（「譜牒余録」『秀吉』四〇〇七号）。中野等「「征明」を期して」（前掲注1『秀吉の軍令と大陸侵攻』、新稿）。

（55）（天正二十年）四月晦日付　山中長俊書状（『思文閣古書目録』二七五）。扶持米輸送は名護屋までの「運賃舟」のついででもよいと述べられており、定期的な運賃舟の往来があったことも知られる。なお、同書によれば、田中助右衛門ら宛ての六月十日付の林就長書状、二月朔日付の山崎家盛書状も合装されているとされ、前者は毛利家臣の粟屋越後守の死去から文禄二年、後者は山崎家盛の対馬府中への駐在期間から、文禄三年のものと推測できる。

（56）文禄四年八月八日付　秀吉知行方目録写（「紀伊国古文書」『秀吉』五二八二号）。

（57）『吉川家文書』二、九七五号。

（58）（天正二十年）三月十七日付　安国寺・佐世連署状（「巻子本厳島文書」『広島県史』古代中世資料編Ⅲ）。

（59）相田二郎「豊臣秀吉の戸口調査」（『相田二郎著作集』第三巻、名著出版、一九七八年、初出一九二五年）。同「再び豊臣秀吉の戸口調査について」（同上書、初出一九二六年）。三鬼清一郎「人掃令をめぐって」（前掲注1『豊臣政権の法と朝鮮出兵』、初出一九七五年）。勝俣鎮夫「人掃令について」（同著『戦国時代論』岩波書店、一九九六年、初出一九九〇・九三年）。久留島典子「「人掃令」ノート」（永原慶二編『大名領国を歩く』吉川弘文館、一九九三年）。

（60）天正二十年正月日付　秀次朱印状（『吉川家文書』一、一二四号など）。

（61）天正十九年八月二十一日付　秀吉朱印状（「浅野文書」『秀吉』三七三三号など）。

（62）金子拓「人掃令を読みなおす」（山本博文ら編『消された秀吉の真実――徳川史観を越えて』柏書房、二〇一一年）。

（63）前掲注39三鬼『豊臣政権の法と朝鮮出兵』の補注。

（64）「武田金三氏所蔵文書」『広島県史』古代中世資料編Ⅳ。

（65）光成準治「毛利氏領国における村落統治と中間層」（同著『中・近世移行期大名領国の研究』校倉書房、二〇〇七年）。

（66）文禄五年三月朔日付　石田三成掟書（「河毛文書」『新修彦根市史』第五巻）。

（67）「池辺家文書」『和泉市史』第二巻。

（68）天正十六年五月二十五日付　増田長盛・石田三成連署条目写（『駒井日記』文禄二年閏九月二十五日条）。なお、天正十九年二月日付篠治秀政百姓仕置定（「豆沢文書」『長野県史』近世史料第四巻二）でも百姓が奉公に出ることを禁じる起点は「去年」、すなわち天正十八年の領主・毛利秀頼の入部に据えられている。

(69)『兼見卿記』天正二十年正月二十六日条。(天正二十年)五月十八日付 山中長俊書状(「組屋文書」『小浜市史』諸家文書編一)。(天正二十年六月ヵ)伊達政宗書状写(「伝記史料」『仙台市史』資料編十一)など。天正十九年当時の秀吉を「当関白」とする例は寡聞にして知りえない。

(70)『駒井日記』文禄三年四月二十四日条、同年正月八日条(補遺)。同じく堤築奉行となった田中角助らも秀次家中の者である。

(71)(天正二十年)三月十九日付 秀吉朱印状(「毛利文書」『秀吉』三九九一号)。なお、渡瀬は文禄二年正月時点でも広島に在番していた(『三藐院記』同年元日条)。また、その前史としては、九州攻めに際して、「中国之かなめの城」五つに秀次の家臣二十五名が派遣されており、やはり渡瀬や中村一栄らが担当している。(天正十五年)正月二十一日付 徳永寿昌書状(「池田伊予文書」『国立国会図書館所蔵貴重書解題』第八巻、二〇二号)。豊臣期の戦争において、道中の大名領の城に政権からの番衆を入れる「在番留守居制」が採られた点については、小林清治「信長・秀吉権力の城郭政策」(同著『秀吉権力の城郭政策——書札礼・禁制・城郭政策』東京大学出版会、一九九四年、新稿)。

(72)天正二十年七月二十三日付 徳川家康・前田利家連署過所(「酒井家文書」『新修坂井遺芳』三四・三五号)。同日付の二つの過所が存在するが、人数が十名と二十二名となっており、坂井利貞一行は二組に分かれて西上したものと思われる。ただし、両名による過所発給は、秀吉とその周辺が帰京したことによる一時的な役割であり、文禄二年正月には、関東からの使者の帰国に際し、家康は「切手」二通の発給を長束正家らに対して依頼する立場にあった。(文禄二年)正月十九日付 徳川家康黒印状(「徳川恒孝氏所蔵文書」『新修家康』一三二頁)。また、これらより、「人留」政策の全国化以前から名護屋や上方周辺では交通統制が行われていたことが窺える。

(73)(文禄元年)十二月十五日付 秀次朱印状写(「続常陸遺文」一〇、東史謄写本)。なお、本文書は形式面で若干の疑問があるが、直後に記載された次舟朱印の写は正確であり、地名も一致することから、八田の「舟奉行」任命自体を疑う必要はないと判断される。

(74)「人掃」奉行は、(天正二十年)五月十八日付の秀吉朱印状(「尊経閣古文書纂」『秀吉』四〇九七号)によって京都へ呼び戻されたとされている。跡部信「豊臣政権の代替わり」(同著『豊臣政権の権力構造と天皇』戎光祥出版、二〇一六年、初出二〇〇〇年)。ただし、前掲注55のように岡本の関戸下向は四月末以前と思われ、他の奉行に先立って移動したものであろうか。

(75)横田冬彦「豊臣政権と首都」(日本史研究会編『豊臣秀吉と京都——聚楽第・御土居と伏見城』文理閣、二〇〇一年)。

(76)宮武正登「肥前名護屋城下町の空間構造とその特異性」(『国立歴史民俗博物館研究報告』第一二七集、二〇〇六年)。玉井哲雄「都市空間に表現される首都性」(『年報都市史研究』七、一九九九年)。ただし、宮武氏は著書にまとめた段階で、名護屋が実質的な大坂の「代理機関」へ転身し、「首都化」を必然化したと少し論調を変じている(同著『肥前名護屋城の研究——中近世移行期の築城技法』吉川弘文館、二〇二〇年)。

(77)内藤昌「「肥前名護屋城図屏風」の建築的考察」(『国華』九一五、一九六八年)。中村質「名護屋城・陣場の形成と破却」(中村ら編『文禄・慶長の役城跡図集』解説篇、一九八五年)。前掲注76宮武「肥前名護屋城下町の空間構造とその特異性」。

(78)天野文雄『能に憑かれた権力者——秀吉能楽愛好記』講談社、一九九七年。(文禄二年)二月十一日付 伊達政宗書状(「引地昭夫氏所蔵文書」『仙台市史』資料編十一)など。

(79)前掲注15文禄二年正月日付 秀次朱印状。

(80) 松尾法博「肥前名護屋城と諸将の陣屋——発掘された秀吉の数奇空間」(『歴史と地理』六七五号、二〇一四年)。
(81) 福田千鶴『豊臣秀頼』吉川弘文館、二〇一四年。長谷川成一「文禄二年五月「誓紙一巻」と奥羽大名」(同著『北奥羽の大名と民衆』清文堂出版、二〇〇八年、初出二〇〇一年)。
(82) 例えば、文禄三・四年の式正御成では、前代に比べて能楽が主要な位置を占めるようになったことが指摘されている。二木謙一「豊太閤前田邸御成記の考察」(同著『武家儀礼格式の研究』吉川弘文館、二〇〇三年、初出一九六九年)。また、大名やその家臣らがこの時期の名護屋において「日本之つき合」を通じて「京儀」に否応なく編成されたことは、藤木久志『天下統一と朝鮮侵略——織田・豊臣政権の実像』(講談社、二〇〇五年、初出一九七五年)や朝尾直弘「十六世紀後半の日本——統合された社会へ」(『朝尾直弘著作集』第八巻、岩波書店、二〇〇四年、初出一九九三年)に詳しい。
(83) 本多博之「中近世移行期西国の物流」(『日本史研究』五八五、二〇一一年)。横田冬彦「近世的身分制度の成立」(朝尾直弘編『日本の近世』七、中央公論社、一九九二年)。
(84) 鍛代敏雄「地域交通論」(同著『中世後期の寺社と経済』思文閣出版、一九九九年、初出一九九六年)。及川亘「旅行者と通行証——関所通過のメカニズム」(高橋慎一朗・千葉敏之編『移動者の中世——史料の機能、日本とヨーロッパ』東京大学出版会、二〇一七年)。
(85) 則竹雄一「戦国期の領国間通行と大名権力」(同著『戦国大名領国の権力構造』吉川弘文館、二〇〇五年、初出二〇〇〇年)。黒田基樹「北条氏の陸上交通政策」(『馬の博物館研究紀要』一八、二〇一二年)。例えば、豊臣政権服属前に伊達政宗が発給した過所の対象は「分国中諸関所」のみであった。天正十七年九月十六日付 伊達政宗黒印状(「芦尾原村文書」、「伊達政宗文書・補遺(十四)」『市史せんだい』三〇、二〇二一年、補三六八号)。
(86) なお、戦乱が完全に終息するまでは、通行改めには内向きと外向きの性格が併存した。例えば、内向きの交通改めの萌芽としては、天正期の戦国大名が、戦時の支配領域の境目において帰国する陣夫と飛脚の通行を「手判」の有無によって規制した事例が知られている((天正二年ヵ)五月十七日付 北条氏朱印状「二見文書」『戦国遺文』後北条氏編第二巻、一七〇四号)。また、大坂冬の陣に際して、江戸幕府が山崎において大坂へ向かう「手形無之女」の通行を禁止し、東海道と東山道に番衆を置いて「手判」がない場合は通行を認めなかった「人留」は、外向きの通行改めの終末期の事例であろう。(慶長十九年)十月七日付 板倉勝重黒印状(「離宮八幡宮文書」『大山崎町史』史料編)。『当代記』巻九、同年同月二十五日条。
(87) 前掲注59久留島「「人掃令」ノート」。前掲注24本多「豊臣政権の次夫・次馬・次飛脚・次船制について」。
(88) 横田冬彦「近世村落における法と掟」(『文化学年報』五、一九八六年)。

第十一章

(1) 藤木久志『豊臣平和令と戦国社会』東京大学出版会、一九八五年。勝俣鎮夫『戦国時代論』岩波書店、一九九六年。
(2) 竹井英文「戦国・織豊期東国の政治情勢と「惣無事」」(同著『織豊政権と東国社会——「惣無事」論を越えて』吉川弘文館、二〇一二年、初出二〇〇九年)。藤井讓治「「惣無事」はあれど「惣無事令」はなし」(同著『近世初期政治史研究』岩波書店、二〇二二年、初出二〇一〇年)など。その他の研究動向は竹井著書序章参照。
(3) 本書序章でも述べた通り、政権の法令や政策の非一貫性や柔軟性は、これまでの研究でも部分的に言及されてきたが、分析視角の基軸には据えられてこなかった。
(4) 酒井紀美「水論と村落」(同著『日本中世の在地社会』吉川弘文

館、一九九九年、初出一九七六年）。藤木久志「豊臣喧嘩停止令の発見」（前掲注1『豊臣平和令と戦国社会』、初出一九八三年）。なお、本章では特に断らない限り、両者の見解は上記論文による。

（5）三鬼清一郎「在地秩序の近世的編成」（『岩波講座日本通史』第十一巻、一九九三年）。

（6）奥浦義一「鳴尾の義民」（『上方』一四三、一九四二年）。『西宮市史』第二巻、永島福太郎執筆分、一九六〇年。『西宮市史』第四巻、永島福太郎・八木哲浩執筆分、一九六二年。

（7）『多聞院日記』三十八、天正二十年十月二十三日条。

（8）「文禄年中日記」紙背文書（文禄二年正月七〜十日条の紙背）一―四（『西笑和尚文案』）。

（9）『鹿苑日録』三十一、天正二十年六月十五・十六・二十一日条。

（10）『鹿苑日録』三十一、天正二十年九月二十七日条。

（11）西宮市立郷土資料館所蔵文書。

（12）同右。

（13）『系図纂要』第八。国立国会図書館所蔵「諸系譜」三〇。

（14）『鹿苑日録』三十一、天正二十年九月六日条。

（15）「諸系譜」には、佐々成治が「領摂州武庫郡鳴尾村三千五百石」とある。

（16）菅原正子「日野家領の研究」（同著『中世公家の経済と文化』吉川弘文館、一九九八年、初出一九九三年）。なお、大塚荘は現大阪府高槻市、磯島村は同枚方市に存在し、現兵庫県西宮市に存在した鳴尾・瓦林両村とは距離がある。磯島が中世段階では大塚荘に付属する淀川の川中島であった点は、馬部隆弘「中近世移行期における淀川流路の変化――岡・禁野・磯島周辺を対象に」（『大阪大谷大学歴史文化研究』二〇、二〇二〇年）参照。

（17）天正二十年六月二十八日付 四ヵ村井水につき一札写（「真上区有文書」『高槻市史』第四巻二）。文禄二年十一月二十二日付 吉田勝治書状（「霊松寺文書」『同上』第四巻一）。

（18）『蜷川家文書』二、二四〇号。『信長』下巻、七五三号。

（19）武内良高「徳川時代摂津国武庫郡兎原郡の領地変遷」（『兵庫史学』一、一九五四年）。

（20）在地の言い伝えでは、鳴尾村から二十五名、瓦林村から二十六名の処罰者が出たとされている（義民碑銘掛軸『西宮市史』第四巻、瓦林組大庄屋岡本市郎日記「岡本俊二文書」同上書）。合力した村からの処罰者は各村一名であったとも伝えられているため、【史料1】の数字とも若干齟齬し、後述するように、他の事例と併せて処罰が行われた可能性もあろう。

（21）（天正十九年ヵ、月日不詳）伊達政宗書状（『伊達家文書』二、六三二号）。

（22）藤木久志『刀狩――武器を封印した民衆』岩波書店、二〇〇五年。

（23）『時慶記』文禄二年正月七日、八月二十七日条。

（24）なお、【史料1】と【史料6】が同一時期の事件の処理を示すものでないとすると、豊臣政権が同相論において、民事と刑事に分けて対応したとする藤木氏の評価は、訂正の必要がある。

（25）（文禄三年）十月六日付 長束直吉書状（『鹿苑日録』文禄三年裏文書、自十二月十日至二十八日裏）。（天正十六年）閏五月二十三日付 一柳越後守書状（宮書所蔵「日野家諸札雑集」）。文禄四年三月六日 増田長盛・長束正家・木下吉隆・山中長俊・御牧景則・観音寺詮舜・長谷川宗仁・石田三成・玄以・浅野長吉連署状（同上「日野家雑文書」、中京大学文学部所蔵「日野烏丸家文書」）。

（26）藤田恒春『豊臣秀次の研究』文献出版、二〇〇三年。同『豊臣秀次』吉川弘文館、二〇一五年。

（27）河内将芳「豊臣政権下の奈良に起こった一事件――「ならかし」「金商人事件」「奈良借」」（同著『中世京都の民衆と社会』思文閣出版、二〇〇〇年、初出一九九五年）。

(28)『多聞院日記』三十八、天正二十年十月一日条。

(29) 元和九年三月六日付 五社野衆言上状（「清水家文書」『高槻市史』第四巻二、二五四号）。

(30)（年不詳）九月二十一日付 玄以・秀次老衆連署状（「南部文書」東史影写本）。

(31) 岩沢愿彦「石田三成の近江佐和山領有」（三鬼清一郎編『豊臣政権の研究』吉川弘文館、一九八四年、初出一九六八年）。中野等「文禄・慶長期の豊臣政権」（同著『豊臣政権の対外侵略と太閤検地』校倉書房、一九九六年、初出一九九二〜四年）。跡部信「豊臣政権の代替わり」（同著『豊臣政権の権力構造と天皇』戎光祥出版、二〇一六年、初出二〇〇〇年）。

(32) 藤田恒春「豊臣秀次の居所と行動」・藤井讓治「豊臣秀吉の居所と行動」（『居所』）。

(33) 前掲注30文書の山内一豊の花押影に着目すると、文禄三年四月付の寄進状（「慶雲寺文書」『一豊と秀吉が駆けた時代』）の花押型とは異なり、文禄二年七月付のもの（「蓮華寺文書」同上書）に近い。よって、少なくとも文禄二年以前の発給と考えるのが妥当であろう。

(34) 前掲注26藤田『豊臣秀次』。

(35) 藤木久志「豊臣期大名論序説」（同著『戦国大名の権力構造』吉川弘文館、一九八七年、初出一九六四年）。同『天下統一と朝鮮侵略——織田・豊臣政権の実像』講談社、二〇〇五年、初出一九七五年。『広島県史』近世一、一九八一年、松浦義則執筆分。山本博文「豊臣政権期島津氏の蔵入地と軍役体制」（同著『幕藩制の成立と近世の国制』校倉書房、一九九〇年、初出一九八三年）。森山恒雄『豊臣氏九州蔵入地の研究』吉川弘文館、一九八三年。中野等「『豊臣大名』大友氏と吉統除国後の豊後」（前掲注31『豊臣政権の対外侵略と太閤検地』、初出一九九三年）など。

(36) 天正十九年八月二十一日付 今堀惣分連署定書（『今堀』四七〇号）。（文禄二〜四年）二月十四日付 石田正澄・石川一宗連署状（「肌勢家文書」『布施市史』第二巻）。天正十九年五月六日付 早川長政家臣掟書（滋経所蔵「川崎家文書」）。

(37) 横田冬彦「近世村落における法と掟」（『文化学年報』五、一九八六年）。

(38) 三鬼清一郎「朝鮮出兵における水軍編成について」（同著『豊臣政権の法と朝鮮出兵』青史出版、二〇一二年、初出一九六九年）。河野未央「近世初期における海上交通役の編成——摂津・和泉・播磨三ヵ国沿海地域を素材として」（『ヒストリア』二三五、二〇一二年）。本書第九章参照。

(39) 天正二十年正月日付 豊臣秀次朱印状（「大阪城天守閣所蔵文書」八二七号、『大阪城天守閣紀要』一八、一九九〇年）。

(40) 三鬼清一郎「人掃令をめぐって」（前掲注38『豊臣政権の法と朝鮮出兵』、初出一九七五年）。

(41) 大井組水論記録（「有岡庄年代秘記」『尼崎市史』第六巻）、三平・大井両井組争論年暦書（「浜野種次郎文書」同上）。

(42) 天正二十年六月十四日付 松崎秀安ら連署状（「芥田文書」『兵庫県史』史料編中世二）。

(43) 水沢野田村由緒之巻（「黒田家文書」『四日市市史』第八巻、史料編近世一）。大石学「統一政権の成立と地域」（『日本歴史』五三四、一九九二年）。

(44)（文禄二年）十一月十七日付 増田・福島・蜂須賀連署状（「下止々呂美区有文書」）。文禄二年御奉書之写（「同」）。なお、同文書の閲覧に際しては箕面市役所大西久美子氏にお世話になった。

(45) 三鬼清一郎「書評 高木昭作著『日本近世国家史の研究』」（『史学雑誌』一〇四—三、一九九五年）。

(45) 清水克行「織豊政権の成立と処刑・梟首観の変容」（同著『室町社会の騒擾と秩序』吉川弘文館、二〇〇四年）は、文禄期に処刑や梟首の性格が一般民衆への懲戒を全面に押し出したものへと変化したことを指摘する。

(47) 慶長三年六月二十二日付 石田三成条書（「朱雀文書」『新修福岡市史』資料編近世一）。

(48)（文禄二年）六月七日付 山口宗永条書（「高橋文書」『大分県史料』十二）。

(49) 一五九四年九月二九日付 オルガンティーノ書簡（『イエズス』第Ⅰ期第二巻、家入敏光訳）。

(50) 藤木久志「村の越訴」（同著『村と領主の戦国世界』東京大学出版会、一九九七年、初出一九八七年）。

(51) 三鬼清一郎「豊臣秀吉文書に関する基礎的研究」（『名古屋大学文学部研究論集』史学三四、一九八八年）。前掲注38『豊臣政権の法と朝鮮出兵』補注。

(52) 森山恒雄「掟・規制・令」（『日本古文書学講座』第六巻、近世編Ⅰ、雄山閣出版、一九七九年）。

(53)「竹中氏雑留書」『秀吉』三七四二号。

(54)「永運院文書」『秀吉』四一二一号。本書第十二章参照。

(55) 中野等氏は天正十四年四月に秀吉が毛利輝元に領国仕置について通達した十四か条の「覚」が「海賊停止令」の初令に相当すると見る。中野「いわゆる「海賊停止令」の意義について」（『東アジア海域における交流の諸相――海賊・漂流・密貿易』昭和堂、二〇〇五年）。また、辻善之助氏や藤田達生氏は天正十五年六月に秀吉が箱崎に到着した後に初令が出されたと見る。辻『増訂海外交通史話』内外書籍、一九三〇年。藤田「海賊禁止令の成立過程」（同著『日本近世国家成立史の研究』校倉書房、二〇〇一年、初出二〇〇〇年）。おそらく、初令にあたるものは、各地域における大名の分国仕置が政権に公認された際、口頭で伝達されたのではないだろうか。

(56) 岸田裕之「能島村上武吉・元吉と統一政権」（同著『大名領国の経済構造』岩波書店、二〇〇一年）。吉永光貴「豊臣政権の海賊取締と海民統制」（『民衆史研究』一〇七、二〇二四年）。

(57) 例えば、長束正家は筑前・筑後の検地を担当した山口宗永に対して、立花宗茂・高橋宗一領の当年の所務を差し押さえていることが「御耳へ入候てハ如何候」とし、返却を促している。（文禄四年）十月十九日付 長束大蔵書状写（「立花家文書」『福岡県史』近世史料編柳川藩初期上）。また、跡部信「秀吉独裁制の権力構造」（前掲注31『豊臣政権の権力構造と天皇』、初出二〇〇九年）でも、秀吉の御掟が堅固であるにもかかわらず改変可能であり、奉行が政策を誘導していた例が示されている。

(58) 山本英二「書評 藤木久志著『村と領主の戦国世界』」（『史学雑誌』一〇七―一二、一九九八年）は「豊臣平和令」論以降の藤木氏による自力救済慣行の変容過程の究明を重視し、単行法令ではなく「喧嘩停止」政策と包括的に読み替えることを提起している。また、池上裕子『織豊政権と江戸幕府』（講談社、二〇〇二年）は「喧嘩停止」が民衆を自力の惨禍から救済することを目的としたのではなく、統一政権の支配の論理から生み出されたものと捉えている。

(59) 藤木久志「中世後期の村落間相論」（前掲注1『豊臣平和令と戦国社会』、新稿）。

(60) 羽下徳彦「故戦防戦をめぐって」（『論集中世の窓』吉川弘文館、一九七七年）。藤木久志「村の故戦防戦法――喧嘩停止令の源流をたずねて」（同著『戦国の作法――村の紛争解決』講談社、二〇〇八年、初出一九九一年）。

(61) 大永七年三月二十三日付 細川晴元掟書案（『蜷川家文書』二、四九五号）。

(62) 前掲注37横田「近世村落における法と掟」。稲葉継陽「中世史における戦争と平和」（同著『日本近世社会形成史論――戦国時代論の射程』校倉書房、二〇〇九年、初出一九九九年）。

(63) 天文十二年五月十日付　六角氏家臣奉書案（「宮井文書」『戦国遺文』佐々木六角氏編五三二号）など。

(64) (年不詳) 九月二十三日付　六角承禎書状写（「古案」、村井祐樹『戦国遺文 佐々木六角氏編』補遺」『近江地方史研究』四六、二〇一六年)。

(65) (年不詳) 二月二十二日付　熊谷次郎左衛門書状（「菅浦文書」四一五、蔵持重裕「中世菅浦文書について（八）」（『滋賀大学経済学部附属史料館研究紀要』四二、二〇〇九年））。なお、同日付で木村広忠が菅浦惣庄に対して、上使との間に喧嘩が発生し、死者も出たため、「備前守可被尋候」と浅井氏の介入を匂わせている。『東浅井郡志』はこれを熊谷書状と同年とするが、宮島敬一氏は別件と捉えており、いずれとも判断がつきにくい。宮島敬一『戦国期社会の形成と展開』吉川弘文館、一九九六年。

(66) (年不詳) 四月十日付　熊谷次郎左衛門書状（「叡山松禅院文書」一三、稲本紀昭「叡山松禅院文書」（『史窓』五九、二〇〇二年））。熊谷氏は天文初期まで京極氏配下であったが、遅くとも永禄初期までには浅井氏に下ったと思われる。(年不詳) 十二月二日付　熊谷直元書状「東野文書」（『東浅井郡志』巻四）。

(67) 永禄元年五月二十六日付　正覚院書状（「専行寺文書」東史写真帳）。

(68) 天文十九年七月日付　三好長慶禁制（「革島家文書」『戦国遺文』三好氏編二八二号)。永禄二年八月二十六日付　松永久秀書下（「鹿王院文書」『同上』五六四号)。(年月日不詳) 某書状案（「今西家文書」『同上』一八二五号)。

(69) 村井祐樹「佐々木六角氏発給文書と領国」（同著『戦国大名佐々木六角氏の基礎研究』思文閣出版、二〇一二年、初出二〇一一年)。前掲注65宮島『戦国期社会の形成と展開』。天野忠幸「畿内における三好政権の支配構造」（同著『戦国期三好政権の研究』清文堂出版、二〇一〇年、初出二〇〇六年)。

(70) 牧原成征「中・近世移行期をどうとらえるか――江北の土地制度を中心に」（同著『日本近世の秩序形成――村落・都市・身分』東京大学出版会、二〇二二年、初出二〇一一年)。

(71) 天正二年五月日付　佐久間信栄禁制写（「善立寺文書」『滋賀県史』第五巻)。天正七年六月二十八日付　秀吉掟条々（「歳田神社文書」『秀吉』一九九号)。天正九年八月日付　於次秀勝禁制（「長浜八幡宮所蔵文書」、森岡栄一「羽柴於次秀勝について」（『市立長浜城歴史博物館年報』一号、一九八七年）所載)。天正三年六月二十六日付　柴田勝家条書写（「宮井文書」東史ボーン)。

(72) 前掲注45三鬼「書評　高木昭作著『日本近世国家史の研究』」。高木昭作「「惣無事」令と国土の領有」（同著『日本近世国家史の研究』岩波書店、一九九〇年、初出一九八五年)。藤木久志「村の境界」（前掲注50『村と領主の戦国世界』、初出一九八七年)。

(73) 文禄二年五月二十九日付　羽柴秀保家臣連署置目写（「紀伊続風土記所載文書」『三重県史』資料編近世一)。

(74) 清水克行『喧嘩両成敗の誕生』講談社、二〇〇六年。

(75) 文禄五年八月吉日付　新家村由来口伝（「大阪歴史博物館所蔵文書」東史写真帳)。藤田達生「小物成の成立過程――近世初頭の山支配を素材として」（前掲注55『日本近世国家成立史の研究』、初出一九九五年)。

(76) 肥後の例ではあるが、国人一揆平定後の検地に際し、喧嘩口論は「如御法度」両成敗と村落に通達されている。天正十六年三月十六日付 黒田孝高・毛利吉成・戸田勝隆連署制札写（「集古文書」東史謄写本)。また、甲賀郡大原郷には、水口城主が長束正家に交代した際に「喧嘩口論停止」が掲げられている。文禄四年九月付　某定書（『甲賀町史』)。

(77) 文禄三年三月五日付　浅野長継・長吉亘署条目（「太祖公済美録」東史写真帳)。文禄四年十月日付 原長頼掟書写（「参州岡崎領古文書」

『新編岡崎市史』史料古代中世)。慶長四年七月吉日付 横田村詮法度(「瀧口文書」『静岡県史料』第一輯)。慶長六年五月三日付 加藤清正掟書(「安達文書」『大分県史料』十二)。なお、横田村詮法度が領主に広く知られた統治法であった点については、本書第十二章参照。

(78) 慶長四年八月二十七日付 下山村百姓中申状(「山内喜六氏所蔵文書」『京都府史蹟名勝天然記念物調査報告』第四冊)。

(79) 慶長十年十一月付 中左近覚書案(「中家文書」『熊取町史』史料編II)。

(80) 慶長九年閏八月十四日付 板倉勝重・大久保長安連署状(「伊香文書」『東浅井郡志』、「矢島共有文書」(「矢島共有文書について」『京都橘女子大学研究紀要』一六、一九八九年))。

(81) (慶長十四年)二月二日付 徳川秀忠黒印状写(「北内貴川田神社文書」『水口町文化財調査報告書第七集』)。

(82) この点、本章初出時には時間軸の貫徹(法令や政策の一貫性)と空間軸の貫徹(権力から社会への徹底性)を混在させていたが、清水克行「ふたつの戦国時代像――藤木久志と勝俣鎮夫の学説をめぐって」(『村と民衆の戦国時代史――藤木久志の歴史学』勉誠社、二〇二二年)を踏まえて論旨を改めた。

(83) 水本邦彦氏は、統一権力が中世の「自助型自力」に基づく社会を解体し、近世の「身分型自力」に基づく社会を構築したことを論じている(水本「村から見た徳川日本――「身分型自力」の社会論」(『歴史科学』二〇六、二〇一一年)。同著『村――百姓たちの近世』(岩波書店、二〇一五年)。

(84) 藤木久志「徳川喧嘩停止令の展開」(前掲注1『豊臣平和令と戦国社会』、初出一九八三年)。

第十二章

(1) 朝尾直弘「豊臣政権論」(『朝尾直弘著作集』第三巻、岩波書店、二〇〇四年、初出一九六三年)。

(2) 藤木久志「豊臣期大名論序説」(同著『戦国大名の権力構造』吉川弘文館、一九八七年、初出一九六四年)。山口啓二「豊臣政権の成立と領主経済の構造」(『山口啓二著作集』第二巻、校倉書房、二〇〇八年、初出一九六五年)。

(3) 北島万次「朝鮮侵略と大名領国の論理――島津氏の場合」(同著『豊臣政権の対外認識と朝鮮侵略』校倉書房、一九九〇年、初出一九七八年など)。加藤益幹「毛利氏戦国末惣国検地について」(『歴史学研究』四九六、一九八一年)。

(4) 池享「戦国大名の権力基盤」(同著『大名領国制の研究』校倉書房、一九九五年、初出一九八二年)。山本博文「豊臣政権期島津氏の蔵入地と軍役体制」(同著『幕藩制の成立と近世の国制』校倉書房、一九九〇年、初出一九八三年)。

(5) 山本博文「豊臣政権の「取次」の特質」(前掲注4『幕藩制の成立と近世の国制』、初出一九八四年など)。

(6) 池享「中近世移行期における国家・社会と領主制」(前掲注4『大名領国制の研究』、初出一九九二年)。同「戦国・織豊期の沼津」(同著『戦国期の地域社会と権力』吉川弘文館、二〇一〇年、初出一九九三年)。小島道裕「戦国期城下町から織豊期城下町へ」(『年報都市史研究』一、一九九三年)。仁木宏「近世社会の成立と城下町」(『日本史研究』四七六、二〇〇二年)。藤田達生「豊臣国分論(二)――北国国分」(同著『日本近世国家成立史の研究』校倉書房、二〇〇一年、初出一九九三年)。同「仕置令の発見」(同上書、初出一九九四年)。

(7) 光成準治「中・近世移行期城下町の構造と城下集住」(同著『中・近世移行期大名領国の研究』校倉書房、二〇〇七年、初出二〇〇五年)。平井上総「中近世移行期の地域権力と兵農分離」(『歴史学研究』九一一、二〇一三年)など。

（8）平井上総「本書の総括と「太閣検地」試論」（同著『長宗我部氏の検地と権力構造』校倉書房、二〇〇八年、新稿）は長宗我部氏が政権の政策を主体的に取捨選択して領国支配を行った点を重視しており、貴重な成果といえる。ただし、「マニュアル」を自明視し、旧戦国大名を対象としている点で本章とは視角を異にする。

（9）山口啓二「藩体制の成立」（前掲注2『山口啓二著作集』第二巻、初出一九六三年）は、豊臣取立大名に体制建設者としての能力が要求されたことを論じているものの、政権を必要とした面が強調され、彼らの主体性には踏み込めていない。

（10）戦国史研究会編『織田権力の領域支配』岩田書院、二〇一一年。

（11）柴裕之「羽柴秀吉の領国支配」（前掲注10『織田権力の領域支配』二〇一一年）。

（12）久野雅司「京都支配における織田家奉行人の基礎的考察」（同著『織田信長政権の権力構造』戎光祥出版、二〇一九年、初出二〇一五年）。

（13）（永禄十二年）十一月十九日付　秀吉書状（「退蔵院文書」『秀吉』一六号）など。ただし、（永禄十三年）四月十四日付の木下秀吉・明智光秀連署状（「賀茂郷文書」『秀吉』二二号）のように在地に残った文書も一部は存在する。

（14）臼井進「幕府存在期の信長の京都支配における木下秀吉の立場――木下秀吉発給文書から」（『史叢』五〇、一九九三年）。

（15）（元亀二年）十二月二日付　秀吉書状写（「雑録」『秀吉』四五号）。藤田恒春「二通を一通にした木下秀吉書状について――偽文書作成の真意をさぐる」（『日本史研究』五四三、二〇〇七年）。

（16）功刀俊宏・柴裕之編『丹羽長秀文書集』三九・四二号。竹本千鶴「織田政権の奉行人と京都支配――元亀年間大徳寺と上賀茂社の争論を中心に」（『書状研究』一五、二〇〇一年）。

（17）例えば、後述する浅野長吉（長政）は「羽筑取次浅野弥兵衛」として本願寺の記録に頻出する（「鷺森日記」『大系真宗史料』文書記録編一四、天正十年十月十六日条）。

（18）（元亀三年）九月廿日付　武井夕庵・木下秀吉連署状（「妙智院文書」『秀吉』五〇号）。

（19）天正二年三月二十六日付　秀吉判物（「三田共有文書」『秀吉』八五号）。牧原成征「中・近世移行期をどうとらえるか――江北の土地制度を中心に」（同著『日本近世の秩序形成――村落・都市・身分』東京大学出版会、二〇二二年、初出二〇一一年）。宮島敬一「近世村落への展開」（阿部猛・佐藤和彦編『人物でたどる日本荘園史』東京堂出版、一九九〇年）。

（20）前掲注11柴「羽柴秀吉の領国支配」。

（21）前掲注19牧原「中・近世移行期をどうとらえるか」。

（22）天正元年十二月吉日付　秀吉知行宛行状（「浅野文書」『秀吉』七四号）。天正十六年十二月十二日付　秀吉領知方目録（「市橋文書」『秀吉』二六三九号）。

（23）尾下成敏「秀吉統治下の長浜領をめぐる政治過程」（『日本歴史』八二一、二〇一六年）。

（24）脇田修「近世封建制の成立――信長政権を中心に」（藤木久志・北島万次編『織豊政権』有精堂出版、一九七四年、初出一九六七年）。

（25）前掲注11柴「羽柴秀吉の領国支配」。前掲注23尾下「秀吉統治下の長浜領をめぐる政治過程」。

（26）藤木久志「村請の誓詞」（同著『村と領主の戦国世界』東京大学出版会、一九九七年、初出一九八八年）。

（27）天正八年正月十七日付　秀吉条々（「三木市有宝蔵文書」『秀吉』二一四号）。同年二月三日付　同条々（同上『秀吉』二一七号）。

（28）天正八年二月二十八日付　杉原家次判物（「飯尾文書」『兵庫県史』史料編中世二）。

（29）（天正八年ヵ）五月十四日付　羽柴長秀書状（「山口文書」『中世法

制史料集』第五巻、九六二号）。なお、類似する対応として、京都奉行の桑原貞也が奉公人の非分により、解任されている事例が知られる。仁木宏「豊臣政権の「政道」と都市共同体」（同著『京都の都市共同体と権力』思文閣出版、二〇一〇年、初出一九八九年）。

（30）久留島典子「中世後期の社会動向――荘園制と村町制」（『日本史研究』五七二、二〇一〇年）。なお、稲葉継陽「村の侍身分と兵農分離」（同著『戦国時代の荘園制と村落』校倉書房、一九九八年、初出一九九三年）は織豊政権の被官化断種政策が戦国期村落の社会的要請を踏まえたものと評価する。

（31）藤木久志『天下統一と朝鮮侵略――織田・豊臣政権の実像』講談社、二〇〇五年、初出一九七五年。

（32）（天正八年）四月二十六日付 秀吉覚書（「一柳文書」『秀吉』二三五号）。同年九月二十一日付 同知行宛行状（「同上」『秀吉』二七五号）。天正九年六月二十五日付 同掟書写（「伊予小松一柳文書」『秀吉』三二三号）。（天正十年）六月二日付 同覚書（「一柳家文書」『秀吉』五九三一号）。尾下成敏「信長在世期の御次秀勝をめぐって」（『愛知県史研究』一九、二〇一五年）。

（33）堀新「豊臣秀吉の居所と行動（天正十年六月二日以前）」（『居所』）。

（34）天正十年三月二十一日付 秀吉知行宛行状（「成簣堂古文書」『秀吉』三八〇号など）。

（35）天正十一年十一月十三日付 秀吉定書（「豊後臼杵稲葉文書」『秀吉』八三八号）。

（36）（天正十二年）七月二十三日付 秀吉朱印状（「久徳村共有文書」『秀吉』一一五六号）。

（37）天正十四年九月二十一日付 秀吉覚書（「豊後臼杵稲葉文書」『秀吉』一九五八号）。

（38）（天正十三年）三月十九日付 秀吉朱印状（「成簣堂古文書」『秀吉』一三五五号）。表12-1［r］など。

（39）池上裕子「織豊期検地論」（同著『戦国時代社会構造の研究』校倉書房、一九九九年、初出一九八八年）。

（40）代表的論者を挙げると、①は三鬼清一郎「太閤検地と朝鮮出兵」（同著『豊臣政権の法と朝鮮出兵』青史出版、二〇一二年、初出一九七五年）。②は中口久夫「近世初期租法の研究」（同著『太閤検地と徴租法』清文堂、二〇一二年、初出一九七七年）、渡邊忠司「豊臣政権と近世検見法の確立」（同著『近世徴租法成立史の研究』清文堂、二〇二〇年、初出一九八一年など）。③は牧原成征「太閤検地と年貢収取法」（同著『近世の土地制度と在地社会』東京大学出版会、二〇〇四年、新稿）。

（41）牧健二「日本の封建制度に対する開国以前における西洋人の理解及び解釈」（『法制史研究』一、一九五一年）。

（42）永松圭子「付加税をめぐる紛争と太閤検地口米令」（同著『日本中世付加税の研究』清文堂、二〇一〇年、新稿）。渡邊忠司「豊臣政権と土免禁令」（前掲注40『近世徴租法成立史の研究』）。

（43）藤井譲治「身分としての奉公人」（同著『近世初期政治史研究』岩波書店、二〇二二年、初出二〇一七年）。牧原成征「兵農分離と石高制」（前掲注19『日本近世の秩序形成』、初出二〇一四年）。

（44）天正十六年七月八日付 秀吉条々（「立花文書」『秀吉』二五五五号）。表12-1［m］。

（45）前掲31藤木『天下統一と朝鮮侵略』。

（46）（天正十五年）十月二十一日付 秀吉朱印状（「大友文書」『秀吉』二三六六号）。

（47）三宅正浩「蜂須賀正勝・家政の代替わり」（『徳島県立文書館研究紀要』一〇、二〇二三年）。

（48）天正十一年閏正月十六日 蜂須賀家政書状写（「碇岩村文書」『御津町史』第三巻）。（年不詳）七月二十七日付 同書状（「斑鳩寺文書」『龍野市史』第四巻）。なお、両状の発給者は前掲注47三宅「蜂須賀

正勝・家政の代替わり」に依拠し、正勝ではなく家政とみる。

(49) 宇山孝人「蜂須賀氏の阿波入部直後の検地と年貢徴収――天正十三年矢野百姓中宛「條々」をめぐって」(『史窓』二二、一九九一年)。

(50) 渡邊大門「天正年間における蜂須賀氏の阿波支配」(『皇學館論叢』二七八、二〇一四年)は「八木計」を稲の苅り取り範囲とするが、当時の用例からすると「米斗」は年貢の計量を指すだろう。天正十四年十二月十八日付 北条氏照朱印状写(『戦国遺文後北条氏編』三〇三八号)参照。

(51) 天正十四年七月二十五日付 蜂須賀家政定書(「半田又十郎氏所蔵文書」、徳島県物産陳列場編『阿波藩民政資料』)。

(52) 他の事例は文禄・慶長期に偏る。早いものとしては近江国甲賀郡の例が知られるが、郡中惣の「郡奉行」であり、豊臣大名が設置したものではない。

(53) 丸島和洋「武田氏の領域支配と郡司――信濃国諏方郡支配を事例として」(同著『戦国大名武田氏の権力構造』思文閣出版、二〇一一年、初出二〇〇七年)。

(54) (年不詳)十二月十二日付 蜂須賀家政書状(「蜂須賀文書」東史影写本)。「年々荒かさなり」より、入国から少し年数が経過しているように思われ、天正十五年頃のものと推測しておきたい。

(55) 深谷克己『百姓成立』校倉書房、一九九三年。

(56) (天正十三年)九月二日付 蜂須賀家政書状写(「阿波国社寺文書」『大日』第十一編二十、一二頁)。(同年)十一月三日付 蜂須賀正勝書状(「西尾文書」『大日』第十一編二十二、一一〇頁)。

(57) 前掲注50渡邊「天正年間における蜂須賀氏の阿波支配」。

(58) 稲葉継陽『細川忠利――ポスト戦国世代の国づくり』吉川弘文館、二〇一八年。

(59) (天正十七年)十二月五日付 秀吉朱印状(「菅文書」『秀吉』二八三四号)。(天正十八年)八月五日付 秀吉朱印状(「蜂須賀文書」『秀吉』三三七三号)。

(60) 前掲注44秀吉条々。

(61) 藤木久志『雑兵たちの戦場』新版、朝日新聞出版、二〇〇五年、初出一九九五年。

(62) (年不詳)十二月十五日付 浅井亮政掟書(「菅浦文書」、蔵持重裕「中世菅浦文書について(六)」『滋賀大学経済学部附属史料館研究紀要』三六、二〇〇三年)。

(63) 朝尾直弘「「公儀」と幕藩領主制」(前掲注1『朝尾直弘著作集』第三巻、初出一九八五年)。

(64) 天正十一年十二月十四日付 浅野長吉定書(「永田家文書」『新大津市史』別巻)。同年同月十二日付 同定書(「居初寅夫家文書」『新修大津市史』第七巻)。

(65) 牧原成征「都市の建設と再編」(前掲注19『日本近世の秩序形成』、初出二〇一六年)。杉江進「浅野長吉と江若交通路の整備」(宇野茂樹編『近江の美術と民俗』思文閣出版、一九九四年)。前掲注1朝尾「豊臣政権論」。

(66) 天文九年八月一日付 今川義元朱印状写(「三浦文書」『戦国遺文今川氏編六五二号)など。本書第五章参照。

(67) 鍛代敏雄「地域交通論――中・近世移行期の変容」(同著『中世後期の寺社と経済』思文閣出版、一九九九年、初出一九九六年)。

(68) 天正十九年五月日付 秀吉定書(「居初家文書」『秀吉』三六九二号)。

(69) (天正十四年)三月二十四日付 秀吉自筆書状(「古文書集」『秀吉』一八六六号)。藤井讓治「豊臣政権と大津」(『新修大津市史』第三巻、一九八〇年)。天正十五年二月十六日付 浅野長吉高札(「中村林一コレクション」『みずうみに生きる』長浜城歴史博物館特別展図録、一九八九年)。

(70)「木村家文書」滋図写真帳。
(71)速水融「封建領主制確立期における浅野氏」(同著『近世初期の検地と農民』知泉書館、二〇〇九年、初出一九五九年)。
(72)天正十五年八月十八日付 浅野長吉書状写(「吉田古記」所収文書『愛媛県史』資料編近世上)。
(73)天正十六年五月十八日付 戸田勝隆・浅野長吉連署状写(『長崎実録大成』『高山公実録』上巻)。
(74)山内治朋「豊臣期戸田勝隆の南伊予入封と支配――入封期における役割を中心に」(『戦国史研究』六九、二〇一五年)。
(75)なお、太閤検地論争以前は木下勝俊掟書の方が著名であった。
(76)安良城盛昭「太閤検地の歴史的意義」(同著『幕藩体制社会の成立と構造』増訂第四版、有斐閣、一九八六年、初出一九五四年)。ただし、「ひらの百性」を名子・被官とする想定は、現在では否定されている。
(77)石井紫郎「幕藩体制社会における土地所有」(同著『権力と土地所有』東京大学出版会、一九六六年、初出一九六四年)。村田修三「戦国・織豊期の検地と「作あい否定」」(『寧楽史苑』三三、一九八八年)。
(78)太閤検地論争における安良城説への批判の多くが量的把握の次元に留まり、本質論に至っていなかった点は、古島敏雄「二、三の感想」(社会経済史学会編『封建領主制の確立』有斐閣、一九五七年)参照。また、天正十五年条々を村落内の階層対立として読み直す必要性を説いたものとして、池上裕子「戦国時代の位置づけをめぐって」(前掲注39『戦国時代社会構造の研究』、新稿)がある。
(79)池上裕子「検地と石高制」(同著『日本中近世移行期論』校倉書房、二〇一二年、初出二〇〇四年)。
(80)文禄三年三月五日付 浅野長継定書(『浅野家文書』一七四号)。
(81)「太祖公済美録」。『山中湖村史』第一巻の翻刻に東史写真帳により修正を加えた。
(82)喧嘩両成敗の対処に差を設けたものとしては、長崎宛ての秀吉定書における異国人への優遇措置が知られる。天正十九年六月朔日付 秀吉定書(「鍋島文書」『秀吉』三六九三号)。
(83)天正十三年六月二十八日付 上大森惣分定書案(「上大森町共有文書」『八日市市史』第五巻史料Ⅰ)。
(84)ジョアン・ロドリゲス『日本教会史』上。速水融『近世日本の経済社会』麗澤大学出版会、二〇〇三年。
(85)佐々木潤之介「慶安の幕政改革」(同著『幕藩権力の基礎構造』増補改訂版、御茶の水書房、一九八五年、初出一九六四年)。
(86)山本英二『慶安御触書成立試論』日本エディタースクール出版部、一九九九年。
(87)文禄三年八月二十八日付 浅野長吉書状(「新川家文書」貝塚市郷土資料室写真帳)など。
(88)慶長中期頃には牛馬は帳簿で管理され、その売却は農耕を妨げるものとして規制される方向にあった。中村吉治『近世初期農政史研究』岩波書店、一九三八年。
(89)寛正三年十月二十五日付 大内氏掟書(『中世法制史料集』第三巻)。
(90)文禄三年六月十七日付 浅野長継法度(「清光公済美録」『山中湖村史』第一巻)。
(91)戸谷穂高「天正・文禄期の豊臣政権における浅野長吉」(同著『東国の政治秩序と豊臣政権』吉川弘文館、二〇二三年、初出二〇〇六年)。
(92)文禄四年七月二十一日付 浅野長吉掟条々(「簗田文書」『会津若松史』第八巻、三四二頁)。
(93)前掲注71速水「封建領主制確立期における浅野氏」。
(94)天正十一年七月日付 今堀惣中定書案(『今堀』四六七号)。領主の法が在地慣習を総括・普遍化させたものである点は、横田冬彦「近世村落における法と掟」（『文化学年報』五、一九八六年）参照。なお、平井上総「豊臣期検地論」（織豊期研究会編『織豊期研究の現在〈いま〉』岩田書院、二〇一七年）は三成の規定を作職保持者の確定ではなく、検地帳への名請を利用した裁定基準として訴訟対応の問題に限定して解釈するが、先行する秀吉法令や検地を受けて作成された今堀の規定に言及がないままに特殊事例と判断している点から従いがたい。

(95) 拙稿「石田三成論」（拙編『石田三成』戎光祥出版、二〇一八年）。

(96) 奉行層の統治に関する先駆的な言及や展望として、牧野信之助『織田豊臣時代史』（受験講座刊行会、一九三〇年）、西山克「戦国期大名権力の構造に関する一試論」（永原慶二編『戦国大名の研究』吉川弘文館、一九八三年、初出一九八二年）などが挙げられる。

(97) （慶長三年）正月九日付 浅野長慶書状写（『浅野家文書』二五七号）。前掲注88中村吉治『近世初期農政史研究』。

(98) 慶長三年九月十四日付 浅野長政掟条々（「下郷共済会所蔵文書」『近江愛知川町の歴史』第三巻）。

(99) 慶長五年正月付 浅野長政掟書（「古屋二朗家文書」『山梨県史』資料編八）。同年二月十二日付 浅野幸長定書（「甲州古文書」同上）。同年七月十一日付 浅野幸長留守中法度（「清光公済美録」東史写真帳）。なお、本書第二章第二節で引用した慶長二年九月七日付の算用奉行連署状から、慶長二年の豊作は政権側も把握していたことが知られる。

(100) 『当代記』慶長三年秋条、慶長四年六・七月条。『舜旧記』慶長五年十月二十三日条。ただし、古気候学の年輪幅から推定された夏季平均気温（総合地球環境学研究所の公開データ）によれば、慶長二年は記録的な冷夏で、特に東日本では深刻であるが、史料上に長雨の傾向は乏しく、凶作には繋がらなかったと考えたい。

(101) 慶長五年十月二十一日付 浅野幸長覚書（「清光公済美録」）。同年十一月朔日付同定書（同上）。

(102) 天正三年九月日付 越前国掟（『信長』五四九号）。天正十年三月日付甲斐・信濃国掟（同上九八五号）。

(103) 今井林太郎「信長の出現と中世的権威の否定」（前掲注24『織豊政権』、初出一九六三年）。丸島和洋「織田権力の北陸支配」（前掲注6『織田権力の領域支配』、二〇一一年）。

(104) 天正十七年十月朔日付 秀吉検地掟条々（「西本願寺派超勝寺文書」『秀吉』二七一七号）。文禄三年六月十七日付 同写（「渡辺家文書」『秀吉』四九五一号）。

(105) 朴秀哲「織田政権における寺社支配の構造」（『史林』八三―二、二〇〇〇年）。鍛代敏雄「関所試論」（同著『中世後期の寺社と経済』思文閣出版、初出一九九〇年）。

(106) 天正八年六月十九日付 秀吉条々（「大歳文書」『秀吉』二四九号など）。

(107) 天正十七年十月二十八日付 伊那家次奉書定書写（「武州文書」『山梨県史』資料編五）。天正十九年正月二十一日付 秀吉朱印状写（「保井家文書」『秀吉』三五八七号）。なお、家康の七か条定書は陣夫や百姓の雇用に関する数値基準も規定しており、後の豊臣大名の法を先取りしている点は注目される。

(108) 藤田恒春「小物成の成立」（同著『豊臣秀次の研究』文献出版、二〇〇三年、初出一九九五年）。

(109) 文禄五年二月四日付 亀井茲矩法度写（「因幡民談記」『新鳥取県史』資料編古代中世一）、表12-1〔へ・ワ〕など。なお、蔵入地においても天正十九年春から綿や漆が上納されていることも同様の傾向といえよう。本書第二章表2-1（イ）参照。

(110) 藤木前掲注26「村請の誓詞」。

(111) 水本邦彦「「初期村方騒動」と近世村落」（同著『近世の村社会と国家』東京大学出版会、一九八七年、初出一九七四年）。斎藤善之

「近世初期の農民闘争と村請制」(『歴史評論』四七五、一九八九年)。
(112)庄屋が豊臣政権による独創ではなく、戦国期村落に存在していた形態の一つを、政権が選択し敷衍した点については、西谷正浩「中世後期における村の惣中と庄屋・政所」(東寺文書研究会編『東寺文書と中世の諸相』思文閣出版、二〇一一年)参照。
(113)この点は、終章第三節でも詳細に検討を加える。
(114)慶長八年三月二十七日付 江戸幕府諸国郷村掟(『徳川禁令考』二七七五号)。
(115)なお、表12-1〔n〕において、百姓の宗旨の申告が求められている点も、宗旨改の萌芽的段階として興味深い。
(116)前掲注31藤木『天下統一と朝鮮侵略』。(天正二十年)五月十八日付 毛利吉成書状(「長井健一文書」『小浜市史』諸家文書編一)。なお、中野等「「豊臣大名」大友氏と吉統除国後の豊後」(同著『豊臣政権の対外侵略と太閤検地』校倉書房、一九九六年、初出一九九三年)も講和休戦期以降に政権の政策比重が「内政」へ傾斜することを指摘する。
(117)(文禄二年)五月二十九日付 加藤清正書状(「武州文書」東史影写本)。
(118)三鬼清一郎「田麦年貢三分一徴収と荒田対策」(前掲注40『豊臣政権の法と朝鮮出兵』、初出一九七一年)。斎藤司「田麦徴収令について」(『立正史学』五四、一九八三年)。
(119)「中臣祐園記」(東史ボーン)慶長二年四月十一日条。
(120)跡部信「豊臣政権の代替わり」(同著『豊臣政権の権力構造と天皇』戎光祥出版、二〇一六年、初出二〇〇〇年)。
(121)文禄二年閏九月十三日付 山田吉成条書(「金森文書」『岐阜県史』史料編古代中世四)。
(122)『駒井日記』文禄二年閏九月十二日条など。
(123)文禄五年十一月十五日付 長宗我部氏掟書(「明治大学所蔵文書」『中世法制史料集』第三巻)。
(124)(天正十九年)三月十一日付 長束正家書状写(「吉川三左衛門家文書」『新修彦根市史』第五巻史料編古代・中世)。秋澤繁「天正十九年豊臣政権による御前帳徴収について」(三鬼清一郎編『豊臣政権の研究』吉川弘文館、一九八四年、初出一九七七年)。
(125)慶長三年六月二十五日付 越前国足羽南郡二上村検地帳・長束正家奥書(「加藤源内家文書」『福井県史』資料編三)など。検地奉行の一人、木村由信は検地奥書を独立した法令として出している。則竹雄一「慶長三年越前国太閤検地帳の基礎的研究」(『獨協中学校・高等学校)研究紀要』二九・三〇、二〇一五年)。なお、表12-1〔u〕の検地条々には柴田・丹羽検地の手法が継承されている。木越隆三「越前惣国検地と検地手法」(同著『織豊期検地と石高の研究』桂書房、二〇〇〇年、新稿)。
(126)脇田修『織田政権の基礎構造』織豊政権の分析I、東京大学出版会、一九七五年。
(127)本多隆成「豊臣系大名の太閤検地」(同著『近世初期社会の基礎構造』吉川弘文館、一九八九年、初出一九八六年)。
(128)前掲注6池「戦国・織豊期の沼津」。
(129)本多隆成「初期徳川氏の五ヵ国総検地」(前掲127『近世初期社会の基礎構造』、初出一九八〇年)。
(130)朴鐘鳴訳注『看羊録』東洋文庫、二〇〇七頁。『瑣尾録』宣祖三十二年(一五九九)七月二十四日条。
(131)家康の再出兵が現実的ではなく、呼号にすぎないとする見解については、池内敏「近世日本の国際秩序と朝鮮観」(同著『大君外交と武威——近世日本の国際秩序と朝鮮観』名古屋大学出版会、二〇〇六年、新稿)参照。
(132)慶長五年十月十六日付 池田照政条目案(「清水寺文書」『兵庫県史』史料編中世二)。(慶長五年)十一月三日付 加藤清正書状(「熊本博物館所蔵文書」『新熊本市史』史料編第三巻）など。

(133) つとに中村吉治氏は、秀吉の規定がそのままの形で遵守されたのではなく、大名が独自に村落に対応した点を重視しつつ、秀吉による統一基準の設定の意義を評価している。前掲注88中村『近世初期農政史研究』。

(134) この点、給人の在地性が必ずしも否定されなかったとする前掲注7平井「中近世移行期の地域権力と兵農分離」参照。ただし、兵農分離政策の存在を否定する平井氏に対し、検地と奉公人政策の総体を兵農分離と捉えうるとの批判も出されている（牧原成征「兵農分離と石高制」付記、前掲注19『日本近世の秩序形成』、新稿）。本書の立場も後者に近く、家中と百姓のあるべき姿の明示を従来のように「兵農分離」政策と評価することは、呼称の有無は別として、なお説得力を有すると考える。

(135) 元和偃武を起点とする捉え方の代表例は、高木昭作「江戸幕府の成立」（『岩波講座日本歴史』第九巻、一九七五年）。寛永飢饉を起点とする捉え方の代表例は前掲注85佐々木「慶安の幕政改革」。

(136)『看羊録』二六・一八二頁。松田毅一ほか訳『日本巡察記』東洋文庫、一六七頁。『日本王国記』大航海時代叢書、八五・六頁。

(137) 天正十九年二月二十六日付 長谷川忠実筆京都落首（「特殊文書」『広島大学所蔵猪熊文書』二）。脇田修『教養人の日本史』三、社会思想社、一九六七年。「かりそめのひとりごと」『泉大津市関係文献資料集』。野村豊・由井喜太郎編『河内屋可正旧記』清文堂出版、二八三頁。

終章

(1) 朝尾直弘「豊臣政権論」（『朝尾直弘著作集』第三巻、岩波書店、二〇〇四年、初出一九六三年）。

(2) 曽根勇二「終章」（同著『近世国家の形成と戦争体制』校倉書房、二〇〇四年、新稿）。戸谷穂高「天正・文禄期の豊臣政権における浅野長吉」（同著『東国の政治秩序と豊臣政権』吉川弘文館、二〇二三年、初出二〇〇六年）など。

(3) 中村孝也「封建制度論」上・下（『国家及国家学』四—一二・五—一、一九一六・七年）。

(4) 中村吉治『日本封建制再編成史』三笠書房、一九三九年。

(5) 本庄栄治郎『経済史考』内外出版、一九二二年。

(6) 朝尾直弘「兵農分離をめぐって」（『朝尾直弘著作集』第二巻、岩波書店、二〇〇四年、初出一九六四年）。

(7) 山口啓二「日本封建制論」（『山口啓二著作集』第三巻、校倉書房、二〇〇九年、初出一九七三年）。藤木久志『天下統一と朝鮮侵略』講談社、二〇〇五年、初出一九七五年。幕府に対する藩の自立性と従属性の双方に留意した近年の研究としては、高野信治『藩国と藩輔の構図』（名著出版、二〇〇二年）などが挙げられる。

(8) 山本博文「日本近世国家の世界史的位置補論——水林彪・中小路純両氏への御答え」（同著『幕藩制の成立と近世の国制』校倉書房、一九九〇年、初出一九八五年）。

(9) 朝尾直弘「序にかえて」（『朝尾直弘著作集』第一巻、岩波書店、二〇〇三年、初出一九六七年）。同「身分についてのノート」（同第七巻、二〇〇四年、初出一九八四年）。水本邦彦「解題」（同第八巻、二〇〇四年）。

(10) 朝尾直弘「「公儀」と幕藩領主制」（前掲注1『朝尾直弘著作集』第三巻、初出一九八五年）はまさにその狭間にあたるが、政権論としては展開されていない。この点について、身分集団の形成を基礎に置いた兵農分離論として身分制社会論を解した横田冬彦「解題」（前掲注9『朝尾直弘著作集』第七巻、二〇〇四年）の言及が唯一といえよう。

(11)（天正十三年）閏八月七日付 秀吉書状写（「大阪城天守閣所蔵文書」

『秀吉』一五五五号)。黒田基樹『小早川秀秋』戎光祥出版、二〇一七年。
(12) 山口県文書館蔵「関白秀吉公江御進物之覚」(『中国国分/四国国分』徳島市立徳島城博物館特別展図録)。なお、天正五・六年頃に秀吉の養子になったと推測される於次秀勝は、天正十三年十二月に死没している。
(13) 一五八六年一〇月一七付 ルイス・フロイス書簡(『イエズス』第Ⅲ期第七巻、有水博訳)。なお、播磨良紀「豊臣政権と豊臣秀長」(三鬼清一郎編『織豊期の政治構造』吉川弘文館、二〇〇〇年)は秀長に任された「公事之儀」を九州大名に限定されたものと解釈している。
(14)『多聞院日記』三十二、天正十四年十一月二日条。
(15) 藤田恒春『豊臣秀次』吉川弘文館、二〇一五年。(天正十二年)九月二十三日付 秀吉判物写(『松雲公採集遺編類纂』所載文書』『秀吉』一二一五号)。
(16) 一五八八年二月二〇日付 フロイス書簡(『イエズス』第Ⅲ期第七巻、有水博訳)。
(17) 前掲注15藤田『豊臣秀次』。前掲注11黒田『小早川秀秋』。ただし、黒田基樹「羽柴秀吉一門の研究」(同編『羽柴秀吉一門』戎光祥出版、二〇二四年)は養子縁組せずに関白を襲任した可能性も示唆している。
(18) 大阪城天守閣所蔵『聚楽行幸記』。橋本政宣「後陽成天皇の譲位をめぐって」(同著『近世公家社会の研究』吉川弘文館、二〇〇二年、初出一九九五年)。
(19)『時慶記』天正十五年九月二十一日条。『お湯殿』同年二月六日条によれば、菊亭晴季とともに参内した秀吉に相伴し、「日黄事故略鈔」(『大雲山誌稿』巻十九、東史謄写本)同年三月条でも玄以に伴われて秀次の大石曳行の様子を見物している。
(20) 矢部健太郎「聚楽第行幸と起請文」(酒井紀美編『契約・誓約・盟約』竹林舎、二〇一五年)。
(21) フロイス『日本史』第二部第一一六章、松田毅一・川崎桃太訳。
(22) 天正十六年四月二十九日付 室町頭行事町書付(十四町与惣帳「京都上京文書」東史影写本)。一五八九年二月二四日付 ガスパル・コエリョ日本年報(『イエズス』第Ⅰ期第一巻、日埜博司訳)。
(23) 矢部健太郎「東国「惣無事」政策の展開と家康・景勝——「私戦」の禁止と「公戦」の遂行」(『日本史研究』五〇九、二〇〇五年)。河内将芳『大政所と北政所』戎光祥出版、二〇二二年。
(24) 前掲注18橋本「後陽成天皇の譲位をめぐって」。
(25)「祐父自記」(東史写真帳)天正十八年正月十三日条。
(26) 天正十七年十二月朔日付 秀吉朱印状(「稲荷神社文書」ほか『秀吉』二七八〇〜二八二七号)。
(27) 福田千鶴『淀殿——われ太閤の妻となりて』ミネルヴァ書房、二〇〇七年。
(28) 矢部健太郎「太閤秀吉の政権構想と大名の序列」(同著『豊臣政権の支配秩序と朝廷』吉川弘文館、二〇一一年、初出二〇〇三年)。
(29) 一五九二年一〇月一日付 フロイス日本年報(『イエズス』第Ⅰ期第一巻、家入敏光訳)。
(30) 伊藤真昭「所司代の展開」(同著『京都の寺社と豊臣政権』法藏館、二〇〇三年、初出二〇〇〇年)。玄以は「秀次事件」後も所司代と呼ばれた。なお、杉原も天正十一年五月段階で「京都所司代」と認識されていた点は、拙稿「豊臣政権の公儀普請と課役負担——「手伝」と「国役」をめぐって」(『織豊城郭』二一、二〇二三年)参照。
(31)(天正八年)四月二十四日付 秀吉書状(「安積文書」『秀吉』二二三号)。(同年)六月二十七日付 同書状(「亀井文書」『秀吉』一九八号)。(同年)七月二十日付 同書状(「同上」『秀吉』二五四号)。(同年)八月二十五日付 増田長盛書状(「中沢文書」東史影写本)。なお、

「亀井文書」の年次比定は砂川博『因幡鹿野城主亀井玆矩』（岩田書院、二〇二二年）参照。また、増田の出身地については、『関白双紙』（藤田恒春「関白雙紙について」（同著『豊臣秀次の研究』文献出版、二〇〇三年、新稿）所載）に「かうしうのちう人《（江州の住人）》石田ぢぶのせうミつなり・ましたゑもんのせうなかもり・なつか大くだ、おハりのくにのちう人《（尾張国の住人）》みんぶきやうほうゐん」とあることによる。

（32）（年不詳）十月二十八日付　増田長盛書状（「曽根文書」『兵庫県神社誌』中巻）。天正七年か八年の発給か。

（33）（天正十年）七月六日付　増田長盛書状（「本能寺文書」『大日』第十一編一、九〇〇頁）。（同年）七月十三日付　同書状（同上）。

（34）（天正十年）七月十二日付　増田長盛書状（「鍋島家文書」『佐賀県史料集成』古文書編三）。

（35）『兼見卿記』天正十年十月十九日条。（同年）十一月十三日付　増田長盛書状（「太陽コレクション所蔵文書」東史ボーン）。天正十・十一年頃発給と推測される八月十一日付の秀吉書状（「宮書所蔵文書」『秀吉』未収）にも「委細増田仁右衛門尉かたゟ可申候」と見える。

（36）「日黄事故略鈔」天正十年十二月条。（同年）十二月二十日付　増田長盛書状（「称名寺文書」『東浅井郡志』巻四）。

（37）「貝塚」天正十一年表紙見返し（『大系真宗史料』文書記録編十四）。

（38）拙稿「石田三成論」（拙編『石田三成』戎光祥出版、二〇一八年）。

（39）（天正十一年）六月二日付　龍庵・安威重信・増田長盛連署状（「吉備津神社文書」『岡山県古文書集』二）。（年不詳）十二月九日付　増田長盛・藻虫斎由己・見斎如渕連署状写（「羽柴家文書写」、村井祐樹「秀吉の報・連・相」（同著『中世史料との邂逅——室町・戦国・織豊期の文書と記録』思文閣出版、二〇二四年、新稿）所載）。

（40）（年不詳）九月二十日付　堀尾可晴書状（「仕付方書」紙背文書、内閣文庫所蔵）。天正八・九年頃の発給か。

（41）（天正十四年）六月十七日付　小笠原貞慶書状（「青山文書」『福島県史』第七巻）。

（42）『兼見卿記』天正十一年八月十六日、十一月二十六・七日条。桑田忠親「右筆と公文書に関する諸問題」（同著『豊臣秀吉研究』角川書店、一九七五年、初出一九四一年）。

（43）『兼見卿記』天正十三年七月二十二日条、天正十五年十一月四日条。

（44）『兼見卿記』天正十二年四月二日条。

（45）前掲注42桑田「右筆と公文書に関する諸問題」。天正二十年三月二十日付　秀吉定書写（「高橋義彦氏所蔵文書」『秀吉』三九九二号）。

（46）前掲注1朝尾「豊臣政権論」。

（47）曽根勇二「秀吉の右筆」（山本博文ら編『消された秀吉の真実——徳川史観を越えて』柏書房、二〇一一年）。

（48）「末永雅雄氏蒐集文書」東史写真帳。

（49）黒田基樹『羽柴を名乗った人々』KADOKAWA、二〇一六年。（慶長二年）九月十九日付の長束・増田・富田知信・織田有楽連署状（『真田家文書』上巻二一号）に「羽柴左衛門尉殿・同武蔵守殿」とあり、弟の信吉とともに会津に派遣されている。

（50）『寛政重修諸家譜』巻四百九十。なお、和久宗是は秀吉死後に政宗に仕えたとされる。

（51）（天正十五年）十月八日付　増田長盛書状（金沢市立玉川図書館所蔵「津田家文書」）。

（52）（天正二十年）十一月五日付　中江栄継書状（「長命寺文書」『新修彦根市史』第五巻史料編古代・中世）。

（53）「佐藤行信氏所蔵文書」東史影写本。

（54）文禄三年十月十六・七日付　秀吉知行宛行状（「藤堂文書」ほか、『秀吉』五〇一八～五〇三八号）。曽根勇二「秀吉と大名・直臣の主従関係について——いわゆる五奉行連署状の成立を中心に」（山本博文ら編『豊臣政権の正体』柏書房、二〇一四年）。

(55) 慶長三年正月十七日付 秀吉朱印状写（「山中文書」『秀吉』五七三四・五号）。なお、東国政策においても、一族の浅野と中枢奉行層の石田・増田、右筆出身の長束・木下・山中の階層差が指摘されている。戸谷穂高「喜連川足利頼氏と豊臣政権」（『里見氏研究』三、二〇二四年）。

(56)「貝塚」天正十三年四月二十五日条。

(57) 検地奉行については、前掲注20伊藤「所司代の展開」、平井上総「豊臣期検地一覧（稿）」（『北海道大学文学研究科紀要』一四四、二〇一四年）など参照。

(58) 岩沢愿彦「山城・近江における豊臣氏の蔵入地について」（藤木久志・北島万次編『織豊政権』有精堂出版、一九七四年、初出一九六四年）。朝尾直弘「織豊期の畿内代官」（前掲注1『朝尾直弘著作集』第三巻、初出一九七〇年）。

(59) 寺沢光世「山崎合戦後の洛外における所領整理について」（『ぐんしょ』再刊二八、一九九五年）。同「秀吉の側近六人衆と石川光重」（『日本歴史』五八六、一九九七年）。同「天正末期の高野山と豊臣政権」（『和歌山地方史研究』四八、二〇〇四年）。一次史料でも「太閤様一段御目ヲカケ被召遣六人」と呼ばれている（『多聞院日記』三十八、天正二十年九月五日条）が、多くの場合五名で連署している点には注意が必要である。

(60) 馬部隆弘「史料紹介「誓円ノ日記」（二）」（『枚方市史年報』十一、二〇〇八年）。

(61) 福田千鶴『豊臣秀頼』吉川弘文館、二〇一四年。

(62) 三鬼清一郎「御掟・御掟追加をめぐって」（同著『豊臣政権の法と朝鮮出兵』青史出版、二〇一二年、初出一九八四年）。藤井讓治「文禄四年「御掟」「御掟追加」」（同著『近世初期政治史研究』岩波書店、二〇二二年、新稿）。

(63) 浅利相論については、大島正隆「北奥大名領成立過程の一断面——比内浅利氏を中心とする考察」（同著『東北中世史の旅立ち』そしえて、一九八七年、初出一九四二年）参照。

(64)（文禄五年）二月二十五日付 浅野長吉書状（「秋田家相伝文書」『青森県史』資料編中世二、七三三号）。浅野の花押もA6型であり、問題ない。

(65)（慶長三年）二月十一日付 長束正家書状（「『秋田家蔵品展観目録並解説』所載文書」『青森県史』資料編中世二、七六五号）。なお、浅利相論に関する文書の中には写しや案文も含まれ、改元前にもかかわらず「慶長元年」と記されるなど、秋田氏側による修正や加筆の可能性も想定される。

(66) 桑田忠親「五奉行制度」（前掲注42『豊臣秀吉研究』、初出一九三五年）。鈴木良一『豊臣秀吉』岩波書店、一九五四年。前掲注1朝尾「豊臣政権論」。曽根勇二「五奉行連署状について——秀吉在世中を中心に」（山本博文編『法令・人事から見た近世政策決定システムの研究』東京大学史料編纂所、二〇一四年）。

(67)「関白任官記」・『歴名土代』。（天正十四年ヵ）四月六日付 安国寺恵瓊自筆目録（「不動院文書」『不動院』）。

(68)「楠長諳供奉道中宿所覚書」（「佐々木信綱氏所蔵文書」『兵庫県史』史料編中世九）天正十五年三月一日条。朝尾直弘「織豊期の堺代官」（前掲注1『朝尾直弘著作集』第三巻、初出一九七二年）。なお、増田はそれ以前から尼崎城普請にも携わっていた。（天正十一年ヵ）十一月二十一日付 秀吉書状（「水野家文書」『秀吉』一八二三号）。また、天正十六年七月以前に兵庫の代官も務め、翌年二月には大津城も預かった。「天正記」（『福原家文書』）天正十六年七月十七日条。天正十七年二月十五日付 増田長盛事書（「木村氏所蔵文書」『滋賀県市町村沿革史』第二巻）。

(69) 矢部健太郎「豊臣「武家清華家」の創出」（前掲注28『豊臣政権の

支配秩序と朝廷』、初出二〇〇一年）。

（70）「天正記」天正十六年八月二十八日条。「大宝寺義勝上洛日記」（「本庄俊長氏所蔵文書」『上越市史』別編二）天正十七年七月十一日条。ただし、進物の贈り先はあくまでも大名が秀吉の出頭人と見なした人物にあたり、政権内の集団化とは別の論理といえる。

（71）拙稿「二つの「亀山」――石田三成の丹波経営」（『日本歴史』八九五、二〇二二年）。

（72）前掲注58岩沢「山城・近江における豊臣氏の蔵入地について」・朝尾「織豊期の畿内代官」。

（73）『晴豊』天正十八年正月二十一日、二月十三日条。

（74）（文禄二年）五月二十七日付 南部信直書状（「遠野南部家文書」『青森県史』資料編中世一、二三三号）。

（75）山口県文書館所蔵「小田原陣仕寄陣取図」（毛利家文庫・絵図八三七・一）。なお、北条氏支城への奉行層の攻城・仕置を重視したものとして、矢部健太郎「秀吉の小田原出兵と「清華成」大名」（『國學院大學紀要』四九、二〇一一年）参照。

（76）（天正十九年）五月三日付 長束・増田・石田・玄以連署状写（「龍野神社旧蔵文書」『脇坂家文書集成』）など。天正十八年十二月五日付 長束・増田・小出秀政・富田一白・津田盛月・玄以連署状写（「平野庄郷記所収文書」『東浅井郡志』巻四）。なお、毛利領国の御前帳調進に関する（天正十九年）十一月十一日付の毛利輝元書状（「大倉氏採集文書」東史写真帳）の宛名は増田・長束・黒田孝高・玄以だが、石田三成が不在であるために長年の取り成し関係にある黒田が入ったのであろう。

（77）（文禄二年）十二月二十日付 長束・増田・浅野・玄以連署状（滋経所蔵「伊藤晋文書」）。『駒井日記』文禄三年三月二十日条では、長束・増田・玄以が秀次蔵入地の算用方法を尋ねているが、三月には浅野が甲斐に下国していたため、この三名での連署になったのであろう。相田文三「浅野長政の居所と行動」（『居所』）。

（78）『駒井日記』文禄三年四月十四日条。（同年）七月十七日付 玄以・長束・石田・増田連署状（「大阪城天守閣所蔵文書」『秀吉家臣団』特別展図録）など。ただし、この段階では長束は木下・山中との活動例が主軸である。

（79）跡部信「秀吉独裁制の権力構造」（同著『豊臣政権の権力構造と天皇』戎光祥出版、二〇一六年、初出二〇〇九年）。

（80）（一五九四年頃、日月不詳）ペドロ・チリーノ書翰写（『一六―一七世紀日本・スペイン交渉史』大修館書店、一九九四年、第Ⅳ章、松田毅一訳）。

（81）（天正十五年）三月二十六日付 秀吉朱印状（「立花文書」『秀吉』二一三一号）。（天正十六年）正月五日付 同判物（「小早川家文書」『秀吉』二四一八号）など。

（82）前掲注22コエリョ日本年報。

（83）田中誠二「藩からみた近世初期の幕藩関係」（『日本史研究』三五六、一九九二年）。中野等「豊臣期の文書にみえる「取次」「御取成」などの仲介文言について」（『古文書研究』八九、二〇二〇年）。

（84）前掲注22コエリョ日本年報。

（85）（天正十八年）九月二十八日付 佐竹義重書状（「奈良文書」『茨城県史料』中世編Ⅲ）。

（86）「立入家記」（『禁裏御倉職立入家文書』六〇号）。

（87）清水紘一「文禄・慶長初年の日西交渉」（同著『織豊政権とキリシタン』岩田書院、二〇〇一年、初出一九八八年）。

（88）J・L・アルバレス・タラドゥリース「P・ペドロ・ゴメス宛前田玄以の未刊の一書翰（一五九三年）」（『キリスト教史学』一九、一九六七年、佐久間正訳）。

（89）髙野友理香「豊臣政権期の修道会交渉における前田玄以」（『社会文化史学』五七、二〇一四年）。

(90) 一五九七年三月一四日付 ペドロ・ゴメス書簡（高瀬弘一郎「日本司教ペドロ・マルティンス日本退去の事情――コインブラ大学綜合図書館収蔵の一史料」『史学』四一―一、一九六八年）。

(91)（文禄三年）十二月二日付 浅野・長束・石田・増田連署状（「盛岡南部家文書」『青森県史』資料編中世一）。（同年）十二月六日付 長束・増田・石田・浅野連署状（『弘文荘古書目録』三六）。（同年）十二月十八日付 同連署状（「太陽コレクション所蔵文書」東史ボーン）。（同年）十二月二十八日付 同連署状写（「古今消息集」四、東史影写本）。『兼見卿記』文禄三年十月二十四日、十一月十一日条。文禄三年十月から翌年正月までの間、玄以の発給文書は単独でも確認できない。「玄以」二四五・二四六号。

(92)（文禄四年）六月三日付 長束・増田・石田・浅野・玄以連署状（『毛利家文書』九六六号）など。

(93)（文禄四年）七月十日付 長束・増田・石田・玄以連署状（「中牟田文書」東史影写本）など。文禄五年正月二十三日付 長束・増田・石田・玄以連署血判起請文（大阪城天守閣所蔵「木下家文書」）。（慶長二年）二月十五日付 玄以・長束・石田・増田連署状（「上坂文書」東史写真帳）。（同年）七月十六日付 島津義弘ら連署状（『島津家文書』九六七号）など。

(94) 木村俊哉「豊臣政権における「二大老・四奉行」論の再検討」（『史学研究集録』四八、二〇二四年）も参照。

(95) 堀越祐一「豊臣「五大老」・「五奉行」についての再検討――その呼称に関して」（同著『豊臣政権の権力構造』吉川弘文館、二〇一六年、初出二〇〇三年）。

(96)（天正十六年ヵ）正月二十四日付 浅野長吉書状（「熊川区有文書」『福井県史』資料編九中）。（文禄四年）六月三日付 長束・増田・石田・浅野・玄以連署状（『毛利家文書』九六六号）。

(97) 一点のみ奉行の下代が「於京都年寄中へ可申上候」とする文書が知られるが、同文書中に「従奉行中御縄打衆被遣候」という表現もあり、後者が政権中枢奉行、前者は上杉家の在京家老を指すものと推測される。文禄二年七月二十二日付 石田・増田・大谷下代連署状（「五十嵐弘氏所蔵文書」『上越市史』別編二）。

(98)（天正二十年）八月二十二日付 加藤清正書状（「九鬼文書」『熊本県史料』中世篇第五）。（文禄二年）四月二十九日付 石田正澄書状（「富岡文書」東史影写本）。（文禄三年）十月十七日付 施薬院全宗書状（「大湊文書」『三重県史』資料編近世一）など。なお、それを遡る事例としては、（年不詳）八月朔日付 羽柴秀長書状（「郡上高等学校所蔵文書」『岐阜県史』史料編古代中世補遺）に「其方此度之様子、則御奉行衆へ申遣候」とある。天正十二年か十三年のものと推測され、ここでの対象は後の「五奉行」には直接的には繋がらないように思われる。また、指出や検地など個別の案件に関する担当者に「御奉行衆」を用いる場合もある。（天正十六年ヵ）二月十九日付 岩戸山北半町戸口帳（「善長寺町文書」『史料京都の歴史』十二）。（天正十七年ヵ）十月十八日付 狭山郷給分衆書状（『石清水八幡宮文書』一一六七号）など。

(99) 山田康弘「戦国期の政所沙汰」（同著『戦国期室町幕府と将軍』吉川弘文館、二〇〇〇年、初出一九九三年）。同「戦国期の御前沙汰」（同上書、初出一九九三年）。

(100) 西島太郎「足利義晴期の政治構造」（同著『戦国期室町幕府と在地領主』八木書店、二〇〇六年、初出二〇〇〇年）。

(101) 馬部隆弘「細川晴元の取次と内衆の対立構造」（同著『戦国期細川権力の研究』吉川弘文館、二〇一八年、初出二〇一六年）。

(102) 丸島和洋「武田氏の外交取次とその構成」（同著『戦国大名武田氏の権力構造』思文閣出版、二〇一一年、初出二〇〇八年）。

(103) 前掲注79跡部信「秀吉独裁制の権力構造」。

(104) 岸野久「ローマ・イエズス会文書「慶長二年フィリピン総督宛豊

臣秀吉返書」に関するイエズス会の応問証言記録」（『日本歴史』三二六、一九七五年）。アビラ・ヒロン『日本王国記』第九章。「孝亮宿祢記」（宮書所蔵、壬生本）慶長二年七月二十九日・三十日条。『義演准后日記』同年八月一日条。

(105) 文禄四年十月付 礼銭取替之日記（『頂妙寺文書・京都十六本山会合用書類』二）。同年十二月晦日付 立売東町配賦（十四町与惣帳「京都上京文書」東史影写本）。（慶長三年）三月二十九日付 玄以・増田連署状（「後藤文書」東史影写本）。『時慶記』慶長五年七月二十六日・八月四日条。

(106) 伊藤真昭「所司代の機構」（前掲注30『京都の寺社と豊臣政権』、初出一九九八年）。中野等『石田三成伝』吉川弘文館、二〇一七年。

(107) 渡辺世祐『安土桃山時代史』早稲田大学出版部、一九〇五年。同『室町時代史』同上、一九〇五年。同「国史に於ける文武抗争史概論」（『文武抗争史』雄山閣、一九三三年）。梅田又次郎『条約改正論』大倉書店、一八九三年。この文脈では、武断派の方が悪い意味で用いられている。

(108) 黒板勝美『国史の研究』文会堂、一九〇八年。徳富猪一郎『近世日本国民史』家康時代上巻、民友社、一九二二年。

(109) 鈴木良一「織豊政権論」（前掲注58『織豊政権』、初出一九五二年）。前掲注66鈴木『豊臣秀吉』。

(110) 前掲注10朝尾「「公儀」と幕藩領主制」。

(111) 佐々木潤之介「兵農分離制の確立」（同著『幕藩制国家論』上、東京大学出版会、一九八四年、初出一九七五年）。

(112) 慶長五年九月十五日付 加藤清正起請文（『中川家文書』九六号）。（慶長四年）九月二十三日付 伊那令成書状（『島津家文書』一六九三号）。（慶長五年）八月二十四日付 福島正則書状（『浅野家文書』一一四号）。文禄四年七月付 小早川隆景・毛利輝元・徳川家康連署起請文前書案（『毛利家文書』九五八号）など。

(113) 堀新「研究史整理と本書の構成」（同著『織豊期王権論』校倉書房、二〇一一年、新稿）。

(114) 朝尾直弘「京都所司代」（『朝尾直弘著作集』第六巻、岩波書店、二〇〇四年、初出一九六九年）。伊藤真昭「豊臣政権における寺社後援策」（前掲注30『京都の寺社と豊臣政権』、初出一九九八年）。

(115) 『北野社家日記』天正十八年閏正月二日条。『鹿苑日録』二十九、天正十九年七月十二日条。

(116) （天正十七年）九月十五日付 長束正家書状（「摠見寺文書」『安土町史』史料編一）。長束の花押がN３型からN３a型への過渡期にあたるため、当該年に比定。（同年）十二月八日付 龍光院承證書状（「同上」）。（同年）九月十七日付 尼子宗澄書状（「同上」）。なお、同文書閲覧にあたっては、所蔵者様、および安土城博物館の髙木叙子氏にお世話になった。

(117) （天正十五年）三月晦日付 尼子宗澄書状（「光源院文書」東史影写本）。

(118) （天正十九年）五月二十四日付 長束正家書状（「山内家御手許文書」東史写真帳）。（年不詳）三月七日付 秀吉朱印状（「尊永寺文書」『秀吉』六三五八号）など。

(119) （天正十九年、月日不詳）孝蔵主消息（「鴨江寺文書」『静岡県史料』第五輯）。

(120) （天正十九年）七月三日付 長束正家書状写（「龍渓院文書」『柳川市史』史料編Ⅱ）。

(121) （天正十九年）七月十四日付 長束正家書状（「西楽寺文書」『静岡県史料』第四輯）。静岡県史編さん収集資料検索システムの画像を確認し、長束の花押型がN３bより同年に比定。（同年）十一月七日付同書状（「同上」）。（天正二十年）正月十五日付 松下之綱書状（「同上」）。（文禄五年）八月十八日付 長束正家書状（「司上」）。なお、長束家臣の前波左文も添状を出している。

(122)（年不詳）十二月二十八日付　増田・長束連署状（「舊辻坊葛山氏文書」『静岡県史料』第二輯）。（文禄四年）九月八日付　長束・増田連署状写（「密蔵院文書」『愛知県史』資料編一三織豊三）。

(123)（年不詳）十一月二十八日付　大久保忠隣・加々爪政尚連署状（「舊辻坊葛山氏文書」『静岡県史料』第二輯）。

(124)（天正十一年）八月十一日付　某書状（「金剛寺文書」四一五号、『河内長野市史』第五巻史料編二）。同年九月朔日付　秀吉判物（「金剛寺文書」『秀吉』八一八号）。

(125)天正十四年七月二十八日付　興山上人応其覚書（『高野山文書』四〇六号）。川端泰幸「秀吉政権と木食応其」（『大谷大学史学論究』一七、二〇一二年）。

(126)（天正十四年）三月二日付　金剛寺三綱連判状（「金剛寺文書」四二〇号、『河内長野市史』第五巻史料編二）。

(127)（慶長三年）八月七日付　金剛峰寺学侶衆中秀永書状（「金剛寺文書」四〇五号、『河内長野市史』第五巻史料編二）など。

(128)河内将芳「京都東山大仏千僧会について」（同著『中世京都の民衆と社会』思文閣出版、二〇〇〇年、初出一九九八年）。

(129)『石清水文書』九五三号。

(130)（年不詳）四月吉日付　田中秀清重申状案（『石清水文書』九五六号）。

(131)（天正二十年）二月八日付　広橋兼勝書状（『石清水文書』九四八号）。（同年）三月十二日　同書状写（『同上』九四七号）。

(132)『新訂家康』中巻、四八八頁。

(133)『鹿苑日録』三十、天正二十年四月十二日条。天正二十年十一月二十六日付　駒井重勝書状（「知善院文書」『近江国坂田郡志』巻六）など。

(134)慶長四年二月十三日付　田中秀清申状案（『石清水文書』九五一号）。『義演准后日記』慶長四年正月五日条。『言経卿記』同年二月四日条。

(135)（慶長四年）三月二十日付　田中秀清重申状案（『石清水文書』九五五号）。

(136)（慶長四年）八月二十三日付　田中秀清書状案（『石清水文書』九五八号）。（同年）九月二十一日付　玄以書状（『同上』九七〇号）。

(137)『鹿苑日録』三十八、慶長四年十月二十七日条。（慶長四年、月不詳）十九日付　お亀の方消息（『石清水文書』一二七九号）。

(138)（慶長四年十一月）十九日付　お亀の方消息（『石清水文書』一二八〇号）。（年月不詳）六日付　同消息（『同上』一二八一号）。（慶長五年）六月三日付　広橋兼勝書状（『石清水文書』九七六号）。

(139)（慶長五年）五月十五日付　玄以安堵状（『同上』九七三号）。同年五月二十五日付　家康判物（『同上』一二六二号）。

(140)山﨑布美「安居神事の復活とその背景」（鍛代敏雄編『中世神社史料の総合的研究』科研報告書、二〇一〇年）。東昇「近世石清水八幡宮の神人文書と文書認識——分散管理と情報共有の視点から」（国文学研究資料館編『アーカイブズの構造認識と編成記述』思文閣出版、二〇一四年）。

(141)石清水八幡宮神領之内安禅寺天正拾六年迄当知行仕指出之事（『石清水八幡宮史』史料第六輯）。

(142)（年月日不詳）妙慶消息（『石清水文書』一三〇八号）。

(143)（天正十四年ヵ）寂照院・光明寺言上書（「リスボン・エヴォラ屏風文書」、伊藤玄二郎編『エヴォラ屏風の世界』エヴォラ屏風修復保存、出版実行委員会、二〇〇〇年）。

(144)例えば、天正十三年五月の九条家の当知行の指出では、醍醐勝俱胝分を天正十年から浅野長吉が押領したと記され、京廻本所領の整理がこうした状況の清算を目指したことは疑いない。天正十三年五月十四日付　九条家当知行分目録案（「九条家文書」『愛知県史』資料編一二、織豊二）。本書第五章で見た馬廻層による京都への関与は、軍事的圧力だけでなく、かかる権益喪失の補塡として位置づけうるかもしれない。

(145) 林晃弘「朱印地形成と秀吉の寺社政策」(『ヒストリア』二五七、二〇一六年)。

(146) 天正十三年六月十三日付 秀吉覚書(「高野山文書」『秀吉』一四五六号)。『兼見卿記』天正十三年十一月八日条。

(147) 元和七年 岡本保望覚書(「賀茂文化研究所所蔵文書」、下坂守「岡本保望上賀茂神社興隆覚」(同著『中世寺院社会と民衆』思文閣出版、二〇一四年、初出一九九五年)所載)。

(148) 金子拓「賀茂別雷神社職中算用状の基礎的考察」(同著『織田信長権力論』吉川弘文館、二〇一五年、初出二〇一三年)。

(149) (天正十九年)十二月二十三日付 琴材集桐・瑞雲紹宥連署状(「鹿王院文書」『鹿王院文書の研究』八四二号)。『鹿苑日録』二十六、天正十七年九月十四日条。『同上』二十七、慶長二年十二月二十日条など。

(150) 『鹿苑日録』三十、天正十九年十二月二十一日条。

(151) 藤田恒春『豊臣秀次』吉川弘文館、二〇一五年。『鹿苑日録』三十四、文禄三年七月十九日条など。

(152) 『兼見卿記』天正十三年十二月二十三日条。『鹿苑日録』三十、天正十九年十二月十九日条。前掲注147岡本保望覚書。

(153) 前掲注38拙稿「石田三成論」。

(154) 伊藤真昭「京都寺社の史料から見る石田三成」(太田浩司編『石田三成』宮帯出版社、二〇二二年)。

(155) 河内将芳『大政所と北政所』戎光祥出版、二〇二二年。

(156) 『義演准后日記』慶長三年七月七日条。(同年)七月七日付 義演書状案(「江戸東京博物館所蔵文書」『大関ヶ原展』特別展図録、二〇一五年)。

(157) 遠藤珠紀「『院中御湯殿上日記』(天正一五年八月・一二月記)の紹介」(田島公編『禁裏・公家文庫研究』第六輯、二〇一七年)の解題部分。

(158) 奥野高広『皇室御経済史の研究』後篇、畝傍書房、一九四四年。岸田崇『備前国鳥取荘——成立から崩壊まで』吉備人出版、二〇二二年。『晴豊』天正十年正月四日条。

(159) 文禄期以後は、『晴豊』により、文禄三年正月(天正十九・文禄元・二年分)、文禄四年十二月(同三年分)、文禄五年十二月(同四年分)、慶長二年九月(同元年分)、慶長四年正月(同二年分)・三月(同三年分)・十二月(同四年分)の進納が確認される。

(160) 前掲注158奥野『皇室御経済史の研究』後篇。『院中御湯』天正十五年十二月三日条、同十六年三月二十三日条など。慶長二月正月十二日付 菊亭晴季請取状(「森田博三氏所蔵文書」京古影写本)。

(161) 『お湯殿』天正十八年十月十七日条。

(162) 『兼見卿記』天正十三年六月五・八日条。『お湯殿』同十四年六月十五日条など。

(163) 京総所蔵「勧修寺家文書」九四八。

(164) 遠藤珠紀「『院中御湯殿上日記』(天正一五年四月~七月記)の紹介」(同編『室町後期・織豊期古記録の史料学的研究による政治・制度史再構築の試み』科研報告書、二〇一六年)の解題部分。

(165) 立花京子「信長期公武間関係の実態」(同著『信長権力と朝廷』岩田書院、二〇〇〇年、新稿)。

(166) 天正十二年十月十七日付 秀吉判物(「妙行寺文書」『秀吉』一一三四号)。『親綱』天正十五年二月十一日条。『兼見卿記』天正十八年五月二十七日条など。

(167) 宮書所蔵「〔桂宮文書〕諸家書状」F四・二三八。

(168) 天正十八年正月十日付 姉小路・三条間町地子指出(「善長寺町文書」『史料京都の歴史』九)。(慶長元年)十二月二十六日付 浅野長政書状(「西教寺文書」東史影写本)。

(169) 天正十四年九月十七日付 秀吉条々(「森川氏所蔵文書」『秀吉』一

九五七号)。
(170)『晴豊』天正十八年十一月二十日条。『兼見卿記』文禄三年正月二十一日条。
(171)前掲注164遠藤「『院中御湯殿上日記』(天正一五年四月~七月記)の紹介」解題。盛本昌広「扶持米支給と切紙」(峰岸純夫編『日本中世史の再発見』吉川弘文館、二〇〇三年)。
(172)『晴豊』天正十九年九月三日条。『兼見卿記』同年八月二十五日条。(同年)九月五日付 秀吉朱印状(「納所村役場文書」『秀吉』六六四一号)。
(173)『光豊公記』天正二十年三月二十六日条。『兼見卿記』同年九月六日条。同年八月十八日付 飛鳥井雅春雑掌請取状(「大中院文書」(『大・中』)三九号)など。
(174)北堀光信「三催の成立と行幸」(同著『豊臣政権下の行幸と朝廷の動向』清文堂、二〇一四年、新稿)。文禄二年四月十七日付 柳原家雑掌ら請取状(京総所蔵「島田家文書」)など。
(175)『華頂要略門主伝』二十四、天正十四年五月十六日・同十五年四月朔日条。『兼見卿記』天正十五年二月二十九日条・文禄二年正月十一日条。
(176)下村信博「豊臣政権における公家領給与と徳政」(同著『戦国・織豊期の徳政』吉川弘文館、一九九六年、新稿)。山口和夫「統一政権成立と朝廷の近世化」(同著『近世日本政治史と朝廷』吉川弘文館、二〇一七年、初出一九九六年)。
(177)仁木宏「人的ネットワークの展開」(同著『京都の都市共同体と権力』思文閣出版、二〇一〇年、初出一九九九年)。「貝塚」天正十二年五月・七月条。「目代日記」(『北野天満宮史料』)同年五月二十一日条。一五八五年一〇月一日付 フロイス追信(『イエズス』第Ⅲ期第七巻、有水博訳)。
(178)『兼見卿記』天正十四年六月二十一日条。
(179)前掲注164遠藤「『院中御湯殿上日記』(天正一五年四月~七月記)の紹介」解題。
(180)北堀光信「近世成立期の並官人について」(前掲注174『豊臣政権下の行幸と朝廷の動向』、初出二〇〇九年)。
(181)黒田基樹『羽柴家崩壊――茶々と片桐且元の懊悩』平凡社、二〇一七年。
(182)(慶長五年)三月十日付 勧修寺晴豊書状案(『晴豊』符案等四五)。
(183)(慶長五年)三月十八日付 勧修寺晴豊書状案(『晴豊』符案等四五)。『時慶記』同年三月二十四・二十七日条。
(184)(慶長五年)四月十七・十八日付 勧修寺晴豊書状案(『晴豊』符案等四五)。『義演准后日記』同年四月十八日条。
(185)遠藤珠紀「『豊臣伝奏』の成立と展開」(『中世政治社会論叢』東京大学日本史学研究室、二〇一三年)。
(186)『お湯殿』天正十六年七月二十五日条。『晴豊』天正十八年三月十日条。『晴豊』符案等三九。『光豊公記』天正十九年閏正月十二日・八月三日条、天正二十年四月二十八日条など。
(187)『晴豊』天正十八年六月八日条。
(188)『お湯殿』慶長四年八月十四日条。(同年)八月十四日付 勧修寺晴豊書状案(『晴豊』符案等四三)。(同年)六月十四日付 同書状案(同上)。
(189)遠藤珠紀「徳川家康前半生の叙位任官」(『日本歴史』八〇三、二〇一五年)。同「徳川家康の左京大夫任官はいつか」(『古文書研究』九五、二〇二三年)。「徳川家康叙任一件」・「慶長三年・四年書状案」『晴豊』符案等三七・四三。『同上』天正十八年十二月二十九日条。『院中御湯』天正十五年二月十八日条。『お湯殿』慶長三年八月七日・十月六日条など。
(190)尾下成敏「「上杉加級宣旨案」の紹介――近世初期武家官位に関する一史料」(『史林』九一―五、二〇〇八年)。『晴豊』天正十八年十二月二十九日条など。
(191)『親綱』天正十六年三月十日条。『お湯殿』慶長三年八月十七日、同五年五月十日条など。
(192)『言経卿記』慶長五年四月十九日条。(同年)四月十六日付 勧修寺晴豊書状案(『晴豊』符案等四五)など。
(193)(慶長五年)六月五日付 毛利輝元書状写(「勧修寺家御由緒大略」『毛利輝元卿伝』)。(同年)六月八日付 勧修寺晴豊書状案(『晴豊』符案等四五)。(同年)七月四日付 同書状案(同上)。光成準治「関ヶ原前夜における権力闘争」(『日本歴史』七〇七、二〇〇七年)。
(194)(慶長五年)九月三日付 勧修寺晴豊書状案(『晴豊』符案等四五)。「智仁親王御記」東史謄写本、慶長五年九月二日条。
(195)(慶長五年)九月十三日付 勧修寺晴豊書状案(『晴豊』符案等四五)。河内将芳『秀吉没後の豊臣と徳川――京都・東山大仏の変遷からたどる』淡交社、二〇二三年。
(196)村和明「近世朝廷と統一政権」(牧原成征ら編『日本近世史を見通す』一、列島の平和と統合――近世前期、吉川弘文館、二〇二三年)。
(197)拙稿「織豊期権力論からみた城郭史研究」(『ヒストリア』二九六、二〇二三年)。
(198)万暦二十年(一五九二)三月付 朱均旺供述(「近報倭警」)。(一五九五年、月日不詳)ジェロニモ・デ・ジェズス書翰写(『一六―一七世紀日本・スペイン交渉史』第Ⅳ章)。
(199)一五八四年九月三日付 フロイス日本年報(『イエズス』第Ⅲ期第六巻、東光博英訳)。
(200)前掲注22コエリョ日本年報。
(201)『日本巡察記』第一章、松田毅一ほか訳。
(202)デサンデ『天正遣欧使節記』、泉井久之助ほか訳。アビラ・ヒロン『日本王国記』第一章、佐久間正訳。一五八九年一〇月七日付 日本年報(『イエズス』第Ⅰ期第一巻、清瀬卓訳)。
(203)フロイス『日本史』第二部四七章。前掲注22コエリョ日本年報。万暦十九年(一五九一)九月付 許儀後・郭国安陳報(「近報倭警」)。
(204)嗣永芳照「小瀬甫庵『永禄以来事始』――史料紹介」(『史観』一〇七、一九八二年)。
(205)(天正十年)六月五日付 秀吉書状(「梅林寺文書」『秀吉』四二四号)。小林智弘「富田一白考」(『新潟史学』八一、二〇二一年)。(天正十九年)八月十六日付 伊達政宗書状(「田手正洋氏所蔵文書」、「伊達政宗文書・補遺(十四)」(『市史せんだい』三〇、二〇二一年)補三七一号)。
(206)(慶長十五年、月日不詳)新川石見返答書写(「並河記録」『貝塚市史』第三巻)。
(207)フロイス『日本史』第三部四六章。
(208)『豊内記』巻上(『新訂増補史籍集覧』第二三冊)。
(209)石毛忠「戦国・安土桃山時代の倫理思想――天道思想の展開」(石田一良編『日本における倫理思想の展開』吉川弘文館、一九六七年)。
(210)川西裕也「文禄慶長の役」呼称の再検討」(『韓国朝鮮文化研究』二一、二〇二二年)。同「序章」(同ら編『壬辰戦争と東アジア――秀吉の対外侵攻の衝撃』東京大学出版会、二〇二三年)。
(211)朝尾直弘「惣村から町へ」(『朝尾直弘著作集』第六巻、岩波書店、二〇〇四年、初出一九八八年)。村井章介『海から見た戦国日本――列島史から世界史へ』筑摩書房、一九九七年。岸本美緒「東アジア・東南アジア伝統社会の形成」(同著『明末清初中国と東アジア近世』岩波書店、二〇二一年、初出一九九八年)。久留島典子「中世後期の社会動向――荘園制と村町制」(『日本史研究』五七二、二〇一〇年)。牧原成征「中・近世移行期をどうとらえるか――江北の土地制度を中心に」(同著『日本近世の秩序形成――村落・都市・身分』

東京大学出版会、二〇二二年、初出二〇一一年）。市村高男「地域的統一権力の構想」（『岩波講座日本歴史』第九巻、二〇一五年）。

(212) 拙稿「中近世移行期の唐人——文化・技術からみた東アジアの「近世」化」（『立命館文学』六八二、二〇二三年）。

(213) 吉田ゆり子「一六世紀～一七世紀の地域社会研究」（同著『兵農分離と地域社会』校倉書房、二〇〇〇年、新稿）。

(214) 天正十六年十一月二十二日付 政所弥六・大野助太連署状（「平野村文書」『兵庫県史』史料編中世三）。

(215) 天正十五年九月二十四日付 秀吉知行方目録（名古屋市博物館所蔵「豊臣家文書」『秀吉』二三一二号）。八木哲浩「豊臣政権時代の龍野」（『龍野市史』第二巻、一九八一年）。なお、戸田宛ての知行宛行状は従来知られていないようなので、参考のために左に掲げておく（徳川林政史研究所蔵「古案」）。また、戸田は丹波にも飛地を有していた（本書第二章参照）。

伊与国宇和郡九万千五百弐拾五石事、令宛行畢、全可領知者也、
天正十五
九月五日 御書判
戸田民部少輔とのへ

(216) 「福嶋正則家中分限帳」（『大日』第十二編之三十、八一五頁）。

(217) 中野等『太閤検地』中央公論社、二〇一九年。天正九年三月十八日付 秀吉寄進状写（「斑鳩寺文書」『秀吉』三〇四号）。文禄四年八月二十一日付 秀吉宛行状（「同上」『同上』五二九五号）。

(218) 吉田ゆり子「近世における「国人領主」と旧臣・「本貫地」」（前掲注213『兵農分離と地域社会』、初出一九九八年）。

(219) たつの市立埋蔵文化財センター寄託「平野村文書」。同文書の閲覧に際しては、たつの市教育委員会の義則敏彦氏、および平野自治会の方々にお世話になった。

(220) 『播磨新宮町史』第六巻。なお、近世において当該地域（奥組）の大庄屋を務めたのは平野村の中井氏であり、三宅氏は神主家として知られる。

(221) 黒田基樹「福島正則文書の基礎的研究」（同著『近世初期大名の身分秩序と文書』戎光祥出版、二〇一七年、初出一九九八年）。なお、戸田領では天正十五年九月と翌年八・九月に宛行いが知られる。山内治朋「豊臣期戸田勝隆の南伊予入封と支配——入封期における役割を中心に」（『戦国史研究』六九、二〇一五年）。

(222) 穴井綾香「福島正則の居所と行動」（『居所』）。相田文三「浅野長政の居所と行動」（『同上』）。

(223) 天正十八年八月日付 秀吉条々（「尊経閣古文書纂」『秀吉』三四一五号）。

(224) 天正十六年四月十五日付 秀吉知行宛行状（「勧修寺家文書」・「名古屋市博物館所蔵文書」『秀吉』二四六六・二四七八号）。天正十一年八月朔日付 秀吉知行方目録（「浅野文書」『秀吉』七七一号）。

(225) 『晴豊』天正十九年七月九日条。『時慶記』同年七月十日条。

(226) 「勧修寺家文書」三四七。

(227) 『高島町史』近世第一章第四節、一九八三年、八杉淳執筆分。

(228) 水本邦彦「初期「村方騒動」と近世村落」（同著『近世の村社会と国家』東京大学出版会、一九八七年、初出一九七四年）。

(229) 拙稿「秀吉の「首都」伏見」（京都学研究会編『京都を学ぶ』伏見編、ナカニシヤ出版、二〇二二年）。

(230) （慶長四年ヵ）十一月二十四日付岩倉村百姓中訴状（「森鼻家資料」『三田市史』第四巻近世資料）。

(231) 慶長四年十一月日付 岩倉村彦十郎訴状（「森鼻家資料」『三田市史』第四巻近世資料）。慶長七年十一月二十一日付 本庄村算用状案（三田市寄託「森鼻安左ェ門家文書」）。慶長四年正月二十九日付 与三・七右衛門連署証文（「同上」）。同文書の閲覧に際しては、三田市文化スポーツ課の印藤昭一氏にお世話になった。なお、本庄村由来書で

は、慶長四年に領主が山崎氏から有馬氏に代わったとしているが、彦十郎訴状に見える「かめわか」「源太郎殿」の給米や下代の九十郎への礼米が文禄三年分から確認でき、領主が変更していないと推測されるため、ここでは山崎氏に訴えたものと考える。

(232) 牧原成征「村の近世化と侍衆・庄屋」(同著『近世の土地制度と在地社会』東京大学出版会、二〇〇四年、新稿)。

(233) 津野倫明「慶長の役における「四国衆」」(地方史研究協議会編『歴史に見る四国――その内と外と』雄山閣、二〇〇八年)。

(234) フロイス『日本史』第二部一〇三章。万暦二十二年(一五九四)三月十五日付張一学・張一治陳状(『請計処倭酋疏』)。

(235) ヴァリニャーノ『日本巡察記』補遺一。

(236) 田中義成『豊臣時代史』明治書院、一九二五年。竹井英文「織豊政権の全国統一過程に関する研究史整理と課題――東国を中心に」(同著『織豊政権と東国社会――「惣無事令」論を越えて』吉川弘文館、二〇一二年、新稿)。

(237) 花見朔巳『安土桃山時代』大鐙閣、一九二二年。西村真次『安土桃山時代』早稲田大学出版部、一九二二年。

(238) 井上一次「秀吉の外交的手腕」(雄山閣編輯局編『人間豊臣秀吉』雄山閣、一九三七年、初出一九三六年)。

(239) 安良城盛昭『幕藩体制社会の成立と構造』御茶の水書房、一九五九年、初出一九五四年。

(240) 藤木久志『豊臣平和令と戦国社会』東京大学出版会、一九八五年。

(241) 村井章介「中世の自力救済をめぐって――研究状況と今後の課題」(同著『中世の国家と在地社会』校倉書房、二〇〇五年、初出一九八六年)。

(242) 朝尾直弘「兵農分離をめぐって」(前掲注2『朝尾直弘著作集』第二巻、初出一九六四年)。

(243) フロイス『日本二十六聖人殉教記』結城了悟訳。

(244) 藤木久志『雑兵たちの戦場』新版、朝日新聞社、二〇〇五年、初出一九九五年。

(245) 前掲注202デサンデ『天正遣欧使節記』。

(246) 前掲注22コエリョ日本年報。

(247) 前掲注229拙稿「秀吉の「首都」伏見」。前掲注38拙稿「石田三成論」。

(248) 松本和也『イエズス会がみた「日本国王」――天皇・将軍・信長・秀吉』吉川弘文館、二〇二〇年。

(249) 前掲注69矢部「豊臣「武家清華家」の創出」。

(250) 前掲注14の史料では、秀吉が天皇になるという噂の前段において、多聞院英俊は修験の諸堂焼失の報を聞き、「一揆ノ世」になるかと恐れている。

(251) (文禄二年)五月二十五日付南部信直書状(「遠野南部家文書」『青森県史』資料編中世一、二三二号)。

(252) 朝尾直弘「自序」(前掲注9『朝尾直弘著作集』第八巻、新稿)。

(253) 水本邦彦「「身分型自力」の社会論」(同著『徳川社会論の視座』敬文舎、二〇一三年)。内田銀蔵『日本近世史』冨山房、一九〇三年。「総論」(『日本歴史講座』第四巻・中世篇二、河出書房、一九五二年)。

(254) 豊田武「織豊政権の成立」(同著『日本の封建制』、吉川弘文館、一九八三年、初出一九五〇年)。前掲注1朝尾「豊臣政権論」など。

(255) 吉永光貴「豊臣政権の海賊取締と海民統制」(『民衆史研究』一〇七、二〇二四年)。

(256) 岩沢愿彦「織田信長・豊臣秀吉の訓誡状管見」(『日本大学人文科学研究所研究紀要』四一、一九九一年)。

(257) 文禄二年五月朔日付秀吉覚書写(「島津文書」『秀吉』四五七八号)。(天正十三年)九月三日付秀吉朱印状(「三渓園所蔵文書」『秀吉』一六一四号)。文禄四年六月三日付秀吉朱印状(「毛利文書」

『秀吉』五一九六号）。

(258)（一五九五年、月日不詳）ジェロニモ・デ・ジェズス書翰写（『一六―一七世紀日本・スペイン交渉史』第Ⅵ章、松田毅一訳）。なお、朝尾「豊臣政権論」では秀次によって秀吉の蒲生氏減封という決定が覆されたと推測しているが、玄以は「御機色雖相違候被聞召置、最前被仰出候通、無御別条鶴千世殿へ悉被仰付候」と蒲生家中に伝えており、秀次の関与は史料上確認できない。（文禄四年）六月十七日付　玄以書状（『写真史料「神田文書」』一三号）。

(259) 笠谷和比古「大名改易論」（同著『近世武家社会の政治構造』吉川弘文館、一九九三年、初出一九九一年）。

(260) 前掲注7藤木『天下統一と朝鮮侵略』は奥羽での一揆における「なでぎり」などの脅しを、秀吉の国人や百姓への恐怖の反映と評価した。壬辰戦争時の「なでつけ」から「なでぎり」への変化も同様であろう（本書第九章）。合意調達と厳罰は常に隣り合わせであった。

(261) 朝尾直弘「近世の政治と経済（Ⅰ）」（前掲注9『朝尾直弘著作集』第八巻、初出一九六九年）。牧原成征「日本の近世化と土地・商業・軍事」（前掲注211『日本近世の秩序形成』、初出二〇一九年）。

(262) 桜井英治「中世史への招待」（『岩波講座日本歴史』第六巻、二〇一三年）。斯道文庫編『大かうさまくんきのうち』汲古書院。

(263) 池上裕子『織豊政権と江戸幕府』（講談社、二〇〇二年）も村落・石高制と都市・流通を重視する重商政策が並立していたと捉えられている。

(264) 朝河貫一「徳川幕府の村落統治についての覚書」（『朝河貫一比較封建制論集』柏書房、二〇〇七年、初出一九一〇年）。同「日本封建制の時期区分」（同上、初出一九一八年）。

あとがき

「これからは本を買ってあげましょう」。京都の祖父母の家を訪れた際、いつもプレゼントをもらっていた。最初は超級怪獣人形何某であったが、小学生になるあたりから、それは本に変わった。駅前の本屋であれこれ物色し、当時観ていた番組の影響で、徳川吉宗の伝記を選んだ。爾来、私の本棚は歴史書が幅をきかせるようになり、今では床にも堆く積みあがっている。祖父母はともに世を去ったが、その頃に育んでもらった興味は、褪せることなく続いている。

＊

京都で大学生活を過ごし、学部三回生になると、研究室に出入りするようになった。研究会などで諸先輩方と接することは何よりの糧となった。特に、早島大祐氏と尾下成敏氏には研究のイロハを教えていただき、両氏の導きがなければ、研究を続けえたかわからぬほど、多大な影響を受けた。また、木土博成氏をはじめ同期にも恵まれ、切磋琢磨できた。

卒業論文では、豊臣政権における意思決定過程を明らかにすべく、「五大老」をテーマとしたが、実態は杳として摑めなかった。比較対象として「五奉行」を調べていく中で「式日の参会」に辿り着き、何とか補論にまとめた。四回生の夏頃、藤井讓治先生から跡部信氏が新たな研究を出された旨を教えていただき、先生を通して論文も頂戴した。その鋭さに打ちのめされ、卒論ではほとんど消化できなかったが、その後も続けた格闘の足跡が本書第一部と成った。

修士課程に上がり、研究の方向性に悩んだ。時あたかも、藤井先生が藤木久志氏の「惣無事令」論を再検討する講義を展開されていて、最新の成果を学ぶことができた。学術誌上でも、自分とさほど年の変わらぬ研究者が「惣無事令」批判を次々と発表しており、研究室は「旋風」に沸き立っていた。テーマは自ずと「豊臣の平和」、就中「喧嘩停止令」に絞られた。

しかし、先行研究の壁がそびえ立ち、修士論文は不完全燃焼となった。試問では、定められた時間だけでは物足りず、不躾にも「おかわり」を頼みこんだ。退職される藤井先生から少しでも多くのことを学んでおきたい一心であった。先生は後日に個別指導を仰いだ際にも嫌な顔一つせず（と私には見えた）、時に熱を持ってお教えくださった。大変ありがたいことに、先生からは今日に至るまで折にふれ、ご鞭撻を頂戴している。

博士後期課程からは、横田冬彦先生の謦咳に接し、学びえたこともまた大きかった。長い思索を経て捻りだされる先生の言葉には、いつも蒙を啓かれる思いがした。本書中にも、その一言から芽を出した章節が随所に見られる。腰を据えて考えを巡らせる重要性を何度も説かれたが、いまだに粗忽な自らへの戒めとしたい。本書第二部は先生の議論を継承するつもりで膨らませたものだが、結果的に卒論以来の第一部と、修論以来の第三部の問題群を繋ぐ意味合いを持った。

同じ頃、新谷和之氏・高木純一氏・川元奈々氏らとともに京阪神の大学院生で中近世移行期の勉強会を立ち上げた。毎回議論は白熱し、居酒屋になだれ込んでは、学界の近況を談じて気炎を吐いた。本書序章の問題関心はこの勉強会で多くを育んだ。現在も細々ながら継続しており、可能な限り学びの場を持ち続けたい。

大阪市立大学（当時）の仁木宏氏には大学院生の頃から平安京・京都研究集会などで報告の機会を与えていただいた。そのおかげで、都市史・城郭史へと関心を広げることができた。また、同会で國學院大學の矢部健太郎氏と初めてお会いした。準備会終わりに呑みに繰り出し、以後、たびたび盃を傾けながら豊臣政権について濃密なやりとりを重ねた。本書執筆にあたっても学外研究の受け入れ先になっていただいた。さらに、矢部氏のお誘いを受けた史料調査で九州大学の福田千鶴氏ともご一緒する機会を得た。その過程で、石畑匡基氏ら同世代と交流できたことなど、改めて人の縁の繫がりのありがたさを実感する次第である。

博士後期課程を終えた後には、諸先輩方から非常勤講師の仕事にお声がけいただいた。若い知性との交わりは、偏狭なわが身を省みる場としても、得がたい機会であった。現在の職場では、全時代の教員が揃い踏みする大学院の授業があり、院生の報告に鋭い質問が飛ぶ。私にとっても学びの多い貴重な時間となっている。

＊

研究は驚きの連続だ。院生時代、奉行たちの花押で年次比定ができないかと、図録類をコピーしては研究室のファイルに挟んでいった。しばらくは大した違いも見出せなかったが、数年経ったある日の夕暮れ、何気なくファイルをめくって花押を見比べていると、長束正家の花押の末端が跳ねるようになるのに気づいた。尻尾を摑むと、芋づる式で次から次へとほかの花押の変化も見出せた。第一章の濫觴である。その日は、クリスマスだった。

最近でも第十二章を構想する中で、豊臣大名の在地法令を悉皆調査すべく、数十の大名家をリストアップし、しらみつぶしに関連文書を探し求めた。なかなか思うような史料に行き当たらず、とうとう最後の大名家になってしまった。諦めかけていたその時、十七か条に及ぶ長大な法令が目に飛び込んだ。その大名こそ浅野氏だった。普段から奉行の発給文書は集めていたが、花押ばかりに気を取られてか、領国の史料にまでは目が行き届いておらず、我ながら可笑しくなった。

本書の刊行には、博士論文を審査していただいた上島享先生からご紹介に預かり、名古屋大学出版会の橘宗吾氏のご尽力を得た。橘氏と最初にお会いした時から、はや六年余りが過ぎた。名伯楽といえども、暴れ馬には随分手を焼かれたことと思う。また、史料の閲覧や掲載を許可していただいた所蔵者様や諸機関をはじめ、これまでお世話になった方々に心から感謝申し上げたい。なお、刊行にあたっては二〇二四年度日本学術振興会科学研究費研究成果公開促進費「学術図書」（24HP5057）の交付を受けた。

＊

一番の理解者の助言もあり、本書の執筆は「若き人々のために」を最大の原動力とした。豊臣期研究の奥は深く、まだまだたくさんの論点が、史料が、人知れず眠っている。本書が掬い上げられたのは、そのほんのひと握りにすぎない。

「何事も現在のみを考えず、十年先の事を考えて為すべきである」。研究者を志した時から、十年は豊臣政権論に沈潜することを自らに課した。やや余計に時間がかかってしまったが、これからはもう少し気ままに、見知らぬ路地にも立ち入ってみたい。気づけばもと来た所に戻っているかもしれないが、道は繋がっているものだ。「修史反正」はおろか、始終反省の我が身では覚束ないが、凡夫なりの努力を重ねよう。探究を重ねた時にこそ、「先人の残してくれた研究成果が、その本当の意味が、身にしみて理解できるだろう」。

「公園いこう」「パパ」階下から私を誘う声が聞こえる。まだ見ぬ景色に心は焦がれるが、まずは自分の足下を見つめ、次の旅支度を整えよう。

二〇二四年一一月　暁より校正刷を取りいだし勤しむ日々に齢重ねつ

谷　徹　也

初出一覧

序　章　新稿。

第一章　「豊臣氏奉行発給文書考」（『古文書研究』八二、二〇一六年）。

第二章　「豊臣政権の算用体制」（『史学雑誌』一二三―一二、二〇一四年）。

第三章　「豊臣政権の訴訟対応――畿内・近国の村落出訴を中心に」（『史林』九八―二、二〇一五年）。

第四章　「秀吉死後の豊臣政権」（『日本史研究』六一七、二〇一四年）。

第五章　「豊臣政権の京都政策」（『日本史研究』六七七、二〇一九年）。

第六章　「豊臣政権の拠点城郭と「首都」」（『京都府域の文化資源に関する共同研究会報告書』令和二年度（伏見編）、京都府立京都学・歴彩館、二〇二一年）。一部、「織豊期の京都屋敷」（藤川昌樹・山本雅和編『近世京都の大名屋敷』文理閣、二〇二四年）の成果を加えた。

第七章　新稿。

第八章　「豊臣政権の大名課役」（『日本史研究』七一六、二〇二二年）。第四節は「豊臣政権の首都儀礼と大名」（『織豊期研究』二〇、二〇一八年）。

第九章　「「豊臣の平和」と壬辰戦争」（牧原成征・村和明編『列島の平和と統合』吉川弘文館、二〇二三年）。一部、「「朝鮮三奉行」の渡海をめぐって」（『立命館文学』六七七、二〇二二年）の成果を加えた。

第十章　「朝鮮出兵時の国内政策――次舟・人留・人掃」（『ヒストリア』二五一、二〇一五年）。

第十一章　「豊臣政権の「喧嘩停止」と畿内・近国社会」（『歴史学研究』九四二、二〇一六年）。

第十二章　新稿。

終　章　新稿。

＊いずれも初出時から加筆・修正を加えている。

《著者紹介》

谷《たに》　徹《てつ》　也《や》

1986年生まれ

2015年　京都大学大学院文学研究科博士後期課程単位取得満期退学

京都大学大学院文学研究科助教等を経て，

現　在　立命館大学文学部教授，博士（文学）

著　書　『石田三成』（編著，戎光祥出版，2018年）

『蒲生氏郷』（編著，戎光祥出版，2021年）

『戦国乱世の都』（共著，吉川弘文館，2021年）ほか

豊臣政権の統治構造

2025年2月15日　初版第1刷発行
2025年7月15日　初版第2刷発行

定価はカバーに
表示しています

著　者　谷　徹也

発行者　西　澤　泰　彦

発行所　一般財団法人　名古屋大学出版会

〒464-0814　名古屋市千種区不老町1名古屋大学構内
電話(052)781-5027/FAX(052)781-0697

印刷・製本　亜細亜印刷㈱　ISBN978-4-8158-1181-5

乱丁・落丁はお取替えいたします。

索　引

（本文中に現れた単語のみ収録）

あ　行

か　行

さ　行

た　行

な　行

は　行

ま　行

や　行

ら　行

わ　行

図表一覧